安徽历史文化研究文库·第十六辑

淮河文化与区域发展70年

——第十届淮河文化研讨会论文选编

安徽省社会科学界联合会　编

合肥工业大学出版社

安徽历史文化研究文库

前　言

“厚重安徽”是安徽省社会科学界联合会重点打造的区域历史文化研究平台，旨在组织开展对安徽区域历史文化的研究，注重挖掘整理安徽省历史文化资源，结合时代精神和区域发展战略，推动安徽区域历史文化的创造性转化和创新性发展，不断提升当代安徽文化的软实力，进一步坚定安徽省文化自信，促进创新性文化强省建设。

2019年11月10日，第十届淮河文化研讨会在宿州市召开。本届会议的主题是“淮河文化与区域发展70年”，由安徽省社会科学界联合会与宿州学院联合主办。研讨会坚持以习近平新时代中国特色社会主义思想为指引，采取主题报告与分组讨论相结合的方式进行。主题报告分别围绕淮河生态经济带建设、海派文明对皖北的影响、新中国治淮成就、淮河流域文化旅游产业等课题深度展开。会议分为淮河区域发展研究、文化与人物研究、经济与社会研究、典籍考古研究、文体艺术研究等5个专题小组，对淮河文化进行较为全面的、深入的研讨。本届研讨会共收到论文84篇，首次设立优秀论文奖，共评出优秀论文15篇。来自各市社科联的嘉宾和省内外专家学者、有关单位代表共计100多人参加了研讨会。

本届研讨会紧跟时代步伐，聚焦淮河区域发展热点，从提交的84篇论文来看，学者们结合自身最新的研究成果，从不同视角切入，采用多学科、多领域的理论和方法，反映淮河文化在淮河区域发展中的重大作用，展现淮河文化研究的最新进展。当然，在新时代，对淮河文化与区域发展的研究还需要从以下三个方面进一步深化：一是坚持正确方向，结合“不忘初心、牢记使命”主题教育，深入学习贯彻习近平新时代中国特色社会主义思想，切实增强文化研究的时代性。二是坚持文化滋养，大力弘扬社会主义核心价值观，切实把淮河流域人民在实践中创造的精神财富研究好、传承好、弘扬好。三是紧贴社会需要，围绕党和国家关于推动淮河流域发展的重大战略部署，围绕全面建设现代化五大发展美好安徽，深入研究重大课题，不断开创研究的新局面。

《淮河文化与区域发展70年——第十届淮河文化研讨会论文选编》作为安徽省社科联“安徽历史文化研究文库”的第十六辑出版。为充分展现本次会议优秀学术成果，本书编委会在会后对与会论文进行重新梳理，精选56篇文章结集出版，部分作者对提交的论文作了修订。安徽大学张崇旺教授审读了书稿，合肥工业大学出版社的领导和编辑对论文集的编辑出版付出了辛勤劳动，在此一并表示衷心感谢。

编辑部

2020年8月

在第十届淮河文化研讨会上的讲话

安徽省社科联党组书记、常务副主席　马　雷

尊敬的陆部长、各位领导、各位专家：

大家上午好！在全国上下深入学习贯彻党的十九届四中全会精神之际，由省社科联与宿州学院联合主办，省淮河文化研究会、宿州市社科联、宿州文化研究所、皖北方言文化研究所协办的第十届淮河文化研讨会，经过精心筹备，今天隆重开幕了。在此，我谨代表省社科联对出席研讨会的领导、省内外专家学者和新闻界的朋友们表示热烈的欢迎，并致以诚挚的问候！

为了探讨70年来淮河区域发展与淮河文化的内在逻辑关系，本届淮河文化研讨会的主题确定为"淮河文化与区域发展70年"，旨在深入贯彻落实习近平新时代中国特色社会主义思想，研究分析淮河文化在淮河区域发展中的价值引领、思想凝聚、精神推动的巨大作用，进一步坚定文化自信、增强文化自觉，从而为社科强省、文化强国，为繁荣发展哲学社会科学贡献智慧和力量。

刚刚闭幕的党的十九届四中全会提出坚持和完善中国特色社会主义制度，推进国家治理体系和治理能力现代化，将"繁荣发展中国特色社会主义先进文化的制度"作为13个坚持和完善的制度之一，强调了文化领域制度性设计和安排的重要性，充分体现了党中央高度重视文化的历史地位、时代价值和当代作用，充分体现了党中央对推动社会主义先进文化发展和繁荣的坚强决心。近日，省委宣传部专门召开哲学社会科学工作座谈会进行具体部署，可以说繁荣发展哲学社会科学的春天已经来临。我们社科工作者要抢抓新时代的新机遇，坚定文化自信，增强文化自觉，为加快构建中国特色、安徽特点的哲学社会科学体系，为打造"学术中的安徽"贡献应有的力量。

为了进一步把淮河文化研究引向深入，我谈几点建议，供大家参考。

一、坚持正确方向，切实增强文化研究的时代性

召开淮河文化研讨会已经第十届了，20多年来之所以能够得以持续深耕、挖掘、开展下去，首要前提就是我们始终坚持了正确的政治方向，牢固树立了马克思主义在淮河文化研究中的学术指导地位，紧跟了时代发展的步伐，明确了自己的学

术研究方向。这是我们淮河文化研究得以持续发展的根本经验和重要原因。当前，我们要结合“不忘初心、牢记使命”主题教育活动，深入学习贯彻习近平新时代中国特色社会主义思想，真正学懂弄通做实，并化为社科研究的学术自觉。淮河文化研究要紧跟时代步伐，牢记为人民服务的初心，牢记“举旗帜、聚民心、育新人、兴文化、展形象”的重要使命任务，以人民为中心，为人民做学问，把习近平新时代中国特色社会主义思想融会贯通到自身的学术思想和学术成果之中。要围绕党和国家中心工作，围绕经济社会文化发展的重大理论和现实问题，开展淮河文化研究，切实增强研究的现实性、时代性，团结动员广大社科工作者成为先进思想的倡导者、学术研究的开拓者，为实现中华民族伟大复兴，创作出无愧于这个伟大时代的精品力作，体现社科人的使命和担当。

二、坚持文化滋养，大力弘扬社会主义核心价值观

培育和弘扬社会主义核心价值观必须立足于中华优秀传统文化。抛弃传统、丢掉根本，就等于割断了自己的精神命脉。淮河文化中既有经典的优秀传统文化资源，又有浓厚的红色文化积淀和先进的社会主义文化深流，我们要深入挖掘、综合整理、分析研究、厘清脉络，要以文化人、培根铸魂，充分滋养好、弘扬好社会主义核心价值观。要挖掘传统文化中与社会主义核心价值观内涵相符的优秀思想和优秀人物，讲好古代故事，阐发当今价值。同时，要注意挖掘红色文化中追求真理、爱国爱民的故事，把淮河流域（两岸）人民用汗水在实践中创造的精神财富研究好、传承好、弘扬好，弘扬主旋律，传播正能量，切实将社会主义核心价值观融于教、载于文、化于境、行于众，贯穿于学术研究、成果转化、宣传推介的全过程。

三、紧贴社会需求，不断开创文化研究的新局面

研究传统文化的目的，不仅是要挖掘文化发展本身的内在规律和优秀品质，更要大力弘扬其精华，推动传统文化创造性转化和创新性发展，实现历史文化的当代转型与价值实现。研究淮河文化必须把握时代脉搏，契合时代主题，当前要紧紧围绕党和国家关于淮河流域的重大战略部署、围绕五大发展美好安徽建设理念深入研究重大理论和重大现实问题。2018年11月，国家发展和改革委员会印发了《淮河生态经济带发展规划》，淮河文化作为区域发展文化软实力，明确列入研究要求。2019年12月，《长江三角洲区域一体化发展规划纲要》国家战略落地后，《安徽省实施长江三角洲区域一体化发展规划纲要行动计划》（2020年1月）中又将淮河文化研究列入重点任务之中，这充分体现了文化兴盛对区域经济社会发展的重要影响作用，这既是我们哲学社会科学工作者当前和今后一个时期的重要研究任务，也是繁荣发展哲学社会科学的历史责任和使命担当。省社科联将在省委的领

导下，夯实研究基础、做大研究平台、培育学术队伍，持续推进淮河文化研究向纵深推进，为广大淮河文化专家学者服务：一是继续联合地方党委和政府以及各高校办好淮河文化研讨会，从本届会议开始，经学术委员会专家评审首次开展淮河文化研讨会征文评奖，对遴选出的优秀论文将予以奖励，并推荐在省级及以上核心期刊上发表；进一步畅通成果报送渠道，把“管用”的、符合党和政府决策需求的咨询报告、文化政策方案、规划评估、对策建议等，通过不同形式、以内参形式直报省委省政府及有关职能部门领导。二是把淮河文化作为地域历史文化研究的重要内容，列入省部级“安徽省社会科学创新发展研究课题”的重要研究项目内容中，鼓励长期从事淮河文化研究的专家学者踊跃申报、立项。三是加强交流互鉴，建立淮河流域五省间横向或纵向的科研协作机制，整合方方面面的淮河文化资源，可尝试开展一定数量的淮河文化直接委托或课题合作研究。四是发挥安徽省社会科学奖在地域历史文化研究中的导向激励作用，在申报名额上进一步倾斜。从最近两届安徽省社科奖评审来看，我省区域历史文化研究的相关成果获奖率较高，常常是获重奖、大奖，如《凤阳花鼓全书》《明清徽州宗族与乡村社会控制》等获得一等奖。省社科联将继续引导和发挥安徽省社会科学奖的“指挥棒”和“学术杠杆”作用，进一步激发广大专家学者干事创业热情，以更多的精力投入淮河文化等区域文化研究中去，为繁荣发展安徽地域历史文化做出应有的贡献。

同志们！文化是一个国家、一个民族的灵魂，文化兴国运兴，文化强民族强。让我们以习近平新时代中国特色社会主义思想为指引，按照立足中国、借鉴国外，挖掘历史、把握当代，关怀人类、面向未来的思路，奋力开创淮河文化研究的新局面，谱写淮河文化研究的新篇章，以更多的精品力作，为繁荣发展哲学社会科学而努力奋斗！

最后，预祝本届研讨会取得圆满成功！

谢谢！

在第十届淮河文化研讨会上的讲话

宿州学院党委书记　陈国龙

尊敬的各位领导、各位专家学者：

大家上午好！

经过前期的精心筹备，由安徽省社科联与宿州学院联合主办，安徽省淮河文化研究会、宿州市社科联、宿州文化研究所、皖北方言文化研究所协办的第十届淮河文化研讨会，今天在宿州如期召开了。在此，我代表宿州学院，向参加本次研讨会的各位领导、各位专家学者以及媒体朋友们表示热烈的欢迎！向为此次大会做出精心指导的省社科联、宿州市委宣传部、宿州市社科联领导表示衷心的感谢！

宿州学院作为宿州市唯一一所本科高校，自1949年创办以来，已经走过了70年的办学历程。学校2004年升格为本科，2015年获批为安徽省地方应用型高水平大学立项建设单位，2019年又刚刚获批为安徽省新增硕士学位授予立项建设单位。学校坚持“地方性、应用型”的办学定位，彰显文化育人的办学特色，现已发展为以工学、管理学为主，多学科协调发展的应用型本科高校。学校现有15个教学院部、64个本科专业，涵盖工、管、理、文等八大学科门类，全日制在校本科生有17800余人，教职工有1070人。建校70年来，学校的建设发展始终与时代同步伐，与祖国共命运，为国家经济社会发展培养了大批优秀人才，不断为国家和地方经济社会的发展贡献智慧和力量。

此次会议在宿州召开，既为我们提供了学习提高的机会，也充分体现了省市社科联、各兄弟高校对宿州学院建设和发展的关心，在此，我代表学院师生再一次向各方面的关心和支持表达衷心的谢意！

宿州是皖北历史文化名城，文化底蕴深厚，研究传承地方文化成为宿州学院不可推卸的责任和使命。近年来，学校始终将服务于区域经济和社会文化发展作为使命担当，积极汇聚各界优质资源，深入推进校地融合，先后建成一批地方文化机构及科研平台。学校现有宿州学院大学文化研究中心、皖北城乡一体化研究中心两个省级高校人文社会科学重点研究基地，有宿州文化研究所、皖北方言文化研究所两个校级文化研究平台，积极开展地方文化研究，参与地方文化建设发展。学校还建设了以“三馆”（孟二冬纪念馆、赛珍珠纪念馆、革命传统教育馆）为依托的特色平台，筹建了皖北文化艺术馆，以强化文化育人的办学特色。近年来，学校文化育人成效突出，先后承担省部级及以上课题 40 余项，出版《宿州书画》等 30 多部专著，开设“灵璧石鉴赏”等 60 多门文化艺术类公选课程，对接宿州“中国书画之乡”“泗州戏国家级非物质文化遗产文化”传承和发展需求，开设了书法学、泗州戏表演专业，打造了民俗文化节、非物质文化遗产进校园等特色文化活动品牌，文化育人工作曾获多家主流媒体的报道。

各位领导、各位专家学者，淮河文化研讨会是传承淮河文化血脉、推进地域文化繁荣发展的重要学术盛会。长期以来，淮河文化研讨会在搭建学术平台、促进文化交流、推动文化发展、服务地方经济社会建设等方面发挥了重要作用，受到社会各界特别是文化学者的高度关注。本届研讨会的主题是“淮河文化与区域发展 70 年”，2019 年又恰逢中华人民共和国成立 70 周年，本次研讨会的举行是对淮河区域 70 年伟大历史变革、社会进步发展与地域文化的内在依托和联系的一次深入探索，将有助于更加深入地挖掘和阐释区域文化内涵和时代价值，传承弘扬区域优秀文化。

希望在座的各位专家、各位学者，在接下来的会议中，为拓展淮河文化研究领域和内容、推进淮河文化研究向纵深发展畅所欲言，奉献更多的理论创见，把淮河文化的研究提高到新阶段、新水平。

最后，祝愿各位专家、各位学者在宿州期间生活愉快！预祝本次研讨会取得圆满成功！谢谢大家！

目　录

第一部分　区域发展研究

第二部分　文化与人物研究

第三部分　经济与社会研究

第四部分　典籍考古研究

第五部分　文体艺术研究

第一部分

区域发展研究

固镇汉文化资源及其保护与利用

——探讨地方历史文化资源如何参与淮河生态经济带建设

陆勤毅

本文试图从安徽淮河流域的一个县域的历史文化资源的保护与利用的角度入手,探讨历史文化资源对于现代经济社会发展以及淮河生态经济带建设的积极作用。之所以选择固镇的文化、选择汉代时期的文化,原因有三个方面:一是固镇的文化地理位置重要。固镇处于中原地区与东南地区的过渡带上,在各个历史时期对南北文化交流都发挥过或多或少的作用。尤其是决定汉朝建立和中国历史进程的关键之战"垓下大战"就发生在固镇及其周边地区,固镇保存了大量的汉文化遗址和遗迹。二是汉代在中国历史上具有重要地位。汉高祖刘邦在位期间,不仅继承了夏商周秦的政治、经济、文化传统,而且在政治上确立了中国2000多年封建制度的基本制度体系,在经济上休养生息取得了超越前代的发展成就,在文化上尊崇黄老学说,同时允许其他思想、文化流派的存续与发展。三是固镇县委、县政府高度重视文化建设,确定了"文化立县"战略,把历史文化资源特别是汉文化资源的保护与利用放在重要位置上,并按照国家法律、法规和省委、省政府关于建设文化强省的要求,注意吸取专家学者的意见和建议,采取得力措施保护与利用历史文化资源。

一、固镇的基本县情

固镇隶属于安徽省蚌埠市,自然地理位置优越,位于淮河中游北岸,地处黄淮海平原与长三角衔接的区域,是承接东南沿海发达地区经济辐射和产业转移的最佳地区之一。固镇自然资源丰富,境内全为一望无际的淮北平原,土地肥沃,是全国重要的粮、油、畜、禽产区,先后被评为"国家商品粮大县""全国生猪调出大县""全省农业产业化示范县""全省畜牧十强县""全省蔬菜产业化十强县""全省农业机械化十强县"。近些年,固镇的现代工业发展也取得了长足的进步,拥有生物

作者简介:陆勤毅,男,工作单位为安徽省社会科学院淮河文化研究中心。

化工、食品加工两大主导产业,机械制造和环保产业快速发展。境内有1个省级经济开发区,1个省级台湾工业园,1个省级全民创业园和1个省级南北共建产业园。2018年,全县实现地区生产总值240亿元,按可比价格计算,较上年增长7.4%;财政收入为17.36亿元,较上年增长3.6%;社会消费品零售总额为74.1亿元,较上年增长17%;战略性新兴产业产值较上年增长60%;城镇居民人均可支配收入为30382元,较上年增长9.9%;农村居民人均可支配收入为15306元,较上年增长9.7%。全县经济社会发展呈现良好趋势。

固镇县域历史文化资源丰富。在固镇垓下遗址的大汶口文化时期的地层中发现了距今4600年的城址,对于探索中华文明起源具有重要意义。该发现2009年被列为全国十大考古发现之一,2013年垓下遗址被列为国家重点文物保护单位;公元前202年,楚汉之争的决定性战役"垓下之战"就发生在固镇及其周边地区。这场战争以汉王刘邦集团取胜而告终,刘邦称帝建立了延续约400年的大汉王朝。如果说秦朝是中国封建社会的开创者,那么汉朝就是中国封建社会的奠基者,汉王朝在经济、政治、文化、军事等方面都在中国封建社会历史上留下了浓墨重彩。固镇在汉高祖刘邦时期称为谷阳县,北魏太和年间(477—499)改设谷阳镇,县、镇所在的"谷阳城遗址"尚存,并被列为省级重点文物保护单位;之后,经历代演变直至1960年设固镇县至今。正因"垓下之战"发生于此,固镇又被誉为"汉兴之地、胜利之城"。

二、固镇的汉文化资源

固镇有着丰富的历史文化资源,尤以汉文化资源为盛。全国第三次文物普查发现,固镇境内不可移动文物从古新世中期、新石器时代、春秋战国时期以及汉代、唐代、宋代、明代、清代、民国至今共有388处,其中属于汉代的有204处,占总数的52.6%;固镇还有许多可移动汉文化遗物。由此可见,固镇汉代历史文化遗存之丰富。

下面列举其中几处重要的汉文化遗存。

垓下遗址。垓下遗址位于固镇县城东南24千米,遗址总面积为20余万平方米。安徽省文物考古研究所于2007年、2008年进行考古钻探发掘,发现了大汶口文化时期延续到汉代的城址以及宋代遗迹,出土石器、陶器、铜器、铁器、玉器、瓷器等众多不同时期的文化遗物。垓下遗址中的城墙基址从新石器时代晚期延续到汉代,可见此处建城历史之久并长期处于十分重要的战略位置。考古发现,垓下汉代城墙呈坡状堆积,其中包含零星的汉代绳纹红陶片;墙体构筑方式延续了新石器时代晚期的堆筑法,尚未发现明显的夯筑现象;城墙外围的护城河既利用了沱河的自然河道,又人工挖掘补充了一部分。城内发现的汉代遗迹有灰坑、排水沟、水井等。

出土的汉代遗物包括陶器、铜器、铁器三大类。陶器最多的是板瓦、筒瓦、瓦当等建筑材料，有的瓦当上残存“秋”“万岁”等铭文，日用陶器有瓮、盆、豆等；铜器主要发现铜镞（箭头，镞是冷兵器时代最重要的武器之一），镞身有三棱形、两翼形；铁器多已腐蚀，可辨器形的有镰、臿等农具，镞、矛等兵器，权等衡器。垓下汉代城址发掘所获资料，不仅从考古角度佐证了此处在垓下之战发生区域的范围内，为西汉时期吕产所建洨侯国都邑所在地的历史事实，而且为研究淮河流域汉代城市布局以及汉代政治、经济、文化状况提供了难得的直接证据。同时应该注意到，垓下遗址所在地秦末汉初属沛郡，为军事重镇。楚汉相争的最后一战就发生在这一区域，史书记载“霸王曾踞城而战”之“城”的具体位置是否就在此处虽待进一步考证，但城墙之内遗址中出土的铜箭镞、铁箭镞、楚蚁鼻钱等楚汉时期的遗物对于深入了解垓下遗址的性质有着重要的研究价值。

谷阳城遗址。谷阳城遗址位于固镇县连城镇谷阳村，北隔浍河与县城相望。遗址处于浍河、澥河交汇的三角地带，周边水系发达，通过水路能够连接皖北、苏北和豫东南地区。遗址主体为四方形土城，四面城墙平均保存高度为 2 ~ 3 米，其中南城墙、西城墙保存较好，东南角最高处高出城外平地约 7 米。城墙断面可见夯筑痕迹，证明此时筑城技术已使用了比堆筑法更进步的夯筑法，夯筑法成为后来历代筑城的主要技法。谷阳城遗址东西长为 908 米，南北长为 899 米，城墙基宽为 33 米，残存顶面宽为 29 米。城外围有护城河，河宽为 10 米。城墙上开有四门，东西南北墙各有一门并均位于城墙正中位置，这样的布局显然是经过周密规划的。据文献记载，谷阳城始建于西汉初年，废于唐显庆元年（656）。谷阳城经历了谷阳郡、阳平郡、阳平县等阶段共 862 年之久。2011 年 9 月，安徽省文物考古研究所和南京大学联合启动了谷阳城遗址保护规划并对遗址进行了勘探、发掘工作，这项工作连续进行了 4 年，大致弄清了谷阳城址的功能布局、范围、城门位置、城墙宽度、护城河位置和结构、城墙建筑的年代等主要问题。在城墙以及城内、护城河等处发现了大量不同时段的遗迹、遗物。谷阳城发现和清理的遗迹有灰坑 148 座、灰沟 11 条、房址 7 座、基槽 15 处、排水遗迹 2 条（其中 1 条为排水管道）、陶片堆积 45 处、道路 2 条、台基 2 座、墓葬 1 座、陶瓮遗迹 3 个、窑炉遗迹 7 座、水井 4 口、灶 3 座。出土遗物主要有陶器、青铜器、石器、铁器等。陶器有筒瓦、板瓦、半瓦当、圆瓦当、云纹方砖、小砖、罐、豆、瓮、纺轮、印章等，青铜器有印章、带钩、鱼钩、箭镞、弩机部件、泡钉、盖弓帽、当卢等，石器有磨盘、柱础、砺石等，铁器有刀、釜等。谷阳城遗址的发现和发掘成果不仅证实了此处就是历史上存在的谷阳县所在，而且将谷阳城址的始建年代提前到战国晚期。发现的战国晚期大型冶炼、铸造、建筑、生活等重要遗址，凸显了当时谷阳城重要的军事和经济地位，这样的地位延续到汉代。谷阳城遗址的发掘成果证明：第一，谷阳城的始建年代不是文献记载的西汉初年，而是战国晚期；第二，谷阳城的位置存在自西北向东和东南变迁的过程；第三，发现的人工堆砌的高土台应该是大型建筑遗存，结合出土带有“函”“宗”“官”“千”等文字的陶片和筒瓦，可以佐证这些建筑具有官府性质；第四，遗址中出土大量不同形制的兵器、车马器、陶石范、炼渣、红烧土等遗存可以说明，战国晚期到西汉时期，谷阳城在政治、军事、经济上都具有重要地位；第五，谷阳城位于中原到东南地区的中间地带，在战国晚期到西汉初期的楚汉相争阶段具有特别重要的意义。谷阳城还让后人认识到汉代县级政权所在地的整体布局及其建筑结构、建造技术、建筑风格等。

南城孜遗址。南城孜遗址位于固镇县湖沟镇马楼村西南部，总面积为25万平方米。2012—2015年，安徽省文物考古研究所与武汉大学合作对遗址进行了全面钻探和4次发掘，发掘面积达1800平方米。南城孜遗址的文化遗存包括大汶口文化晚期、龙山文化、岳石文化、商代、西周时期、战国时期、秦汉时期等阶段，同样是一处地层关系清晰、延续时间悠久的文化遗址。其中，战国至秦汉时期的遗存发现于南城孜遗址的东南部、东北部的堌堆之上，并发现有水井、墓葬等遗迹，汉代墓葬以鼎、罐、杯等陶器为主要随葬品，有的墓葬随葬陶俑。

固镇发现的汉文化遗存还有湖沟霸王城、小王庄霸王城等遗址70处，墓葬134处。此外，固镇还流传着许多楚汉之争以及与刘邦、项羽、虞姬等人物有关的民间历史故事，保存着许多与汉代文化因素有关的非物质文化遗产。

所有这些遗址、遗物、历史故事、文化遗产构成了固镇丰富的汉文化资源。

三、固镇汉文化资源保护与利用的思考

第一，立足固镇、放眼周边，在更大的范围内筹划汉文化资源的保护与利用。无论何种文化现象，总是在一定的区域范围内呈现的，并且一定会与周围的文化发生交流、竞争、融合、发展。基于此，在保护与利用历史文化资源的时候同样不能孤立地看问题。黄淮海平原的广大区域是楚汉相争的重要地带，尤其是固镇及其周围的皖北一带是垓下之战的主要战场，遗留下大量的汉文化资源。例如，刘邦的家乡沛县、丰县一带，固镇的邻县灵璧一带都有着丰富的汉文化资源，并且在保护与利用汉文化资源方面都做了许多有益的尝试，有些经验和做法十分值得借鉴。因此，固镇县委、县政府在筹划固镇汉文化资源保护与利用的时候，既要立足固镇，充分发挥本县汉文化资源的作用；又要有更开阔的胸怀和视野，将其放在蚌埠、宿州乃至徐州的范围里去考虑这个问题，努力争取实现资源共享、优势互补、互利共赢。

第二，强基固本，稳步实施，做好汉文化资源保护与利用这篇大文章。一是保护本体。这个本体就是固镇现存的地下地上的、不可移动和可移动的、物质的和非物质的汉文化遗存。按照《中华人民共和国文物保护法》和《安徽省实施〈中华人

民共和国文物保护法〉办法》等的规定办事，按照国家级、省级、市级、县级文物保护单位的具体要求做好保护工作，这是需要长期坚持的工作。因为只有把这些历史文化资源的本体保护好了，才能谈得上“利用”二字，否则谈“利用”就是无源之水、无本之木。二是确定目标。保护历史文化资源的目的就是要为现代社会发展服务。确定这样的目标在具体工作中就有了方向，固镇县确定当前工作的目标是重点抓好大遗址保护、旅游开发、全县文化旅游资源三项规划，在统筹规划的基础上推进工作，目标就更加理性和明确。三是恰当定位。固镇县选择重点关注汉代文化资源的保护与利用这个定位，是有道理也是有基础的，当然，要注意在重点保护与利用汉文化资源的同时，对其他历史时代的文化资源也要予以高度重视。四是稳步实施。固镇县已经将文化立县和以垓下遗址为代表的汉文化资源保护与利用列为县委、县政府十大攻坚项目之一，提出“大力弘扬优秀传统文化，更高层次地挖掘好、保护好、利用好垓下之战的历史文化资源，打造汉文化集聚区和汉兴之地、胜利之城的文化名片”“加快推进垓下遗址保护与利用，打造独具特色的汉文化旅游目的地”。对谷阳城遗址、南城孜遗址等汉文化资源的保护与利用也都做出了相应的工作安排，提出了具体要求。所有这些规划计划、部署要求，都需要在工作过程中逐项实施到位，只有这样才能实现既定的工作目标。

第三，继承传统，开拓前行，创造更加灿烂的现代文化成就。随着经济的发展、社会的进步，文化发展越来越成为历史进程中的一个时代现象和整个社会发展体系中的一个重要环节。因此，放在历史的发展进程中筹划文化建设，就必须在继承传统的基础上谋求新的发展；放在整个社会发展的角度筹划文化建设，就必须与经济、政治、社会发展统筹协调。要在国家战略规划《淮河生态经济带发展规划》、乡村振兴战略和安徽省加快皖北振兴等大背景下找到固镇的战略定位，要在经济发展中找准文化的定位、发挥文化的作用，在继承传统的基础上创造更加灿烂的现代文化成就。为此，固镇县要在这几个方面下功夫：首先，要在保护大遗址上下功夫。对固镇来说第一位的就是要保护好垓下遗址。国家文物局于 2018 年 4 月批准了《垓下遗址保护规划》，现在的主要任务是提高工作效率，落实规划内容；同时，要做好其他几处大遗址的保护工作。其次，要在汉文化资源保护利用与旅游的结合上下功夫。固镇县正在启动垓下国家考古遗址公园规划和垓下旅游重要项目规划，这些工作都是围绕历史文化资源与旅游结合进行的。需注意的是，在做这项工作时既要注意统筹协调利用固镇境内的历史文化资源和旅游产品，形成合理有效的旅游产业链，以实现资源保护的最优化和资源利用的最大化；又要高效衔接周边区域的文化、旅游资源，实现更大范围的联动效应。最后，要在城乡文化建设上下功夫。固镇县委、县政府提出“文化立县、工业强县、产业兴县、环境优县”的战略是很有远见的，能够提出“文化立县”并放在首要位置是文化自信的表现，接下来的工作重点是要采取得力措施落实到位。要发挥固镇历史文化资源丰富的独特优势，开展多种形式的宣传教育活动，让城乡居民更加了解固镇的悠久历史和深厚的文化底蕴，树立信心，提高文化素养；要在乡村振兴和新型城镇化建设过程中高度重视文化建设，继承优秀传统文化，发展社会主义先进文化，践行社会主义核心价值观，为推动社会主义文化大发展大繁荣做出固镇应有的贡献。

向会议提交本文的目的是让大家进一步了解固镇的县情以及固镇丰富的汉文化资源，并对保护与利用固镇汉文化资源提出一些建议，以供决策者参考。

（注：本文的第一部分“固镇的基本县情”和第二部分“固镇的汉文化资源”是根据安徽省文物考古研究所、南京大学历史系、武汉大学历史学院、固镇县文物管理所提供的相关资料整理而成，特此致谢！）

淮河生态经济带建设背景下淮河文化发展问题刍议

——以江苏为例

柳邦坤　樊晶晶

摘　要：淮河是中国七大河之一，拥有悠久的历史文化底蕴，在千年的历史发展中，淮河孕育出了丰富的淮河文化，淮河流域历史文化资源深厚，物质与非物质文化资源呈现出多样性。淮河流域的江苏、安徽、河南三省联合提出建设淮河生态经济带的战略构思，在建设淮河生态经济带的同时，也给淮河文化的保护、传承与发展带来机遇。江苏省特别是相对欠发达的苏北有多个城市是淮河流域城市，应借助流域丰富的文化资源，发展淮河文化，把淮河流域建设成文化带。淮河文化发展应以文化保护与传承为前提，凸显特色，处理好生态经济带建设与文化发展的互动关系，打造区域文化影响力。

关键词：淮河生态经济带；江苏；文化发展；互动关系

党的十九大报告提出：决胜全面建成小康社会，开启全面建设社会主义现代化国家新征程。习近平总书记在党的十九大报告中指出：要实施区域协调发展战略，“以城市群为主体构建大中小城市和小城镇协调发展的城镇格局”。而淮河生态经济带建设正是抓住了区域协调发展的契机，将淮河的发展模式从治理转变到通过文化带动经济发展上来。几年前，以江苏省淮安市为主，联合安徽、河南等省份，针对淮河的发展提出了构建淮河生态经济走廊的战略，最初设想是：“淮河生态经济走廊是以淮河为‘带’，以‘淮安、蚌埠、信阳’为核的‘一带三核多节点’的空间开发格局，按照‘流域经济’理论，将淮河建设为连接东中部地区的黄金通道，贯通上下游‘经济流’，形成跨省域的生态经济共同体，努力把淮河打造成为继珠三角、长三角、环渤海地区之后的第四增长极。”①后来，把淮河生态经济走廊的提法改为

作者简介：柳邦坤，男，淮阴师范学院传媒与文化创新研究中心主任，淮阴师范学院传媒学院教授，硕士生导师，主要从事区域文化产业、新闻传播实务等方向的研究。樊晶晶，女，淮阴师范学院传媒学院广播电视学专业2012级本科生，主要从事文化创意产业等方向的研究。

①　柳邦坤：《从淮河生态经济走廊构建看淮河流域城市形象传播》，《传媒观察》，2014年第6期。

淮河生态经济带是更为准确、科学的提法。

建设淮河生态经济带，可以推动区域协调发展。2018年11月7日，国家发展改革委网站公布了《淮河生态经济带发展规划》（以下简称《规划》），使江苏、安徽、河南等省共同参与的这一国家战略正式落地，《规划》对淮河生态经济带的战略定位是“三带一区”，即流域生态文明示范带、特色产业创新发展带、新型城镇化示范带和中东部合作发展先行区；《规划》提出“一带、三区、四轴、多点”的空间布局，对于淮河流域经济和社会发展，无疑会起到重要的推动作用。

江苏省委、省政府提出的江淮生态经济区建设，这是对建设淮河生态经济带的一个大推进。淮河生态经济带已经成为国家战略，建设江淮生态经济区，就是紧密结合江苏实际的新探索、新实践，这不仅会推动江苏省江淮区域经济的发展，而且还给文化发展、文化产业发展提供了新机遇。

一、建设淮河生态经济带，给淮河流域文化发展带来机遇

（一）建设生态经济带，有利于淮河流域文化资源保护与开发

淮河历史悠久，流域广阔，沿淮地区的发展在淮河的奔流向前中不断前进，不论是在社会、经济还是在文化等方面都各具特色。水文化汇聚成了地域文化，河流的通达带来了交通的便利、航运的畅通，促进了沿淮地区的经济发展。因此，淮河孕育出了独特的淮河文化。

丰富的文化遗产既是对历史最好的见证，也是促进淮河流域城市发展的无限动力，淮河生态经济带建设以“生态”为导向，以传承、保护、开发、建设淮河文化为基本原则，文化保护、经济提升双管齐下，使淮河文化获得新生、获得提升。淮河生态经济带建设给淮河流域文化资源保护与合理利用，提供了宝贵机遇。

（二）建设生态经济带，有利于淮河流域区域文化产业发展

区域文化，“是以空间为前提的复合文化的分布，是类型文化在空间地域中的凝聚和固定，是研究文化原生形态和发展过程的，以空间地域为前提的文化分布”①。淮河流域的众多地级城市以及县级城市星罗棋布。不同的地理分布形成了不同的区域文化，地域文化特色鲜明，例如“中原绿城”郑州、“七朝古都”开封、“五省通衢”两汉文化之地徐州、“淮左名都”扬州、“运河之都”淮安等，丰富各异的文化赋予了淮河文化更多的内涵，淮河生态经济带建设使得各区域的文化得以重视，得到发展。

（三）建设生态经济带，有利于淮河流域城市文化协同发展

淮河生态经济带建设不能仅靠一省一市，而是需要整个淮河流域城市的联动

① 叶取源、王永章、陈昕主编：《中国文化产业评论》（第5卷），上海：上海人民出版社，2007年，第225页。

努力。中国有七大水系，包括长江、珠江、黄河、海河、淮河、辽河、松花江，但是从七大水系的流经范围以及周边城市的分布来看，唯独淮河流域没有形成独立的城市群，其中的原因主要是历史上的淮河长期受到黄河水患的影响，经常泛滥，这打破了淮河的完整性。而且在历史上，淮河流域作为诸多军事战争的主战场，一直处于动乱的状态。因此，淮河发展的不稳定性使得淮河流域难以形成独立的城市群。

淮河生态经济带建设的“一带”，是指淮河干流绿色发展带，增强淮安、盐城、蚌埠、信阳的辐射带动能力，形成特色鲜明、布局合理、生态良好的现代特色产业和城镇密集带。相较于河南省、安徽省，江苏省淮河流域城市文化协同发展稍显逊色，苏北五市以及扬州的协同发展意识薄弱，而经济带的构建正是将六市文化连接起来，以点带面，促进江苏淮河流域城市文化的合作发展。

（四）建设生态经济带，有利于淮河流域文化软实力的提升

国家的发展不仅需要政治、经济、军事等“硬实力”的支撑，还需要以文化和意识形态吸引力体现出来的“软实力”，“文化软实力是一个国家的文化体现出来的凝聚力、吸引力、影响力”[①]。近年来，“文化软实力”一词频繁出现在国家发展战略中，其重要性更加显著，文化产业发展蓬勃兴起。

中国目前的传统文化宣传推介还处于“原生态”的状态，并没有将文化的内涵转化为具有现实意义的生产力，文化的创新意识不足。生态经济带建设将淮河文化打造成具有经济效应的现代产业，将文化作为社会生产力，这样可以提升淮河流域的文化软实力，使文化成为社会发展的有力支撑。

（五）建设生态经济带，有利于淮河流域生态保护与可持续发展

淮河流域诸省协同建设淮河生态经济带，江苏省建设江淮生态经济区，都是把生态放在首要位置。不注重生态环境保护的开发，不是百年大计，竭泽而渔式的开发只能给环境带来更大的破坏，因此，要高度重视生态文明，建设美丽中国，牢固树立“绿水青山就是金山银山”的理念。习近平总书记在党的十九大报告中指出：“必须坚持节约优先、保护优先、自然恢复为主的方针，形成节约资源和保护环境的空间格局、产业结构、生产方式、生活方式，还自然以宁静、和谐、美丽。”生态经济带建设要坚决贯彻落实这一精神，提供更多优质生态产品，满足人民日益增长的优美生态环境需要。

① 骆郁廷：《文化软实力：战略、结构与路径》，北京：中国社会科学出版社，2012 年，第 15-16 页。

二、淮河流域文化发展现状

（一）淮河流域文化资源状况

1. 物质文化遗产丰富

淮河流域各城市都拥有独特的物质文化，被称为“蓝色生命的起源”的淮南八公山生命化石迄今已有7亿多年历史；位于泗洪县境内的“下草湾新人”距今4万～5万年，是江苏省境内发现的最早古人类遗址；淮安发现有新石器时代著名的青莲岗文化，商周时期的徐文化，盱眙县境内的古泗州城始建于1500年前，以及近年发掘的大云山汉墓都出土了大量珍贵文物。同时，淮河给后人也留下了优美的自然景观，淮河流域山多景美，嵩山、鸡公山、八公山、第一山等名山林木茂盛，自然景色宜人，人文遗迹丰富；河渠纵横，库塘众多，湖泊洼地星罗棋布，水域广阔，水域面积达1.33万平方千米，京杭大运河进入淮河流域后，串联了骆马湖、洪泽湖、高邮湖等湖泊，使淮河流域更具灵性。深厚的历史文化使得沿淮地区诞生了许多著名的历史人物，周恩来总理、《西游记》作者吴承恩、历史名将淮阴侯韩信、一代巾帼英雄梁红玉等都出生于江苏省淮安市，素有“竹西佳处，淮左名都”之称的扬州也是白居易、苏轼、秦观、杜牧、欧阳修等众多诗人、文豪生活过的地方。

2. 非物质文化遗产呈现出多样性

沿淮地区历史文化悠久，随着历史长河的奔腾不息，沿淮地区的文化代代传承，先辈给后人留下了丰富的非物质文化遗产资源，地区的差异性也使得文化呈现出多元化，形成了多种多样的地域民俗文化艺术。安徽省的泗州戏、庐剧、凤阳花鼓戏，江苏省淮安、宿迁、连云港等市的淮剧、淮海戏以及扬州的扬剧，山东省的吕剧，河南的豫剧等地方剧种，广为流传，光彩夺目。淮南的花鼓灯，扬州的扬州清曲，淮安的十番锣鼓、马灯舞、洪泽湖渔歌、淮海琴书等舞蹈、音乐、曲艺，影响深远，特色鲜明。河南朱仙镇年画、淮阳的泥塑，江苏扬州的漆器、灯彩、绒花制作、扬派盆景等民间美术以及传统手工技艺也是多种多样。除此之外，沿淮地区还有一大特色就是美食文化，中国八大菜系中淮河流域的淮扬菜、鲁菜赫赫有名。另外淮安的茶馓、文楼汤包，盱眙的小龙虾，淮南的牛肉汤、八公山豆腐等，也享有盛誉。这些舌尖上的美食，是吸引游客前往品尝的重要吸引力。

淮河依托水孕育出了丰富的文化资源，水上交通的畅达使沿岸的城市受益，随着历史的演变，尤其是陆地交通的便捷，淮河的水上交通运输功能逐渐减弱，流域经济、文化发展受到一定影响。

目前，淮河流域绝大多数城市的知名度还不高，淮河文化内涵的挖掘不够深入，文化发展方式需要进行创新，提升空间巨大。江苏省淮河文化的发展集中体现在文化旅游业、文化会展业、艺术文化产业方面。淮安、扬州作为中国历史文化名城，拥有历史自然景观、名人故居、历史遗迹等旅游资源，旅游业发展势头强劲，其利用美食文化资源举办淮扬美食节、盱眙龙虾节、洪泽湖大闸蟹节等节事活动，聚敛了人气，但总体上还没有形成文化优势，淮河文化发展还处于初级阶段。

（二）淮河文化发展存在的问题

1. 文化发展还存在一定的滞后性

江苏省虽然作为经济文化大省，但是淮河流域的苏北五市经济实力相对落后，在狠抓经济振兴的同时，要把发展文化产业纳入重要议事日程，发展经济，也要发展文化。相较于大运河文化，淮河文化的知名度不高，这就导致淮河文化在传播上具有一定的困难，受众对其认知度、接受度低，缺乏文化认同感。

2. 专业人才缺乏

文化产业的发展要依靠人才，党的十七届六中全会把文化人才队伍建设摆在社会主义文化强国建设的突出位置，强调推动社会主义文化大发展大繁荣，队伍是基础，人才是关键，要求加快培养德才兼备、锐意创新、结构合理、规模宏大的高素质文化人才队伍。文化人才队伍是社会主义先进文化产品的生产者和传播者，是推动社会主义文化大发展大繁荣的主力军。但是，淮河流域的部分城市还缺乏艺术设计人才、文化会展人才、文化经营人才等专业人才，缺乏具有创新意识和战略发展眼光的人才。人才的匮乏，成为制约文化发展的薄弱环节。

3. 区域间缺乏合作意识

“流域是一种特殊类型的区域，上中下游之间的密切关系使其成为一个完整的区域系统。这个系统任何一部分的变化都会对其他部分构成影响，从而决定了流域开发具有整体性与全局性的特点。”①纵观江苏省淮河流经的苏北五市以及扬州，各个区域的文化发展都只兼顾到了本身，对于区域之间的合作发展意识淡薄，缺乏有效的沟通联系，这导致淮河文化的整体发展受到限制。

三、坚持文化发展原则，处理好生态经济带建设与文化发展的互动关系

（一）明确淮河文化发展的原则

1. 保护为主

文化遗产是人类在社会实践中创造出的具有文化价值的珍贵财富，它反映了特定历史时期人们的生活状态和精神面貌，是人类发展的见证，而文化遗产一旦遭到破坏，便很难修复，因此，文化的保护势在必行。淮河文化同样是淮河流域人民在历史长河中留下的宝贵财富。在现代社会，对于祖先遗留下来的淮河文化遗产，

① 彭荣胜：《区域协调发展战略下的淮河流域经济空间开发研究》，《生态经济》，2012 年第 5 期。

若要传承下去,我们必须将保护措施放在首要位置。比如,对于出土的历史文物,要放置在当地博物馆,由专业技术人员进行修复保护;对于已开发的历史旅游景区,当地旅游管理部门要制定好相关的文物保护规定,同时要通过宣传教育提高游客的保护意识。

2. 有效传承

文化是有生命的,生命通过代代传承得以繁衍生息,而文化同样需要通过传承得以延续。物质文化遗产的传承主要依靠保护措施,淮河赐予了沿岸城市丰富的物质文化遗产资源,而沿岸人民通过劳动生产创造出了更加多样的非物质文化遗产,这些也是地方文化特色的最好展现。对于非物质文化遗产而言,申遗是传承的一种方式,而传承人继承才是最有效的传承手段。以戏曲为例,淮海戏作为江苏省淮海地区具有代表性的地方剧种,历史悠久,能够传唱至今,与淮海戏人的代代传承密不可分。淮安市成立了江苏省淮海剧团,建立了传承人机制,培养了一批批的淮海戏人才,使淮海戏能够唱响苏北大地,生生不息。

3. 合理开发

在有效保护历史文化资源的基础上,进行合理的开发,既能够达到传播文化的效果,又能够产生经济效益,这是现代社会文化发展的主要方式。文化的保护和开发并不是相互矛盾的,只要处理好二者的关系,就能达到保护与开发并重的目的。生态经济带构建下的淮河文化产业的发展,是基于生态保护基础上的发展,通过现代化手段对淮河文化进行合理开发,对于旅游景点的规划、公共博物馆的建设以及文化产品的打造,只要把握好开发的节奏,就能将文化变成经济发展的有力支撑。

(二)找准淮河文化发展的特性

1. 原真性

原真性是国际上定义、评估和监控文化遗产的一项基本因素,它起源于中世纪的欧洲。1994 年 12 月,日本古都奈良通过的《关于原真性的奈良文件》指出:“原真性本身不是遗产的价值,而对文化遗产价值的理解取决于有关信息来源是否真实有效。由于世界文化和文化遗产的多样性,将文化遗产价值和原真性的评价,置于固定的标准之中是不可能的。”[①]简而言之,原真性就是文化自身所具备的真实性,是检验文化是否有价值的标准。淮河文化纷繁多样,其中精华与糟粕并存,淮河文化的发展应坚持原真性标准,从中筛选出具有价值的精品文化。

2. 机遇性

随着文化强国战略的实施,我国的文化产业迎来了前所未有的发展机遇,而如

① 张松:《历史城市保护学导论》,上海:上海科学技术出版社,2001 年,第 309 页。

何抓住文化大发展的机遇，整合文化资源，打造出具有品牌优势的文化产业，使文化成为促进我国国民经济提升的重要组成部分，是文化发展的重点。在中国文化繁荣发展的大背景之下，在近年来各种利好政策的刺激下，借助淮河生态经济带构建以及江淮生态经济区建设的契机，大力发展淮河文化，打造具有淮河文化特色的产业，这既是一种机遇，又是一种挑战。

3. 生态性

发展淮河文化，必须以生态为前提和底色，做足生态文章，彰显生态优势。要推进绿色发展，最大限度上减少对环境的污染与破坏。要坚持绿水青山就是金山银山的理念，保护生态系统，建立生态补偿机制。如果没有自然生态和谐的前提，发展文化，发展经济，都不会是长久之计，要杜绝一切对自然生态的伤害，因为人类对大自然的伤害最终会伤及人类自身，要尊重自然、顺应自然、保护自然。

4. 协作性

"'一带一路'和长江经济带战略开启了我国全方位开放的新格局，对于构建沿海沿边与内陆开发开放、东西互动的协同发展格局和体系具有重大而深远的意义。"①淮河流域贯通河南、安徽、江苏、湖北、山东等多个省份，生态经济带构建下的淮河文化产业发展，需要多省份的区域协同合作，以及淮河流域城市的协作发展。江苏省内则需要淮安、盐城、宿迁、徐州、连云港、扬州、泰州等城市加强沟通，建立协调机制，实现有机互动。

5. 独特性

中国上下五千年的悠久历史衍生出浓厚的文化，而一种文化想要在中国博大的文化体系中脱颖而出，就必须挖掘自身的文化特色，因地制宜，打造具有地方特色的招牌文化。秦一统天下时期，淮河文化基本形成，而在秦之后两千多年的历史中，淮河文化又不断地接受外在的影响而丰富着内涵，不断地发展，最终形成稳定的文化业态。

淮河流域的文化在历史发展过程中形成了鲜明的特点：首先，以水文化为核心。淮河文化依水而生，在文化概念、文化内涵方面都是以水命名，因此，水是淮河文化的核心词语，同时也是淮河文化产生的本源。其次，淮河文化是王道文化、仙道文化与巫鬼文化等多元文化形态的综合体。淮河文化最早受中原文化的影响，中原文化属于王道文化，其强大、厚重、完整的特点对淮河文化产生了深刻的影响。淮河流域是道家文化的发源地，道家崇尚自然，仙道文化持续地影响淮河流域人们的生活，淮河文化中有一种追求空灵的倾向。巫鬼文化主要来自楚文化的影响，

---

① 毛广雄、陈海廷、胡相峰：《淮河生态经济带产业协同发展研究》，《江苏师范大学学报》，2015 年第 3 期。

"楚国产生于荆蛮之地，在筚路蓝缕拓疆的过程中，自然界的障碍和灾害的威胁时常存在。这似乎有一种冥冥之中的力量与楚人对立而存在着，因此，楚人从一开始就有着对鬼神的信仰和崇拜。"①比如淮河流域的皮影戏、花鼓戏等，其道具和表演形式都带有巫神的影子。淮河文化还具有开放性与包容性的特点，是多种文化的融合。

淮河流域的各个城市应依据淮河文化的特点"量体裁衣"，制定出符合自身特点的文化产业发展战略，打个性牌、特色牌。

（三）把握淮河生态经济带建设与淮河文化发展的互动关系

1. 文化开发与生态保护的互动关系

党的十九大报告指出，建设生态文明是中华民族永续发展的千年大计。必须树立和践行绿水青山就是金山银山的理念，坚持节约资源和保护环境的基本国策，要像对待生命一样对待生态环境。淮河文化在进行开发的过程中始终要坚持生态保护优先的原则，尤其是在将历史自然资源开发成旅游景区的过程中，事前要做好规划，搞好环评，遵循自然法则，搞好生态平衡，确保自然原貌不被破坏，做到文化开发与生态保护有机结合。

2. 发展经济与发展文化的互动关系

在文化产业蒸蒸日上的现代社会，文化软实力已成为社会发展的促进力，文化产业所带来的经济效益在经济总量中的占比逐渐增加，淮河流域在中国经济社会发展中占有重要的地位。淮河流域在进行产业优化转型的过程中，应利用文化优势进行文化创意产业的开发，创办具有地方文化特色的产业园，这对推动经济增长大有裨益。淮安市近年来兴建的西游记主题文化体验园，就是以《西游记》的作者吴承恩在淮安创作该作品为根据，将西游记文化转化成实景体验式、旅游观赏式，同时产生经济价值的文化品牌，以吸引游客，从而拉动文化消费，促进经济发展。文化软实力是淮河沿岸城市在经济发展中的动力之一，它既能从文化方面提高淮河文化的知名度，又能够从经济层面提升城市经济实力。

3. 点状开发与带状发展的互动关系

"通过'苏皖两省同时动手'，共同构建淮河生态经济走廊，充分发掘淮河流域的社会、环境和经济效益，加快淮河流域经济一体化融合发展，必将对推动包括淮安在内的苏北国际化进程和跨越式发展产生极其重要的战略和现实意义。"②淮河生态经济带构建需要淮河沿岸各个城市的共同努力，在自身发展得到提升的同时加强与周边城市的联系，争取通过单个城市的小的量变形成整个淮河

① 吴圣刚：《论淮河流域文化的特征》，《中原文化研究》，2013年第1期。

② 张娇娇、朱美先、陈伟：《加快构建淮河生态经济走廊》，《淮安日报》，2012年3月23日第1版。

流域大的质变。

4. 非物质文化遗产保护与传承利用的互动关系

非物质文化遗产的保护与传承是相辅相成的关系。非物质文化遗产在传承中得以保护，非物质文化遗产主要是指非物质性、借助外力得以展示的文化，因此非物质文化遗产需要通过传承的方式而代代存在，而保护工作就是确保现有的不会消失；保护是传承的前提，存在是事物发展的基础，非物质文化遗产从创造伊始，就需要通过保护来保留文化的原始性与完整性，确保能够传承下来，淮河孕育出的非物质文化遗产就是在保护与传承中得以延续的。

海派文明对皖北商埠向工业城市转型的影响

郭学东

摘　要：蚌埠因铁路通车而成为皖北商埠。20 世纪 30 年代津浦铁路与沪宁铁路接通，海派文明以铁路为渠道，迅速传入蚌埠并且辐射皖北地区，使蚌埠成为与上海接轨的区域中心——小上海。新中国成立后，随着城市性质的转变，地方工业受到上海工业科技辐射，蚌埠很快建成安徽新兴的工业基地。海派文明在蚌埠与传统的淮河文化交融，使蚌埠这座工业城市成为淮河中游引领现代都市文明的中心。

关键词：海派文明；皖北商埠；工业城市

近现代，上海城市崛起，海派文明取代了明清时期淮扬文化对淮河流域的影响。位于淮河中游的蚌埠，因津浦铁路的开通，成为水运与铁路的交会处。淮河流域农副产品通过水运在蚌埠互贸集散；以铁路作为联系长三角的便捷渠道，通过农副产品输出与上海等地的日用工业品输入，使蚌埠成为皖北商贸重镇。新中国成立初期，蚌埠全面开始发展工业，由于上海企业内迁、人才流动、技术传播，海派文明对于蚌埠从商埠向工业城市转型，产生着至关重要的作用。20 世纪 50 年代末，蚌埠建成安徽的工业基地，60 年代后已经成为新中国在社会主义工业化道路上出现的新兴工业城市。

一、铁路是海派文明的使者

1912 年，津浦铁路通车后，蚌埠兴起为皖北商贸重镇。铁路改变了历史上以河流进行物资交流与文化传播的方式。淮河流域以蚌埠为中心，通过铁路连接着两端的城市天津与南京（浦口），蚌埠迅速从传统乡村向城市迈进。民国初期，北洋军阀倪嗣冲追随袁世凯成为安徽督军，在蚌埠设立安徽督军公署督皖。1915 年，他从上海引进现代电力设备，让蚌埠最先亮起电灯，但仍以京城清末遗老为楷

作者简介：郭学东，男，安徽省文史研究馆馆员，蚌埠市博物馆顾问。

模，自诩“皖北时尚”引领全省。1930年浦口过江轮渡开通，津浦铁路与沪宁铁路实现联通，蚌埠由浦口到徐州的中间“宿站”，变成京沪铁路与淮河交汇的重要节点，成为上海连接淮河流域的中心。号称“千里长淮第一港”的蚌埠水陆大码头，进入了皖北大商埠的鼎盛期，在淮河流域开始享有“小上海”的名气。

随着大批农副产品从蚌埠向长三角地区流动，上海、南京等地的日用工业品进入蚌埠市场；与此同时，上海、浙江、江苏的百货业、金融业进入蚌埠。1926年，浙江人开办的“天成”百货商场，带动了蚌埠二马路商业街的发展，出现了经营上海等地日用百货工业品的市场，与淮盐和淮河流域农副产品相互贸易。上海、江苏等地银行联合组团，把金融、转运、堆栈融为一体，兴办起“五行仓库”，因功能齐全，规模庞大，被称为“安徽第一货堆栈”。在金融信息方面，蚌埠直接与上海连为一体，华盛街的商贸行市开始有皖北“华尔街”的名气。蚌埠商贸业的发展摆脱了传统的商业模式，起步就具有现代商业性质。当时的上海政商各界通过《申报》对蚌埠全方位加以关注，从清末民初关注津浦铁路开工通车，到安徽军政界人事变更动态，直至军阀强占津浦铁路，发生联军与奉军大战等，对蚌埠商贸、金融以至社会风尚的影响等①。许多新闻媒体的关注都体现出蚌埠商贸与上海市场关联度的日益提高。

海派文明的核心是工业文明。当时的蚌埠作为淮河流域的农副产品集散地，同时孕育着现代工业的产生。徐州宝兴机器面粉厂业主杨树诚来蚌埠收购小麦原料，发现这里更适合扩展自己的企业，决定从上海引进国外先进设备，于1928年兴建蚌埠宝兴第二机器面粉厂，开工后即成为安徽及华东地区较大的现代加工企业。1937年又从上海引入德国先进的提炼大豆油脂技术的淬取法，为此聘请德国专家入住上海百老汇大厦，除了定制少数关键设备外，配套设备皆由德国专家设计，交给蚌埠宝兴厂的机械工人加工制作。但厂房即将建成之时，上海、蚌埠两地因日寇入侵而沦陷，宝兴植物油厂毁于战火。

海派文明影响所至，绝非限于商贸金融和粮油机械加工业，而是为这座城市注入了现代工商业的理念，特别是对城市区位优势的认识。抗战胜利后，蚌埠是安徽第一个设立的省辖市。当时工务局提出“将蚌埠与上海相比，认为发展工业应当具备‘物资充实，设备齐全，人工低廉、交通便利’四个条件，而蚌埠已具有三个，唯缺工业设备。若能解决蚌埠工业设备，发展工业，以蚌为中心百里之内，畅销纺织、纸烟、烧瓷、肥皂等工业品，可以同上海产品相竞。若能以电力为轻工业动力之源，可将蚌埠建成中国中部的工业区”②。限于当时的社会环境，这当然不可能成为现

① 《申报》1930年1月9日刊载的《蚌埠上年商业概况》。

② 《安徽新报》第一版《本市工业的瞻望》社论，1946年6月20日。

实，但其影响不会消失。

二、从商埠向工业城市的转变

新中国成立之前，蚌埠在淮河流域以皖北大商埠而著称，但工业经济十分薄弱。据1949年1月统计，全市工商业合计为4216户，其中工业户仅有1155户，占总数的27.4%。而所谓的工业户，除了宝兴、信丰的2家机器加工面粉工厂、1家半机械化卷烟工厂、2个750瓦的发电厂、1个船舶修理厂外，其余均为手工业户。毛泽东同志在党的七届二中全会上明确提出了全国胜利后，使中国由农业国转变为工业国的方针，同时提出“将消费的城市变成生产的城市”的论断。当时，安徽全省工业仅有芜湖船舶修理厂、淮南矿机修理厂等零星的机械修理工业，机械制造业几乎是空白。为了建设新中国的社会主义工业，就必须优先发展机械制造业。

沿海工业支援内地发展工业，是新中国成立初期加快社会主义工业化建设的重要途径。蚌埠在由商埠向工业城市转型时，首先开始了自办工厂，并接收军队与治淮委员会安置到地方的企业，兴建地方中小企业；1954年，在安徽省的统一安排下，蚌埠开始接收上海迁入的轻工企业①。在短短的几年内，蚌埠与上海之间凭借着铁路交通的便利条件，除了企业迁入之外，更为重要的是引进了人才、技术，较快地扩大了蚌埠工业门类，加快了发展速度。

机械工业是蚌埠转向工业城市首先发展的产业，新中国成立后筹建的第一家机械厂是依靠宝兴面粉厂机修车间的30多名工人成立的“皖北铁工厂”。他们为了给矿山、军工建设提供急需的空气压缩机，在从未见过这种机器的情况下，去上海寻找到破损的空气压缩机，依样勾勒出草图带回厂里；再根据传动原理和工艺要求，经过完善补充，制成图纸，进行试制；同时，他们又根据一台日本产的破损空气压缩机进行补充完善，终于制造出一台样机让开滦煤矿试用。经过反复试验改进，产品达到国家标准。1956年，第一批移动式空气压缩机，成了全省机械行业的重点产品。

为了建成蚌埠机械工业体系，1958年7月，500多名具有高中文化水平的上海支援安徽建设的青年被分配到蚌埠，分别被安排在空气压缩机厂、机床厂、水利机械厂、柴油机厂。来到空气压缩机厂的200多名上海援建人员，充实了金工、机修等技术岗位，并被分配至工艺科、技术科岗位。来自上海的年轻人经过向本厂师傅学习，很快掌握了各种机床加工技术，成为技术骨干。1960年后，厂里派出一部分人员建成第二空气压缩机厂，接着又调出技术人员支援本省马鞍山市、定远县的机

---

① 方海霞：《谈上海企业内迁安徽的历史及其意义》，《安徽史学》，2019年第4期。

械行业。而被安排在机床厂、水利机械厂、柴油机厂的上海援建人员，同样也很快成长起来，形成了蚌埠机械行业的第一批上海技术人员队伍。20 世纪 60 年代后，上述的蚌埠空气压缩机厂等 4 家工厂与农业部所属的蚌埠拖拉机附件厂，共同形成所谓“五大机”的优势，在全省机械制造行业拥有领先地位。

1954 年，上海私营大盛玻璃厂与大通热水瓶厂迁入蚌埠，实行公私合营后，更名为蚌埠玻璃厂。该厂充分利用蚌埠周边的凤阳的玻璃原料优势，首先生产出市场急需的热水瓶胆和玻璃器皿两大类产品。依托蚌埠历史上形成的商品流通渠道，蚌埠玻璃厂生产的产品很快畅销到广大的皖北农村。厂里的上海师傅带动本地学员逐渐掌握了熟练的技术，并加强技术管理，其产品很快被评为全国同行业优质产品。1957 年，热水瓶胆产量就达 94 万只。1973 年，国家建材工业局玻璃设计研究院迁入蚌埠，与全市玻璃行业形成相应的科研生产合作机构，在蚌埠西片工业区，出现了“玻璃城”。

蚌埠作为淮河流域物资集散中心，拥有丰富的生猪资源。第一个五年计划期间，全国重点工程之一的大型肉类联合加工厂定点在蚌埠。当时从上海分配来的制冷、制罐等专业人才参加了工厂的筹建工作。由于水源对厂址的选择起着决定作用，在寻找水源遇到困难时，首先由上海来的专业人员，带着设计方案和地形资料，专程去上海咨询苏联专家。根据专家“只要找到地下粗砂层，就必有地下水”的判断，他们在蚌埠东郊“两山一水”附近，重新进行地质钻探，最后聘请上海一家公司的打井队来蚌，成功地完成打井试水，达到规定的出水量，顺利确定厂址并开始基本建设。1953 年投产前，工厂又把蚌埠的几十名新工人送到上海肉类加工厂实习，分别在屠宰、检验、制冷、肠衣等工序学习，并由上海老师傅到蚌埠试产操作，使机械流水线顺利实现正常生产。制罐车间则是由上海专业人员主持投产，遵循上海梅林的标准生产。1958 年，汉伟食品加工厂从上海迁入蚌埠，利用蚌埠当地原料成功开发出系列肉类熟食新产品；1960 年，开始利用冷库条件，把上海生产的各类冷饮产品在本厂生产销售。短短的几年内，这个厂日屠宰量就从 500 头增加到 5000 头，从生产出口“白条肉”开始，到能够对猪肉分类配制，综合利用；由猪肉单一产品，到加工出近百个品种，成为商业部所属的大型肉类联合加工厂。

上海企业迁入、人员流动、技术传授等，对蚌埠由商埠向现代工业城市的转型，产生了全方位的影响。上海的玻璃、火柴、制锁等企业迁入，使得蚌埠新增了轻工行业。上海纤维厂迁入后发展为蚌埠绝缘材料厂。蚌埠明胶厂通过携带半成品去上海对口企业，结合操作现场学习，解决了采用淮北地区大牲畜骨头制胶的技术难题，成了具有批量生产明胶能力的大企业。蚌埠有机硅研制项目从单体开始，派出人员到上海树脂厂学习，订购设备，直到完成车间中试，建成蚌埠有机硅厂。通过向上海松江电讯器材厂学习，蚌埠把一个区办小厂发展为无线电器材厂，能够生产出多种优质的电阻器,还能为全国彩电生产提供配套设施。从上海支援蚌埠的一名青年曾被分配在服务行业,但由于他曾在上海学过玉雕工艺,蚌埠市手工联社知道后,委派他在南京、扬州招聘玉雕工人,组建专业的玉雕厂,其产品成为出口商品。

新中国成立初期的蚌埠,在当时计划经济的条件下,依靠城市的地理位置和皖北腹地优势,继续发挥着以铁路为通道的便捷条件,与以上海为核心的长三角区域的互动,成功地实现了商埠向工业城市的转变。1950—1957 年,全市已拥有了机械、粮油加工、肉类加工、卷烟、纺织、麻纺、皮革、酿造、火柴、玻璃、建材等 10 多个工业生产门类,使当时全市经济结构发生显著转变:商贸行业由 1949 年的 434 个下降到 1952 年的 192 个;手工业产值到 1957 年在全市工业产值中仅占 1.5%;1957 年,工业产值在全市工农业总产值中,占比达到了 88.37%。至此,蚌埠已经成为安徽省的工业基地。1965 年前后,经过发展新兴技术产业,蚌埠发展为以机械加工为主,包括食品、轻工、化工、纺织、建材、电子等在内的具有综合性工业门类的新兴工业城市。

三、海派文明与地域文化的融合

从皖北商埠转向新兴的工业城市,必然引起城市文化的变迁。蚌埠商贸的兴起源于淮盐引岸、盐粮互市的经济模式。它来自淮河下游的淮扬地区,同时吸引着大批淮扬地区的移民来到蚌埠。而来自皖北、豫东、鲁南一带的移民数量最多,他们多来自淮河流域的农村,与蚌埠周边的移民,构成蚌埠社会底层的文化。粮盐业将淮扬文化融入本地形成的商业文化,在社会上有着广泛的重要影响,又被人们称为“码头文化”。实际上,这种文化本质上是明清时期淮扬盐商文化。许多商行店铺延续着清末盐粮行业的经营模式,迅速发迹的业主们,极力效仿淮扬盐商“富贵而流于逸乐”的生活方式,民间仍在传诵着“半夜起来下扬州”的歌谣。其实,早在清末,随着陶澍实行的盐政改革、淮扬城镇衰落,淮扬文化余风随着盐粮互市模式传入皖北地区,并在不断消退过程中得以延续。而海派文明正在成为蚌埠开明人士追随的时尚,20 世纪 20 年代后渐渐成为社会风气。

当商埠转变为新兴的工业城市时,海派文明对工业与城市建设诸多方面的影响日益扩大,并深深融入这座移民城市。以工业文明为核心的上海,则是商埠转向工业城市的标尺。现代工业兴起营造的城市人文环境,消除了历史上的商埠“码头文化”的社会基础,刷新了城市的社会风貌。

海派文明融入蚌埠及皖北地区,首先是从改变城市环境和物质生活方式开始的。1950 年,来自上海的城建和建筑设计方面的专业人才,最先来到蚌埠。通过设计建设自来水厂,人们改变了以往依靠肩挑人拉淮河水的习惯。城市地下排水系统的修建，改变了街道明沟加石条盖板这种简陋而不卫生的排水方式。火柴普及，结束了传承千载的原始取火习惯。玻璃保温瓶胆产品的普及，让蚌埠及皖北地区千家万户无论何时都可以喝到开水，开始养成文明生活方式。按照上海建筑标准设计、施工建成了百货公司、学校、医院、邮电局、淮河大旅社、市政府办公大楼等标志性公共建筑以及同时兴建的大型肉类联合加工厂、毛纺厂、纺织厂、拖拉机附件厂等工业建筑，使得蚌埠初步形成了现代工业城市的格局。

崇尚科学成为工业城市的新理念。"向科学技术进军"的伟大口号，曾经激励着敢为人先的蚌埠人。20 世纪 60 年代初期，推广新技术、新材料、新工艺，试制新产品，成为蚌埠工业生产中的理念。过去乡村里村民充饥的山芋干，变成生物化工的原料，制成多种新产品，最终又形成工业化加工体系；光学玻璃、明胶等工业原料在生产中应用，成为蚌埠在全省独有的产品。对科学技术的崇尚，必然会营造出尊重科技人才的氛围。技术标兵、技术能手、技师、工程师，甚至包括被民间认可的"土工程师"，都成为被社会尊重的专业技术人才。在机械、纺织、食品、轻工、化工、建筑等行业，都有一批批上海人在重要的技术岗位上担当重任，他们精于专业而务实，成为工业城市不可缺少的群体。

海派文明对城市文化变迁的作用，对于蚌埠而言更有其自身存在的深层的原因。明清时期的古渡乡集蚌埠，地处凤阳、怀远、灵璧三县交界的边陲之地。地域文化分别与所接壤的地区接近，难以形成自己的特色。因铁路通车而崛起的商埠，移民人口每年以万计增长，迅速覆盖了老蚌埠"七户半"。在这块土地上，虽然有着距今 7000 年左右的新石器时代的双墩文化，但在传承和续接本土的传统历史文化方面，蚌埠无法像淮河流域的亳州、颍州（阜阳）、寿县、怀远、凤阳等古城那样一脉相传。吸收和消融近现代外来文化，始终是这个城市文化演变的轨迹。商埠移民人口是以皖北、皖西北、苏北及江淮地区为主，主要从事商业、转运业、手工业、服务业。随着商埠转向工业城市，移民人口的成分和分布行业发生了根本变化。1954 年，一批沿海工业内迁蚌埠，上海许多技术人员和知识青年，在 1950 年至 1958 年迁入蚌埠；同时，周边县区数以万计人口，来到蚌埠投入工业生产建设，继续强化蚌埠移民城市的性质。至 1960 年后，全市总人口均在 40 万左右，其行业构成主要分布在工业部门①。在新兴工业城市的人文环境中，南北方人口高度融合，蚌埠与上海、南京等长三角城市的联系更加密切，成为吸纳海派文明的基础。

"东西靠淮河，南北靠铁路"是蚌埠城市区位的显著特点。从文化意义上来说，淮河象征着传统的农业文明，铁路则是现代工业文明的代表。这两种交通方式

① 参见《蚌埠市志・人口篇》，中国方志出版社，1995 年 10 月第一版。

的汇合,也是淮河流域的传统文化与海派流行文化的撞击和融合。地处淮河南北分界线的蚌埠,素来就是将"南米北面,南蛮北侉,南茶北酒"融为一体的城市。例如,空气压缩机厂的很多职工是当地人,喜爱面食,但为了照顾早期来到厂里的上海人,厂里食堂还专门开办了上海职工就餐窗口。随着时间推移,"南蛮北侉"渐渐交融。60年代后,许多上海下放知青因暂时难以返回,选择在蚌埠成家立业者也不在少数。人们常把蚌埠这座城市形容为既有北方的豪放,又有南方的精细,实际上也是在现代工业化建设的过程中,促成了上海人与本地人的深度融合。"上海出花样,蚌埠紧跟上",蚌埠在接受现代文明的消费观念和生活方式时,把海派文明作为城市文化时尚。时至今日,以上海为代表的长三角城市,又成为蚌埠及皖北地区迁移就业、商贸流通、人才流动的主要方向。

新中国治淮成就与淮河生态旅游开发

——以淮河安徽段为例

袁梦茹

摘　要：淮河安徽段处于淮河中游，历史上洪涝灾害频繁，生态环境恶劣。新中国成立后，伴随着一座座治淮骨干工程的建成，淮河水利生态环境得到极大改善，形成人水和谐相处的局面。此文以新中国治淮成就所带来的红利为基础，结合淮河安徽段自然人文生态旅游资源现状，提出淮河生态旅游开发的可实施建议。

关键词：治淮；安徽；生态旅游

横贯安徽省北部的淮河，流经阜阳、六安、淮南、蚌埠、滁州 5 市 10 县（市）。这一地区历史上是黄河夺淮留下的重灾区，饱受洪灾、蝗灾、旱灾之苦，这深刻影响着皖北地区的农业生产和历史人文发展的轨迹。新中国成立之后，随着一大批水利综合治理工程的兴建，皖北地区的水患得到较好的控制，逐渐形成有灾无险、人水和谐相处的局面。区域内的生态环境也得到极大提升，这为淮河生态旅游开发提供了新的契机。

一、新中国淮河水利生态环境的改善

淮河中游因地势平缓，多湖泊洼地，两岸支流纵横交错，区域内降水量年际变化大且分配极不均匀等原因，加之黄河长期侵夺，河床与湖底普遍淤塞，所以皖北地区形成了“大雨大灾、小雨小灾、无雨旱灾”的局面。新中国成立后，百废待兴，国家经济处于十分困难的境况，面对 1950 年淮河发生的特大洪灾，中国共产党从人民利益出发，做出了根治淮河的英明决策。中央人民政府政务院做出《关于治理淮河的决定》，毛泽东主席发出了“一定要把淮河修好”的庄严号召。从此，按照“蓄泄兼筹”的治淮方针，安徽省从整治河道、建设堤防体系、建设控制工程和清除阻水障碍、行蓄洪区及庄台建设四个方面进行淮河治理工作。

作者简介：袁梦茹，女，蚌埠市博物馆学术部馆员。

治淮70年来,安徽省水利事业发生了翻天覆地的变化。经过全省人民的不懈努力,截至目前,全省完成水利建设投资623亿元。累计建成各类堤防总长2万千米;水库4836座,其中大型13座、中型100座;已建水闸1.09万座;万亩以上灌区397处,有效灌溉面积为986.67平方千米;固定机电排灌站有1.63万处。水利工程发挥了防洪、灌溉、供水、发电、航运、渔业、生态环境等综合效益。21世纪以来,随着国民经济的加速发展,安徽省水利工程防洪抗旱的减灾效益更加明显。根据历年《安徽水利年鉴》公布的数据,2001年至2008年,安徽省水利工程防洪抗旱的减灾效益超过了1400亿元。70年来,安徽省水利工程防洪抗旱的减灾效益累计超过了4500亿元,初步建成了功能齐全的防洪、灌溉、除涝三大工程体系①。

随着治淮工程的顺利实施,淮河防洪标准不断提高。淮水安澜,河道稳定,历史上一些地区河湖不分的状况得到改变。许多行蓄洪区和湖洼地,正在变成备受人们青睐的生态湿地。河岸线的稳定,又为淮河、颍河、涡河、沱河、浍河等支流沿岸景观建设提供了保障。新中国治淮水利工程的兴建,不仅改善了"自古淮河多水患"的局面,而且改善了淮河水利生态环境,为发展淮河生态旅游产业创造了基础条件。

二、淮河自然人文生态旅游资源

生态旅游主要是以自然资源和生态环境为基础,同时兼顾文化旅游资源,使游客在游览的过程中追求人与自然、人与历史的对话。"淮河文化"的概念最先在新中国治淮时期提出,究其原因,是在河道治理的土方工程中,挖掘出土过许多文物,证明淮河流域早在新石器时代就有人类活动,这类文物的考古研究被确定为"淮河文化"的地域属性。随着一批大遗址的发现,我国考古界已经把淮河文化作为中华文明的发祥地之一。淮河文化成为安徽地域文化的重要组成部分,不少遗址景观或博物馆对文物的展陈,也是淮河流域生态旅游资源开发的重要载体。新中国治淮70年,淮河的安澜为安徽境内自然人文生态旅游资源的开发和旅游业的发展创造了基础条件,一批水利风景区、生态湿地、历史文化遗存、淮畔民俗风情资源相继得到开发。

1. 水利风景区

水利风景区,即水利工程与生态文明景观相结合,可以开展观光、娱乐、休闲、度假或科学、文化、教育活动的区域。随着水资源经济的开发,水利风景区建设不仅能满足水利工程的相关要求,更逐渐向生态水利、文化水利转化。淮河安

---

① 纪冰. 安徽水利60年发展成就及展望[J]. 江淮水利科技,2009(6).

徽段现代治淮形成的水利景观有：王家坝水利风景区、临淮岗工程水利风景区、淮河蚌埠闸枢纽水利风景区、佛子岭水库水利风景区、响洪甸水库水利风景区、梅山水库水利风景区和六安横排头水利风景区。历史上形成的水利景观有：水门塘、安丰塘、泗县隋唐运河遗存、凤台硖山口、荆涂山峡、浮山峡。水门塘与寿县安丰塘同为公元前600多年春秋时代楚国令尹孙叔敖督建，现已建成公园景点，并作为文物保护单位进行保护与开发。隋唐大运河通济渠宿州泗县段28千米水道，在千年之后还发挥着蓄水灌溉的功能，尤其是泗县城东段8千米故道，原始风貌保存完好，是全国唯一的"活运河"；同时建成的泗县隋唐大运河博物馆，使运河文化得到普及。凤台硖山口、荆涂山峡、浮山峡作为淮河三峡，也成为省级风景名胜区。

2. 生态湿地

湿地生态旅游是指旅游者以湿地作为观光、游览研究对象，观察湿地的景观、物种、生态环境和生态系统等，并维持湿地自然环境原貌的旅游活动，湿地生态旅游是生态旅游的主要类型之一。淮河流域安徽段湖泊水系众多，拥有湖泊湿地、河流湿地、库塘湿地、水田和其他湿地（如城市用途湿地）等几大类型，总面积为865956平方千米，约占安徽省湿地总面积的29.67%，湿地生态旅游资源十分丰富。其中有12处重点天然湿地，分别为瓦埠湖、城东西湖、女山湖、焦岗湖、沱湖、安丰塘、龙子湖、八里河、高塘湖、四方湖、天井湖和天河湖；5处人工湿地，分别是淮北煤矿塌陷湖泊、佛子岭水库、磨子潭水库、响洪甸水库和梅山水库[①]。

淮河河槽与两岸主要堤防之间的洼地，历史上是洪水走廊，现如今是淮河滞洪、行洪地带。为合理利用行洪区的土地，减少洪灾损失，新中国对行洪区利用已制订了一些措施，如调整产业结构，变单一的种植业为多种经营，弃秋保麦，控制人口的发展，试行洪水保险等。在危险区域采取有计划的逐步迁出，逃荒现象没有了，人们走下庄台，安居乐业。在洪水边缘区，避开主流，修筑庄台等避洪工程建筑物和救生设施，以保障行洪区人民的生命财产安全[②]，当地现已基本形成抢险不抗洪、湖洼变湿地的局面，流域内生态环境得到改善。

3. 历史文化遗存

淮河安徽段内拥有丰富而又独特的历史文化遗存，其中古迹遗存有：霍邱李老圩、龙家花园、管鲍祠、白乳泉、望淮楼、汤和墓园、虞姬墓园、禹会村遗址、双墩文化遗址、钟离国遗址、明中都城遗址、明皇陵、明严小姐墓、垓下古战场。名城古镇有：寿县古城、凤阳古城、南照集古镇、正阳关古镇、隐贤集、临淮关古镇、五河顺河街。

---

① 王松，徐如松，高林，等．淮河流域（安徽段）湿地生态旅游资源[J]．中国林副特产，2008(3)．

② 李义天，要威，何用．淮河中游行洪区开启运用的初步研究[J]．水电能源科学，2005(1)．

革命历史纪念地有:霍邱烈士陵园、淮南万人坑、上窑新四军纪念林、瑶岗渡江战役总前委旧址、凤阳小岗村。近代工业文明遗址有2处,分别是淮南煤矿开采遗存、津浦铁路蚌埠站段与现代工业遗存。

治淮过程中,为切除河道、清除阻水,一批自然人文遗迹湮没在历史中。三河尖曾是淮河形成过程中的入海口,它位于淮河、史河、泉河之间,呈现出一片三角形的绿洲,傍依淮河南岸的古镇也因三河尖而得名。1993年,党和政府对这一区域实行了移民安迁政策,三河尖变成了行洪区,过去的古建筑难觅踪影,昔日古老而繁华的淮上重镇自此消失。硖山口为千里长淮第一峡,为了清除阻水,硖石被炸开后,南宋时期的摩崖石刻显现,虽然字迹斑驳,但依稀可辨,硖山石刻重见天日。小蚌埠位于淮河北岸,京沪铁路西侧,与蚌埠老城区隔河相望。清代,小蚌埠为凤阳、怀远、灵璧三县交界处,以正街为中心,形成古镇街市。1972年,淮堤北迁,原小蚌埠正街房屋全部拆除。八九十年代,在小蚌埠镇双墩村出土了新石器时代的文化遗址,后人们将该处发掘的春秋时代的双墩墓,以及历史上出现洪涝灾害的三汊河洼地纳入双墩文化遗址范围内,成为遗址公园规划的内容。

4. 淮畔民俗风情

历经数百年的黄河夺淮,淮河流域的乡村社会风俗开始发生着深刻变化。安土重迁、唯务农桑的传统变成了不重乡土、穷则逃逸的社会风气。淮北乡村面对洪水灾害,成群结队的"跑水反"难民,被迫弃农耕、舍家园。花鼓灯是安徽省优秀的民间艺术,花鼓灯的表演者一般是劳动群众,表演场地多在田间地头,在夜晚农闲之时,在花灯的照耀下起舞。许多舞蹈的动作源于生活劳作,如烂泥里行走的步伐、乡村或农田上下坡的动作、收割稻麦时不断擦汗的动作、农夫挑担颤悠悠的姿势等。新中国成立后的治淮工地上,许多花鼓灯艺人都在治淮工地的劳动现场,用花鼓灯的演唱方式,为广大劳动群众鼓舞士气。花鼓灯艺术因新中国治淮而被北京舞蹈学院采风的专家发现,经过进京演出和专家帮助,成为我国汉民族保存较完整的民间艺术,从而得到弘扬传承①。凤阳双条鼓曾经是淮河灾害年景乡民流浪卖艺方式。明代凤阳府(今皖北地区)一带是"三年恶水三年旱、三年蝗虫灾不断"的长年灾区,每年秋后都有成群结队的妇女外出卖唱求生,一首《凤阳歌》道尽心酸。新中国成立后,凤阳双条鼓作为一种传统的民间艺术保留了下来,并成为我国民间传统的庆祝丰收、欢度节日和反映劳动人民幸福生活的一种歌舞表演形式。清代为了保障京杭运河的漕运,治水者堵洪泽湖高家堰,结果让泗州古城沉于湖中,淮北人民四处逃荒要饭,并用自己的方言表演农家生活的故事,将源于苏北海

① 郭学东. 走读淮河——淮河南北过渡带文化考察[M]. 合肥:黄山书社,2017.

州的地方戏,唱成“泗州戏”,成为勾魂摄魄的“拉魂腔”,这如今也成为国家保护的非物质文化遗产。“肘阁”是颍州区优秀民间舞种之一,流传中心区在今阜阳市南部县区,并沿淮水流传至凤台、寿县、蚌埠及河南等地区,是流播区域横跨两省沿淮一带深受群众喜爱的一种古老民舞艺术。

三、淮河自然人文生态旅游开发建议

依托丰富的自然人文生态旅游资源,安徽境内淮河两岸的旅游带框架正在逐步拉开,以水利生态游、平原水乡游、历史名城游、淮风皖韵民俗游为特色,以休闲度假旅游为载体,开启了全域化和现代化的旅游业发展趋势,新中国成立 70 周年大庆也给旅游业繁荣带来了新的机遇。沿淮六市旅游产业正在转型升级,规划中的一批新项目正在实施,总体呈现出强劲发展的态势。阜南县正在制订《王家坝国家湿地公园及其周边旅游发展总体规划》。霍邱县确立了以县城为中心,以城西湖、城东湖为两翼,以临淮岗风景区、水门塘风景区为重点,以乡村旅游、红色旅游为延伸的发展格局。阜阳市以“八里河水利景区”和“管仲老街”为代表的旅游项目,正在拉动着全域文化旅游产业。淮南市正在实施推动“寿县古城—八公山联创国家 AAAAA 级旅游景区”。蚌埠市正在建设“禹会村遗址公园”和“双墩遗址公园”两个国家级文化产业园。阜阳、六安、蒙城、寿县、淮南、蚌埠、凤阳、宿州、五河、泗县等地已建成新的博物馆,为文旅融合提供了重要的文化场馆,所有这些都为推行淮河自然人文生态旅游奠定了坚实基础。

文旅融合的全域化旅游业态,对淮河生态旅游提出更高、更新的要求。目前,淮河安徽段的生态旅游开发还处于初始阶段,仍然面临着生态资源遭到破坏、人文古迹遗存受损、民俗风情出现断层、名优特产同质化的困境。淮河两岸的文化传播也面临着新的问题:如何将文化传承融入旅游中去,大众如何通过旅游来接触淮河文化、在休闲中感受淮河良好的自然环境和人文氛围,如何将淮河生态旅游资源的优势有效地转化为社会经济文化优势等,这些问题仍待解决。

1. 合理规划与开发

将文化与生态旅游相结合,形成“文化搭台,经济唱戏”的格局。因地制宜,利用沿淮自然资源开发设计湿地风情、家庭农场、滩涂风光游;利用水利设施推出科普教育项目;实施乡村旅游创客行动计划;以体验淮畔乡土文化为特色,培育研学旅行示范基地;把古迹遗址、古地质地貌(如八公山、女山的古火山爆发口)做成专题研学专线;利用传统节庆、庙会、祭典,吸引游客参与体验,融入以淮上花鼓灯为代表的各种艺术活动;把民间工艺制作与游客互动及营销结合起来;利用沿淮庄台、平原、湿地、山林等环境,发展自驾车旅游车宿营地、养老居住地;把淮上菜系、风味小吃、风物特产的制作经营,变成游客学习体验和品尝的项目。

2. 打造品牌,扩大市场规模

品牌是吸引客源的有效方式,市场是旅游业发展的关键因素。目前,淮河安徽段生态旅游的客源主要以本地及省内周边游客居多,在消费数量与档次上难以提高,区位优势不明显直接限制了客源市场的开发。向东加快融入长三角、向北开发中原市场,打破僵局,显得尤为迫切。加强本地旅游推介工作,与长三角及中原地区的旅游景区签署合作协议,适时推出旅游套餐,加强联动,把“淮河自然人文生态旅游”打造成全国性品牌,拓展一、二线城市旅游市场。

3. 对接现代水陆交通

为实现景区之间的串联,建议加快建设沿淮景区间高等级、广覆盖的公路网,优先建设城际未贯通路段和瓶颈路段,畅通沿淮景观区许多景点“最后一公里”。提升蚌埠铁路枢纽地位,对接新建的商合杭高铁,有效联系中原、江淮与长三角,加快融入“淮河生态经济带”。开辟淮河航道旅游专线,将沿淮山水风光、历史遗迹、古镇风貌串联起来,与登岸驱车一小时内的景点实现延伸对接,让游客可直接到达各个景区。

4. 发挥政府主导作用

旅游业的开发需要政府的监管,安徽省政府应充分发挥主导作用,落实国家有关部门支持旅游业发展的各项政策,合理规划,对淮河生态旅游从整体上做好顶层设计,走可持续发展之路。在政策导向和扶持力度上,将淮河生态旅游纳入“淮河经济带”。把淮河生态保护建设和旅游开发,作为重大项目,支持向国家申报建设“皖北国家生态文化旅游示范区”。支持淮河流域历史文化大遗址申报国家项目,建设遗址公园。利用示范项目的引领作用,引导支持使用河滩地、湖洼地、废弃的庄台、采矿塌陷区开发旅游项目,优先安排新增建设用地计划指标,为淮河生态旅游的开发提供良好的政策保障与外部环境。

铁路与近代淮河流域煤炭业的发展

朱正业

摘　要:近代以来,京汉、津浦、陇海两纵一横的三大铁路干线及淮南铁路在淮河流域相继建成和通车,改变了淮河流域交通运输结构,有力地推动了淮河流域交通运输方式的发展。水路和公路作为铁路的延伸线,发挥着补充和辅助的作用。因铁路运输运量大、运价低、效率高,所以煤炭运输成本大大降低,从而推动了煤炭产量的大幅度增加。煤矿企业在为铁路运输提供丰富货源的同时,也为火车机车的正常运行提供了充足的燃料。正是铁路与煤炭业之间相互促进、相互推动的关系,为淮河流域煤炭业的发展注入了强大的动力。

关键词:铁路;近代;淮河流域;煤炭业

近代淮河流域煤炭储量丰富,是我国黄河以南最大的煤炭生产基地。煤炭业作为近代淮河流域的支柱产业,在全国占有十分重要的地位。京汉、津浦、陇海、淮南等铁路在淮河流域相继建成和通车,有力地推动了淮河流域煤炭业的发展。本文拟对铁路与近代淮河流域煤炭业的发展问题做系统探讨。

一、淮河流域铁路的筹建

19 世纪 90 年代,在西洋文明的猛烈冲击下,清政府为御外侮,逐步认识到铁路在发展实业、增强国力方面的作用,将修建铁路定为国策。淮河流域位于中国中东部,资源丰富,区位优势明显,在近代铁路的筹建中,得到了历届政府的重视。至 20 世纪上半叶,京汉、津浦、陇海两纵一横的三大铁路干线,淮南铁路及运煤专线先后在淮河流域贯穿延伸,改变了淮河流域交通运输结构。

三大铁路干线:京汉铁路于 1906 年 4 月全线正式通车,它是第一条贯穿淮河流域南北的大动脉,在淮河流域河南境内设有郑州、新郑、许州、临颍、郾城、西平、遂平、驻马店、确山、信阳等站点。津浦铁路于 1912 年 11 月全线通车,其由北向

作者简介:朱正业,男,安徽大学历史系教授。

南，纵贯淮河流域山东、安徽、江苏三省，设有邹县、兖州、滕县、徐州、蚌埠、宿县、临淮关、明光等站点。津浦铁路北与济南、天津相通，并在济南与胶济铁路会接，可直达青岛；南与南京相连，并通过沪宁线与上海相接。陇海铁路于1936年全线竣工，它横贯淮河流域东西，经过淮河流域东海、宿迁、铜山、萧县、砀山、虞城、商丘、宁陵、民权、开封、中牟、郑县、荥阳、夏邑、睢县、考城等地。

淮南铁路：1930年9月，为解决淮南煤矿的煤炭外运问题，南京国民政府修建了矿洛铁路（九龙岗至洛河），但“仅恃矿洛轻便铁道运至洛河镇，然后船装蚌埠转津浦车南下，供浦口、无锡、上海各埠之需要，徒以辗转运输，装卸频繁，每日仅能运出八百吨”①。为“提倡国煤生产，供给长江沿岸”②，南京国民政府决定修建一条自田家庵矿山至芜湖裕溪口的淮南铁路。1936年1月，淮南铁路正式通车，除具有运煤功能外，还为淮河流域其他物资的输出提供了通道。

运煤专线：铁路通车后，因其运量大，价格低，成为煤炭外运的理想方式。为了方便煤炭的运销，淮河流域部分煤矿先后修建多条运煤铁路支线与干线衔接。1907年8月，中兴煤矿申请修建一条由煤矿至台儿庄的运煤铁路，邮传部详细核查后，认为“该公司所办煤矿质佳苗旺，只因艰于转运，未能即时扩充”，允准其“自修铁路”③。1910年3月，台枣支线正式通车。此后，枣庄煤炭经由台枣支线运至台儿庄后，或由运河运往江苏，或北上济宁。1912年，津浦铁路通车后，中兴煤矿以运河枯浅、运量有限为由，要求修建一条自枣庄至临城（今薛城）的铁路支线，“因铁路与煤矿有运煤与供煤的互惠关系，遂应所求”④。同年5月，临枣支线修建通车。1914年，建造了柳泉至徐州贾汪煤矿的贾柳铁路支线。1935年，在台枣（台儿庄至枣庄）支线的基础上，中兴煤矿又修建了台赵（台儿庄至赵墩）支线，在赵墩站与陇海铁路连接⑤。中兴煤矿铁路支线情况见表1所列。

---

① 《淮南煤矿概况》，《经济建设半月刊》，1937年第9期。

② 国民党中央党部经济计划委员会：《十年来之中国经济建设（1927—1936）》上篇第1章，南京古旧书店1990年影印，第43页。

③ 《奏为峄县华德中兴煤矿有限公司拟就续招华股及公司存款购办料物自修运煤铁路事》，附片，中国第一历史档案馆馆藏，档号：04-01-36-0114-037。

④ 金士宣，徐文述：《中国铁路发展史（1876—1949）》，中国铁道出版社，1986年，第135页。

⑤ 曾鲲化：《中国铁路史》（第3册），台湾文海出版社，1973年影印，第767-768页。

表 1　中兴煤矿铁路支线统计表

煤矿名	路名	起讫点	通车年份	里程(千米)	备注
中兴煤矿	台枣铁路	台儿庄至枣庄	1910 年	41.5	在台儿庄与运河连接(当时津浦铁路尚未建成通车)
中兴煤矿	临枣支线	临城至枣庄	1912 年	31.01	在临城站与津浦铁路连接
中兴煤矿	台赵支线	台儿庄至赵墩	1935 年	30.3	在赵墩站与陇海铁路连接

资料来源：曾鲲化：《中国铁路史》(第 3 册)，台湾文海出版社，1973 年影印，第 767–768 页。

除此之外，还计划筹建经过淮河流域的多条铁路，如河南周家口经漯河至湖北襄阳的周襄铁路、胶济铁路高密站至津浦铁路韩庄站的高韩延长线等。然而，受政局动荡、战事迭起、资金短缺及利益分配不均等多种因素的掣肘，以及线路规划上缺乏充分的调研和长远的眼光，路线选择上缺乏必要的沟通和统一规划，多项铁路兴修计划都归于夭折。

二、铁路运输与水路运输的竞争与互补

淮河流域河流众多，湖荡星罗棋布，水力资源丰富。在铁路引入前，淮河流域运输主要依靠以淮河和大运河为主干的水运体系，传统驿道作为水运的补充，多用于短途运输，为水运集散物资。淮河流域煤炭主要通过淮河、运河等水路运销到各地。然而，传统水运系统运量小、速度慢，严重制约了煤炭的运销，如徐州煤矿，常常"积煤至数千吨无力屯运"①。

铁路的出现，极大地冲击了淮河流域原有以水运为主体的交通运输格局，部分水运和民间运输的定位开始发生变化，"江苏北部、安徽北部、河南东部以及山东南部等处货物，向来利用运河转运各方"②，在与运河平行的京汉、津浦铁路建成通车后，大部分货源被铁路所吸纳，"中国东部贯通南北的重要水道——运河继受海运影响之后，又一次遭受致命的打击"③。济宁"在昔以运河为沟通南北之要道……自筑津浦铁路后，客货多半改由火车载运"④。同样，自陇海铁路通车后，与

① 《详述矿务》，《申报》，1885 年 5 月 2 日。
② 宓汝成：《帝国主义与中国铁路(1847—1949)》，上海人民出版社，1980 年，第 598 页。
③ 宓汝成：《帝国主义与中国铁路(1847—1949)》，上海人民出版社，1980 年，第 600 页。
④ 实业部国际贸易局：《中国实业志・山东省》，1934 年，第 4 编，第 223 页。

陇海铁路平行的淮河干流也逐渐"失去了向来作为安徽、江苏之间货运通道的价值,货运大半舍河道而改由铁路。淮河在运输上的价值减少到只是对铁路起些辅助作用而已"①。

水路作为铁路的延伸线,发挥着补充和辅助的作用。一方面,水路将产品从铁路无法触及的地区集中运至铁路沿线,然后再通过铁路运往各地;另一方面,那些通过铁路运至淮河流域商埠的产品,也经水路分销至淮河流域各地,如津浦铁路通车后,淮河流域的工业原料,"通过水运,络绎不绝地运到蚌埠,再经铁路火车转运,向南运往沪宁,向北运到平津"②。

因铁路线路稀疏,在运力不够的情况下,也需要水路运输的支持,如中兴煤矿于1912年修建台枣铁路支线通车后,产量骤增。1934年,年产量为100余万吨。津浦路因车辆少而无法保证煤炭的正常运销,中兴公司不得不增购运输工具和扩建台儿庄码头。据统计,仅船只一项,就从1912年前的30多只增加到1922年的70多只;1930年,又新增各类船只48只;到1934年,又购入海轮7艘、拖轮3艘、铁驳6只。台儿庄码头的煤炭吞吐量不断增大,由每年数万吨增至每年数十万吨,最高时达55万吨左右③。1911年5月,津浦铁路淮河铁桥竣工通车后,蚌埠逐渐成为淮河中游的水运中心,常泊于此的民船多达千余只,小轮10余艘④。可见,即使在铁路运输相对发达的地区,也要依赖水路运输的合作和辅助。

三、铁路运输与煤炭业的发展

"煤业之发达,全赖交通之便利。"⑤淮河流域蕴藏着丰富的煤炭资源,但由于受运输条件的限制,煤炭生产一直维持在较低的水平。作为现代交通运输方式之一,铁路的出现为煤炭运销提供了极大的便利。津浦、陇海等铁路干线及淮南铁路建成通车后,火车不仅成为淮河流域煤炭流动的重要载体,同时还吸纳了大量煤炭作为其燃料,淮河流域的一些煤田得以大规模开发,煤炭工业得到更大的发展。

一般来说,煤矿企业的选址是以煤炭资源的自然分布为考量的。在淮河流域,位于铁路线上的煤矿企业相对较少,一些煤矿企业虽位于铁路沿线,但距铁路车站尚有一段距离,只有通过船只或马车等其他运输方式与铁路连接。相对于其他运输方式而言,铁路运输量大价低,是煤炭外运的理想方式。以徐州贾汪煤矿为例,

---

① 宓汝成:《帝国主义与中国铁路(1847—1949)》,上海人民出版社,1980年,第599页。

② 蚌埠市政协蚌埠市志编纂委员会:《蚌埠古今》,第1辑,1982年,第66页。

③ 武醒民:《山东航运史》,人民交通出版社,1993年,第233-234页。

④ 马茂棠:《安徽航运史》,安徽人民出版社,1991年,第231-232页。

⑤ 张玉法:《民国山东通志》,第2册,台湾山东文献杂志社,2002年,第20页。

1912 年,津浦铁路运行后,柳泉成为津浦线上的一个停靠站,但因贾汪煤矿至柳泉有 15 千米的路程,大量的煤炭只能靠人力、畜力的方式运至柳泉车站。如果以牛车计算运费,从贾汪至柳泉每吨约需 7 角,每年运煤 10 万吨,需支付运费达 7 万元[①]。这种运输方式不仅运费高,而且运输效率低下,损耗大,煤炭成本大大增加。为扩大煤炭的运销量,煤矿企业通过修建铁路支线将所采掘的煤炭以更为低廉、便捷的方式运销到全国各地。中兴煤矿,其"规模之伟大,营业之发达,在我国矿业中,可称首屈一指,津浦一停,则中兴亦不能继续其营业,存煤完全壅滞,工作亦归停顿,由此可知'运输实为矿业之命脉'"[②]。如贾汪煤矿,1914 年建成柳泉至贾汪的贾柳铁路支线后,煤炭销量的扩大推动产量直线上升。1915 年,煤炭年产量为 3 万吨,至 1923 年达 183462 吨[③]。淮南铁路通车后,"产煤得运输上之便利,成本减轻"[④]。过去,淮南煤炭经津浦铁路运至浦口,再转上海,每吨运费约 6 元。淮南铁路完工后,运至上海仅约需 4 元[⑤],节省运费 2 元左右。与人工运输相比,铁路运费不及其三分之一[⑥]。运输成本的降低,运输渠道的畅通,带动了一些煤矿的大规模开采。1935 年,淮南煤矿东西厂产煤增至 290480.58 吨,比 1933 年多 125668.16 吨[⑦]。

为扶持煤矿企业的发展,铁路局在铁路通车初期给予煤矿运煤专价待遇。1912 年 6 月,津浦铁路局与中兴煤矿公司订立的《减价运煤合同》中规定:凡运往浦口和天津有外煤竞争的车站,载重量为 20 吨的专列每英里运价为 1 角 6 分,即每吨英里为 8 厘;运往徐州、济南等无外煤竞争的车站,载重量为 20 吨的专列每英里运价自 1 角 9 分至 2 角 1 分不等,即每吨每英里自 9 厘 5 毫至 1 分 5 厘不等[⑧]。1913 年,津浦铁路局也给予贾汪煤矿以运煤专价待遇,而且这种优惠运价多年未变。1930 年,津浦铁路货物运价共分六等,其中第六等货物运价为每吨每公里 1 分 7 厘,而对于中兴煤矿的运煤仍然只收 1912 年铁路创办初期合同规定的 5 厘到 6 厘[⑨]。受惠于铁路运输的便利和铁路运价的差别待遇,煤矿企业的市场竞争力增强,煤炭的销售范围日益扩大。如在铁路修建以前,中兴煤矿公司的煤价贵,销场

---

① 余明侠:《徐州煤矿史》,江苏古籍出版社,1991 年,第 185 页。

② 包左辉:《道路与矿冶》,《安徽建设》,1929 年,第 3、4 号合刊。

③ 余明侠:《徐州煤矿史》,江苏古籍出版社,1991 年,第 190 页。

④ 《淮南煤矿概况》,《经济建设半月刊》,1937 年第 9 期。

⑤ 谢国兴:《中国现代化的区域研究:安徽省(1860—1937)》,(台湾)"中央研究院"近代史研究所,1991 年,第 308 页。

⑥ 淮南煤矿局:《淮南煤矿六周年纪念特刊》,1936 年,第 72 页。

⑦ 淮南煤矿局:《淮南煤矿六周年纪念特刊》,1936 年,第 69 页。

⑧ 交通铁道部交通史编纂委员会:《交通史路政编》,第 2 册,1935 年,第 2133、2137 页。

⑨ 金士宣、徐文述:《中国铁路发展史(1876—1949)》,中国铁道出版社,1986 年,第 340 页。

窄,销路"仅限于运河沿岸";铁路告成后,运价减少,煤价降低,煤炭畅销于南至济宁、北至徐州、东抵海州、西达开封及洛阳的广泛区域①。

煤炭运输的便利与产量的提高,带动了以煤炭为原料的炭厂的兴起和发展。如蚌埠的中兴炭厂就是在津浦铁路通车后,随中兴煤矿的发展而诞生的。为降低运费、方便煤炭的运销,1917年,中兴炭厂租用津浦铁路岔道,使中兴煤炭经岔道直接运进炭厂内。此后,中兴炭厂进煤量大增。专用线使用300吨车皮运煤,每次可进煤200余吨,年进煤量达万吨。炭厂建有焦窑,烧窑炼焦,10立方米左右的焦窑每窑可装煤50吨,一周出一窑,生产规模之大可见一斑。中兴原煤销路更好,每当烤烟季节,邻县四乡的烟农纷纷来中兴买煤,炭厂里里外外车辆成行,驴驮担挑,日夜络绎不绝②。

铁路为煤炭工业的发展提供了运输上的便利,同时,煤矿增产也为铁路提供了充足而稳定的货源。"我国国有铁路,每年运货,矿产品几居半数,其中自以煤斤为主要。"③淮南铁路的最主要货源就是煤炭,"全路十五辆机车,二百辆客货车,几有不敷应用之势,连同代运大通之煤,暨本矿产煤运费,日可收入万四千元,再加上日出煤千八百吨,路矿两方日已可进款三万元"④。京汉、津浦、陇海铁路运煤吨数占运输总量之比见表2所列。

表2 京汉、津浦、陇海铁路运煤吨数占运输总量之比 (单位:%)

年份 \ 路别	平汉路	津浦路	陇海路
1916	46	21	56
1921	51	24	30
1922	54	32	45
平　均	50	26	44

资料来源:胡荣铨:《中国煤矿》,商务印书馆,1935年,第21-22页。

从表2可以看出,在所选取的1916、1921、1922三年的数据中,平汉路1922年运煤吨数占运输总量达54%,三年平均为50%;津浦路1922年运煤吨数占运输总量达32%,三年平均为26%;陇海路1916年运煤吨数占运输总量达56%,三年平均为44%。很显然,煤炭运量在三大铁路运输物资中所占的比重非常大。

① 实业部国际贸易局:《中国实业志·山东省》,1934年,第7编,第22页。
② 蚌埠市政协文史办公室等:《蚌埠工商史料》,第9辑,安徽人民出版社,1987年,第119页。
③ 胡荣铨:《中国煤矿》,商务印书馆,1935年,第20页。
④ 《淮南煤矿概况》,《经济建设半月刊》,1937年第9期。

煤矿产量的提高，一方面增加了铁路的运量，另一方面也为铁路的正常运行提供了充足的燃料。火车主要是以煤炭为动力，维持火车的运行，需要耗费大量的煤炭，现以平汉、津浦、陇海三条铁路为例，将铁路机车用煤量列表如下（表3）。

表3　平汉、津浦、陇海铁路机车用煤量统计表

时间 / 数量 / 路别	1932年7月至12月		1933年1月至6月	
	半年消耗总额（公吨）	每公里用煤平均数（公斤）	半年消耗总额（公吨）	每公里用煤平均数（公斤）
平汉铁路	109237	26.87	107981	23.66
津浦铁路	105775	24.94	96146	20.74
陇海铁路	42247	34.04	44961	30.55

资料来源：根据铁道部秘书处：《铁道年鉴》（第2卷），商务印书馆，1936年，第550–556页表格统计。

由表3可知，1932年7月至1933年6月，平汉铁路耗煤量为217218公吨，津浦铁路耗煤量为201921公吨，陇海铁路耗煤量为87208公吨①。三大铁路干线的年耗煤量极为可观，其中相当一部分来自淮河流域煤矿。如1927年中兴煤矿煤炭年销量为36万多吨，其中有21万多吨供给铁路用作燃料，占年销量的58.3%。

孙中山曾经指出："交通为实业之母，铁路又为交通之母。国家之贫富，可以铁路之多寡定之；地方之苦乐，可以铁路之远近计之。"②近代淮河流域煤炭业的发展，是多种因素合力作用的结果，毋庸置疑，铁路是十分重要的因素之一。津浦、陇海等铁路干线，以及淮南铁路等先后在淮河流域贯通，冲击了以水运为主体的原有交通运输格局，水路和公路作为铁路的延伸线，发挥着补充和辅助的作用。铁路运输运量大、运价低、效率高，使得煤炭成本大大降低，从而推动了煤炭产量的大幅度增加。煤炭产量的提高不仅为铁路提供了丰富的货源，也为火车机车的正常运行提供了充足的燃料。正是铁路与煤炭业之间相互促进、相互推动的关系，为淮河流域煤炭业的发展注入了强大的动力。

---

① 铁道部秘书处：《铁道年鉴》（第2卷），商务印书馆，1936年，第550–556页。

② 孙中山：《孙中山全集》，第2卷，中华书局，1986年，第383页。

带状布局：淮河流域文化旅游产业空间建构策略

陈德琥

摘　要："十三五"以来，带状格局已取代传统的点状、环状空间结构，构成中国文化产业发展的新趋势。淮河流域文化旅游产业应以《淮河生态经济带发展规划》为依据，致力于省际（城际）协调发展合作共赢的带状布局。该布局主要是围绕绿色长廊、多方联动和项目引领等协调发展策略，建构"贯通南北、连接东西"的带状发展空间，真正发挥"促进中部地区崛起"的桥梁和纽带作用。

关键词：淮河流域；文化旅游产业；空间；带状布局；协调发展

时值空间崛起时代①，空间已经成为审思事物存在之维的重要视角。对于跻身国家发展战略的"淮河生态经济带"来说，同样面临空间生产与再生产问题。特别是2018年11月国家发展和改革委员会正式下发《淮河生态经济带发展规划》（以下简称《规划》，规划期：2018—2035年）以来，淮河流域五个省份的相关地区中的六个"国家区域中心城市"，如何优化空间布局，发挥"贯通南北、连接东西"的桥梁和纽带作用，成为今后落实"淮河生态经济带"国家发展战略的新课题。从目前发展状况来看，省际（城际）互动合作协调发展等方面还有许多有待改进之处，必须尽快科学谋划、合理布局、推进工作。以文化旅游产业为例，伴随"十三五"规划以来文化产业的带状空间已取代过去点状、环状为主的发展格局②，突破行政区划壁垒，建构守望相助、合作共赢的带状发展空间已成为未来发展的必然趋势，也是满足各方利益诉求的主要途径。然而，目前省际（城际）联动机制不尽完善，带状发展格局还未形成。因此，加强淮河流域文化旅游业的带状发展布局，推进省际（城际）联动合作，是实施协调发展、绿色发展进而落实《规划》的重要课题。

作者简介：陈德琥，男，就职于亳州学院，常年从事亳文化研究工作。

①　夏铸九：《空间的文化形式与社会理论读本》，台湾明文书局，1988年版第225页。

②　范建华：《带状发展："十三五"中国文化产业发展新趋势》，《云南师范大学学报（哲学社会科学版）》，2015年第3期。

一、国家战略:“淮河生态经济带”的发展规划

《中华人民共和国国民经济和社会发展第十三个五年规划纲要》在第三十七章第三节“促进中部地区崛起”中指出:“支持中部地区加快建设贯通南北、连接东西的现代立体交通体系和现代物流体系,培育壮大沿江沿线城市群和都市圈增长极。有序承接产业转移,加快发展现代农业和先进制造业,支持能源产业转型发展,建设一批战略性新兴产业和高技术产业基地,培育一批产业集群。加强水环境保护和治理,推进鄱阳湖、洞庭湖生态经济区和汉江、淮河生态经济带建设。”这里有几点值得注意:其一,以“十三五”规划为标志,“淮河生态经济带”成为新的国家发展战略;其二,“淮河生态经济带”建设主要发挥“贯通南北、连接东西”“承接产业转移”的桥梁和纽带作用;其三,“淮河生态经济带”建设以“加强水环境保护和治理”的“绿色发展”“促进中部地区崛起”为主要目标。

显然,“淮河生态经济带”国家发展战略部署决定了突破行政区划壁垒、加强“带状发展”的必要性。早在2015年出版的《淮河生态经济带发展战略研究》中已经看出带状布局:以江苏淮安、安徽蚌埠、河南信阳等沿淮“中心城市”为依托,把苏北、皖北、豫南境内淮河流域建设成智慧型的“生态经济长廊”,并对接长三角一体化、中原经济区、皖江城市带以及江苏沿海开发、东陇海线发展战略等,从综合效益和更高层次上进行发展战略的全面提升①。

《规划》进一步明确了以带状发展为主的“一带、三区、四轴、多点”的空间格局——“一带”指的是“淮河干流绿色发展带”,以淮安、盐城、蚌埠、信阳为中心城市,重点建设高速铁路、公路,岸线、港口开发等综合立体交通走廊和水土保持、水源涵养的沿淮综合植被防护体系。“三区”是指“东部海江河湖联动区”“北部淮海经济区”和“中西部内陆崛起区”。“东部海江河湖联动区”以淮安、盐城为区域中心城市,依托洪泽湖、高邮湖、南四湖、黄海等海江河湖资源,强化与长三角、皖江城市带的对接互动;“北部淮海经济区”主要是提升徐州区域中心城市辐射带动能力,发挥连云港新亚欧大陆桥经济走廊东方起点和陆海交汇枢纽作用,推进淮海经济区协同发展。“中西部内陆崛起区”以蚌埠、信阳和阜阳为区域中心城市,积极承接产业转移,推动资源型城市转型发展,加快新型城镇化和农业现代化进程。“四轴”是临沂—连云港—宿迁—淮安—盐城—扬州—泰州发展轴、漯河—信阳—驻马店发展轴、菏泽—商丘—亳州—阜阳—六安发展轴、济宁—枣庄—徐州—淮北—宿州—蚌埠—淮南—滁州发展轴。“多点”是区域中心城市之外的其他城市,

---

① 顾为东:《淮河生态经济带发展战略研究》,江苏人民出版社,2015年版第16页。

形成多点支撑体系。

由此可见，从"十三五"规划纲要明确"淮河生态经济带"国家发展战略到《规划》的出台，"贯通南北、连接东西"的"经济带""发展轴""文化走廊"等带状布局将取代点状、环状为主的传统的产业空间结构。带状布局成为落实《规划》的重要举措。

二、带状格局：淮河流域文化旅游业的发展逻辑

西方马克思主义者列斐伏尔曾断言："为了改变生活……我们必须首先改变空间。"①因此，改变淮河流域文化产业发展状况也应当从改变发展空间入手。历史地看，淮河流域在内向型经济主导模式下曾有过大发展的机会，但在外向型经济背景下失去了优势。而到了智慧经济时代，面对北有"中原经济区"、南有"长江经济带"的发展局面，淮河流域终于跻身国家发展战略之列，迎来了十分难得的发展机遇。伴随文化产业带状空间对传统空间格局的变革，从历史逻辑、理论逻辑到实践逻辑上厘清淮河流域文化旅游业须以带状布局为主显得尤为必要。

（一）历史逻辑

一般而言，文化旅游产业包括三个层面：产业是经济形态，旅游是消费方式，文化则是灵魂和魅力所在。而文化的生成与传播，为文化旅游产业的带状格局奠定了基础。从历时性角度来讲，人类通过代际濡化、传承而固守着原始文化；而在共时性视角下，本土文化与异文化的涵化、交融又从未间断，进而催生出新的文化。前者受所处地域风土民情以及行政区划等因素的影响，文化濡化的结果自然而然地形成了圈态（或环状）的地域文化，如徽文化等；而后者则在文化涵化过程中，突破本土文化的圈态形构而呈现为带状空间格局，向更大范围拓展，如"运河文化"等。人是承载着文化而不停行走的主体，文化与旅游具有天然的耦合性。因此，点状、环状布局虽也是文化旅游产业应当注重的发展空间，甚至是内向型经济时代的主要空间布局，但在当今时代，带状格局更易于文化"请进来""走出去"，对旅游产业发展具有更重要的意义。从历史上看，带状格局又与经济发展联系紧密：处于文化带状空间中的城市往往都是经济相对发达之处。比如，在中国古代文化南渐过程中，淮河流域处于"贯通南北"的带状空间中，曾是经济高地，文化旅游资源相当丰富；而到了近代，在外向型取代内向型经济成为主导的背景下，淮河流域"连接东西"的带状空间不尽完备，经济也陷入了低谷。适逢当今智慧型经济主导下的全新发展背景，《规划》"贯通南北、连接东西"的新布局显然给淮河流域文化旅游

---

① ［法］H. Lefebvre. The Production of Space［J］. Oxford：Blackwell Press，1991：190.

产业带来更多新的发展机会。

1. 古代—内向型经济—纵向发展(文化南渐)

在中国古代内向型经济模式下,伴随文化的不断南渐,淮河流域处于“贯通南北”地带而经济发达。像重要城市“郑汴洛”等自不待言,即以济水之上的城市济宁为例,自开通漕运(《元史·河渠志》记载:“济州河者,新开以通漕运也”)始,元明清三朝均设有最高司运机构“河道总督衙门”。济宁便凭借京杭“大运河”黄金水道,成为运河沿岸的重要城市。元人赵孟頫作《济州》云:“旧济知何处,新城久作州。危桥通去驿,高堰裹行舟。市杂荆吴客,河分兖泗流。人烟多似簇,聒耳厌喧啾。”连马可·波罗也在其“游记”写道:济宁“是一个雄伟美丽的大城,商品与手工艺制品特别丰富”;而运河中“航行的船舶,数量之多,几乎令人不敢相信”。由此可见,济宁在中国古代内向型经济背景下的繁华盛景。济宁古“运河”水道成为一条文化内涵丰富、旅游资源密集的文化遗产廊道。

2. 近代—外向型经济—横向发展(重心东移)

到了近代,中国闭关锁国局面被打破之后,外向型经济取代了自给自足的内向型经济。经济发展重心也有内陆城市向沿海城市转移。而在重心东移过程中,淮河流域“连接东西”的桥梁作用未得到凸显,城市经济便一落千丈,像“市杂荆吴客”的繁华之地济宁也逐渐衰落。相反,上海、天津等沿海城市却在近代历史上得到长足发展。应当看到,淮河流域在近代史上也在不断争取发展的机会,比如,连云港(海州)曾是清政府为保主权、振兴商务的“自开商埠”,目的是为淮河流域经济发展注入活力,只是整体效果不太明显。主要问题是对内陆渗透不足,远未达到上海对长江流域、天津对黄河流域的辐射、引领与影响程度,因此连云港(海州)在淮河流域“连接东西”的桥梁作用未充分凸显。与之相应,淮河流域经济也逐渐走向低迷,类似济宁“风光不再”的城市比比皆是。

3. 当代—智慧型经济—多向发展(带状格局)

当今社会已进入知识经济时代,“智慧型”经济取代了“汗水型”经济成为主导,并带来诸多变化。其一,信息和知识成为生产要素,“创意”“创新”“创造”“创业”是经济发展的本质与核心。其二,从经济增长与自然环境关系来看,“经济生态化”①是必然趋势。其三,就经济增长与社会发展关系看,竞合经济、双赢经济、合作经济是主要形态②。正是在智慧型经济发展背景下,中国文化产业以“一带一路”倡议为标志,进入带状发展的新布局。淮河流域文化旅游产业也到了总结古

① [俄]乌斯科娃·塔玛拉·维塔利耶芙娜:《论经济生态化问题》,肖群、查甜甜译,《鄱阳湖学刊》,2016年第3期。

② 陈世清:《什么是智慧经济》,《商业文化》,2016年第29期。

代到近代的经验与教训，做好“对称型”“再生型”“生态型”“发展型”的智慧型经济建设的关键时期了。按照《规划》要求，建构“贯通南北、连接东西”的文化产业带状发展空间，紧密对接长三角一体化、中原经济区、皖江城市带、江苏沿海开发区进而联通“一带一路”是历史的必然。

（二）理论逻辑

淮河流域文化旅游产业的带状发展格局，也与文化产业理论探索密切相关。自2009年《文化部国家旅游局关于促进文化与旅游结合发展的指导意见》出台以来，中国文化旅游产业从萌芽、初始、成熟进入现如今的创新阶段①。针对智慧型经济建设的需要以及新兴产业门类、新业态不断呈现的现状，对文化产业进行大解构、大变革、大融合、大转型、大升级已时不我待。“带状发展”理论应运而生。

1.“带状发展”理论

云南省社科联主席范建华认为：“‘十三五’是中国文化产业发展的重要拐点，带状发展成为中国现阶段文化产业发展的新趋势。”而且“在带状发展的空间布局下，我国的文化产业必将走向国际市场，丰富国内市场，提升产品升级换代，出现历史性跨越发展和几何级数倍增的新特点；而大数据时代的到来势必要求做好顶层设计和规划，实现大数据分析、决策、定位和拓展。在这个过程中，必须突破现行行政区划限制、突破产业门类分割、突破市场壁垒束缚、突破管理体制制约，最终使中国的文化产业发展形成统一市场、统一标准、统一国民待遇的公平竞争大格局。”②正是在这一大变革的背景下，他提出了“带状发展”学说。国家发展和改革委员会特邀研究员郭凡礼也曾以实际数据证实，“带状”空间布局使得文化产业的发展充满了机遇③。实际上，《规划》就是点面结合而凸显协调发展和以“带状发展”为主的国家发展战略。

2.“淮河生态经济带”“带状布局”学术探讨

早在2010年6月，国家发展改革委颁发软科学重大问题研究项目“中国东中部地区协调发展——以淮安、蚌埠为双核，建设淮河生态经济走廊”即正式启动，此后展开了大量调研和学术交流活动，从理论上厘清“淮河生态经济走廊”的空间发展定位。其中，有几次重要的学术交流活动值得一提。比如，2012年10月在北京钓鱼台召开了“建构淮河生态经济走廊研究”（课题已更名）中期成果座谈会，围绕淮河下游黄金水道开发、发展轴确定等生态经济走廊问题做了深入的理论探讨，

---

① 张宏梅、赵忠仲：《文化旅游产业概论》，中国科学技术大学出版社，2015年版第22页。

② 范建华：《带状发展："十三五"中国文化产业发展新趋势》，《云南师范大学学报（哲学社会科学版）》，2015年第3期。

③ 李晗：《充满机遇，带状发展——访国家发改委特邀研究员郭凡礼》，《经济》，2017年第1期。

明确了项目后期工作的重点。2013 年 8 月，课题名称正式更改为“淮河生态经济带发展规划”，国家发展改革委、水利部、农业部、交通部，江苏省、安徽省、河南省发展改革委，沿淮各城市主要负责人及专家们对课题成果《淮河生态经济带发展战略规划研究报告（2013—2030）》做了研讨，提出了具体的意见和建议，12 月课题结项。2015 年 12 月，《淮河生态经济带发展战略规划研究》由江苏人民出版社出版，研究成果被“十三五”规划采纳。又如，2017 年 9 月，中华环保联合会、水利部治淮委员会、蚌埠市人民政府主办了以“凝聚绿色力量，建设生态淮河”为主题的“淮河流域绿色发展论坛”。会上，有学者提出了“淮河流域文化产业带建设”问题并做了主题发言，引起主办单位、国内学者以及江苏、安徽、河南等省与会人员的关注，《蚌埠日报》做了报道。相关学术活动对淮河流域文化旅游产业的带状发展起到一定的推动作用。

（三）实践逻辑

旅游是人的消费活动的具体展开，即“在吸引和接待游客与来访者的过程中，游客、旅游设施、东道国政府和接待团体的相互影响，所产生现象与关系的总和”①。显然，旅游的主要内容是“吸引”与“接待”，游览与观光，休闲与体验，由此而产生“相互影响”。文化旅游产业的三个层面——“文化”“旅游”“产业”在历史逻辑、理论逻辑到实践逻辑三个方面也各有侧重。历史逻辑重在“文化”揭示，理论逻辑注重“产业”发展，而第三个层面——“旅游”活动，显然是实践逻辑所应关注的。在知识经济时代，旅游与文化融合，旅游方式的转变，省际（城际）互动等都凸显出带状发展的现实紧迫性。

1. 旅游与文化的融合

文化与旅游具有天然的耦合性。从 20 世纪 90 年代的“东方列车”到“《印象》系列实景演出”无不昭示旅游与文化的融合。由于历史的原因，淮河流域纵向与横向分布的旅游文化资源并不平衡——大体上呈鱼骨状的空间结构。形成“贯通南北”的文化资源比较丰富，而“连接东西”文化资源挖掘难度较大；甚至纵向交通也远比横向交通具有优势。淮河流域文化旅游产品开发也必须积极面对历史以及旅游与文化相融合趋势，围绕“品”“享”“通”“学”“汇”“动”旅游的六要素来拓展发展空间。从目前发展状况来看，纵向开发如京杭大运河（沟通海河、黄河、淮河、长江、钱塘江五大水系，全长 1794 千米）等已得到高度关注②；而横向发展如横跨东西的“花鼓灯文化走廊”（是连接安徽省蚌埠市、淮南市、阜阳市到河南省信阳市

---

① ［美］罗伯特·麦金托什、夏希肯·特格波特：《旅游学：要素·实践·基本原理》，薄红译，上海文化出版社 1985 年版，第 50 页。

② 章彦潇．从京杭大运河到大运河文化带［EB/OL］．wenhua. youth. cn/-2017-9-6（中国青年网）．

的花鼓灯狭长传播带）也在积极谋划中。从整体上看，旅游与文化的深度融合已成共识。

2. *旅游方式的转变*

现代旅游方式的转变同样对文化旅游产业带状空间布局提出了现实需要。这不仅仅体现在传统旅游的“观光式”向现代旅游“休闲体验式”转向，更重要的是，“穷游”“近游”“自助游”“半自助游”等代替了原来的“富游”“远游”和“跟团”等方式。这也在很大程度上为淮河流域文化旅游产业带状发展带来契机。协同合作打造淮河文化“休闲体验”的带状空间将成为淮河流域现代旅游的亮点和相关城市的共同名片。实际上，不少有识之士曾对此做过深度调研（比如蚌埠市就曾两度组织从淮河源头一直到入海口的集体考察等），并对旅游发展、交通建设等提出了意见与建议。相关调研成果指出，跨城、跨省旅游景区（点）的带状布局、线性发展是满足淮河民众“穷游”“近游”的“主战场”，同时也是吸引异地游客的“重头戏”；与之相配套的交通、5G技术等也需着手相继跟进。

3. *带状发展格局*

《规划》是侧重于带状发展空间的新设计。上文提及，古代内向型经济主导模式下曾留下许多可资利用的带状发展资源：“水路即戏路”的京杭大运河；而经由信阳、寿县、淮安（分属于河南、安徽和江苏省）的南北进军路线也是淮河文化陆路传播的三条带状分布空间。只不过是，“十三五”规划之前各省各地区主要立足于点状、环状空间布局进行开发，而缺失带状发展的建设思路与视野。在带状发展新布局下一切都变了，像《规划》中的“一带”“四轴”等空间布局大不同于原来的点状、环状空间形构。不少地方早已着手“带状发展”文化旅游产品开发，比如，京杭大运河旅游文化“四带”建设（山东段）已初具规模；安徽省蚌埠市“坚持核心带动、轴带发展、节点提升、对接周边”文化产业空间布局也是很有特色的“蚌埠现象”。带状发展成为主导“十三五”之后淮河流域文化旅游产业的新格局。

三、应对策略：淮河流域文化旅游业的带状布局

从历史逻辑、理论逻辑和实践逻辑上看，淮河流域文化旅游产业带状布局是落实《规划》的重要路向。然而，具体工作开展面临许多问题，诸如，各省及相关城市对《规划》的国家战略地位认识角度、水平不尽相同，省际（城际）协调发展、合作共赢机制还不健全等。就旅游文化产业而言，下一步的应对策略主要是围绕《规划》做“贯通南北、连接东西”的空间布局，以文化、科技与旅游深度融合发展为基本内容，以打造绿色廊道、形成联动机制和实施项目引领等为主要举措来推进淮河流域文化旅游产业带建设。

（一）绿色廊道

“淮河生态经济带”项目提出的“初心”之一是“打造绿色生态廊道”，也是《规划》的重要目标。生态淮河、绿色发展是淮河流域产业发展的不二选择。“生态”一词源于希腊文“oikos”，意为“家”或“住所”。“绿色理念”自1962年卡逊在《寂静的春天》中提出以来已深入人心，绿色发展成为五大发展理念之一，经济生态化也是未来发展的必然趋势。“生态淮河”、美好家园，“绿色廊道”、悠享生活是淮河流域美好的生活愿景。事实上，淮河人本不缺乏生态保护意识与生态智慧，如“因天地之资而与之和同”（《淮南子》）、“人与天调”（《管子》）等，寿县安丰塘（芍陂）还是春秋时代沿用至今的水利工程，淮安市的“运河文化”世界文化遗产名录也享誉全球……淮河人有智慧、有能力建设好美丽家园。按照《规划》要求，淮河“绿色廊道”的打造必须坚持“大生态”战略，建设好几个子系统，主要是基于“江淮生态大走廊”“沂沭泗生态走廊”“沿海滩涂湿地生态大走廊”以及提升“伏牛山—桐柏山—大别山生态保育功能”来建构带状发展空间。从有关省份“淮河生态经济带发展规划”来看，都很注重绿色经济（“绿色新政”）的“大生态”发展战略。比如，安徽省《淮河生态经济带（安徽段）发展规划（2017—2030年）》（由安徽大学牵头完成），以生态淮河、绿色发展为基本理念，提出了优化空间布局、建设现代产业体系、加强流域生态环境保护等具体任务、重点目标和主要措施，带状发展布局与绿色发展理念得到有机统一，文化生态旅游产业成为其中的重要组成部分。淮河“绿色生态廊道”发展格局得以凸显。

（二）联动机制

“淮河生态经济带”项目提出的又一“初心”是区域中心城市之间的协调发展，《规划》就是淮河流域区域一体化发展的未来设计。因此，构建省际—城际之间的互动平台，完善联动机制是基本策略。特别是带状空间布局，更应打破行政区划堡垒，形成省际—城际多方联动、协调发展、合作共赢的发展格局。从《淮河生态经济带城市合作（淮安）宣言》看，“创新实践、精诚合作，合力推动淮河生态经济带协作机制高效率运转”是其鲜明主题，并力争在“省际联席会议”统一组织领导下，“努力形成城市互动、区域联动、上下齐动的工作格局”。早在2018年6月，河南省已率先建立内部联动为主、外部协作为辅的保护淮河模式，迈出完善城市群之间协调发展的坚实步伐；11月，《规划》出台，从国家战略层面明确了“节约资源，保护环境”“互联互通，共建共享”“深化合作，扩大开放”等基本原则。2019年4月，淮河生态经济带省际联席会议在淮安如期召开，各成员城市领导共同签署《淮河生态经济带城市合作协议》，发布了《淮河生态经济带城市合作（淮安）宣言》和淮河生态经济带城市合作会徽；同年6月，在淮安又召开了淮河生态经济带青年企业家交流会。淮河生态经济带省际（城际）互动合作正在深入推进。像“省际联席会议”制、“城市合作市长会商会”制以及“企业家交流合作”制等联动机制也在逐步完善。

(三)项目引领

项目是具体抓手。历史地看,江苏、安徽等五省过去建设重点都不在淮河流域,基本上没有大的建设项目(江苏省在苏南,山东省在青岛及沿海地区,河南省在郑州中原城市群,安徽省则在合肥与皖江城市群),因此,拥有项目尤其是大建设项目对于“打造绿色生态廊道”尤为需要。一是要以“四轴”为主线,以(申报)建设国家级“淮河文化试验区”为引领,挖掘各省文化资源,打造具有一定世界影响的文化旅游带状发展产品,比如,上文提到的“花鼓灯文化走廊”;而以苏北淮安市的“运河文化”世界文化遗产名录为依托,联动山东省济宁市、苏南扬州市等地,建构淮河流域“运河(京杭)文化带”也很典型;等等。二是以省级文化旅游建设项目为依托,发挥国家区域中心城市职能,推出有全国影响的文化旅游带状布局产品,如围绕安徽省蚌埠市国家区域中心城市,整合固镇县、泗县、灵璧县等地文化资源,建立安徽省“垓下古战场”文化走廊;以江苏省盐城市为国家区域中心城市,挖掘淮盐文化资源,开辟江苏省“淮盐盐运古道”旅游文化产品;等等。三是市级文化旅游建设项目,主要是开掘县域文化资源,打造省内具有特色与优势的文化旅游产品,如围绕安徽省亳州市医都文化打造的十河镇万亩亳菊观赏长廊和十九里镇万亩亳芍观赏长廊,等等。通过项目推进、区域联动,深入挖掘淮河流域文化旅游资源,建设淮河流域“贯通南北、连接东西”的文化“长廊”“古道”,打造淮河流域文化旅游品牌,深度对接“一带一路”,才能真正发挥“淮河生态经济带”“促进中部地区崛起”的桥梁和纽带作用。

析论“一带一路”倡议与淮南文化旅游创新发展之关联性

崔景明

摘　要:“一带一路”倡议需要通过建设和平、繁荣、开放、创新和文明之路的“五路”得以推动,而建设“五路”的前提则是成就“政策沟通、设施联通、贸易畅通、资金融通和民心相通”的“五通”。树立“四个自信”,首先要有文化自觉和文化自信。道家思想博大精深,在中国思想文化发展的精神航道中散发着夺目光芒。析论借“一带一路”春风,促淮南历史文化旅游发展。

关键词:“一带一路”倡议;楚文化;淮南历史;文化旅游发展

“文化是一个国家、一个民族的灵魂。没有高度的文化自信,没有文化的繁荣兴盛,就没有中华民族的伟大复兴。”①从意识形态建设的文化维度来看,主流意识形态话语权的建立依赖于文化教育和思想宣传,二者都必须融入社会公共领域和人民群众的生活世界中,才能够发挥有效的作用。当代历史学家汤因比坚信,未来的人类社会要过渡到一个“世界国家”,西方社会是无法完成这样的任务的。西方不仅无法为世界提供永久和平的整合模式,而西方本身内部都无法统一②。故中国文明将为未来世界转型和21世纪人类社会提供无尽的文化宝藏和思想资源,进而说明中国倡导优秀传统文化的必要性。

当下倡导树立“四个自信”,首先要有文化自信和文化自觉。其中,文化自信首要在于推动文化走出去,而只有深入地了解自己文化的内在精神,才能更好地推广。

作者简介:崔景明,女,合肥工业大学马克思主义学院副教授,硕士生导师。现任合肥工业大学马克思主义学院“形势与政策”课教研部主任。

基金项目:安徽省哲学社会科学规划课题(2015年)项目(批准号:AHSKHQ2015D02)阶段性成果,并得到安徽省高校人文社科基地“合肥工业大学现代科技发展与马克思主义理论研究中心”的相关资助,特此说明。

①　党的十九大报告[EB/OL]. http://theory. people. com. cn/n1/2018/0613/c40531-30054070. html。

②　汤因比预言:中国文明将主宰人类未来[EB/OL]. https://www. sohu. com/a/257369164_120711。

自“丝绸之路”与“茶马古道”之后，明末至清徽商率先开拓出万里国际茶叶之路，再次连接欧亚大陆，并经历了几百年历史长河的变迁，宛如丝绸之路一样在中外经贸文化交流史上逐渐拓展为陆上国际通道。

安徽淮南作为世界上豆腐发源地的这一历史文化符号，凸显了文化自信与“一带一路”的内在关联性。相传淮南王刘安是豆腐的发明者，为了充分记录豆腐的文化内涵，从而把9月15日淮南王刘安的诞辰定为淮南豆腐文化节。1992年，首届淮南豆腐文化节开幕，这是一个集文化、旅游、经贸于一体的国际性商旅文化节庆[①]。正如淮南市文广新局副局长岳葆春所说的：“‘中国成语典故之城’的申报成功，为淮南系统开发利用成语典故资源，形成文化产业链，带动文化旅游产业发展，培育新的经济增长点，拓宽了城市转型发展路径。”[②]

“骆驼精神”和现在强调的“钉子精神”一脉相承，都是要坚持不懈、持之以恒，而安徽在打造“一带一路”重要腹地和枢纽的路上，将与“一带一路”沿线国家的贸易往来更加频繁，淮南也因此迎来了更多的发展机遇，尤其是地产行业将迎来前所未有的新机遇。淮南新城吾悦广场，是新城控股双核驱动战略模式和“1+3”战略布局的重要棋子。作为第四代都市综合体繁华淮南，致力于成为全年龄段覆盖，全人群覆盖的一站式消费圣地[③]。

“一带一路”倡议需要通过建设“和平、繁荣、开放、创新之路和文明之路”的“五路”得以具体推动，而建设“五路”的前提则是成就“政策沟通、设施联通、贸易畅通、资金融通和民心相通”的“五通”。在“一带一路”国际合作高峰论坛上，习近平发表的主旨演讲起到了“画龙点睛”的作用，明确阐释了“一带一路”倡议来自以“和平合作”“开放包容”“互学互鉴”和“互利共赢”为核心元素的丝路精神，而丝路精神不仅是中华民族伟大的历史性精神传统，更是中华民族在数千年间与周边各国广泛、深入地沟通、交往中所协力打造的人类文明宝贵遗产。这一文明遗产不仅佐证了亚欧大陆的辉煌历史源流，更值得在今天进一步借鉴和提炼，上升为用以维护和完善人类命运共同体的重要价值体系[④]。

---

① 豆腐鼻祖淮南王，淮南豆腐文化节，豆腐西施带你领略豆腐文化[EB/OL].https://mp.weixin.qq.com/s? __biz = MzU5NzYzNTE3MA% 3D% 3D&idx = 1&mid = 2247483656&sn = f5aeb62a578240434852e4a6befcd39e。

② 2018年9月17日安徽《工商导报》讯。

③ 如何搭载“一带一路”发展快车？淮南新城吾悦广场给您答案！淮南新城吾悦广场[EB/OL].https://mp.weixin.qq.com/s? __biz=MzUyMjAyMzYyMw%3D%3D&idx=2&mid。

④ 从“五通”到“五路”：“一带一路”建设迈向命运共同体[EB/OL].http://www.china.com.cn/opinion/theory/2017-05/19/content_40850072.htm。

一、淮南历史文化与道家哲学思想一脉相承

（一）淮南历史文化属于道家文化范畴

淮南八公山是我国古代楚文化的重要发祥地之一，具有“中州咽喉，江南屏障”的重要位置。八公山，得名于汉初，淮南王刘安的八位门客苏非、李尚、左吴、田由、雷被、毛被、伍被、晋昌等，号称八公①。淮南有“一人得道，鸡犬升天”的典故，后来“风声鹤唳、草木皆兵”的故事让八公山闻名遐迩。八公山位于安徽中部、淮河中游，由大小四十余座山峰叠嶂而成。这里有形成于8亿年前的“淮南虫”化石，被国际地质学界誉为“蓝色星球”上的生命之源。2000年，中科院考古队在八公山又发现了古猿化石，距今300多万年，这是我国迄今为止发现最早的古猿化石。据安徽网淮南频道2018年2月24日报道，淮南市副市长陆晞率市政府办等负责人，到寿县调研安徽楚文化博物馆筹建工作，副县长李琼陪同调研并听取安徽楚文化博物馆筹建工作汇报。

（二）道家经典蕴含着丰富的哲学思想

中华韬略文化体现在《老子》的思想体系中，蕴藏着丰富的人生伦理智慧。其辩证思维，以弱对强，以柔克刚，玄妙无穷。《道德经》所弘扬的天道、治道、人道随着时代的发展而凸显出与时俱进的特色。

道家思想所具有的特点体现在三个方面：一是道家思想与自然科学关系密切。二是道家思想主张道法自然，保护生态环境。三是道家与道教注重养生与返璞归真，以道修身，则身心和谐；以道处世，则人际和谐；以道治天下，则万邦和谐。和谐世界，以道相通②。

中国社会科学院哲学所的胡孚琛认为，新道学是解决当前全球各类严重社会问题的重要方法。道家思想对宇宙和人类之间奥义的认识，恰恰是中国的道家为人类文明提供了节制性与合理性发展观的哲学基础③。

淮河文化是中国优秀文化的重要组成部分，充分发掘、扶持和宣传淮南历史文化，也是淮南应承担的社会责任，这种自信并非盲目自信，而是在不断交流学习中树立起的自信心。这让外国友人在了解中国文化、淮南历史文化的同时，更有助于弘扬淮南历史文化。通过以上跨文化的历史性文化观和哲学观的回溯和剖析，当下的“通”文化观内涵的形成和确立过程，一方面立足历史性观念发展和积累的基

---

① 寿县八公山森林公园简介［EB/OL］. http://luan. cncn. com/jingdian/bagongshansenlingongyuan/profile。

② 崔景明：河洛道家生态伦理视阈下的城市低碳经济建设探析［EB/OL］. http://www. docin. com/p-1259390614. html。

③ 汤因比预言：中国文明将主宰人类未来［EB/OL］. https://www. sohu. com/a/257369164_120711。

础,另一方面则来源于中外文明精华的彼此交锋和互相启迪,通过这两方面的有机结合和互动产生的文化观所具有的全新时代精神和先进性……我们也只有在深刻理解这些精神财富和思想遗产的前提下,才能透彻把握“五通”中所承载的文化精神和历史使命①。将淮南历史文化传播融入“一带一路”倡议,有助于开放创新发展的内在关联性及可行性。

二、将“一带一路”建设与宣传淮南楚文化紧密结合

(一)以自信、特色促交流,突出淮南历史文化旅游优势

2013年9月和10月,习近平分别提出建设“新丝绸之路经济带”和“21世纪海上丝绸之路”倡议。“一带一路”倡议凸显新时代借助“丝绸之路”这个深具历史文化内涵的符号,主动发展与沿线国家的经济合作伙伴关系,其建设最终目的是与世界各国共同打造政治互信、经济融合、文化包容的利益共同体、命运共同体和责任共同体。

那么,对于八公山文化旅游研究领域来说,“一带一路”倡议有何现实意义?该倡议如何于新时代将淮南八公山文化旅游研究命题推向深入?该倡议又为淮南历史在新时代的文化旅游研究中带来哪些新问题和新领域呢?

自“一带一路”倡议提出以来,各国之间的文化交流不断加强,成为各国互学互鉴,增进感情的重要纽带,而对外文化贸易则是把中华优秀文化传播出去的重要方式之一。

1. 宋代之前寿州为沿淮著名都市

寿县(古称寿春、寿阳、寿州)就是沿淮的重镇要津,历史文化底蕴厚重②。国学经典《淮南子》博大精深,“八公山论剑·(2018)中国寿州古城文化学术研讨会”的主题确定为:推陈出新,打造品牌,促进淮南文化旅游产业的科学发展。

淮南寿县古城历史悠久,源远流长,它有全国保存最完整的宋代古城墙,总面积为3.65平方千米,城墙周长为7100米。古城南北东都有护城河,西门临寿西湖,南门曰“通淝”,北门曰“靖淮”,东门曰“宾阳”,西门曰“定湖”③。

2. 淮夷文化、蔡楚文化、淮南子文化等交织互融

在这里,特别是淮南王刘安,为历代文人、史家、学界看重景仰,由此衍生的淮南子文化、豆腐文化、二十四节气文化、诗词文化、成语文化等延绵不绝。淝水之战等历史遗址遗迹和故事传说等一直备受人们青睐。报恩寺位于城东北隅,始建于

---

① http://www.china.com.cn/opinion/theory/2017-05/19/content_40850072.htm。

② 孙治安:《古韵新风话淮南》,黄山书社,2015年版第163页。

③ 孙治安:一城人文半城孙[EB/OL].http://www.sohu.com/a/205118636_692971。

唐贞观年间(627—649),报恩寺分三进,自照壁由南向北,依次为山门、天王殿、大雄宝殿和毗卢阁。全寺面积达14 700平方米,古朴雄伟,肃穆威严,享誉大江南北,为省级重点文物保护单位①。

现今,整理挖掘这些深具历史感的文化资源,有效利用好这些为淮南经济转型之独有资源,并服务于当下“一带一路”倡议,其现实意义不言而喻。正如社会学家费孝通所言:“各美其美,美人之美,美美与共,天下大同。”②

(二)淮南寿县历史文化旅游资源多彩纷呈

“一带一路”倡议体现的是人类命运共同体意识、利益共同体意识、责任共同体意识。命运共同体是基础,利益共同体是纽带,责任共同体是保障。“一带一路”倡议具有鲜明的互利性、开放性和包容性,是沿线国家经济腾飞的“两只翅膀”。互联互通是这两只翅膀的“血脉经络”,反映了地域文化传播与“一带一路”文化建设的紧密关联。21世纪,中国经济将创造奇迹,“中国精神”和“中国文化”也将担当起在后西方时代提升人类文明的伟大责任。

1. 八公山景区涉及的寿县,历史尤为厚重

西汉时,八公山属于淮南国。汉厉王之子、汉武帝的皇叔刘安被封为淮南王③。此地人文荟萃,名人辈出,影响甚广,以“八公”和“风声鹤唳、草木皆兵”著称的八公山,自然资源、人文资源、生态资源交相辉映,彰显优势。

2. 八公山自然景观优美,人文景观荟萃

八公山跨中国南北方地理气候分界线,为景区发展及打造形成品牌效应留下了巨大的想象和开发空间。名山、名水、名泉、名著、名人,加上与之命运相连的名城寿县古城,“六名”集萃,潜在文化旅游开发建设前景十分可观。

(三)依托淮南寿县丰富资源,打造观光体验式旅游精品线路

据《荆楚岁时记》记载:“四月初八,八公山寺内设斋,以佛祖下生之征也。有民间的龙华大会闹龙灯、地方花鼓戏、淮剧等民间传统文化表演和民间物资交流活动。”④笔者有幸于2017年11月受邀参加淮南国学院举办的全国“中华传统文化家风家教”学术研讨会,之后又参观了寿县古城及八公山下美术馆、陈浩金个人书法艺术展,至今记忆犹新。

在“一带一路”倡议下,八公山更加展示出自己独特实力的雄风,弘扬历史文

---

① 孙治安:一城人文半城孙[EB/OL]. http://www.sohu.com/a/205118636_692971。

② https://baike.so.com/doc/5569850-5785053.html。

③ 关于整合资源做强八公山风景区文化旅游品牌的调研报告[EB/OL]. http://www.bagongshan.gov.cn/UserData/DocHtml/1/2013/8/8/488555683351.html。

④ 八公山风景区将办白塔寺传统文化庙会[EB/OL]. http://news.sina.com.cn/o/2013-05-16/091227139442.shtml。

化之辉煌,发挥交通和经济枢纽的特色之力,从而把淮南市寿县、八公山景区打造成"历史之城、文化之城、丝路之城"。

安徽省旅游发展委员会正推动"道源问道"文化之旅,以期将八公山这条旅游线路打造为精品线路,带动皖北旅游业兴旺[①]。安徽省旅游发展委员会主任万以学的散文作品《在涡河边走走》,能让读者更好地认识老子、庄子、陈抟、刘安……从历史遗迹中读懂中华文化[②]。

2017年7月,八公山风景区管委会组建并正式运行,这为淮南打造旅游强市,做大旅游产业迈出了关键的第一步,在淮南市的旅游发展史上,具有重要的里程碑意义。

在各种政策利好的条件下,如何强化地缘文化特色,将自身特点更为鲜明的优秀作品带出国门、举办国际交流展览?第一,除了常规的美术展览,也可以策划与淮南非物质文化遗产项目相关的艺术展览,设计富有地方特色的文创产品(文创淮南成语袖珍本、鄂君启金节书签等);同时引进国外的优秀艺术展览,形成有序、长久、深入的文化交流机制,发展淮南八公山特色文化,进而辐射周边省市旅游文化发展圈,促进"一带一路"沿线国家的文化繁荣。第二,旅游规划体系初具。"有旅游发展总体规划、有重点景区建设详细规划、有特色乡镇开发专项规划"的总体格局初步成型,基本实现了八公山旅游资源开发规划全覆盖。第三,拥有一批相对成熟的景区。经过多年的有效经营和发展,八公山景区成功入选2016年度合肥经济圈"十佳精品旅游景区"。八公山主景区已经具备整合发展大景区文化旅游内涵要素,采取了景点票务、酒店住宿、餐饮美食、交通线路等旅游网络信息化服务,备受广大市民喜爱。

"一带一路"倡议将探寻解决目前世界和区域经济面临问题的方案,以联动式、快增长发展的新能量,促使"一带一路"倡议造福各国人民。安徽省在《政府工作报告》中提出制定"参与'一带一路'建设三年滚动计划",并且提出包括淮南八公山在内的安徽协同发展规划蓝图。可以说,淮南八公山在如何切实融入"一带一路"建设问题上,既面临着机遇,也面临着艰难挑战。

"一带一路"倡议可以和欧亚大陆桥这一加快致富、革新发展和同享繁荣之桥相支撑,以加强上海合作组织与欧亚经济共同体合作,连接、联通亚、欧、非大陆,使欧亚各国获取到有利的拓展平台。"一路"起于中国和东南亚,南向太平洋岛国延伸,经过印度洋,连接南亚、西亚国家,到达非洲和欧洲。可以说,"一

---

① 安徽省旅游发展委员会专栏"游·学"在央广网安徽频道开栏[EB/OL].http://www.cnr.cn/ah/ygkx/20180802/t20180802_524321738.shtml。

② 2018年央广网合肥8月1日消息。

带一路”沿线是多条线、多方向的联合体，也是沿路之线串联、辐射和发散之地。目前，安徽省正在努力共谋策划设立安徽自贸区，试点城市主要涉及合肥、芜湖、马鞍山三市。淮南市正在积极争取将新桥国际产业园纳入安徽自贸区总体规划。

综上所述，淮南打造内陆开放新高地既是历史的选择，也是现实的需要，更是未来的希望，其时已至，其势将成①。衷心祝愿这一盛举旗开得胜。

在淮南融入丝绸之路经济带中，既然具备天时地利人和，那么，如何找准契合点呢？古人说，凡事皆须因地制宜，量力而行；因利乘便，择善而从。多元宗教的共存与互鉴，是“一带一路”最显著的文明特色。事实上，对于中国而言，正是“一带一路”上的宗教往来，助推了中华宗教文明大格局的形成。佛教沿着丝绸之路进入中国，当佛教在中国发展较为成熟之后，中国的僧人又通过丝绸之路前往印度取得“真经”。进而中国化的佛教就成为丝绸之路宗教对话与互鉴的产物。

第一，淮南在融入丝绸之路经济带建设的布局中，要统筹精选，适度切入，按步施策，妙取收益。如今合肥为“一带一路”建设支点城市，合肥—淮南进而可以量力而行地融入中国—中亚—西亚、新欧亚大陆桥两大走廊通道建设。

第二，由孙治安先生出版的《古韵新风话淮南》一书，凝聚了淮南历史文化与时尚旅游特色②，应该积极利用好这一资源。

在此基础上，对安徽的历史遗产和现代文明进行系统梳理，组编智慧淮南、道义淮南、和合淮南的系列丛书；筹拍淮南与丝绸之路经济带或“一带一路”的电视宣传片，邀请国内外既具有高深文化素养又对淮南寿县赋有深厚情感的专家学者参与其中，以收良效；由政府搭台，欢迎并组织民营企业家、社会和民间精英参与举办淮南八公山融入丝绸之路经济带与安徽淮南文明发展论坛，以其贡献的远见卓识作为决策依据，经世致用。

三、安徽淮南文化旅游融入“一带一路”倡议的优势

（一）加快安徽淮南融入“一带一路”倡议的路径

安徽作为“一带一路”的重要节点和重要枢纽的地位日益显现，“一带一路”沿线“朋友圈”不断扩大，合作交流日趋广泛。2017 年，全省对“一带一路”沿线国家和地区的进出口总额达 138.6 亿美元，占全省进出口总量的 25.8%；新引进“一带

① 把握一带一路机遇，加快打造内陆开放新高地，关于淮南打造内陆开放新高地的思考[EB/OL]. http://www.huainan.gov.cn/wap/content/article/27300873。

② 《古韵新风话淮南》——可以带你游淮南的一本书[EB/OL]. http://www.hnbynews.com/content.asp? id=67279。

一路”沿线国家和地区投资企业24家;在“一带一路”沿线国家和地区新设立境外企业25家。省“一带一路”重点项目库吸纳和储备了基础设施、经贸合作、产业投资等领域项目114个,总投资近万亿元,入库项目现已开工过半。在设施联通方面,开通了至菲律宾、泰国等多个国家和地区的国际客运航线及合肥—美国洛杉矶国际货运航线,积极筹备合肥—莫斯科客运航线。“合新欧”国际货运班列常态化运行并不断加密,从开运时的10余列增加到2017年的70列,当年货值已超40亿元,货源半径辐射上海、江苏、浙江、广东等省(市)。国际合作方面,对俄合作渐入佳境,合作机制初步形成;皖德合作日益紧密,呈现出多点开花态势;积极开拓非洲市场,产能合作取得实效。此外,安徽与“一带一路”沿线20多个国家签署了友好省州、友好城市协议,经贸、文化、教育等多领域合作交流均取得了显著成果①。

当前,淮南正处在资源型城市开放发展的重要、关键时期,如何结合本地实际,把握“一带一路”机遇,深入学习贯彻习近平总书记系列重要讲话特别是视察安徽重要讲话精神,奋力打造内陆开放新高地,已成为一个值得全市上下思考的重要研究课题。

安徽楚文化博物馆项目位于寿县新城区宾阳大道与明珠大道交叉口东北,总建筑面积为15 510平方米,概算总投资3.2亿元。淮南市副市长陆晞要求,要加快进度,建成精品工程,这将促进淮南历史文化旅游产业向创新与纵深发展,前景会更加光明!

(二)以“一带一路”倡议构建内陆开放新市场的内涵

淮南于1984年获批“较大城市”、1985年获批“对外开放城市”,无论是经济总量还是发展潜力,开放发展综合优势可以说尤为明显。作为资源型城市,淮南打造内陆开放新高地,既要深入分析“内陆开放”的特点,又要准确把握“新高地”的要义②。党中央国务院提出扩大内陆开放,就应当找差距补不足,促进区域协调开放和可持续发展。据此,加快开放发展步伐,下足功夫构建内陆开放新的市场,这既是淮南市加强自身发展改革的需求所在,又体现出包括淮南市的内陆区域领导积极完成上级赋予的历史重任之决心。

何为“内陆开放新高地”之“新”?怎样才能突出这“新”字?应依据内陆开放发展实际,注重树立新理念,寻找开放发展新模式、新思路、新举措。从淮南市开放现状来分析,可概括为“三个新”:第一,紧紧把握改革发展新格局,主动融汇于“一

---

① 安徽“一带一路”合作交流日趋广泛[EB/OL].http://dragonskip.net/news_details.php?ID=Mzg3OQ%3D%3D。

② 把握一带一路机遇,加快打造内陆开放新高地,关于淮南打造内陆开放新高地的思考[EB/OL].http://www.huainan.gov.cn/wap/content/article/27300873。

带一路”、长江经济带、京津冀等，整合与助推区内全面开放。第二，增强开放平台具有之新功能。注重于学用结合，推广好上海等地自贸区实践经验和灵活、便捷之策，积极融汇于安徽省自贸区，强化海关这一特殊监管区建设，以有效措施提升开发区开放功能，助推对外开放基础性平台升级转换；拓展对外改革开放新领域；注重扩大科技、教育、文化、旅游等领域的对外开放。第三，增强完善互联互通新体系。注重全面推进铁路、公路、航道、航空、电网等的现代开放通道，培育开放发展新优势。注重探索发展口岸经济，培育外贸竞争新优势，全面提升利用内资外资水平，积极推进企业“走出去”，进而健全开放发展新机制。这三个“新”字突出了改革迸发生机、开放拥抱世界之理念，充分凸显我国构建内陆开放新高地、新市场的具体路径。

淮南市主动借鉴上海自贸区改革试点经验，已完成49项改革复制推广任务，其他5项正在积极争取或推进。加快落实“三互”推进大通关建设，国际贸易“单一窗口”建设扎实推进，贸易便利化水平不断提升①。如何谱写出文化互学互鉴之千古华章，淮南寿县悠久的古城墙诉说着一段段历史传说，沟沟壑壑、残垣断壁都是历史积淀，矗立安徽淮南，神游历史，憧憬未来。淮南寿县有条件依托深厚的历史、文化、艺术积淀，再现“一带一路”的历史辉煌，把瑰丽的淮南楚文化呈现给中国、呈现给世界。

---

① 把握一带一路机遇，加快打造内陆开放新高地，关于淮南打造内陆开放新高地的思考[EB/OL]. http://www.huainan.gov.cn/wap/content/article/27300873。

淮河流域A级景区空间分布特征挖掘研究

白如山　桂　震　蓝　琴　吴响琳　解林枫

摘　要：采用最邻近指数、不平衡指数、核密度估计、叠置分析等方法，从空间分布类型、分布密度、分布均衡性等方面对淮河流域A级景区的空间分布特征进行研究，结果表明：①A级旅游景区在流域内各地市的分布较为不均衡，空间分布类型趋于凝聚型，在空间上呈现"X"形结构形态，整体上呈现东多西少、南多北少的分布状况；②不同级别不同类型的A级旅游景区具有不同的集聚特征，其中以淮河主干道、京杭大运河以及苏南地区最为集中；③淮河流域A级旅游景区整体上呈现出较为显著的平原指向性、交通指向性、城区指向性以及"趋水性"的规律特征。在淮河流域内，A级旅游景区的分布受到较强的空间约束性，集聚性特征明显。

关键词：淮河流域；A级景区；空间格局；多维计量分析

作为旅游核心吸引物及目的地的旅游景区，不仅是地方经济社会发展的重要内容，更是大众旅游与国民休闲的基本需求①。旅游景区及旅游者活动在区域地理空间上的分布及演化相互映射并相互影响，区域旅游业整体水平与旅游景区的发展密切相关②。自中国国家旅游局在1999年颁布实施《旅游景区质量等级的划分与评定》文件，并进行A级景区评定以后，中国学者们就A级景区开展了深入研究并取得了丰硕成果。旅游景区的空间格局及其演化规律是研究的重要内容，如朱竑等发现中国A级旅游景区空间分布结构有其内在的空间分布规律性，并且与人口分布、地形地势间存在着密切的关联性和配比性③；毛小岗等对北京2001—2011年的A级旅游景区的空间结构演化规律进行分析后，发现资源本底、水系和

作者简介：白如山，阜阳师范大学历史文化与旅游学院副教授。

基金项目：2019年安徽省哲学社会科学规划项目"安徽淮河流域历史地理信息系统建设及应用研究"（AHSKQ2019D130）。

①　戴斌．需求驱动景区创新发展[N]．中国文化报，2014-09-27(001).

②　王洪桥，袁家冬，孟祥君．东北地区A级旅游景区空间分布特征及影响因素[J]．地理科学，2017，37(6)：895-903.

③　朱竑，陈晓亮．中国A级旅游景区空间分布结构研究[J].《地理科学》，2008，28(5)：607-615.

公共绿地条件、交通与基础设施条件是旅游景区空间聚集的重要影响因素①；吴丽敏等认为江苏省景区的发展呈现出典型的核心-边缘空间扩散特征，分布重心具有由南向北迁移的态势②；袁俊等发现武汉城市圈A级景区规模呈现出纺锤形结构，空间上呈不均衡集群分布③；齐欣等的研究发现成渝经济区旅游景区空间分布呈现集聚现象，并在规模等级结构上呈现出较为普遍的纺锤形结构④。但是，已有研究主要从国家级⑤、省级⑥、市级或城市群⑦的角度出发，描述静态的景区空间格局，缺乏基于流域角度的、对景区空间格局变化的研究。研究方法上，以简单的数理模型和空间分析为主，缺少基于GIS分析可视化的空间计量分析；研究内容上，主要以描述景区空间分布格局的现状为主，缺少深入的区域间发展差异、影响机理、优化对策等系统研究⑧。

淮河流经我国中东部地区，地处长江流域和黄河流域之间，全长约1000千米，是南北方的重要分界线。虽然淮河流域经济发展总体相对滞后，但也是我国中东部最具发展潜力的地区之一。2018年，备受瞩目的《淮河生态经济带发展规划》正式颁布，标志着推进淮河流域生态经济带建设进入加速期。淮河流域在我国经济社会发展全局中占有重要地位，是中东部地区重要的生态宝库，淮河生态经济带发展的基本思路是生态优先、绿色发展。旅游业是资源节约、环境友好的低碳产业、绿色产业，是搭建绿色生态廊道、建设生态文明先行示范带的重要产业之一。在此背景下，研究淮河流域旅游景区的空间格局，不仅有利于合理规划布局旅游景区，加速区域旅游经济的协调发展；还有利于提炼淮河流域的空间立体开发特色，促进生态经济发展与环境保护的协调发展，实现保护和修复淮河流域生态环境等重要任务。

本文以淮河流域5个省级行政区内所有A级旅游景区为研究对象，综合运用

---

① 毛小岗，宋金平，于伟. 北京市A级旅游景区空间结构及其演化[J]. 经济地理，2011，31(8)：1381-1386.

② 吴丽敏，黄震方，周玮，等. 江苏省A级旅游景区时空演变特征及其动力机制[J]. 经济地理，2013，33(8)：158-164.

③ 袁俊，余瑞林，刘承良，等. 武汉城市圈国家A级旅游景区的空间结构[J]. 经济地理，2010，30(2)：324-328.

④ 齐欣，王昕. 成渝经济区旅游景区空间结构研究[J]. 地理与地理信息科学，2013，29(1)：105-110.

⑤ 朱竑，陈晓亮. 中国A级旅游景区空间分布结构研究[J]. 地理科学，2008，28(5)：607-615.

⑥ 吴清，李细归，吴黎，等. 湖南省A级旅游景区分布格局及空间相关性分析[J]. 经济地理，2017，37(2)：193-200.

⑦ 许志晖，戴学军，庄大昌，等. 南京市旅游景区景点系统空间结构分形研究[J]. 地理研究，2007，26(1)：132-140.

⑧ 刘大均，谢双玉，陈君子，等. 武汉城市圈旅游景区空间结构分形研究[J]. 长江流域资源与环境，2013，22(10)：1276-1281.

平均最邻近分析、核密度分析、标准差椭圆及叠置分析等研究方法，深度分析淮河流域旅游景区的点位数据，挖掘淮河流域旅游景区空间分布特征，探究影响旅游景区空间分布规律的关键因素，研究结果可以为淮河生态经济带旅游资源合理开发以及旅游经济的合理布局提供基础参考。

一、数据来源与研究方法

(一)数据来源

研究数据信息主要来源于安徽、河南、江苏、山东和湖北5个省旅游局等官方网站，截至2017年12月，淮河流域633家A级旅游景区名单(见表1)如下。

表1 淮河流域各地市各级旅游景区分布统计

地市名称	各级景区数量/个					总数(个)	比重(%)	累计(%)	地市名称	各级景区数量/个					总数(个)	比重(%)	累计(%)
	AAAAA级	AAAA级	AAA级	AA级	A级					AAAAA级	AAAA级	AAA级	AA级	A级			
安庆	0	1	0	0	0	1	0.16	0.16	南通	0	3	8	9	0	20	3.16	50.24
蚌埠	0	4	11	20	0	35	5.53	5.69	平顶山	1	2	8	0	0	11	1.74	51.97
亳州	0	6	11	13	0	30	4.74	10.43	商丘	0	2	4	2	0	8	1.26	53.24
滁州	0	2	8	4	0	14	2.21	12.64	随州	0	1	0	0	0	1	0.16	53.40
阜阳	1	3	5	5	0	14	2.21	14.85	泰州	1	6	8	9	0	24	3.79	57.19
合肥	0	0	1	0	0	1	0.16	15.01	信阳	0	4	12	2	0	18	2.84	60.03
菏泽	0	0	0	1	0	1	0.16	15.17	宿迁	0	9	20	18	0	47	7.42	67.46
淮安	1	12	11	17	0	41	6.48	21.64	宿州	0	3	6	7	0	16	2.53	69.98
淮北	0	2	3	4	0	9	1.42	23.06	徐州	1	18	31	22	0	72	11.37	81.36
淮南	0	8	16	13	0	37	5.85	28.91	盐城	1	11	15	22	0	49	7.74	89.10
济宁	1	1	2	2	0	6	0.95	29.86	扬州	1	8	12	13	0	34	5.37	94.47
开封	1	7	0	0	0	8	1.26	31.12	枣庄	0	0	3	3	1	7	1.11	95.58
连云港	1	11	18	14	0	44	6.95	38.07	郑州	1	4	5	3	0	13	2.05	97.63
临沂	0	3	12	11	0	26	4.11	42.18	周口	0	2	2	3	0	7	1.11	98.74
六安	1	17	6	1	0	25	3.95	46.13	驻马店	0	3	1	2	0	6	0.95	99.68
洛阳	0	1	0	0	0	1	0.16	46.29	淄博	0	0	1	1	0	2	0.32	100.00
漯河	0	1	3	1	0	5	0.79	47.08									

采用水利部淮河水利委员会发布的最新流域底图，使用 ArcGIS 进行相关坐标与投影设置，并矢量化，生成淮河流域的各行政等级的研究底图，并叠加流域内 A 级旅游景区的点状数据。

（二）研究方法

本文借鉴并引入王法辉、溪雪松等在相关研究中所运用的最邻近指数、不平衡指数、核密度估计等模型，对 A 级旅游景区的空间格局及其影像因素进行计量分析。由于研究方法比较成熟，此处不再逐一赘述。

二、研究过程与结果

（一）总体空间分布类型

1. 总体分布

用 ArcGIS10.2 的 Spatial Statistics Tools 中的 Average Nearest Neighbor 进行运算，结果显示，实际最邻近距离均值与理论最邻近距离均值之比 $R=0.647<1$，表明淮河流域 A 级旅游景区空间分布总体上趋于凝聚型，且聚集程度较高。

2. 均衡程度分析

通过 Excel 计算河流域 A 级旅游景区在各地市中分布均衡状况，其不平衡指数 $S\approx0.63$，表明 A 级景区在淮河流域的分布不均衡。根据 A 级旅游景区分布空间洛伦兹曲线（见图 1），可以发现，淮河流域 A 级旅游景区主要分布在徐州、盐城、宿迁、连云港、淮安、淮南、蚌埠、扬州、黄山、亳州等地，其 A 级景区数量之和接近流域内 A 级旅游景区总和的 61.45%。

进一步基于 ArcGIS10.2 进行可视化处理，绘制出淮河流域 A 级旅游景区核密度图，可以发现 A 级旅游景区在流域内各地市的分布较为不均衡，其中，以徐州、淮南、蚌埠、连云港、淮安、扬州最为集中，此外，宿迁、盐城、亳州、南通等地也较为密集。

3. 不同类型 A 级旅游景区在淮河流域的分布特征

为进一步探究旅游景区等级与分布特征的内在联系，对各级各类景区进行单一制图分析：AA 级旅游景区分布重心进一步向东南偏移，除淮河主干道的淮南—蚌埠外，分布聚集区基本全部位于江苏省内，其中徐州、宿迁、连云港以及整个苏南地区分布都较为集中。AAA 级旅游景区主要分布在徐州、宿迁、淮南—蚌埠、扬州等地，分布重心较 AAAA 级旅游景区偏向东南部地区，其中以淮河主干道、京杭大运河以及新通扬运河沿岸最为集中，较 AAAA 级旅游景区呈现出更为集聚的 X 形态。AAAA 级旅游景区主要分布在徐州、宿迁、淮安、扬州、蚌埠、六安、连云港、开封等地区，多位于淮河主干道、京杭大运河以及涡河沿岸，呈现 X 形态分布。AAAAA 级国家景区分布较为分散，无明显聚集特征。

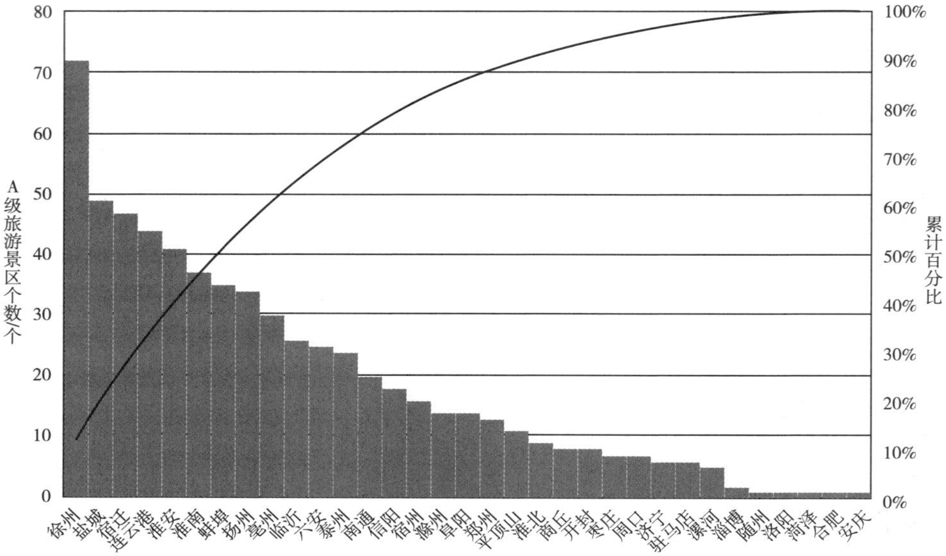

图1　A级旅游景区分布空间洛伦兹曲线

4. 景区分布的集中程度分析

用地理集中指数来研究景区分布的集中程度。淮河流域A级旅游景区总数$T=633$,市区总数$n=33$,计算得到淮河流域A级旅游景区的地理集中指数$G=23.439$。假设633个A级旅游景区平均分布在各市内,即每个市区的景区数量633/3≈19.182家,则此时地理集中指数$G=17.408$,故23.439大于17.408,表明从市区角度来看,A级旅游景区的分布较为集中。从表1可知,AAA级与AA级旅游景区数量较多,AAA级旅游景区主要集中于徐州、宿迁、连云港,AA级旅游景区主要集中于徐州、盐城、蚌埠、宿迁。同时统计数据还显示,淮河流域的A级旅游景区的空间分布呈现出明显的东西差异和南北差异,即东部多于西部,南部多于北部。

5. 不同类型文化遗产的空间分布特征

不同类型的旅游景区具有不同的集聚特征。自然景观类旅游景区分布于淮河的主干道以及各支流附近,整体较为分散,以徐州、淮南—蚌埠、扬州等地最为密集,东部多西部少,以淮河各支流汇水处以及河湖交汇处为主要集聚区;人文类旅游景区分布相对集中,徐州至淮安一线的京杭大运河河段以及淮南—蚌埠双核集聚区相对集中分布,此外连云港以其独有的海滨景观自成独立的集聚核心。

三、影响因素

通过梳理相关文献,发现影响 A 级旅游景区分布、演变特征的影响因素主要有:地形地貌、河流水文、气候等自然因素及遗产资源、经济水平、文物制度、地域文化等人文因素。其中以地形地貌、河流水文、遗产资源为主要资源基础,经济水平、旅游制度、交通网络为主要影响发展状况的因素。本文针对其中硬性要素进行综合分析,重点研究地形地貌、河流水系和交通基础等因素对淮河流域旅游景区空间分布影响的规律性特征。

(一)地形地貌

提取在-23 ~200 米、201 ~500 米、501 ~1000 米、1000 米以上四个海拔段的范围面,采用 ArcGIS 的统计分析中的交集制表工具进行统计,数据表明,A 级旅游景区主要分布在 0 ~200 米高程范围内,海拔低于 200 米的文化遗产点有 598 处,占总数量的 94.47%,海拔在 201 ~500 米的低山地区的文化遗产点有 27 处(占 4.26%),海拔在 501 ~1000 米的中山地区的文化遗产点有 7 处(占 1.11%),海拔在 1000 米以上的高山地区的文化遗产点仅有 1 处(占 0.16%)。A 级旅游景区数量与海拔高度呈幂指数递减趋势,说明淮河流域 A 级旅游景区在空间分布上具有明显的平原指向性特征,这主要源于淮河流域内,地势低平,多沿江平原,土地肥沃,水土优越,自然景观秀美。淮河流域自古以来,便是农业文明的重要开发区域,经济发展水平较高,人口众多,因而各种文化遗存也相对较多,旅游业开发的需求较大,成就了淮河流域景区众多、百花齐放的现状。

(二)河流因素

缓冲区分析结果表明,A 级旅游景区的数量从河流水系两侧向外围呈现幂指数递减趋势。A 级旅游景区集中分布在河流水系 5 千米范围之内,共有 454 处,占样本总数的 71.722%;在 5 ~10 千米缓冲区内 A 级旅游景区数量为 120 处,占样本总数的 18.957%;而距离主要河流水系 10 千米以外的不同缓冲区内,A 级旅游景区的数量总体上呈缓慢递减趋势。A 级旅游景区数量与河流水系的距离远近关系呈幂指数递减趋势,A 级旅游景区的分布呈现“趋水性”特征。就自然景观类景区而言,淮河流域的地文景观类资源较少,水域风光类景区较多,且主要以淮河主干道及其支流的水域风光为主,呈现出明显的“趋水性”。就人文类景观而言,淮河是生活、生产用水之源,临水而居、临河而筑是淮河文化的重要地理基础,故此,淮河沿岸的物质与文化遗产丰厚,形成今日众多的人文景观类景区。总的来看,淮河流域内 A 级旅游景区的分布呈现出较强的“趋水性”。

(三)交通因素

A 级旅游景区与交通线的空间组合关系深刻影响着旅游资源化利用的便捷程

度以及限制景区旅游人次的最大流量。对包括高速公路、国道和省道在内的淮河流域主要交通线路进行数字化提取后，分别选择半径为高速公路5千米缓冲区，国道3千米、省道2千米以及县道1千米缓冲区分析，并与安徽省文化遗产进行叠加分析。结果显示，在安徽省主要交通线叠合缓冲区范围内，共有570个景区点位，占全流域A级旅游景区数目的90.047%，而距离主要交通线各级缓冲区以外的区域，A级旅游景区数目总体上呈缓慢递减趋势。总体而言，A级旅游景区数目与主要交通线的距离远近关系呈递减趋势，A级旅游景区整体上呈现出较为显著的交通指向性特征。

（四）距城区距离

城区是A级旅游景区重要的客源地，同时，距离城区的远近程度也直接影响游客的出行意愿。对淮河流域近期夜景灯光DEM进行光亮范围提取，得到流域内大致的城区范围边界，分别选择城区范围、城区3千米缓冲区和城区5千米缓冲区做景区数量统计。结果显示，在淮河流域主要城区内的景区为411处，占总数的64.929%；在城区3千米缓冲区内的景区为478处，占总数的75.513%；在城区6千米缓冲区内的景区为509处，占总数的80.411%；在城区9千米缓冲区内的景区为543处，占总数的85.782%。主要原因是淮河流域的地文景观类资源较少，水域风光类景区、历史遗址类景区、建筑物景区、博物馆景区以及综合性旅游区较多，这与临水而兴的城市在空间上相互交融、随历史的演进而不断增多有关系；加之城区内基础设施资源完善和客源充足，且易于开发，在政府重视旅游业开发的背景下，流域内城区及近城区范围的旅游景点开发相对成熟，从而形成流域内A级旅游景区显著的"城区指向性"。

（五）其他因素

上文探讨了淮河流域内A级旅游景区分布与地形地貌、河流水系、主干交通、城区距离等因素的空间组合关系，实际上，A级旅游景区既根植于其生成的地理环境，也与地方经济、文化、人口等各方面因素有关，其影响因素及作用机制复杂多样，限于篇幅，经济水平、地域文化、品牌效应等其他因素不再赘述。

四、结论与讨论

本研究基于所收集和整理的633处A级旅游景区数据，运用ArcGIS10.2，建立A级旅游景区的空间属性数据库，运用多维计量模型和ArcGIS10.2空间分析工具，分析淮河流域A级旅游景区演变格局及其影响因素，得出以下结论：

第一，A级旅游景区在流域内各地市的分布较为不均衡，空间分布类型趋于凝聚型，且聚集的程度较高，在空间上呈X形结构形态。整体上呈现东多西少、南多北少的分布状况。其中，以徐州、淮南、蚌埠、连云港、淮安、扬州最为集中，此外，宿迁、盐城、亳州、南通等地也较为密集。

第二，不同级别的A级旅游景区具有不同的集聚特征。AAAAA级旅游景区分布较为分散，无明显聚集趋势；AAAA级旅游景区主要分布于淮河主干道、京杭大运河以及涡河沿岸，呈现X形态分布；AAA级旅游景区分布重心较AAAA级旅游景区偏向东南部地区，其中以淮河主干道、京杭大运河以及新通扬运河沿岸最为集中，较AAAA级旅游景区呈更为集聚的X形态；AA级旅游景区分布重心进一步向东南偏移，除淮河主干道的淮南—蚌埠外，分布聚集区基本位于江苏省内。

第三，不同类别的A级旅游景区具有不同的分布状况。自然景观类旅游景区分布于淮河的主干道以及各支流附近，整体较为分散，以徐州、淮南—蚌埠、扬州等地最为密集，东部多西部少，以淮河各支流汇水处以及河湖交汇处为主要集聚区；人文类旅游景区分布相对集中，徐州至淮安一线的京杭大运河河段以及淮南—蚌埠双核集聚区相对集中分布，此外连云港以其独特的海滨景观自成独立的集聚核心。

第四，淮河流域A级旅游景区整体上呈现出较为显著的“平原指向性”“交通指向性”“城区指向性”以及“趋水性”的规律特征。在淮河流域内，A级旅游景区的分布受到较强的空间约束，集聚特征明显。

A级旅游景区分布规律的特征是自然与人文因素综合作用的结果，本研究主要讨论了地形地貌、河流水系、主干交通以及主要城区等因素，并未详细且全面考虑包括坡度、高程、经济水平、地域文化等因素对A级旅游景区空间分布的规律性影响，后续研究将会针对上述问题进行深入探究。

当代淮河流域铁路客运服务质量述论

杨立红

摘　要：随着社会经济的发展和人民生活水平的不断提高，人们对铁路客运服务质量提出了更高的期望与要求。为提高客运服务质量，淮河流域铁路部门秉持"以人为本"的服务理念，以旅客关注的焦点、热点问题为突破口，不断完善硬件基础设施，规范服务标准和服务内容，增强乘务员的服务意识，强化机制，加大路风检查监督力度。通过持续的完善与努力，旅客的候乘舒适度与满意度大幅提升。

关键词：淮河流域；铁路客运；服务质量

随着社会经济的发展与人民群众物质文化生活水平的提升，人们对出行条件的选择不再满足于"能上车"，高品质的旅途环境逐渐成了旅客考量的重要因素。为不断改进与提高客运服务质量，争夺更多的市场份额，淮河流域铁路部门秉持"以人为本"的服务理念，以开展创建"文明站车"与"树标塑形"活动为抓手，以客运服务中旅客关注的焦点、热点问题为突破口，不断加大硬件投入，改善基础设施，规范服务标准和服务内容，增强服务意识，强化机制，加大路风检查监督力度，努力为旅客营造舒适温馨和谐的候乘环境与候乘体验。

一、车站服务细致周到

中华人民共和国成立初，淮河流域各地火车站实行铁道部颁布的客运规章，按照"全面服务，重点照顾"的服务原则，制定清洁卫生包干、分片服务制度，通过图表、文艺节目等形式进行旅行常识宣传，组织老弱病残孕等重点旅客优先进站上车。1960 年，淮河流域二等以上车站添置广播室、市区交通图、导游图等，为旅客提供导向服务，并开展"八送八代"（为重点旅客送进站出站、送上车、送去医院、送去旅馆、送去汽车站、送到家、送到轮船码头、送上厕所、代购票、代签证、代写向导签、代寄信、代发电报、代买食品、代打电话、代查询）服务活动。同期，主要车站设

作者简介：杨立红，女，安徽中医药大学马克思主义学院。

立母婴、军人、残疾人候车室和问询处，小件寄存处等，昼夜开展服务。各个较大车站候车室内普遍设饮水桶，免费供应开水①。

改革开放后，淮河流域加强整顿客运服务工作，服务水平有了较大提升。1983年，按照铁道部开展的“三优”（优质服务、优良秩序、优美环境）活动要求，流域铁路部门制定了以优质服务为重点的创“三优”办法，改进各项服务工作。主要客运站候车室设置了商店，站外开办了旅社、饭店等，实行“吃、住、行”一条龙服务，服务工作由单一型向多功能型转化。1985 年，许多车站增加了候车、问事、售票、签证、揭示、宣传、文化娱乐用品等服务设施和服务项目。1989 年，兖州等车站开展“茶杯子”工程，购置供水车、保温桶、送水壶，为旅客免费送开水②。1991 年，泗水县车站对老弱病残旅客，优先照顾扶送上车③。

在郑州车站，1996 年，实行社会服务承诺制，承诺内容主要有：车站售票处保证 24 小时不间断；办理托运采取“一票清”的办法，24 小时随到随办；问事处实行 24 小时服务；站台所售商品明码标价，保证不过期、不变质。为确保承诺制的实施，客运服务车间把解决重点旅客问题作为突破口，推出多项服务项目，包括在进出站口设立“重点旅客之家”；开展“三代活动”（代办车票、代送上车、代为联系住宿）；在站台设立委托卡；在客运室设立联系电话登记簿；在候车厅总服务台建立追踪、服务记录簿；在出站口、高架候车厅等处设立小服务台④。2000 年，郑州站对售货摊点进行整顿，增添多媒体信息触摸查询系统、安全检查仪⑤。2001 年春运期间，郑州站在站台、地道、天桥等关键地段做好防滑处理。为避免发生旅客对流、拥挤现象，实施划区候车、按车排队、提前预检、分段放行等办法⑥。同时，规定站内外零售摊点所售商品最高限价，设立举报电话等⑦。2005 年，郑州站安装残疾人服务设施，更换售票厅揭挂揭示，在站长值班室、总服务台、客运室、南北出站口、行包服务大厅等服务质量监督岗设立接待点，重新设计制作中英文导向标志牌、图标导向牌，在售票厅和进站口增设 LED 显示系统等⑧。添置

在驻马店车站 2005 年春运期间，在候车厅设置开水保温桶，24 小时免费供应

① 安徽省地方志编纂委员会．安徽省志·交通志[M]．北京：方志出版社，1998：351.

② 山东省地方史志编纂委员会．山东省志·铁路志（1986—2005）[M]．济南：山东人民出版社，2008：218.

③ 山东省泗水县地方史志编纂委员会．泗水年鉴（1992）[Z]．1992：126.

④ 郑州年鉴编辑部．郑州年鉴（1997）[Z]．1997：200-201.

⑤ 郑州铁路局史志编纂委员会．郑州铁路局年鉴（2001）[Z]．2001：48-49，53.

⑥ 郑州铁路局史志编纂委员会．郑州铁路局年鉴（2002）[Z]．2002：52.

⑦ 郑州年鉴编辑部．郑州年鉴（2002）[M]．郑州：中州古籍出版社，2002：227.

⑧ 郑州年鉴编辑部．郑州年鉴（2006）[M]．郑州：中州古籍出版社，2002：281.

开水；专门划分“老弱病残孕”“学生”候车区；增设“学生”“军人”专用售票窗，保证重点旅客出行顺利；分段、分批售票和放行旅客，确保平稳有序①。

2009年徐州车站，以“进出顺利通畅、乘降安全有序”为目标，打造旅客“顺心”之旅。一是开展服务理念教育，努力提高职工服务意识。二是以按方向候车为基础，对“大组车”按硬座顺向就近调整候车室，减少旅客站台行走时间，方便旅客乘车。三是完善站内引导标识，增设老弱病残孕候车专区。四是修订完善《路风管理实施细则》《路风“红线”管理考核奖惩办法》和《加强客票管理监督检查措施》等，保持投诉电话24小时畅通，值班站长现场接待和处理旅客的咨询和投诉。2009年共为旅客做好事207件，收到旅客表扬信89封，锦旗、牌匾67块（幅），新闻媒体表扬87次②。

二、旅客购票方便快捷

长期以来，随着客运量的不断增长，旅客“买票难”的现象一直存在。为破解这一难题，淮河流域各车站在增设售票窗口与售票网点、延长售票时间的基础上，以改革售票方式为突破口，先后推出往返票、异地售票、列车代售车票、电话订票、上门售票、流动售票、微机联网售票等多种售票方式，使旅客购票更加方便快捷。

第一，增加售票窗口与售票网点，延长售票时间。中华人民共和国成立之初，兖州、滕县、徐州等车站普遍增设窗口或延长售票时间，各大客运车站增开军人、硬席卧铺窗口，并按南北区域、快慢车、长短途，分别售票。较大车站将原来开车前3小时开窗售票改为24小时开窗售票③。1983年，蚌埠、阜阳等站先后在市内设立售票点，蚌埠还将售票业务延伸到不通铁路的地区。④ 1986年，郑州站增加市内售票点2处⑤。1993年春运期间，郑州铁路局抽出人员组成105个流动售票点⑥。1997年，郑州站实行敞口式“不间断售票”，在市区繁华区每天安排固定汽车流动售票。对购票时间紧张的乘客，实行随到、随买、随进站的办法⑦。1998年，宿州站分别在市区繁华地段和灵璧县各增设1处火车票代售点⑧。1999年春运高峰期，

① 驻马店市地方史志办公室．驻马店年鉴（2006）[M]．北京：光明日报出版社，2007：177.
② 徐州市史志办公室．徐州年鉴（2010）[M]．南京：江苏人民出版社，2010：182.
③ 山东省地方史志编纂委员会．山东省志·铁路志[M]．济南：山东人民出版社，1993：158-159.
④ 安徽省地方志编纂委员会．安徽省志·交通志[M]．北京：方志出版社，1998：351.
⑤ 郑州铁路局史志编纂委员会．郑州铁路年鉴（1987）[Z]．1988：181.
⑥ 郑州铁路局史志编纂委员会．郑州铁路年鉴（1994）[M]．北京：中国铁道出版社，1994：45.
⑦ 郑州年鉴编辑部．郑州年鉴（1998）[M]．郑州：中州古籍出版社，1998：205.
⑧ 宿州市档案局．宿州年鉴1999[M]．珠海：珠海出版社，1999：104.

郑州站增设 58 个售票窗口，实行 24 小时不间断售票①。至 2008 年年底，联网郑州站的代售点增至 86 个②。

第二，实施往返票、异地售票、列车代售车票、电话订票、邮政订送、合同售票等多种方式售票。1986 年，郑州、开封车站发售两站间直达管快（343/344、345/346）往返客票③。1988 年旅游季，郑州至开封间及郑州至黄河南岸间发售往返客票④。1997 年，郑州站打破只售当天票的陈规，发售 3 天以内的车票，并开通电话订票，旅客可通过电话预订 3～15 天的车票⑤。1998 年，郑州铁路局推行合同售票方式，与上百家合同户实施磁卡结算业务。同时，在郑州开办 12 家预售 3～30 天车票的电话预订点，在 467/468 次（郑州—上海）、179/180 次（郑州—北京西）、Y201/Y202 次（郑州—西安）等列车上开办售票业务⑥。1999 年，郑州站依靠已建立的 70 多个"站售车票、预售车票、电话售票、流动售票、异地售票、县乡售票"社会化售票网络把客票销售延伸至路外，服务到门口⑦。2000 年，徐州铁路腾达信息技术有限公司揭牌，主营业务有铁路"200"直拨电话、铁路"201"公用电话、"168"自动声讯服务、"160"人工声讯服务、铁路"166"公众语音信箱等，为旅客提供电话订票事宜⑧。2003 年 7 月，郑州站自动电话问讯系统正式开通。该系统开通后，车站的订票电话比以前扩容一倍。旅客通过拨打电话不仅可以订票，还可以查询列车车次及列车到发时刻、里程、票价等信息⑨。2005 年，为最大程度地吸引农村和偏远地区客流，郑州、商丘、许昌车站开通铁路客票邮政订送业务⑩。2006 年，驻马店车站开通"铁信通"短信购票业务，想方设法拓展售票渠道⑪。

第三，每逢节假日及寒暑假，增设临时售票窗口、流动售票点，同时各大客运站派人深入厂矿企业、机关、大专院校、部队等单位或部门办理售票。1996 年春运期间，郑州铁路局增开售票、签字窗口 100 余个，组成流动售票队伍到 180 个单位开展上门售票⑫。1998 年春运期间，针对学生客流，郑州铁路局增加学生专售窗口，

---

① 郑州年鉴编辑部．郑州年鉴（2000 年）[M]．郑州：中州古籍出版社，2000：210.

② 郑州铁路局史志编纂委员会．郑州铁路局年鉴（2009）[Z]．2009：63.

③ 郑州铁路局史志编纂委员会．郑州铁路年鉴（1987）[Z]．1988：181.

④ 郑州铁路局史志编纂委员会．郑州铁路年鉴（1989）[Z]．1990：106.

⑤ 郑州年鉴编辑部．郑州年鉴（1998）[M]．郑州：中州古籍出版社，1998：205.

⑥ 郑州年鉴编辑部．郑州年鉴（1999）[M]．郑州：中州古籍出版社，1999：202.

⑦ 郑州年鉴编辑部．郑州年鉴（2000 年）[M]．郑州：中州古籍出版社，2000：210.

⑧ 徐州年鉴编纂委员会．徐州年鉴（2001）[M]．徐州：中国矿业大学出版社，2001：201.

⑨ 郑州铁路局史志编纂委员会．郑州铁路局年鉴（2004）[Z]．2004：67.

⑩ 郑州铁路局史志编纂委员会．郑州铁路局年鉴（2005）[Z]．2005：56.

⑪ 驻马店市地方史志办公室．驻马店年鉴（2007）[M]．北京：线装书局，2007：195.

⑫ 郑州铁路局史志编纂委员会．郑州铁路局年鉴（1997）[M]．北京：中国铁道出版社，1997：46.

配足票额，保证学生随到随买。同时全局各大站还组织76个售票小组，到各大院校上门售票①。1999年春运、暑期期间，开封站主动到大专院校和厂矿单位开展客运延伸服务，开办流动客票销售点②。1999年春运之前，郑州铁路局组织300个市场营销小分队深入大专院校、城乡集镇、民工集散地送票上门③。2001年春运客流高峰时，郑州车站56个窗口全部开放，车站10个售票口可预售2～12天车票④。2001年春节、"五一"长假期间、"十一"长假期间，淮南站在蔡家岗、八公山等地设立售票点，组织人员到厂矿企业、大专院校上门售票⑤。2007年春节期间，郑州车站与郑州长途客车站签订相互代售车票联运协议，开展公铁联运。车站办理民工团体票，直接把车票送到农民工手中⑥。2008年春节期间，郑州站在售票厅增设4个农民工售票专口，为农民工办理全国1～10日的返程票、联程票⑦。2009年春运期间，徐州站售票窗口最多达46个，并在进站口北侧增设4个应急窗口⑧。

第四，微机联网售票。传统人工售票是按比例将票分散到各个始发站，卖完即止，缺少灵活性与座位的复用性。随着计算机技术的不断提升与广泛应用，1996年6月，继北京、上海等大站采用微机出售火车票后，郑州铁路局在郑州站试用微机售票。首先开设两个售票窗口，出售郑州至西安、郑州至三门峡西的车票。8月，郑州站又增加售票窗口10个，计算机45台，增设电子售票房若干间。10月18日起，郑州车站全部启用电子售票，同时撤回市区内所有预售票所⑨。1997年，徐州铁路分局的连云港、墟沟、东海、新沂、邳州、徐州、砀山、夏邑、虞城、枣庄西站等10个车站实行微机售票。在此基础上，又将徐州、枣庄西、新沂、砀山4站纳入全局联网售票，在联网车站可从公共网中发售异地车票，预售期为3～7天。同年8月，徐州站在淮阴开设售票点，正式对外售票，成为苏北地区微机联网第一家售票点⑩。

随着微机联网售票技术的日渐成熟，联网售票规模不断扩大。1998年，徐州铁路分局在11个车站设立19个客票微机联网售票点，并将连云港、墟沟、东海、新浦、新沂、邳县、杨山、虞城、夏邑等站的计算机客票系统纳入路局客票服务中心，进

---

① 郑州铁路局史志编纂委员会．郑州铁路局年鉴(1999)[Z]．1999:51.
② 开封年鉴编纂委员会．开封年鉴(2000)[Z]．2000:95.
③ 郑州年鉴编辑部．郑州年鉴(2000年)[M]．郑州:中州古籍出版社,2000:210.
④ 郑州年鉴编辑部．郑州年鉴(2002)[M]．郑州:中州古籍出版社,2002:225.
⑤ 淮南年鉴编委会．淮南年鉴(2002)[M]．合肥:黄山书社,2002:109.
⑥ 郑州铁路局史志编纂委员会．郑州铁路局年鉴(2008)[Z]．2008,58.
⑦ 郑州年鉴编辑部．郑州年鉴(2009)[M]．郑州:中州古籍出版社,2009:291.
⑧ 徐州市史志办公室．徐州年鉴(2010)[M]．南京:江苏人民出版社,2010:182.
⑨ 郑州年鉴编辑部．郑州年鉴(1997)[Z]．1997:200.
⑩ 徐州年鉴编纂委员会．徐州年鉴(1998)[M]．徐州:中国矿业大学出版社,1999:181.

入全局的联网售票。同时，安装数个客票远程售票点，进一步扩大客运营销范围[①]。同年7月，淮南站实现计算机售票，12月又与上海、杭州、宁波、南京、合肥、蚌埠等23个主要城市实现计算机联网售票，中转旅客不必再办理中转签字和另外购票[②]。1998年7月，宿州站售票设备全部升级为电脑售票，并与上海铁路局24个主要站联网互售车票[③]。1999年11月，郑州铁路局下属的郑州、许昌、商丘、民权、兰考、开封、信阳、驻马店等23个车站实现联网售票。旅客在局管内所属的23个车站中的任何一站均可购买到该站和其他车站的车票[④]。至2003年年底，郑州铁路局完成微机联网售票车站累计达到228个，联网售票车站占全局的95%以上，县级及以上车站基本实现全路联网售票[⑤]。

同时，为提高售票速度，各车站不断对售票系统与网络进行升级。1999年，徐州分局对计算机售票系统软件与客票网络进行升级。9月，开通徐州分局至济南路局、徐州站至济南路局票务中心2条计算机通道，使徐州站与分局其他各计算机联网售票站出售局管内异地票的速度提高近100倍[⑥]。2003年，徐州铁路分局加强客票系统建设，2—4月完成枣庄、新浦、连云港、砀山站等客票远程点售票系统的调试和安装；上半年开通徐州、连云港、墟沟、新浦、新沂、邳县、东海、黄口、夏邑、砀山、虞城、枣庄、枣庄西等客运售票系统网络通道，使售票系统通过光纤联网[⑦]。

以上措施，尤其是售票方式的网络化与快速化，改善了售票环境，加快了售票速度，减少了旅客的排队时间，给旅客提供了极大的便利，使长期存在的购票难问题得到根本解决。

三、列车服务贴心真诚

1949年起，流域各次旅客列车都配备由列车长、列车员、行李员组成的固定乘务组，各旅客车厢都有一名列车员，负责旅客的安全、服务，清扫车厢及向旅客通报停站站名和到站时间等工作。1951年，在津浦铁路等干线行驶的列车上安装有线广播，播放音乐、预告到站、介绍旅行常识及沿线风景名胜；在列车车厢内悬挂旅客意见簿，征求旅客的意见和建议；设立服务台，为旅客办理补票、中转签证、咨询，向旅客提供针线包，免费供给应急药品等。实行列车长负责制，建立客运服务、车辆、

① 徐州年鉴编纂委员会．徐州年鉴(1999)[M]．徐州：中国矿业大学出版社，1999：165，167.

② 淮南年鉴编委会．淮南年鉴(1999)[M]．合肥：黄山书社，1999：120.

③ 宿州市档案局．宿州年鉴(1999)[M]．珠海：珠海出版社，1999：104.

④ 郑州铁路局史志编纂委员会．郑州铁路局年鉴(2000)[Z]．2000：63.

⑤ 郑州铁路局史志编纂委员会．郑州铁路局年鉴(2004)[Z]．2004：64.

⑥ 徐州年鉴编纂委员会．徐州年鉴(2000)[M]．徐州：中国矿业大学出版社，2000：170.

⑦ 徐州年鉴编委会．徐州年鉴(2004)[M]．北京：方志出版社，2004：142.

公安乘警“三乘一体”的乘务制度①。

1956年,按照铁道部“列车包车办法”,徐州站制定了《乘务规范》《服务手册》,统一作业程序、服务用语及车容、卫生、服务、礼貌方面的标准和规范。在乘务中清扫车厢,执行始发大清扫,中途随扫和一站一扫制度,保持车厢整洁。根据徐州至济南的慢车201/202次、315/316、415/416次停站多、短途农民旅客多、停站时间短、上下车频繁的特点,车站实行“勤访”(主动询问旅客)、“多讲”(多讲旅行安全、卫生常识)、“主动帮”(发现旅客途中有困难,主动帮助解决)、“一迎”(始发站迎接重点旅客上车)、“五送”(为重点旅客送水、送饭、送出站、终点站送转车、特殊情况送家)、“三零”(下车箱供应零饭、零菜、零汤)、“十代”(餐车为旅客代烩,代馏干粮,代做病号饭,代做婴儿饭,服务台代售汽车票,代办旅客住宿手续,代售书刊,代售信纸,列车员代重点旅客写向导信,代找同路人)服务方法。1973年,铁道部总结并推广415/416次服务经验;1980年,徐州站被评为“全国铁路安全标兵”车队;1982年,徐州站被评为“全国铁路先进集体”;1983年,徐州站被铁道部授予“文明列车”称号②。

1958年,蚌埠列车段总结制定的“列车出库卫生十字作业法”,被制成图片展出,在全国铁路推广应用。同期,针对淮南铁路沿线短途农民旅客多、区间距离短的特点,实行“五主动”(主动迎接旅客,主动询问有无要求,主动帮助解决困难,主动宣传旅行常识,主动为重点旅客送水送饭)服务方法。1972年,蚌埠列车段205/206次(裕溪口至徐州)列车女子包乘组服务人员严格按照服务规范,提出“服务中做老人的拐杖、盲人的眼睛、病人的护士、小孩的阿姨、旅客的亲人”的口号,真诚为旅客服务。铁道部号召全国旅客列车派代表前来学习,并将其经验向全国推广③。

1978年,铁道部向全国铁路客运职工发出《全心全意为人民服务,努力办好人民列车的倡议书》,组织全国进京、进沪特快、直快列车之间开展劳动竞赛。流域内铁路客运系统的广大职工热烈响应,涌现出一批先进集体。郑州—北京251/252次直通快车于1979年被评为第三名,1980—1984年连续被评为第二名,1985—1987年连续被评为第一名,1987年1月被铁道部命名为红旗列车。郑州—真如167/8次直通快车1987年被评为第三名④。为改善乘车条件,郑州铁路局不

① 江苏省地方志编纂委员会. 江苏省志·交通志·铁路篇[M]. 南京:江苏人民出版社,2007:129-130.

② 江苏省地方志编纂委员会. 江苏省志·交通志·铁路篇[M]. 南京:江苏人民出版社,2007:130.

③ 安徽省地方志编纂委员会. 安徽省志·交通志[M]. 北京:方志出版社,1998:351.

④ 河南省地方史志编纂委员会. 河南省志·铁路交通志、民用航空志[M]. 郑州:河南人民出版社,1991:123.

断增添完善列车设施。1985 年，郑州—真如 167/168 次和郑州—北京 251/252 次列车中安装了对旅客放映的闭路电视①。1991 年，对慢车整修实行投资倾斜，消灭了“哑巴车”（即缺少广播设备列车）和“无名列车”（即缺少方向牌列车）②。

1997 年，徐州铁路分局徐州—北京 565/566 次车队进一步优化服务标准，细化服务内容。因服务成绩突出，该车队被评为全国职工职业道德“十佳集体”③。同时，针对少数乘务人员玩忽职守、以权谋私、敲诈旅客的现象，出台《路风问题处罚条例》。至 1997 年年末，有 8 名列车员因敲诈旅客受到行政记过、警告或下岗、待岗的处分；1 名列车员因屡次敲诈旅客被解除劳动合同，4 名行李员因索要旅客钱物被改职列车员；1 名列车长因严重违反乘务纪律被解聘下岗，2 名列车长因管理不力造成车班服务质量低劣被诫勉，5 名列车长因车班发生问题被追究管理责任，受到下岗处分；有 8 名车队干部被追究管理责任④。

2000 年，郑州局强化客运服务质量，制定列车质量硬性标准，包括厕所清洁，地面无积水、无污迹、无异味；洗脸池、水龙头齐全、好用，排水系统畅通、无堵塞；车厢方向牌整洁、牢固，标志齐全、清晰；卧具干净卫生，叠放整齐，直接接触人体的卧具一人一换；车体外皮油漆无脱落、无严重褪色，车厢内外无广告；脚踏蹬、扶物干净、整洁、无垃圾。同时，加大资金投入，更新、改造设备设施，使列车面貌有较大改观⑤。

2005 年，徐州铁路分局建立各岗位作业标准责任体系，每月抽查鉴定各车队标准化作业的落实情况，组织各车队开展服务设施大检查，加强对备品的检查和配备，着力解决旅客最为关注的卫生、厕所、饮水、卧具、空调、待客等热点问题，提高列车服务水平和档次。凡运输旺季、黄金周、节假日、临客开行等时段，及时组织干部添乘，明确添乘人员的工作标准和要求；加强对长途车和重点车的检查、抽查。继 2004 年 1503/1504 次被授予“红旗列车”之后，2005 年 2525/2526 次又被部授予“红旗列车”称号，K107/K108 次列车被授予“2005 年全路客货运输窗口用户满意单位”荣誉称号⑥。

2008 年，为全面提升旅客列车整体服务质量，创建精品客运列车，打造列车品牌新形象，郑州客运段投入 1000 余万元用在列车卧具、服务备品、卫生整治上；开展“十大服务明星”“服务能手”评选活动，实行“首席服务明星”岗位评定；在“和

---

① 郑州铁路局史志编纂委员会．郑州铁路年鉴（1986）[Z]．1987：315.

② 郑州铁路局史志编纂委员会．郑州铁路年鉴（1992）[Z]．1992：88-89.

③ 徐州年鉴编纂委员会．徐州年鉴（1998）[M]．徐州：中国矿业大学出版社，1999：183.

④ 徐州年鉴编纂委员会．徐州年鉴（1998）[M]．徐州：中国矿业大学出版社，1999：183.

⑤ 郑州铁路局史志编纂委员会．郑州铁路局年鉴（2001）[Z]．2001：49-50.

⑥ 徐州市史志办公室．徐州年鉴（2006）[M]．北京：方志出版社，2006：220-221.

谐”号动车上，在优质优价列车、普通列车上，开展各种特色服务①。

四、餐饮供应安全丰富

中华人民共和国成立后，蚌埠、宿县等站始设售货组，为过往旅客提供大众化食品。津浦铁路等干线快客挂有餐车，除供应盒饭和部分份饭外，增添部分中高级炒菜，并供应多种地方名烟名酒，满足不同层次旅客的需求。1957—1958年，徐州列车段成立服务站，负责站车食品供应。1958年9月后，在较大车站和旅客列车上免费供应开水，车厢内备有保温桶，由乘务员送水或旅客自取饮用。1959—1961年，餐车供应食品的数量和品种相应减少，普遍实行旅客凭客票限区段限量供餐办法②。之后，餐车供应以盒饭为主，服务人员送饭到车厢，软硬卧车厢内配备了保温瓶，恢复收费供茶供水制度。1966年，旅客列车一律实行免费供应开水，在旅客列车上每隔一个车厢在洗脸室内设一大水壶，在软席车和软、硬席卧车上按定员配备茶杯和一定数量的保温瓶。各次列车配备服务员负责烧茶炉和向各车厢送水。

1977年以后，根据铁道部提出的“面向旅客、经济实惠、保质保量、适应需要、按质论价、保本微利”的餐车供应原则和商业部、铁道部制定的《关于做好铁路旅客饭食供应工作的联合通知》，列车段改革餐车经营的食品结构及供应方式。在以快餐为主的前提下，根据高档次旅客增多的实际情况，配餐炒菜，任旅客挑选。进入20世纪80年代，餐车供应以快餐为主，积极经营地方风味食品，并兼营部分商品。1984年，餐车供应以纸装饭盒和泡沫塑料饭盒代替了铝制饭盒③。1986年起，长途旅客列车按列车编组规定在列车中部加挂餐车，供乘车旅客用餐。同时，对未挂餐车的中、短途旅客列车，乘务人员事先联系沿线较大停车站准备好快餐食品送上车，保证旅客按时用餐。

1990年，为提高列车饮食供应品质，郑州铁路局成立路局旅行服务所，坚持站台供应统一管理、经营、价格、服装、车辆、标志，新建、改造加工厂、仓库、冷库，购置电冰箱、汽车、售货车等④。1991年，郑州局实行餐车供应与站台供应相结合、餐厅（定点）供应与送盒饭到车厢（流动供应）相结合、饮食供应与商品销售相结合的“三结合”供应方法。餐车兼营商品、土特产品、旅行用品，对少数民族用餐备有专用餐料、餐具。站台供应以自制食品为主，兼营商品和旅行用品，发展地方风味食品与土特产品⑤。1992年，郑州局发展名菜名点和风味小吃，实行名师挂牌服务。

① 郑州年鉴编辑部．郑州年鉴(2009)[M]．郑州：中州古籍出版社，2009：299.

② 江苏省地方志编纂委员会．江苏省志·交通志·铁路篇[M]．南京：江苏人民出版社，2007：131.

③ 郑州铁路局史志编纂委员会．郑州铁路年鉴(1985)[Z]．1986：198.

④ 郑州铁路局史志编纂委员会．郑州铁路年鉴(1991)[Z]．1991：89-90.

⑤ 郑州铁路局史志编纂委员会．郑州铁路年鉴(1992)[Z]．1992：88-89.

根据不同地区、不同车次、不同消费水平的需求，做到优质优价、质价相符①。

进入21世纪以来，为确保旅客饮食卫生安全，强化站车饮食供应安全控制，杜绝假冒伪劣产品，郑州铁路局对全局客运系统站车食品开展专项整治行动。2004年，坚决清理小厂、手工作坊、知名度低、设备简陋厂家生产的产品及假冒伪劣产品②。2005年，重点落实卫生许可证和从业人员健康证管理，坚决杜绝无证开业、无证上岗；落实食品进货渠道、食品加工和餐具消毒工作责任制，对存在的食品安全隐患限期完成整改；打击在铁路站车制售假冒伪劣食品的违法犯罪行为，防止站车食物中毒事故的发生③。2007年，郑州站改造食品加工间和站台售货车，形成消毒间、粗细加工间、豆奶加工间、食品制作间、熟食存放间、食品发放间一条龙作业线，经营从业人员健康证发放率、出售食品合格率均达100%④。同年，从众多餐饮服务供应商中遴选优质企业为路局动车组提供餐饮服务。如福记食品服务控股有限公司为D131/D134（北京西—郑州）、D132/D135（郑州—北京西）、D133/D136（北京西—郑州）、D141/D148（郑州—汉口）列车提供餐饮服务，海航航空食品控股有限公司为D88/D85、D82/D83（上海—郑州）列车提供餐饮服务⑤。通过检查整顿，食品安全监管制度逐步完善，名优食品供应得到发展，旅客饮食安全得到有效保证。

通过长期持续的努力与改进，淮河流域铁路客运服务质量有了质的飞跃，旅客的候乘舒适度与满意度大幅提升。2008年11月，郑州铁路局对全局29列旅客列车开展用户满意度测评活动。测评结果显示，列车总体用户满意度为91.40分，其中服务91.70分，卫生91.06分，安全92.27分，餐饮89.81分⑥。为进一步推动我国铁路事业的不断发展与繁荣，淮河流域铁路部门在不断完善硬件基础设施的基础上，应继续秉承“以人为本”的服务理念，制定规范且富有灵活性的服务标准，不断提升客运工作人员的职业素养，建立健全客运服务监管机制，努力提高规范化与人性化服务水平，为旅客出行提供更加优质的服务。

---

① 郑州铁路局史志编纂委员会办公室．郑州铁路年鉴（1993）[M]．北京：中国铁道出版社，1993：71.
② 郑州铁路局史志编纂委员会．郑州铁路局年鉴（2005）[Z]．2005：59.
③ 郑州铁路局史志编纂委员会．郑州铁路局年鉴（2006）[Z]．2006：64.
④ 郑州年鉴编辑部．郑州年鉴（2008）[M]．郑州：中州古籍出版社，2008：326.
⑤ 郑州铁路局史志编纂委员会．郑州铁路局年鉴（2008）[Z]．2008：60.
⑥ 郑州铁路局史志编纂委员会．郑州铁路局年鉴（2009）[Z]．2009：62.

皖北崛起战略政策演进、绩效评价及提升路径研究

房　建

摘　要:改革开放以来,安徽省委省政府实施皖北崛起战略呈现出六个战略阶段特征和十二个文件政策推演历程,"战略+政策"的耦合张力促进皖北经济的发展绩效实现跨越式崛起。对改革开放以来皖北崛起战略的政策演进及绩效评价分析,系统梳理皖北崛起战略的政策推演历程和政策实施绩效,强化落实支持皖北崛起的各项政策,实施皖北崛起的多极支撑,增强皖北发展内生动力,具有重要的理论价值和现实意义。

关键词:皖北崛起战略;政策演进;绩效评价;提升路径;研究

长江、淮河将安徽划成三大块,淮河以北、江淮之间、沿江江南。淮河以北称为"皖北",皖北地区面积约 5.3 万平方千米、人口为 3768 万,分别占全省的 37.8% 和 53.4%,但经济总量在全省占比反差极大①。经济"洼地"的特征非常突出,已成为安徽加快崛起的掣肘。改革开放以来,安徽省委省政府高度重视皖北地区发展,实施皖北崛起六个具有标志性的战略部署。早在 20 世纪 80 年代初,安徽做出了"培育皖北星火密集区"②和重点扶持沿淮六县的决策。进入 21 世纪,安徽坚持把加快皖北崛起摆上战略位置,2001 年出台《关于进一步加快皖北地区经济发展的意见》,标志着皖北崛起战略的正式开启,一系列真金白银的"真帮扶,硬支持"的高含金量政策密集出台,皖发〔2001〕19 号文到皖北办发〔2018〕16 号文等十二部文件相继发布,政策推演由"两个大局、三大战略任务"到"加快皖北崛起进程,打造安徽发展新增长极",由南北结对合作再到南北合作共建现代产业园区,支持皖北崛起战略的政策体系持续完善、推进机制持续深化、发展绩效持续显现。

作者简介:房建,男,山东泰安人。中共宿州市委党校副教授,主要从事科社学与管理学等方面的研究。

基金项目:2019 年安徽省党校(行政学院)系统重点课题"政策视角下安徽南北合作实施十年绩效评估研究"(QS2019041)阶段性研究成果。

① 闫晓丹. 皖北经济发展的问题与思路[J]. 中国集体经济,2012(22):29-30.

② 省科委农村科技处. 培育皖北星火密集区推动皖北经济发展[J]. 安徽科技,1997(3):6-8.

一、皖北崛起战略的政策演进轨迹

改革开放以来，安徽省委省政府从战略高度实施皖北崛起发展战略，持续不断地从财政支持、产业培育、金融服务、基础设施建设、组织建设、干部人才建设等多个方面，加大对皖北地区崛起的扶持、支持力度，皖北崛起战略呈现出六个战略阶段特征和十二个文件政策演进历程。

（一）皖北崛起战略——摸石过河

2001 年 9 月，安徽省委省政府出台了具有里程碑意义的文件，《关于进一步加快皖北地区经济发展的若干意见》（皖发〔2001〕19 号，以下简称《意见》），这揭开了皖北崛起战略的序幕。《意见》提出对皖北地区经济发展目标等进行探索①。

提出皖北崛起的主要任务和目标。加快皖北地区经济发展的主要任务：打基础，扩总量，调结构，增后劲，加快工业化和城镇化进程，大力发展开放型经济和个体私营经济，继续加强基础设施建设，全面优化发展环境。

提出皖北崛起的实施措施。在农业方面，大力实施农业三项工程，即农产品流通工程、品牌工程和农业产业化工程；深化企业改革，放手发展非公有制经济，围绕促进工业化和提升中心城市服务功能，大力发展服务业。在促进城乡经济协调发展方面，加快构建合理的城镇体系，发挥蚌埠市成为中原地区重要的中心城市的作用，发挥淮南、淮北、阜阳、宿州等市区域经济中心作用。

出台了皖北崛起优惠政策。加大建设资金投入，加强财源建设的支持，“十五”期间，省财政每年安排 3000 万元的贴息资金，以启动信贷资金的支持，用于皖北区域性支柱产业的形成和发展；实行土地使用收益由省级集中的部分按项目返还；促进中小企业信用担保体系建设。在改善投资环境方面，放宽投资领域，简化审批程序；实行税收优惠，对国家贫困县新办企业，可减征或免征企业所得税三年。

（二）皖北崛起战略——顶层设计

2004 年 8 月 15 日至 16 日，安徽省委省政府在蚌埠市召开加快皖北地区经济发展座谈会，总结 2001 年加快皖北地区经济发展座谈会以来的成绩和经验，进一步明确新形势下的发展思路和重点，顶层设计皖北地区经济崛起的发展路径。

皖北崛起的重点是提高工业化水平。主攻资源转化，加快结构调整，推动产业升级，增强发展后劲，走出一条具有区域特色的新型工业化路子。充分发挥煤炭资源优势，做大做强煤炭主产业，大力发展煤电一体化；充分发挥丰富的农副产品资源优势，大力推进产品优质化、生产规模化、布局区域化，推进农业产业化经营和农

① 吴劲松．推动皖北突破、加速安徽崛起［J］．江淮，2010（4）：14-16.

副产品加工业发展；充分发挥丰富的劳动力资源优势，把劳务输出作为一项重要的“富民工程”。

皖北崛起的关键点是培育市场主体和优化发展环境。发展民营经济催生一批，扩大招商引资引进一批，深化产权改革激活一批，着力培育壮大多元化的市场主体。要把优化发展环境作为扩大招商引资、发展民营经济的第一要素、前提条件和基础工程。加强基础设施建设，不断改善生产生活条件，形成“政策好、服务好、成本低”的综合优势，把皖北地区建成吸引外来投资和发展民营经济的热土、沃土。

皖北崛起的着力点是加大扶持力度。安徽省委省政府坚持把加快皖北地区经济发展放到全省发展的重要位置，研究解决关系到皖北地区发展的重大问题。结合“861”行动计划重大项目的安排，进一步落实和完善各项扶持政策，重点扶持皖北煤电基地建设、农业综合开发、基础设施建设、扩大劳务输出规模和县乡财政解困等具有牵动作用的重点领域和重大项目。

（三）皖北崛起战略——龙头带动

2006年，省政府工作报告及省“十一五”规划提出，以“两淮一蚌”为龙头，大力推动沿淮城市群建设，构筑“两淮一蚌”重化工业走廊，大力发展煤电化、生物质能源和材料产业等特色制造业，使“两淮一蚌”成为皖北地区奋力崛起的龙头，极大地拓展了皖北经济快速发展的空间。

2006年省政府工作报告指出：以“两淮一蚌”为突破口，大力发展煤电化、农产品加工业、生物质能源和材料产业，推动皖北地区加快发展。改善基础设施条件，加快治淮等水利工程建设，强化淮河流域水运建设；用好“861”行动计划平台，争取更多的项目列入国家支持范围。在财政金融支持方面，从2006年起，每年增加财政贴息资金6000万元；适当下放贷款审批权限等。

2006年8月1日，省委省政府出台《关于进一步加强皖北及沿淮地区经济社会发展的意见》（皖发〔2006〕15号）。以“两淮一蚌”沿淮城市群为龙头，以大基地、大项目、大投资和加速重化工业发展为抓手，积极实施东向发展、工业强区战略，全面提升“861”行动计划。按照区域统筹、分类指导和效率优先的要求，推动以“两淮一蚌”为重点的沿淮城市群实现跨越式发展。

2006年12月31日，省政府印发了《沿淮城市群“十一五”经济社会发展规划纲要》（皖政〔2006〕112号，以下简称《纲要》）。《纲要》明确了皖北地区发展重点和主要任务：强力推进工业化进程，加强交通水利设施建设，打造区域性物流中心，加快城镇化和城镇体系建设，建设黄淮海平原旅游区，建立资源节约型和环境友好型社会，构建“和谐沿淮”。紧抓“中部崛起”的重要战略机遇，至此，皖北加快经济发展战略进入分类指导、重点突破的新阶段。

（四）皖北崛起战略——重点突破

经过多年的发展，皖北地区仍面临着县域经济薄弱、新农村建设力度不够等问题，大部分市、县全面建成小康社会的任务仍然十分艰巨。2009年，原中共中央政治局常委、全国人大常务委员会委员长吴邦国在安徽调研时强调："皖北经济的发展事关安徽全局，振兴皖北经济是挖掘安徽发展潜力的重要战略选择。"①

2008年11月7日，省委省政府出台《关于加快皖北和沿淮部分市县发展的若干政策意见》（皖发〔2008〕21号）。针对皖北经济薄弱的三市六县进行重点扶持。制定了财政投入力度、产业项目扶持、国土资源管理、金融服务、基础设施建设、教育加快发展、计生奖励政策、人才智力支持、营造良好发展氛围等方面的扶持政策。这年，省委省政府决定将加快皖北地区发展协调小组改设为领导小组，由省委副书记担任组长②。

2009年10月14日，省委办公厅、省政府办公厅出台《关于在合肥等市县与皖北三市六县之间开展结对合作工作的通知》（皖办发〔2009〕23号），制度安排：合肥市与阜阳市结对合作，合肥市与寿县、霍邱县结对合作；芜湖市与亳州市结对合作；马鞍山市与宿州市结对合作；铜陵市与五河县、固镇县、怀远县结对合作；宣城市与所辖的宁国市与滁州市所辖的凤阳县结对合作。力争经过三到五年的合作发展，更大幅度地提高三市六县的工业化、城镇化和农业现代化水平，更大幅度地提高人民生活水平。

2010年5月，省委省政府出台了《关于进一步加快皖北地区发展的若干意见》（皖发〔2010〕16号），有针对皖北地区发展规划、重大项目支持、财政支持、金融服务支持、开展土地整治整村推进试点工作、推动全民创业、提升教育发展水平、加强干部队伍建设和人才引进、深入开展结对合作工作、进一步加强领导等十个方面的扶持政策，又称为"新十条"。

（五）皖北崛起战略——他山之石

皖北崛起必须认真借鉴与皖北区位相近、禀赋相似的苏北地区。多年来，江苏省深入实施区域共同发展战略，重点推动和支持苏北加快崛起步伐，实现了历史性的突破。为此，2010年，安徽省委省政府学习借鉴江苏省支持苏北发展的经验，先后出台了皖办发〔2010〕26号文、皖政办〔2013〕47号文和皖发〔2014〕18号文等系列政策文件，探索出符合皖北实际的科学发展之路。

2010年11月24日，安徽省党政代表团赴江苏省学习考察后，在宿州市召开座谈会并印发《关于赴江苏学习考察座谈会纪要》的通知（皖办发〔2010〕26号）强

① 闫晓丹．皖北经济发展的问题与思路[J]．中国集体经济，2012（22）：29-30.

② 卓文．皖北：跨越发展　加速振兴[J]．江淮，2011（1）：39-40.

调:加快皖北崛起,关键要用好的政策来催化和激活内生动力。会议提出有利于皖北崛起的若干政策措施,包括财政政策、基础设施建设政策、园区共建政策、要素支持政策、国企改革、盘活国有资金等途径拓宽支持皖北发展的资金渠道,开展"百家民企进皖北"、国企与皖北项目对接等。

2013年12月30日,省政府出台《关于建设皖北"四化"协调发展先行区的意见》(皖政办〔2013〕47号),要着力实施十项重点工程:主导产业培育工程、新型城镇化工程、农业现代化工程、信息化建设工程、服务业加快发展工程、美好乡村建设工程、产业园区转型升级工程、基础设施支撑工程、生态皖北工程、民生提升工程。"四化"发展协调性增强、发展活力彰显、崛起态势强劲。

2014年11月18日,安徽省委省政府出台《促进皖北地区又好又快发展的若干意见》(皖发〔2014〕18号)。该意见提出,要进一步加大十个方面的力度,努力推动皖北地区经济社会又好又快发展。加大改革创新支持力度、主导产业发展支持力度、新型城镇化支持力度、农业和扶贫攻坚支持力度、基本公共服务支持力度等十个方面的支持力度。实施一批强基础补短板的重大项目,增强皖北发展内生动力。

(六)皖北崛起战略——"输血造血"

党的十八大以来,安徽省委省政府着眼于安徽南北经济发展梯级差异明显的省情,适时将政策支持重点从以"输血"为主转向"输血"与"造血"并重,及时做出了开展南北结对合作共建现代产业园区的重大决策,打造皖北崛起的又一战略平台和政策支点。2012年来,"3+6"座产业新城在皖北大地崛起,成为撬动皖北经济发展的杠杆,成功地催化和激活了皖北崛起的内生动力。

2012年2月,安徽省委省政府出台了《关于合作共建皖北现代产业园区的实施方案》(皖办发〔2012〕9号)。该方案指令合肥等皖南八个市县援建皖北"3+6"现代产业园区。为了支持合作共建园区,省委省政府从规划选址、资金筹措、建设用地、管理体制等方面明确了有力支持政策,力争用五年时间把"3+6"皖北现代产业园区建设为皖北地区"四化"协调发展先行区和新型工业化为主、城乡统筹发展的现代化新城区。

2016年11月22日,安徽省委省政府出台《关于进一步推动南北合作共建现代产业园区的意见》(皖办发〔2016〕66号)。意见指出:园区规划政策,园区作为省级特别政策区;园区管理体制,园区的管理队伍主要由援建方选派,园区党工委第一书记继续由受援方市、县委书记兼任,园区投融资公司的各出资方投入资金原则上以股份方式投入,公司创造的利润可按投资比例分成,合作期内留存园区用于滚动发展,合作期结束后,作为投资收益分期返还援建方;并对建设资金、建设用地指标、干部待遇等给予支持。

2017 年 7 月 25 日，皖北办出台《南北合作共建现代产业园区建设发展目标考核办法及实施细则》（皖北办发〔2017〕25 号）。2018 年 7 月 18 日，皖北办出台《关于进一步完善南北合作共建园区目标考核机制》（皖北办发〔2018〕16 号）。进一步完善目标考核机制，将园区增长水平与皖北开发区的增长水平相比对，科学考核实绩，促进园区自我加压、主动作为。

二、皖北崛起战略的政策绩效评价分析

随着皖北崛起战略的政策措施效应逐步显现，皖北地区优势日益显现，内生动力和活力持续迸发，崛起步伐渐入快速上升的通道。从"培育皖北星火产业密集区"到"大力培育较强竞争力的主导产业和支柱产业，集中力量办好现有开发区和工贸小区"，再到"加快建设皖北'四化'协调发展先行区"及"推动皖北地区融入长三角一体化发展"，特别是党的十九大以后，全区认真贯彻五大发展新理念，皖北地区经济"洼地"崛起的大戏不断精彩上演。

（一）经济增长速度呈螺旋式上升

改革开放以来，皖北各地抓住省委省政府加快皖北地区发展的政策机遇，攻坚克难、扎实工作，自主发展能力明显增强，发展活力逐步显现，发展步伐稳中趋快。皖北地区经济发展速度以螺旋方式攀升（见表 1）。

表 1　40 年来皖北地区与全省 GDP 年均增速　　（单位：%）

	"六五"期间	"七五"期间	"八五"期间	"九五"期间	"十五"期间	"十一五"期间	"十二五"期间	2016 年	2017 年	2018 年
全省	13.7	5.5	16.6	8.3	10.5	13.1	10.8	8.7	8.5	8.1
皖北	13.7	6.6	13.5	6.8	8.9	12.4	10.8	8.2	8.6	8.5

注：数据来源《安徽统计年鉴》及皖北各地区的统计年鉴（1980—2018）

分析：一是 1980 年，皖北作为农业生产承包责任制的起源地，改革步伐在全国率先迈出，农村生产力得到极大解放。二是进入"七五"计划后，农业体制改革的爆发性动力趋缓，尤其是 1991 年，皖北遭遇百年不遇的特大自然灾害，经济尤其是农业损失严重。三是进入"八五"计划期间，国家经济建设重点转向基础设施和能源、原材料工业。皖北地区在巨大的投资带动下进入了新一轮快速增长通道。四是"九五"计划期间国家经济结构的升级对能源、原材料工业的需求减小，皖北经济发展进入低潮期。五是"十一五"计划期间和"十二五"计划期间，政策激励促进发展速度持续增长。六是近年来发展进入新常态，发展速度保持中高速增长。经济总量增速自 2012 年（皖北增长率为 12.5%，安徽省增长率为 12.1%，增幅高于全省 0.4 个百分点）首超全省后，2017 年再次实现赶超，增幅比全省高 0.1 个百分

点。2018年再次赶超,增幅比全省高0.4个百分点。

(二)经济总量迈上新台阶

皖北地区不断创新发展思路,拓宽发展渠道,巩固发展成果,经济总量不断扩大,改革开放以来,皖北地区GDP年均增加值见表2所列。

表2 改革开放以来皖北地区与全省GDP比较 (单位:亿元)

年份	皖北	安徽省	皖北占全省比重(%)
1980	38.63	140.88	27.4
1985	87.12	331.24	26.3
1990	215.03	658.02	32.7
1995	640.89	1810.66	35.4
2000	936.01	2902.10	32.3
2001	970.92	3290.13	29.5
2002	1049.13	3569.10	29.4
2003	1124.95	3973.21	28.3
2004	1571.10	4812.70	32.6
2005	1914.48	5376.30	35.6
2006	2173.42	6148.73	35.3
2007	2561.64	7360.92	34.8
2008	3117.90	8851.66	35.2
2009	3404.60	10 062.82	33.8
2010	4102.50	12 359.33	33.2
2011	4327.40	15 300.65	28.3
2012	4886.80	17 212.05	28.4
2013	5398.90	19 038.87	28.4
2014	5768.00	20 848.70	27.7
2015	6241.90	22 005.60	28.4
2016	6948.50	24 407.60	28.5
2017	7850.20	27 518.70	28.5
2018	8500.50	30 006.80	28.4

注:数据来源《安徽统计年鉴》及皖北各地区的统计年鉴(1980—2018)

分析：一是改革开放以来，皖北地区经济总量由1980年的38.63亿元，跃升到2018年的8500.50亿元，增长了约220倍。二是1990年至2000年、2004年至2010年，皖北地区经济总量（GDP）占全省的比重皆超过30%。三是近五年来，皖北地区经济总量（GDP）占全省的比重皆稳定在28%左右。四是皖北地区经济总量（GDP），2002年迈入千亿元大关，2006年超过2000亿元，2008年超过3000亿元，2010年超过4000亿元，2013年超过5000亿元，2015年超过6000亿元，2016年接近7000亿元，2017年接近8000亿元，2018年超过8500亿元。

（三）经济结构发生巨大变化

皖北地区在改革开放前是典型的以农业为主的区域，阜阳、亳州和宿州第一产业产值占地区生产总值比重在40%以上，第二产业比重均在26%以下；阜阳、亳州、蚌埠第一产业就业人数比重在60%以上，宿州更高达74%。当时，皖北地区总体表现为农业比重大，工业化程度低，产业结构层次不高。改革开放以来，第二产业严重依赖煤炭资源，煤炭采掘、加工和电力是皖北地区主导产业，以煤炭开采及初加工为主。高加工度的具有区域比较优势的煤电、煤化工、农产品深加工、中医药等特色产业以及现代新兴产业发展严重不足。2000年以来，全区经济产业结构不断优化，电子信息、生物医药、现代中药、新材料等战略性新兴产业异军突起，成为皖北崛起的新引擎。皖北与全省三次产业占比变化见表3所列。

表3　皖北与全省三次产业占比变化

年　份	皖　北	安徽省
2000	33：40：27	26：36：38
2001	28：39：33	23：39：38
2002	31：40：29	27：38：35
2003	28：43：29	19：39：42
2004	30：43：27	17：42：41
2005	20：46：34	17：43：40
2006	26：44：30	17：45：38
2007	24：46：30	16：45：39
2008	22：49：29	16：47：37
2009	21：52：27	15：49：36
2010	20：56：24	14：52：34

（续表）

年　份	皖　北	安徽省
2011	20：58：22	13：54：33
2012	19：58：23	12：55：33
2013	18.8：49.6：31.6	12.3：54.6：33.1
2014	18.7：48.7：32.6	11.5：53.1：35.4
2015	17：47：36	11.2：51.5：37.3
2016	16.7：45.5：37.8	10.6：48.4：41
2017	16.5：43：40.5	9.5：49：41.5
2018	16.3：42.7：41	8.8：46.1：45.1

注：数据来源《安徽统计年鉴》及皖北各地区的统计年鉴（1980—2018）

分析：2000年以来，三大产业结构的变化趋势显著，三大产业之间的比例关系逐步优化，产业结构渐趋合理。一是第一产业产值的比重呈现不断下降的趋势，由2000年的33%下降到2018年的16.3%，占比下降一半；二是第二产业产值比重呈现出一路上升的趋势，从2000年的40%，上升到2018年的42.7%，基本稳定在40%～50%，成为地区经济的支柱；三是第三产业产值的比重基本稳定，保持在27%～35%，2018年达到41%。皖北地区经济结构战略性调整效果明显，农业比重下降，服务业比重上升①。

三、皖北崛起战略的政策不足与原因分析②

纵观改革开放以来实施皖北崛起战略，几十年来各项政策点多面广，涉及的部门多，并处于不断探索推进中，因此不难发现部分文件政策规定的针对性、实效性和可操作性方面尚须细化完善和进一步落实，皖北崛起战略倾斜政策落实得不充分。

（一）部分政策内容的普惠性，政策规定的针对性不强

一是部分政策内容边界过于宽泛，政策规定的针对性不强。部分政策内容严格意义上不是专门针对皖北地区制定，而是全省各地均享受的普惠政策，如"推进

① 陶成成．皖北地区产业转型路径的多维度分析[D]．蚌埠：安徽财经大学，2016：12.

② 房建．安徽支持皖北发展十年来政策及绩效的实证研究[J]．安徽行政学院学报，2016（3）：33-39.

皖北区域内已规划的高速公路建设,加大国省道路网改造的省级投入"及"加快皖北三市七县农村危房改造"等。二是部分政策内容重心不突出,政策规定的针对性不强。部分政策内容的普惠性,使得政策在资源配置、财力分配及解决制约皖北发展瓶颈的帮扶措施方面针对性不强。

(二)部分政策条款的宏观性、政策规定的可操作性不强

一是部分政策条款强调支持,施策时执行不到位。"重点支持皖北地区煤电项目建设,优先向三市七县倾斜,发展坑口电站"。调研反映,宿州市申报宿州华电二期坑口电站项目报批运作中,不享受优先政策。二是部分政策条款缺乏分类指导,施策中皖北得到的支持不多。"同等条件下有重点地向皖北地区战略性新兴产业和重大项目倾斜",而在具体执行中,实行全省统一的环保、技术、产业等高准入门槛标准,皖北很难达到申报要求。

(三)部分政策落实的原则性、政策规定的实效性减弱

一是部分政策落实的原则性,政策执行时弹性过大。"确保每年信贷保持较高增长水平,逐步提高三市七县存贷比""进一步减少皖北在基础设施建设上的资金配套"等都为原则性强的政策。二是部分政策落实的原则性,政策落实进度慢。调研反映"矿业权价款地方分成60%左右返还市县,专项用于矿山环境治理包括采煤塌陷地综合治理"在宿州市至今仍未落实。

政策绩效不足的原因剖析:传统体制束缚和机制障碍仍未消除,制约了加快皖北振兴政策的落实。

1. 传统体制束缚了政策的有效落实

一是皖北地区供给地体制仍未改变。在低农副产品价格、低矿产资源价格、工农业产品价格剪刀差、煤炭等粗加工产品与精加工产品的价格剪刀差、农业税、资源税等政策影响下,皖北地区成为支持其他地区率先发展的落后地区。资源开发和工业发展与皖江等地相比一直处于不平等的发展条件中。二是财政转移支付体制仍不合理。调研反映,资金分配对地区差异考虑得较少;转移支付方式不合理,以税收返还减少了转移支付资金份额;一般转移支付过少,专项转移支付过多,政出多门管理分散,钱出多门资金碎片,难以达到集中办大事的效果。

2. 传统机制阻碍了政策的倾斜落实

一是政策资金分配机制不规范。调研反映,部分政策资金存在分配不公开、不透明的情况。在发展主导产业方面,聚焦发展瓶颈的专项资金支持不够。二是政策落实的督察考核机制没健全。督察政策落实的考核机制没有时间表、没有路线图、没有回头看,这使各项政策措施落地生根存疑。应将政策落实情况纳入省直部门的年度目标管理绩效考核体系中,加大督察考核政策落实的绩效评估及奖罚措施的兑现力度。

四、创新提升皖北崛起战略政策支持的体制机制路径

发展既要靠汇聚外部资源“输血”，也要靠强化内生动力“造血”，改革开放以来的支持政策较偏重经济层面，缺少创新体制机制的支持，因此，应大胆创新体制机制，激活皖北发展的内生活力和动力，加快皖北地区崛起的步伐。

（一）创新提升财税政策支持的体制机制

一是创新提升政府投资皖北的财政预算体制，将投资皖北的规模列入省年度财政预算中，使政府投资皖北地区的倾斜措施规范化、制度化，确保供给政策取向连续一贯和投资规模稳中有增。二是创新提升政府动用财政资金购买商品的需求机制，省内政府招标采购的商品，原则上优先向皖北地区的企业倾斜，扩大需求政策的实施可以“创造一块市场、拉动企业增长、带动地区发展”。三是创新提升政府一般性转移支付的稳增长机制，创新一般性转移支付分配的测算方法，强化农产品主产区和粮食生产补偿等特别因素权重；合并、减少专项转移支付创新整合成一般转移支付，强化专项性一般转移支付力度；实现一般性转移支付的稳增长机制。四是创新提升税收优惠政策的申报机制，皖北融入长三角一体化发展中，面临税收优惠政策新的发展机遇，积极向国务院申报适宜皖北“四化同步”发展的税收优惠政策，将皖北创设为国家级“四化同步”试验区，享受合芜蚌自主创新综合配套改革试验区和皖江城市带承接产业转移示范区的优惠政策，实现皖北投融资环境新突破。

（二）创新提升综合政策扶持的体制机制

一是创新提升政策推动关键性工程建设的机制，加快皖北发展要集中力量突破难点、补齐短板，主攻薄弱环节、破解瓶颈制约，以基础设施建设、人才与科技等事关皖北发展全局的关键性工程建设为抓手，聚焦政策推动，集聚资源支持，举全省之力解决。二是创新提升政策吸引大耗电工业落户的制度，出台《皖北地区电力用户与发电企业直接交易实施意见和规则》政策，吸引大耗电工业落户，形成煤炭—电力—原材料耗电工业—精深加工工业的产业链条，提高皖北新型工业化发展的竞争力。三是创新提升政策支持PPP投资基础设施建设的机制，鼓励社会资本通过“特许经营”参与皖北基础设施投资和运营，研究解决合理定价及政府补贴的政策支持机制，使投资者有长期稳定收益；创新建立符合皖北公共基础设施投融资特点的PPP模式制度设计和特许经营制度。四是创新提升金融及高校支持发展的政策机制，政策支持成立皖北发展股份制银行，由省政府、徽商银行及皖北六市政府共同出资；政策支持省属重点高校在皖北三市建立分校，安徽农业大学在宿州设分校，安徽大学在阜阳设分校，安徽中医药大学在亳州设分校，并扩大皖北三市高校招生规模。

（三）创新提升政策激励发展的体制机制

一是创新提升激励皖北协调发展的组织体制，建议成立安徽省皖北发展委员会，下设皖北办，省委省政府负责同志任委员会主任，省政府各有关部门和皖北各市（县）的负责同志为成员，在省级层面协调和解决加快皖北崛起的重大问题，实施有明确发展定位的“一市一策”，力避各市间同质化竞争和重复建设，强力推动各项政策措施贯彻落实。二是创新提升选配皖北市级领导班子的政策激励机制，统筹选配皖北市级领导班子，加大南北干部和上下级机关干部的双向交流力度，实现皖北干部向上晋升的通道，以充分激发长期生活工作在皖北的干部的积极性。三是创新提升管理南北共建园区干部的新体制，南北合作共建园区的干部管理、编制职数、生活待遇等标准不统一，在干部配备职级、职数上缺乏依据。省里应尽快制订具体的方案，明确园区编制职数，以便在干部选派、日常管理工作中有操作依据，并适当加大干部配备职级、职数上的倾斜力度。建议省政府参照援疆援藏干部的待遇标准，用于援建干部。四是创新提升共享南北共建园区利益的机制，以皖南合作方为主运作的共建园区，相关经济发展成果由合作双方实行收益分成利益共享，投资开发的净利润由各方按投资比例或股东约定进行分成；共建园区内产生的税费收入，可按一定比例在两地政府间进行分配，省财政厅可根据需要帮助办理财力转划。

（四）创新提升政策鼓励先行先试的发展机制

一是创新提升开放合作发展先行区的政策支持机制。皖北对外开放先天不足，经济外向度低，要给予更多开放政策。抓住“一带一路”建设机遇，对接新欧亚大陆桥经济带，研究谋划皖北与俄罗斯伏尔加河沿岸联邦区有关区域合作政策的协调与合作项目的商定。该区是俄食品、木材加工区，也是全俄重要的种植畜牧业区，与皖北产业有着很强的互补性，双方合作将不仅使皖北六市成为“四化”协调发展的先行区，而且成为带动中原经济区率先开放合作发展的先行区。二是创新提升绿色发展的生态补偿机制。随着生态补偿机制、排污权交易、碳排放权交易等市场化机制的日益成熟，皖北的生态环境将成为巨大的资源。先行探索在皖北六市建立市场化生态补偿机制试点，建立排污权和碳排放权有偿使用和交易平台，扩大补偿范围、提高补偿标准，为皖北生态补偿和保护带来新的财政来源，皖北地区才能真正发挥绿色发展的比较优势，宜工则工、宜农则农，不照搬皖江发展模式，不盲目追求发展规模和产业结构，真正发展自己的优势产业和特色产业。

皖北乡村文化振兴的策略与路径探讨

房正宏　刘丹艳　郎娇娇

摘　要：乡村振兴战略是解决"三农"问题的重大决策部署。解决农村问题，发展经济是关键；实现乡村文化振兴必须以乡村产业振兴为支撑，而乡村文化振兴又成为乡村振兴战略的内在动力。因此，在推进乡村文化振兴的进程中，壮大村庄经济是基础，人才队伍建设是核心，文化基础设施建设是保障，三者缺一不可，共同服务于乡村振兴的伟大实践。

关键词：皖北乡村；文化振兴；大学生"村官"；文化设施

在乡村振兴的战略体系中，文化振兴既是该体系中重要一层，也是乡村振兴的重要任务。乡村经济振兴是实现乡村振兴的基础，乡村文化振兴则是实现乡村振兴的内在动力；只有繁荣乡村文化、培育乡村文化自信，才能为实现乡村振兴提供良好的精神动力与文化环境。在我国，乡村作为一个微缩的经济、政治、文化和社会生活共同体，文化起到凝聚作用。作为村民们生产生活和思想智慧的结晶，乡村文化不仅可以很好地反映农村产业兴旺、生态宜居、乡风文明、治理有效和生活富裕的状况，还能够为乡村经济发展及农村现代化建设提供强有力的智力支持。针对皖北地区广大农村的发展现状，本课题组进行了初步调研，在统计分析的基础上，认为实现乡村文化振兴的任务尤为迫切。

一、落实乡村振兴战略部署，制订乡村文化振兴规划

党的十九大报告提出实施乡村振兴战略，顺应了亿万农民对美好生活的向往，是党和国家对"三农"工作做出的重大决策部署。2018 年 9 月，中共中央、国务院印发了《乡村振兴战略规划(2018—2022 年)》，从产业兴旺、生态宜居、乡风文明、治理有效、生活富裕等 5 个方面确定了乡村振兴的 22 项具体目标，并提出了明确要求——乡村优秀传统文化得以传承和发展、农民精神文化生活需求基本得到满

作者简介：房正宏，男，1969 年生于安徽枞阳。阜阳师范学院研究生处处长、教授、博士。刘丹艳、郎娇娇，阜阳师范大学商学院 2018 级硕士研究生。

足，这也是指明了当前乡村文化建设的总目标和方向。

（一）皖北地区推动乡村文化振兴任重道远

近年来安徽各地非常重视农村文化建设，在文化建设的内容、形式、载体等方面日益拓展并不断创新。受历史传统、地理条件及其他诸多因素的影响，阜阳、淮北、亳州、宿州等地市的农村文化建设和安徽中东部一些地市的差距比较明显。（见表1）

表1　2017—2018年安徽部分城市经济发展情况　（单位：元）

类别 地市	人均生产总值（GDP）		农村居民人均可支配收入	
	2017年	2018年	2017年	2018年
阜阳市	19 536	21 589	10 748	11 830
亳州市	23 051	24 547	11 591	12 756
芜湖市	83 234	88 085	18 830	20 649
铜陵市	72 539	75 524	13 145	14 335
合肥市	91 113	97 470	18 594	20 389
黄山市	46 742	48 579	14 034	15 391

注：表中数据摘自《安徽省国民经济和社会发展统计公报》

仅从表1两个单项指标来看，无论是总量还是人均值，阜阳市、亳州市两地经济发展均较落后。安徽省2017年的统计数据还显示：阜阳市公共图书馆藏书量为58.3万册、亳州市馆藏档案资料为67.2万册，均远低于芜湖市馆藏图书量（232.81万册）、铜陵市馆藏图书量（209.79万册）；芜湖市举办大型群众文化活动15场次、文艺团体表演369场次，送文化下乡（包含送戏进万村）1350场次，阜阳市虽有艺术表演团体1144个，但没有明确数据记载相关文化活动次数和形式。可见，特定地区经济基础对文化建设发展的制约作用确实相当明显；但在调研中我们也发现，皖北地区不少农村传统的乡土文化和乡村文明没有得到很好传承与发展。种种情况表明，皖北地区农村文化建设任重道远。

（二）皖北乡村推动文化振兴宜规划先行

在实施乡村振兴战略过程中，要全面贯彻党的十九大精神，以习近平新时代中国特色社会主义思想为指导，“统筹推进农村经济建设、政治建设、文化建设、社会建设、生态文明建设和党的建设，加快推进乡村治理体系和治理能力现代化，加快推进农业农村现代化，走中国特色社会主义乡村振兴道路”①。在推动乡村文化振

① 走中国特色社会主义乡村振兴道路[N]. 经济日报，2017-12-31(1).

兴的实践中，县、乡（镇）党委要加强对农村工作的领导，坚决落实好党管农村工作方针，“坚持以社会主义核心价值观为引领，以传承发展中华优秀传统文化为核心，以乡村公共文化服务体系建设为载体，培育文明乡风、良好家风、淳朴民风，推动乡村文化振兴”①；要通过推进农村精神文明建设巩固农村思想文化阵地，在广大村民中倡导诚信道德规范；要保护并利用乡村传统文化，丰富乡村文化形态，积极号召村民参与其中，提升乡村文化价值认同，彰显乡村文化特色。村“两委”则要发挥主导作用，坚决落实上级党委的工作部署，对照《乡村振兴战略规划（2018—2022年）》的具体要求，结合《关于进一步加强农村文化建设的意见》《中共中央关于深化文化体制改革推动社会主义文化大发展大繁荣若干重大问题的决定》等重要文件精神，科学制订乡村振兴规划，把文化振兴列入乡村振兴重要内容。乡村文化兴则乡村兴，乡村文化强则农民强；没有乡村文化的高度自信，没有乡村文化的繁荣发展，就很难实现乡村振兴的伟大使命。所以，如同其他众多农村一样，皖北地区的农村“两委”要在结合本村实际制订乡村振兴规划的基础上，号召并动员广大村民积极参与、共同努力，发展乡村经济，落实本村的振兴规划；同时，要做好乡村文化建设的顶层设计，制定出台加强本地区农民思想教育和乡风文明建设的具体办法和措施，倡导并大力弘扬社会主义核心价值观，引导村民们在传承创新优秀传统文化和乡土文化的基础上重构国家意识形态，以树立高度文化自信为目标，在全面提升村庄经济发展水平的基础上繁荣乡村文化，助力村民脱贫致富。

二、发展乡村经济，打牢乡村文化建设的物质基础

经济基础决定上层建筑。恩格斯曾指出：“人们首先必须吃、喝、住、穿，然后才能从事政治、科学、艺术、宗教等等；所以，直接的物质的生活资料的生产，从而一个民族或一个时代的一定的经济发展阶段，便构成基础，人们的国家设施、法的观点、艺术以至宗教观念，就是从这个基础上发展起来的。”②发达的乡村经济是实现乡村文化振兴的根基，当乡村经济得到一定程度的发展时，人们才会追求并期望实现更高层次的精神文化需求，从而自觉加强文化建设，推动实现文化振兴。

（一）因地制宜发展特色产业，开发乡村文化资源

乡村振兴，产业先行，发展村庄经济能够为乡村文化建设奠定坚实的基础。为此，需要挖掘乡村特色资源，依靠特有的资源优势，因地制宜地发展特色产业，创建

① 新华社.《乡村振兴战略规划（2018—2022年）》[DB/OL]. http://politics.people.com.cn/n1/2018/0926/c1001-30315263-2.html.

② 马克思恩格斯选集（第3卷）[M]. 北京：人民出版社，2012：1002.

农产品特色品牌。皖北作为传统的农业大区,是安徽省重要的农产品生产基地,完全可以利用当地资源发掘“一村一品”,“打造乡村特色的文化内涵,依靠乡村特色文化,形成‘一村一特’,打造具有乡村专属标签的农产品和手工艺品,与乡村文化互动促进”①,并在农产品特色与品牌的互动促进中实现增收,推动农村经济发展。例如,阜南县的会龙辣椒、颍泉区的闻集草莓、临泉县的芥菜、颍上县的粉丝、界首市的薹干等,这些特色农产品不仅在省内享有盛誉,有的还远销国外市场。特别是被国家林业和草原局命名为“中国杞柳之乡”的阜南县,小柳编编出了大财富,不仅能够生产各类柳编工艺品 20 大系列、上万个品种,还建有全国最大的柳编产品深加工自动生产流水线。目前,“阜南”“黄岗”两个柳编工艺品商标已享誉海内外,产品远销西欧、北美、东亚、东南亚、中东等地区。阜南柳编产业集群也因此被安徽省列为重点产业集群,其柳编产业即作为重点示范产业。据了解,截至 2015 年年底,“阜南全县有柳木加工企业 140 家,实现年产值近 50 亿元,每年出口创汇近 3 亿美元,柳木加工为农民增加收入 4.5 亿元,带动近 15 万余人就业、创业”②。早在 2011 年,阜南县黄岗柳编就被列入中国非物质文化遗产名录,柳编工艺品已经成为阜南县的文化名片,其附加的文化价值愈来愈彰显开发乡村特色产业资源的重要意义,也对其他乡村发展特色产业、开发乡村文化资源具有借鉴价值。同时,有些特色农业完全可以发展于一种集体验与休闲于一体的新业态,吸引外地游客前往观光,带动当地村庄经济发展。砀山县是全国著名的水果之乡,素有“梨都”的称号,每年三月、四月当地都会举办“梨花节”,吸引了众多外地游客观赏梨花,到九月份时则又吸引众多商家和游客前来摘梨,体验农家乐趣。当地要通过发掘特色农业的生态涵养、观光休闲与文化体验等价值和功能,将一些特色农产品打造成特色品牌产品并赋予其文化价值,以增加农产品的附加值,培育并建设“农字号”特色乡村。

(二)积极发展“互联网+农业”,推进农业现代化

皖北农村传统的经济发展方式以粗放式为主,依赖资源消耗来追求产量提高。随着乡村生态环境的恶化,这种发展方式已经不适应农村的发展现状,也不是绿色发展方式,因而必须转变思路,依靠现代科技积极发展生态农业和“互联网+农业”。农业发展的实践表明,农业的科技进步是实现农业现代化的决定性因素。由于自然条件及历史原因,皖北农村经济发展水平相对落后,要想提高乡村经济发展水平,就应在农业生产中大力推广现代科学技术。但从若干村庄的专题调研情

---

① 周锦,赵正玉. 乡村振兴战略背景下的文化建设路径研究[J]. 农村经济,2018(9).

② 苗子健. 安徽阜南:小柳编编出大财富[EB/OL]. http://ah.people.com.cn/n2/2016/0428/c358266-28238718.html.

况来看，皖北地区多数农村虽然已实现了网络全覆盖——村民们主要通过手机上网，但皖北农村村民目前的整体文化水平不高，互联网使用率较低，客观上存在的“数字鸿沟”也影响到当地农村发展“互联网+农业”。无疑，互联网技术为农业现代化的发展提供了引擎，县乡(镇)各级政府应积极利用互联网技术，加快构建“互联网+农业”模式。因为“互联网+农业”是一种产品安全、资源节约、环境友好的农业发展模式，是以互联网为基础的农业新形态，将互联网、物联网和大数据等信息技术与农业进行结合，能够为农业发展提供新动能。作为传统的农业大区，各级政府需要高度重视并应采取多方举措实现现代科技的农业运用，使乡村振兴踏上现代科技的快车道。通过“互联网+农业”，当地不仅可以方便快捷地学习农业科技知识、推动生态农业发展，还可以通过网络平台把皖北地区的草莓、粉丝、芥菜、薹干等特色农产品推销、分售到全国各地，从而极大地提升效率和效益。

三、加快乡村人才队伍建设，提升村民整体文化水平

乡村人才队伍建设是乡村文化振兴的关键。近年来，各级党委政府通过在乡镇企业中选拔优秀人才或者吸引优秀人才返乡创业、院校定向培养、县乡统筹招聘等渠道，不断加大向农村输送人才的力度。目前，皖北地区城乡差别较大，加之农村文化生活不够丰富，导致人才外流严重，这加剧了农村文化建设的人才困境，所以，在皖北广大乡村加快人才队伍建设，提升村民思想道德素质和科学文化水平，把“扶贫”与“扶智”“扶志”结合起来，乃是实现乡村文化振兴的长远之计。

(一)加强“两委”及管理队伍建设，着力打造乡村文化能人

乡村“文化能人”一般由村“两委”人员及大学生“村官”、乡村贤达和乡村“精英”、退伍军人等构成。在乡村“文化能人”队伍中，大学生“村官”是特殊群体。自2008年中组部和教育部等部委全面启动选聘大学生“村官”到村任职工作以来，大学生“村官”计划逐渐形成了一套政策体系，其积极作用日渐彰显。作为党和国家培养可靠接班人的战略工程，大学生“村官”工作不仅是农村社会加强基层党组织建设的强基工程，也是建设社会主义新农村、实现乡村振兴的人才工程。选聘高校毕业生到农村任村官，能够有效改善“两委”人员的学历结构，有助于加强村“两委”人员及管理队伍建设，提升其整体文化水平；有助于向农村输送有文化、懂技术、会经营、善管理的优秀人才，帮助广大村民厘清思路、加快发展；有助于推动城乡人才的逆向流动，从而为实施乡村振兴注入新的动力和活力。但是，从调研情况来看，皖北农村“两委”人员学历普遍不高。由于大学生“村官”计划已告一段落，且当年的大学生“村官”多数均已充实到事业单位或公务员队伍中，所以多数乡镇大学生“村官”奇缺。在阜阳市所辖县(区)随机抽取的8个行政村中，“两委”成员62人中只有1名大学生“村官”，大专及以上学历者亦不过20人，占比尚不足

30%，且其专科学历多数系通过继续教育获得。其中，某行政村11名“两委”成员中，不仅没有大学生“村官”，大专学历人员也仅有1人。可见，有必要出台地方性政策措施，鼓励一部分大学生到村“两委”中挂职锻炼、服务于乡村振兴战略，这对推动皖北乡村文化振兴具有现实意义。此外，在加强农村人才队伍建设方面，理应包括加强乡村文化队伍建设。要采取有效措施，鼓励高校毕业生到农村从事文化工作，稳定并发展专兼职结合的农村文化队伍，逐步提高队伍的整体素质；要采取多种形式，充分发挥专业艺术人员的积极性，努力培养农民文化骨干，重视发现和培养扎根基层的乡土文化能人、民间文化传承人，充分发挥民间艺人、文化能人在活跃农村文化生活、传承发展民族民间文化方面的作用，以此巩固并壮大农村文化工作队伍，为乡村文化振兴提供源源不竭的动力。

（二）加大文化教育及科普工作力度，提升村民整体文化水平

实现乡村文化振兴不仅要求提升基层工作人员的文化知识水平，而且要注重提高村民的整体文化水平，为乡村文化振兴源源不断地输送新鲜血液。由于历史的原因及经济发展较慢，皖北地区村民受教育水平普遍较低。由于每年都有大量的青壮年农民工到东部地区和一些大城市务工，留守乡村的主要是老人、妇女和儿童，根据对阜阳市某县（区）的抽样调查，9个自然村常住村民中高中以上学历占比均低于30%，这在直接制约村民利用农业科技的同时，也影响到对乡村振兴战略的理解和贯彻执行。一些乡镇文化站虽然安排有3～5个人员编制，但基层党委政府人员少、任务重的现实，导致其中的多数人员被安排从事乡镇党委和政府的环境治理、扶贫等“非文化”工作。所以，一要加强乡村文化科技工作队伍建设，推动文化科技卫生“三下乡”、科教文体法律卫生“四进社区”、“送欢乐下基层”等活动经常化，让党的政策方针特别是乡村振兴相关政策和生动实践走进村民心中。二要发挥乡镇文化站和乡村图书室的功能，有计划、有选择地组织开展一些村民喜闻乐见的文艺活动和科普活动，在寓教于乐中倡导并践行社会主义核心价值观，在乡村社会营造保护利用乡村传统文化、弘扬中华优秀传统文化的良好氛围。县图书馆和文化馆分馆、村图书室、村文化活动室、农家书屋等要因地制宜增购一批科普读物，在农技人员的帮助下可以直接指导村民进行农业生产、实现科技创收。三要加大农村“特岗教师”的选聘力度，落实乡村教师支持计划，切实关注“留守儿童”的教育与成长。阜阳、亳州两地的常住人口超过1700万，多数分布在皖北广袤的农村。阜阳地区曾是农民工流出大市，“留守儿童”曾经一度超过百万，这与乡村教师极度缺乏构成突出的矛盾。在大学毕业生中选聘“特岗教师”、加强乡村教师队伍建设，能够有效地缓解这一矛盾，为广大农村“留守儿童”提供良好的教育师资，助其健康成长。只有整体提升村民的文化知识水平，才能有效贯彻党和国家关于乡村振兴、美丽乡村建设的方针政策，才能推广普及农业科技知识，发展生态农业和现代农业，才能组织开展丰富多彩的文化活动并动员广大村民参与到乡村文化建设中来，最终有利于实现乡村文化振兴。

四、加强乡村基础文化设施建设，优化农村文化环境

近年来，安徽各地在乡村文化建设方面进行了有益的探索、积累了丰富的经验。早在 2013 年 7 月，安徽省美好乡村建设工作领导小组办公室就印发了《安徽省农民文化乐园建设试点工作方案》，要求开展农村公共文化服务体系建设、加快建设美好乡村的试点工作。此后，安徽众多地市陆陆续续开展了“农民文化乐园”的试点工作，不少乡村“一场（综合文化广场）、两堂（礼堂和讲堂）、三室（图书阅览室、文化活动室和文化信息资源共享室）、四墙（乡风民俗、村史村情、崇德尚贤和美好家园）”的硬件设施已初步建成，不仅为乡村文化建设提供了基础保障，还构成了农村文化环境的一个重要组成部分。

（一）多方筹措建设资金，加大乡村文化基础设施建设力度

党的十九大报告指出：“中国特色社会主义进入新时代，我国社会主要矛盾已经转化为人民日益增长的美好生活需要和不平衡不充分的发展之间的矛盾。”①当前，我国城乡“二元对立”的格局虽然没有彻底改变，但是，我国经济发展总体向好、皖北农村经济快速发展亦是不争的事实；特别是随着乡村振兴战略的逐步展开，广大村民对于精神文化的需求也在快速增加。为适应这一增长需求，必须加大乡村文化基础设施建设力度，满足农村群众日益增长的文化生活需要。从对阜阳市两个乡镇调研的情况来看，乡村农家书屋每年只有 3000 元的拨款，实际购买图书 200 册左右；可喜的是，一些乡镇阅览室可免费上网进行电子阅览。客观地说，皖北农村的文化基础设施目前仍旧比较薄弱，建设任务较重，需要多方筹措建设资金、综合协调各方力量来完成。首先，各级政府要加大资金投入。各级财政要统筹规划，加强金融资源配置，加大对农村文化建设的投入力度；中央、省、市三级均应设立农村文化建设专项资金，保证一定数量的中央转移支付资金用于农村文化建设；各级党委和政府要把农村文化建设纳入经济和社会发展规划，纳入财政支出预算，纳入扶贫攻坚计划，保证农村文化建设各项目标的实现；村民应发挥乡村建设的主体作用，参与集资建设。乡村文化基础设施建设，是以政府为主导、以乡镇为依托、以村民为对象，广大村民既是文化成果的享有者又是文化建设的参与者；要鼓励乡村能人和乡村精英、创业成功人士自筹资金兴办农家书屋、农民演出团队等，积极参与乡村文化振兴的建设实践；此外，可积极动员“社会力量捐助农村文

① 中国共产党第十九次全国代表大会文件汇编[M]．北京：人民出版社，2017：9.

化事业。重点捐助文化站(室)、图书室等农村文化基础设施建设以及农村公益性文化实体和文化活动。动员城市单位和居民以各种方式捐赠电视机、收音机、计算机和农民群众需要的图书杂志、音像电子出版物等,可由捐助者直接交付农村,也可由民政部门、人民团体和有关民间组织负责组织发送”①。

(二)营造乡村振兴的文化环境,提高美丽乡村建设参与度

说到底,农民才是乡村振兴的主体。农村文化建设,既要尊重农民的主体地位,引导农民积极参与乡村文化振兴事业,还要搭建公益性文化活动平台,组织开展村民便于参与、乐于参与的文化活动,把文化教育活动与“扶智、扶志”结合起来,营造乡村文化建设的良好环境、实现乡村文化振兴。早在数年前,阜阳市就全面建成市、县两级“三馆一院”(图书馆、文化馆、博物馆、剧院),淮北市建成农家书屋516个,亳州市建成文化信息资源共享工程点1680个,蚌埠加快建成新“三馆”。截至2013年年底,皖北有25个图书馆、5个博物馆、17个文化馆、391个乡镇综合文化站进入国家等级馆(站)行列②。阜阳市已于2014年开始,在颍上县陈桥镇三王中心村、界首市王集镇李彬庄中心村、阜南县会龙镇前党庄中心村、临泉县杨桥镇刘大中心村、太和县李兴镇马庄新村中心村等5个村试点建设首批农民文化乐园。“据介绍,该批农民文化乐园建成后,将统一设置‘农民文化乐园’形象标识,配备专、兼职人员,保证乐园正常运行。同时,根据相关要求,乐园还将积极培育各种农民业余文艺团队、协会,结合‘三支一扶’、职称评聘完善文化义工制度。而市县公共文化服务单位也将发挥人才、技术、装备和资源优势,深入文化乐园开展‘点单式’教学、‘帮带式’辅导、‘跟踪式’指导,实现文化‘送’与‘种’相结合,进一步增强基层自我发展能力。据了解,除了着眼于提高农民群众素质,定期开展党的理论和形势政策、思想道德、实用知识、致富技能、科学知识、法律常识、健康生活等教育培训活动,以及经常性组织各类文体娱乐活动,该批农民文化乐园,更重要的一个功能,就是深入发掘优秀传统文化。”③近几年,阜阳市重视加强乡村文化设施和文化环境建设,一些乡镇建有文化广场、搭建有小戏台,村民们自发组织戏曲班子在重大节假日“吃大餐、唱大戏”,村民们不用买票免费看戏、免费吃饺子。当前,在乡村振兴战略的宏观背景下,村“两委”成员、乡村精英和经营能手应形成合力,创新思路与方法、不断拓展乡村文化建设的新模式,努力营造村民广泛参与文化建设的环境和氛围,提升村民参与度和积极性,吸引并鼓励广大村民参与

① 中共中央办公厅 国务院办公厅. 关于进一步加强农村文化建设的意见[EB/OL]. http://www.gov.cn/gongbao/content/2006/content_161057.htm.

② 张崇旺. 加快皖北公共文化服务体系建设[N]. 安徽日报,2015-08-31(007).

③ 高楠. 阜阳市将在5个试点村建设农民文化乐园[N]. 阜阳日报,2014-05-08(03).

美丽乡村建设。

总之,乡村振兴不只是乡村经济的振兴,也是思想文化的振兴。乡村文化振兴战略描绘了乡村文化发展的新蓝图,势必推动乡村文化的繁荣与进步。2018年全国“两会”期间,习近平同志在参加山东代表团审议时曾指出:“要推动乡村文化振兴,加强农村思想道德建设和公共文化建设,以社会主义核心价值观为引领,深入挖掘优秀传统农耕文化蕴含的思想观念、人文精神、道德规范,培育挖掘乡土文化人才,弘扬主旋律和社会正气,培育文明乡风、良好家风、淳朴民风,改善农民精神风貌,提高乡村社会文明程度,焕发乡村文明新气象。”①这其实是指明了乡村文化振兴的建设路径及目标要求,为当下繁荣乡村文化提供了基本遵循。加快推进皖北乡村文化振兴,就要结合当地实际探索适合本地区农村文化建设的途径和方法;既要认真领会国家政策方针,加强统筹规划,又要着力发展乡村经济,打牢文化发展根基,持续加强乡村人才队伍建设,为乡村文化建设提供人力资源保障。这不仅是实现皖北乡村文化繁荣兴盛的必然选择,还是实现乡村文化振兴的必然路径。

① 邸敏学,任晓华. 乡村振兴的文化之维[N]. 光明日报,2018-08-25(11).

皖北中医药健康旅游产业发展之思考

——以中华药都“亳州”为例

程立中　王改凌

摘　要:随着社会经济发展水平的提高,人们对健康服务的需求更加迫切。在当前国家大力发展大健康产业的背景下,中医药健康服务业与旅游业深度融合的发展模式日益受到重视。中医药作为我国独特的优秀文化资源,在当前的社会经济发展中具有重要的旅游开发价值。皖北地区具有丰富的中医药资源优势,拥有全国最大的中药材市场,古代“神医华佗”诞生于此。皖北地区应抓住当前国家大力发展中医药健康旅游产业的历史机遇,创新发展模式,积极推动中医药健康产业与旅游产业的深度融合,从而实现本地区旅游产业的快速崛起,对扩大地区影响,促进旅游业转型升级,均具有重要意义。

关键词:皖北地区;中医药;旅游产业

把中医药与旅游进行深度融合,早在21世纪初,就有部分学者提出此观点,“作为生态旅游分支之一的中医药旅游,是一种探索性的,尚未被开发和享用的,集旅游与中医药于一体的交融性产业,是中医药的延伸和旅游业的扩展”①。随后,中医药旅游日益受到学者的关注,成为生态旅游研究中的一个热点。2014年出台的《国务院关于促进旅游业改革发展的若干意见》中就提出“中医药健康旅游”的概念。此后,学术界开始围绕中医药健康旅游,进行多角度探讨,对“中医药健康旅游”的概念,也逐渐有了较为清晰的界定,“中医药健康旅游是现代兴起的、发展性的、综合性的以丰富的中医药资源和文化底蕴为载体的健康旅游新形式,是集中医药文化、中医药产业、旅游产业、健康服务产业于一身的健康旅游发展新模式,是以提供中医药文化传播、健康养生、休闲旅游等服务为主题的健康旅游新产业”②。

作者简介:程立中,男,亳州学院副教授。王改凌,女,亳州学院副教授。

① 王景明,王景和:《对发展中医药旅游的思考与探索》,《经济问题探索》2000年第8期。

② 袁珍,朱智英等:《中医药健康旅游发展策略研究》,《中国市场》2018年第5期。

皖北,位于淮河中游,地处安徽省中北部,一般认为包括今天的亳州、宿州、淮北、蚌埠、阜阳、淮南等6个地级市。皖北地区历史悠久,中医药文化资源丰富,尤其是亳州,位居全国"四大药都"之首,又是"外科鼻祖"神医华佗的故乡,拥有发展中医药健康旅游的独特优势。

一、皖北发展中医药健康旅游产业的有利因素

(一)政府重视

随着旅游业的蓬勃发展,近年来各级政府对中医药与旅游的深度融合发展日益重视,不断推进中医药健康旅游产业发展。2015年4月24日,国务院办公厅出台了《中医药健康服务发展规划(2015—2020年)》,在"重点任务"中明确提出,要利用中医药文化元素突出的中医医疗机构、中药企业以及中药材种植基地、药用植物园、药膳食疗馆等资源,开发中医药特色旅游路线,打造中医药健康旅游品牌,大力发展中医药健康旅游产业。

2015年11月12日,国家旅游局和国家中医药管理局联合下发的《关于促进中医药健康旅游发展的指导意见》中指出:"到2025年,中医药健康旅游人数达到旅游总人数的5%,中医药健康旅游收入达5000亿元;在全国建成50个中医药健康旅游示范区、500个中医药健康旅游示范企业(基地)、中医药健康旅游综合体,培育打造一批具有国际知名度和市场竞争力的中医药健康旅游服务企业和知名品牌。"2017年,国家旅游局和国家中医药管理局联合公布的首批15家国家中医药健康旅游示范区,2018年又公布了73家国家中医药健康旅游示范基地,通过这些"示范区"和"示范基地",进一步带动全国中医药健康旅游产业的大发展。2017年,安徽省人民政府办公厅公布的《安徽省"十三五"旅游业发展规划》将"皖北文化生态旅游区",定位为全省四大旅游目的地之一,明确提出将皖北地区建成为国内一流旅游目的地的发展战略,其中大力发展皖北中药养生旅游产业,作为重要措施之一。

(二)政策支持

为加快我国中医药健康旅游产业的发展步伐,国家密集出台了一系列的相关政策,进一步加大政策的支持力度。2014年,国务院就出台了《国务院关于促进旅游业改革发展的若干意见》,明确提出:"发挥中医药优势,形成一批中医药健康旅游服务产品。规范服务流程和服务标准,发展特色医疗、疗养康复、美容保健等医疗旅游。"2015年,国务院办公厅又出台了《中医药健康服务发展规划(2015—2020年)》,明确提出建设"中医药健康旅游示范区"的相关政策。同年,《国务院办公厅关于进一步促进旅游投资和消费的若干意见》明确提出支持"在有条件的地方建设中医药健康旅游产业示范园区,推动中医药产业与旅游市场深度结合,在业态创

新、机制改革、集群发展方面先行先试”。

为加大政策支持力度，2015 年，国家旅游局和国家中医药管理局联合下发了《关于促进中医药健康旅游发展的指导意见》的专题文件，明确提出要加大政策扶持力度，“制定中医药健康旅游引导政策，出台有利于中医药健康旅游发展的财政、金融、投融资、税收、土地等政策。逐步增加中医药健康旅游服务设施建设的资金投入，扶持企业、社会资本等多元投资。各地要深入研究，制定出台相关优惠政策，促进中医药健康旅游产业又好又快发展”。随后，国务院及相关部委又连续出台了一系列相关政策，如《中医药发展战略规划纲要（2016—2030 年）》（2016 年）、《中医药“一带一路”发展规划（2016—2020 年）》（2016 年）、《关于促进健康旅游发展的指导意见》（2017 年）和《2018 年中医药工作要点》（2018 年）等。

（三）资源优势

旅游资源是一个地区发展旅游产业的基础和前提，它是构成旅游活动的客体，是吸引游客的重要条件，“客观存在于一定地城空间内的，能对旅游者产生吸引力，可以为旅游业开发利用，并可产生经济效益、社会效益、环境效益的各种事物和因素的总和”①。

皖北发展中医药健康旅游产业，具有显著的资源优势。尤其是亳州，被誉为“外科鼻祖”的神医华佗诞生于此。“华佗字元化，沛国谯人也，一名旉。游学徐土，兼通数经”②，他为当地留下了丰富而宝贵的中医药文化资源，如模仿虎、鹿、熊、猿、鸟五种动物的动作创编而成的“五禽戏”，是行之有效的健身运动。后人为纪念华佗的医学成就，在亳州建庙祭祀，现称为“华祖庵”，“位于城里永安街西头，依市背水，是敬奉神医华佗的庙宇”③。亳州中药材种植历史悠久，其中亳芍、亳菊、亳桑、亳花粉为四大亳药，而芍药尤多，清代诗人刘开就有“小黄城外芍药花，十里五里生朝霞。花前花后皆人家，家家种药如桑麻”诗篇。在中药材贸易方面，“亳州自古一直是我国药材的重要集散地”④，现为全国“四大药都”之首。自 1985 年举办第一届药交会至今，亳州已连续成功举办了 34 届中药材交流会。如今全市上下，正为打造“世界中医药之都”而努力前行。此外，阜阳市太和中医院，是一所集医疗、预防、康复、养老、健康产业于一体的著名中医院；蚌埠市禹会区的禾泉农庄，是以休闲、观光、健康为主体的旅游胜地；还有淮南市寿县续宏农本斋菊花园等。这些都是皖北发展中医药健康旅游的重要资源，有些资源具有显著的地域特色。

---

① 高玉玲主编：《旅游概论》，电子科技大学出版社，2008 年版，第 93 页。

② ［晋］陈寿撰：《三国志》，中华书局，1971 年版，第 799 页。

③ 亳州市地方志编纂委员会：《亳州市志》，黄山书社，1996 年版，第 469 页。

④ 何宗军，李正西等：《中国历史文化名城——亳州》，中国科学技术出版社，1992 年版，第 92 页。

(四)初具规模

近年来,皖北地区依托悠久而厚重的中医药文化资源优势,构建中医药与旅游深度融合的发展模式,大力发展中医药健康旅游产业,目前已初具规模。如亳州市充分利用中药材种植、中药材加工、中药材贸易和中药材消费等优势,通过旅游贯穿中药产业的始终,围绕中药材做大旅游文章,于2017年获得"国家中医药健康旅游示范区"称号。亳州文化旅游发展有限责任公司在原有华祖庵景区基础上,深度挖掘"华佗"文化,围绕华佗医学,发展旅游产业,打造的"华佗故里文化旅游示范基地"于2018年获批国家级中医药健康旅游示范基地。

在安徽省省级中医药健康旅游基地创建中,亳州市目前共有4家单位入列,分别是亳州市的华佗中医药博物馆、亳州市康美中药城中医药健康旅游基地、谯城区亳药花海休闲观光大世界中医药健康旅游基地和谯城区华佗五禽戏中医药健康旅游基地。从省级主流媒体的报道可知:"近年来,亳州市新建、续建包括华祖庵景区在内的中医药健康旅游项目23个,总投资超过220亿元,集中医药文化体验、中药材种植观光、健康医疗服务、中医药养生度假、中医药经贸交流于一体,一二三产融合发展的中医药健康旅游产业体系初步形成。"①

从2018年所公布的《安徽第三批中医药健康旅游基地名单》可知,蚌埠市的禹会区禾泉农庄中医药健康旅游基地、阜阳市的太和县中医院中医药健康旅游基地和淮南市的寿县续宏农本斋菊花园中医药健康旅游基地,在皖北中医药健康旅游产业中,均具有一定的规模,占有重要地位。

二、皖北发展中医药健康旅游产业的现实意义

(一)满足人民对健康服务的需要

随着国民收入水平的不断提升,人们对待旅游的态度也发生了深刻的变化,需求层次不断提高,在赏风景、品美食、购特产之外,更多的是个性化的需求,"人们外出旅游已不再满足于'走马观花'式的观光游览,而是更强烈地希望结合个人的兴趣与爱好来选择自己的旅游方式"②。然而,现代越来越多的旅游者,不仅要求玩得好,还要求玩得健康,满足这些游客对健康旅游的需求,皖北旅游产业走中医药与旅游融合发展之路,是比较好的模式,因为"中医药旅游是旅游发展到一定阶段后,以中医药的深厚文化内涵、独特理论体系和内容为基础,以各种医疗和健身

① 武长鹏,蒋海涛:《千年药香润古城》,《安徽日报》2018年5月11日09版。

② 李光坚:《旅游概论》,高等教育出版社,1995年版,第150页。

方法、药材观赏、购买和使用为基本吸引物而产生的一种新的旅游方式”①。

由于中医强调“治未病”，故中医药在养生保健方面具有独特的价值。皖北通过发展中医药旅游，让旅游者在游玩中了解更多的中医药保健知识，以满足他们对健康服务的需要。“中医药能满足人们对可持续发展和高质量生活方式的双重需要，符合世界医疗保健观的变化趋势。中医药将在人类回归自然的潮流中扮演重要角色”②。正如《关于促进中医药健康旅游发展的指导意见》中所指出的，“利用丰富的旅游资源和中医药资源，发展中医药健康旅游，是中医药服务业的延伸和旅游业的扩展，体现了生态健康的内涵，满足了人民群众日益增长的健康服务需求，对提升全民健康素质具有重要的意义”。

（二）促进旅游产业转型升级

众所周知，皖北地区有着丰富的旅游资源，但由于种种原因，当地旅游产业的开发长期处于缓慢发展状态，“皖北地区自然与人文旅游资源种类多样、关联性强，特别是历史文化底蕴深厚，却没能形成有较强吸引力的旅游产品，缺乏高品质的旅游精品”③。随着社会经济的快速发展和人民对物质文化需求的日益增长，以景点、景区观光为主要内容的传统旅游业，难以较好地满足旅游者的消费需求。如果一个地区仅仅守着传统的旅游方式不变，当地旅游业缓慢发展的现状，就难以从根本上得以改变，对旅游产业进行转型升级，可谓势在必行。

由于中医药是一门具有很强操作性的学科，无论是在中药材的种植、加工和消费方面，还是在中医的诊断、施治和康养方面，均便于旅游者参与其中，在当前皖北旅游产业转型升级中可以发挥重要作用。“中医药产业是中国最具知识产权优势的产业，具有高科技含量和巨大的增长潜力，据有关专家预测，将在我国21世纪产业结构调整中起到举足轻重的作用。”④正如《关于促进中医药健康旅游发展的指导意见》中所言：“目前我国旅游业正处于转型升级期，中医药健康旅游作为旅游与中医药融合发展的新兴旅游业态，对整合旅游资源、丰富旅游产品、优化旅游产业结构、提高我国旅游经济效益具有重要意义，将成为我国旅游业转型升级的重要推手。”

（三）弘扬传统文化重要载体

中国传统医药，经过几千年的积累，形成一套完整的理论体系，是中华民族的宝贵财富，在历史上为中华民族的繁衍昌盛做出了巨大贡献。时至今日，中国传统

---

① 田广增：《我国中医药旅游发展探析》，《地域研究与开发》2005年第6期。

② 张群：《我国中医药专项旅游开发初探》，《北京第二外国语学院学报》2002年第6期。

③ 吴雪：《皖北旅游市场营销策略研究》，《凯里学院学报》2011年第4期。

④ 张群：《我国中医药专项旅游开发初探》，《北京第二外国语学院学报》2002年第6期。

医药依然在防治疾病、维护人们健康中发挥重要作用,一直受到世人的重视,“中国医学是一个伟大的宝库,它有着完整的医学理论,丰富的实践经验,精湛的医疗技术,科学的医疗思想,卓越的医疗效果,是我国各族人民几千年来同疾病作斗争的经验总结”①。

中医院集中药材展示与传统治疗技术于一体,既可作为治病保健的场所,也可作为中医药健康旅游的空间,故在发展中医药健康旅游产业中,中医院能够发挥极其重要的作用。“利用中医院的自身技术和丰富的中药材,能满足游客对古老又神奇的中医的好奇心,他们不仅可以观看针灸、刮痧、拔罐、推拿等中医技术,还可以摸摸、尝尝草根、树皮等药材,甚至让大夫望闻问切、治疗一番”②。中医药在养生保健方面,方式灵活、作用独特、效果显著,获得广大消费者的认可。随着社会健康观念的变化,中医药文化在旅游方面的应用会越来越多,正如《关于促进中医药健康旅游发展的指导意见》中所言:“促进中医药健康旅游发展,有利于游客深入体验中医药文化,是中医药文化推广与资源展示的最有效的方式之一。”

三、皖北发展中医药健康旅游产业的对策建议

(一)规范市场

中医药健康旅游产业目前处于起步阶段,在中医药健康旅游产品的开发、中医药健康旅游服务等方面,存在很多有待解决的问题,一些行业标准还在探索和制定中。如2014年出台的《国务院关于促进旅游业改革发展的若干意见》中曾明确指出:“发挥中医药优势,形成一批中医药健康旅游服务产品。规范服务流程和服务标准,发展特色医疗、疗养康复、美容保健等医疗旅游。”2015年出台的《国务院办公厅关于进一步促进旅游投资和消费的若干意见》中进一步要求:“规范中医药健康旅游市场,加强行业标准制定和质量监督管理。”

中医药健康旅游产业不仅涉及旅游,还关乎旅游者的健康问题,由于中医药健康养生知识专业性较强,而普通民众对中医药健康产品的判断能力不强,市场中可能会出现借中医药健康旅游之名、行欺骗旅游者之实的现象,从而给前景广阔的中医药健康旅游产业带来诸多消极影响,因此“政府部门应尽快出台制定中医药健康旅游服务的行业标准,推进中医药健康旅游标准化建设,建立中医药健康旅游市场的监督机制,规范中医药健康旅游市场秩序,维护消费者利益,引导市场公平竞争”③。在上级政府的支持下,皖北地区在我国中医药健康旅游标准化和专业化建

① 甄志亚:《中国医学史》,中医古籍出版社,1987年版,第2页。

② 田广增:《我国中医药旅游发展探析》,《地域研究与开发》2005年第6期。

③ 段志祥,李泽庚:《中医药健康旅游的策略研究》,《中医药管理杂志》2017年第13期。

设方面,应该可以先行探索,发挥自己的优势。

(二)塑造品牌

在国家的高度重视和大力支持下,各地势必会掀起中医药健康旅游发展的高潮,那么中医药健康旅游产品的同质化现象在所难免。皖北地区的中医药健康旅游产业要在激烈的市场竞争中取得更大的发展,应结合自身资源比较优势,树立差异化竞争意识,走特色品牌化战略路线。

如亳州市谯城区借助"南新安,北华佗"的影响力,围绕华佗五禽戏等相关中医药养生文化,建设了"谯城区华佗五禽戏中医药健康旅游基地",创立了独具地域特色的中医药健康旅游品牌。2015 年,国家旅游局和国家中医药管理局联合下发的《关于促进中医药健康旅游发展的指导意见》中就明确指出:"突出特色,打造品牌,推进中医药健康旅游产品和项目的特色化、品牌化。各地要结合本地区中医药资源特色和我国中医药传统文化,开发具有地域特色的中医药健康旅游产品和项目。"皖北地区应通过实施中医药健康旅游品牌的战略,进一步提升当地中医药健康旅游在国内外的影响力和知名度。

(三)培养人才

旅游发展的关键是人才,要大力发展中医药健康旅游产业,一大批专业人才是必不可少的。就现实情况而言,由于中医药健康旅游产业是旅游中的一种新业态,起步不久,相关专业人才还是比较缺乏的,有些学者已经指出这个问题,"目前,既懂中医药文化又了解旅游专业知识的人才十分紧缺,尤其是既精通外语又熟知中医药和旅游知识的复合型高端人才更是少之又少"①。

为更好地发展皖北中医药健康旅游产业,培养相关专业人才是当前的主要任务之一。如何培养中医药健康旅游专业人才?一方面,应充分利用现有的培训机构,对从业人员进行相关技能培训,使其尽快适应当前发展的需要,正如《关于促进中医药健康旅游发展的指导意见》中所言:"积极利用现有的中医机构和旅游人才培训中心,加强对中医药健康旅游服务从业人员的外语、旅游、中医药基础知识及相关技能的培训,加强中医药健康旅游企业和实用人才培训。"另一方面,应鼓励和支持地方院校,根据中医药健康旅游产业发展的需求,通过设立相关专业,或开展联合办学等方式,积极培养一批中医药健康旅游产业发展所需要的专业人才。

(四)创新模式

中医药健康旅游产业是一门交叉性、综合性的旅游新业态,既涉及中医药健康产业,又涉及旅游产业,是两种产业深度融合的结果。就目前的产业发展现状而

---

① 段志祥,李泽庚:《中医药健康旅游的策略研究》,《中医药管理杂志》2017 年第 13 期。

言，创新力度不够，已成为主要的制约因素之一，“我国中医药健康旅游产业普遍存在产品附加值低、产业链短、市场开拓深度与广度不足、资源利用率低。究其原因是创新能力薄弱，相关中医药技术、文化旅游开发理论体系等产学研结合不到位，没有形成具有中医药特色与健康旅游特色相融合的体系”①。

皖北在加快中医药健康旅游产业发展的同时，应积极探索中医药健康产业与旅游产业融合发展的新理念、新思路和新模式。其中阜阳市太和县中医院就进行了大胆尝试，该院将中医药健康服务与旅游有机结合，走深度融合发展之路，努力打造“太和县中医院中医药健康旅游基地”项目，“基地将分为非药物治疗区、健康运动区、中草药种植游览区、中医药健康养生疗养馆等4个功能区，同时建设中医药文化博物馆、百草园、中医药医疗城、中医药旅游体验馆、五禽园等重点项目，并在大新镇、李兴镇、倪邱镇等建设特色中药材种植基地”②。从项目规划可知，作为疾病防治的中医院，充分利用自身优势，创新发展模式，走中医药与旅游融合发展之路，既彰显了自身特色，又拓展了发展空间。

皖北地区拥有丰富的中医药文化资源优势，区域内有全国最大的中药材集散地，我国古代四大名医之一的华佗诞生于此，目前还建有“国家级中医药健康旅游示范区”1个，“国家级中医药健康旅游示范基地”1个，“省级中医药健康旅游基地”7个。皖北地区应充分利用自身资源优势，创新发展机制，积极推动中医药健康产业与旅游产业的深度融合，努力抓住当前国家大力发展中医药健康旅游产业的历史机遇，实现皖北旅游产业的快速崛起。

① 袁珍，朱智英等：《中医药健康旅游发展策略研究》，《中国市场》2018年第5期。

② 王雪洁，张玉清：《太和一基地入选省中医药健康旅游基地》，《阜阳日报》2018年4月2日第A2版。

从“九合诸侯”看《管子》资源整合

蒲　霞

资源整合是指对不同来源、不同层次、不同结构、不同内容的资源进行识别与选择、汲取与配置、激活和有机融合，使其具有较强的柔性、条理性、系统性和价值性，并创造出新资源的一个复杂的动态过程。资源整合就是要优化资源配置，要获得整体的最优。资源整合是一种战略调整的手段，也是经营管理的日常工作，更是创新发展的重要途径。

《管子》一书内容丰富，从不同层面演绎了齐国是如何利用自己拥有的或者可以借助的资源，使之最优化，从而提升齐国的整体实力，成为“九合诸侯，一匡天下”霸业的领导核心。根据目前学界的资源分类和《管子》所涉及的资源情况，笔者认为齐国充分地整合了人心资源、人力资源、制度资源、财物资源、信息资源、技术资源、市场资源，最大化地提升了国力，从而实现霸业。虽然《管子》反映的历史背景不同、具体事件不同，但其中所揭示的如何利用资源、优化资源、整合资源的思路和方法则可以给当前的资源整合提供参考和借鉴。

一、人心资源整合——凝聚人心，上下一体

《管子》强调人心的重要性，“政之所兴，在顺民心；政之所废，在逆民心”[①]。一方面要凝聚人心，另一方面则要上下一心，使人人跟随齐王，并团结一致为齐国效力，从而促进齐国整体实力的提升。

“是故得天者高而不崩，得人者卑而不可胜。是故圣人重之，人君重之。故至贞生至信，至言往至交。”[②]《管子》认为，得到人心的人是不可战胜的，无论做什么事都能获得成功。

《管子》指出，要采取多种措施，吸引人心，让更多的人聚拢到齐国，为齐王效劳。“欲为天下者，必重用其国；欲为其国者，必重用其民；欲为其民者，必重尽其

作者简介：蒲霞，女，安徽省管子研究会理事，安徽大学历史系副教授。

① 《管子·牧民》，四部丛刊景宋本。

② 《管子·侈靡》，四部丛刊景宋本。

民力。无以畜之,则往而不可止也;无以牧之,则处而不可使也。远人至而不去,则有以畜之也;民众而可一,则有以牧之也。见其可也,喜之有徵;见其不可也,恶之有刑。赏罚信于其所见,虽其所不见,其敢为之乎?见其可也,喜之无徵;见其不可也,恶之无刑。赏罚不信于其所见,而求其所不见之为之化,不可得也。厚爱利足以亲之,明智礼足以教之,上身服以先之,审度量以闲之,乡置师以说道之。然后申之以宪令,劝之以庆赏,振之以刑罚。故百姓皆说为善,则暴乱之行无由至矣。"①国君要珍惜臣民,保存臣民的实力,让臣民有一个安定无忧的生活,臣民才能服从国君的管理,不会外逃。臣民从内心里认可国君,愿意为国君效力,这样齐国就可以凝聚人心,奠定强大的人心基础。

将人心凝聚到齐国,这只是完成了第一步,还必须促成上下一心,才能够具备获得成功的制胜法宝。《管子》以商纣王败亡和周武王成功为例,说明了只有上下一心,国家才能稳固,国力才能强大。"昔者圣王之治人也,不贵其人博学也,欲其人之和同以听令也。《泰誓》曰:'纣有臣亿万人,亦有亿万之心;武王有臣三千而一心。'故纣以亿万之心亡,武王以一心存。故有国之君,苟不能同人心,一国威,齐士义,通上之治以为下法,则虽有广地众民,犹不能以为安也。君失其道,则大臣比权重以相举于国,小臣必循利以相就也。故举国之士以为己党,行公道以为私惠,进则相推于君,退则相誉于民,各便其身,而忘社稷,以广其居;聚徒成群,上以蔽君,下以索民,此皆弱君乱国之道也。故国之危也。"②只有上下一心,全体臣民的思想和行为与齐王的意愿相一致、与国家利益相一致,国君下达的命令才能顺利执行,国家的一切事务才能够正常运转。

将人心凝聚在一起,使上下一心、全民一体,是国家稳定和发展的坚实基础。

二、人力资源整合——量才而用,相辅相成

"霸王之所始也,以人为本。本理则国固,本乱则国危。""夫争天下者,必先争人。明大数者得人,审小计者失人。得天下之众者王,得其半者霸。是故圣王卑礼以下天下之贤而王之,均分以钧天下之众而臣之。故贵为天子,富有天下,而伐不谓贪者,其大计存也。"③《管子》认为,要想争得天下,就必须先争得人才。要想成就大业,就必须拥有人才。

《管子》认为,将加强农事、选用贤能、减轻赋税作为成就君主大业的重要基础。"明王之务,在于强本事,去无用,然后民可使富。论贤人,用有能,而民可使

① 《管子·权修》,四部丛刊景宋本。

② 《管子·法禁》,四部丛刊景宋本。

③ 《管子·霸言》,四部丛刊景宋本。

治。薄税敛,毋苟于民,待以忠爱,而民可使亲;三者,霸王之事也。”[①]

《管子》认为,重视人才价值,重视人才选拔,并重视人才的任用。得到人才,最便捷的办法便是“求天下之精材”“收天下之豪杰,有天下之称材”[②],将最好的人才直接为我所用。如能做到“选天下之豪杰,致天下之精材,来天下之良工,则有战胜之器矣”[③]。

举贤是发现人才,选贤是对所举荐的人才进行筛选,择其善者而用之。举贤是基础,选贤是关键。齐国以举贤上功作为立国的基本方针。齐桓公求贤若渴,鲍叔牙见贤让能,管仲知人善任。这三人组成了一支高素质、高智能、高水平的决策集团,成为“九合诸侯,一匡天下”霸业的领导核心。

《管子》认为,人才的选拔应形成一定的制度,故齐国以国家政令的形式要求全国各地官吏举荐贤才。齐国实行自下而上推荐人才的方法,要求各级官吏必须向上积极推荐人才,否则地方各级负责人都要被定罪,其罪之大,入于五刑。这样的命令颁布之后,各级官吏都非常重视举荐来自下层的人才,“于是乎乡长退而修德进贤”[④]。自下而上的举荐制度为齐国选拔了众多的有用人才。

《管子》中介绍关于用人的标准有三个方面,那就是重德、察能、量功。《管子·形势解》:“为主而贼,为父母而暴,为臣下而不忠,为子妇而不孝,四者,人之大失也。大失在身,虽有小善,不得为贤。”[⑤]在《管子》的用人三标准中,把德放在首位,是谓重德。大德缺失,不得为贤,不得任用。“论材量能,谋德而举之,上之道也。”[⑥]《管子》非常强调德才兼备的用人标准,认为这是国家举用人才的根本问题,也是考核人才的关键要素。

《管子》中任用贤才的思想可集中概括为“察能授官”[⑦],主张任用贤才时要任其所长,不任其所短。“任力有五务。五务者何?曰:君择臣而任官,大夫任官辩事,官长任事守职,士修身功材,庶人耕农树艺。君择臣而任官,则事不烦乱;大夫任官辩事,则举措时。官长任事守职,则动作和;士修身功材,则贤良发;庶人耕农树艺,则财用足。故曰:凡此五者,力之务也。夫民必知务,然后心一,心一然后意专,心一而意专,然后功足观也。故曰:力不可不务也。”[⑧]这是要求在人才的使用

① 《管子·五辅》,四部丛刊景宋本。
② 《管子·幼官》,四部丛刊景宋本。
③ 《管子·小问》,四部丛刊景宋本。
④ 《管子·小匡》,四部丛刊景宋本。
⑤ 《管子·形势解》,四部丛刊景宋本。
⑥ 《管子·君臣上》,四部丛刊景宋本。
⑦ 《管子·权修》,四部丛刊景宋本。
⑧ 《管子·五辅》,四部丛刊景宋本。

上,要量才使用,使之各有专务,即“人尽其才,才尽其用”的意思。人各有所长,各有所短,国君要充分了解臣民的所长和所短,按照其特长分派其任务和职责,使臣民各有所司,尽其职守,发挥其特长,把自己所做的事情做好,所有的事情都会变得更好,国家的发展也就成了必然趋势了。

“天下不患无臣,患无君以使之;天下不患无财,患无人以分之。故知时者,可立以为长;无私者,可置以为政;审于时而察于用,而能备官者,可奉以为君也。缓者,后于事;吝于财者,失所亲;信小人者,失士。”①天下不缺贤才,关键是能否发现贤才并加以重用。国君要能认清每个人的长处,用其之长,委以责任,让臣民充分发挥自己的特长,使其为国家的稳定和发展付出努力。

《管子·立政》以虞师之职、司空之职、司田之职、乡师之职、工师之职为例,强调使不同的人各司其职、相辅相成,这样才能成就大事。“明主度量人力之所能为而后使焉,故令于人之所能为则令行,使于人之所能为则事成。乱主不量人力,令于人之所不能为,故其令废;使于人之所不能为,故其事败。夫令出而废,举事而败,此强不能之罪也。故曰:毋强不能。”②考察每个人的实际能力,然后才加以任用,使其在能力范围之内顺利完成工作,这样才能充分发挥每个人的实力,从而实现令出必行。每件事都能够按照预想的方向发展,国家的稳定和发展才是必然之事。

三、制度资源整合——明确导向,规范行为

在凝聚人心、获得人才、上下一心之后,应该建立起完善的政策制度,使各项制度相互匹配、互为补充,形成完整的制度体系,并以制度规范人们的行为,让人们按照国家的需要去行事,实现令出必行,促进国家的稳定和发展。《管子》强调坚持以法律为衡量事物的准绳,任何人、任何事都秉承法律的规定,就不会引发不满和矛盾,正常的秩序也就能够得以保证。

《管子》从不同层面阐释了“法”的作用:“凡牧民者,欲民之可御也;欲民之可御,则法不可不审。法者,将立朝廷者也;将立朝廷者,则爵服不可不贵也。爵服加于不义,则民贱其爵服;民贱其爵服,则人主不尊;人主不尊,则令不行矣。法者,将用民力者也;将用民力者,则禄赏不可不重也。禄赏加于无功,则民轻其禄赏;民轻其禄赏,则上无以劝民;上无以劝民,则令不行矣。法者,将用民能者也;将用民能者,则授官不可不审也。授官不审,则民闲其治;民闲其治,则理不上通;理不上通,则下怨其上;下怨其上,则令不行矣。法者,将用民之死命者也;用民之死命者,则

① 《管子·牧民》,四部丛刊景宋本。

② 《管子·形势解》,四部丛刊景宋本。

刑罚不可不审；刑罚不审，则有辟就；有辟就，则杀不辜而赦有罪；杀不辜而赦有罪，则国不免于贼臣矣。故夫爵服贱、禄赏轻、民闲其治、贼臣首难，此谓败国之教也。”①并在此基础上进一步说明了建立朝廷权威、重视使用禄赏、慎重委派官职、审慎使用刑罚对国家稳定和发展的价值。

《管子》强调，国君应树立“德行”和“道义”的标准，以此来约束人们的行为。“圣王之身，治世之时，德行必有所是，道义必有所明。故士莫敢诡俗异礼，以自见于国；莫敢布惠缓行，修上下之交，以私亲于民；莫敢超等逾官，渔利苏功，以取顺其君。”②不能有反常、怪异的礼节，不能用布施小惠收揽人心，不能僭越自己的级别，一切都要在国君规定的标准范围内。

《管子》明确指出，仁义礼乐与法律的关系：“所谓仁义礼乐者，皆出于法。此先圣之所以一民者也。”③仁义礼乐皆出自法律，而法律则是国君用于统一臣民行动的最重要的法宝。如果不遵行法律和仁义礼乐的规定行事，将会出现不良后果。一切行为应以法律为总原则。

《管子》指出：万事万物的关系都是根据理论和礼的出现而后才确定下来的，“人故相憎也，人之心悍，故为之法。法出于礼，礼出于治。治、礼，道也。万物待治、礼而后定”④。所以制定法律、确立制度是第一位的，只有这样，其他活动才能运行于正常的轨道之中。

《管子》指出：“治世则不然，不知亲疏、远近、贵贱、美恶，以度量断之。其杀戮人者不怨也，其赏赐人者不德也。以法制行之，如天地之无私也，是以官无私论，士无私议，民无私说，皆虚其匈以听于上。上以公正论，以法制断，故任天下而不重也。”⑤国君治理国家，不分亲疏、远近、贵贱和美丑，没有私心、私利，一切都用法律来判断，所有的事情都可以在正常的轨道中进行，治理国家也成为一件轻松的事。

必须永远坚持法律，它是存亡治乱的根源，是圣明君主用来管理天下的最高标准，任何人都要遵守法律。《管子》明确指出：“故曰：法者不可不恒也，存亡治乱之所以出，圣君所以为天下大仪也。君臣上下贵贱皆发焉，故曰‘法’。”⑥只有坚守法律、遵守法律，万事万物才能遵循合理的次序，不会出现偏差。

对于坚持法律和制度对于国家稳定和发展的重要意义，《管子》进一步指出：“圣王之治民也，进则使无由得其所利，退则使无由避其所害，必使反乎安其位，乐

① 《管子·权修》，四部丛刊景宋本。
② 《管子·法禁》，四部丛刊景宋本。
③ 《管子·任法》，四部丛刊景宋本。
④ 《管子·枢言》，四部丛刊景宋本。
⑤ 《管子·任法》，四部丛刊景宋本。
⑥ 《管子·任法》，四部丛刊景宋本。

其群，务其职，荣其名，而后止矣。故逾其官而离其群者，必使有害；不能其事而失其职者，必使有耻。是故圣王之教民也，以仁错之，以耻使之，修其能致其所成而止。"①对于任何超越、偏离规范和标准的行为都要进行调整，使其回归原位。以仁爱为基础，以严惩为辅助，才能将人们的行为限制在合理的范围内。

为了彰显法律和制度的威严，为了强化法律制度的作用，《管子》指出："故明王之所恒者二：一曰明法而固守之，二曰禁民私而收使之，此二者主之所恒也。夫法者，上之所以一民使下也；私者，下之所以侵法乱主也。"②《管子》强调，圣明君主必须永远坚持的有两条：一是明确宣布法度而坚定地执行它，二是禁止人民行私而管束役使他们。

在此基础上，《管子》又指出："国法法不一，则有国者不祥；民不道法，则不祥；国更立法以典民，则不祥；群臣不用礼义教训，则不祥；百官伏事者离法而治，则不祥。"③法律废弛、臣民不守法、国君擅改法律、不用法律和礼义教育百姓、大臣脱离法律办事，国家则会脱离正常的运行轨道。只有统一法律、依法行事、遵法守法、遵从礼仪，国家才能安然无恙。

《管子》指出"法必明，令必行"的重要性："今天下则不然，皆有善法而不能守也。然故堪材习士闲识博学之士能以其智乱法惑上，众强富贵私勇者能以其威犯法侵陵，邻国诸侯能以其权置子立相，大臣能以其私附百姓，剪公财以禄私士。凡如是而求法之行，国之治，不可得也。"④有法不依，就会让人们钻空子，必然会滋生许多祸患，引起一系列不良后果，"法必明，令必行"，才是维护国家稳定、防止小人篡乱的重要手段。

《管子》强调，要建立严密的法律制度，要维护法律制度的稳定性和长效性，不能随意更改，以此来掌控一切事务，统一人们的思想和认识，将人们的行为归于合理的秩序之中，这样才能保证国家的稳定和发展。

四、财物资源整合——内控外联，物尽其用

财物资源是人类各项活动赖以进行的基础，包括物质资源和财力资源，两者是相辅相成、互为补充的。齐国在发展强大的过程中，非常重视财物资源的获得和管理，并充分利用以促进齐国国力的强盛。《管子》中的许多篇章论述了财物资源的获取途径、管理方法、使用原则等问题。

---

① 《管子·法禁》，四部丛刊景宋本。
② 《管子·任法》，四部丛刊景宋本。
③ 《管子·任法》，四部丛刊景宋本。
④ 《管子·任法》，四部丛刊景宋本。

《管子》强调开源节流、充实国家储备、加强农业生产、减少无益开支的重要性："故圣人之制事也，能节宫室、通车舆以实藏，则国必富、位必尊；能適衣服、去玩好以奉本，而用必赡、身必安矣；能移无益之事、无补之费，通币行礼，而党必多、交必亲矣。"[①]减少不必要的开支，可以使有限的财物得到最大化的使用；加强农业生产，可以增加粮食产量，增加国家的财物储备。国家财物能够得以保证，其他的事情也就可以各归其位了。

《管子·禁藏》指出，不损伤自然生长之物，是为了保证万物生长。救助孤贫之人，赦免轻罪之人，是为了让人们及时进行农业生产以获得粮食收入。奖赏各种有德的行为，是为了鼓励人们努力做事。处杀罪大恶极之人，是为了减少盗贼。督促人们储备粮食，是为了应对各种灾难[②]。这些措施有效地保证了粮食收入和物资储备，为齐国的强大奠定了基础。

管仲曰："策乘马之数求尽也，彼王者不夺民时，故五谷兴丰。五谷兴丰，则士轻禄，民简赏。彼善为国者，使农夫寒耕暑耘，力归于上，女勤于纤微而织归于府者，非怨民心伤民意，高下之策，不得不然之理也。"[③]管仲明确指出，不能侵夺百姓的农时，要让百姓有充足的时间从事农业生产，这样就能五谷丰收，国君再运用物价高低的理财方法，将百姓努力获得的成果集中于国君手里，国君就能够掌握丰富的物资，国力强大也是自然的。

管仲重视财物储备，指出："岁藏一，十年而十也。岁藏二，五年而十也。谷十而守五，绨素满之，五在上。故视岁而藏，县时积岁，国有十年之蓄，富胜贫，勇胜怯，智胜愚，微胜不微，有义胜无义，练士胜驱众。"[④]国家财物储备丰富，就可以战无不胜。

齐桓公与管仲讨论事务，管仲觉得齐国缺少盔甲兵器，"欲轻重罪而移之于甲兵"，则"制重罪入以兵甲、犀胁、二戟，轻罪入兰、盾、鞈革、二戟，小罪入以金钧分，宥薄罪入以半钧，无坐抑而讼狱者，正三禁之而不直，则入一束矢以罚之"[⑤]。管仲通过让犯罪者交纳盔甲兵器为赎金的形式，为国家聚集了兵器，使齐国兵力大增。

齐国通过物资专卖，获取了大量的钱财，增强了国力。齐桓公想要获得更多的财物，于是提出向百姓征收房屋税、树木税、牲畜税、人口税，管仲都予以否决，并指

---

① 《管子·禁藏》，四部丛刊景宋本。
② 《管子·禁藏》，四部丛刊景宋本。
③ 《管子·巨乘马》，四部丛刊景宋本。
④ 《管子·事语》，四部丛刊景宋本。
⑤ 《管子·小匡》，四部丛刊景宋本。

出“唯官山海为可耳”[①]，也就是由政府专营山海资源。盐是所有人都必须食用的，所以通过“官山海”，政府掌控盐的买卖，提高盐价，即使没有向任何人直接征税，也获得了相当于两个大国的六千万钱的税收。这样既没有引起百姓的反对，还将官盐获得的利益全部归于政府，齐国国力大增。《管子·海王》中还论述了齐国通过官铁收取了更多的钱财的事情[②]。

有山海资源的国家可以加以利用，但如果没有山海资源，那该怎么办呢？齐桓公提出了疑问，管仲对曰：“因人之山海假之。名有海之国雠盐于吾国，釜十五，吾受而官出之以百。我未与其本事也，受人之事，以重相推。”[③]管仲指出可以借用别国的山海资源，也就是可以让有海的国家把盐卖给本国，然后本国以每釜十五钱的价格买进，再由官府一百钱卖出。这样本国虽不参与制盐，但可以通过利用别国的生产，以加价的形式获得盈利。管仲称其“此人用之数也”。

如果国家财力空虚，财用耗尽，将如何补给呢？管仲提出了解决办法：百乘小国由国家发行法定债券，根据不同季节的物价涨落，运用轻重之术的调节措施加以掌握，百乘小国可以得到补给。千乘的中等国家，可以封禁自然资源的基地，根据年景的丰歉，运用轻重之术来调节官吏军队的俸禄，千乘之国可以得到满足了。万乘的大国可以根据年景的丰歉，利用人民需要的缓急，正确运用号令，掌握全国性的经济调节，万乘之国也就可以够用了[④]。运用国家权力，利用年景丰歉，掌控物价和俸禄，大国小国的财力都不会亏空了。

齐桓公听从管仲的建议，利用地理条件理财，将有铁有铜以及其他金属的地方管控起来，由国家掌控，不许私人开采，这样财物就归于齐国而不外流[⑤]。

周武王曾设立一种“重泉”的兵役，规定百姓自家储粮一百鼓的，可以免除此役，百姓为了逃避兵役，尽其所有来收购粮食，结果粮价大涨。周武王用二十倍的巨桥仓粮食收入购买丝帛，军队可以五年不向民间征收军服，用此项收入购买黄金百万斤，那就终身不必向百姓收税了。齐国利用这种“准衡”的办法，规定：在阳春农事开始时，命令百姓不许筑墙垣，修坟墓，大夫不可营建宫室台树，同时也命令北海居民一律不准雇人煮盐。那么，盐价必然上涨四十倍。君上用这涨价四十倍的食盐，沿着黄河、济水流域，南运到梁、赵、宋、卫和濮阳等地出卖。对盐、铁等物进行控制，获得了巨额收入[⑥]。

---

① 《管子·海王》，四部丛刊景宋本。

② 《管子·海王》，四部丛刊景宋本。

③ 《管子·海王》，四部丛刊景宋本。

④ 《管子·国蓄》，四部丛刊景宋本。

⑤ 《管子·地数》，四部丛刊景宋本。

⑥ 《管子·地数》，四部丛刊景宋本。

对于齐国缺乏的皮、骨、筋、角、竹箭、羽毛、象牙和皮革等项商品，齐国广泛招徕外国商人售卖这些物资，并“为诸侯之商贾立客舍，一乘者有食，三乘者有刍菽，五乘者有伍养。天下之商贾归齐若流水”①。其他国家商人也带着齐国需要的货物聚集而来，为齐国补充了物资。

《管子·轻重丁》的“石璧谋”“菁茅谋”都充分说明了齐国采取策略，利用“石璧”和“菁茅”将财物聚集到齐国的事实。

五、信息资源整合——全面细致，对症施政

《管子》重视信息的获取和搜集，并利用信息制定策略，应对各种局面，解决不同问题，从而利用有限的国力，获得最大化的利益。

《管子·轻重丁》谈到了解信息的重要性。揆度每到一个国家，就必然会想尽办法从四面八方调查外国的情况，如果天下各国物价高，揆度必然也会提高本国的物价，及时掌握信息，就可以及早采取措施应对，将本国置于主动地位。

如何获得信息，《管子》强调要利用众人之耳目。“目贵明，耳贵聪，心贵智。以天下之目视则无不见也，以天下之耳听则无不闻也，以天下之心虑则无不知也。辐辏并进，则明不塞矣。”②利用天下人的眼睛看，没有看不到的事物；利用天下人的耳朵听，没有听不到的消息；利用天下人的心思考虑，就没有理解不了的问题。所以要获得信息，就需要利用大家的力量。利用众人之力，不仅能成事，也不会被蒙蔽。

《管子·山权数》进一步说明了如何利用众人耳目和智慧：管仲向齐桓公建议，可以利用五官之技帮助国君摆脱愚昧，懂“诗”的可用来记述社会事物，懂“时”的可用来记述年景丰歉，懂“春秋”的可用来记述国事的成败，懂“出行”的可指导行路的顺逆，懂“易”的可用来掌握吉凶与成败，懂“卜”的则可预测凶吉与利害。管仲还指出，这五官都能够及时发现问题，懂“时”的官，可以及早预知情况，君主就不致错过时机，错行理财之策，而带来财源兴盛的结果；懂“春秋”的官，可以远占得失，以为后来的教训；懂“诗”的官，能记述人们的行动而免于差错；懂“出行”的官，能详述道路的情况而免生误解；懂“易”的官，可以掌握祸福凶吉，不至于发生错乱。国君应该充分利用这些人，及早获得有用的信息，做出正确的决策。

---

① 《管子·轻重乙》，四部丛刊景宋本。

② 《管子·九守》，四部丛刊景宋本。

六、技术资源整合——术有专攻，相互配合

技术资源是发展生产的基础，《管子》对此非常重视。

《管子·小匡》对于技术资源的问题有所讨论。齐桓公问管仲如何划定人民居所，如何安排人民职业。管仲指出，士农工商四民是国家的柱石，不能让他们杂居在一起，而应该各自聚居在一起，以稳固四民的思想和认识，保住四民各自的技术。士应住于闲静之地，父与父言义，子与子言孝，事君者言敬，长者言爱，幼者言悌。朝夕从事于此，以教其子弟，从小时就习惯了，思想安定，不会见异思迁。因此，其父兄的教导，不严也能教好；其子弟的学问，不劳苦也能学会，所以士人的子弟常为士人。农要住在靠近田野的地方，早晚在地里从事农活，脱下常服，以就功役，分别苗的好坏，排好苗的疏密。他们头戴草笠，身披蓑衣，一身泥水，暴露发肤，竭尽其四肢之力，而积极在地里劳动。他们从小时就习惯了，思想安定，不会见异思迁。因此，其父兄的教导，不严也能教好；其子弟的本领，不劳苦也能学会。所以，农家的子弟常是农人。工匠要住得靠近官府，他们整天从事于此，并以此教育子弟，所以，工匠的子弟常为工匠。商人则应该住在靠近市场的地方，他们观察年景凶饥，了解国内情况，观察四时，注意本乡货物，从而预知市场物价。他们负任担荷，赶牛驾马，以周游四方；料定物资多寡，估计商品贵贱，以其所有，易其所无，贱买贵卖。他们整天从事这些，并以此教育子弟，所以，商人的子弟常为商人①。《管子》通过士农工商四民居住区的划定，说明技术的传承和人才的培养，士人培养士人，农民培养农民，工匠培养工匠，商人培养商人。只有如此对应，士农工商才各归其类，他们也才能掌握专项技术，在其活动领域获得成果。农业生产的发展，手工业产品的增加和丰富，商人促进物资流通和利润增长，都为齐国发展奠定了基础。

齐桓公向管仲请教如何利用教育达到理财时，管仲的一番言论中也包含了技术资源的问题。"民之能明于农事者，置之黄金一斤，直食八石。民之能蕃育六畜者，置之黄金一斤，直食八石。民之能树艺者，置之黄金一斤，直食八石。民之能树瓜瓠荤菜百果使蕃衮者，置之黄金一斤，直食八石。民之能已民疾病者，置之黄金一斤，直食八石。民之知时：曰'岁旦阨'，曰'某谷不登'曰'某谷丰'者，置之黄金一斤，直食八石。民之通于蚕桑，使蚕不疾病者，皆置之黄金一斤，直食八石。谨听其言而藏之官，使师旅之事无所与，此国策之者也。国用相靡而足，相困揲而澹，然后置四限高下，令之徐疾，驱屏万物，守之以策，有五官技。"②管仲强调对于有专业技能的人给予重赏，实际上就是希望以此鼓励人们掌握技术，并达到高精专。这样

① 《管子·小匡》，四部丛刊景宋本。

② 《管子·山权数》，四部丛刊景宋本。

的人才多了，齐国也就有了发展各方面生产的坚实基础。管仲还指出，一定要认真听取这些专家的讲授并把记录保存在官府，不能用兵役之事干扰他们，这样做才可保证国家财用、上下消费都很充足，各类积蓄都很充裕。齐国财物充足是保证国力增强的前提条件。

七、市场资源整合——控制物价，掌握利润

《管子》认为，没有市场则民用就会缺乏，市场是商品供求状况的标志，市场是国家掌握物资的工具，市场也可以反映社会治安的状况。

"百货贱，则百利不得；百利不得，则百事治；百事治，则百用节矣。"①各种货物价格低廉，各种商业就不能获得高利；各种商业无高利，各项事业就都能搞好；各项事业搞好了，各项需求就都能得到适度的满足。所以，市场上商品价格高低的确定是非常关键的，如果没有合理的定位，就会导致生产混乱，物资缺乏，国力也无法增强。

《管子·国蓄》指出，粮食是万物之主，粮食价格高则万物必贱，粮价低则万物必贵。粮价与物价是互相对立的，而涨落不同。如果盲目地征收人口税，则会引起国民的反抗，这不利于统治。所以，国君要有策略，可以通过控制粮价，在合适的时候提高粮价，这样即使不用向万民征税，国家财利也可以归于君主。无论什么样的商品都是多则贱，寡则贵，抛售则价跌，囤积则价涨。国君必须懂得这个道理，要根据国内市场物资的余缺状况来控制国内市场的财物。粮食贱就运用所发的货币投放于粮食，布帛贱就运用所发的货币投放于布帛，根据物价的涨落来控制市场、控制物资，将物资掌握在国君手中。

《管子·揆度》谈到了无论是百乘之国、千乘之国、万乘之国，都要在中央地区建立市场，这样才可以在最短的时间里往返运输物资，很好地控制邻国的物价，并将市场的主动权掌握在自己手中。"百乘之国，中而立市，东西南北度五十里。一日定虑，二日定载，三日出竟，五日而反。百乘之制轻重，毋过五日。百乘为耕田万顷，为户万户，为开口十万人，为当分者万人，为轻车百乘，为马四百匹。千乘之国，中而立市，东西南北度百五十余里。二日定虑，三日定载，五日出竟，十日而反。千乘之制轻重，毋过一旬。千乘为耕田十万顷，为户十万户，为开口百万人，为当分者十万人，为轻车千乘，为马四千匹。万乘之国，中而立市，东西南北度五百里。三日定虑，五日定载，十日出竟，二十日而反。万乘之制轻重，毋过二旬。万乘为耕田百万顷，为户百万户，为开口千万人，为当分者百万人，为轻车万乘，为马四万匹。"②

---

① 《管子·乘马》，四部丛刊景宋本。

② 《管子·揆度》，四部丛刊景宋本。

控制市场,调控物价,就等于控制了物源和财源。

管仲曰:“善为国者,如金石之相举,重钧则金倾。故治权则势重,治道则势羸。今谷重于吾国,轻于天下,则诸侯之自泄,如原水之就下。故物重则至,轻则去。有以重至而轻处者,我动而错之,天下即已于我矣。物臧则重,发则轻,散则多。币重则民死利,币轻则决而不用,故轻重调于数而止。”①管仲认为,讲求通权达变则国家力量强盛,讲求遵循常道则国家力量衰弱。如果齐国粮食价高,其他国家粮价低,其他国家的粮食就会流入齐国。所以,价格高则财货聚来,价格低则财货散走,有因高价聚来而跌价尚未散走的物资,如果齐国及时动手掌握之,这些财富就归于齐国所有了。市场上钱物贵贱的调控对齐国国力的强大至关重要。

八、社会资源整合——知己知彼,为我所用

了解其他国家的情况,充分利用这些资源,壮大自己的实力,在与其他国家的较量中获取胜利,这是《管子》强调的一个问题。

“夫善用国者,因其大国之重,以其势小之;因强国之权,以其势弱之;因重国之形,以其势轻之。强国众,合强以攻弱,以图霸。强国少,合小以攻大,以图王。”②分析明确强国、大国、重国之所在,充分团结依靠这些国家的力量,缩小、削弱、压低别国。强国多,就联合强国攻击弱国以图霸业;强国少,就联合小国攻击大国以图王业。只有这样,才能够在纷繁复杂的形势中获得立足之地,以至取得胜利。

《管子·大匡》里谈到管仲充分利用隰朋、宾胥无、公子开方、季友、蒙孙的不同特点,分派他们出使不同的国家,最后成功地联络了相应的国家,扩大了齐国的同盟军,增强了齐国的整体实力。隰朋聪明敏捷,任命他管理东方各国的事务。宾胥无坚强而纯良,任命他管理西方各国的事务。卫国的政教,诡薄而好利,而公子开方的为人,聪慧而敏捷,不能持久而喜欢创始,故派他出使卫国。鲁国的政教,好六艺而守礼,而季友的为人,恭谨而精纯,博闻而知礼,多行小信,故派他出使鲁国。楚国的政教,机巧文饰而好利,不好立大义而好立小信,而蒙孙博于政教而巧于辞令,不好立大义,而好结小信,故派他出使楚国。这样五年间,小国诸侯已服从齐国,大国诸侯也已亲附齐国,齐国的同盟军增加,对立面减少。《管子·小匡》也谈到类似的事。

《管子·小匡》用较大的篇幅说明齐国如何结好其他各国,得到其他各国的支持,从而稳固自己的基础。桓公为天下诸侯操劳。鲁国有庄公夫人与庆父作乱,两

① 《管子·国蓄》,四部丛刊景宋本。

② 《管子·霸言》,四部丛刊景宋本。

个国君被杀，绝嗣没有后代。桓公知道后，使高子存全它，使他们男女不乱杂，牛马齐备。他们拿玉来拜见桓公，请备为齐国的关内侯，但桓公没有那样处理。狄人攻伐邢国，桓公修筑夷仪城加以封赐，使他们男女不乱杂，牛马齐。他们也拿着玉进见桓公，请求作齐国的关内侯，桓公也没有那样安排。狄人攻伐卫国，卫国人出旅曹地，桓公修筑楚丘城来封赐它。他们的牲畜已经散失，所以桓公给予良马三百匹。天下诸侯称道桓公仁义。所以，诸侯归附桓公，好像去赶集一般。桓公知道诸侯归附他，因而少收进见的币而多给回敬的礼。天下诸侯用瘦马犬羊为礼币，齐国则用良马回报；诸侯用素绸和鹿皮四张为礼币，齐国则用花锦和虎豹皮回报。各国诸侯的使者，总是空囊而来，满载而归。所以，用爱来钓取，用利来吸引，用信来结交，用武来威慑，于是天下小国诸侯，都服从桓公，不敢违背而来归附了。他们喜欢桓公的仁爱，又贪图桓公的货利；相信桓公的仁义，又害怕桓公的武力。桓公看到天下小国诸侯多来与自己亲睦，于是又大加施惠，可以分忧的代他们分忧，可以谋事的替他们谋事，可为动兵的替他们动兵。攻伐谭国和莱国而不据为己有，诸侯称道他的仁。自东莱交换齐国的鱼盐于各诸侯国，使关卡市场只稽查而不征税，存放货物而不收捐，以为各国诸侯之利，诸侯都称道他的宽惠。修筑蔡、郡陵、培夏、灵父丘等城，以防御戎狄之地，用来阻止戎狄向诸侯暴掠。修筑五鹿、中牟、邺、盖、牡丘等城，以保卫诸夏之地，用来表示中国的权威。教化大功告成，因此天下之人对于桓公，远国的人民望之如父母，近国的人民从之如流水。行地益远，得人益众，这是什么原因呢？就是因为感怀他的文治而畏惧他的武备。诛杀无道之国；安定周室，天下无人抵御，正是由于兴立武备；停止各种革甲，收起各种兵器，穿朝服过河开会而无所顾虑，正是由于文治显著。于是使大国之君惭愧，小国诸侯归附。大国之君事齐如臣仆，小国诸侯喜齐如父母。正是由于这样，大国之君不显得那么尊贵，小国诸侯也不显得卑下，因而大国之君不骄傲，小国诸侯不恐惧。于是分取地多的以增补地少的，削减有财的给予无财的。周济其君子，不失成功；周济其小人，不失成命。这样，平时居处安顺，出动行事则有成功。不必发动战争，而完成文王、武王的治绩于天下①。

齐国以仁爱之心关照其他诸侯国，以宽阔的胸怀接纳其他国家，感召人心，从而获得天下之人的拥戴，霸业的实现也是必然的。

《管子》一书有很多篇幅涉及资源整合和利用的问题，齐国制定谋略、采用不同的方法将各种类型的资源加以整合，使之最优化，并加以充分利用，进一步提升了整体实力，也为成就霸业奠定了基础。

---

①　《管子·霸言》，四部丛刊景宋本。

从绞胎球看隋唐大运河城市的捶丸运动

秦立凯

摘　要：绞胎球是被誉为古代高尔夫的捶丸运动用球，近年来，考古工作者在宿州、淮北等隋唐大运河沿线城市出土了绞胎球。本文通过对绞胎球分布及其功能的考察，分析捶丸运动发展的文化基础和历史演变，认为隋唐大运河城市位于唐宋王朝经济发展命脉，经济社会发达，古代体育运动形式多样。绞胎球印记了曾经繁华一时的运河城市高雅的文化品位，而运河城市的兴起和发展是捶丸运动流行的前提。研究运河文化带名城的古代体育文化内涵，是运河文化带建设应有之义。

关键词：绞胎球；隋唐大运河城市；捶丸运动

众所周知，隋唐大运河对唐宋王朝意义巨大，虽然随着历史的变迁，隋唐大运河大部分湮没于地下，但近年来运河考古，特别是1999年全国十大考古发现的柳孜遗址发掘，为人们重新展现了"公家运漕，私行商旅，舳舻相继"的繁华景象。大运河承载了中华民族深厚的文化记忆和情感，伴随中华民族伟大复兴，受到格外重视。2014年6月，中国隋唐大运河被列入《世界遗产名录》；2019年2月《大运河文化保护传承利用规划纲要》颁布；2019年7月24日，中共中央全面深化改革委员会第九次会议，正式审议通过《大运河国家文化公园建设方案》。习近平总书记对"保护好、传承好、利用好"大运河文化遗产多次做出重要批示。大运河文化带建设进入国家战略层面，运河文化研究热方兴未艾。已有多项研究着眼运河沿岸经济社会文化现象，也有学者对京杭大运河体育非物质文化遗产进行初步探讨①。

一、绞胎球与隋唐大运河城市捶丸运动景观

捶丸是我国古代一项高雅的运动休闲活动形式，被誉为古代高尔夫运动。捶丸之"丸"，即是这项运动用的球，绞胎球是捶丸用球类型之一。捶丸的玩法和现

作者简介：秦立凯（1972—），男，安徽阜阳人，淮北师范大学副教授、博士。

基金项目：2018国家体育总局健身气功中心科研课题（课题号：QG2018020），2018安徽体育局重点咨询项目（课题号：AJCS2018105）。

① 张永虎，胡洪泉．京杭运河体育文化建设路径研[J]．武汉体育学院学报，2017（4）：13–20.

代高尔夫类似，把球放置于1平方尺（0.11平方米）左右的球基内，然后依次向数十步至数百步之外的若干球窝内击球。可以两人对打，也可以两队间比赛，以球入窝多者为胜。宋、金、元、明初时期捶丸运动流行。

（一）作为体育遗产的宿州、淮北绞胎球

2006年，宿州西关商业步行街隋唐运河遗址出土1440余件文物，其中大部分是瓷器，也有绞胎球、围棋、弹丸等运动休闲用品。其中，绞胎球1颗，直径为5.5厘米左右，球体圆润精美，黄绿色相间，现陈列在宿州博物馆（见图1）。

图1　唐代绞胎球（宿州博物馆）

2012年，淮北柳孜遗址进行了第二次发掘，出土7000余件文物。这次考古发掘出土儿童蹴鞠、绞胎球、红黄色石球、黑釉球、围棋、木剑等珍贵的宋代体育文物。值得关注的是，在这次考古发掘中，出土了2颗绞胎球，直径为5.5厘米左右，球体圆润，黄褐色相间。还发掘有1颗红黄色石球，直径为5.5厘米左右；3颗黑釉球，直径为3厘米左右。这些体育文物均陈列在淮北隋唐大运河博物馆（见图2、图3）。

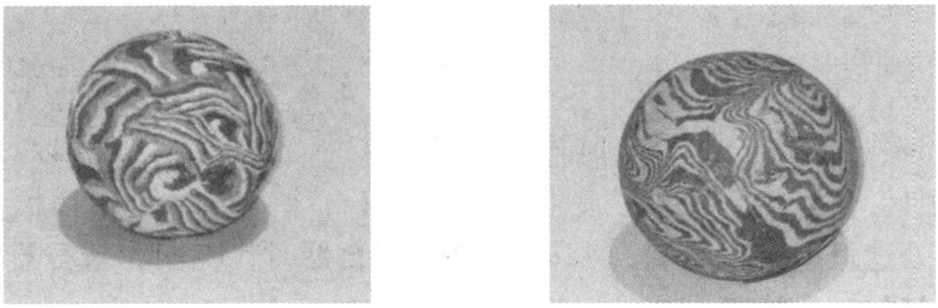

图2　宋代绞胎球（淮北隋唐大运河博物馆）

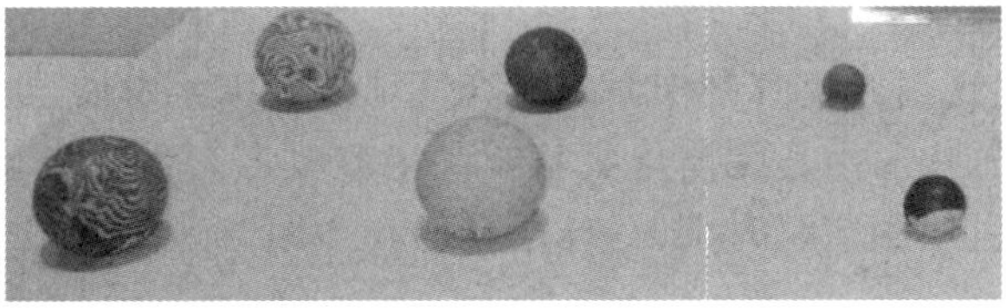

图3　宋代绞胎球、红黄色石球、黑釉球（淮北隋唐大运河博物馆）

绞胎陶器是利用白褐两种色调的泥胎相间杂糅，然后模印成型的器物。与其他陶瓷器在器物表面进行施釉、绘画、雕刻、粘贴等技法装饰不同，绞胎器在坯胎成型前利用不同色泽的陶泥或瓷泥一起绞揉，在成型过程中使其花纹图案充分展开，烧出的瓷器花纹内外一致，图案别致，变化多端，纹路自然流畅，淡雅优美。绞胎瓷，多色糅合，象征着凝聚与团结，色彩阴阳和谐，蕴含着大道自然的道家文化旨趣，饱含了华夏的传统美德①。

值得注意的是，有学者指出绞胎球是马球用球，如李小唐、李重申的《丝绸之路岁时节日民俗体育图录》等中均提到②。但笔者认为马球用球是在皮制囊中填充毛发等制成，绞胎球当时是捶丸用球。

（二）捶丸运动的历史演变

著名体育史学者崔乐泉研究认为捶丸运动是由石球类运动发展而来的。早在13世纪初，我国即流行与高尔夫运动类似的捶丸运动，一般认为它是由唐宋时期的步打球转化而来的，而步打球是由马球转化而来的。作为捶丸运动的用球，绞胎球是伴随球类运动演变而产生的③。（见图4）

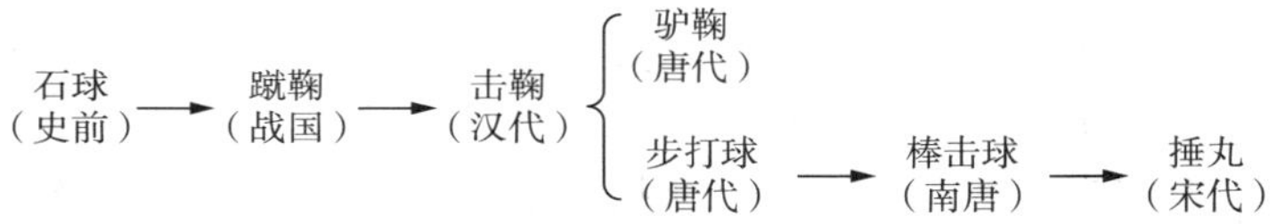

图4　中国古代捶丸发展、演变轨迹图

石球是古代球类运动的鼻祖。旧石器时代，距今170万年的云南元谋人，以及后来出现的陕西蓝田人、北京山顶洞人、山西丁村人、许家窑人都曾以石球作为生产和生活用具，在他们生活过的遗址中都发现有石球。据不完全统计，我国11个省市的31处遗址中有球状制品1280多件。旧石器时代晚期和新石器时代，石球形制越来越精致，开始向玩具转变④。

石球在先秦时期已演变成蹴鞠运动，两汉时期蹴鞠运动广为流传。这时的蹴鞠是以动物的胃或熟皮缝制，内填以毛发等，主要作为训练士兵战斗力的手段和娱乐竞技方式。

汉代以后，出现内充空气制作而成的充气球。由宋元发展至明清的蹴鞠，已经从整体上走向娱乐化。由足踢演化成骑在马上以杖击打的击鞠活动，也称马球运动。早在公元3世纪的东汉时期，马球运动已在中原地区流行了。

① 冯晨．绞胎陶瓷器研究[D]．郑州：郑州大学，2019：1.
② 李小唐，林春，李重申．丝绸之路岁时节日民俗体育图录[M]．兰州：甘肃教育出版社，2017：202.
③ 崔乐泉．中国古代球类运动与捶丸起源研究——兼具考古学资料分析[J]．体育科学，2016(7)：95.
④ 李超荣．石球的研究[J]．文物季刊，1994(5)：103-108.

唐代击鞠除了兼具军队中对士兵进行军事训练的功能,更是一种贵族体育运动。唐中宗、唐玄宗、唐穆宗、唐敬宗、唐宣宗、唐僖宗、唐昭宗等都喜爱马球运动。击鞠运动在唐代发展到一定阶段后,逐渐演化成被称为“小打”的驴鞠和徒步击球的步打球。击鞠类球类活动使用的器械和活动方式已基本具备了后世捶丸的特点,而捶丸应是在此基础上逐渐形成的。

元代,捶丸运动在民间更为普及。元世祖忽必烈至元十九年(1282),“宁志斋”将流行已久的捶丸进行整理,编撰《丸经》一书,这反映捶丸运动在元代已兴起。明代捶丸运动仍是官员贵胄们喜爱的运动休闲项目。

(三)隋唐大运河城市捶丸运动景观

虽然没有发现隋唐大运河城市捶丸运动的直接记载,但绞胎球在隋唐大运河城市的发现给人们留下无限的想象空间,正如文献记载:“厮场建旗,毬场上厮成了窝,立彩色旗儿。合众同乐,合聚捶丸之人,相与同乐。”

发现捶丸用球的区域主要有北京,安徽淮北、宿州,河南洛阳,四川成都以及重庆等地。(见图5)

图5　故宫博物院的绞胎球(故宫博物院,左球直径4厘米,右球直径6厘米)

巴蜀地区由于战国时期李冰开凿都江堰工程而成为天府之国,社会稳定,经济发达,捶丸运动较为普及,其他捶丸运动流行区域基本处于隋唐大运河沿岸区域。

运河城市捶丸用球是用什么制作的呢?四川等地考古发现了以墨玉、金刚石和玛瑙等料制作的宋代捶丸用球,这表明在宋代捶丸用球除了赘木,亦常用陶瓷和玉、石等质料为之①。正如高丽王朝为服务高丽人来华编撰的汉语教材《朴通事颜解》所载:“球用木为之,或用玛瑙,大如鸡卵。”(见图6—图12)

① 张天琚. 从出土捶丸谈四川古代的马球、步打球和捶丸运动[J]. 收藏界,2008(7):101-103.

图6　四川木质捶丸

图7　四川唐代邛窑点彩陶质捶丸

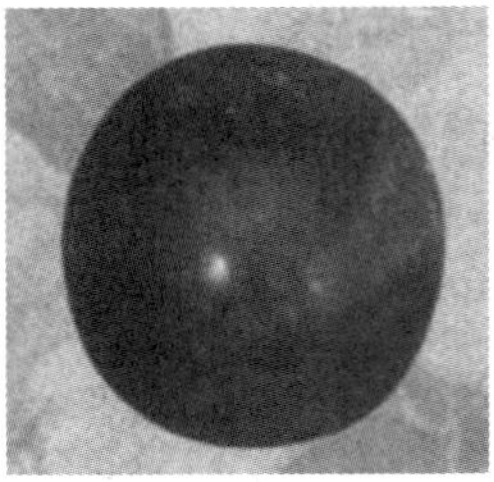

图8　四川玛瑙捶丸

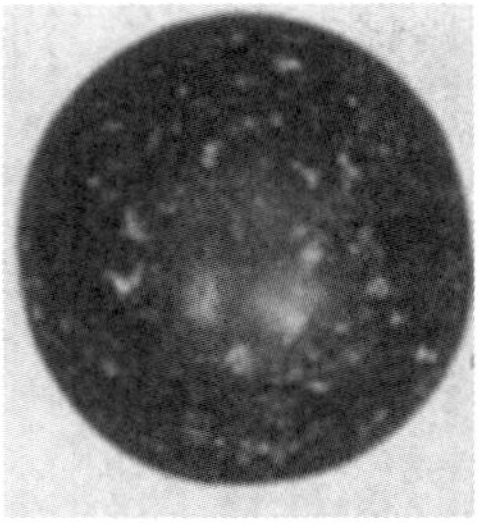

图9　四川宋代墨玉捶丸

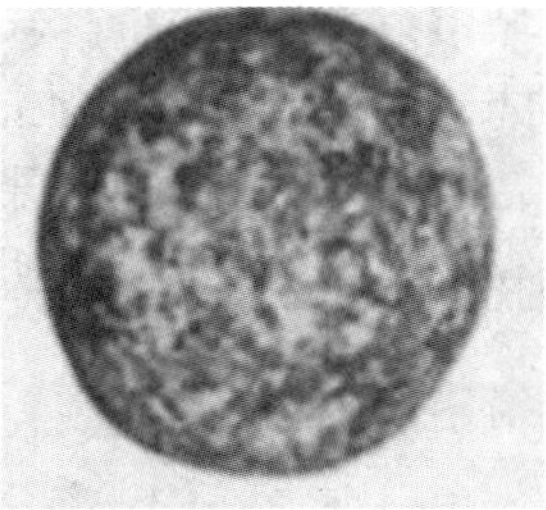

图10　四川宋代金刚石捶丸

图11　宋代刻花捶丸（三峡博物馆）

元代捶丸专著《丸经》所记载："赘木为丸，乃坚乃久。赘木者，瘿木也。坚牢故可久而不坏。无窦为劣，轻重欲称。无眼者不可用。太重则迟，太轻则飘。"①所谓"赘木"是树木中横生的成囊块状物，即树疙瘩，用这种赘木加工成的球坚固耐用。有窦眼的赘木是上好的木料，能制成合乎规格的球。制成的球轻重要合适。《金史》卷35记载击鞠："球状小如拳，以轻韧木枵其中而朱之。"击鞠和捶丸运动有着密切的承继关系，这段记载也佐证了捶丸用球的形态质地。

图12　四川出土宋代带釉捶丸

从上述记载来看，隋唐大运河城市捶丸用球大部分可能以木质，或者瓷质为主。甚至不排除用"隋柳"的木疙瘩制作而成。据《资治通鉴》记载：通济渠"渠广

① ［清］陈梦雷编撰．宁志老人著．古今图书集成，第487册，博物汇编·艺术典·弄丸部汇考·丸经·取材章［M］．第803卷，第33页．

四十步，渠旁皆筑御道，树以柳”，但由于木材易腐朽等，留存较少。

至于瓷质用球，绞胎球是其中类别之一。绞胎工艺可以上溯到两汉时期，一说可能受西方玻璃制法影响而形成的。这种工艺至唐代开始受到世人关注，宋代达到巅峰，金元时期逐渐衰落。绞胎瓷制作工艺复杂，以制作小型瓷器为主。河南焦作当阳峪曾是宋代绞胎瓷制造中心区域。绞胎瓷因其独特的制作工艺和雅致的审美，又结实耐用，契合古代捶丸运动用球的文化品位。因此，绞胎球特别受到社会上层文人雅士的喜爱。目前所发现的绞胎球数量并不是很多，所以，淮北、宿州考古发现的绞胎球弥足珍贵。

其实，捶丸用球的制作有着较为严格的要求。《丸经》之《权舆章》曰：“丸准轮，轮量权，权量身。毬欲量棒大小，棒欲量身长短，相称则利，相欺则不利矣。”大意所言，捶丸所用球就像是车轮，车轮是以车厢为标准制造的，球的大小要以球棒为标准制造，球棒长短则是以使用者的身高作为依据。球和球棒相称，球棒和使用者的身高相称，使用起来才能顺手得力，有利于在捶丸竞赛中发挥技术。

在捶丸活动的场地设施方面，《朴通事谚解》给出捶丸击球的 5 种形式的球窝，即掘地为窝、球门窝儿、花房窝儿等，一般球窝以花草为装饰。捶丸竞赛活动一般在冬春之际举办，竞赛形式是“击球之法，或数人或十余人分左右以较胜负”。击球方式具有侧旋球、内外旋球等不同的形式。此外，还有跪着击球式，而且姿势各样。

由于捶丸运动不存在身体间的直接碰撞，因而显得更加优雅、文明和安全，健身价值和趣味性超过击鞠和步打球，更易于不同体质的人学习和参与。捶丸运动规则严密，不仅是调养精神的手段，“诚足以收其放心，养其血脉，而怡怿乎精神者也”，同时还是陶冶情操的手段、养护身体的精神法则，也是严明军队纪律、进行军事训练的好方法。所以，捶丸运动特别受军队官兵和官吏的青睐。

可以想见，运河沿岸城镇居民生活之余，制作得心应手的球和棒，修建各式球场，忙碌生活之余，不忘打上几场捶丸竞技，颐养身心①。

（四）捶丸运动的高雅气质

美国著名的城市史学者芒福德曾说体育是城市“灵妙化”的关键，他说：“这种仪式就是比赛或竞技，有时是智力比赛，有时是体力或体能的比赛。”②捶丸作为古代高尔夫运动，本身就具有高贵、典雅的气质，从一定程度上讲，它是隋唐运河城市繁华的记忆表征。换言之，它为运河名城增加了极具文化魅力和内涵的气质，这种气质是高雅醇厚、历久弥新、影响深远的。

---

① 陈昌怡．古代体育寻踪［M］．北京：人民体育出版社，1990：212.

② ［美］刘易斯·芒福德．城市发展史［M］．宋俊岭，译．北京：中国建筑工业出版社，2005：186.

作为一项高雅的休闲体育活动形式，捶丸在兴起后即成为颇受上层社会欢迎的项目，“宋徽宗、金章宗皆爱捶丸，盛以锦囊，击以彩棒，碾玉缀顶，饰金缘边”。现存陕西省甘泉县博物馆的一件宋代富家子弟捶丸纹画像砖（见图13），就形象地描绘了捶丸活动在上层社会的盛行情况。画像中雕有官宦装束的两位捶丸者，屈膝、上身前俯，共同握一顶端弧弯的半弦月形球杖。整幅画面表现的是右边一人正在指导左边一人如何击球。

山西省洪洞水神庙大殿的墙壁壁画上发现一幅绘于元代的捶丸图（见图14）。捶丸图的背景为一深山峡谷，捶丸的场地就位于峡谷之中。在上空彩云浮动、地面草木丛生的场地旁边，有一条水流涓涓的小溪。场地上有两位身着红袍的官员打扮的捶丸者，正手持球杆进行捶丸活动。两人的身后是两位击球官员的侍从。这幅捶丸图反映捶丸活动在元代的官员中间是一项很时尚的休闲运动形式。

图13　宋代捶丸纹画像砖

图14　元代捶丸图
（山西洪洞水神庙壁画）

隋唐大运河城市洛阳、开封等皆是唐宋王朝首都，官员、士兵开展捶丸运动当在情理之中，运河沿岸城镇居民生活富足，地方官员和市民也有条件开展捶丸活动。元朝著名散曲家、剧作家张可久的《南吕・金字经・观九副使小打》，就对富贵人家的庭院捶丸场地作了形象描述：“静院春三月，锦衣来众官。试我、花、张、董四撺，搬，柳边田地宽，湖山畔，翠窝藏玉丸。”

纹路典雅流畅的绞胎球，不仅仅是捶丸用球，更凝聚了对淮北、洛阳、宿州等运河名城深厚的文化记忆，赋予运河名城高贵典雅的文化品格，是当代推进运河文化带建设的宝贵资源。

二、隋唐大运河城市捶丸运动流行的文化基础

隋唐大运河城市捶丸运动开展较为普及是有历史原因的。

（一）发达的隋唐大运河城市经济

隋唐时期政治中心在关中，而经济重心逐渐南移，出现政治中心和经济重心分

离的情况。隋代大力开凿大运河，大运河沟通南北，促进南北经济、文化交流，成为隋唐帝国的命脉。沿运河流域经济带，城市发展起来，如“淮(安)、扬(州)、苏(州)、杭(州)”，当时号称四大都市，其他如黄河与汴河交会处的汴州(今开封)、泗州、宋州(商丘)，黄河之北的魏州、蓟州等都得到了发展①。

洛阳。隋唐时期，洛阳已发展得十分繁华。隋朝时，洛阳成为东都，有三市，即丰都、通远、大同。东都商业繁荣，当时的商业贸易在三市中进行。三市之中，以丰都最为繁华。“东西南北居二坊之地”，“其内一百二十行，三十余肆。甍宇齐平，四望如一，榆柳交阴，通渠相注。市四壁有四百余店。重楼延阁，互相映照，招致商旅，珍奇山积”。唐代商品经济繁盛，“三江五湖，控引河洛，兼包淮海。弘舸巨舰，千舳万艘，交贸往还，昧旦永日”。洛阳南市有“一百二十行，三千余肆”，“货贿山积”。洛河北岸“为天下舟船之所集，常万余艘，填满河路，商旅贸易，车马填塞，若西京之崇仁坊”。河南省考古工作者在洛阳老城北邙山脚下的唐墓中，发掘出波斯萨珊王朝银币。

开封。开封是历史悠久的名城，真正的繁荣却是在大运河开通之后。隋炀帝开通通济渠，自板渚引河至于淮。大运河开通后，开封成为漕运的中心。“北通涿郡之渔商，南运江都之转输。”刘宽夫《汴州纠曹厅壁记》云：“大梁当天下之要，总舟车之繁，控河朔之咽喉，通淮湖之通漕。”

宿州。地处淮北，自古以来是经常用兵的地方。随着汴河的开通及其在经济交流中的作用的迅速提高，宿州的地位也与日俱增。特别是安史之乱以后，唐朝的赋税收入集中在江淮，东南漕运已成为唐代后期的生命线。正因为如此，中唐以后，唐廷唯恐被人割断这条他们赖以生存的经济命脉，对汴河沿岸的宿州异常关注。贞元四年(788)，李泌上言德宗，指出这一地区的重要性，他说：“江淮漕运以埇桥为咽喉，地属徐州，邻于李纳，刺史高明应年少不习事，若李纳一旦复有异图，窃据徐州，是失江淮也，国用何从而致！”因此，他建议朝廷派“为政宽厚而有纲纪”的寿、庐、濠都团练使张建封镇徐州，以加强对这一地区的控制，“则淄青惕息而运路常通，江淮安矣”②。

淮北。柳孜位于淮北市濉溪县百善镇境内，史书载为“柳子”，俗称“柳江口”。柳孜西接睢阳，东近宿州，北通徐州，地理位置十分重要。《元丰九域志》记载：“宿州，符离郡，保静军节度。……州西南九十里。三乡。柳子、蕲泽二镇。”《宋史》记载：“汴水横亘中国，首承大河，漕引江湖，利尽南海，半天下之财赋，并山泽之百货，悉由此道而进。”《元和郡县图志》则形象地描述说，通济渠上下，“公家运漕，私

① 安作璋．中国运河文化史[M]．济南：山东教育出版社，2006：400.

② 安作璋．中国运河文化史[M]．济南：山东教育出版社，2006：445.

行商旅，舳舻相继”。众多的漕运与私行商旅必须从柳孜经过，从中很容易想象出当年柳孜车水马龙的景象。

1999年的考古发掘也充分证明了柳孜当年的繁荣景象。在运河遗址中，发现了8艘唐代沉船，据调查早在1958年，柳孜附近河床里就出土过铁锚、铁链等航船物件，由此可以推测出当年停泊于此的船只为数众多，或许柳孜就是一个重要的港口。遗址出土的大量陶器、瓷器、铁器、铜钱等文化遗物表明当时经济发展极为繁盛①。

徐州。从北宋时期起，徐州地近京畿，位处汴、泗会合之处，是江淮流域通往中原地区的枢纽所在。正如苏轼所说的那样，徐州“为南北之襟要，而京东诸郡安危所寄”。宋代曾在徐州设“利国监”，为北方炼铁中心之一。元丰年间又在徐州以南开发白土镇煤矿，主要用于冶炼利国监铁矿，从而使这里的冶铁业发达起来。“商贾所聚，其民富乐”（《苏轼文集》卷26，《徐州上皇帝书》），据称当时利国监所属冶铁作坊凡36冶，每冶各百余人，足见规模之大。工商人口的增加带动了徐州城市经济的繁荣与发展②。

（二）隋唐大运河城市雄厚的球类文化基础

隋唐大运河城市不仅具有雄厚的物质基础，还具有坚实的球类活动基础，球类活动普及程度较高。

洛阳。作为千年帝都，洛阳很早就有击鞠的文献记载，如曹植《名都篇》中“连翩击鞠壤，巧捷惟万端”，描绘了击鞠场面。唐后期，洛阳马球之风盛行，《新唐书》记载开成年间：“河南多恶少，或危帽散衣，击大球，户官道，车马不敢前。”唐末天祐元年，昭宗迁都洛阳时，跟随的随从中还有“打毬供奉内园小儿共二百余人”，洛阳宫廷中有为打马球设置的文思球场。唐天祐（904）元年七月，朱温自汴州至洛阳，与百官在文思球场饮宴。《河南志》还记载中宗的女儿长宁公主在洛阳长夏门道德坊的宅第旁还有球场。

在马球的基础上，唐人发明了驴鞠。唐玄宗时期宰相李林甫就擅长驴击。《太平广记》记载李林甫：“年二十尚未读书。在东都，好游猎打球，驰逐鹰狗。每于城下槐坛下，骑驴击，略无休日。”

洛阳还开展步打球运动。唐代诗人王建在《宫词》诗中就有这样的诗句：“殿前铺设两边楼，寒食宫人步打球。一半走来争跪拜，上棚先谢得头筹。”直到后梁时期，洛阳皇宫中还有球场殿、兴安球场、保宁球场。后唐庄宗李存勖也多次和王

① 熊帝兵．隋唐大运河与柳孜经济文化的繁荣［J］．淮北师范大学学报（哲学社会科学版），2016（2）：18-22.

② 安作璋．中国运河文化史［M］．济南：山东教育出版社，2006：856.

公大臣在洛阳鞠场击球。

中国体育博物馆收藏有洛阳宋墓出土的打马球砖雕。2012 年 6 月，洛阳市唐代王雄诞夫人魏氏墓出土了 4 件打马球俑：4 个人均骑在马上，身穿翻领胡服，正弯腰看着地面。这是唐代流行于军队和宫廷中的打马球场景。（见图 15、图 16）

图 15　洛阳宋代打马球砖雕

图 16　洛阳唐代打马球俑（局部）

2003 年，在洛阳伊川县大庄村一座唐中期墓葬中还曾出土一件菱花形铜镜（见图 17），其浮雕纹饰正是打马球的场景，4 位球手骑乘骏马，手持鞠杖做出各种各样的姿态①。

郑州。2008 年 1 月，在河南郑州上街区唐墓中出土了一件青花塔式罐（见图 18），罐腹的图案上一人叉腿而立，右手扬弯形球杆，左侧有一圆球。考古工作者认为该图反映的就是唐代步打球的场景②。

图 17　洛阳唐代打马球菱花形铜镜

图 18　郑州唐代步打球青花塔式罐

① 洛阳市第二文物工作队．洛阳伊川大庄唐墓（M3）发掘简报[J]．文物，2005（8）：16.

② 河南省郑州上街区考古发现完整唐代青花瓷器[N]．新华网，2008-01-04.

开封。作为帝都,开封球类活动开展得也较为普及,文献多有记载。《宋史》记载:"打球,本军中戏。太宗令有司详定其仪。"重要的典礼活动中还经常举行马球比赛。《宋史》记载了北宋皇帝与群臣击球娱乐的情形。每年三月在汴京皇宫中举行大型的马球活动。马球场地东西各设置装饰华丽的球门,有人员守门,活动时还有鼓乐。开始由皇帝击球,之后才由大臣们竞技,而参加活动的各级官员众多,双方穿着不同颜色的服装,以活动中得筹数量的多少来区分胜负。孟元老在《东京梦华录》中还描述了开封金明池宝津楼前的马球表演:"人人乘骑精熟,驰骤如神,雅态轻盈,妍姿绰约,人间但见其图画矣。"宋代王珪《宫词》诗中就描述北宋汴梁宫廷女子打马球时的情形:"内苑宫人学打球,青丝飞控紫骅骝,朝朝结束防宣唤,一样珍珠络辔头。"此外,北宋宫廷教坊中的女弟子队中还有打球乐队,"衣四色窄绣罗襦,系银带,裹顺风脚簇花袱头,执球杖"。她们用马球的器具表演相关的舞蹈。当时许多官员都喜欢马球,如太祖时期的大臣郭从义"善击球,尝侍太祖于便殿,命击之。从义易衣跨驴,驰骤殿庭,周旋击拂,曲尽其妙,既罢,上赐座,谓之曰:'卿技固精矣,然非将相所为。'从义大惭"。唐后期,汴州(河南开封)就有球场,节度使李绅就曾在这里犒赏勇士。唐末汴州藩镇朱温侄子朱友伦也喜欢马球,甚至因此在长安意外击毬坠马而亡。

登封。唐玄宗李隆基早在身为亲王时就在河南府告成县(河南登封告成镇)辟有球场,"自夏徂秋,往来游赏"。

商丘。宋州(河南商丘)也有马球场,唐后期名将李光颜就曾在宋州与敕使打球。唐后期诗人张祜《观宋州田大夫打球》一诗就描写了在宋州观看名将田神功打球的情景:"白马顿红缨,梢球紫袖轻。晓冰蹄下裂,寒瓦杖头鸣。叉手胶粘去,分鬃线道絣。自言无战伐,髀肉已曾生。"

徐州。李金梅根据江苏徐州附近的睢宁以北巨山古墓穴出土的6块东汉墓葬打马球画像砖①(见图19)证明自东汉时期,徐州区域就流行马球运动。唐代徐州马球运动更为流行。唐代著名文学家韩愈的诗歌《汴泗交流赠张仆射》记载:"汴泗交流郡城角,筑场千步平如削。短垣三面缭逶迤,击鼓腾腾树赤旗。"说明在徐州城外汴水和泗水的会合处,筑有一个马球场,场地的面积有千步之阔,地面平整,犹如刀削的一般。场地有一面濒临汴、泗合流处的河水,其余三面则有矮墙环绕包围着,韩愈的这首诗清晰地将马球场的形势勾勒出来。

上述隋唐大运河城市马球、步打球等球类活动开展频繁,为捶丸运动在这些城市的普及奠定了坚实的基础。

---

① 李金梅.中国古代马球源流新考[J].敦煌学辑刊,2014(1):104.

图 19　江苏睢宁东汉打马球画像砖

(三)捶丸运动的便宜性和健身性

捶丸运动对地形土质类型等适应性较强,不同地形、地势条件下,都能建设捶丸场地,开展捶丸运动。所以,隋唐大运河沿岸同样适合建设不同类型的捶丸运动场。

《因地章》记载:"地形有平者,有凸者,有凹者,有峻者,有仰者,有阻者,有妨者,有迎者,有里者,有外者。诸形绝无曰平,龟背曰凸,中低曰凹,势颇曰峻,之上曰仰,前隔曰阻,后碍曰妨,可反曰迎,左高曰里,右高曰外。"捶丸场地利用的是自然地形,挖掘几个球窝便可以成为球场,因为没有经过平整,所以场上有许多不同的地貌。这些不同的地形,所指皆为球窝所在的地方,而捶丸竞技时的技巧,就是要根据不同地形使用不同打法,以击球进窝取胜。

《择利章》载:"土有坚者,有坌者,有燥者,有湿者,地之形也。"针对不同的场地土质类型和场地干湿程度,"坚者损之,土硬毬难止,力大则远,故减力而击之。坌者益之,土松毬难行,故加力击之。燥者、湿者,随形处之。观土燥湿,随地宜而击。……因地之利,制胜之道也。得地利之宜,亦取胜之一端也。"捶丸竞技时,要充分利用地质,选取有利的打法。

捶丸运动的健身性为当时人们所认识,人们进行捶丸运动的目的是"唯在和血脉,养性情,涤烦襟,消饮食而已";"有时有节,则身安而志逸";"得其时,则心平气和,志自乐矣"。可见,捶丸运动的修身养性功能已上升到理论高度,这正是捶丸运动在隋唐大运河城市流行的思想基础。

三、结论

宿州、淮北等运河城市近年来发掘的绞胎球体育文化遗产具有重要的历史文化价值,展现了隋唐大运河曾经繁华的古代体育文化景观。高雅的捶丸运动需要雄厚的经济支撑和球类文化基础,隋唐大运河不仅是唐宋王朝黄金经济带,更是一条文化带,概言之,隋唐大运河城市经济、文化发达,捶丸等古代体育活动开展频繁,捶丸活动使隋唐大运河城市十分繁华。

流域文化与村落形态之管窥

——以徽州地区和淮河流域为例

胡梦晓

摘　要:流域文化对社会政治、经济、文化等产生着深远的影响,古代文明大多发源于河流。本文以徽州地区(长江中下游流域)与淮河流域为例,从自然地理、社会经济等因素出发,尝试比较徽州地区(长江中下游流域)与淮河流域村落形态文化的差异,借以探求流域文化与村落形态之间的内在联系和相互影响。

关键词:淮河;徽州;流域文化;村落形态

一般意义上,将村落定义为众多居住房屋构成的集合或人口集中分布的区域;而村落文化,则涵盖了这一集合或区域内人们所创造的物质财富与精神财富的综合,村落形态是村落文化的外显形式,集中反映了村落文化与诸方因素的内在联系和相互影响。

淮河流域,自然灾害频发,土地贫瘠,人口密集。徽州地区,处在浙皖赣多省接合部,交通条件闭塞,地形条件复杂,耕地面积紧张,人多地少。面对先天不足的自然地理环境的挑战,二者形成了截然不同的村落文化形态。

一、恶劣地理环境的"挑战"

英国著名史学家汤因比的"挑战和应战"理论指出,"安逸对于文明是有害的,逆境则是一种美德",相对恶劣的自然环境可刺激人类久怠的安逸感,使人类面对灾害做出一定程度的应对,从而积极推动文化的发生和发展,促进人类文明的进步。但如果这种恶劣环境挑战的力量处于过量与不足的节点间,就不能够使挑战对象为之应战;反之,挑战力量过大,则会使对方畏怯退缩[①]。可以说,自然地理环境对区域文化的影响是广泛而深远的,徽州地区和淮河地区同处于相对偏僻的

作者简介:胡梦晓,女,28 岁,宿州学院办公室秘书。

① [英]汤因比. 历史研究(上)[M]. 曹未风,译. 上海:上海人民出版社,1997:109.

地缘，土地资源劣势明显，却在区域文化特别是村落形态方面呈现出截然不同的景象，即反映了“挑战和应战”理论中所指的“恶劣的自然环境”挑战力量程度的差异。

自宋代以来，随着社会经济和文化中心南移，大批中原世家大族大举南迁，徽州社会经济空前繁荣，加之徽人好儒重教的传统由来已久，在其宗族族谱中就有这样的记载：“读朱子之书，服朱子之教，秉朱子之礼，以邹鲁之风自待，而以邹鲁之风传子若孙也。”可见，汉儒之风、教化兴学在徽州地区早已充盈氤氲、深入人心，产生了诸如朱熹、郑玉、戴震等一大批教育思想家和学术大家，新安学派、新安画派、桐城派等一大批学术和艺术流派更是蔚然大观，对中国传统学术和文化的发展产生了深远影响。从较长的历史时期来看，由于徽州地区地处偏僻和宗族的接续绵延等，其文化发展受到外界的影响较小，一定程度上阻隔了其他文化对徽州文化的冲击和干扰，保证了其文化谱系的独立发展和接续繁荣。

反观淮河流域，其文化的繁荣期出现了明显的断层和不均。宋代以前，淮河流域曾有老庄、白居易、苏轼、欧阳修等留下传奇与诗篇，但多是点状且分散的文化符号或现象，并未像徽州地区那样形成蔚为大观、充盈辐射的盛景。从较长的历史时期来看，淮河文化中的尚武轻教之风还是占据社会主流，这与淮河流域的自然地理环境与社会环境的影响密不可分。淮河流域，处在黄河流域和长江流域的中间地带，气候和地理因素本应相对适宜农业生产的发展，加之地处平原，受到交通因素的制约相对较小，但遗憾的是淮河没有独立入海口，所以泛滥问题由来已久，淮河治理成为农业发展的首要难题；土地贫瘠、自然灾害、战乱侵扰等一系列因素的叠加，更是极大地制约了农业文明的发展和社会经济的繁荣。经济基础决定上层建筑，在生存问题受到极大挑战的恶劣环境之下，教育、文化事业等的发展自然处在被忽视和搁置的处境；而教育、文化的尴尬处境，又进一步加剧了物质生产方式的滞后，导致区域整体实力提升无力，这样的因果相承自古皆然。

二、徽州文化与宗族村落

徽州地处长江下游，位于安徽省东南部，东邻浙江，南接江西，是长江流域开发较早的地区之一，人称“江南邹鲁”。自秦汉以来，随着中央集权对越人控制的加强、汉化政策的深入及人口的迁徙，徽州地区逐渐成为越、汉文化的融合交汇之地，至三国时期，已初步显露出强大的宗族形态。至唐大历四年（769），歙州领六县（即歙、休宁、黟、婺源、绩溪、祁门），形成了较为稳固的徽州区域。唐宋时期，徽州地区的社会经济得到全面的发展与繁荣，至唐天宝元年（742）已初步发展为具有商品经济特色的山区特色经济。到了明清时期，徽州地区就已形成了相当完整的族群生活形态和宗族文化，成为长江流域宗族社会与文化的一个典型地区，影响广泛而深远①。

但徽州地区经济社会发展也存在着固有局限：由于处在"山岭川谷崎岖之中"②，地形以山地丘陵为主，耕地面积十分有限，仅占土地总面积约十分之一的盆地是重要的农耕土地资源，这极大地制约了传统农耕经济的发展。加之，囿于地理环境的制约，古徽州的交通主要依靠新安江和阊江，新安江和阊江主要承担着物资转运的功能，而非区域交通和市场中心。自然地理环境的先天缺陷，始终成为影响古徽州农业发展和市镇工商经济繁荣的重要瓶颈性因素。土地始终是其生存之本，土地上人民以村落集聚的生存形态，构成了其社会生活的显著特征。

自秦汉以来，随着中央集权政府对徽州地区的控制，大量汉人迁入徽州地区，与当地越人相互融合，促进了社会政治、经济、文化等的繁荣与发展。这些早期迁居徽州的汉人呈现两极化的身份处境：一方面，他们拥有较高的身份——作为割据一方的地方郡守，是中央集权政权在地方的符号化代表，占据着地方权力和社会资源的绝对优势；另一方面，囿于地理位置的孤立与封闭，徽州地区在相当长的历史时期内，处在中央政权控制相对薄弱的地带，孤立、偏僻和薄弱，早期徽州地区的移民及其后代较少受到中央集权更替的影响，从而保证了其自身发展的相对自主性和独立性，得以享有世代相承、繁衍生息的自由外部环境优势。在徽州人的血缘族群观念中，虽然始祖与远祖的地位不容置疑，但现实情况是，在供奉始祖及名贤远祖的村落大宗祠中，某一地域始迁祖常常被抬高到同等地位，可见人们对某一地域始迁祖的重视程度更甚。这种血缘族群观念，使得徽州地区的宗族村落的形成不再单纯以血缘或同姓为单一纽带；相反，如果不具备所谓地域始迁祖的内在纽带，即使处在一个相当小的乡村地域单位中的同姓族群，也无法形成同一而紧密的宗族关系。

由于山水的天然阻隔，徽州村落的分布往往是较为孤立和散落的，呈现出整体密度较大且格局较不规整、内部紧密联系等特征。可以说，其村落社会的生长发展呈现出相互独立而又存在互相联系的形态，造成这种看似矛盾的形态的原因，一方面是上文提到的自然环境因素制约，另一方面则是其宗族社会的内部结构和村落内部结构的双重作用。就村落内部结构而言，依山傍水的自然环境、完备的公共生活设施、错落有致的宗族分支居住模式等，使其"村落族群不仅在生产与经济生活中形成一个互助的群体，而且族群的文化生活也完全从村落的公共设施得到满足，

---

① 林济．长江流域的宗教与宗族生活[M]．武汉：湖北教育出版社，2003：232-233.

② 顾炎武．《天下郡国利病书》卷二三，"江南引"引《王荆公孙抚碑图》.

村落形成一个功能齐全的社会生活单位”①。可以说，在整个古代村落文明的演进过程中，徽州完美的村落结构也是令世人瞩目和赞叹的。内部结构的精巧完备、外部环境的相对稳定以及宗族间复杂的勾连接续等，造就了典型的“以迁祖定居的大村落为中心、吸附同一迁祖名下的分迁村落为一个宗族单位”②的村落宗族形态，徽州地区得以形成以村落为中心且绵延世代、接续相承的宗族社会。

三、淮河文化与松散村落

淮河，是指以现在皖、苏北部为主的淮河流域，位于黄淮海平原南部。中国南方和北方的地理分界多以秦岭—淮河一线作为天然划分，也有以长江为界划分南北的说法，而本文所讨论的淮河流域恰处南北分界的中间过渡地带，独特的地理位置造就了独特的地域文化。

由于地处南北气候的过渡地带，淮河流域地理位置十分重要，其南北分别处在长江流域的北部与黄河流域的南部交汇融合处，物产丰富，历来是我国人口最为密集的地域。历史上常常因为河道水利的变动而使流域界线发生变动，中原文化、长江文化、黄河文化甚至外域文化等多方汇聚，造成了淮河流域内文化的复杂多样且相互渗透的多元属性。由于受到黄河长期夺淮入海的侵扰，加之特定的气候和地形条件，流域内自然灾害频发、战乱不断，流域内社会和经济发展呈现出曲折起伏的状态。

作为以中原文化为主体的南北文化汇聚和过渡区，淮河流域很早就有人类活动的痕迹，是域内氏族的发祥地，也是中国原始农业的重要策源地之一。据考古发现，淮河流域内的原始村落文化起源于新时期时代，距今约 10 000—4000 年前流域内已有先民在此生产生活的痕迹。越来越多的证据表明，人类社会发展虽然有其固有的内在规律，但自然地理和环境因素的作用也不容忽视。环境的变化既是挑战，也是变革的机遇。由于气候和环境具有不稳定性，人们受认识自然能力的限制以及生产力水平的制约，在应对自然挑战的过程中，往往力不从心。特别是在自然环境尤其是气候变化的幅度过大、远超出人类适应能力的情况下，往往会对文化的演进过程产生抑制作用，甚至会直接导致文明的衰落。就淮河流域而言，新石器早期原始村落遗址，例如贾湖村、小山口、双墩等古村落遗址显示出域内早期先民农业、手工业生产的演进和发展过程。

淮河流域的经济发展自夏商周至两汉时期，主要是农业、手工业的开发与持续发展，到唐宋以来的空前繁荣，再到南宋的衰落与明清的短暂恢复与再度萧条，总

① 林济. 长江流域的宗教与宗族生活[M]. 武汉：湖北教育出版社，2003：235.

② 林济. 长江流域的宗教与宗族生活[M]. 武汉：湖北教育出版社，2003：265.

体而言还是以传统的农业、手工业为主,商品经济的新景象和新兴的资本主义萌芽如昙花一现。可以说,淮河流域的环境变迁是以自然变迁为主导因素的,恶劣的自然环境"挑战"始终存在,但不可否认的是,有些自然变迁又是人的作用的结果,自然变迁因素和社会因素的双重叠加,始终制约着淮河流域经济社会发展的步伐。

作为贯通南北的中间过渡和推移区域,淮河流域内河流众多、水路陆路交通均十分发达,但由于自然灾害、土地相对贫瘠以及战争等多种因素叠加,在很长的历史时期内都是人口迁出和移入的活跃区域。民众迁出的原因显而易见,首要原因就是来自"恶劣自然环境的挑战"。据《怀远县志》记载:"因淮、涡交通,商贾辐辏,五方逐末者居其地。服食器用多尚奢华,故人务末忘本,相习于靡,群趋于惰。兼之水旱频仍,中人荡产,且乏兼岁之储,一遇灾荒,辄鬻子女,弃故土而适他乡者,比比皆是。"①然而,淮河流域的自然环境并非一直如此,南宋以前,淮河流域水道密布,灌溉便利,航运兴盛,生态循环良好,拥有着相对优越的农业生产条件,是全国重要的粮仓之一。南宋建炎二年(1128),东京留守杜充为阻止金兵南下,人为决河,使黄河"由泗入淮",此后黄河由北流、东流改为以南流为主,加之北宋以后决、溢、徙的平均间隔时间趋短,频率也明显加快②,此间多次的决溢侵淮,更加剧了淮河流域的水患灾害负担,直接造成农业生产和社会经济发展的迟滞,引发流域内人口经常性急剧流失和减少,诸如灵璧县、蒙城县、颍州等地民众大多流离外徙。据《颍州府志》记载:"颍地山少水多,土脉松虚,士生其间,浮动易而沉潜难……以至荡析家产,弃祖父之业者,比比皆是。"③其次是社会因素,尤其是以战争为主导的社会政治因素,淮河地区优越的战略地理位置,使其自古以来为兵家必争之地。自三国两晋南北朝时期以来,就发生了诸如淝水之战、靖难之役等著名战争,频繁的战乱引发社会动荡,以致民不聊生,大批民众被迫迁徙流出,人口减少的频率持续加快。到了清代中晚期,仅安徽沿淮地区的凤阳、泗州等地人口就下降了一半以上。

自明初开始至清初,就有来自河南、山东、江西、江苏、福建、湖北等地的人口迁入,他们大多以血缘或地缘为纽带,形成相互孤立的小型宗族村落,相互之间渗透性和勾连程度较浅。除了自发性迁徙,还有强制性迁徙现象,《定远县志》记载:"民户消减,洪武十四年,乃迁江南、苏、松、常、杭、严、绍、金八府民居之……但性

① [清]孙让纂修. 怀远县志. 中国地方志集成 安徽府县志辑. 南京:江苏古籍出版社,1998:65.

② 张邦建. 元明清时期淮河流域民风尚武之原因[M]. 合肥:黄山书社,2012:87-88.

③ 王敛福纂辑. 颍州府志(卷十)"杂志·摭史·纪闻",第1215页.

习安惰，水无潴滀，灌溉不继。一遇旱干，辄负担弃土而逃。”①可见，在流域内自然灾害频发和战乱不断的情况下，外迁入淮的移民很难长期居住于此，其所形成的村落总体结构的稳定性不强，易造成人口的再度流失和迁徙。

上文提到，地处长江中下游的徽州地区，其村落分布是以宗族为中心的典型南方村落形态。处在黄淮海平原的淮河流域村落，则更多呈现出相对集中的团聚式形态：村落规模较大，整体格局规整，但密度较小，特别是内部密度相对稀疏。这是南北地形造就的村落形态差异，在广阔的平原地区，土地资源相对丰富，人们虽然聚集而居，但内部勾连相对松散。而徽州地区自秦汉以来就有大量汉人迁居，且迁入者多为官宦世家，他们与当地的越人相互融合，形成了稳固绵延、世代接续的望族，这是中央集权巩固统治的需要，也为紧密的宗族社会和内部村落形态的形成提供了有利的外部条件。反观淮河流域，由于交通的相对便利性，其人口呈现出相对稳定且流动性强的状态。一方面，淮河流域的自然环境相对优越，适宜农耕，开发较早。淮河流域历来是我国人口最为密集的区域，人口规模总量相对固定，保证了劳动生产力的充足供给，农业文明发展较为成熟，享有“江淮熟，天下足”的美誉。另一方面，自古以来淮河流域就是兵家必争之地，频发的自然灾害和战争等因素，导致淮河流域的人口迁徙时有发生，这也就导致了村落居民的内部结构不稳定因素加剧。

四、余论

可以说，长江流域对发展宗族村落有着先天优势。首先，流域内丘陵、平原与湖泊相间分布的地形条件，形成了天然山水分隔的地理环境，为宗族村落内血缘族群的发展提供了相对封闭的外部条件。其次，流域内水利条件的优势突出，其自早期开发以来就是以家庭为基本生产单位、以血缘宗族为主要协作生产方式的模式，血缘宗族在社会生产生活中起着十分重要的作用。最后，随着农业文明的成熟与商品经济的繁荣，大量商业财富回流，为宗族村落的发展提供了坚实的物质基础。宗族村落中内部的稳定勾连，借助血缘族群的内在同一性，从祖居地不断地向周边扩展，形成了看似松散实则紧密的宗族村落形态。而处在北方平原地区的淮河流域，地形条件总体开阔平坦且少阻隔，村落之间交通便利，缺少独立发展的空间条件，加之自然灾害、战乱、人口因素的影响，经济基础相对薄弱，村落文化的形成易受到干扰和侵袭，难以形成相对独立稳定的发展形态，往往呈现出松散与零落状态。

---

① ［清］杨慧纂修．定远县志(卷二)“舆地・风俗”，中国地方志集成　安徽省县志辑(36)．南京：江苏古籍出版社，1998：13.

清李塨言:"平居尝叹南人好虚大""牵曼昔贤,虽伪冒不计也;而北人又过弇陋,先世显绩卓行,不四五传,遂恍惚不复记忆"。[①] 长江流域,尤以中下游地区特别是徽州地区为典型,宗族聚居最为昌盛、宗族制度最为完善且血缘谱系最为发达,而北人却很少写族谱,且血缘谱系不够深入,大多数族谱仅能追溯数代祖先。这样鲜明对比,反映在村落文化形态上,亦显示出紧密和疏离两种形态,概括而言:徽州地区村落文化形态为"形散实密",宗族血缘谱系繁复紧密、勾连交错;淮河流域村落文化形态则呈现"形聚实散",团聚型的形态与内部联系的松散矛盾重重。

① [清]李塨. 刘氏家谱序. 恕谷后集(卷一).

试论唐以前重要的黄金水道白沟水

曹大根

摘　要:《水经注》载:“获水(古汴水)又东,净净沟水注之。水上承梧桐陂。西北流,即刘中书澄之所谓白沟水也。又北入于获,俗名之曰净净沟也。又东至彭城县北,东入于泗。”这里的白沟水,就是桑钦认为的睢水,在唐朝以前是重要的黄金水道。

关键词:唐以前;重要的黄金水道;白沟水

《水经注》记载:“获水(古汴水)又东,净净沟水注之。水上承梧桐陂。西北流,即刘中书澄之所谓白沟水也。又北入于获,俗名之曰净净沟也。又东至彭城县北,东入于泗。”又载:“睢水又东径相县故城南……睢水又左合白沟水,水上承梧桐陂,陂侧有梧桐山,陂水西南流,径相城东,而南流注于睢。睢盛则北流入于陂,陂溢则西北注于睢,出入回环,更相通注,故《经》有入陂之文。”

郦道元笔下的白沟水,现在已没有了,不过遗迹还是可寻的。据《濉溪县志》:春秋战国时期,睢水北经萧县境内白渎水(白沟水)与古汴水相通。宋苏东坡任徐州知府时,在白沟水上建闸防洪,又改称闸河。清朝时曾在闸河里出土一座亭子,在迁移的碑文中,记载了这样一件事,“昔苏子瞻守徐州,尝筑堤以捍黄流,人称之曰苏堤,至今八百余年,其名未改,惟苏公造福后人焉”。今闸河显然为《水经注》所说的白沟(渎)水,亦即净净沟水。《徐州志·山川考》载:“天然闸引河:流经绥舆山西,西南合倒流河。又西南经畴村寨西,左会山河,又西南至土形寨(今土型村)北,入宿州界为土形河。”这一段大概就是白沟水的故道,也就是桑钦认为的睢水。

白沟水之所以能成为重要的黄金水道,因它沟通了获水、泗水和睢水三大河流,在淮北地区具有举足轻重的作用。白沟水往北流入获水,沟通了秦以前以相县为中心的重要地区:福阳县、梧县、商朝时期的方国永堌、龙城县、萧县和彭城

作者简介:曹大根,淮北市烈山区实验中学高级教师,安徽省历史学会会员,淮北烈山区历史文化研究会会长,长期致力于淮北地方史研究。

县。白沟水往南流入相水，也就是睢水，沟通了竹邑县、符离县、甾丘县和下相县。

淮河流域河网密布，湖泽众多，所以交通以水路为主，行船是重要的交通工具，疏浚河流、开挖运河成为当时一项重要的工作。

一、商朝人方战争

东夷在中国历史的不同时期分布是不一样的，商代主要分布在鲁南部、豫东东部、苏皖北部。东夷的强大，威胁着商朝的统治，商代末期帝乙、帝辛时期曾发动大规模人方的战争。甲骨文（卜辞）记载的“鬣”地，卜辞云：“辛酉王卜，在嗓贞；今日步于鬣。癸亥卜，在鬣贞；（今日）步于户，亡灾。”陈秉新先生认为，“鬣”即厥固城，今萧县南的永堌镇①。

宿州萧县的永堌镇，历史悠久，早在新石器时代，就有人在此定居繁衍。永堌镇北的北泉新石器遗址，具有5000年的历史。古遗址出土的文物有：石器、陶器、瓷器、窑址、灰坑、骨化石等。

老镇址东南角有山一座，形似一个巨大的铙钹，故名铙钹山。其山四周陡峭，顶端平坦，称为“崮”。永堌镇古时因此山得名，为厥崮镇，后演化为永堌镇。

永堌西面的睢水故道，现在已不见踪迹了，但董家桥是当年河流存在的见证。据《康熙志（卷五）》记载：董家桥位于北泉古遗址西不远处，是当时向开封运粮的小汴河上的一座桥，现已淤没于地下，看不到遗迹了。

据陈梦家《殷墟卜辞综述》中对有关甲骨文的考证，人方主要分布于今河南永城以南淮河以北的濉河、浍河、沱河流域一带。征人方卜辞记录的盂方、甾、栗、杧、筑、索等地，据历史学家考证，均在睢水流域。

（1）盂方。卜辞有：“乙卯王卜贞……余其从多田、多白征盂方白炎……才十月遘太丁羽。”

（2）甾。《汉书·地理志》载楚国有甾丘。《水经注》记载：“睢水又东与滭湖水合，水上承甾丘县之滭陂。”甾丘，当在睢水北岸，故《大清一统志》认为当在今宿县东北30千米处。

（3）栗、杧：郭沫若先生考证说：“栗当即汉之栗国，杧即汉之芒矣。”两地均在《汉书·地理志》所记之沛郡范围内，栗当即汉之栗国，地当今河南夏邑县。再根据《清一统志》可知，芒当在今河南夏邑县境，芒得名于芒山，芒山之南4千米即砀山，芒即在河南夏邑、安徽砀山一带。

---

① 陈秉新，李立芳．出土夷族史料辑考［M］．合肥：安徽大学出版社，2005.

(4)筑。卜辞有:丙戌,伐人方于筑,吉。

陈秉新先生认为此字为版筑之筑的初文,卜辞用为地名,假为竹。《读史方舆纪要》:“竹邑城,在州北,秦曰筑邑……《括地志》:‘今符离即故竹邑也。’”可知,古竹地在今安徽符离集西北一带。

(5)索。卜辞有:甲午卜,在□贞;王步于索,亡灾。

陈梦家先生谓此“索”,即《左传·定公四年》分鲁公以殷民六族中的索氏,在今徐州、萧县、宿县一带。

甲骨卜辞有:“丙戌,伐人方于筑,吉。”[1]

帝乙、帝辛时期发动大规模人方的战争,除陆路外,水路也是重要的交通,便于战争物质的运输。帝乙、帝辛的部队沿着睢水来到“相”以后,北到达永堌方国,南下到达竹方国。

二、战国时期的楚县

春秋战国时期,是我国大动荡大变革时期。强大的楚国北进东扩,领土不断膨胀,成为当时最大的诸侯国。战国初年越灭吴后,楚则趁机沿淮东进灭蔡,占领了淮河中游下蔡(今安徽凤台)以西的广大土地,接着又“东侵,广地至泗上”。位于淮河中游以北的今淮北市、宿州市一带,当于其间被纳入楚的势力范围,楚人于此设置了福阳县、相县、郘县、竹邑县、龙城县、萧县和符离之塞,以加强对东土的管理和防御,是非常必要的。

(一)福阳县(扶阳县)

据《汉书·外戚恩泽表》说为元平三年(前71)六月甲辰,宣帝封丞相韦贤为扶阳侯。历4世,王莽时绝,国除为县,改名“合治”,后汉撤销,存在期间属沛郡。考其遗址,即《太平寰宇记》所说在萧县西南32.5千米。据出土文献记载,其地是战国时楚国的一个县——福阳县,记载在《包山楚简》里。

《包山楚简》第37号简:“八月己丑之日,福阳宰尹之州里公娄毛受(期),壬辰之日不将苛辰以廷,升门又败。”[2]

徐少华先生认为:福阳有“宰尹”,当即境内一个地方行政单位,应是楚的一个县。其地望,当是西汉扶阳县所在,“福、扶”古音一致。《读史方舆纪要》和《大清一统志》记载,其故址位于彭城西南,楚梧县和符离之塞西北不远,战国中期应为楚地,简文之福阳在此,汉置扶阳,沿楚之旧制。

包山楚墓的时间是公元前316年,说明楚国设置的扶阳县在此之前,与楚梧县

---

① 李学勤,等. 英国所藏甲骨集[M]. 北京:中华书局,1994.

② 徐少华. 荆楚历史地理与考古探研[M]. 北京:商务印书馆出版,2010.

的设置时间应该差不多。

有关扶阳的位置,目前有分歧,根据《太平寰宇记》所说在萧县西南32.5千米,即在今淮北市相山区渠沟镇,根据清《萧县志》地图标记,在今萧县境内,大概位于瓦子口西。这两地都在睢水边。

(二)相县

唐代李吉甫《元和郡县图志》卷九宿州符离县条云:"故相城在县西北九十里,盖相土旧都也。"《太平寰宇记》卷十七宿州虹县条云:"故相城,盖即相土所居。"两书均持不肯定观点,但到了清朝时就成了定论。清康熙《宿州志》记载:"商相土:州境内相城",即商之先相土所居。

《诗经·商颂·玄鸟》所载:"相土烈烈,海外有载。"相土是商部落的领袖,相传发明了马车,是一个有作为的人。相土在东扩中,曾经定居相城,组成氏族方国,并聚落城邑,古名相国。相山一带居民,古称相山族。城,为相城;山,为相山;水,为相水。

春秋时期,相国被宋兼并,成为相邑。宋共公(前588—前576)因宋都睢阳(今河南商丘南)水患,迁都相邑。因是避水患和强敌,几年后又迁回了睢阳,相邑只是宋的陪都,所以《春秋左传》并没有留下记录。只是在南朝陈顾野王撰的《舆地志》里有此事记载:"宋共公自睢阳徙相子城,又还睢阳。"北魏郦道元在《水经注》里又对此进行了发扬光大,"睢水又东迳相县故城南,宋共公之所都也,国府园中犹有伯姬黄堂基。堂夜被火,左右曰:夫人少避。伯姬曰:妇人之义,保傅不具,夜不下堂。遂遇火而死。斯堂即伯姬焚死处也。城西有伯姬冢。"后人这才知道,相城曾为宋的国都。

战国中期楚国占领相邑,并设相县管理。目前,淮北市出土的楚国货币主要有:贝币(蚁鼻钱)、布币(殊布当斤)和爰金(郢爰)。蚁鼻钱,春秋战国时期,楚国铸造和使用的一种仿海贝形状、带有文字的铜贝。殊布当斤,是一种特殊形制的布币,战国中晚期铸造。郢爰,战国时期楚国都城郢所铸金币。《殷周金文集成》记载有"囗鄙之岁相公戈"。李家浩先生认为,戈铭的"相公"即楚国的相县县公,"相在安徽宿县西北,原为宋邑,公元前286年齐闵王与魏、楚灭宋,三分其地,相邑为楚所有"①。

"相公戈"的发现,说明至迟在公元前286年,楚国已设相县。这些出土资料充分说明了在战国时期,相县已经属楚。

(三)梧县

《汉书·地理志》载:"楚国,高帝置,宣帝地节元年更为彭城郡。县七:彭城、

---

① 李家浩.著名中年语言学家自选集.李家浩卷[M].合肥:安徽教育出版社,2002.

留、梧、傅阳、吕、武原、甾丘。”这里的“梧县”，包括今淮北市杜集区石台镇梧南、梧北两个行政村。根据出土文献，“梧县”最早设置于战国时的楚国。1987 年 1 月，湖北荆门发掘的包山二号楚墓出土的竹简里有关于“郚县”的记载。

《包山楚简》第 34 号简：八月辛巳之日，郚公周童耳受期。己丑之日不将付与之关人周敚，周采以廷，升门又败。

第 39 号简：八月己丑之日，付与之关郚公周童耳受期，九月戊申之日不将周敚、周采以廷，升门又败。

以上两条简文为同一件民事纠纷案前后两次审理的记录。著名历史地理学家徐少华先生认为：“付与之关”为战国中期楚境一处关隘之名，“郚公”应是“付与之关”所在的楚郚县之县公，“周童耳”为其名，是处理这一民事纠纷的地方行政官员。付与之关，应即《战国策・秦策三》“谓魏冉曰楚破”章所载“楚苞九夷，又方千里，南有符离之塞，北有甘鱼之口”的“符离之塞”，“付，符”古本一字，“与”古音在喻细鱼部，“离”在来纽歌部，喻来为准双声，歌鱼二部可通转，两字古音十分相近，可相互假借，关、塞均指关隘险塞之地，语意相通。《战国策》文之“符离之塞”，南宋人鲍彪注认为即汉代沛郡之符离县。据《史记》卷《陈涉世家》，陈胜等于大泽乡起义后，“乃令符离人葛婴将兵徇蕲以东”，则秦代已有符离县，汉承秦制，沿用不改。“付与之关”所在的楚“郚”县，应是西汉楚国、东汉彭城国所属的“梧县”，梧、郚均从“吾”得声，音同义通①。

（四）萧县

萧县为殷六族之一所建的方国。《路史》说是夏启封孟作土于萧。《帝王世纪》说周封子姓的别支为附庸。“周分封建国见于春秋经传者百有七十国焉。百三十九知其所居，萧见之。”②

周初东征叛乱之东夷奄、徐、熊盈（嬴）等十七国，其中就有萧国。《括地志辑校》说是古萧叔封国，春秋时期为宋附庸。宋闵公十年，即公元前 682 年，宋国大夫南宫万杀宋闵公，立公子游为宋君，国因之大乱，宋宗室子孙逃到萧邑（宋的附国，今安徽萧县西北），闵公之弟“御说”逃到亳邑。宋戴公子衎裔孙大心，讨伐南宫万，杀子游。宋桓公还国即位，以大心先有讨南宫万、再有拥立他为宋君之大功，于是封大心于萧邑，作为附庸国。

《左传》：宣公十二年（前 597 年），“冬，楚子伐萧，宋华椒以蔡人救萧。萧人囚熊相宜僚及公子丙。王曰：‘勿杀，吾退。’萧人杀之。王怒，遂围萧。萧溃”。萧人不明利害和狂妄，遭到灭顶之灾，至此萧国灭。不久，萧复国，仍为宋之附庸。

---

① 徐少华．荆楚历史地理与考古探研［M］．北京：商务印书馆出版，2010.

② 晋书・地理志［M］．北京：新世界出版社，2012.

《左传》:襄公十年(前563年),“秋七月,楚子囊、郑子耳伐我西鄙。还,围萧,八月丙寅,克之”。楚占萧,后又入宋,为宋之一要邑。楚国在北进中,萧的位置特别重要。楚、宋争夺十分激烈。萧,几易其手。公元前495年,萧邑为楚国所灭。楚国在此设县管理。

(五)龙城县

《水经注》是我国权威的地理名著,记载了龙城,“(获水)又东过萧县南,睢水北流注之……获水又东历龙城,不知谁所创筑也。获水又东径同孝山北”。从获水的流向来看,龙城在萧故城的东面。“余尝径萧邑”,郦道元曾亲自来萧县考察过地理形势,对这里的地理比较熟悉,由于历史的久远,他也不知道龙城的来历。

我国地下文物的不断出土,不仅改变了人们以前的认识,也解决了一些未解之谜。1987年1月,在湖北荆门发掘的包山二号楚墓出土了许多竹简,通过对这些竹简的释读,人们知道了春秋战国时期楚国置县的一些情况,史料价值弥足珍贵。《包山楚简》第174号简:“陇城莫嚣之人利。”这里“陇城”可读为“龙城”。从它设有“莫嚣(敖)”一职来看,它应是楚县名。著名历史学家何琳仪、刘信芳两位先生都认为,简文“龙城”疑与《玺汇》“龙城□玺”、《集成》的“陇公戈”中的“龙”有关。《水经注》:“获水又东历龙城,不知谁所创筑也”,在今安徽萧县东,春秋战国属楚境。①②

(六)竹邑县

故竹国都邑,入楚为竹邑县,以古国为名。商朝征人方卜辞有筑,陈秉新先生认为,筑,假为竹。

《濉溪县志》记载:“竹邑县城遗址在赵集以东约2000米处,东接幸福湖,南连诸阳山,北靠古竹山(孤山),南北长约1000米,东西宽约800米。”遗址内出土大量的绳纹瓦片,同时夹杂着很多灰、红陶片和其他器物残件。上述出土文物大多为汉代遗物。据清光绪《宿州志》记载:“汉置竹县在古竹地,今在许家坡古竹山,后讹为孤处山。”《宿县县志》也是这样认为的,“刘宋时竹邑县废,并入杼秋(在今萧县西)。南梁复置竹邑县。古竹邑县地在古竹山,今符离西古饶集附近”。

从古竹山(孤山)的位置来看,竹邑县城遗址在今烈山区赵集一带更合理些。在这一带发现了许多先秦文物和故城遗址,先人很早就在这里生活,建立了古竹国。1987年1月,湖北荆门发掘的包山二号楚墓出土的竹简里有“竹县”的记载。《包山楚简》有“亯祭,之高(丘)、下(丘)各一全”。李家浩先生认为,简文“高丘”

---

① 何琳仪. 古兵地名杂释[J]. 考古与文物,1996(6).

② 刘信芳. 包山楚简解诂[M]. 台北:艺文印书馆,2003.

“下丘”都属于“亯”这个地方。《说文解字》云:“亯”字从享、竹声,古代有地名“竹”,《汉书·地理志》属沛郡,在今安徽宿州市北符离集附近。河南新蔡出土有“亯”字的战国楚封泥,也是地名“竹”。春秋战国之际,楚国占领了这里,开始设县管理。秦竹邑县因之。

以上所述楚县,除萧县在获水边,其他各县都在睢水边。可见,秦朝以前,睢水是多么繁荣和重要。

三、睢水之战

《史记·项羽本纪》载:“汉卒皆南走山,楚又追击至灵壁(璧)东睢水上。汉军却,为楚所挤,多杀,汉卒十余万人皆入睢水,睢水为之不流。”这是继彭城之战后,发生的又一战役——睢水之战。

睢水之战发生的地点就在白沟水,如今这里还有刘邦败退时留下的一些遗迹,如皇藏峪皇藏洞、丁公山和皇避村等。笔者认为刘邦及汉军败退路线是:彭城之战中,汉军一路向北,在泗水被消灭几万人;向南,在谷水被消灭几万人。剩下的继续南逃,经过皇藏峪后,可以通过三个地方翻过山脉到达灵璧边的东睢水上,这三个地方是:永堌、刘寄横和大山头。根据历史遗迹,刘邦败逃路线是:彭城—皇藏峪—永堌—丁公山—皇避村—瓦子口—下邑;汉军败逃路线是:彭城—皇藏峪—蔡里—土型村—古灵壁(璧)—下邑。

四、南北朝的战事

南北朝时期,淮北地区成为南北双方争战之地,发生在睢水流域的战事不少。大通元年,梁军复北进,拔临潼(今安徽泗县南)、竹邑(今安徽淮北烈山区赵集)、萧城(今安徽萧县北)、厥固(今安徽萧县东南)。《梁书·兰钦传》叙述了这段战事:兰钦“随父北征,授东宫直阁。大通元年(527 年),攻魏萧城,拔之。仍破彭城别将郊仲,进攻拟山城,破其大都督刘属众二十万。进攻笼城,获马千余匹。又破其大将柴集及襄城太守高宣、别将范思念、郑承宗等。仍攻厥固、张龙子城,未拔,魏彭城守将杨目遣子孝邕率轻兵来援,钦逆击走之。又破谯州刺史刘海游,还拔厥固,收其家口。杨目又遣都督范思念、别将曹龙牙数万众来援,钦与战,于阵斩龙牙,传首京师”。(《梁史·兰钦传》)兰钦军队攻下了曾经作为郡县治的相城和萧城,居然拿不下厥城,厥城城墙的坚固,可见一斑。

五、庞勋起义

唐朝的庞勋起义,是一次规模很大的戍卒暴动。守卫桂林的徐州戍卒,在庞勋的带领下,一路从桂林打到徐州。起义军以通济渠为中轴,控制着重要的军事要道徐州、符离、宿州、柳孜镇和泗州。通济渠是唐朝的命脉,朝廷进行了镇压。徐州是庞勋的大本营,官军与义军在符离、宿州、柳孜镇等地进行了激战。史载:“唐咸通九年,叛贼庞勋等至符离,州军讨之,溃于睢水上,贼从符离竟抵宿州,陷之。”就是说,庞勋军从徐州乘船进攻宿州,在符离的濉水,与官军遭遇,打败官军,攻陷宿州。这说明徐州和宿州当时除了驿站相连,还有水路可通,这个水路就是睢水。直到唐朝时,白沟水还具有通航作用。

六、总论

白沟水在汉以前,是睢水的一部分,是古代的黄金水道,沟通了汴梁、睢阳、相县、萧县和彭城等重要城市。秦朝前后,在今淮北市周边,在睢水边就建立了相县、福阳县、梧县、竹邑县、龙城县等,这是何等的辉煌。三国以后,白沟水又成为联通古汴水与睢水的重要桥梁。

在隋唐大运河开通之前,沟通黄河和淮河两大水系的是古汴水和睢水,因古汴水与泗水相通,它的运输要比睢水繁忙和重要,但这条水路航运有一个弱点,徐州以下有“三洪”之险。许多人为避开“三洪”之险,而选择不入泗水,转道白沟水,沿睢水下游入淮河,这就是白沟水作为古代黄金水道的重要原因之一。

第二部分

文化与人物研究

周代淮河流域文化激荡与诸子思想的发展

金荣权

摘　要:春秋至战国时期,在黄河和长江之间的广大地区,中原文化、楚文化、齐鲁文化、吴越文化在这里交流、碰撞、激荡,最终形成了两个较为明显的文化中心:一是以鲁国孔子为首的儒学系统,二是以齐国稷下学宫为主体的学术集团。在春秋至战国时代所产生的学术精英和百家的代表人物中,有很多都生活在淮河流域,如儒家创始人孔子和战国时期的代表人物孟子;道家的创始人老子,后继者老莱子、庄子;墨家的创始人墨翟;法家人物申不害,法家集大成式人物韩非;阴阳家代表人物邹衍;等等。周王朝的中原文化为这些思想大家的产生提供了文化基础,而淮河流域的独特的文化因子则滋养了各种文化思想。

关键词:淮河流域;诸子思想;稷下学宫;文化融合

周代从西周到战国长达800年,是中国文化发展非常重要的时期,甚至影响中国后世文化的发展方向与特质。西周时期,由于周王室具有较强的统治权威,礼法制度出自王室,所以西周的都城镐京和丰京无疑是当时的政治与文化中心。春秋时期,周王室东迁至洛阳,在春秋前期洛阳便成为政治与文化中心。然而,至春秋中后期,由于诸侯征伐,周王朝再也不能有效地号令天下诸侯,东都洛阳也慢慢丧失了其作为政治和文化中心的地位。各强大的诸侯国如齐、晋、秦、楚等相继称霸天下,而号令天下的权力与军事实力息息相关。至战国时代,周王室更是名存实亡,秦、楚、齐、魏、赵、韩、燕等国相互征伐,弱肉强食,天下处于四分五裂的状态,政治中心不复存在。

从春秋中期至战国时代,天下动乱与诸侯各行其政,但同时带来了学术的自由之风。在文化发展与传播方面,官学垄断地位结束,私学产生;史官文化式微,民间文化精英辈出;学术争鸣兴起,诸子百家大放异彩。从地域来看,由于秦地尚军功,这一时期的文化发展较为缓慢,也直接影响了后来秦始皇焚书坑儒的行为。燕赵

作者简介:金荣权,男,信阳师范学院淮河文明研究中心教授。

地区好气任侠、慷慨悲歌，产生一大批侠义慷慨之士，但学术上却弱于南方。

在中原以淮河流域为中心的黄河和长江之间的广大地区，中原文化、楚文化、齐鲁文化、吴越文化在这里交流、碰撞、激荡，文化精英云集，这些文化精英们来自社会各个阶层，他们以自己对人类社会历史的认知和理解，建立各自不同的哲学思想体系。他们虽然人生观、世界观存在着较大的差异，但都有一个共同的出发点：纯洁人性、拯救众生、规划人类社会。春秋中期至战国结束，形成了两个较为明显的文化中心，并且都在原为东夷活动地的东方齐鲁大地：一是以鲁国孔子为首的儒学系统；二是以齐国稷下学宫为主体的学术集团。

在春秋至战国时代所产生的学术精英和百家的代表人物中，有很多人生活在淮河流域，如儒家创始人孔子和战国时期的代表人物孟子；道家的创始人老子，后继者老莱子、庄子；墨家的创始人墨翟；法家人物申不害，法家集大成式人物韩非；阴阳家代表人物邹衍；等等。

周王朝的中原文化为这些思想大家的产生提供了文化基础，而淮河流域独特的文化因子则滋养了各种文化思想。

一、儒家思想在淮河流域的产生与发展

孔子生活于春秋中后期，其独特的人生经历、勤奋好学的品德和以天下为己任的高远志向等综合因素成就了他伟大的人格和深邃的思想，他所创立的儒家思想影响了中国后世文化两千多年。

据司马迁《史记·孔子世家》载："孔子生鲁昌平乡陬邑。其先宋人也，曰孔防叔。防叔生伯夏，伯夏生叔梁纥。纥与颜氏女野合而生孔子。"《史记索隐》引《孔子家语》云："孔子，宋微子之后。宋襄公生弗父何，以让弟厉公。弗父何生宋父周，周生世子胜，胜生正考父，考父生孔父嘉，五世亲尽，别为公族，姓孔氏。孔父生子木金父，金父生睪夷。睪夷生防叔，畏华氏之逼而奔鲁，故孔氏为鲁人也。"①可见，孔子原为商之后裔，且祖上曾为宋国之君主，至其曾祖父孔防叔时方由宋迁至鲁国。对其作为商人之裔和宋人的身份，孔子一直心中藏之，未或忘矣，孔子临死之前，曾有一梦："'夏人殡于东阶，周人于西阶，殷人两柱间。昨暮予梦坐奠两柱之间，予始殷人也。'后七日卒。"②与其说是孔子知天命，信梦境，倒不如说这是孔子对自己祖根的认同和内心深处的牵挂。

但孔子毕竟出生在鲁国也在鲁国亡故，影响其一生最大者是鲁国的文化，特别是由鲁国所存留的周王室的礼乐制度。由于周公旦的功绩，从周成王时，鲁国就具

① ［西汉］司马迁：《史记》，上海古籍出版社，1997年版，第1494页。
② ［西汉］司马迁：《史记·孔子世家》，上海古籍出版社，1997年版，第1520页。

有“郊祭文王”和“奏天子礼乐”的特权，而从第一代封君伯禽开始，鲁人一直致力于以周之礼制来教化东夷之民。所以周之礼乐文化对孔子产生了重大影响，其从孩童时期便已对周礼有特殊的兴趣，“孔子为儿嬉戏，常陈俎豆，设礼容”①。

为了拓展自己在礼、乐、政事、为人之道等各方面的知识，孔子不耻下问，到处拜师，广泛学习，孔子曾至周王室向老子问礼，临别之际，老子还送给孔子一番话：曰：“聪明深察而近于死者，好议人者也。博辩广大危其身者，发人之恶者也。为人子者毋以有己，为人臣者毋以有己。”②孔子自周反于鲁，弟子稍益进焉。学琴于鲁人师襄，问政于楚大夫叶公诸梁。同时也十分关注被正统的史官文化所轻视甚至否定的东夷文化，《左传·昭公十七年》载，孔子专门到郯国，向郯子学习，受益颇多，并且对别人说“吾闻之：‘天子失官，学在四夷’，犹信”③。

对于同时代的思想家、政治家等，无论谋面还是未谋面，孔子心中都充满敬佩，甚至以师礼事之，或在心目中将其当作自己的老师。《史记·孔子弟子列传》载：“孔子之所严事：于周则老子；于卫，蘧伯玉；于齐，晏平仲；于楚，老莱子；于郑，子产；于鲁，孟公绰。”④而这些人大多也都是当时生活于淮河流域的著名人物。

孔子离开鲁国之后，先后去过齐国、卫国、宋国、郑国、蔡国、陈国和楚国，然而从孔子周游列国情况来看，其主要活动地在黄淮流域，且以淮河流域为主。孔子目睹君王无道、诸侯征伐给百姓带来的深重苦难，也深深地感受到礼乐崩坏使人心不古。

但是，孔子虽有救民济世之心愿，无奈心有余而力不足，周游于列国而不得用，晚年归于鲁国，整理《诗》《书》《礼》《易》，并以诗书礼乐教授弟子，“弟子盖三千焉，身通六艺者七十有二人”⑤。据《史记》《孔子家语》等记载，孔子贤能弟子中大部分生活于淮河流域，如鲁人曾皙、曾参、颜无繇、颜回、颜之仆、颜哙、颜何、商瞿、闵子骞、冉求、冉耕、冉雍、冉孺、宰予、子路、有若、子思、公西华、公冶长、巫马施、颜幸、宓不齐、南宫适、漆雕开、公伯缭、樊迟、公夏首、公肩定、申党、县成、左人郢、秦非、乐欬、邦巽、孔忠、公西蒧，陈人子张、公良孺，宋人司马耕，楚人秦商，等等。

孔子去世之后，“弟子及鲁人往从冢而家者百有余室，因命曰孔里。鲁世世相传以岁时奉祠孔子冢，而诸儒亦讲礼乡饮大射于孔子冢。孔子冢大一顷”⑥。

可以说，孔子思想的形成与定型与他所生活与活动的淮河流域的思想、文化、

---

① ［西汉］司马迁：《史记·孔子世家》，上海古籍出版社，1997年版，第1494页。
② ［西汉］司马迁：《史记·孔子世家》，上海古籍出版社，1997年版，第1496页。
③ ［晋］杜预：《春秋经传集解》，上海古籍出版社，1988年版，第1421页。
④ ［西汉］司马迁：《史记》，上海古籍出版社，1997年版，第1695页。
⑤ ［西汉］司马迁：《史记·孔子世家》，上海古籍出版社，1997年版，第1516页。
⑥ ［西汉］司马迁：《史记·孔子世家》，上海古籍出版社，1997年版，第1520页。

时代背景等息息相关。

孔子死后，其弟子与门人不懈地传播孔子思想，至战国时期，儒家思想在百家思想中绽放光华，造就了如孟子、荀子等大儒，同时也正是他们将孔门思想加以丰富和发扬。正如司马迁所说的："天下并争于战国，儒术既绌焉，然齐鲁之间，学者独不废也。于威、宣之际，孟子、荀卿之列，咸遵夫子之业而润色之，以学显于当世。"①

孔子之后，同为鲁地人的战国时代的孟轲受业于孔子之孙子思的门人，以发扬与传播孔子思想为己任。学成之后，便想将自己治国、平天下的理念用于实践，而此时恰逢各国变法强兵、诸侯合纵连横相攻伐的时代，孟子首先北游于齐，事齐宣王，齐宣王不用其言；又东至魏国，惠王因为他的观点不合时宜而不采纳。于是孟子只好回到邹地，"与万章之徒序诗书，述仲尼之意，作孟子七篇"②。孟子将孔子以"仁"为核心的哲学思想用于剖析人性，提出"性善论"；在孔子强调的"德政"基础上形成"仁政"与"王道"的社会政治理论。大力提倡"义"，并从多角度阐释"义"的内涵。将孔子的"仁"与"义"结合起来，认为"仁"是一个人的思想基础，而"义"则是一个人的行为方式和表现，正所谓："仁，人之安宅也；义，人之正路也。"③孟子学说内涵十分丰富，但归纳起来主要包括三个方面的内容：其一为"道义"，"君臣有义"者是也④；其二为"正义"，"士穷不失义，达不离道"者是也⑤；其三为人的尊严与气节，"羞恶之心，义也"、不受嗟来之食者是也⑥。孟子不仅将孔子思想发扬光大，同时也大大地丰富了孔子所创立的儒家思想的内涵。

继孟子之后，战国时代最后一位大儒是荀子，荀子虽为赵人，但其中年以后主要活动在淮河流域，据《史记·孟子荀卿列传》载："（荀子）年五十始来游学于齐……田骈之属皆已死齐襄王时，而荀卿最为老师。齐尚修列大夫之缺，而荀卿三为祭酒焉。齐人或谗荀卿，荀卿乃适楚，而春申君以为兰陵令。春申君死而荀卿废，因家兰陵。李斯尝为弟子，已而相秦。荀卿嫉浊世之政，亡国乱君相属，不遂大道而营于巫祝，信禨祥，鄙儒小拘，如庄周等又猾稽乱俗，于是推儒、墨、道德之行事兴坏，序列著数万言而卒。因葬兰陵。"⑦荀子既是战国诸子争鸣的总结者，又是儒家思想的集大成者，他立足儒家思想，同时批判地吸纳了墨家、法家和道家等思想精华，奠定了儒家成为经世致用之学的理论和实践基础。

---

① ［西汉］司马迁：《史记·儒林列传》，上海古籍出版社，1997年版，第2356页。
② ［西汉］司马迁：《史记·孟子荀卿列传》，上海古籍出版社，1997年版，第1815页。
③ ［周］孟子：《孟子·离娄上》（四书集注本），岳麓书社，1987年版，第403-404页。
④ ［周］孟子：《孟子·滕文公上》（四书集注本），岳麓书社，1987年版，第372页。
⑤ ［周］孟子：《孟子·尽心上》（四书集注本），岳麓书社，1987年版，第502页。
⑥ ［周］孟子：《孟子·告子上》（四书集注本），岳麓书社，1987年版，第409页。
⑦ ［西汉］司马迁：《史记·孟子荀卿列传》，上海古籍出版社，1997年版，第1804-1805页。

二、道家思想在淮河流域的产生与传播

道家是先秦时期一个重要的哲学流派，它在当时虽然不如儒家和墨家显赫，弟子也不如儒、墨两家众多，但其学术思想对中国后代产生了重大影响；其独特的自然观、宇宙观、社会观和对人生的领悟，在我国思想史上表现出永恒的魅力。道家崇尚自然，以“道”为哲学核心，在道家看来，道是天地万物之本源，又规定了万物之所以成为万物的特质，它先天地而生，无质无形，然而又无所不在、无时不在。道家主张“顺应自然”“返朴归真”“清静无为”“贵柔”等。创始人为春秋后期的老子，战国时期的庄子是其最有影响的继承者。

老子，姓李名耳，“楚苦县厉乡曲仁里人”①，今河南周口鹿邑县人，曾为周王室史官，后隐去，著《道德经》（又名《老子》）传于世。老子强调无为而治，清静自正，其哲学思想中有很大成分体现出治国思想。

首先，他提出绝圣弃智，对百姓采用愚民政策。“绝圣弃智，民利百倍；绝仁弃义，民复孝慈。”②“是以圣人之治，虚其心，实其腹，弱其志，强其骨，常使民无知无欲。”③老子认为，唯有使民无知无欲，才能确保人们安居乐业，不生争夺之心，不生相害之心，不为虚名而自乱性情。

其次，他主张统治者要善用权谋，也就是后代所说的“帝王权术”。老子提出：“将欲歙之，必固张之；将欲弱之，必固强之；将欲废之，必欲固兴之；将欲夺之，必欲与之，是谓微明。柔弱胜刚强，鱼不可脱于渊，国之利器不可示人。”④一个君王既要有实权，但又不可将自己置于众人的敌对的地位，而是通过权术来使自己处于安全状态。

其三，他主张谨慎地对待战争。老子不主张轻易用兵，但也不完全反对战争，在老子看来，战争本为“凶事”，不得已而用之。所以他说：“兵者不祥之器，不得已而用之。”⑤还说：“以道佐人主者不以兵强天下，其事好还。师之所处，荆棘生焉；大军之后，九有凶年。”⑥又说：“有兵有言，吾不敢为主而为客，不敢进寸而退尺。是谓行无行，攘无臂，扔无敌，执无兵。祸莫大于轻敌，轻敌几丧吾宝，故抗兵相加哀者胜矣。”⑦在对待战争的态度方面，老子比儒家、墨家等都更为开明，也比其后

---

① ［西汉］司马迁：《史记·老子伯夷列传》，上海古籍出版社，1997 年版，第 1650 页。
② ［周］老子：《道德经》（二十二子本），上海古籍出版社 1986 年版，第 2 页。
③ ［周］老子：《道德经》（二十二子本），上海古籍出版社 1986 年版，第 1 页。
④ ［周］老子：《道德经》（二十二子本），上海古籍出版社 1986 年版，第 4 页。
⑤ ［周］老子：《道德经》（二十二子本），上海古籍出版社 1986 年版，第 4 页。
⑥ ［周］老子：《道德经》（二十二子本），上海古籍出版社 1986 年版，第 4 页。
⑦ ［周］老子：《道德经》（二十二子本），上海古籍出版社 1986 年版，第 8 页。

继者庄子开明。

其四，他主张无为而治。老子提出“治大国若烹小鲜”的观点①。老子认为，治理大国，不可扰民，也不可有大的改革行为，而应当采用清静无为之策略。更不可使用苛政，不可以死来威胁百姓，因为“民不畏死奈何以死惧之？若使民常畏死而为奇者，吾得执而杀之孰敢”②？治理大国如此，治小国也应以让人们安居乐业为目的，“小国寡民，使有什佰之器而不用，使民重死而不远徙，虽有舟舆元气乘之，虽有甲兵无所陈之，使人复结绳而用之，甘其食，美其服，安其居，乐其俗。邻国相望鸡犬之声相闻，民至老死不相往来”③。

老子作为一个史官，其观点体现出史官文化的特色，也有自己独立的人生思考。老子的哲学思想既有世俗之人的处世哲学，又有治国理政的策略，还有着极为浓厚的君王御人之术，无怪乎后人视之为“君王南面之术”。如班固《汉书·艺文志》云：“道家者流，盖出自史官，历记成败存亡祸福之道，然后知秉要执术，清虚以自守，卑弱以自持，此君人南面之术也。”④

作为老子道家哲学的继承者的庄子，则更关注人生、民生，尤其是下层人的处世方略。与老子一样，庄子也生活在淮河流域，庄子，姓庄名周，战国时代蒙人，即今天的河南商丘民权县人，或言其为安徽蒙城人。庄子曾为漆园吏，后弃职。“与梁惠王、齐宣王同时。其学无所不窥，然其要本归于老子之言。故其著书十余万言，大抵率寓言也。作渔父、盗跖、胠箧，以诋訿孔子之徒，以明老子之术。畏累虚、亢桑子之属，皆空语无事实。然善属书离辞，指事类情，用剽剥儒、墨，虽当世宿学不能自解免也。其言洸洋自恣以适己，故自王公大人不能器之。”⑤庄子所生活的时代比老子时代更为动乱不安，更加民不聊生，“方今之时，仅免刑焉。福轻乎羽，莫之知载；祸重于地，莫之知避”⑥。仁、义、礼、信不为人们所尊，实权在手便是真理在握。正如庄子所言：“彼窃钩者诛，窃国者侯，诸侯之门而仁义存焉。”⑦正因为人生在世祸福难测，再加上人的贪欲在庄子生活的时代表现得淋漓尽致，所以庄子极力强调保生、重生，强调精神的极大自由，以期在纷乱的世俗社会中寻求生命的存在，在极度压抑中寻求心灵的超脱与精神的自由。所以，他的《逍遥游》将人的心灵自由扩展到极致；当见到树木因有用而被砍伐，鹅无用而被杀时，说明当今之

---

① ［周］老子：《道德经》（二十二子本），上海古籍出版社1986年版，第7页。
② ［周］老子：《道德经》（二十二子本），上海古籍出版社1986年版，第8页。
③ ［周］老子：《道德经》（二十二子本），上海古籍出版社1986年版，第8–9页。
④ ［东汉］班固：《汉书》，中华书局，1985年版，第1732页。
⑤ ［西汉］司马迁：《史记·老子伯夷列传》，上海古籍出版社，1997年版，第1652页。
⑥ ［清］王先谦：《庄子集解·人间世》，中华书局，1987年版，第44页。
⑦ ［清］王先谦：《庄子集解·胠箧》，中华书局，1987年版，第86–87页。

世无论有才还是无才都可能会死于非命,所以庄子曰:“周将处乎材与不材之间。材与不材之间,似之而非也。”[①]庄子的处世哲学虽然有些消极的表现,但对于生活于乱世之中的世俗之人也是不得已的选择。

生活于淮河流域的道家学派人物除创始人老子最重要的继承者庄子之外,还有隐居于山东蒙山的楚人老莱子。据《史记·老子伯夷列传》说:“老莱子亦楚人也,著书十五篇,言道家之用,与孔子同时云。”[②]《史记正义》引《列仙传云》:“老莱子,楚人。当时世乱,逃世耕于蒙山之阳,莞葭为墙,蓬蒿为室,杖木为床,蓍艾为席,菹芰为食,垦山播种五谷。楚王至门迎之,遂去,至于江南而止。曰:‘鸟兽之解毛可绩而衣,其遗粒足食也。’”[③]另有楚人蜎子、长卢子、鹖冠子,齐人黔娄子,郑人关尹等[④]。

道家思想的产生与发展,是中原文化与南方楚文化等相互作用、相互融合的结果。

三、黄老之学的兴起和其与淮河流域文化的关系

黄老之学是继道家之后所兴起的一个学派,形成于春秋战国之际。学术界一般认为它的主要思想源自道家,甚至将其列为道家的一个分支。但是,它虽与道家有很大的渊源,却又与道家有着极大的区别。首先,黄老之学继承了道家无为而治的政治主张,提倡“贵清静而民自定”,但黄老之学的无为与老子、庄子的无为又不相同,并非如老庄一样主张采用愚民政策,使民无知无欲,从而实现愚而治之,而是主张通过“省苛事,薄赋敛,毋夺民时”的治国之策,实现与民休息的目的,以此来安定民心、赢得民心;其次,吸取墨家、法家和儒家的思想精髓,摒弃老庄所说的“唯其不争,故天下莫能与之争”的观点,认为“不争亦无成功”;再次,不主张完全由天道来对下民施以惩罚,提倡仁爱,也提倡刑法,主张刑德并举、恩威并重;最后,黄老一派的学者主张将无为与有为相结合,致力于经世致用,在政治上积极进取,这与庄子的思想有着很大的不同。

促进黄老之学快速发展的是齐国稷下团体,其中有齐人田骈、接子,楚人环渊,宋人宋钘,其人“皆学黄老道德之术,因发明序其指意”[⑤]。

稷下学宫是战国时期田齐所创办的“高等学府”,也是当时齐国的学术中心,它始建于齐桓公田午。因黄老之学不像庄子等人的观点那样迂阔而不合时宜,而

---

① [清]王先谦:《庄子集解·山山木》,中华书局,1987年版,第167页。

② [西汉]司马迁:《史记》,上海古籍出版社,1997年版,第1652页。

③ [西汉]司马迁:《史记》,上海古籍出版社,1997年版,第1652页。

④ [东汉]班固:《汉书·艺文志》,中华书局,1985年版,第1729-1730页。

⑤ [西汉]司马迁:《史记·孟子荀卿列传》,上海古籍出版社,1997年版,第1804页。

注重经世，所以从一开始，黄老之学便受到齐国官方的支持。当然，田齐政权支持黄老之学也与其地域文化和田齐政权所需要的舆论宣传有关。田齐的先人本为陈国人陈完，陈完是陈国君主陈厉公的儿子，在齐桓公时逃到齐国避难，最后就定居在齐国，其后代改为田氏。当田氏夺取姜齐政权而代之以后，需要在理论和舆论上对其行为进行解释和辩护，以使其行为具有合理性，而黄老之学的产生正当其时。因老子所生之地鹿邑后来归入陈国，也是田齐祖先之国；姜齐为炎帝后裔姜尚所封之国，现在田齐取而代之，要有一个让人信服的借口，于是田齐便想到与黄帝拉上关系了。由齐威王所作的《陈侯因敦》铭文曰："其唯因，扬皇考昭统，高祖黄帝，迩嗣桓文。"①郭沫若认为，此鼎为陈侯午之子齐威王所作，齐威王要光大其父桓公午的事业，远以自己的高祖黄帝为楷模，近要以齐桓公、晋文公为榜样。实际上，齐威王将田齐视为黄帝的后裔也是有历史依据的。虽然陈国为虞舜的后代所分封之国，但在春秋至战国所逐渐形成的五帝系统中，舜也出自黄帝一脉。齐威王不提自己的近祖舜，却去追念远祖黄帝，无非是寻找正统，因在古史传说中，黄帝最终战败炎帝而入主中原，成为华夏之正宗。自己既然是黄帝之裔，那么取代炎帝之后裔姜齐而拥齐国也就顺理成章了。稷下学者将自己的学说冠以"黄老之学"的名目，一方面是为刚建国的田齐寻找治国之策，另一方面为宣扬田齐的正统地位起到了巨大作用。

四、全球视野下的邹衍大九州观念

在战国以前，由于人们认知的片面、视野的局限，一般将中原之地视为世界之中，故称之为"中国"，而对"中国"之外的广大地区则知之甚少。至战国中后期，学者们对宇宙和地球都有了新的认识，而邹衍的大九州观念正是在这种开放性思维状态下所产生的。邹衍的著作今天已不能见到，可从司马迁《史记》中大致能够窥见其主要观点。《史记·孟子荀卿列传》②记载：

邹衍，后孟子。邹衍睹有国者益淫侈，不能尚德，若大雅整之于身，施及黎庶矣。乃深观阴阳消息而作怪迂之变，终始、大圣之篇十余万言。其语闳大不经，必先验小物，推而大之，至于无垠。先序今以上至黄帝，学者所共术，大并世盛衰，因载其禨祥度制，推而远之，至天地未生，窈冥不可考而原也。先列中国名山大川，通谷禽兽，水土所殖，物类所珍，因而推之，及海外人之所不能睹。称引天地剖判以来，五德转移，治各有宜，而符应若兹。以为儒者所谓中国者，于天下乃八十一分居其一分耳。中国名曰赤县神州。赤县神州内自有九州，禹之序九州是也，不得为州

① 郭沫若：《两周金文辞大系图录考释》，科学出版社，1957年版，第220页。
② ［西汉］司马迁：《史记》，上海古籍出版社，1997年版，第1802页。

数。中国外如赤县神州者九,乃所谓九州也。于是有裨海环之,人民禽兽莫能相通者,如一区中者,乃为一州。如此者九,乃有大瀛海环其外,天地之际焉。其术皆此类也。然要其归,必止乎仁义节俭,君臣上下六亲之施,始也滥耳。王公大人初见其术,惧然顾化,其后不能行之。

邹衍的大九州在今天的人们看来不足为怪,但在战国时代提出确实有些惊世骇俗。人们不相信邹衍会周游全球,他的这种观点也只是一种推测,但这种推测反映了战国时代的知识分子对世界新的认知。邹衍大九州观念的形成与齐国所处的地理位置有密切关系。齐国东临大海,他们站在海边,看着无穷无尽的大海,观日出沧海之中,看潮起潮落,不禁会对大海那边是什么样子产生各种联想,于是也就产生了这种大胆的猜想。当时能够接受邹衍的观点的人并不是太多,却启发了秦汉及其以后的人对世界地理的认知,战国秦汉之际所诞生的《山海经》中的"海经"与"荒经"中的地理观念正是这种观点的再发挥。

在先秦诸子中,除儒家、道家、黄老之学、阴阳家等学派在淮河流域产生、传播之外,墨家、法家等代表人物也都与此地有着千丝万缕的联系。

墨家在先秦时期弟子众多,影响甚大,曾与儒家一同并称为当世"显学",为了使人世间不再有大大小小的战争与伤害,改变民不聊生的现状,墨家提出"兼爱""非攻""尚贤""明鬼""节用""节葬""非乐"等观点。墨家创始人为墨翟,世称墨子,出自社会下层。相传墨子为"宋之大夫"①,或以为其是河南省鲁山县人,一说为滕国人。但无论哪一种说法,都不排除墨子本来出生于淮河流域,其主要流动地也大致在淮河流域一带。

法家代表人物之一申不害为韩国人,据《史记·申不害韩非列传》载:"申不害者,京人也,故郑之贱臣。学术以干韩昭侯,昭侯用为相。内修政教,外应诸侯,十五年。终申子之身,国治兵强,无侵韩者。"②而有着先秦法家思想之集大成者之称的韩非也是韩国人。这两位著名人物也都生活在淮河流域。

综上所述,在周代特别是从春秋中期至战国后期,随着周天子号令天下的能力减弱直完全丧失,征伐出自诸侯,文化中心也相继转移。诸子百家兴起,学者如满天星斗,遍布各个诸侯国,然而最为集中者则在黄淮之间这一区域。因为齐、魏等国相较于其他诸侯国十分重视学术,而更主要的则是淮河流域为多文化的汇聚、交融之地,更容易产生思想的碰撞。

---

① [西汉]司马迁:《史记·孟子荀卿列传》,上海古籍出版社,1997年版,第1806页。
② [西汉]司马迁:《史记》,上海古籍出版社,1997年版,第1667页。

淮河文化形成、演变与特点的初步认识

陈立柱

摘　要:淮河文化有9000年左右的持续发展史,源头可以追溯到舞阳贾湖文化,经过6000年左右较长时间的酝酿交流融合,具有地域文化特征的淮河文化初步形成。到了春秋战国时期,由主要出生于这里的先秦诸子如儒墨道家等表现出来,而发展繁荣则主要是在汉唐至北宋时期。南宋至明清时期淮河文化本该发生转向的时候,遭遇了天灾(黄河夺淮)人祸(南北征战的主战场)的不断影响,结果发生衰变,形成了"贫困文化"的时代特征,有了800年左右的衰变期。横向上说,淮河流域各个地方的差异还是很大的,上游法家文化、中游道家文化与下游儒家文化对后来各个区域的影响还是不小的,而同时历史递变也在地方性文化发展上有着各种各样的反映。从整体看,淮河文化与其他流域文化相比其内在一致性是很明显的,这与最早的淮夷文化构成其源头密切相关。因为淮河流域地处中国中东部核心地带,四方文化风云激荡交流汇合于这里,所形成的淮河文化在很多方面实际上也代表着最基本的传统中国思想文化,因此可以说淮河流域就是中国文化的中原。淮河文化的兴衰递变也体现了中国文化兴衰递变的一般情况,代表着中国文化演进的基本路向。战国秦汉以来,形成于淮河流域的思想文化开始对外发生影响,一直持续到明清民国传播于全世界。淮河文化因为和平主义取向、道德本位主义特征与自然主义风格,在未来中国乃至世界文化发展中还将发挥重要影响。

关键词:淮河文化;形成;演变;特点

一、淮河文化形成、演变的几个阶段

(一)远古至春秋战国的酝酿、形成期(前第7世纪—前3世纪)

这一时期可以分为四个阶段。第一阶段是从舞阳贾湖文化开始的距今9000年到距今6000年左右,淮河流域星星点点地分布着的一些族群文化,如裴李岗文

作者简介:陈立柱,华南师范大学历史文化学院教授。

化、舞阳贾湖文化、淮北小山口文化、蚌埠双墩文化、泗洪顺山集文化、淮安青莲岗文化、高邮龙虬庄文化（早段）等，这些文化多多少少都可以和贾湖文化联系起来，但联系都很微弱。贾湖文化的炭化水稻颗粒、纪事符号、酿酒技术、七音骨笛、石磨盘和磨棒、龟甲占卜与墓葬布局等，构成后来淮河流域诸文化的渊源。

第二阶段是淮河中游的距今6000年到距今4000年这段时间，先是西部的仰韶文化与东部的大汶口文化在淮河流域不断交流碰撞的历史（偶尔也有南北方文化在此地交流，如红山文化与凌家滩文化因素很多方面比较接近，学者们认为彼此有交流往来，自然要经过淮河流域）。而仰韶文化与大汶口文化的交汇前沿，主要是在淮河中游一带，彼此的长期互动，带来中国西部与东部文化的第一次大会合。这一次大会合之所以能出现，与距今约6000年前黄河中下游的冲积扇形成有关，即西部的仰韶文化与东部的大汶口文化可以在陆路实现彼此交往与互动了。接着各地的龙山文化开始向淮河流域挺进，如西部河南龙山文化、西南方石家河文化、山东龙山文化、东南方良渚文化等。淮河流域成为四方文化风云聚会、相互激荡的中心。其中，东西方两大部族即东方的夷族与西方的夏族作为主要部族仍然是淮河流域文化族群交流的主体，他们以杞县—商丘—亳州—寿春一线为界面，相互拉锯，不断争夺、交汇与融合，只是拉锯波动的幅度比以前更大而已。

第三阶段是夏商西周时期。此时的“三河”地区已是天下之中，但它在西部文化圈之内，所以虽为天下政治中心，却不是多种文化交汇激荡最显著之地。新文化常常生成于距离政治中心不太远而交汇达到最为充分之地。夏代，西部的二里头文化、东部的岳石文化、江淮之间的斗鸡台文化等，继续在淮河流域交流融合。商族作为东方、北方族群文化成分更多的部族入主中原，是早期东方部族文化西进最深入的一个阶段，深刻影响了中国文化的内涵与格局。到了西周，又是西方部族的周人入主中原，并在东方分封与扩展，东西部族文化在淮河流域实现大融合。总的说来，早期中国西部族群强武而尚忠，而东方夷人则平和而性仁，所谓“夷俗仁”、所谓“夏尚忠”是其体现（到了汉晋时期则表现为“关东出相，关西出将”），中国文化主体就是在这样两种不同性质的族群文化的交合融汇中孕育产生的，而淮河流域因为地理原因而首当其冲。

第四阶段也是形成阶段的最后时期即春秋时代（前8世纪—5世纪），这个时期西南的荆楚文化、东北的齐鲁文化、北方的三晋文化、东南的吴越文化与西部的中原王朝文化等，通过频繁的战争、外交、人员流动、经济往来等交流进一步加快，在淮河流域实现了充分的交汇、碰撞与融合。交汇碰撞容易产生思想的火花，这就是诞生出了先秦诸子的主要代表人物，管子、老子、孔子、墨子、孟子、庄子、韩非子等。一些人如子夏、荀子等虽非出生于淮河流域，但也是在淮河流域学习、交流才成长起来的。这些人因应时代要求，总结各国（族）创造的文化成果，阐发历史文化精神，把过去长期以来形成的多种不同的区域文化融会贯通，或者整理传世文献，发而为治世之言；或者审视天地人伦古往今来，“以道观之”，使之升华为形而上的思想理念；或者积极奔走，宣传实践其济世救人之主张，如此等等，从而构成中国文化的基本方面。可以说，这一时期形成的淮河文化是对于过去数千年中国历史文化的总结与升华。

（二）秦汉至北宋的发展繁盛期（前3世纪—后12世纪）

战国后期，楚国占据了淮河流域的大部分地区，以至于汉代司马迁要提出西楚、东楚与南楚的“三楚”概念（《淮南子》还有“北楚”），涵盖了淮河流域大部分地方，影响数百年，这一时期淮河流域也是经济发达的地区，汉代人口最多的几个郡，如汝南郡、沛郡、山阳郡等，都在淮河流域，汉代四个地方文化中心有三个（寿春、彭城、曲阜等）在淮河流域。三国两晋南北朝时期，淮河流域成为南北征战的主战场，社会安定遭到破坏，但东晋南渡士人当中很多佼佼者都是出于淮河流域；唐、北宋也是淮河流域的人口稠密时期，并且这一时期社会稳定时间较长，北宋的都城就在淮河流域的开封。这种经济上的繁荣与社会稳定带来人口增加与文化上的大发展，使淮河流域出现了一大批军政、文艺、思想等文化方面的巨人，构成古代中国文化最为灿烂辉煌的篇章。一是淮河流域出现了汝颍奇士、谯沛俊彦、齐鲁儒士等很多影响中国历史文化的人才群体与大量著名的文化世家。二是造就出了曹操这样文才武略之人。三是中国文艺史上最具代表性也是产生最早的几部文艺批评（理论）、史学批评著作，如《典论·论文》（作者曹丕，亳州人）、《文心雕龙》（作者刘勰，莒县人）、《诗品》（作者钟嵘，长葛人）、《史通》（作者刘知幾，徐州人），它们的作者的籍贯都是淮河流域。文艺批评著作是为理性意识对于情感作品的评论之作，也可以理解为理性与感性的融会，史学批评著作类似。文史理论作品的早出与淮河流域兼有南北而融会贯通的文化品格密切相关。四是中国古代经济文化的重心从北方向南方转移，淮河流域恰好处在这一转移的枢纽或转轴的位置，唐后期甚至有“天下以江淮为国命”之说。

（三）南宋至民国的衰落期（12世纪中期—20世纪中期）

这一时期淮河流域闹革命上来的军政人才与文艺创造者还有一些，但是学术研究与文化方面有成就的人物则不多见，学术世家尤其之少。不光如此，有些地方还是国家重法整治区，社会问题突出。除了沿运河的一些城市（扬州、淮安，或者偏安之地如有时候的寿州、亳州）经济稍好一些外，大部分地区都比江南落后，并且形成影响后来发展的“贫困文化”。

（1）不重视扩大再生产，有钱就吃，吃喝风盛。“席上无酒不进餐”是沿淮淮北地区最具特色的风尚。

（2）民风粗悍，轻死而易斗，农民起义、秘密结社、盗匪反叛等非常之多，“自古淮上多豪杰”可谓是这一方面最简明的概括。宋元以来方志经常有“行则带刀剑，结死党为侠游”“宁愿带刀，不愿买犊”的记载，而文化教育上时有“举不知有全书”的情况。农民起义也是频繁发生。

(3)不重乡土、穷则逃逸的流民意识。凤阳花鼓、泗州戏等代表性地方戏种本质上都是苦难艺术、乞丐艺术。明清时期“凤阳乞丐”越来越多。民国时期还有很多家庭穷困至极，甚至只有一件稍微像样一点的衣服，外出的人才可以穿。

(4)安贫乐道与替天行道的观念突出，主要受古代以来儒道墨思想的影响。儒家倡导“孔颜乐处”：“一箪食，一瓢饮，在陋巷，人不堪其忧，回也不改其乐”，“不患寡而患不均”；道家提倡不为物累，自由自在，绝仁弃智，恢复自然本性。在贫困至极的情况下，古代的这些观念在一些读书人中有了这些新的表现。

总体而言，淮河流域这一时期的社会风俗明显的特点是重义轻利、知足常乐、安贫乐道、听天由命、清贫拙朴、得过且过、好逸恶劳、轻死易斗等，是“贫困文化”的典型代表。

出现这种情况的原因有很多，主要包括两个因素：一是天灾，南宋以后黄河东南流夺淮入海，造成黄河长期南泛，淮河流域水系混乱，因而经常出现灾害，“大雨大灾，小雨小灾，无雨旱灾”成为淮河流域的一般情况，一直到新中国成立后很久还有很多“跑水反”的记忆与传说；二是人祸，北宋后期开始，淮河流域再次成为南北纷争的前沿，南宋时期南北政权在淮河流域拉锯争夺，宋元、明清之际尤其如此。天灾与战争使得这里残破不堪，从而失去了文化建树的可能。

宋元以来形成的这个贫困文化，在改革开放以来的现代化建设中有很多很突出的影响，比如，这里的城市与农村都不善于工业发展与资本积累，不善于把钱当作资本来投资，更多的是用来消费，没钱了就去打工挣一点，形成大批农民工外出现象。所以，改革开放以来中国中东部地区的工业化浪潮中，淮河流域发展最为缓慢。不光是安徽、河南的淮河流域如此，包括工业较发达的山东、江苏，只要是属于淮河流域的地方也基本是所在省区发展最为缓慢的地方，以至于今天的淮河流域成为“经济洼地”，发展水准甚至低于全国平均水平。

二、淮河文化特点的初步认识

(一)有着前后两个时期的巨大差异

不同时代的人们对于生存与发展的理解是不一样的，这就形成各个时代的内在追求与精神趋向不会一样。每一时代历史环境适合其内在精神的抒发畅达，则其文化创造就会表现为生机盎然、蓬勃向上；相反，当历史环境与其内在追求处处不协调时，社会发展与文化创造就会衰微败落。

由此来看，我们可以把淮河文化的历史发展分为两个时期，即宋以前的持续发展时期和宋以后的衰微败落时期。前期社会发展水平都不高,人们更愿意把精神的满足与内在的充实作为主要的追求,因而出现了“不患寡而患不均”的思想与“志于道”的颂扬与追求,人性、道义成为这个时代的主旋律,其文化的内在精神可以用“内观”与“自省”来形容。可以看出这一时期的历史环境是适宜这种精神的抒发畅达的,因而文化上表现出了繁盛的特点。宋以后,社会开始注重事功与财富,“外游”与“进取”成为这个时代的追求与发展方向。然而,淮河流域的社会环境此后却进入了黄河不断南犯与南北争夺的主战场。这些情况都不利于“进取”精神的舒展发达与经济的进一步发展,因此文化上也就没有了特别的创造,反而形成“贫困文化”这样不利于社会发展的人文社会环境。“内观”“自省”“进取”等说法取自《列子》。《列子·仲尼》有一段话说:“内观者取足于身,游之至也;外游者求备于物,游之不至也。”这是列子教人内观自省,不要妄求身外之物的,正可以拿来说明淮河流域两个时代的精神追求。早期社会内观自省,人们向内追求用功夫,外部环境与之协和,因而“游之至也”,文化上表现出了繁荣的景象。宋以后历史的步伐走到了一个新的阶段,这就是“求备于物”的时期。时代“求备于物”而外在环境不利于它的展开,而且更加残破,因而“游之不至也”,再也没有出现老庄那样低头吟诵、敲盆而歌的思想巨人,甚至学术人物也不多见。物之不济,新文化的发展没有了社会经济基础,衰败下来就是注定的了。淮河文化前后时期的巨变,让人们对于文化特点的认识有了一些新的思考。历史是文化之母,历史本身发展趋向的深刻认识才是文化特色研究的根底,否则,难以明白文化精神的变与不变。

(二)淮河文化的自身特质

淮河文化的自身特质可以从几个方面来看:一是从早期形成的文化内涵上看,淮河文化是在融通、反省多种文化的基础上形成的,主要表现为道法自然,天人合一;道德本位,做人至上;追求和谐,天下大同(至德之世)。二是从思维方式上看,综合感知、以道观之的特点在淮河人的思考中较明显,理性化认识时有不足,法制观念淡薄,艺术气质较突出,富有灵性的人物古今都很多;但是又似乎是“心灵手不巧”,发明创造不多。三是从文化人才特点上看,思想的、政治的、军事的与艺术的人才偏多,艰深的学术研究与考据专家很少,这与江南、四川等地正相反,江淮地区则介于南北两者之间。四是从淮河文化的后世遗存上看,“大象无形、大音希声”“质朴自然”“随性乐天”的情况较突出,这也是其富有思想性、关注物质性不够的体现。

(三)从中国文化圈的展开看,淮河文化处在整个中国文化圈子的核心位置

中国原发性的思想文化主要是由淮河流域出生的人才总结、阐发与提炼的,这种文化是偏于精神的、内省的与做人的文化,该特点使得其化合能力、吸引力很强,加之淮河文化是多种文化长期融合的结果,所以其浑厚而深沉,内聚力强,汉民族之所以成为世界人口最多的民族，与此有密切关系。随着国家及其影响的扩展，淮河文化也开始向外传播，或者为外来者所主动学习，这就形成了淮河文化由中心不断向外扩散的形势。第一次外传是在秦汉魏晋南北朝时期。先秦著述都是在汉代得到系统整理的，以后开始向四方扩大影响。非淮河地区的人们，随着国家发展尤其是地方教育事业的展开，各个地方开始出现对于儒家经典、诸子思想的学习与研究，东北、岭南（包括越南）、西域、朝鲜等地就是这个时候开始研习的。隋、唐、宋以后，早期形成于淮河流域的传统中国文化，重心转场于南方，即江苏、浙江、安徽三省，也包括江西、湖南、四川等地；同时也向国外传布，如日本、越南、印度、中亚等地。但事实上，这些地方只是吸收了在淮河流域成型的一些书本上的知识，而内在的文化精神未必真正被接纳了。淮河地区核心文化圈的外围，商业理性精神层次递加，越往外，商业的、理性的、经济的特点越明显，而强调做人的、内省的与综合感知的特色则逐渐减弱。

明清以来，中国文化传布到全世界，成为对世界影响较大的文化之一。不过，中国文化与西方文化的区别很大，中国文化的外传主要不是随着扩张侵略而展开的，而是被很多族群主动学习的，即传播更多是被动的，这与其非一神教（排他性宗教）性质和不自以为具有普遍性，以及提倡和谐共生、道德自律、自然主义取向等的特点不无关系。

文化是历史的积淀，历史是在一定的地理基础上展开的，能纵观历史大势的展开，才能在文化的认知上贯通古今，或者说深通其变，看到文化对于历史与现实的具体影响所在，从而在历史—文化—现实之间找到内在的关系与张力，也才能以大见小，再从小的文化现象看到大的历史机缘，即其未来意义。文化通过其价值链一头连着历史，一头连着现实，所以对于区域性的历史文化的演变与现实社会的发展必须有一个全面深入的认识，才能够真正认识该文化。

老子“少私寡欲”思想的当代价值

魏宏灿

摘　要：《老子》文约义丰，从其思想本质上来说，同儒家思想一样，是一门“人学”。在当代社会的各个领域，其思想灵魂以各种不同方式发挥着重要的作用，渗透在各个领域，具有重要的社会价值。其“少私寡欲”的思想虽然是用来表达还淳返朴的政治观，但通过“赋予其新的时代内涵和现代表达形式”可知，其既是道家所倡导的人生境界，又是自我修养的最佳方式；既是治国理政的原则，又是执政者必备的政治素质，在物欲横流的当今社会，具有精神抚慰和心灵净化的积极作用。只有做到去奢崇俭、知足知止、重身轻物等，则可达到“少私寡欲”的人生境界。人们应充分发挥其自省、自正、自觉的柔性穿透力，涵泳心灵，使其成为振兴社会新风尚的精神养料。

关键词：老子；少私寡欲；创造性转化与发展；当代价值

当前，政治清明，社会安定，经济繁荣，人民安居乐业，享受着物质极大进步带来的多种利益，但是出现了如金钱至上、利己主义观念浓厚、占有欲望强烈、社会公德滑坡等现实问题。中华优秀传统文化不失为一剂矫正这些社会弊端的良药。2013 年 11 月，习总书记在山东考察时指出，要加强对中华优秀传统文化的挖掘与阐发，努力实现中华传统美德的创造性转化和创新性发展。习总书记还强调：“按照时代特点和要求，对那些至今仍有借鉴价值的内涵和陈旧的表现形式加以改造，赋予其新的时代内涵和现代表达形式。”①老子所说的“见素抱朴，少私寡欲”，虽然是用来表达他的还淳返朴的社会政治观，体现其“无为”的哲学思想，但我们要遵照习总书记的教诲，重视文脉传承，进行创造性转化和话语创新，策略性地发挥其自省自觉的柔性穿透力，滋润人们的心灵，使其成为振兴城乡公民道德新风尚的精神养料，发挥其积极的当代价值。

作者简介：魏宏灿，男，安徽太和人，阜阳师范大学教授，亳州学院特聘教授。

① 习近平总书记系列重要讲话读本[M]. 北京：学习出版社，人民出版社，2016：203.

一、少私寡欲:修养人生境界的重要方式

"见素抱朴,少私寡欲"出自《老子》第十九章:

绝圣弃智,民利百倍;绝仁弃义,民复孝慈;绝巧弃利,盗贼无有。此三者以为文,不足。故令有所属:见素抱朴,少私寡欲,绝学无忧。

老子生活的春秋时代是个政乱世衰的社会,天下大乱,礼崩乐坏,人民颠沛流离,用老子自己的话说就是"飘风不终朝,骤雨不终日","天地尚不能久,而况人乎?"(《老子》第二十三章)他将这种社会乱象归之于统治者的"智慧出,有大伪"(《老子》第十八章),这就是说天下大乱是统治者的智谲、奸诈而导致的。因此,他主张弃"圣智"、弃"仁义"、弃"巧利",人类应该保持清净朴素的心态,节制私欲。唯有如此,人与自然、人与人、人与社会才能和谐共处,达到"天人合一"的境界,人类才能得到利益,国家才能长治久安。因此,他提出"见素抱朴,少私寡欲"的政治主张。河上公注本章曰"还淳"①,陈鼓应先生说"本章是对于社会病象所提出的治方"②。

人生在世,为了维持生命或者生活得更美满幸福些,自然产生某些欲望,这是人的本性,是可以理解的。先秦时期的荀子曾尖锐地指出:"人生而有欲,欲而不得,则不能无求,求而无度量分界,则不能不争,争则乱,乱则穷。"③关键是如何对待欲望,就欲望本身而言,无所谓好与坏,但是当欲望膨胀到一定限度,"求而无度量分界",那么它就有好坏之分了,这就必然给个人和社会造成种种危害。因此,不论儒家、墨家还是道家,都主张人要节制自己的欲望。儒家主张以仁、义、礼教化世人,崇义抑利,用个人的道德修养规范行为,节制欲望,如荀子所说的"制礼义以分之,以养人之欲,给人之求,使欲必不求于物,物必不屈于欲"。因此,他主张以义养欲,以义辖利。墨家重利,也贵义,墨子说:"仁人之事者,必务求兴天下之利,除天下之害。"(《墨子·兼爱》)又云"有义则生,无义则死,有义则富,无义则贫"(《墨子·天志上》),强调义利统一。老子反对纵欲,也反对禁欲,主张"圣人欲不欲,不贵难得之货"(《老子》第六十四章)。"不欲"即"无欲",就是老子所说的"少私寡欲",他把眼光更多地投射到人的自身,主张从源头做起,让人性复归到最初的原始状态,让人们保持天性的质朴。节制私欲,清静无为,既不被过度的外在的某种欲望所诱惑,也不去过分地追名逐利,而是任其自然。诚如河上公注曰:"少

---

① 老子道德经河上公章句[M]. 北京:中华书局,1993.

② 陈鼓应. 老子注释及评介[M]. 北京:中华书局,1984:138.

③ 《荀子·礼论》.

私者，正无私也；寡欲者，当知足也。”焦竑《老子翼》注引王元泽注曰：“不欲之欲，非无欲也，欲在于不欲耳，故不贵难得之货而已。”老子所说的“甘其食，美其肤，安其居，乐其俗”（第八十章），庄子所说的“鹪鹩巢林，不过一枝，鼹鼠饮河，不过满腹”①，即是“少私寡欲”的具体写照。《老子》第十二章曰：“五色令人目盲，五音令人耳聋，五味令人口爽，驰骋畋猎，令人心发狂；难得之货，令人行妨。是以圣人为腹不为目，故去彼取此。”在这里，老子从生理学、心理学角度提醒人们，声色货利乃至口腹之欲，都要加以控制，不可纵欲任性。流逸奔竞而导致目盲、耳聋、口爽、心狂等发生，这是因为“五味”对五脏各有所宜，若食之不节，必致亏损，咸多伤心，酸多伤脾，辛多伤肝，苦多伤肺，甘多伤胃，所以人不宜过多追求“五味”享受。表面看来，是说物质欲望的诱惑使人的官能失效，心灵疯狂，实则是告诫人们不可被外物异化，摒弃“欲”之诱惑，健全体魄，保持自我本性。

人生活在现实社会中，不论从自然属性来看，还是从社会属性来看，总是有着某种欲望的，这是人的本性，面对“五色”肯定是有所追求的。老子虽然说“五色令人目盲”，但他说“为腹不为目”，并不反对人们追求正当的个人利益，享受更美好的生活。他提倡人们应该顺其自然地生活。从这个意义上来说，可以“五色令人目盲”看作是遵循自然法则，顺应自然本性，既追求个人应该享有的利益，过着顺应自然的淳朴而幸福的生活，又不应过分地滋生私欲。他反对的只是过度地对人对己均有百害而无一利的私欲，即“五色”，因此，有学者将“腹”理解为个人维持生命的基本需求，人们追求“腹”的需要，这是正常行为，理应给予肯定。但是，如果追逐令目盲的五色即声色犬马之娱，则是过度“私欲”的表现，当然应反对并加以限制。这是因为，人之“目”的基本功能是“视”，分辨五颜六色，认知万事万物。而“目”一旦受到花花世界绚丽色彩的“美景”刺激，其“本能”就可能发生变化，这当然对人无裨益，也不会给社会带来任何益处。所以，蒋锡昌先生说：“老子以‘腹’代表一种简单清净、无知无欲之生活，以‘目’代表一种巧伪多欲，其结果竟至‘目盲……耳聋……口爽……发狂……行妨’之生活。明乎此，则‘为腹’则为无欲之生活，‘不为目’，则不为多欲之生活。”（《老子校诂》）如此看来，“为腹”并非花天酒地、醉生梦死，而是为了“实其腹”，“强其骨”（《老子》第三章）。人生最重要的价值不是过分地、盲目地去追求“色”“音”“味”“驰骋畋猎”“难得之货”等物质享受与精神享受，而在于人自身纯朴自然本性的涵养与淳真的素质修养，也不是盲目“为目”即私欲，而更重要的是为“腹”，即正常的利益。这里的“为腹不可目”与“见素抱朴”“少私寡欲”是相融通的。由此可见，老子不是完全否定人们对“五

① 陈鼓应．庄子今注今译［M］．北京：中华书局，1983：23.

色”的追求与享用，而是提醒人们，节制自己的私欲，要受到一定的限度和约束。“见素抱朴”中“素”的本义是指未经染色的“丝”，“朴”之本义是指未经雕琢的木材，在这里都是其固有的质朴状态，因此，“见素抱朴”不是让人们都回归到茹毛饮血的原始状态，而是主张人们涵养自己本来具有的那种未经雕琢的纯真本性，不可让过多的外在私欲侵袭与污染。“少私寡欲”并不是人们常说的无私无欲，而是将个人的欲望控制在合情合理的范围之内，不让私心私欲肆无忌惮地膨胀，超越底线。换言之，一旦人的心灵完全被私欲占据并超出了一定的范围，两者结合就会出现“荣华势力诱其意，素颜玉肤惑其目，清商流徵乱其耳，爱恶厉害搅其神，功名声誉束其体”(《抱朴子・至理》)的事情，这必然给社会、给自己造成危害。所以，为社会、为自己完全有必要时时刻刻约束自己，规范自己，有所为，有所不为。从这个意义上来说，老子所主张的“见素抱朴，少私寡欲”则是调适人类的心灵鸡汤，是治理社会风气的良药。而当今有些官吏，之所以走上犯罪的道路，就是因为无视党纪国法，滥用人民赋予其的权力，过分地贪图享受，追逐眼前利益，肆无忌惮地扩张私欲。如果听从老子的忠告，少私寡欲，保持人的一点真诚、一点质朴，保留做人的底线，不忘为人民服务的宗旨，怎能会自绝于人民呢？可以说，无休无止的贪欲，正是引领他们走入万丈深渊的唯一“向导”。因此，“少私寡欲”既是一种人生哲学、人生境界，又是修养这种人生境界的重要方式和途径。

二、少私寡欲：治国理政的重要理念

“少私寡欲”不仅蕴含丰富的人生观，而且还是治国理政的重要理念。

老子认为，人类社会之所以纷争不息，混乱不休，动荡不安，其中一个重要的因素就是统治者永远填不满的私欲。《老子》第五十三章曰：

使我介然有知，行于大道，唯施是畏。大道甚夷，而民好径。朝甚除，田甚芜，仓甚虚；服文采，带利剑，厌饮食，财货有余；是谓盗夸。非道也哉！

文中的“盗夸”，即“大盗”，犹如盗魁、民贼，即指统治者。这里深刻地揭露了当时政治的腐败。为政者即“盗魁”挟持权威武力，搜刮榨取，侵公肥私，满足了无穷无尽的欲望。大盗的这种欲望不仅无益于国家的安定与社会的和谐，而且会导致国家更加动荡不安，人民更加艰难困苦，揭示了为政者的政治素质。诚如陆希声所云：“观朝阙甚修除，墙宇甚雕峻，则知其君上好土木之功，多嬉游之娱矣。观田野甚荒芜，则知其君好力役，夺民时矣。观仓廪甚空虚，则知其君好末作，废本业矣。观衣服多文彩，则知其君好淫(滛)巧，蠹女工矣。观佩服皆利剑，则知其君好勇矣。观饮食常厌饫，则知其君好醉饱，忘其民事矣。观资货有余，则知其君好聚敛，困民财矣。”(《道德真经传》)。难怪老子要对此做无穷的揭露与尖锐的抨击，

称这些人为强盗头子。所以,《老子》第七十五章云:

民之饥,以其上食税之多,是以饥。民之难治,以其上之有为,是以难治。民之轻死,以其上求生之厚,是以轻死。夫唯无以生为者,是贤于贵生。

统治者过分地吞食税赋,贪婪地横征聚敛,给下层民众造成了深重的灾难。统治者的妄为强作,奉养奢厚,逼使民众轻生冒死。因此,陈鼓应先生说"本意是对虐政提出的警告"①,再次提醒统治者,不能为了自己的奢侈逸乐之私欲,而大征苛捐杂税,也不能为了自己的"有为"而折腾百姓。统治者要治理好国家,同样需要节制自己的私欲,清净无事,与民休息。百姓事无巨细,以百姓心为心,以百姓事为事,让老百姓在安定和谐的社会环境中安居乐业,平安生活。

老子的这种重民贵民的治国理政意识与儒家强调的民本思想显然是一致的。《尚书》曰:"皇族有训,民可近不可下,民唯邦本,本固邦宁。"孟子也说过:"乐民之乐者,民亦乐其乐;忧民之忧者,民亦忧其忧。乐以天下,忧以天下,然而不王者,未之有也。"(《孟子·梁惠王下》)又云,"民为贵,社稷次之,君为轻。"(孟子·尽心下)这就是说,人民才是国家的根本,根基牢固,国家才能安定。换言之,执政者的道德修养并不仅仅是个人的私德,而是直接与国家的利益和人民的福祉休戚相关。"清净无事"治国理政谋略需要一个崇尚"少私寡欲"的执政者去实施去完成。"天下之势,常系民心",始终坚持以民为中心,力戒形式主义、官僚主义、享乐主义和奢靡之风,把人民的利益深植于心中,落实到行动中。

《老子》第五十七章又云:

以正治国,以奇用兵,以无事取天下。吾何以知其然哉?以此:天下多忌讳,而民弥贫;民多利器,国家滋昏;人多伎巧,奇物滋起;法令滋彰,盗贼多有。故圣人云:"我无为,而民自化;我好静,而民自正;我无事,而民自富;我无欲,而民自朴。

本章老子阐述其"无为而治"的思想,认为唯有无为、好静、无事、无欲才能取天下。正,"清净为天下正"(《老子》第四十五章)指清净之道。释德清云:"天下国家者,当以清净无欲为正。"即王弼所谓"以道治国"。以正治国,乃为千古名言,就依靠清净之道治理国家、规范社会、教育人民。这里老子将以正治国作为重要的治国理政原则,提醒统治者奉行"以无事取天下"的治国之术,节制自己的欲望,清静无为,民众自然淳化于道;反之,则会引起社会的动荡不安。故晨阳先生云:"这里提出私有欲望问题,为什么当时周末社会搅德很乱,无非是'天子'诸侯的互相争夺,因'有欲'而动刀兵,天下困而多事,人民不得安宁。老子希望的是克制私

① 陈鼓应. 老子注释及评介[M]. 北京:中华书局,1984:341.

欲，消灭剥削，满足人们吃饱穿暖的要求，‘甘其食，美其服，安其居，乐其俗’，反对‘财货有余’，反对‘贵难得之货’，主张‘去甚，去奢，去泰’，即去掉那些极端的、奢侈的、过分的。可见老子是反对不合理的剥削制度的。他把‘无为’与‘无欲’连在一起，‘无为’是勿因战争而为，‘无欲’是不要有占他人财物之欲。”①

这实质上也指出为政者应具备政治美德。德治作为治国理政的辅助手段最早可追溯至西周初年时周公提出的“以德配天”的理念。春秋末，孔子从“得人心出发”，进一步阐述“德治”的意义：“为政以德，譬如北辰，居其所，众星共之”，其与老子提出的“以正治国”是一个意思，凡是执政者都应正其不正。于国而言，“以正”保障国家机器良性循环运转，不因人而废，不因事而止，以正治理天下。于己而言，将“以正”作为自身的道德奋斗目标，以身作则，克己奉公，公益至上，不玩弄权术，不失信于民。这就意味着“官德”不仅仅是执政者应具备的职业道德，更重要的是灵魂正道直行，培根固魂，以德立身，以德领才，以德润才，以德服众，德才匹配，德才兼备，增强政治定力、道德定力、抵腐定力、纪律定力，真正意识到自己所处的位置对社会的发展与稳定、对实现自己“心正、身修、家齐、国治、天下平”的理想所起到的重要作用；意识到“官德”是整个社会道德建设的风向标；意识到修炼“官德”对于提升整个社会道德水平、实现“以正治国”的目标所具有的重要作用。因此，执政者应自觉地锤炼德性，恪守官德和政德，明大德、守公德、严私德，戒贪欲，克己奉公，才有资格以德教化和引导百姓，才能成为百姓的道德楷模与效仿对象。

综上所述，“少私寡欲”既是老子等道家所提倡的人生境界，又是自我修养的最佳方式；既是统治者治国理政的理念与原则，又是统治者所应具有的政治素质。

三、践行“少私寡欲”的重要举措

在物欲横流的当代社会，怎样才能做到“少私寡欲”呢？老子向世人提出了许多处世之道与人文关怀，这里重点分析三点。

一是去奢崇俭。《老子》第五十九章云：

治人事天，莫若啬。夫唯啬，是谓早服；早服谓之重积德；重积德则无不克；无不克则莫知其极；莫知其极，可以有国；有国之母，可以长久。是谓深根固柢，长生久视之道。

“啬”，释农，通穑。原指耕稼事，故谓田夫为啬夫。也可训农夫收藏。高亨先生云：“此啬字谓收藏其神形而不用，以归之于无为也。”②任继愈先生曰：“啬，吝

① 晨阳．老子的哲学[J]．河北师范大学学报，1981(3)．

② 高亨．重新老子正诂[M]．上海：上海古籍出版社，1956.

啬,应当用的财物全不得用。‘啬’是老子思想中的重要观念,它有爱惜精神、积蓄力量的意义,与六十七章‘俭’的意义相近。”①所以陈鼓应先生释之为“爱惜,保养”②。老子一贯主张去奢崇俭,为了国之长久,人之长生,取“啬”之“俭啬”之义用来表达治国治人治身的原则,应该厚培根柢,积聚正能量,收藏精神,充实机体。于国言,乃为政德,可兴国图强;于人言,则知稼穑之芬苦,无暇于淫逸,无奢靡于享乐,无奸诈于社会。如此,全社会上下同劳共苦,天下就会安定,国家可长治久安。于身言,则知过度费神耗精而祸至,故爱惜精神元气,谨于内闲于外,内心不弛,外欲不动,精气不伤,人便可健康长生。所以魏源《老子本义》云:“盖‘道’之啬,而至于早服无简,德之积而至于莫知其极,则敛舒咸宜,体用兼妙,以之有国则可以长久,以之固已则可以长生,惟其治人事天,无所不可,故曰莫如啬。”③

老子的这种“崇俭”思想早已凝固在中华优秀传统文化中,成为中国人民宝贵的精神财富。汉末政治家曹操针对当时社会的奢侈靡费之风,提倡节俭,《三国志·武帝纪》记载:曹操“雅性节俭,不好华丽,后宫衣不锦绣,侍御履不采,帏帐屏风,坏则补纳,茵蓐取温,无有缘饰”④,同时也“举吏以俭为先”⑤。当时曹魏集团的大多数官吏皆“布衣疏食”,形成了节俭的风尚,出现了建安初年的“节俭之世”。李商隐总结历代成败教训时指出:“历览前贤国与家,成由勤俭败由奢。”欧阳修明确地指出:“忧劳可以兴国,逸豫可以亡身。”司马光《训俭示康》云:“有德者皆俭来也。夫俭则寡欲,君子寡欲则不役于物可以直道而行,小人寡欲则能谨身节用,远罪丰家。”今人应当明白“以俭得之,以奢失之”的道理,继续发扬光大这一优良传统,保持艰苦朴素的作风,节俭清廉,自律修身。

二是知足知止。老子认为,社会上的所有纷争战夺、侵吞国家财富,邀宠贪权,私欲膨胀,图谋不轨,都源于“不知足”。不知足,必然会导致祸害,所以《老子》第四十六章云:

天下有道,却走马以粪。天下无道,戎马生于郊。祸莫大于不知足;咎莫大于欲得。故知足之足,常足矣。

这一章是谈战争的,指出战争的起因就是有野心的人贪得无厌,永不知足,于是便发动侵略战争,掠夺财物,侵占国土,伤害人命,给社会造成极大的灾难。由此可见,欲壑难填,必蹈罪孽。不知足的欲望是一切灾难的根源,故老子说“祸莫大

① 任继愈.老子新译[M].上海:上海古籍出版社,1985.

② 陈鼓应.老子注释及评介[M].北京:中华书局,1984:296.

③ 魏源.老子本义[M].北京:中华书局,1955.

④ 陈寿.三国志·武帝纪[M].裴注引魏书.北京:中华书局,1959:54.

⑤ 陈寿.三国志·和洽传[M].裴注引魏书.北京:中华书局,1959:655.

于不知足,咎莫过于欲得”。儒家劝人知足,是“乐天知命”,委之于命运。老子劝人知足,是永恒的足,足于道,即“知足之足,常足”。李嘉谟说:“可欲者,爱也;不知足者,取也;欲得者,有也。由爱生取,由取生有,遂为无穷之咎。现不知足者,虽足而不足;则知足之足常足也可知。”(《道德真经义解》)这也是从清心寡欲、自然无为入手,从根本上知足。这就显得有点唯心了。胡寄窗先生指出:“老子学派把知足看得非常重要,以为知足可以决定人们的荣辱、生存、祸福……不仅此也,他们并将知足作为从主观上分辨贫富的标准。如知足,则虽客观财富不多而主观上亦可自认为富有,‘知足者富’、‘富莫大于知足’。因为知‘足’之所以为足,则常足矣,常足当然可以看作是富裕。反之,客观财富虽多,由于主观的不知足,贪得无厌,能酿成极大的祸害。从这里可以看出,老子的财富取决于主观的知足与不知足,亦即取决于‘欲不欲’,所以带有唯心主义色彩。”(《中国经济思想史上》)。虽如此,但这是在提醒世人,为人处世,不贪求,要知足,才能常足,唯其心以自足为乐,其行为方可“止”,即常说的“知足常乐”,这有利于修身养性。

《老子》第四十四章又云:

名与身孰亲?身与货孰多?得与亡孰病?甚爱必大费;多藏必厚亡。故知足不辱,知止不殆,可以长久。

这是老子针对社会上“贪夫殉财,烈士殉名”的世俗常情提出的忠告。人多不知足,不知止,身前有余忘缩手,贪得无厌,欲壑难填,这必然招来耻辱、危殆。所以河上公注曰“财多则害身也”。王弼也说:“贪货无厌,其身必少。”只有“知足”,才能“不辱”;只有“知止”,才能“不殆”。这告诫世人一定要知足、知止,能缩手时即缩手,能回头时即回头。这种“知足”“知止”的教诲历来被奉为生活的金科玉律。西汉宣帝时,疏广及其侄同做皇太子的师傅,“朝廷以为荣”。疏广对其侄说:“吾闻‘知足不辱,知止不殆’,‘功遂身退,天之道也’。今仕〔官〕至二千石,宦成名立,如此不去,惧有后悔,岂如父子相随出关,归老故乡,以寿命终,不亦善乎?”于是二人“辞决而去”,被人称颂为“贤哉二大夫”。(《汉书》卷七十一《疏广传》)宋朝的洪迈也提倡“人当知足”,指出“其安分知足之意,终身不渝”。这种“知足常乐”的人生观令人生活得心安理得,灵魂宁静,不争前,不贪求,不攀比,自然而然。不辱于生前,不殆于身后。不断掸去思想上的灰尘,特别是在物欲横流的情况下,经得起风浪,挡得住诱惑,守得住底线,耐得了清贫。像老子所说的那样,知进知退,知足知止,坦然豁达地对待名利等“身外之物”,这何尝不是一种明智而积极的选择呢?有了这种观念和胸怀,即使做不到在名利、得失、荣辱面前不动心,但至少不会进一步追求不应该得到的东西,即老子所言“知止”,这样就不会犯下更严重的错误。

三是重身轻物。名利、生命是人生所需求的。从古至今，尽管时代不同，但不知有多少人视功名利禄为人生的最高理想，苦苦追求一辈子，认为人生在世就是为了升官发财，向往于“人过留名”，孔子所谓“疾名不立”是也。因而这类人争名于朝，争利于市，置生命而不顾，“人为财死，鸟为食亡”说的就是这个意思。老子鄙视这种人生价值取向，他认为生命贵于名利。《老子》第四十四章曰：“名与身孰亲？身与货孰多？得与亡孰病？甚爱必大费，多藏必厚亡。”这就是说，名利和生命对人而言，生命更为宝贵，因为名利乃身外之物，如果为了名利而丧生，就是舍本逐末。俗话说“留得青山在，不愁没柴烧”，讲的就是这个道理。《庄子·让王》通过15个寓言故事反复深入论述“重生轻物”的人生哲理，批评“今世俗之君子，多危身弃生以殉物”，“今世之人，居高官尊爵者，皆重失之，见利轻亡其身，岂不惑哉！”主张“能尊生者，虽富贵不以养伤身，虽贫贱不以利累形。”①可见，老子发现人类自身的生命价值，在唤醒人类主体意识，重身轻物，珍爱生命，把自己的生命和健康放在首位，不可被“身外之物”所役使，这实在是中国思想史上一个重大的历史贡献。

笔者从老庄道家重身轻物的思想中悟出了许多人生真谛，在现实社会生活中发挥重要作用，这主要表现在两个方面：第一，身外之物，即身体以外的名利等，既不能随人生而来，也不能随人死而去，所以人们视其为身外之物，表示轻视之意。明代吴麟征《家诫要言》云：“身贵于物，汲汲为利，汲汲为名，俱非尊生之术。”鲁迅先生在《智识即罪恶》中亦云：“大约钱是身外之物，带不到阴间的，所以一死便成为清白鬼了。”在现实生活中，每当有人仕途不顺或官场竞争失败后，人们常会以“名利不过是身外之物”而劝导之，以使失落者的心理得到调解和平衡，起到自我精神安慰的作用。第二，淡化了做官的欲望心理。古代，烈士殉名者有之，今天也不乏利欲熏心者。因此，人们可以革新道家的人生哲学，主张淡化为官心理，少私寡欲，把人们从名缰利锁中解脱出来，做一个道德高尚的人。然而在现实生活中，有多少人能真正视金钱为粪土呢？看看那些落马的官员，哪一个不是名利面前大伸手，金钱面前动贪心，美色面前起淫心，甚至不择手段地追名逐利，敛财贪色，占有欲膨胀到极点？因此，看淡荣誉，才能心无旁骛；看淡权力，才能心怀坦荡；看淡金钱，才能为人表率。在名利面前，不汲汲于富贵，不戚戚于贫贱，不被名利左右，知止有度，无欲中正，为而不争，为而不恃，功成而不处，回归本心，淡然处之，淡然超越。这是一种大智慧，是一种宽容。

老子哲学是中国文化自信的重要渊源之一，在当今现实社会中仍有一定的积

---

① 陈鼓应．庄子今注今译[M]．北京：中华书局，1983：795.

极意义。虽然现在国家性质及其治理模式与封建社会有着根本的区别,但这并不代表道家哲学仅仅是一种文化遗产,而应清醒地认识到它是一笔宝贵的精神财富。“少私寡欲”既是历史传统,又是未来人文价值取向,尤其是在今天构建和谐社会、振兴城乡精神文明建设的进程中,这种思想在人们的经济交往和社会生活中具有普遍的适用意义,应充分发挥其对人们的精神抚慰和心灵净化作用以及对社会矛盾的疏导和化解作用,以便于提高城乡居民的思想境界和情趣品位,培育全民豁达宽容胸怀,调适情感和心理,以包容的心态看待一切,理解社会,促进公民素质的提升,形成健康的文明社会新风尚。如此看来,老子思想中的优秀传统文化因素对建设新时代的道德规范具有非常重要的反思和借鉴价值。在当下社会转型期,对老子的哲学思想作新的阐释,对于个人、社会和国家的长治久安有着极为重要的意义。

新时代大别山红色文化资源创新教育模式的几点设想

梁家贵

摘　要：大别山区有着极为丰富的红色文化资源，是淮河文化的重要组成部分，近年来相关研究与开发已取得长足进展，但也存在薄弱环节。新时代进一步深化大别山红色文化研究，并进一步优化大别山红色文化资源教育模式，不仅具有重要的学术价值，还具有极为重要的现实意义和深远的历史意义；同时，还可以为其他“区域红色文化”资源教学模式创新提供有益的借鉴。需要指出的是，在研究与开发两者之间，前者是前提，后者是前者的通俗化、大众化，是前者的归宿，是研究的落脚点。因此，要有明确的指导思想，同时实现学术思想、学术观点和研究方法等方面的创新。

关键词：大别山红色文化；淮河文化；教育模式；区域红色文化

大别山区位于鄂豫皖三省交界处，是在中国共产党的领导下最早开展武装斗争、创建红色政权的地区之一，也是最早开展经济、社会、文化等建设的尝试地之一，有着极为丰富的红色文化资源，是淮河文化的重要组成部分。因此，深化大别山红色文化研究、创新大别山红色文化资源教育模式，具有重要的学术价值和现实意义。本文拟在梳理大别山红色文化研究现状的基础之上，对创新大别山红色文化资源教育模式提出几点设想，以期引起更多、更广泛的关注，有力推动这一领域的研究与开发；同时，为其他“区域红色文化”研究与开发提供借鉴。

一

中华人民共和国成立以来，学界以及其他社会各界对大别山红色文化给予了高度关注。特别是近年来，相关研究机构纷纷成立，如安徽省大别山文化研究院红色文化研究所、安徽省大别山革命历史研究会、河南省红色资源研究中心、湖北省麻城鄂豫皖红色文化研究会以及信阳师范学院大别山红色资源与文化发展研究院、黄冈师范学院大别山红色文化研究中心、解放军陆军炮兵防空兵学院大别山红

作者简介：梁家贵，男，安徽省大别山革命历史研究会副会长，阜阳师范学院继续教育学院院长、教授。

色文化研究所等，有力促进了这一领域的研究。

（一）相关资料的搜集、整理和研究

自1927年11月黄麻起义开辟（光山）柴山保革命根据地至中华人民共和国成立，大别山区始终是中国共产党领导下的红色政权的核心之一。在这一区域，中国共产党先后创建了红一军、红四军、红四方面军和红二十五军、红二十八军等红军部队，并最早派人民军队奔赴抗日前线，到达陕北地区；同时，也是最先在这一区域对国民党反动势力实施战略进攻。1949年后，大别山地区人民响应党的号召，积极支援国家经济、军事和社会建设。可以说，大别山区的人民为中国革命胜利，为中国社会主义建设付出了巨大牺牲、做出了巨大贡献。因此，这一区域留下了极为丰富的红色资料。学术界在相关资料的搜集整理方面做了大量的工作，形成了一批成果。例如，资料汇编方面有《鄂豫皖革命根据地》（四册）①、原华中师院历史系编印《鄂豫皖苏区革命史资料选编》②以及中央档案馆、湖北省档案馆、河南省档案馆和安徽省档案馆编《鄂豫皖苏区革命历史文件汇集（1929—1934）》（甲种本1—5册）③等；回忆录方面有《艰苦的历程》（上下）④、《皖西革命回忆录》⑤、《大别山烽火》⑥等；学术专著方面有中共河南省委党史研究室、中共安徽省委党史研究室编《鄂豫皖革命根据地史》⑦、中共河南省委党史工作委员会编《大别山风云录》⑧等。

（二）相关领域的探索、交流和分歧

大别山红色文化研究领域尚取得了一批成果⑨，各学术机构和团体也纷纷举

---

① 《鄂豫皖革命根据地》编委会：《鄂豫皖革命根据地》，河南人民出版社，1990.

② 华中师院历史系编印：《鄂豫皖苏区革命史资料选编》（内部发行）。

③ 中央档案馆、湖北省档案馆、河南省档案馆和安徽省档案馆编：《鄂豫皖苏区革命历史文件汇集（1929-1934）》（甲种本1~5册）。

④ 《艰苦的历程：中国工农红军第四方面军革命回忆录选编》，人民出版社，1984年。

⑤ 皖西革命斗争史编写组编：《皖西革命回忆录》，安徽人民出版社，1980年。

⑥ 中共商城县委会编：《大别山烽火》，河南人民出版社，1981年。

⑦ 中共河南省委党史研究室、中共安徽省委党史研究室编：《鄂豫皖革命根据地史》，安徽人民出版社，1981年。

⑧ 中共河南省委党史工作委员会编：《大别山风云录》，河南人民出版社，1990年。

⑨ 代表性成果如汪季石等著《鄂东现代革命史》（湖北人民出版社，2010年）、吕杰等主编《大别山红色文化与中国梦》（蓝天出版社，2014年）、崔卫兵等主编《新时代大别山红色文化传承研究》（合肥工业大学出版社，2018年）、余维祥著《大别山特色文化资源利用研究》（湖北人民出版社，2016年）、田青刚等主编《大别山红色文化研究：红色四望山暨多维视角下的大别山抗战学术研讨会论文集》（第一辑，郑州大学出版社，2016年）、大别山干部学院编《大别山革命简史》（中共党史出版社，2016年）。一些硕士生、博士生也选择这一领域作为自己学位论文申请选题，如王制军的《大别山区红色历史资源开发研究》（华中师范大学申请博士学位论文，2008年）、王雅捷的《大别山红色影视文化项目可行性研究：基于产业融合理论的应用》（对外经济贸易大学申请硕士学位论文，2016年）、边文婧的《“大别山记忆”数字资源库建设研究》（安徽大学申请硕士学位论文，2014年）

办学术研讨会。例如，安徽省大别山革命历史研究会每年举行年度研讨会，专题研讨大别山红色文化；其他如解放军陆军炮兵防空兵学院大别山红色文化研究所、信阳师范学院大别山红色资源与文化发展研究院、黄冈师范学院大别山红色文化研究中心也举办了相关的学术研讨会，就一些领域进行了探讨和交流。应该看到的是，大别山红色文化研究领域也有很多薄弱环节，还存在不少分歧。以大别山红色文化概念为例，黄冈师范学院江峰认为，所谓大别山红色文化，实际上就是近代以来由马克思主义先进文化为导向，融合中国传统儒、释、道等主流文化、区域内中原文化、吴楚文化、宗族文化等多种文化元素，从而在大别山这一特定区域融合生成的一种具有明显地域特征的特色文化，它与中国其他不同地域的红色文化共同构成中国红色文化的有机整体，对近代以来的中国社会产生了极其深刻的影响①。阜阳师范大学梁家贵认为，红色文化首先是一种文化，所谓的"红"不单纯地指一种颜色，而是一种政治导向、政治选择和政治定位，特指中国共产党领导中国各族人民为实现民族独立、民族富强，最终实现共产主义理想这一伟大过程中所形成的文化。具体到大别山红色文化，就是在中国共产党领导下，大别山人民在中国的革命与建设过程中所形成的文化②。也有观点称其为"大别山精神"，相关研究涉及大别山精神的内涵阐释、特征概述及其与井冈山精神、延安精神的比较等。河南信阳市委曾专门成立"大别山精神"研究组，组织党史、军史和社科界专家对"大别山精神"进行了深入系统研究，而2016年，中共六安市委宣传部组织了"大别山精神表述语"征集、评选活动，均产生了较大的社会影响。

（三）相关成果的推介、弘扬

红色文化研究成果的推介、弘扬，实际上也就是进行"社会教育"的过程。迄今，有关大别山红色文化的宣传载体除书籍、报刊外，还有电视、电影，如《风雪大别山》《大转折——挺进大别山》《挺进中原》《大进攻序曲》《中原突围》《黄麻惊雷》等；歌舞，如《再见了，大别山》《五月红杜鹃》《八月桂花遍地开》等；博物馆、纪念馆，如安徽金寨革命博物馆、湖北红安黄麻起义鄂豫皖苏区纪念园等。

二

综上所述，可以看出，大别山红色文化研究已取得长足进展，这为进一步深化这一领域研究提供了极为重要的资料基础和难能可贵的研究参考。然而，也应该看到，大别山红色文化及其资源教育模式创新研究方面还有待进一步深化。

---

① 江峰：《弘扬大别山红色文化　拓展党史研究新视域——大别山红色文化研究中心在湖北黄冈师范学院创立》，《中共党史研究》2010年第2期。

② 梁家贵：《略论大别山红色文化》，《理论建设》2014年第3期。

首先，在大别山红色文化研究方面，专题式、系统化以及理论性的研究成果还不多，需要进一步强化。

其次，在教育模式方面还需要进一步创新，表现在：一是没有转化成“课堂教育”资源，教育模式也相对单一，没有成为思想政治教育资源的重要组成部分，进而有效发挥红色文化育人的作用，而福建、江西、吉林等省高校在这方面作了有益的尝试；二是“社会教育”还存在不系统、不完整，甚至不准确等不足之处，推介、弘扬方式也需要进一步优化。

习近平总书记强调，要把红色资源利用好、把红色传统发扬好、把红色基因传承好。大别山红色文化资源是我们党在革命、建设中形成的宝贵精神财富，新时代进一步优化大别山红色文化资源教育模式，不仅具有重要的学术价值，也具有极为重要的现实意义和深远的历史意义，还可以为其他“区域红色文化”资源教学模式创新提供有益的借鉴。

（一）独到的学术价值

大别山红色文化首先是一种文化。一种文化形态的产生与历史传统、环境有关，往往是由数个彼此独立而又相互关联的因素共同构成的。大别山红色文化的形成是大别山地区历史传统与新民主主义革命、社会主义建设相结合的产物，开展这一领域的研究，不仅可以进一步丰富中国传统文化，促进中国文化史学科建设，而且可以进一步深化中共党史、中国近现代史研究。

有学者指出：“文化自信，归根结底是对红色文化的自信，或者说红色文化是文化自信的根本支撑。”①大别山红色文化如同井冈山红色文化、沂蒙山红色文化、延安红色文化、西柏坡红色文化、遵义红色文化、韶山红色文化、太行山红色文化等一样，是一种“区域红色文化”，既承续中国传统的文化根脉，又彰显大别山红色文化的人文个性。因此，开展大别山红色文化研究，可以进一步丰富红色文化，有力提振中国民众的精神，推动中国文化大繁荣、大发展。

（二）独到的应用价值

习近平总书记强调，要坚持把立德树人作为中心环节，要把思想政治工作贯穿教育教学全过程，实现全程育人、全方位育人。红色文化内涵丰富，形式多样，可以为地方高校思想政治教育提供优质载体，提供生动素材，提供理想实践教学范式，是地方高校思想政治教育不可多得的文化资源和精神财富。同时，开展大别山红色文化资源教育模式创新研究，可以为相关职能部门提供有益参考，从而实现现有红色文化资源整合，科学规划，统一布局，在很大程度上突破大别山区及周边地区

① 刘润为：《红色文化与文化自信》，《红旗文稿》2017 年第 12 期。

红色旅游资源原有的“小”“杂”“散”等缺陷，更好地发挥“社会教育”功能，倡导良好社会风尚，提升国民素质，推动学习型社会构建；同时，更好地满足人民群众多层次多样化文化需求，有力促进地方经济社会发展。

三

2016年4月24日，习近平总书记在安徽省六安地区考察时强调：“全面建成小康社会，一个不能少，特别是不能忘了老区。无论是革命战争年代还是改革开放新时期，老区人民为党和国家做出了巨大贡献。老区人民对党无限忠诚、无比热爱，老区精神积淀着红色基因。”[①]金寨作为“中国革命的重要策源地、人民军队的重要发源地”，应提炼好、弘扬好“大别山精神”，让红色基因代代相传，让红色江山永不变色”。这为开展大别山红色文化研究及大别山红色文化资源创新教育模式研究的开展厘清了思路、明确了目标、指明了方向。

开展大别山红色文化研究及大别山红色文化资源创新教育模式研究应以新时代大别山红色文化资源为研究对象，探讨其教育模式创新，充分发挥红色文化的“育人”功能，积极服务于“课堂教育”“社会教育”。

（一）廓清研究分歧，让红色文化资源活起来

习近平总书记反复要求哲学社会科学工作者，要“让收藏在博物馆里的文物，陈列在大地上的遗产，书写在古籍里的文字都活以来”，从而为中华民族的伟大复兴奠定坚实的文化根基。总书记强调：“中国革命历史是最好的营养剂”；“一切向前走，都不能忘记走过的路；走得再远、走到再光辉的未来，也不能忘记走过的过去，不能忘记为什么出发”。

大别山红色文化研究还存在很多分歧，甚至薄弱环节。习近平总书记所说的“提炼好、弘扬好‘大别山精神’，让红色基因代代相传，让红色江山永不变色”，实际上指出了进一步提炼红色文化内涵的必要性和迫切性，可谓一语中的。应该系统梳理已有大别山红色文化研究方面的成果，参阅党史著述和文献资料，并结合调研，突破一县、一市、一省的局限，着眼于整个中国，加强各个地区乃至海内外相关研究力量的交流与合作，既从宏观上提炼红色文化的内涵和外延，归纳出红色文化的特征和发展规律；又着眼于区域性，注意到不同区域红色文化的差异性，从中观或者微观上揭示出不同区域红色文化的特征和发展规律，并使之准确、凝练、通俗和简洁。在此基础之上，编写大别山红色文化系列学术著作，为开展大别山红色文化教育提供必要的前提、奠定坚实的基础。

---

① 习近平：《不能忘了老区，老区人民养育了我们》，新华网。

（二）服务“课堂教育”，培育新时代“担当民族复兴大任的时代新人”

2014 年 4 月 24 日，习近平总书记视察金寨，在参观革命博物馆时，满怀深情地说：“一寸山河一寸血，一抔热土一抔魂。我们要沿着革命前辈的足迹继续前行，把红色江山世世代代传下去。革命传统教育要从娃娃抓起，既注重知识灌输，又加强情感培育，使红色基因渗进血液、浸入心扉，引导广大青少年树立正确的世界观、人生观、价值观。”2018 年 7 月 29 日，中共中央办公厅、国务院办公厅正式发布《关于实施革命文物保护利用工程（2018—2022 年）的意见》，明确要求“推动革命传统教育进学校进教材进课堂，编纂出版系列革命文物知识读本，鼓励学校、党校到革命旧址、革命博物馆纪念馆开展现场教学”。按照总书记的重要讲话精神，依据相关文件要求，应该着重进行以下四个方面的研究。

一是编写大别山红色文化系列读本。该系列文化读本应将文字、图片、微视频等形式有机结合起来，整体彰显读文、阅图与视频的相辅相成、相得益彰，形成全方位覆盖、立体式展现的红色文化普及读物，进而更好地满足读者的不同需求和选择，使广大读者得到的不仅是历史知识的进一步丰富，还有深深的历史沉思，在潜移默化之中达到普及红色文化、传承红色文化基因的效果。

二是建设适合小学、中学、高校不同层次的大别山红色文化系列网站。该系列网站应主要包括代表性人物、典型事例、图片、大别山自然风光等内容，针对不同层次的学生群体，设计不同的风格，努力实现“寓教于乐”。该系列网站应无偿提供给大别山区及周边乃至全国的大中小学校使用。

三是与文艺工作者合作，创作大别山红色文化方面的歌曲、电影、电视、动漫等文艺作品，并使之走进校园、走进课堂、走进学生的思想中。

四是与地方有关部门合作，建设大别山红色教育基地和红色文化传扬的实践平台，通过系列主题教育与体验活动，弘扬革命传统，进一步巩固在校学生理想信念，引领在校学生自觉成为红色文化传播的践行者。

（三）服务“社会教育”，践行红色文化自信

习近平总书记在党的十九大报告中指出，文化是一个国家、一个民族的灵魂。文化兴国运兴，文化强民族强，没有高度的文化自信，没有文化的繁荣兴盛，就没有中华民族伟大复兴。因此，总书记特别强调，“要把红色资源利用好、把红色传统发扬好、把红色基因传承好”。为此，应该着重开展以下三个方面的研究。

一是红色文化记忆建构。与地方有关部门紧密合作，科学规划革命纪念馆、博物馆、遗址地等红色文化载体布局，并使之不断优化。

二是红色文化符号传播。革命时期的漫画、标语口号、旗帜徽章等文化符号，在凝聚革命热情、动员广大人民群众等方面发挥了极其重要的作用。可以科学设计大别山红色文化符号，充分发挥红色文化符号价值引领与红色文化传承的作用，增强大众的红色文化自信。

三是红色文化仪式展示。与有关部门及专业人员合作,科学设计、规划纪念活动、民间庆祝、大小文艺晚会等红色文化仪式,使之成为大众教育的重要渠道与文化传播的重要载体,增强红色文化传播的有效性,增强大众的红色文化自信。

应该指出的是,开展大别山红色文化资源教育模式创新研究,需要注意两个方面:一是大别山红色文化研究的深化,二是大别山红色文化资源教育模式的创新。前者是前提,后者是前者的通俗化、大众化,是前者的归宿,是研究的落脚点。

四

在进一步深化大别山红色文化研究的基础之上,编辑系列红色文化读本、建设红色文化网站、创作红色文艺作品以及强化红色文化记忆、传播红色文化符号、展示红色文化仪式等途径,可以进一步提升大别山红色文化的影响力和知名度,充分发挥红色文化育人的功能,积极服务"课堂教育""社会教育",持续推动红色文化发展繁荣,进一步增强文化自信,为实现中华民族伟大复兴中国梦提供思想保证、精神动力和智慧源泉。

(1)必须以习近平新时代中国特色社会主义思想和党的十九大精神为指导,遵循大别山红色文化历史发展的本来顺序,立足基础的资料,或者是实物,或者是文献、图片,也或者是民间流传的歌谣、故事、传说等,并进一步发掘新的资料,在史实层面展开细致的实证研究,并注重理论层面的参证、提炼和升华。在此基础之上,开展大别山红色文化资源创新教育模式研究,在充分发挥大别山红色文化"育人"功能的同时,促进红色文化发展和繁荣,进一步丰富中国传统文化,有力推动地方经济社会发展。

(2)具体研究方法如下:

一是综合考察法。研究大别山红色文化要涉及多个时期、不同地区的经济、社会、政治、文化、外交、军事等活动,显然,单一的研究范式很难完整地反映其全貌。要在进行整体分析、宏大叙事的同时,注重中观、微观乃至个案研究;要针对大别山红色文化研究领域的空白点、薄弱点、疑难点开展研究;要融多学科视角于一炉,多层次、全方位、立体性透视,从而得出一系列新观点,进而建构一种新的理论框架,实现理论视角的创新。

二是跨学科法。综合运用历史学、社会学、文艺学、文化传媒学、政治学等学科理论和方法以及计算机、网络技术,强化多学科整合,使内容与形式有机结合、互为表里。

三是田野调查法。深入大别山区开展调查研究,努力搜集各类资料,尤其是口述资料。

四是协同法。与兄弟院校、地方有关部门和文艺工作者密切合作，构建集大别山红色文化资源教育组织、实施、成果共享和推广于一体的长效机制。

(3)力争在学术思想、学术观点、研究方法等方面实现创新。

一是学术思想方面，厘定并廓清有关大别山红色文化的学术分歧，努力在学术界及其他社会各界就大别山红色文化的内涵、外延等方面达成共识。

二是学术观点方面，包括大别山红色文化在内的红色文化是学校开展思想政治教育的重要资源，在实现“三全育人”方面发挥重要作用；同时，也是树立良好社会风尚、提升国民素质、构建学习型社会的重要途径，并有利于红色旅游资源开发，促进地方经济社会发展。

三是研究方法方面，要以历史学为研究视角，融合其他学科研究方法和知识、技术，努力实现大别山红色文化资源教育模式创新。

安徽省红色文化遗产空间分布规律探究

白如山　郑好好　郭二群　韦玉秀

摘　要：挖掘红色文化遗产的空间格局，对红色旅游规划、研学旅行设计等具有重要的指导意义。基于核密度估计、叠置分析法，以安徽省红色文物保护单位为数据基础，在分析红色文化遗产空间格局特征基础上，进一步从地理学视角，研究安徽省红色文化遗产的分布类型及集聚特征。研究发现：一是安徽省红色文化遗产空间分布类型趋于凝聚性，且聚集的程度较高，但不同类型的红色文化遗产具有不同的集聚形态；二是红色文化遗产分布重心随着时间的推移呈现东南—西—东南—西南迂回向南推移的态势，红色文化遗产演化格局经历了先极化后分散的空间过程。随后，进一步从地形地貌、河流、交通线、城市等4个方面探究红色文化遗产分布形态与地理环境的相关性。结果表明：安徽省红色文化遗产呈现“沿路”“依河”和“远城”分布的特征。

关键词：红色文化遗产；地理规律；安徽省

近期“红色文化”研究的方兴未艾，源于制度层面和学术层面的双重影响。2004年12月，《2004—2010年全国红色旅游发展规划纲要》由中共中央办公厅、国务院印发，这标志着红色文化已经上升到国家战略层面，并进入实施阶段；2017年1月，中共中央办公厅、国务院办公厅通过《关于实施中华优秀传统文化传承发展工程的意见》，提出“建设革命文物资源目录和大数据库，实施革命文物保护利用工程，做好革命遗址、遗迹、烈士纪念设施的保护和利用”。可以说，一方面，一系列的政策措施为红色文化研究营造了浓厚的政策氛围；另一方面，关于红色文化遗产的研究体系一直是近些年红色文化理论研究的热点之一，在经过多个视角的解构和重构之后，红色文化的研究体系渐趋复杂，但其主流仍然是“应用导向”和“热点导向”，红色文化遗产挖掘与利用一直处在核心的位置，并取得了一定的研究成

作者简介：白如山，男，阜阳师范大学历史文化与旅游学院副教授。

基金项目：2019年安徽省哲学科学规划项目“安徽淮河流域历史地理信息系统建设及应用研究”（AHSKQ2019D130）阶段性成果；阜阳师范大学2020年度校级青年人才重点项目（rcxm202010）。

果。目前，国内学者对红色文化遗产的研究主要集中在以下三个方面：

一是侧重“价值”挖掘的红色文化遗产研究。重点挖掘红色文化遗产价值多样性特征，提炼出具体化的价值形态，促进红色文化遗产的内在价值创造性地转化为现实价值，成为学术界研究的重要方向（陈世润、李根寿，2009；张泰城、王文礼，2015；谷松岭，2017；欧阳秀敏，2017）。

二是侧重“数据库”建设的红色文化遗产研究。有效克服文献资料匮乏、分布零散之困境的红色文化遗产数据库建设研究问题，逐步引起部分学者的关注（许庆岭，2011；袁子英，2012；王玉平等，2014；曹东辉，朱文生，2015）。

三是侧重“旅游”利用的红色文化遗产研究。红色文化遗产的旅游化利用一直吸引着学术界，成为红色文化研究热点领域（余凤龙、陆林，2005；李向明，2005；黄细嘉、宋丽娟，2013；刘定禹、饶志华，2013；莫志斌，2017；刘建平等，2017；熊杰等，2018；陈国磊等，2018）。

总的来看，近年来国内学术界红色文化遗产研究不断得到加强，研究成果日益丰富并呈现出以下特点：在地域范围上，多以宏观的国家尺度或过于局限在红色文化遗产较为丰富的井冈山、西柏坡、湘西、延安等根据地地区，但针对安徽省红色文化遗产的数据挖掘还不够深入。在研究内容上，学术界主要集中于红色文化遗产的价值挖掘、旅游利用等方面，研究视角多以历史学、政治学、教育学等史料挖掘、育人实践为主，忽视红色文化遗产生成根源、发生机制、演化特征、形成机理等生态价值的挖掘。在研究方法上，我国红色文化遗产研究多停滞在传统的考古学、历史文献学的定性描述分析的思辨层面，较少进行定量化、模型化研究，许多很有见地的研究成果因缺乏量化指标难以完全体现研究的科学价值。目前所见，仅有熊杰、陈国磊对中国红色经典景区空间分布的 GIS 分析，但对其类型结构和影响因素的探讨有待进一步深化。借助 GIS 建立红色文化遗产数据库，对其进行空间分析和可视化制图，可以有效挖掘红色文化遗产分布规律、演化格局及生成机理等。

安徽省地跨长江、淮河、新安江三大流域，其地形、地貌、水系、气候等地理要素具有南北过渡性、东西融合性的特征，地理环境优越，这孕育了本区域特色鲜明、差异显著、类型丰富的革命文物资源，具体包括遗址类、祭奠类、纪念馆类、旧址类等四种类型。这些文物资源不仅蕴藏着安徽省特有的文化内涵和思维方式，还是建设红色文化强省的物质载体和宝贵资源。在已有研究成果的基础上，从“文化与环境”关系视角尝试对孕育安徽省红色文化的自然生态、社会生态和人文生态环境进行研究，借助 GIS 空间分析和可视化表达技术，挖掘安徽省红色文化遗产分布规律、演化格局、生成机制及其他地区历史事件的空间关系，以深化学术界对红色文化研究的视角和方法，为安徽省红色文化遗产进行红色旅游规划、研学旅行设计等创造性利用、创新性发展提供科学指导。鉴于此，本研究以安徽省级红色文物保护单位为数据基础，运用最邻近指数、核密度估计、标准差椭圆、叠置分析等ArcGIS10.2空间分析工具，从历史分期和文物类型两个维度对安徽红色文化遗产的类型结构、空间分布及其与地理环境的关系进行探究，分析安徽省红色文化遗产的空间相似性与地域差异性特征，揭示安徽省红色文化遗产的空间格局及其与地理环境的密切关系。

一、数据来源与研究方法

（一）研究方法

本文借鉴并引入王法辉①、白如山等在文化遗产研究中所运用的最邻近指数、核密度估计、叠置分析等方法，对安徽省红色文化遗产分布特征及影响因素进行GIS分析。红色文化遗产评价指标模型见表1所列。

表1 红色文化遗产评价指标模型

指数	模型	模型意义	地理意义
最邻近点指数	$R = \frac{r_1}{r_R} = 2\sqrt{D}\,\overline{r_i}$	其中，$\overline{r_R}$ 为理论最邻近距离，A 为区域面积，n 为点数，D 为点密度	表示点状事物在地理空间中相互邻近程度的地理指标。当 $R = 1$ 时，说明点状分布为随机型；当 $R < 1$ 时，点状要素趋向凝聚分布；当 $R > 1$ 时，点状要素趋向于均匀分布
不平衡指数	$S = \frac{\sum_{i=1}^{n} Y_i - 50(n+1)}{100n - 50(n+1)}$	反映了研究对象在不同区域内分布的齐全程度或均衡程度。式中：n 为区域的个数，Y_i 为各区域内某一研究对象在总区域内所占比重从大到小排序后第 i 位的累积百分比	不平衡指数 S 介于0和1之间，如果研究对象平均分布在各区域中，则 $S = 0$；若研究对象全部集中在一个区域中，则 $S = 1$

① 王法辉．基于GIS的数量方法与应用[M]．北京：商务印书馆，2009：49-56.

（续表）

指数	模型	模型意义	地理意义
核密度估计	$f_n(x) = \frac{1}{nh}\sum_{i=1}^{n} k\left(\frac{x - x_i}{h}\right)$	式中：k 表示核函数，h 为宽带，$x - x_i$ 为估计点到样本 x_i 处的距离	核密度估计是以每一个网格为中心，搜索落入一定半径范围内的点状要素并统计其数量值，进而求出每一个网格点的密度值。这是表示点状要素在空间内聚集的重要方法
标准差椭圆	$SDE_x = \sqrt{\frac{\sum_{i=1}^{n}(x_i - \bar{X})^2}{n}}$ $SDE_y = \sqrt{\frac{\sum_{i=1}^{n}(y_i - Y)^2}{n}}$	式中：SDE_x，SDE_y 分别是长轴、短轴；x_i 和 y_i 是每个要素 i 的空间位置坐标，$\bar{X}$ 和 $\bar{Y}$ 是算数平均中心，n 是要素的样本数量	标准差椭圆用来分析文物保护单位总体分布特征以及不同时期文物保护单位分布重心的迁移程度

（二）数据来源

本研究涉及的文物数据信息主要来源于官方公布的权威数据。一是安徽省第三次全国文物普查领导小组编撰《安徽省不可移动文物名录》所列入的国家级、省级、市级、县级近现代革命文物保护单位共计 375 处。二是安徽省重要革命遗址通览所收录的 336 处全省民主革命时期重要遗址；同一项目在不同级别重复出现的以高级别计算，并根据其地域性和原生地的特性，将联合申报的项目进行拆分，最终合计为 376 处。通过百度地图 API 坐标拾取系统获取革命文物的经纬坐标，将每一个革命文物抽象为空间上的点，通过矢量化 2013 年《安徽省行政区划图》建立革命文物的空间属性信息数据库，并绘制安徽省革命文物保护单位分布图。已有研究文献表明，今天最主要的交通网络格局大多是古代交通线格局的反映，加之历史时期安徽省交通数据难以获取，故以当今的交通网络（包括公路、铁路）近似替代；90m 分辨率 SRTM DEM 数据来源于国家地球系统科学数据共享服务平台（http://www. geodata. cn）。另外，需要说明的是本文分析结果仅基于上述有限的研究样本，所得结果虽具有一定代表性，但与对革命文物保护单位进行全样本分析可能存在一定差异。

二、研究过程与结果

（一）总体空间分布类型

1. 总体分布

利用 ArcGIS10. 1 的 Spatial Statistics Tools 中的 Average Nearest Neighbor 进行

运算，结果显示，实际最邻近距离均值与理论最邻近距离均值之比为 $R=0.54<1$，表明安徽省红色文化遗产空间分布总体上趋于凝聚性，且聚集的程度较高。

2. 均衡程度分布

根据研究样本绘制的红色文化遗产在各地市分布的洛伦兹曲线（如图1所示）可以发现，安徽省红色文化遗产主要分布在安庆、黄山、六安等市，其红色资源数据接近全省的66%。

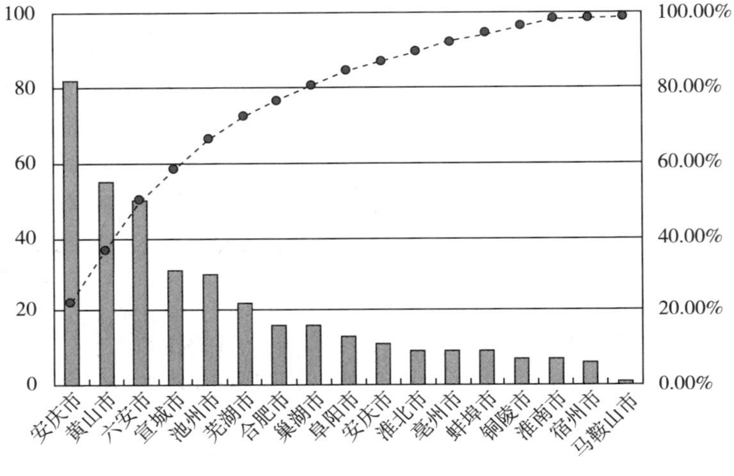

图1　安徽省红色文化遗产在各地市的空间洛伦兹曲线

（二）不同时期安徽红色文化遗产分布特征

根据红色文化遗产的定义，参考熊杰、魏鸿雁等学者对红色文化研究时段界定思路，并结合安徽省红色文化遗产历史变迁实际，将安徽省红色文化遗产历史时期划分为建党初期、土地革命时期、抗日战争时期以及解放战争时期等时段。

建党初期，安徽省红色文化遗产主要集中分布于皖西南的安庆以及皖南的黄山、宣城交界处，整体上呈“多核”集聚特征，其他地市分布则较稀疏。土地革命时期，安徽省红色文化遗产密集分布于六安、黄山等地，但集聚范围较建党初期更大，源于安徽成为中国革命的重要策源地、人民军队的重要发源地和苏维埃政权建设的模范区域，其中，以六安、霍山为中心的皖西苏维埃区域为典型代表，皖西北苏区是鄂豫皖革命根据地的重要组成部分。抗日战争时期，安徽是新四军华中敌后抗日的重要战场和中国共产党领导华中抗战的指挥中心，也是新四军坚持全面抗战的主战场和铁军精神的主要形成地。因此，安徽省红色文化遗产密集区主要集中于淮南、淮北、皖江等地，整体上呈以淮北—淮南—合肥—芜湖等为节点的带状分布特征。解放战争时期,安徽成为国共两党战略决战的重要战场,也是淮海战役和渡江战役的主战场。其中,刘邓大军千里挺进大别山,直插国民党统治的心脏地带,安徽也成为埋葬蒋家王朝的前沿阵地。至今遗留于江淮大地的红色资源呈带状,密集分布在合肥、淮北、蚌埠、六安、安庆等地。

总体来看,安徽省红色文化遗产分布中心在四个时段中呈现东南—西—东南—西南的整体态势。建党初期,安徽省红色文化遗产重心位于皖南山区,到解放战争时期分布重心移入西南山区,旋转角度约为 8.33°,说明演化过程呈现由东南向西南方向推动的态势。分布椭圆主轴经历了先变小后变大的过程,说明红色文化遗产经历了先极化后分散的演化过程(见表 2 所列),主要是由于建党初期至土地革命时期皖南以及皖西山区红色文化遗产较为丰富,规模较大,空间分布较为密集,皖中、皖北地区红色文化遗产分布相对稀疏。抗日战争以来,东南、西南地区红色文化遗产在数量、规模、级别上都呈现出逐步增加的趋势,并且皖中、皖北地区红色文化遗产在抗日战争阶段呈增长态势,解放战争时期皖北地区的红色文化遗产在数量、规模、级别上呈增长的空间演化特征。

表 2 不同历史时期红色文化遗产的特征椭圆参数

特征椭圆(SDE)	中心坐标	方向	长半轴(km)	短半轴(km)	方位角
建党初期	117°32′E,30°58′N	东南	167.56	92.36	152.69°
土地革命时期	117°60′E,30°58′N	东南	158.36	83.05	125.77°
抗日战争时期	117°30′E,31°28′N	东南	165.37	97.4	153.27°
解放战争时期	116°54′E,31°35′N	西南	178.86	103.16	161.02°
总椭圆分布	117°18′E,31°11′N	—	167.54	103.33	146.23°

(三)不同类型红色文化遗产的空间分布特征

为了便于分析,本文按照国家旅游局发布的《红色旅游经典景区服务规范(LB/T 055-2016)》将安徽省红色文化遗产划分为旧址类、遗址类、祭奠类以及纪念馆类等四大类型。基于 ArcGIS10.1 软件中的核密度分析工具,笔者绘制出安徽省红色文化遗产总体和不同类型的密度图。

1. 总体分布特征

安徽省红色文化遗产空间分布的密集区呈"V"字形带状分布于皖西、皖南山区,稀疏区主要分布于皖北平原地带。

2. 类型分布特征

不同类型的红色文化遗产具有不同的集聚特征。旧址类红色文化遗产密集区呈带状分布格局,主要有两条:一条是从六安至安庆的皖西大别山区,另一条由马鞍山经芜湖延伸至黄山地区的皖南山区,在空间结构上呈"Y"字形结构。遗址类红色文化遗产密集区主要分布在皖南的黄山、池州等地,在空间形态上呈"单核"分布特征。祭奠类红色文化遗产整体上较为分散,但密集区呈"双核"结构分布于安庆、黄山两地。纪念馆类红色文化遗产数量少且分散,整体上呈"多核"分布特征。整体来看,安徽省红色文化遗产数量较多、类型较齐全,主要集中在皖西南(六安、安庆)地区和皖南(宣城、黄山)地区,其中以皖西南地区为代表的鄂豫皖革命老区的红色文化遗产最为突出(皖西南地区既是鄂豫皖革命根据地的主要组成部分、红四方面军的发源地,又是抗日战争的活动中心、全国解放战争的主战场之一)。相对于大别山区和皖南地区密集连片的红色文化遗产,安徽省其他地区红色文化遗产分布相对分散。

三、影响因素

通过相关文献梳理,笔者发现影响红色文化遗产分布、演变特征的因素主要有:地形地貌、水文、气候等自然因素以及经济水平、文物制度、地域文化等人文因素。本文结合安徽省红色文化遗产时空演变特征,综合运用叠加分析、缓冲区分析、曲线拟合等方法,重点研究地形地貌、河流水系、交通基础、城市距离等因素对安徽省红色文化遗产空间分布所形成的规律性特征。

(一)地形地貌因素

基于程言新等(1996年)对安徽省地貌形态类型划分方案,将红色文化遗产点与DEM高程地形图叠加分析,统计不同海拔高程范围红色文化遗产数量及百分比。安徽省红色文化遗产主要分布在0~200m高程内,海拔低于30m的文化遗产点有128处(占总量的34.22%),海拔在30~200m的文化遗产点有130处(占总量的34.76%),海拔在200~500m的低山地区文化遗产点有66处(占总量的17.64%),海拔在500~1000m的中山地区文化遗产点有35处(占总量的9.36%),1000m以上的高山地区文化遗产点仅有15处(占总量的4.02%)。根据拟合的幂指数曲线,红色文化遗产数量与海拔高度呈幂指数递减趋势,且拟合方程的相关系数达0.99[如图2-(a)所示],说明安徽省红色文化遗产分布具有明显的丘陵指向性特征,这主要缘于安徽大别山地区和皖南丘陵地区地形地貌复杂多样、易守难攻,有利于红色文化遗产的形成。

(二)河流因素

安徽省红色文化遗产数量从河流水系两侧向外围呈现先减少、后缓慢增加的多项式变化趋势。文物遗存集中分布在河流水系 5km 范围之内，共有 172 处，占样本总数的 45.7%；在 5～10km 缓冲区内文物遗存数量骤降为 48 处，占样本总数的 12.7%；而距离主要河流水系 15km 以外的不同缓冲区内，文物遗存数量总体上呈缓慢递增趋势[如图 2 -(b)所示]。根据拟合的多项式曲线，红色文化遗产数量与河流水系的距离呈多项式变化趋势，且拟合方程的相关系数达 0.97，可以说水资源对于战役发生具有指向性和决定性，这主要缘于河流是人类生活、生产用水之源。

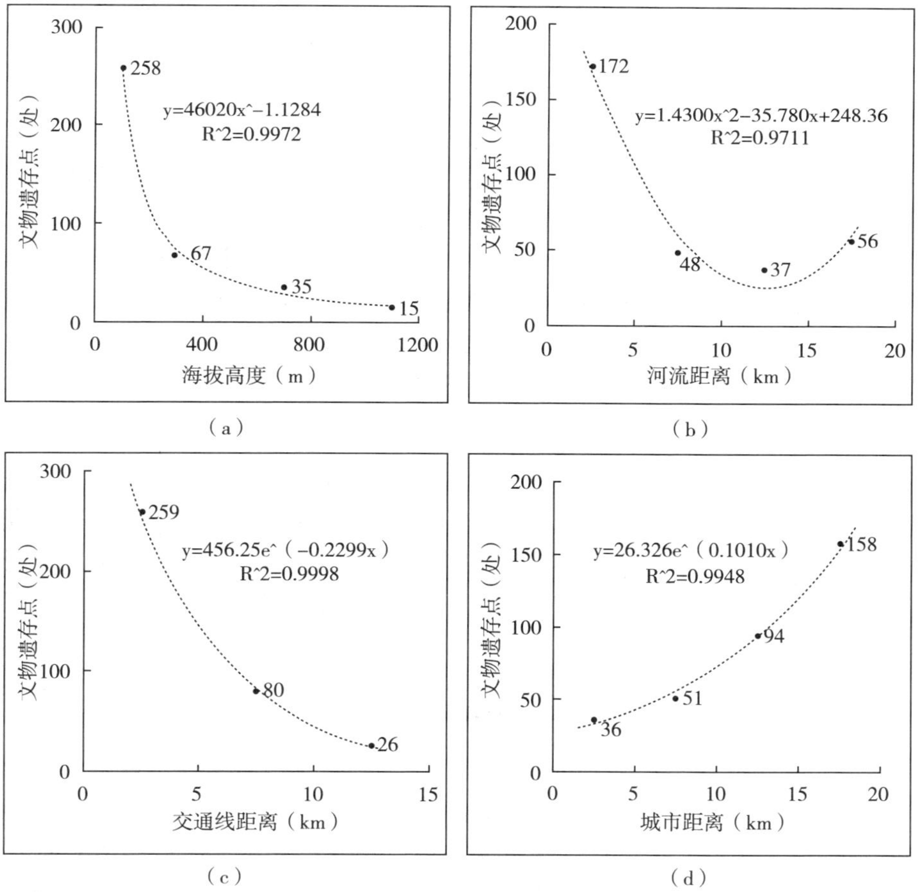

图 2 影响因素拟合分析示意图

（三）交通因素

从红色文化遗产与交通线的空间组合关系可以直观地看出交通因素对红色文

化遗产分布格局的影响。本文对包括高速公路、国道和省道在内的安徽省主要交通线路进行数字化提取后，分别选择半径为5km、10km和15km的缓冲区进行分析，并与安徽省红色文化遗产进行叠加分析，结果显示，在安徽省主要交通线5km、10km和15km缓冲区范围内，分别有259处、80处和26处红色文化遗产点，占全省红色文化遗产的68.9%、21.3%、6.9%。而距离主要交通线10km以外的不同缓冲区内，红色文化遗产数量总体上呈缓慢递减趋势，根据拟合的指数曲线，红色文化遗产数量与主要交通线的距离呈指数递减趋势，且拟合方程的相关系数达0.99[如图2-(c)所示]，说明红色文化遗产呈现出显著的交通指向性特征。当然，交通便利也有助于红色文化遗产开发为旅游景区。

(四)城市距离因素

红色文化遗产与城市的空间距离关系可以反映安徽省"农村包围城市"革命道路的地方决策。本文对红色文物遗存点与所在地级城市中心的空间距离进行测算后得出的结果显示，在安徽省地级城市5km、10km、15km和20km缓冲区范围内，分别为36处、51处、94处和158处红色文化遗产，占全省红色文化遗产的9.6%、13.5%、25.0%和46.8%。在空间上，红色文化遗产数量总体上随着距城市距离增加呈指数式递增趋势，拟合方式的相关系数达0.99[如图2-(d)]，说明红色文化遗产呈现出远离城市深入农村的趋势，这在一定程度上也印证了"农村包围城市"革命道路的安徽实践。

(五)其他因素

以上探讨了安徽省红色文化遗产空间分布与地形地貌因素、河流因素、交通因素和城市距离因素等的空间组合关系，实际上，红色文化遗产分布的影响因素及作用机制复杂多样，难以穷尽，限于篇幅，经济水平、地域文化、居民文物保护意识等其他因素不再赘述。

四、结论与建议

本研究基于所收集和整理的376处红色文物保护单位数据，并通过百度地图API坐标拾取系统，获取红色文化遗存的坐标，将每一个文物遗存点抽象为空间上的点，建立红色文化遗产的空间数据库，运用多维计量模型和ArcGIS10.2空间分析工具，分析安徽省域红色文化遗产时空演变格局及其影响因素，得出以下结论。

第一，安徽省红色文化遗产空间分布类型趋于凝聚性，且聚集的程度较高；在各地市的分布不均衡，其中，安庆最为集中。

第二，不同类型的红色文化遗产具有不同的集聚特征。总体来看，皖北地区以旧址类和祭奠类红色文化遗产为主要密集区,但四个类型的红色文化遗产主要还是分布在长江流域的皖南山区和皖中丘陵地区。

第三,不同历史发展阶段红色文化遗产演化特征各异。安徽省红色文化遗产分布中心在四个时段中呈现东南—西—东南—西南的整体态势,红色文化遗产经历了先极化后分散的演化过程。

第四,安徽省红色文化遗产空间分布具有明显的丘陵指向性特征,尤其与河流水系和主要交通线的距离呈多项式函数和指数递减趋势,且拟合方程的相关系数分别达0.97和0.99,说明红色文化遗产整体上呈现出较为显著的河流水系和主要交通线“指向性”规律特征。在空间上,红色文化遗产数量总体上随着距城市距离增加呈指数式递增趋势,说明红色文化遗产呈现远离城市深入农村的特征。

红色文化遗产时空演化特征是自然与人文因素综合作用的结果,本研究主要讨论了地形地貌、河流、交通和城市距离等因素,并未详细且全面考虑包括坡度、高程、经济水平等因素对红色文化遗产时空演化的影响,后续研究需要针对上述问题进行深入探讨。

参考文献:

[1] 王法辉. 基于GIS的数量方法与应用[M]. 北京:商务印书馆,2009:49-56.

[2] 张延欣,陈卓,杨明,等. 延边地区红色文化遗产的类型及空间分布[J]. 延边大学农学学报,2015,37(1):35-40.

[3] 龙祖坤,李绪茂,贺玲利. 湖南省红色旅游景点空间分异与可达性分析[J]. 湖南商学院学报,2017,24(2):70-76.

[4] 白如山,刘恺恺,张玥婷,等. 安徽省文化遗产时空演化特征及影响因素[J]. 安徽师范大学学报(自然科学版),2018,41(4):267-273.

[5] 陈国磊,张春燕,罗静,等. 中国红色旅游经典景区空间分布格局[J]. 干旱区资源与环境,2018,32(9):196-202.

[6] 熊杰,章锦河,周珺,等. 中国红色旅游景点的时空分布特征[J]. 地域研究与开发,2018,37(2):83-88.

[7] 钱海峰. 安徽何以成为红色文化高地[EB/OL]. 中安在线,http://ah.anhuinews.com/system/2018/06/26/007901722.shtml. 2018-06-26.

[8] 种业喜,刘影,赖格英,等. 江西省红色旅游景区可达性分析及空间结构优化研究[J]. 江西师范大学学报(自然科学版),2011,35(2):208-312.

[9] 梁峰. 我国红色文化遗产分布特点及其开发策略研究[J]. 桂林旅游高

等专科学校学报,2005,16(5):47-50.

[10] 魏鸿雁,章锦河,潘坤友. 中国红色文化遗产空间结构分析[J]. 资源开发与市场,2006,22(6):510-513.

[11] 王治涛. 洛阳红色文化遗产的分类和保护[J]. 地域研究与开发,2014,33(1):68-71.

[12] 周炳喜. 赣南中央苏区红色革命遗址空间分布研究[J]. 赣南师范学院学报,2015,(2):42-44.

“深翻”淮河文化研究的另一种路径：口述史*

袁　飞

摘　要：淮河文化概念提出已有30多年了，研究力量和队伍逐渐壮大，关注度也越来越高，可以说淮河文化研究取得了令人欣喜的成绩。但淮河文化研究整体上仍处于“力量弱、成果少、影响小”这一颇为尴尬的状态，造成这一局面的原因有很多，主要有两大主导性因素：基础性薄弱和学科性偏差。如何打破这一局面？无论从有用性、必要性、紧迫性还是关联性方面来看，口述史路径当为突破口，不仅可以使很多问题迎刃而解，还可以“抢救”活史料，起到一举两得之效。

关键词：淮河文化；口述史

自20世纪80年代首次提出“淮河文化”这一概念以来，淮河文化研究至今已有30多年①。在这30多年的时间里，淮河文化研究从无到有，从单一到多元，从关注寥寥到区域热潮，其借助国家文化大建设大发展的东风，在进入21世纪后呈现出令人欣喜的发展态势，尤其是20世纪90年代以后研究力量逐渐发展壮大，为淮河流域文化研究创造了条件，奠定了基础。地处淮河流域中段的安徽省在徽文化、皖江文化的基础上很有见地地提出发展第三张文化牌——淮河文化，率先把发展和壮大淮河文化作为促进社会整体发展的一种战略，为淮河文化的做大做强提供了有力的政策保障。但即便如此，现在看来淮河文化在研究整体上仍处于“力

---

* 本文是在《倾听历史的回声》(《华北水利水电大学学报》2018年第2期)一文的基础上修改而成。

作者简介：袁飞，蚌埠市淮河文化研究会会长，蚌埠学院教授。

① 就笔者目力所及，“淮河文化”这一概念的正式提出不迟于1987年。是年5月21日，河南信阳召开淮河文化研讨会，大会提出按水系对文化进行系统的综合研究，“淮河文化”开始成为苏鲁豫皖学界的共识性概念。当然，在此之前可能还有个别学者对此概念会有零星提出，因种种原因，未能找到相关证据。但可以肯定的是，一个概念的提出不可能是突然出现的，必然会经过一个酝酿的过程，然后经过多方协商和讨论，才能有一个水到渠成的结果。而这一个水到渠成的结果必然会有一个标志性的节点，对淮河文化来说，淮河文化概念提出的标志性节点，在没有新的证据出现之前，笔者认为当以此次会议为始。关于提出“淮河文化”概念的相关论述，可参见陆勤毅：《淮河文化对中华文明起源的贡献》(《学术界》2015年第9期)、陈立柱：《淮河文化研究的现状与反省》(《学术界》2016年第9期)、曹天生：《关于淮河文化研究的若干思考》(《淮河文化与皖北振兴——第六届淮河文化研讨会论文选编》合肥工业大学出版社2012年)等。

量弱、成果少、影响小”这一颇为尴尬的状态，若与同属古之“四渎”的长江、黄河相比，这种相对落后的研究状况更显突出。

面对这种滞后现状，研究者需要全面、详细而又洞见地进行学术梳理，深入分析其中的不足、存在的问题，探究问题产生的根源，进而“有的放矢”地寻求解决之道。唯有如此，才能从根本上扫除制约淮河文化发展和壮大的障碍，从而在整体上彻底改变这种“不温不火”的研究现状。

近年来，不少学者开始反思淮河文化研究的现状以及存在的诸多问题，并就推动淮河文化研究提出了一些建议和对策①。这些学者以宏观的视野、整体性角度、大文化高度进行审视和思考，为改变淮河文化研究现状并努力促成“百花齐放、百家争鸣”的繁荣局面指明了方向。与前贤不同的是，本文则试图从某个点切入，进而选择一条进路，以此为基础，来弥补淮河文化研究中存在的不足、空白，甚至是缺憾，希望能够起到抛砖引玉之效。

一、存在的问题

谈到“存在的问题”，不仅包括淮河文化研究中存在的问题，也包括研究主体淮河流域自身存在的问题。学者们已从很多方面分析了淮河流域自身存在的种种问题以及产生的诸多原因②，此处不再赘述；而对于前一个问题，目前学术界也有很多见仁见智的观点，他们均从某一角度就这一问题提出了自己的见解③。在前人研究的基础上，笔者通过收集梳理、深入研究和实地调查，认为当前淮河文化研究中存在着两大问题，并作为主导性要素，制约了淮河文化研究的深入和壮大。

第一个问题是文献基础薄弱。文化的研究必须建立在扎实的文献资料基础上，所谓“有一分材料说一分话”。若没有深厚的文献资料积淀，难以造就出厚重的学术成果。通观各个有代表性的区域文化，试问哪一种文化没有深厚的文献资料作为支撑？

---

① 如陆勤毅、陈立柱、曹天生等诸教授。

② 其中较有代表性的成果有：李修松主编《淮河流域历史与文化研究》（黄山书社2001年）、王鑫义《淮河流域经济开发史》（黄山书社2001年）、吴海涛《淮北的盛衰：成因的历史考察》（中国社会科学出版社2005年）、韩昭庆《黄淮关系及其演变过程研究》（复旦大学出版社1999年）、梅兴柱《明代淮河的水患及治理得失》（烟台大学学报》1996年第2期）等，此处不一一列出。

③ 关于淮河文化研究的综述性或反思性代表性研究有：吴海涛《近十年来淮河流域历史研究述评》（《中国史研究动态》2007年第5期）、朱正业《近十年来淮河流域经济史研究述评》（《社会科学战线》2005年第6期）、张崇旺《淮河文化研究》（《安徽年鉴》2010—2013年）、陈立柱《淮河文化研究的现状和反省》（《学术界》2016年第9期）。

作为文化研究不可替代的基础，文献资料的重要性不言自明，而淮河文化研究在这方面却是落后的。宏观来看，淮河文化研究的基础性支撑——文献资料，主要有以下四大类：地方志、水利专书、档案及其他。这四种文献为当前淮河文化研究的主体性支撑，但每一类文献的作用及其大小程度各不相同，具体如下：

地方志，作为一种区域历史记载，对研究淮河文化有着非常重要的作用，但因其内容庞杂，信息分散，时间跨度大等，在实际研究中难以独立支撑淮河文化的大厦。

水利专书，关于淮河流域的水利记载文献材料相对较为丰富，除了《行水金鉴》《续行水金鉴》《再续行水金鉴》《清史稿·河渠志》等关于"淮水"的记载外，还有一些关于某一具体水利治理案例的专题记载，如《芍陂纪事》等；一些古代官员和水利技术专家的个人著述，或专题论及淮河的治理等相关问题的文献等，其中如潘季驯的《河防一览》，靳辅的《治河方略》，武同举的《淮系年表》《导淮罪言》等。这些水利文献有一部分被收于《中国水利珍本丛书》中，为研究者提供了很大的便利。淮河文化之一的水利史研究基本上以此为纲，但从深入研究淮河水利相关问题来看，这些记载或"失之于杂"，或"失之于简"，从记载深度上看，信息量仍嫌不足，难以满足当前深化淮河水利研究的需求。

档案，有关淮河流域的档案，除了已经出版的《清代淮河流域洪涝灾害档案史料》外，还有一批数量惊人的档案文献仍被束之高阁。其中，辛亥革命之前的相关档案收藏于中国第一历史档案馆。民国时期的档案则主要收藏于中国第二历史档案馆及沿淮流域各省档案馆中。因为人力、物力、财力、管理制度和地方规定等因素，研究者难以利用这批档案，应属当下淮河文化研究中最大的遗憾和无奈，更是淮河文化研究发展壮大的最大障碍。

其他包括个人文献、地方族谱、民间文书、近代报刊、碑刻等，这些资料数量较少，记载较杂，分布较散，对当前淮河文化研究来说重要性不如前三者，一般来说是作为前两种主体文献资料的辅助和补充，起到"锦上添花"的作用。

淮河文化研究需要深厚的文献根基。截至目前，作为第一手资料的档案在研究中的缺位，让文献基础本来就很薄弱的淮河文化研究雪上加霜。若在材料基础上难以取得突破，便无法从研究内容和质量上得到大幅提升，正如陈寅恪先生所说的："一时代之学术，必有其新材料与新问题。取用此材料，以研求问题，则为此时代学术之新潮流。"[①]就目前来看，在一定时间内对档案的利用还难以取得大的突破，为此需要寻找新的突破口，以支撑淮河文化研究的大厦。

---

① 陈寅恪：《金明馆丛稿二编》，上海古籍出版社 1980 年，第 236 页。

第二个问题是学科差异。当前,淮河文化研究成果中的两大主题阵营主要是历史学和考古学。众所周知,历史学与考古学是密不可分的,夏鼐先生甚至将考古学与以文献探索为基础的史学比作车的两轮和鸟的两翼①。王国维先生在其提倡的二重证据法中就强调,考古与史学两者应该相互融合,相互印证②。陈寅恪先生更是一针见血地指出:"取地下之实物与纸上之遗文互相释证。"③然而从当前淮河文化研究成果来看,撑起淮河文化研究主体的这两驾马车几乎是"各自为战",壁垒高筑,互不为用,两者之间甚至难以达到互相促进的效果,不得不说是件令人遗憾之事。

虽然历史学和考古学这两大学科领域的研究成果支撑起了当前淮河文化研究的主体,但若从单独的学科来看,它们的研究也都有其局限性。建立在文献资料基础之上的历史学是一门古老的学科,也是中国有史以来未曾间断的学问,其研究方法、方式、手段等非常成熟。但无论怎样成熟和完善,有一个问题都是不容忽视和回避的,即后世之研究无法完全还原历史场景,只能无限接近历史当时。文献资料的数量和种类总是有限度的,即便是搜集了某一领域某一时段内能见到的全部文献,充其量也只能接近某一段的历史现状,根本谈不上还原历史,更何况穷尽文献还只是一种研究追求。

对于建立在田野考察与发掘分析基础上的考古学,面对大量无言的遗存,其常用"常识性类似"的方法可能也会失效④。近年来,淮河流域有一大批重大考古发现,如垓下大汶口文化城址、蚌埠双墩遗址、禹会龙山文化祭祀遗址、春秋钟离国君柏墓等,为淮河文化研究的深入提供了有力的实证。这些年代久远的考古遗址,尤其是对文献记载非常稀少的史前中国来说其意义十分重大,可以向世人提供一种实证;但是,从一个或几个考古发现所推断出来的"一个点",能否推演出"一条线",进而可以总结成"一个面"的普遍现象?罗列是无法穷尽所有个案的,而通过有限的事例实证进行总结归纳又可能导致"想当然"的窘境。

从目前来看,上述问题已成为淮河文化研究做大做强的两大障碍,导致淮河文化研究在如今的研究路径上有"越走越窄"的危险趋势。不可否认,这种单一领域内的相对繁荣,在一定程度尤其是研究之初的确推动了淮河文化研究的发展,然而"一花独放不是春,万紫千红春满园"。若不从整体上进行破局,寻找多学科交叉研究之路径,则淮河文化想要"破茧成蝶"恐怕不易。

---

① 夏鼐:《什么是考古学》,《考古》1984年第1期,第931-948页。

② 王国维:《古史新证》,清华大学出版社1996年,第2页。

③ 陈寅恪:《金明馆丛稿二编》,上海古籍出版社1980年,第219页。

④ 陈淳:《谈考古学的学术定位》,《文物世界》2001年第6期,第10-15页。

二、淮河文化研究的口述史路径

淮河文化，作为一种地域（或区域）文化，从宽泛的意义上来看，是要涵盖淮河流域的一切文明。这种“大文化”仅靠单学科领域内的相对繁荣和深入是无法支撑淮河文化这座大厦的，淮河文化研究的破局之路何在？笔者认为，首先要在方法论上进行反思，需要突破成规，摒弃旧观念，需要创新精神大胆尝试，需要坚定毅力深耕深挖，而口述史方法或为当前淮河文化破局的切入点和路径。

口述史（Oral History），亦称口碑史学、口头史等，作为一种研究方法，从20世纪40年代产生以来，随着科学技术的发展，越来越受到人们的重视。近年来，包括我国在内的亚欧各地，在以传统文本写史的主流外，史学家、社会学家、民族学家、人类学家等纷纷出版口述历史著作，替与文字隔绝的小众社区和团体（或基层民众）说出或唱出（如山歌、音乐史研究）其历史，成功开拓了自己的生存空间。法国年鉴学派的著名代表人物吕·费弗尔曾指出：“毫无疑问，有书面史料时，可以根据它们来再现历史。没有书面史料，也可以且应该通过其他方面来再现历史：语言、符号、风暴、瓦片、田野形状和杂草……总之，应该利用一切撰写历史。”[①]世界文明历史的记载，同样也是首先借助着口碑史料，人们所知道的中国最早的历史，大多是口头流传下来的，如“尧舜禅让”“大禹治水”等，正因如此，才有了十口相为“古”的说法[②]。口述史不仅可以成为历史书写的文献支撑，也可以成为书写历史的一种阐释方法。

对于淮河文化研究来说，所能利用并可以利用的文献材料离费弗尔所说的“一切”还相差甚远。正如前文所述，淮河文化研究当前所依据的文献资料无论是在数量还是类别、深度甚至是质量上都无法支撑整个流域文化的纵深发展，而且大多还是按照“精英历史”的方式并以“大事件”为记叙核心的传统书写方式形成的，其关注的广角镜头只是聚焦于所谓的社会“精英阶层”（大一点可以说成“帝王将相”）。然而淮河流域在中国历史很长一段时间里都属于国家格局的洼地，加之长期的战乱和自然灾害，流域的“精英阶层”所占比例少之又少，所留下的文字记载也非常有限。因此，从这点来看，淮河流域的历史变迁确实是真正的平民历史，正如毛泽东同志所指出的那样：人民，只有人民，才是创造世界历史的动力。淮河流域的历史完美地体现了毛泽东同志的这一论断。淮河文化研究应将关注于“帝王将相”的广角镜头游离到基层民众中来，强调关注平民的“日常生活”，以填补淮河

① 里斯·洛万：《纪念碑———作为历史研究的史料》，孙虹、孙立新译，《史学理论研究》1997年第3期，第109-115页。

② 荣维木：《口碑史料与口述历史》，《苏州大学学报（哲学社会科学版）》1994年第1期，第87-91页。

流域历史变迁中的主角缺位,让历史的创造者真正登上历史舞台,从而还原历史的本来面貌。英国史家保尔·汤普森指出,口述史的最大作用在于,“它给了我们一个机会,把历史恢复成普通人的历史,并使历史与现实密切相联”[①]。口述史可以把淮河流域历史的“动态画面”与“静态记述”进行结合,彻底打通生活世界和文本世界的隔阂[②],让历史走向生活,也让生活面向历史。正如约翰·托什所说的那样,“与在书面资料中被仔细整理的社会事实一道,人们能够通过口述史听到普通人的声音”,而且与那些以文献史料为主要素材而撰写的史书不同,“口述史努力赋予历史以人性的一面”[③]。

淮河文化研究的一个瓶颈问题仍是基础文献的不足,文献大量的缺失仍是当前的现状和亟须解决的难题。传统的“精英阶层”所形成的文本本来就少得可怜,更何况该流域长期而频繁的自然灾害和战争以及由此导致的淮河流域基层社会的流动性加剧,使得这些本来就非常有限的文字记载又遭到巨大的破坏。在这种情况下,口述史方法在很大程度上可以弥补文本缺失的遗憾,为现阶段的困境提供了解决之道,一方面把资料的源头从少之又少的“精英”一下子变成大千世界中的芸芸众生,口述史路径可以为淮河文化研究提供取之不竭的历史信息和文本支撑;另一方面,研究视角从上向下转移,从口述历史获得的供历史写作用的原材料,让淮河流域的历史书写更加丰满、鲜活,更加接近历史本来面貌。

三、淮河流域口述史研究的必要性和紧迫性

由生活共同体创造的区域文化(或地方文化)必然是在一定地理空间中展现其独特的意象,并在长期的历史变迁中留存大量的人文遗存和集体记忆。其中,无论多么丰厚的人文资料,从长时段来看,仍属于文化片段(或碎片)。

无论是共时还是历时,任何一种信息的传布抑或流传都是有时间和空间限制的,即使当时人记录当时人的信息,也不可能完全得到第一手的原始信息,往往也要求之别口,甚至是得之于道听途说或口耳相传。清代著名学者孙诒让在编纂地方志(在某种程度上地方志就是一种区域文化的最小载体)时就曾指出,收集文献资料时,“事赅今古,稽古则专重考证,诹今则尤资采访”[④]。

德国学者扬·阿斯曼在谈到文化如何经历世代交替和历史变迁之后仍然保持

① 保尔·汤普森,覃方明等译:《过去的声音——口述史》,辽宁教育出版社2000年第24页。

② 钱茂伟:《公众史学视野下的口述史性质及意义》,《学习与探索》2016年第1期,第146-153页。

③ 约翰·托什,吴英译:《史学导论——现代历史学的目标、方法和新方向》,北京大学出版社2007年第266页。

④ 孙诒让:《籀庼遗文》卷下,国家图书馆藏。

一致性，让还原历史成为可能时，提出了“文化记忆”的概念，用其来涵盖口传和书面传统的形式[①]。对于生活在淮河流域的人们来说，其身份、心理等方面的形成是借助于特定的记忆形成的，有些借助文字的形式固定下来并被人阅读，有些则借助口耳相传而被一代代因袭。随着环境的变化，所有在当时被认为对当下无足轻重的那些东西会被文本所忽略，只能在记忆中得到保存，在没有或缺少文字（文本）文献的情况下，只能通过诉诸口头而形成的回溯性想象来重新塑造淮河之历史，这大概就是梁启超先生所说的“传述之口碑”，即“采访而得其口说，此即口碑性质之史料也”[②]。

当前，淮河文化研究的诸多成果在研究主题的时间分布上呈现出“哑铃状”特征，即研究时限主要集中于民国之前和现当代，对于民国时期的淮河文化研究比较缺乏。之所以出现这种现象，最根本的原因还是基础资料不足。实际上民国时期淮河流域社会留下了大批文献档案，涉及淮河流域基层社会的方方面面，如民国中央、苏皖两省及下辖地方政府关于淮河的治理便是其中较为明显的一部分，遗憾的是这批数量和信息都非常丰富的文献档案难以为一般研究者所利用，而且这种现象在短期内难以得到根本性转变。用口述史之方法来进行研究，不但可以弥补文本资料之不足，有利于“淮河流域”相关研究的深入，还可以为后人保存、记录和还原历史的真实，更能为当代社会发展提供一些历史借鉴和启示。

（1）文字形成的资料固然极为重要，不容忽视，但口耳相传的“故事”更能让人们看到当时民众眼里、心里的淮域“历史”。历史的真实如何？口述历史可以让人们在与文字历史的比较和重塑中不断接近、还原真实历史。

（2）口述史的田野工作可以“抢救”记忆中的淮河历史。文字可以传世，而保留在记忆中的历史场景却不能永久，一旦这些保有历史记忆的长者们逝去，后世子孙再也无从得知那些年、那些人存放在记忆最深处的影像，更不可能了解民国时期淮河流域水利治理的真实历史和鲜活场景。现在看来，尽快记录和保存老者们记忆中淮河流域水利治理的“历史场景”，不把遗憾留给后人，这一工作已刻不容缓。

（3）与下游的江苏沿淮城市相比，皖北已成为淮河流域的“经济谷地”。同处于淮河流域，经济社会发展为何有如此巨大的差别？历史是一面镜子，我们应站在古代与现代的交汇点上，探求皖北地区当时的社会发展状况及其各种影响因素，为当今皖北的发展提供一些有益的借鉴、思考和启示。

总之，进行淮河流域口述史研究，不仅是对死资料研究的一种互补，还是对当

---

① 扬・阿斯曼：《文化记忆：早期高级文化中的文字、回忆和政治身份》，北京大学出版社 2015 年。

② 梁启超：《中国历史研究法》，上海古籍出版社 1987 年，第 42-43 页。

前淮河文化研究现状的一种弥补。毫无疑问,口述史料的重要性绝不在文献档案以下,当前急需"抢救"活史料,然而这项工作至今还没有引起重视。虽然笔者在几年前就开始呼吁,得到的回应却是寥寥;虽然早在几年前笔者就开始进行各项工作,但困难确实很多,仅靠某个课题组或几个研究人员的有限投入难以取得好的效果。为了留下淮河流域完整的真实的历史,笔者呼吁有志于此的同仁们携起手来,"抢救"这些活史料,避免把遗憾留给下一代。

管、荀王霸理论视域下曹操政治生涯分析

崔兰海

摘　要:《管子》《荀子》"王霸之辩"理论不同于《孟子》,管学派、荀学派肯定了"由霸入王"的可能。"修礼"既是对"霸"的完善,也是实现由"霸"入"王"的途径。曹操的政治生涯受管、荀"王霸之辩"理论影响至深,存在着"由霸入王""王霸兼容"的特征。曹操的王道政治理想,因为没有取得"政治一统"和"天下归心"而破灭,这也是曹操没有实施皇权嬗替的根本原因。

关键词:王霸之辩;曹操;王道政治

东汉末年,朝纲不举,外戚与宦官交替干政,土地兼并日盛,"民不堪命,起为寇贼"(《后汉书·超传》),地方豪族私蓄部曲,州牧拥兵自重,分裂势力抬头。军阀混战,"名都空而不居,百里绝而无民者,不可胜数"(《后汉书·仲长统传》)。曹操生逢乱世,负济世之才,怀清平之志,历时二十余载,克定北方,史书赞其为"非常之人,超世之杰"(《三国志·武帝纪》),对曹操政治生涯的评价,传统史学多冠以霸、法术论之(《三国志·武帝纪》言曹操"揽申、商之法术",《晋书·傅玄传》"魏武好法术而天下贵刑名",《文心雕龙·论说》"魏之初霸,术兼名法")。近年来,基于对曹操王道政治的钟情,有的学者提出了与传统史学截然对立的曹操思想儒家主干论,诸如柳轩、孙明君、王云林等持此论①。我们认为学界关于曹操施政性质的争论(以法为主,还是以儒为干?是霸业,还是王道?),多囿于孟子"王霸对立"的理论框架,而忽视了主张"王霸兼容"的管学派、荀学派对曹操的影响。相应的研究也就忽视了曹操施政"王霸兼容""先霸而后王"的特征。为了厘清管、荀王霸理论对曹操政治生涯的影响,我们对先秦管、荀王霸之辩作简要回顾。

作者简介:崔兰海,安徽省管子研究会理事、副秘书长,安徽医科大学马克思主义学院副教授,历史学博士。

基金项目:安徽省哲学社会科学规划项目,项目号:AHSKY2016D216。安徽高校人文社会科学重点项目,项目号:SK2016A0472。安徽省教育厅质量工程项目,项目号:2016JYXM0502。

① 孙明君.45年来社会史思想史领域曹操研究综述[J].阴山学刊,1996(3).

一、管、荀王霸之辩的特质

王、霸之辨发轫于春秋霸权崛起后，霸权政治与西周王道政治不同，激起了诸子对两种不同政治模式的思考，引发王、霸之辩①。不过春秋与战国"王霸之辩"在内涵上是有差异的。

《左传·成公二年》记载："四王之王也，树德而济同欲焉。五伯之霸也，勤而抚之，以役王命。"这里比较清晰地区别了王、霸的不同：王在树德，霸在勤王。杨伯峻注解说："'王''霸'对言，与战国时'王''霸'对言意义稍有不同。《管子·霸言》篇云'夫丰国之谓霸，兼正之国之谓王'又云'得天下之众者王，得其半者霸'与此义尚相近。"②杨伯峻提到的《管子》王霸理论可视为先秦王霸之辩的源头，《管子》对王霸的界定基本是以春秋为时代背景展开的。春秋时期的"霸"指代诸侯之长，霸即伯。其使命是尊王攘夷，以勤王命。《管子·乘马》说："为而不贵者霸"，又说："审谋章礼，选士利械则霸"。前一句"霸在勤王，而不能自贵为王"，后一句强调"霸要尊礼，要精兵械利"。春秋时期所谓王道政治，多专指西周王政。

至战国，《孟子·公孙丑上》记载："以力假仁者霸，霸必有大国；以德行仁者王，王不待大——汤以七十里，文王以百里。以力服人者，非心服也，力不赡也；以德服人者，中心悦而诚服也，如七十子之服孔子也。""霸"以力相竞，"王"以德服人，两者是对立的，存在着"以力"与"以德"的本质不同。孟子"贵王而贱霸"，所谓："仲尼之徒，无道桓文之事者。"（《孟子·梁惠王上》）此外，战国时周王室已无复振的迹象，孟子所言王道，已不再专指西周王政，而是实行仁政的诸侯王。诸侯混战，民生困顿，民心向往仁政如旱苗盼甘雨，孟子认为当此时，谁能行仁政，谁就能"定于一"（《孟子·梁惠王上》），谁就是现实中的王道政治。萧公权说："孟子黜霸，其意在尊王而促成统一。"③管、孟在王霸之论在内涵与指向上显然是不同的④。

生于战国末的荀子对"王霸之辩"的论述，既有儒家"贵王贱霸"的烙印，又与孟子不尽相同。《荀子·仲尼》说："然而仲尼之门人，五尺之竖子言羞称五伯，是何也？曰：然。彼非本政教也，非致隆高也，非綦文理也，非服人之心也。乡方略，审劳佚，畜积修斗，而能颠倒其敌者也。诈心以胜矣。彼以让饰争，依乎仁而蹈利

① 李明辉认为王霸之辩为战国孟子"首揭"。此与基本史实不符。参见李明辉．孟子重探［M］．台北：联经出版事业公司，2001：41.

② 杨伯峻．春秋左传注［M］．北京：中华书局，2014.

③ 萧公权．中国政治思想史［M］．北京：商务印书馆，2016.

④ 胡家聪较早注意到《管子》《孟子》在王霸上"对立"，但胡家聪把《管子》的王霸之论置于战国说，值得商榷。参见胡家聪．管子新探［M］．北京：中国社会科学出版社，2003：18-20.

者也，小人之杰也，彼固曷足称乎大君子之门哉！彼王者则不然。致贤而能以救不肖，致强而能以宽弱，战必能殆之而羞与之斗，委然成文以示之天下。"《荀子》延续了"贵王贱霸"的儒家论调，强调了"霸"以力服人，而"王"以义服人："霸"假仁蹈利，"王"归于仁。后世中国政治"贵王贱霸""王霸二途"，多受儒家此类观点的影响。

荀子虽承认王道高于霸道，然并未让二者截然对立，此又与孟子有别。荀子说："故齐桓、晋文、楚庄、吴阖闾、越勾践，是皆僻陋之国也，威动天下，强殆中国，无它故焉，略信也。是所谓信立而霸也。"（《荀子·王霸》）字里行间，荀子对霸业的历史功业还是基本肯定的。在荀子理论中，霸与王只是"纯"与"驳"之别，而不是类的不同。"粹而王，驳而霸，无一焉而亡"（《荀子·强国》），这里粹即全用儒道，而所谓驳，则为兼采法术。冯友兰说荀子："王和霸的不同是程度上的不同，不是种类的不同。这也是荀况的王霸之辩。他的王霸之辩和孟轲是不同的。孟轲认为王霸的不同是种类的不同，是相互对立的。"①荀子没有隔断霸、王转化的可能与途径。从而进一步认为孟子从"性善论"出发，寄王道于君王"不忍人之心"；荀子从"性恶论"出发，寄王道于制度构建，此是孟子与荀子王道政治的不同。荀子说："人君者隆礼尊贤而王，重法爱民而霸。"（《荀子·强国》）在中国传统政治中礼法本是同源，这本身就蕴含着"由霸向王"转化的可能。

荀子霸、王转化的思路在《管子》中亦有阐释。《管子·小问》记载："桓公问管仲曰：'寡人欲霸，以二三子之功，既得霸矣。今吾有欲王，其可乎？'管仲对曰：'公尝召叔牙而问焉。'鲍叔至，公又问焉。鲍叔对曰：'公当召宾胥无而问焉。'宾胥无趋而进，公又问焉。宾胥无对曰：'古之王者，其君豊，其臣教。今君之臣豊。'公遵遁缪然远，二三子遂徐行而进。公曰：'昔者大王贤，王季贤，文王贤，武王贤。武王伐殷，克之，七年而崩。周公旦辅成王而治天下，仅能制于四海之内矣。今寡人之子不若寡人，寡人不若二三子。以此观之，则吾不王必矣。"这段文字非常直观地说明《管子》视王与霸是可相互过渡的，桓公已霸而向往王道政治，而大臣们认为"由霸入王"在理论上是可以的，但条件是"其君豊，其臣教"，黎翔凤引《说文》训"豊"为礼②，意指王政的实施需要君臣上下皆行礼。修礼，是对霸政的完善，也是霸政向王道过渡的条件。此与荀子霸、王之辩内涵相通。

通过上文的简要学术总结，笔者认为管、荀王霸之辩有两大鲜明特质：

（1）在内涵上，尊王但不贱霸，肯定了由霸入王的可能。如果联系到《管子》"仓廪实而知礼节，衣食足而知荣辱"的知名论断，甚至可以说在《管子》看来，霸政

---

① 冯友兰．中国哲学史新编[M]．北京：人民出版社，2007.

② 黎翔凤．管子校注[M]．北京：中华书局，2011.

是实现王政的前提。

(2)在实现途径上,重法但不排斥礼,甚至说礼更为根本,《管子》主张礼义廉耻,国之四维。

本文用管、荀王霸理论之“矢”去射曹操施政之“的”,发现曹操开创性地继承了先秦管学派、荀学派的王、霸理论,把管、荀王霸之辩践行到汉末时局中。

二、曹操的霸业情结与统一北方

曹操霸业梦想可追溯到初平三年其任兖州牧时,《三国志·毛玠传》记载:“玠语太祖曰:‘今天下分崩,国主迁移,生民废业,饥馑流亡,公家无经岁之储,百姓无安固之志,难以持久。今袁绍、刘表,虽士民众强,皆无经远之虑,未有树基建本者也。夫兵义者胜,守位以财,宜奉天子以令不臣,修耕植,畜军资,如此则霸王之业可成也。’太祖敬纳其言。”毛玠建议曹操立霸王之志,奉天子以讨不臣,这无疑是春秋霸业思想的再现。此后曹操“挟天子以令诸侯”可视为对初平三年霸业夙愿的践行。东汉建安元年,荀彧复以“晋文纳周襄王而诸侯景从”为例,劝曹操西迎汉献帝,誉曹操“乃心无不在王室,是将军匡天下之素志也”(《三国志·荀彧传》)。此外,曹操每每以齐桓、晋文自誉,似亦可说明曹操浓厚的霸、伯情结。

《短歌行一》记载:“齐桓之功,为霸之首。九合诸侯,一匡天下。一匡天下,不以兵车。正而不谲,其德传称。”①曹操期许齐桓公霸业的心情溢于言表。

《秋胡行一》记载:“正而不谲,辞赋依因。”桓公闻叩牛角夜吟之音而识宁戚。曹操借此表达求贤之心。

《领兖州牧表》记载:“是以将戈帅甲,顺天行诛。”此言自己率领士卒,按照皇帝意旨征伐。

《述志令》记载:“齐桓、晋文所以垂称至今者,以其兵势广大,尤能奉周事也。”又说:“设使国家无有孤,不知当几人称帝,几人称王。”曹操自我表白,表达自己勤王之心。

综上,笔者认为:没有理由臆测曹操初心不在兴汉室、建霸业。曹操迁汉献帝于许,《史书》记载“自天子西迁,朝廷日乱,至是宗庙社稷制度始立”(《三国志·武帝纪》)。这对延续东汉王朝后期的天下共主地位至关重要。自中平肇兴到建安十三年,曹操以尊王攘夷为己任,击破北方数个割据势力(袁术、吕布、张绣、袁绍等),远征乌丸,扫平袁绍余孽,解决边患,统一北方,救民于乱世,功莫大焉。从这个意义上说,曹操霸业可视为春秋“王”“霸”理论的再践行。当然,曹操早期霸

① 夏传才.曹操集校注[M].石家庄:河北教育出版社,2013:23.

业具有春秋“霸而不王”的特征，不等于说曹操霸业就没有孟子“以力服人”的色彩，在中国传统政治中也没有哪位政治家是纯粹实施仁政而能实现国家“定于一”的。

三、曹操的“重法爱民”问题

曹操重法术，前文已经谈到这是古人的共识，近人也有不少论述。在此只强调三点：第一，曹操重视法术，是基于对“刑乱邦用重典者也”[①]的高度认同。《三国志·武帝纪》记曹操任济南相：“国有十余县，长吏多阿附贵戚，赃污狼藉，于是奏免其八。禁断淫祀，奸宄逃窜，郡界肃然。”曹操凭借严厉执法，实现一郡清平。第二，曹操重法术，是对两汉儒术治国模式的突破与完善。仲长统历数前后祸乱，感叹道：“悲夫，不及五百年，大难三起。中间之乱，尚不数焉。变而弥猜，下而加酷。推此以后，可及于尽矣。嗟乎！不知来世圣人，救此之道，将何用也。又不知天若穷此之数，欲何至邪？”（《后汉书·仲长统传》）仲长统感慨治世无策，实质上是对汉代儒术治国的失望与悲观。把动荡的乱局稳定下来，开创一种新的治世模式，成为曹操所肩负的时代使命。王夫之说：“东汉之中叶，士以名节相尚，而交游品题，互相持以成乎党论，天下奔走如骛，而莫之能止。桓、灵侧听阉竖，极致其罪罟以摧折之，而天下固慕其风而不以为忌。曹孟德心知摧折者之固为乱政，而标榜者之亦非善俗也，于是乎进崔琰、毛玠、陈群、钟繇之徒，任法课能，矫之以趋于刑名。”[②]王夫之敏锐地察觉出曹操任刑名之学意在纠正汉末儒学流弊。第三，曹操法术治国的探索充满矛盾。一方面，他鉴于汉末儒术式微而致力于用法治刑名思维来重构秩序，为此他甚至不惜公开挑战“忠”“孝”“廉”“信”等这些儒家珍视的价值观[③]；但另一方面他最终没有从法家理论中重构一套价值体系来取代儒学价值系统，相反，曹操在实施由霸政向王政转移时，又不由自主地滑向“重儒兴教”的套路。任何人都不能脱离时代，两汉儒学治国思想对曹操影响至大。

以下重点讲述曹操霸府的“爱民”问题。《管子·牧民》说：“政之所兴，在顺民心；政之所废，在逆民心……故知予之为取者，政之宝也。”这里的“予”就是爱民惠民，这里的“取”就是霸业。曹操的“爱民”施政导向，也暗合了《管子》上述理论。

---

① 辛子牛．汉书刑法志注释[M]．北京：群众出版社，1984.

② 王夫之．读通鉴论[M]．北京：中华书局，2008.

③ 参见曹操“求贤三令”。建安十五年令：“若必廉士而后可用，则齐桓其何以霸世？今天下得无有被褐怀玉而钓于渭滨者乎？又得无盗嫂受金而未遇无知者乎？二三子其佐我明扬仄陋，唯才是举，吾得而用之。”建安十九年令：“夫有行之士未必能进取，进取之士未必能有行也。陈平岂笃行，苏秦岂守信邪？而陈平定汉业，苏秦济弱燕。由此言之，士有偏短，庸可废乎！”建安二十二年令：“负污辱之名，见笑之行，或不仁不孝而有治国用兵之术：其各举所知，勿有所遗。”

建安七年，曹操行军至谯郡，面对故里因战乱满目疮痍，曹操下令曰："吾起义兵，为天下除暴乱，旧土人民，死丧略尽，国中终日行，不见所识，使吾凄怆伤怀。其举义兵已来，将士绝无后者，求其亲戚以后之。授土田，官给耕牛，置学师以教之，为存者立庙，使祀其先人，魂而有灵，吾百年之后何恨哉！"（《三国志·武帝纪》）霸业最初目的是除暴安民，然而连年的战争却导致民众大量死亡，民生困顿。续绝、立庙，曹操对死亡将士的优抚政策不可谓不诚；授田、给牛，曹操对民生的扶持不可谓不实。从这段文字中可以看出，即使说曹操爱民已近乎儒家王道政治亦不为过。

建安十四年，曹操颁发了《存恤吏士家室令》："自顷已来，军数征行，或遇疫气，吏士死亡不归，家室怨旷，百姓流离，而仁者岂乐之哉？不得已也。其令死者家无基业不能自存者，县官勿绝廪，长吏存恤抚循，以称吾意。"（《三国志·武帝纪》）如果联系到建安十三年底赤壁之战曹军死伤惨重，大致可推测出该令用于提振军队士气的鲜明动机。存恤令一方面为自己兼并战争辩护；另一方面通过缅怀逝者，抚恤生者，激励战士继续为国效力。此种含义与《管子·侈靡》中恩宠死者，激励生者的"死教"[①]相通。

建安二十三年，黄河流域发生疫病，民生困顿，晚年的曹操发布了一道颇具仁政色彩的爱民政令，令曰："去冬天降疫疠，民有凋伤，军兴于外，垦田损少，吾甚忧之。其令吏民男女：女年七十已上无夫子，若年十二已下无父母兄弟，及目无所见，手不能作，足不能行，而无妻子父兄产业者，廪食终身。幼者至十二止。贫穷不能自赡者，随口给贷。老耄须待养者，年九十已上，复不事家一人。"（《三国志·武帝纪》）从这道诏令中可明显感受到《礼记·礼运》所阐释的"老有所终，壮有所用，幼有所长，矜寡孤独废疾者皆有所养"的儒家仁政气息。如果淡化其功利，而从道义上去爱民，曹操施政自然有转化为王道政治的可能。

四、曹操的王道政治理想

《管子·霸言》说："夫丰国之谓霸，兼正之国之谓王"，"霸"着力于实现自我强大，而"王"致力于构建权威，匡正他国。两种政治范式的取向不同，其施政措施也有差异。"身仁行义，服忠用信则王，审谋章礼，选士利械则霸。"（《管子·幼宫》）"王"重在德，"霸"重在强。不过《管子》信奉"仓廪实而知礼仪，衣食足而知荣辱"，这就决定了《管子》虽然主张王道重德，但前提必然是富国强兵。换言之，《管子》的王道政治似乎以建立富国强兵的霸业为前提。

---

① 陈寅恪．金明馆丛稿初编［M］．上海：上海古籍出版社，1980.

谋取霸业，使曹操取得了经济、政治、军事、人才等方面的强势地位，并借此统一了北方。但当大规模的战事结束后，曹操在施政方向上有了明显向王道政治转向的趋势。《三国志·魏书·袁涣传》载袁涣进谏曹操说："今天下大难已除，文武并用，长久之道也。以为可大收篇籍，明先圣之教，以易民视听，使海内斐然向风，则远人不服可以文德来之。"这段进言的王道政治意味很浓：兴先圣之教，文德以服远；教训成俗，以成风化，史称"太祖善其言"。下面从三个方面来分析曹操的王道政治理想。

第一，天下归心，曹操的王道政治愿景。《对酒》篇说："对酒歌，太平时，吏不呼门。王者贤且明，宰相股肱皆忠良。咸礼让，民无所争讼。三年耕有九年储，仓谷满盈。斑白不负载。雨泽如此，百谷用成。却走马，以粪其土田。爵公侯伯子男，咸爱其民，以黜陟幽明，子养有若父与兄。犯礼法，轻重随其刑。路无拾遗之私。囹圄空虚，冬节不断。人耄耋，皆得以寿终。恩德广及草木昆虫。"这篇《对酒》堪称曹操政治理想的宣言书。曹操的政治理想是：君贤臣明，上下礼让，丰衣足食，政治廉明，老有所终，德政惠及草木昆虫。甚至可以从中读出《礼记·礼运》大同世界的气息出来。直至晚年，曹操仍念念不忘实现"周公吐哺，天下归心"的王道政治局面。

第二，尊礼尚贤，曹操的王道政治实践。《荀子·王制》中记载："子产，取民者也，未及为政者也；管仲为政者也，未及修礼者也。故修礼者王，为政者强。"在荀子看来，修礼是对"霸"的完善，也是实现由"霸"入"王"的途径。曹操曾用"治平尚德行，有事赏功能"（《三国志·武帝纪》裴注）来为自己任用品行不端的人才辩护。建安十三年，曹操废除汉三公而重置宰相，并自任之，大约在此时，曹操施政理念有意转向"治平尚德行"。《三国志·魏书·毛玠传》记载："太祖为司空丞相，玠尝为东曹掾，与崔琰并典选举，其所举用，皆清正之士。虽于时有盛名而行不由本者，终莫得进。务以俭率人，由是天下之士莫不以廉节自励。虽贵宠之臣，舆服不敢过度。太祖叹曰：'用人如此，使天下人自治，吾复何为哉？"曹操出任宰相后，任用毛玠典选，重用廉洁之士，尊礼尚贤，成为曹操霸府用人的主导方略。鱼豢《魏略》专列《清介传》以记录曹魏霸府中的清介廉直之士，其中收录常林、吉茂、沐并、时苗等四人，此亦见曹操霸府重贤使能的用人导向。当时曹操府中享有清廉声誉者，尚有荀彧、袁涣、管宁、郭嘉、刘晔、陈群、田豫等，皆一时名士。

第三，重儒、兴教，曹操王道政治的教化理念。曹操对儒学的态度是矛盾的，一方面他要实现"以魏代汉"，现实中找不到一个光明磊落的理由，于是就转而去破坏儒家的忠孝观念，甚至是士子的廉耻观念。陈寅恪说："夫曹孟德者，旷世之枭杰也。其在汉末，欲取刘氏之皇位而代之，则必先摧毁其劲敌士大夫阶级精神上之堡垒,即汉代传统之儒家思想然后可以成功。”①另一方面曹操毕竟成长于经学治国的时代,无论其思想深处“天下归心”的王道理想,还是现实中“尊礼尚贤”的施政倾向,均打上深深的儒学印记。

建安八年,曹操发布一道“修学令”,其核心思想就是要复兴地方儒学,弘扬儒家教化理念,其文曰:“丧乱已来,十有五年,后生者不见仁义礼让之风,吾甚伤之。其令郡国各修文学,县满五百户置校官,选其乡之俊造而教学之,庶几先王之道不废,而有以益于天下。”(《三国志·武帝纪》)这道政令中提到的礼让之风、先王之道,无疑是儒家思想烙印。建安十二年,曹操北征乌桓,还途经过涿郡,派人祭奠一代大儒卢植,令曰:“故北中郎将卢植,名著海内,学为儒宗,士之楷模,乃国之桢干也。昔武王入殷,封商容之闾;郑丧子产,而仲尼陨涕。孤到此州,嘉其余风,春秋之义,贤者之后,有异于人。敬遣丞掾,修坟墓,并致薄醊,以彰厥德。”(《三国志·卢毓传》裴注)这道祭奠令,对大儒卢植给予很高的评价,称其为学之儒宗,国之桢干。字里行间透露出曹操对儒生的尊重、对儒宗的祭奠与尊敬、对儒学教化的认同。

曹操践行“俭德”,在知名的《寿陵令》(又作《终令》)中,曹操说:“古之葬者,必居瘠薄之地。其规西门豹祠西原上为寿陵,因高为基,不封不树。《周礼》冢人掌公墓之地,凡诸侯居左右以前,卿大夫居后,汉制亦谓之陪陵。其公卿大臣列将有功者,宜陪寿陵,其广为兆域,使足相容。”(《三国志·武帝纪》)择贫瘠之地,不夺民利;不树不封,不费民力,不耗民财。而《终令》明确按照儒家《周礼》的标准构建陪陵,此足见儒学对曹操影响之大。孔子曰:“礼与其奢也,宁俭。禹卑宫室,文王刑于寡妻,此圣人之所以昭教化也。”②曹操以俭率下,也可视为昭示儒学教化之举。

五、曹操王道政治理想的破灭

建安二十一年,曹操被晋爵为魏王,二十二年“天子命王设天子旌旗,出入称警跸”(《三国志·武帝纪》),礼仪与君王同,打破了汉家“非刘姓不王的”大法。然而曹操终其一生也没有找到一个实现皇权嬗替的理由,尽管这个问题在建安二十四年已经在公开谈论,《资治通鉴》记载:“侍中陈群等皆曰:汉祚已终,非适今日。殿下功德巍巍,群生注望,故孙权在远称臣,此天人之应,异气齐声,殿下宜正大位,复何疑哉?”③关于曹操最终拒绝称帝的理由前人有不同的解读。

---

① 陈寅恪. 金明馆丛稿初编[M]. 上海:上海古籍出版社,1980.

② [汉]班固撰,颜师古注. 汉书[M]. 北京:中华书局,1962.

③ [宋]司马光. 资治通鉴[M]. 北京:中华书局,1962.

司马光说:“以魏武之暴戾强伉,加有大功于天下,其蓄无君之心久矣。乃至没身不敢废汉而自立,岂其志之不欲哉?犹畏名义而自抑也。由是观之,教化安可慢,风俗安可忽哉?”(《资治通鉴·汉纪》)司马光把曹操的隐忍说成是汉代教化的成功:曹操畏名教而不敢背僭越之名。不过,笔者认为司马光可能夸大了名教对曹操的约束力,对曹操来说,一方面他的施政带有鲜明的儒家印记,另一方面为了营造“以魏代汉”的舆论氛围①,他又时常突破儒家的价值标准。

也有人认为曹操之所以没有完成以魏代汉,是因为他过早离世。这一观点实际上是构建在曹操打算在建安中“以魏代汉”假设之上的。正如前人早已指出:“曹操一定懂得,任何‘对于汉帝的非分觊觎’将会削弱而不是加强他在帝国其他地方的地位。”②基于此,笔者认为:建安中曹操没有汉魏嬗替,不是因为天不假年,而是基于曹操对当时形势的明智判断。

近年来也有人把曹操没有实施汉魏皇权嬗替,归因于曹操受制于魏讽等谋反案所暴露的内部反对声音。但正如前文所谈,建安二十四年的公开讨论中,其实主张以魏代汉的声音占据绝对优势,从现有的史料看不出内部反对以魏代汉的声音足以“触及其政权根本”③。

综上所述,笔者认为前人对曹操没有实施汉魏皇权嬗替的分析,虽然各有一定的道理,但均没触及最根本的因素,曹操没有实施皇权嬗替的根本原因还要从曹操信奉的管、荀“王霸之辩”的理论去分析。

在管学派、荀学派看来,“霸”与“王”是可以转化的,甚至可以说霸业是王道政治的前提。然而无论《管子·霸言》强调的“夫丰国之谓霸,兼正之国之谓王”,还是《荀子·王制》提出的“彼王者则不然,仁眇天下,义眇天下,威眇天下”,此中均含有王道政治必须具备让天下归附,甚至是“天下归一”的大一统理念,而这点恰恰是曹操终其一生想要达到却迟迟未能如愿的王道政治心结。与天下归心、九州一统的王道理想相悖,曹操晚年发生的几件大事④,让曹操深感王政理想的破灭,笔者认为这正是曹操没有实施汉魏皇权嬗替的根本原因。换言之,一朝没有实现

---

① 卫广来认为:“汉魏皇权嬗代,是在求才三令的政治引导下通过和平过渡的让贤方式完成。”参见卫广来.求才令与汉魏嬗代[J].历史研究(5).

② [英]崔瑞德,鲁性一.剑桥中国秦汉史[M].杨品泉,等译.北京:中国社会科学出版社,2016.

③ 柳春新.曹操霸府论述[J].史学月刊,2002(8).

④ 一是刘备在建安二十四年取得汉中,彻底击碎了曹操通过统一战争来为皇权嬗替背书的梦想。二是上文提到的曹操内部的反对者发动的叛乱。建安二十三年,太医令吉本等在许昌叛乱;建安二十四,魏讽在邺都叛乱。虽然这些叛乱最终被镇压,但要实现让“天下归心”,对曹操而言遥不可期。三是孙权在挫败、斩杀关羽后,悉据荆州,实力进一步壮大。此对曹操而言,亦非福音。参考:剑桥中国秦汉史[M].北京:中国社会科学出版社,2016:333.

“天下归一”的王道理想，曹操也就永不会篡汉。曹丕在曹操死后不出一年即废汉帝而自立，然曹丕自立，实质上反映出统一之无望，伴随曹魏政权的进取、锋芒消散，曹魏政权的王道政治理想也戛然而止。王夫之说：“曹操知其子之不能混一天下，丕亦自知一篡汉而父子之锋芒尽矣。”[①]此论一语中的，道出曹魏政权王道政治理论的消散。

① 王夫之．读通鉴论［M］．北京：中华书局，2008.

亳文化研究的若干思考

张文禄

摘　要:亳文化是一个刚刚兴起的研究课题。在文化强国、文化强省的大前提下,亳文化研究的重要性和价值是不言而喻的。但作为一个新的研究课题,尚有许多需要厘定的东西,譬如说亳文化的时空概念、精神内涵、未来研究方向等,而这些内容对于亳文化研究是至关重要、缺一不可的。在淮河文化先入为主的影响下,如何高起点研究亳文化是亟待解决的问题。

关键词:亳文化;地域文化;文化圈

文化是一个意域宽阔、内容丰富的概念。众多的人文社会学家从各自不同的研究领域给出了不同的文化定义,甚至一些自然科学家也试图从自然科学的角度去阐释它,可惜的是,至今还没有一个令绝大多数学者认可的定义。虽然各家各派有着各自不同的文化概念,但文化是一定区域内人类社会发展的产物,是人类物质文明与精神文明的结晶,这是共识。可以说,中国文化是发生在中华大地上的、充分整合了各个地域文化要素、能够直观反映中华民族精神与特质的文化。中国地域广阔、自然环境各异,再加上中华民族历史悠久,因而形成了丰富多彩的区域文化。区域文化是指因地理与自然环境差异,在长期的历史发展过程中形成的具有明显地域特征的文化。“在中国区域文化漫长的发展历程中,历史因素始终是促成区域文化形成和发展的重要推动力。”①任何宏观现象都是由微观颗粒组成的,文化依然。中国文化是各个区域文化精华的综合体,研究中国文化离不开区域文化;同样,每个区域文化又是由多个地方文化有机组成的,研究区域文化离不开地方文化。地方文化是区域文化的有机组成部分,是生活在某一具体地域范围的人民所创造的物质与精神财富的综合。由以上所述可知,不管是文化、中国文化还是区域文化、地方文化,都是人类物质文明和精神文明有机融合而形成的产物,它既是一种历史现象,又是一种社会现象。当今世界,随着经济全球化进程的加快,人

作者简介:张文禄,男,亳州学院教育系副教授。

① 范立军:《区域文化史研究的回顾与展望》,《南京社会科学》2019 年第 1 期。

们越来越重视本民族的文化，各地区也相应地开始了区域文化的整理与研究。在这个大的历史背景下，地方文化的挖掘、整理与研究也被提上议事日程，亳文化研究应运而生。自2010年以来，亳文化研究日益升温，并得到了省内史学界、文化工作部门、地方院校和地方文化研究者的高度关注。2017年8月26日，安徽省亳文化研究会成立，开启了亳文化研究新的历程。2018年4月14—15日，在安徽省亳州市召开亳文化研究会研究规划发展座谈会。这两次高规格会议的召开为亳文化研究指明了方向，也为长期从事亳文化研究的专家学者提供了强有力的组织依靠。现在有关亳文化的研究成果已经陆续出现，但作为一项新的研究课题，亳文化研究尚有许多值得探讨的地方。本文不揣陋见，将一些不成熟的想法诉诸笔端，以启共研。

一、亳文化的时空概念

（一）安徽三大文化圈背景下的亳文化

文化圈理论形成于20世纪初的西方国家。“所谓文化圈，是指具有相同文化因素的区域，在这一区域中，有一个核心文化丛，由它向周边地区扩散一定数量的物质文明与精神文明的因素。不同程度接受了这种文化因素的地域，便形成一个文化圈。多个小文化圈在经过某个历史阶段的融合与发展，也可能形成一个大文化圈。”①“文化圈是一个地理上的空间概念，是指具有相同的文化特质、文化丛的众多文化群体所构成的区域……文化圈的提出有益于我们更好地从宏观上把握人类文化的空间布局以及各个不同的空间单位的文化形态与特征，用实证资料来说明文化形态的起源、相似或差异。”②在文化圈理论的指引下，致力于安徽地方文化研究的学者，根据安徽地理位置、社会风俗、思想文化发展的演进情况，将安徽文化由北向南划分为涡、淮文化，皖江文化和新安江文化（或徽州文化）三个文化圈③，但三大文化圈并不能包罗安徽全省的文化类型。关于这一点，有学者已经给出了定论，“安徽行政区域内，除了三大文化圈外，还有些地区难以列入‘编制内’，如合肥地区、六安大部分地区、巢湖一部分地区等，这些地区既不能划归淮河文化，又难圈入皖江文化，这是一个游离于三大文化圈之外的较小地域范围的文化，其内部又有着各自相对独立的文化类型。如将这些地区撮合起来，统一冠之以‘某某文化’

① 谢永新，丘上松：《恰当地把文化圈理论引进世界文学研究领域》，《外国文学研究》1993年第2期。

② 王莉：《基于文化圈理论的语言圈层问题初探》，《新疆社会科学》2008年第6期。

③ 翁飞在亳文化研究会研究发展规划座谈会上的发言：安徽的文化学界，在长期的研究中，已经对安徽区域文化基本达成大体的共识，即安徽省区内，从北向南大致可以分成三大文化圈（或三大文化板块）：涡、淮文化，皖江文化，新安江文化（或徽州文化）；也可以说是三条水带出三大文化圈，而且随着从古到今经济重心的南移，文化重镇也出现从北到南的迁移。

之名,确为勉强"[①]。亳州与上述的合肥、六安和巢湖地区大不一样,它不仅有独特的地貌特征,还有特色鲜明的文化展演进程,称之为亳文化理所当然。亳州历史悠久,文化厚重,集中反映了中华民族的诞生、成长与发展过程,形成了独特的文化传承体系。距今5000多年前的尉迟寺遗址,集中反映了我国新石器时代聚落生活生产场景,它用活的化石告诉我们,早在5000年前,先民们就在这块肥沃的土地上繁衍生息,用自己辛勤的双手创造了丰富多彩的古代农业文化。3700多年前,商汤在此建都,开启了城市文明的大门,并留下为民请命的"汤王祈雨"的勤政文化。春秋战国时期,亳文化已蔚然成风:亳地民歌是《诗经·陈风》的不竭来源;老庄哲学奠定了人与自然的和谐相处;华佗悬壶救世开启了医药养生文化;魏晋文学担起了中国文学的脊梁;唐宋时期,欧阳修等大文豪相继仕亳,使亳文化余音缭绕;明清时期亳州华丽转身,"小南京"雅号见证了亳州商业文化的繁盛……今天,亳州的道家文化、三曹文化、中药养生文化、白酒文化已经具有了名牌效应。深入挖掘、整理、研究亳文化不仅是历史责任,更是时代的呼唤。

(二)淮河文化与亳文化

作为安徽三大文化圈之一的淮河文化至今还没有一个较为明确的、言简意赅的定义。陈立柱等学者经过长期的梳理总结,从其形成的机缘,古今变化与现代价值等方面入手,初步给出了淮河文化的定义:淮河文化是"淮河流域居民创造的历史文化,以其地理上的平旷开阔,连南接北,族群上的夷夏交互,战争融合而形成了重视和合,富有总结、反省与融通精神,尚德轻智,以做人、治世、养生为主的平原文化"[②]。但恰如笔者所言,淮河文化具有"大象无形"的特点,因而确切地给淮河文化下一个定义还需进一步提炼。至于如何提炼,笔者在《浅谈"淮河文化"概念》的文章中提出了淮河文化概念提炼的方向性建议,"我们没有在'淮河文化是……'的方式中思考它,而是在如何去说它是合适的,以及它拥有哪些内涵的层面去认识它"[③]。之所以要另辟蹊径去定义淮河文化的概念,一个主要的原因就在于淮河流域地域广泛,涉及安徽、河南、山东、江苏甚至湖北五个省,其中包含了"商周时代的东夷(包括淮夷)文化、涡淮两岸产生的老庄文化、先秦时期的荆楚文化、吴越文化以及两汉和北宋之后南移的中原文化、明清之际兴起的淮扬文化"[④]。如此广阔的区域内拥有这么多文化现象不足为奇,令人称奇的是这些文化现象能融合生长,

① 沈葵,洪永平:《皖江文化的学术定位与发展契机》,《安徽师范大学学报》(人文社会科学版)2009年第3期。

② 陈立柱,洪永平:《淮河文化概念之界说》,《安徽史学》2008年第3期。

③ 陈立柱,洪永平:《浅谈"淮河文化"概念》,《学术界》2006年第2期。

④ 陈琳,陈丽丽:《淮河文化的成因与特色》,《江苏地方志》2007年第1期。

"使得淮河流域的文化有着近乎于'同俗并土、同气共俗'的特点"①。但任何事物的相似性不能取代或掩盖它的差异性,淮河文化亦然。基本趋同的淮河文化特质不能取代亳文化。亳文化是淮河文化的重要组成部分,但它也是最接近中原文化的地区之一,深浸了中原文化,在文化特质上表现了独有的地方文化特色。古代亳州地域涵盖了今天亳州市辖区及河南鹿邑、永城等地,地处南北方交通要道之处,素有"中州锁钥,南北要脊"之称。由于其地理位置特殊,此地成了中原文化、楚文化、齐鲁文化交汇之地,在多种文化长期的碰撞过程中诞生了影响中华民族价值观的道家文化,催生了独树一帜的曹魏文化,涵养了趋之若鹜的中药养生文化。

(三)亳文化的空间范围

任何一种文化的形成都要在一个特定区域经历一个漫长的演进过程,亳文化也是如此。亳文化是历史上亳地人民在长期社会生产过程中创造的物质财富和精神财富的总和,亳是中国商朝的先祖和商朝都城所在地。《墨子》《孟子》《尚书》等历史文献均说商汤居亳。《尚书·立政》有"三亳",晋人皇甫谧认为系三地:蒙为北亳,谷熟为南亳,偃师为西亳。据《括地志》,亳即南亳,在宋州(今河南商丘)谷熟县(今商丘市虞城县)西南三十五里(17.5千米),为商汤建立的商朝都城亳(今河南商丘)。根据现有的历史资料和研究成果,可大致画出古代"三亳"的现代地理范围:"商丘以南22千米处的睢阳区高辛镇为南亳,商丘以北25千米处的亳(今梁园区蒙墙寺)为北亳,在商丘以西大约280千米处的偃师商城为西亳。除偃师外,南亳和北亳都与商丘为一地。"②由此,亳文化研究的第一个难点就摆在了大家面前:亳文化研究的空间范围是什么?应该考证的是三亳地区的文化,还是某一个地区的文化?如果这个空间范围不能统一,那么亳文化研究就很难有真正的成果出现。笔者认为,亳文化研究的空间范围就是今天的亳州市及其周边地区的文化。因为在商朝结束后,唯一以亳命名的地方就是亳州(北周大象元年,改南兖州为亳州,治所不变,亳州之名始于此),这个命名与历史上的三亳不无关系,但缘何只有这个地方被命名为亳州,笔者认为这与三亳中的南亳的地理范围或许有着直接的联系,南亳包括今天亳州市区及其周边地区。这一点历史遗迹予以证明:今天亳州城北尚有汤王陵。再者,自商汤灭亡后,北亳、西亳之地被堙没在中原文化之中,已经失去了其独有的文化特征,因而就可以肯定地说亳文化的空间范围就是今天亳州及周边地区的文化。这个空间界定与学者在界定徽州文化空间范围上的观点是一致的:"空间界限首先是徽州人和非徽州人在这块土地上创造的文化,其次是徽州人在非徽州地区所创造的带有徽州文化烙印的文化,三是徽州文化有形无

① 陆勤毅,朱华东:《淮河文化对中华文明起源的贡献》,《学术界》2015年第9期。

② 李广瑞:《商代第一都"亳"在商丘考》,《商丘师范学院学报》2011年第2期。

形的影响所及地区带有徽州文化色彩的文化。”①

（四）亳文化的时间范围

解决了亳文化的空间问题，尚有亳文化的时间范围问题。正如上面所说，文化的形成是一个漫长的演化过程，在演化的过程中必然会受到外来文化的冲击，尤其是一种地方文化，如果在外来文化的浸入过程中不能保持自己的独特性，就有可能被同化、甚至消失。因此，研究亳文化的时候必须有一个时间范围。有学者研究后指出，“南宋以后，尤其是元明清以来，随着社会、政治、经济、文化重心的南移北迁，亳文化渐趋式微，并逐渐趋于沉寂”②。综合现有的考古资料、学者研究的成果以及亳文化的历史地位等因素，笔者认为亳文化研究的时间范围应该界定在新石器时代至两宋时期，因为这一时期亳文化既有独立发展的突出特点，又有积极吸收其他文化的包容性特点。到两宋之后，亳文化已经被中原文化所同化，虽然亳文化中的商业文化在明清呈现出极其活跃的态势，但这种繁荣的时间并不长，且没有出现像晋商和徽商那样鲜明的特点。

二、亳文化的精神与研究内容

（一）亳文化的精神内涵

任何一种文化能够保持经久不衰发展势头的原因就在于它有特定的精神作为支柱。作为一种文化研究，其文化精神就好比一篇文章的主旨：主旨不明，辞藻再华丽，也是一种不知所云的堆砌。何为文化精神，有学者认为，“文化精神是具有相对稳定性的东西，可视为文化的深层次结构，是民族文化的灵魂或精髓”③。任何一种文化都有其独特的精神，关注并阐述中国文化精神的学者之一是张岱年，他认为：“中国几千年来文化传统的基本精神的主要内涵是四项基本观念，即天人合一、以人为本、刚健自强、以和为贵。”④此后，关于中国文化精神的著作日渐丰富⑤。这些论著进一步丰富、完善了中国文化精神，并一致认为，研究某一种文化，如果不了解它的精神内涵，那么这种研究就如同水上漂一样，永远体会不到水面下的生机盎然与暗流涌动。亳文化研究从一开始就致力于探索其精神实质，众多学者也为此做出了不懈的努力。有学者研究后认为，亳文化精神“早在先秦时期就已表现

---

① 金开诚主编：《徽州文化》，吉林文史出版社，2010 年，第 9 页。

② 王正明等编著：《亳文化概论》，合肥工业大学出版社，2012 年，第 11、10、22 页。

③ 邵汉明：《中国文化精神》，商务印书馆，2000 年，第 1 页。

④ 张岱年：《中国文化的基本精神》，《党的文献》2006 年第 1 期。

⑤ 陈来《中华文明的价值观与世界观》；楼宇烈《以人为本——中国文化最根本的精神》；郭齐勇《中国文化精神的特质·自序》；邵汉明《中国文化研究 30 年》等。

出强势特征，表现出领袖群雄的风范，呈现出和谐创新、奋发向上的积极进取精神”[①]。这个论断是客观的，但就目前的研究事实来看，这个论断尚有继续完善和精练的空间。因为任何一种文化形态都包含了众多内容，根据研究者个人的喜好、学识水平等从中撷取几个特征并不十分困难，但要真正用人们都能接受的、形象直观的几个词来囊括整个地方的文化特征则十分困难。这是因为地方文化本身并不是一成不变、静止不动的，它不仅会随着时间的推移而变化，还会因为周边文化的影响而发生变化。到底该如何定义亳文化精神，有学者提出通过研究文化体系的内在结构形式来把握和显示文化的质的定性的方法值得一试[②]。总之，只有将亳文化的精神内涵充分展示或提炼出来，亳文化研究才会“散而不乱”，才会有成果、有创新。亳文化精神的探索应该在重点研究其文化体系结构形式的前提下，主要从价值取向、精神风貌等能够提振民族精神、树立文化自信的角度切入，同时，在关注自身文化价值取向的过程中还要注意与淮河文化精神乃至整个中国文化精神的关系，而这一点是当前许多地方文化和地方文化精神研究中存在的最大疏漏。

（二）亳文化的研究内容

关于亳文化的研究内容问题，目前的研究主要集中在老庄道家思想和魏晋文学的研究两个方面。实际上，亳文化的内容很丰富。一是原始文化。有学者通过研究亳州地区新石器时代的文化遗存来了解亳州地区原始居民的生存状况与生活情形，并将其与其他地区同时期的研究相比照。二是道家哲学思想。关于道家思想的重要性，陈鼓应先生认为：“纵横整个中国哲学及整个传统文化史……起主要作用的则是道家。至于中国文学史、艺术史、美术史和宗教史受老庄的影响，更是远大于儒家。”[③]也正是这个原因，关于老庄及道家研究的成果很多，而所有研究成果都绕不开生于亳州、长于亳州的老庄。三是魏晋文学。关于魏晋文学的研究，现在已经有很多成果出现[④]，但不论从哪个角度去研究魏晋文学都离不开亳州的“三曹”，对“三曹”文学的研究，亳州学院的魏宏灿先生虽有多篇论文和专著，但研究只是起了一个好头，还有很多东西值得挖掘。四是医药文化。亳州古有神医华佗，现在是全国有名的四大药都之一，这里有很深厚的医药文化可以研究，但可惜由于

---

① 王正明等编著：《亳文化概论》，合肥工业大学出版社，2012年，第11、10、22页。

② 陈伯海：《中国文化精神之建构观》，《中国社会科学》1988年第4期。该观点认为，不弄清中国文化的精神素质，就难以正确认识各种具体的文化现象，也无法预测整个文化的发展前景。但中国文化形态包罗万象，很难用几个词来囊括。而通过对文化体系的内在结构形式的整体研究，可以显示出“文化的质的定性”。

③ 王正明等编著：《亳文化概论》，合肥工业大学出版社，2012年，第11、10、22页。

④ 赵明《道家思想与魏晋文学》；胡阿祥《以魏晋本地文学为例谈地理分区》；何光顺《魏晋文学的自觉与反自觉》；刘石泉《魏晋伦理的转变与魏晋文学的转型》；王欣《魏晋“文学自觉”与文学场域的形成》等。

资料缺乏,很多学者对华佗及其医术的研究很肤浅,因而对于亳州医药文化及相关的药膳饮食养身文化的研究空间还很大,而且市场前景广阔。五是武术文化。亳州自古就出了替父从军的花木兰,有华佗的五禽戏,有三国时期逐鹿中原的曹操,还有“六合八法拳”的创始人陈抟,他们或武艺高强或直接推动了武术的发展。关于这一点有学者已经提出并做了有意义的研究探索,但亳州地区武术长盛不衰的原因以及如何进一步推广和发扬壮大都值得进一步研究。六是亳文化与中原文化、楚文化及齐鲁文化的关系问题。由于亳州地区所处的特殊地理位置,其文化的形成具有自己的独特性质,但又不排斥外来文化并能积极吸收外来文化,“亳于古为殷汤所居之国,故其俗尚鬼,又与陈国相近,故其俗尚巫。初不闻以拳勇相尚也,后乃急疾尚气,渐染北方之强”[①],说的就是亳文化的包容性。除此之外,诗词、戏曲、书画以及民俗等也是重要的研究内容。

三、亳文化研究的现代价值

文化研究的根本目的和落脚点都是为现实服务,离开为现实服务这个点,所有文化研究都是毫无意义的。近年来,从中央到地方都意识到了这个问题的重要性,提出了文化强国、文化强省、文化强市的战略规划。就安徽省而言,已连续下发了《关于加快建设文化强省的若干意见》《文化强省建设实施纲要》等纲领性文件,这些都为亳文化的研究提供了强有力的支持与保障,也都要求亳文化研究紧跟时代发展的步伐,为新时期亳州地方社会经济发展服务。因此,亳文化研究的现代价值取向问题是世人必须关注的热点之一,也是亳文化研究的根本目的和落脚点。

亳文化研究虽然起步较晚,但它汲取了其他地方文化研究与现实服务脱节的经验和教训,从一开始就将文化研究与社会服务紧密结合。

一是亳文化与地方民生工程建设。文化是一座城市的灵魂,亳州作为一座历史文化名城,如何将数千年的文明成果再现并传承下去,以满足人民的精神需求;如何将道家思想中无为而治、自然和谐的思想融入城市建设;如何将华佗悬壶济世、普济众生的仁慈精神传承发扬并惠及亳州民众;如何将魏晋文学融入市民的生活以及如何更好地推动三国文化在亳州的发展等都是亳文化研究的题中应有之义。魏武广场、亳州博物馆、操场公园的新建或改建,已经引起了民众的广泛关注,也充分体现了亳州历史文化的厚重与历史人物精神的引领作用。但亳文化与民生工程的结合尚有许多课题可做,如文化制度建设、文化服务建设、文化品牌工作等。

二是亳文化与旅游业。随着旅游主体文化水平的提升,文化旅游将成为未来

---

① 中国地方志集成(安徽府县辑 25:光绪亳州志),江苏古籍出版社,1998 年,第 71 页。

旅游的重要类型之一。如何将亳文化中史前文化、秦汉文化、三国文化等不同时期的文化用一条线串联起来,通过节庆活动、民族习俗、宗教仪式、祭祖敬宗等活动,将这些活动以游客喜闻乐见的形式展现出来,还有很长的路要走。

三是亳文化与文化创意。文化创意及文化创意产业是刚刚兴起不久的一个新事物。所谓文化创意是以文化为元素、融合多元文化、整理相关学科、利用不同载体而构建的再造与创新的文化现象。所谓文化创意产业就是在经济全球化背景下产生的以创造力为核心、强调一种主体文化或文化因素依靠个人(团队)通过技术、创意和产业化的方式开发、营销知识产权的新兴产业。文化创意及其产业的发展潜能无限,以北京市为例,"2016年北京文化创意产业实现增加值3570亿元,占全市GDP比重达14.3%,文化创意产业已成为北京重要的支柱性产业"[①],而所有的文化创意及产业都是以文化为内核、为根基,没有文化的支撑,这些创意和产业就成了空中楼阁。

四、未来亳文化研究的思考

其一,亳文化研究的动因。20世纪50年代,人本主义的代表人物马斯洛提出了著名的"马斯洛需求层级理论",认为人为了满足自己的不同需求会产生相应的动机。其实,人们做任何事情,都是先有需求或刺激,然后产生动机,再通过努力行动而完成的。任何一种文化研究都需要动机。有学者在研究淮河文化研究兴起的动因时提到了地方发展的需要和历史与考古等学科研究进一步发展两个方面[②],这个认识是中肯的,尤其是地方发展需要,几乎是所有地方文化研究兴起的首要动因。但囿于报喜不报忧的心态,许多地方文化研究者只关注与当前经济社会发展相适应的历史文化现象的研究,而对于那些在历史上发挥过重要作用今天却不适用的内容采取了回避或割除的处理方式,使得地方文化的研究支离破碎,不成体系。实际上,文化研究有"基础研究和理论研究两种方式",基础研究是"是历史资料、典籍的收集、整理、规划、出版的工作;理论研究是指对它们的内容、价值、意义的阐述"[③]。亳文化研究作为一个刚刚起步的研究领域,首先要做的就是基础性研究,只有将基础性研究工作做好、做扎实,从整体上把握了亳文化,才能对其内容、价值与意义进行游刃有余的取舍与阐释。

其二,亳文化的概念。概念是反映客观事物一般的、本质的特征。那么亳文化一般的、本质的特征是什么?研究亳文化这是一个绕不开的问题。但遗憾的是,尽

① 张景华,董城:《文化创意产业成为北京重要支柱产业》,《光明日报》2017年09月12日第09版。
② 陈立柱:《淮河文化研究的现状与反省》,《学术界》2016年第9期。
③ 李良玉:《关于文化研究的几点意见》,《安徽史学》2007年第3期。

管笔者提出了“南有徽文化，北有亳文化”的口号，到现在还没有哪一位学者真真切切地给亳文化下一个一目了然的定义。其中的原因大概还是研究者没有静下心、沉住气从最基础的研究工作开始。如何确定亳文化的概念？陈立柱教授探讨淮河文化的概念的思路或许对人们一定的启发意义。“一种地域或地区文化概念的成立与否”，要从四个方面去考虑，一是文化历史的积淀，二是与其他文化形态相比有无自己的特点，三是有无独特的价值观念，四是该文化内部有无共性点①。亳文化的文化历史积淀深厚，这是有目共睹的，但如何找出自己独特的文化特点、如何将蕴含在文化中的价值观念提炼出来，这需要亳文化研究者孜孜不息地钻研。

其三，亳文化研究的方向。虽然现在的研究成果已经很丰富，但也有学者尖锐地指出淮河文化研究尚处于浅层次，“很多较为隐蔽的文化现象和深层次的内容及相关问题不曾涉及”，“大多研究成果属普及读物类”②，缺少“系统的研究成果”和“综合性研究丛书”③等。淮河文化研究中的这些缺憾与没有统一的研究机构引领、没有高标准的研究目标导向不无关系。如今，亳文化研究，一定要借鉴已有文化研究中的不足，深入挖掘亳文化中对社会发展起重大作用的文化现象，进行下沉式研究。

其四，亳文化研究的策略。就亳文化研究的策略问题，陈业新的“三时段研究策略”具有较好的借鉴价值。该策略认为，在文化研究中“适当地采用长、中、短时段的研究策略，进而对文化的不同发展阶段及其特征、文化的因变与传承等进行全面的考察”④。就亳文化研究而言，长时段研究就是要从上古时期到今天进行宏观整体性研究，要对“各个历史时期文化的发展与衍变原因、特征、背景展开分析，以明文化发展、变化之大势”⑤；中时段研究就是要对包括道家文化、三曹文化、中药养生文化、白酒文化等文化形态展开深入详细的研究；短时段研究则是对上述历史文化现象中具体事件进行前因后果的分析研究。这种研究策略既能从整体上宏观把握亳文化的发展脉络，又能从微观上讲透亳文化。

亳文化是淮河文化研究中不可或缺的一个部分。淮河文化研究已经取得阶段性的研究成果，并开始向更深层次的研究领域拓展，亳文化可以借助淮河文化研究“上台阶”的机会，借势发力，齐头并进。

---

① 陈立柱，洪永平：《浅谈“淮河文化”概念》，《学术界》2006 年第 2 期。
② 陈业新：《淮河文化研究述论》，《学术界》2017 年第 11 期。
③ 陈立柱：《淮河文化研究的现状与反省》，《学术界》2016 年第 9 期。
④ 陈业新：《淮河文化研究述论》，《学术界》2017 年第 11 期。
⑤ 陈业新：《淮河文化研究述论》，《学术界》2017 年第 11 期。

庄子与蒙城文化研究

蔡洪光

摘　要:由崇祀庄子所形成的文化张力持续浸润蒙城文化,使得庄子精神不断向市井阶层浸洇,改变、塑造着蒙城大众对庄子的认知和情感,进而影响人的思维方式和行为选择。蒙城人以庄子为乡贤,“民有庄周后世风”成为这片区域鲜明独特的气质和软实力,而庄子思想的积极内涵如今在这里也已“与时俱进”,成为蒙城拥抱新时代、共筑新梦想弥足珍贵的文化资源。

关键词:庄子;蒙城;文化;蒙城庄子文化;演进;发展

改革开放以来,安徽蒙城有关庄子的文化事象方兴未艾,且呈现出内容主题不断深化、表现形式不断创新、影响范围不断延展之势,已成为地方文化的鲜明特征。事物的存在总有其历史和现实的原因,然而多年来未见专文对此论述者。本文即以历史的视角对蒙城古今有关庄子的文化事象展开探究,梳理其形成、演进和发展的脉络,辨析其内外成因及影响,抛砖引玉,以期对蒙城文化建设和发展有所襄助。本文把蒙城有关庄子的活动、成果和影响等称为蒙城庄子文化,以与蒙城地方其他文化区别开来。

一

蒙城庄子文化发轫于何时?蒙城较为一致的说法是:庄子故去几百年之后的魏晋时期,嵇康因仰慕庄子曾来蒙城,在城东北隅一座土山下“冶铁怡情”为其发端[①]。另有说法是秦以后蒙城地名多变,始终不稳定,唐玄宗于天宝元年号庄子为南华真人,称《庄子》为“南华真经”,并“改天下县名不稳及重名一百一十处”[②],将汉时所称“山桑县”更名为蒙城县,以确认庄子之籍里。以上说法或可视为蒙城“证明”其庄周故里说的渊源。但本文主旨是探究蒙城庄子文化形成与演进问题,

---

作者简介:蔡洪光,男,原中共蒙城县委宣传部副部长。

① 民国四年《重修蒙城县志·人物志》。

② 《旧唐书·本纪·玄宗下》。

与庄子籍里之考无关，所以无法仅凭这些便证明彼时已经“形成”了蒙城庄子文化。诚如张岱年先生所言：“在人类社会活动所创造的成果的意义上，文化是‘文’，还不是‘文化’。只有考虑到这些成果同时还意味着对人自身的改造，才是‘文化’。”①

蒙城庄子文化的端倪，目前可见最早的地方文献是蒙城现存的明万历年间(1573—1019)纂修的《蒙城县志》，其中有多处关于庄子、庄子祠的记载。其《舆地志·古迹》记载：

庄子台，旧址在城北隅，苏子瞻有记，因没于水，知县吴一鸾复建祠筑台于东门外。

“苏子瞻有记”，是指北宋元丰元年蒙城修建庄子祠时县令王兢请苏轼所写的《庄子祠堂记》。其开头写道：“庄子者，蒙人也，尝为蒙漆园吏，没千余岁而蒙未有祀之者，县令秘书丞王兢始作祠，求文以为记。”苏轼引司马迁语的同时，道出了蒙城县令王竞开庄子籍里祠祀庄子之先例。

为历史名人立祠奉祀，是由来已久的文化传统。以祠祀名人为核心，或昭示其学说思想，或彰显其善举懿行，或彪炳其文韬武略等，可达教化育人、代代相传之目的。即使其建筑物倾圮，但只要遗迹尚在，它仍然是人们寄怀吊古的目的地，所以这种纪念性建筑物，是其文化最显著的物质标志。

苏轼在对蒙城为庄子故里“默许”以后，先是对《史记》评庄之“诋訾孔子之徒”这个定论给予旗帜鲜明的批判，提出“庄子之言皆实予而文不予”“阳挤而阴助”孔子的观点，可谓石破天惊。继之，他又提出了《庄子》中有伪作的见解，开后世《庄子》研究领域风气之先②。苏轼的《庄子祠堂记》既为当时庄子故里蒙城说注入了强大力量，又标新立异，影响巨大和深远，也大幅提升了庄子祠作为蒙城庄子文化标志的影响和地位。

苏轼在《庄子祠堂记》中表达的庄子“助孔”观点，与王安石《庄周论》“以儒解庄”的思想可谓是殊途同归，不谋而合。虽然二人因“变法”问题持见不同，但巧合的是，王安石也因《蒙城清燕堂》的一篇诗作，与蒙城庄子文化产生了密切关系。

在北宋中期修建庄子祠之前，蒙城县衙中有一座建筑物名曰“清燕堂”。明万历《蒙城县志》卷一载：“清燕堂，县后堂也，宋时建。王安石有诗。”清燕堂是何人何时为何所建？蒙城地方众口一词，说是宋仁宗时期县令苏舜钦所建。苏舜钦，字子美，北宋景祐元年中进士后任蒙城县令，取“清燕”清闲安逸之意，将县衙中县令

① 张岱年，程宜山：《中国文化精神》，北京大学出版社，2015年版。

② 方勇：《庄子学史·宋元庄子学概说》。

日常办公的后堂命名为“清燕堂”，并立碑以明其“无为而治”之志。此说目前尚无可靠文献史料或文物可以支撑，抑或地方所立“去思碑”亦未可知。从《宋史》可知，颇有政声、后来成为朝廷名臣的段少连、丰稷等分别在苏舜钦前后治蒙，亦有可能建清燕堂，并留下良好口碑，只不过他们在文坛上的影响力没有苏舜钦大而已。

王安石得到蒙城清燕堂碑文，写下了《蒙城清燕堂》诗：

清燕新碑得自蒙，行吟如到此堂中。
吏无田甲当时气，民有庄周后世风。
庭下早知闲木索，坐间遥想御丝桐。
飘然一往何时得，俛仰尘沙欲作翁。

从王安石该诗在其作品集中的排列位置以及诗中流露的“欲作翁”思想倾向上来判断，这首诗应是其变法失败、辞去相位判江宁府以后所作。诗人阅读清燕堂碑文以后，先是将自己置身于清燕堂中，赞许蒙城官吏没有黠吏田甲那样的丑恶行径，赞扬蒙城民风秉承了庄子纯朴尚真的品格特征，继而言说得出上述结论的缘由——看到刑具蒙尘闲置无用，联想到官吏抚琴而治的治事状态，最后表达他对蒙城社会状况的向往，希望摆脱冗赘前往蒙城，俯仰其间做个快乐翁。

王安石写下“吏无田甲当时气，民有庄周后世风”的诗句，应当与他追求变革风俗的情结有关。《宋史・王安石传》记载：

（熙宁）二年二月……上问：“然则卿所施设以何先？”安石曰：“变风俗，立法度，最方今之所急也。”上以为然。于是设制置三司条例司，并与知枢密院事陈升之统领之。

王安石在相位上以“变风俗”为首要目标，以“立法度”为推进手段，展开变法运动，只可惜未能达成目标，不得不辞相改判江宁府。虽然朝廷对他仍褒扬有加，但无法驱走他内心强烈的遗憾与痛苦，而蒙城“官气”“民风”之貌，虽然不是他所追求“变风俗”目标的全部内容，但毕竟是其中应有之义，所以他要高度赞扬，甚至想前往领略一番，以排解心中的遗憾和愁闷，找到他心中冀望的现实情境。

王安石《蒙城清燕堂》诗成为蒙城宝贵的精神财富，其“民有庄周后世风”一句，客观上起到了肯定蒙城是庄子故里的作用，不仅让蒙城人感受到庄周故里人的荣耀，也大大激励蒙城人更加自觉地把秉承庄子遗风作为信条代代不忘，所以清燕堂也屡毁屡建。如明万历《蒙城县志・建置志》“公署”下记载：“洪武初，县丞赵麟因元故基重建……越数年，知县牛勤续建清燕堂（即宋时清燕堂），堂后为知县宅。”再如清同治《蒙城县志・建置志》“县衙”下记载：“清顺治十年，知县田本沛督两衙重建……康熙九年，六房倾圮，知县竹绿猗捐俸重建……乾隆二十年，许廷弼重修清燕堂并六房。”

除此之外，蒙城不少官吏也以在清燕堂治事为神圣和荣耀。如知县吴一鸾就以清燕堂为教化民风的神圣之地，“尝坐清燕堂对士民曰：人有好子孙便是钱，做官何用钱耶？”[①]清康熙年间，知县赵裔昌在为重修蒙城县志作序时，为表达对“前贤之卓荦节孝之行”“东坡庄台之作今仍芳华照人”的敬意，专门以“知县赵裔昌题于清燕堂”的署款来昭示自己诚挚的态度[②]。

《庄子祠堂记》《蒙城清燕堂》，因苏轼、王安石的政治地位和文坛领袖地位而迅速传扬四海，引得世人争相一睹蒙城风貌。南城（今江西省南城县）名士吕南公就曾闻其声名来谒庄子祠，并作《过庄子祠堂（堂以嵇康配坐）》。

客过蒙城日欲曛，更寻祠馆拜遗真。
文章昔已悲衰世，香火今谁望俗人。
诸子异端争土苴，千秋余乱见缘因。
只因叔夜轻狂辈，未是先生入室宾[③]。

吕南公途经蒙城时天色已晚，却迫不及待地拜谒庄子祠。他感慨庄子在那个黑暗、混乱的年代指出了救世度人之道，并未指望后世俗人的香火膜拜。而那些持一己之见、争相鸣放于世的人只不过是“土苴”，是造成后世混乱的根源。诗人最后认为把嵇康配祀于庄子一旁是荒唐的，甚至有些愤愤不平，认为嵇康不是庄子的承袭者，只不过是轻狂之辈而已。

其实，蒙城人以嵇康配祀于庄子塑像旁，有其自己的逻辑。

嵇康，字叔夜，谯郡铚人，即今蒙城之北几十千米的濉溪县人。嵇康自云以庄子为师，曾作《养生论》，其思想明显是源于庄子。他在《卜疑集》中通过塑造“宏达先生”形象，借以表达其精神追求“将如庄周之齐物变化，洞达而放逸”。嵇康拒不为司马氏集团所用的态度、独任天性放逸的行为风格、对仁义礼律的批判精神等，无不受到庄子人格特质和思想精神的深刻影响，因而蒙城人不仅认为嵇康是庄子承袭者，还因嵇康在蒙城“冶铁怡情”被视为传播《庄子》的先行者，所以，予以礼祀是顺理成章的。历史上，蒙城人将其“冶铁怡情”的土山称为“嵇山”，数次在嵇山上修建“嵇康亭”，将“嵇山秋月”列为名胜等。直至当代，蒙城将临近嵇山的一条城市主干道命名为“嵇康大道”，以示不忘和尊崇。

概言之，北宋中期蒙城所建庄子祠奉祀着庄子的“魂灵”、流布着庄子人格精神、承载着庄子的荣耀、宣示这里人的尊崇，同时，也张扬着嵇康的精神、播撒着苏

---

① 吴一鸾，浙江丽水人，明万历七年至九年任蒙城县令。见明万历《蒙城县志·秩官志》。

② 康熙十五年《蒙城县志》。

③ 吕南公《灌园集·卷五》，上海古籍出版社。

轼的光芒，使其成为蒙城庄子文化形成的最显著标志。而清燕堂彰显的无为治绩，王安石赋诗“民有庄周后世风”的嘉许肯定，使清燕堂成了蒙城“风俗”良好的象征。上述这些共同构成了蒙城庄子文化多样的形态、丰富的意涵，对当世和后世产生了广泛和深远的影响，实为蒙城庄子文化之渊薮。

二

尽管明代前期朝廷统治者明显抑庄，也不论庄子祠存废与否，蒙城庄子文化似乎不受影响地继续发展，其直接表现是蒙城仕宦、文人以诗词咏庄成为时尚，并开始有以庄子词句、思想等向其他题材入文的倾向。如明代早期蒙城“邑人陈嶷”未出仕时写下的《庄子台》诗[①]：

沧浪歌罢濯尘缨，把钓归来载月明。
一枕清风眠正稳，任他蝴蝶梦中生。

陈嶷后来于明宣德年间在考选御史答卷过程中，写下一篇《豆芽菜赋》而一举夺魁。文中以豆芽菜“有彼物兮，冰肌玉质。子不入于淤泥，根不资于扶植……虽狂风疾雨不减其芳，重露严霜不凋其实”，明赞豆芽菜的高洁品格，暗喻自己有此浩然之气。其后他又写道：“天下之士，无欲者为贵……彼之所云者，非不口欲，我之所却者，恐为心累。脱若致之弗克，则役之于心；役之于心，则为口体之累……虽罗五鼎，亦唯取辱；虽享太牢，适增其丑”[②]。从其诗文可以明显看到，作者呈现的是坦荡豪迈、飘逸洒脱的人格精神，让人强烈感受到一位青年才俊既达观进取，又纯素浪漫的精神情怀。其积极入世的态度，明显是受到儒家价值观的影响，“任他蝴蝶梦中生”则与庄子精神境界有共同之处，其“无欲者为贵”，弗令外物“役之于心”的观点，明显是根源于庄子的外物思想。由此也可以看出，庄子的影响已经深入士子的思想观念之中，而“以儒解庄”的影响也同时存在。

此外，虽然北宋中期所建庄子祠在明初被黄水冲毁[③]，但其遗迹尚在，过境的官吏、士子文人等仍然慕名前去寄情吊古，留下诗作。如明成化年间《凤阳府志》编修柳瑛的《庄台怀古》，知府刘教的《过漆园怀古》、巡按郭公周的《过蒙城吊庄子》等[④]，这些为蒙城庄子文化发展注入了动力，增添了光彩。

自明万历之初以降，蒙城庄子文化在官方持续推动下呈蓬勃发展之势。有明

① 清顺治《蒙城县志·艺章志》。
② 清顺治《蒙城县志·艺章志》。
③ 清顺治《蒙城县志》。
④ 清顺治《蒙城县志·杂类志》。

一代,蒙城隶属于凤阳府寿州。万历八年,兖州人张登云赴任中都凤阳太守即来蒙城,凭吊庄子祠遗迹、赋诗一首,命县令吴一鸾重建庄子祠。据万历十年(1582)《蒙城县志·典秩志》记载:

庄子祠(规制见坛庙)旧在城西北隅,因年久废坏。万历九年,知县吴一鸾捐俸买地于东关外建祠。其中有逍遥堂三间,祠殿三间,卷篷三间,梦蝶楼一座,鱼池桥一座,观鱼台一座,二门、大门各三间,道舍六间。又因丈地查出欺隐田地共五顷一十二亩二分例应入官者,遂给本祠,供春秋二祭牲醴及修补墙垣。(堂后有撄宁堂三间)①

结合志书相关记载可知,其祭祀规格与祭孔相同,其祠田之多几乎与儒学之田相当,其建筑规模超出其他祠寺庙观,可见当时祠祀庄子鼎盛之况。从各建筑物的命名来看,既注重描摹庄子人生的传奇色彩,又注重彰显庄子思想的深邃含义,还兼顾了道教宫观建筑名称的一般常习,体现了主政者的独具匠心。由此可知,庄子祠应当既是官方礼祀庄子的祠堂,也是具有宗教功能的场所。

庄子祠建好后,吴一鸾请已经致仕的礼部尚书、翰林院学士汪镗题写了《新建庄子祠记》,其文中对《庄子》的评价继承了苏轼《庄子祠堂记》、王安石《庄周论》的观点,却另又写道:"然如《庄子》者,犹之乌头、钟乳,药中自不可少耳。《诗》曰:'虽有丝麻,无弃菅蒯。虽有姬姜,无弃憔悴。'此今日建祠之意也。"②汪镗将《庄子》归于可治小病的乌头、钟乳之类的药材,又将其比喻为难以与丝麻比较的茅草、不能与高贵貌美女人相提并论的丑陋妇人,只不过"无弃"而已。此论明显贬损了《庄子》的价值和魅力,究其原因,抑或是受明代早期抑庄的影响,他似乎是在为自己,可能也为吴一鸾,向社会昭示其尊儒贬庄的态度,避免为后人留下话柄。但蒙城官方和民间对汪镗的观点似乎不以为意,礼奉、崇尚庄子之风反而勃然兴起。官方将祭祀活动规范为"春秋两祭",在地方志中将列其为名宦,列其牌位于名宦祠首位予以礼奉等。

从后世庄子祠的建筑规模、结构和礼祀仪轨以及在名宦祠(后改为乡贤祠)予以礼奉等方面来看,这一时期的规制成为蒙城后世仿效的样板。与此同时,蒙城评选了"八景"以壮殊观。"庄台梦蝶"是当然之一,除此之外,出于标榜庄子籍里的需要,将"漆园春雨"纳入其中。"漆园春雨"是指蒙城涡河北岸不远处一座春秋战国时期的聚落遗址,瓦砾遍地,林木杂芜,蒙城人称之为古漆园城旧迹,云"春日云

---

① 括号内均为原注。

② 清顺治《蒙城县志·艺章志》。

气氤氲于其上，常作微雨，他处无之”[①]。其余六景中，涉及夕照、月映、垂虹、霁雪、晓钟、甘泉等，或曰自然天成之观，或云悠扬悦耳之声，或谓天然甘甜之味，令人神思向往。让人惊异的是，蒙城城中宋代所建巍峨壮观的十三层浮屠（今为全国重点文物保护单位）、元代所建规模宏大的文庙（今为安徽省重点文物保护单位）等，竟然不列其中。可见，当时以自然天成为美的审美观点占主导地位，而将人工建筑宏伟壮观之美退而为次，这应该与庄子自然美学观的影响有直接关系。此后，蒙城文人写下了大量吟咏“八景”的诗文。其概貌如何，因为明代县志中《艺文志》亡佚而无考，但从清代蒙城县志中所录少量明代邑人吟咏“八景”诗文的质量之高以及县志所记当时儒生数量较多等方面来看，仍然可以推测，当时蒙城“八景”题材的诗文数量应当是很多的。其在丰富“八景”之美的内涵，启发普通民众的审美意识，导引民众以自然为美的审美价值倾向，提升民众的审美境界等方面应发挥了积极作用，影响人们的生活旨趣倾向于积极、达观。这个推测，从清代文人吟咏“八景”、大自然题材的诗文之多可以得到印证，从当代出版的《漆园夜谈》[②]、《中国民间故事全书　亳州·蒙城卷》[③]所收清代以来有关动物、植物、胜迹景观等自然之美内容的传说故事之多也可以得到印证。

值得重点提及的，是“民有庄周后世风”在这个时候有了清晰的解读。明万历志记[④]：

蒙城，庄子漆园治邑也。民性多刚劲而质朴，气概矜傲，志意轩昂，故王荆公诗曰“民有庄周后世风”。

其“民性”特征意涵与庄子的人格特质多有相似之处，可谓中允。从该志所记当时社会主流阶层“士”的人格特征看，此说也能得到有力的印证。如出仕为官，以“刚劲”之气概“雪冤死”、面对奸佞“弹劾不避权贵，有古人之风”的成化癸卯科进士潘孟时、嘉靖癸未科进士许廷桂等，表现出“受命于天地，唯松柏也正……幸能正生，以正众生”的刚正端方情怀。（《德充符》）如“因忤当道”“即弃官归”的嘉靖壬子科进士姜湧、洪武间“荐辟”张整、前述之陈嶷等，他们正是表现出“气概矜傲，志意轩昂”，鄙视“鸱得腐鼠”做派（《秋水》）的高洁品格。而更多居乡士人“甘贫淡”“好诗书，不求仕达”“甘乐田园”，“与里党相齿让，绝无侵渔凌欺之习”等，则表现出“安时而处顺”（《大宗师》）、“不谴是非而与世俗处”（《天下》）素朴纯真的特质。明代《蒙城县志》“民性”说，丰富了王安石“民有庄周后世风”的内涵，道

① 明万历《蒙城县志·舆地志》。

② 《漆园夜谈》，蒙城县文化局、文联、文化馆编辑刊印，1984年版。

③ 《中国民间故事全书　亳州·蒙城卷》，安徽人民出版社，2011年版。

④ 明万历《蒙城县志·省观志·风俗》。

出了蒙城主流群体的人格特质、精神风貌，客观上也反映了庄子精神在这里长期流布所产生的深刻影响。

明万历三十九年，蒙城刊刻了《古蒙庄子校释》一书，成为蒙城文化史上唯一一部庄子学专著，至今有藏书者收藏。此书为教谕吴宗仪所著。正文之前，县令王继贤（万历三十五年至三十九年在任）作“古蒙庄子序”，吴宗仪作“叙古蒙庄子”，继置“漆园居士张文旆谨赞”短文及其所绘“庄子小像”等①，这是蒙城庄子文化演进中一个重要事件。蒙城刊刻《古蒙庄子校释》的意图，王继贤在“序”中称，“古蒙之不可无庄，犹庄子之不可无蒙……岂以先生之阙里，而反令遗立之或泯也……兹刻也，意取存蒙”（《古蒙庄子校释》）。王继贤的意思很明确，庄子籍里之“蒙”是春秋战国之蒙，今天的蒙城就是春秋战国之蒙，此为其一。其二，如吴宗仪“叙”中所说，当时王继贤治事之余“时进博士弟子员阐析名理，而于《庄子》阙焉弗讲”，究其原因是“探南华之遗墨竟不可得也”，故作此举，以避免“渡津而忘其伐”之尴尬（《古蒙庄子校释》）。由此可以看出，当时光大庄子故里荣耀、传播庄子学说的强烈愿望与担当精神，在官吏、士人中已经转化为在庄子学上“立言”的自觉行动。

崇祯五年，江西万安举人李时芳甫任蒙城知县再次修葺庄子祠，“于祠之前后置隙地而广之，建堂曰逍遥，亭曰五笑，辟池为濠上，规园为漆园，以修岁祀，以启后观”②。祠建成后，李时芳亲作《新修庄子祠记》勒之于石。其开头便说，自己弱冠时就好黄老，曾梦中见一真人，以为是本乡张姓真人，谁知真人“临别”时说“我非是张”，及至任蒙城县令谒见庄子祠塑像“宛然当年梦中形象，乃悟非‘张’者，‘庄’也”（《古蒙庄子校释》），云云。李时芳沿袭既往县令立祠崇祀庄子的做法，却又以“亲历者”身份云庄子托梦、预知后事等，有异于“不语怪力乱神”的传统。其神化庄子的离奇之说对有清一代蒙城市井文化影响颇大。

简言之，两度修建庄子祠、刊刻《古蒙庄子校释》、“民有庄周后世风”有了明晰表达并持续传承，成为明代蒙城庄子文化的显著特征。

三

清代至民国，蒙城庄子文化除延续明代之脉络形态外，又呈现出不同的景象与特征。

由崇祀庄子所形成的文化张力持续浸润蒙城文化，使得庄子精神及其魅力的影响不断向市井阶层浸洇，改变、塑造着蒙城大众人群对庄子的认知和情感，进而影响人们的思维方式和行为选择。所以，康熙年间地震、乾隆年间连续黄水灾害毁

① 张真《明代蒙城县令编刻〈古蒙庄子校释〉》，载蒙城县政协编印《漆园古今特辑》，2010年版。

② 清康熙《蒙城县志·艺文志》。

坏庄子祠以后，嘉庆十四年，"知县张培重建逍遥堂，于祠前建五笑亭，观鱼池，于右建庄子台，于左前建大门并回廊。每岁春秋仲月戊日祭之"①。但咸丰三年，庄子祠被外来巨匪围城时拆毁，仅余"碑石林立"之后，"同治中，邑绅冯承裕独力捐修庄祠正殿三间"②，一直存续至20世纪中叶。

这一时期蒙城诗文创作之面貌呈现出与明代明显不同之特征。明代士子文人以《庄子》词句、思想入文的范围主要体现在"涉庄"题材方面，在其他题材中较为少见，而此时以庄入文的题材范围已向市井文学、生产、生活等方面大大拓展，如李东生《公堂清燕》、陆文起《蝉琴》、陈仪雅《闲遣》、张渔亭《旅馆夜怀漆园》、李迎甲《乱后有感》……其中，如高书曾"以庄咏仙"的《刘井呼蟾》，其"翩翩入月化金光，何事跳梁坎井旁"句中的"跳梁坎井"源于庄子《秋水》。再如，陆圻、何克绍分别所作《慈寺晓钟》，则是"以庄入佛"，前者"举世竞利欲，几人如槁灰"句中"槁灰"的化用，后者"庄叟可曾惊幻梦，陈仙杳不碍长眠"句中的"庄叟""幻梦"，明显是源于庄子《齐物论》。对《庄子》文本内容的娴熟化用、"跨界"应用，也说明当时习读《庄子》风尚广泛。

这一时期蒙城神话传说故事大量涌现，成为蒙城庄子文化的鲜明特征。这与稍先李时芳在《新修庄子祠记》中对庄子的神化描写有直接依序关系。虽然唐、宋朝廷敕号庄子为"真人"，但蒙城一直是以庄子为"乡贤"而崇祀，史志文献也从未称庄子为"真人"。明万历《蒙城县志》中，涉及"仙人"内容的仅有对"丹阳观""海蟾祠"的简略记载，说明当时蒙城还没有邑人"成为"神仙。受李时芳之庄子神仙说勒之于石"登堂入室"的影响，再加上文人如上述高书曾等"以庄咏仙"的推波助澜，蒙城开始了神仙塑造，口传文学中十数位邑人陆续"变成"神仙，如借百家之牛、用草绳夜拉宝塔于城内东南隅的张邋遢，出城南行四十五里上天梯的王小，聪明伶俐勤劳善良的童养媳何秀姑，少而好佛、新婚之夜出走之后成仙的王德宝，等等③。每位"仙家"都有或生动或离奇的故事，多少不等。蒙城人又从这些"仙家"中固定了所谓"蒙城八仙"，以有别于其他广为流传的"八仙"之说，称后者为"上八仙"，称前者为"下八仙"。与"上八仙"有明显不同的是，"下八仙"的行为特征大都不似"上八仙"的除暴安良、救苦脱难等，而是如《庄子》中的"世蕲乎乱，孰弊弊焉以天下为事"（《逍遥游》），"不逆寡，不雄成，不谟士"（《大宗师》），如同"心斋""坐忘"一样潜心修炼，一朝仙去。其外表形象上，也大多是"溽暑衣裘、严寒裸

① 清同治九年《蒙城县志》。

② 民国四年《重修蒙城县志·建置志》。

③ 民国四年《重修蒙城县志·人物志》《漆园夜谭》。

体”，或“冬夏裸体、不炎不寒”，或“服气辟谷”[①]，这些与庄子笔下的“邈姑射神人”“不食五谷，吸风饮露”“大浸稽天而不溺，大旱金石流、土山焦而不热”（《逍遥游》），“古之真人”“登高不栗，入水不濡，入火不热”（《大宗师》）等，具有几乎相同的特征，此中渊源可见一斑。由此可见，清代蒙城斑驳陆离的神仙文化，是在以李时芳为代表的官方导引与《庄子》神话寓言故事共同影响下产生的。

“隐沦”现象的出现成为这一时期蒙城庄子文化的又一特征。受少数民族统治给人们带来的逆反心理以及清政府大兴文字狱等的影响，一些士子文人既不愿随波逐流屈节“入世”，又不愿与市井俗者为伍，尤其是面对“人收破屋连筋骨，鸟啄荒村带血尸……忍饥谁煮黄粱熟，排闷难将白酒赊”[②]的悲惨现实，既无力、又无法改变时，历史上受庄子学说影响形成的隐逸文化，成为他们的无奈选择。邑人张桂萼《清夜书怀》就真实地反映了当时士子文人的境况与心态：

富贵功名不羡人，贯将一俭度清贫。
门前皓月须推去，世上浮云莫认真。
五十亩田供作粥，两三间屋好容身。
但愁时代逢多事，无分渔樵学隐沦。

“无分渔樵学隐沦”可能有些夸张，但众多士子文人无奈地选择“隐沦”的确普遍存在。

明代蒙城县志中虽有“节行隐逸”条目，但所记人物皆为“节行”，几无“隐逸”特征。清代则陆续有人物收入县志“隐逸”条目中，如以贡生被授太湖训导而不赴任，只在家中读书吟咏的李国璋；居家教读，一生只字不入公门的丁麟书；端方正直，公举孝廉方正力辞不就的于振宇；屏迹林泉不求闻达的邓敏学……民国时期教育英才满门桃李、议董团长均被选举未就的侯立纲，林泉托迹诗酒生涯的杨文林……[③]其实，限于身份、地位等条件，许多“隐沦”之人是不能入志书“隐逸”之列的。细观清代几部蒙城县志之《艺文志》《杂类志》《人物志》等可以发现，当时蒙城不少文人事实上处于“隐沦”状态。如乡间文人丁昭（1694—1724）所写《柳沟别业》[④]：

几间茅屋一园花，绿柳成围黍积赊。
国税早输无个事，焚香静坐读南华。

① 民国四年《重修蒙城县志 · 人物志》。
② 葛大训《感时》。见民国四年《重修蒙城县志 · 杂类志》。
③ 民国四年《重修蒙城县志 · 人物志》。
④ 民国四年《重修蒙城县志 · 杂类志》。

作者对交完税赋后生活之拮据，十分无奈，不由自主地流露出淡淡的忧伤。但作者并无意追求功名利禄、荣华富贵，而是怀着一颗虔诚之心，只在庄子的世界里作心灵之游，“知其不可奈何而安之若命”（《人间世》），以求精神上的解脱。

民国时期，亦儒亦商的杨景崧发起几十位文人组织了“漆园诗社”，以其家中藏书楼为阵地开展活动。他们以大自然为题材，吟诗唱和，结集出版，以求孑然于动荡混乱的时局之外。然而，1938年，日军侵占蒙城肆虐杀戮的暴行、汉奸们乘势鱼肉百姓的丑恶行径，让他们极度愤慨，纷纷写诗无情痛斥。1941年日军再次侵占蒙城，焚毁了杨景崧经营的“存仁堂”药店及家产，诗社所存诗集、手稿等亦未能幸免，杨景崧于极度愤懑中不久离世①。在黑暗的时代，蒙城隐逸文化虽然有一阶段性的存续，但在外侮无情地蹂躏生命的自由时，必然走向式微、消解。

一方面有人选择“隐沦”；另一方面有人“刚劲而质朴，气概矜傲，志意轩昂”，承袭“庄周后世风”。饱学之士冯居散（1885—1958 字简斋），教书之余埋头学问，写成《〈经传释词〉补》《帚金室经话》《国学门径》《许慎〈说文解字〉补释》《〈毛诗〉鸟兽鱼集释》《〈左传〉地理简释》等多部著作手稿，后辗转济南官佐学校任文化教官。全面抗战爆发后，日本人以500银圆转请韩复榘购买《〈经传释词〉补》书稿。冯简斋当面正色拒绝，并毅然辞去教官职务，返回家乡蒙城②。冯简斋不将手稿鬻于侵略者，视其钱财如粪土的义举，既秉承了庄子的矜傲风骨，又体现了儒家的浩然气节。正是这种儒、道合一的风骨气节，激励蒙城一批青年知识分子奋起反抗外侮。他们组织民众成立“蒙城县青年抗敌协会”，发动民众开展抗日斗争，“志意轩昂”地走上挽救民族危亡之道路。

四

新中国成立以来，蒙城庄子文化大体在三个维度上呈现出接续、繁荣与创新发展的风貌。

“民有庄周后世风”呈现时代性新特征。新中国成立之初，一批知识分子“志意轩昂”地投身于社会主义大建设之中，以“刚劲而质朴”的品格引领社会风气，促进蒙城迅速发展。如蒙城师范学校校长牛之良先生，在蒙城师范学校创建初期，他一家三代同堂住在学校猪圈旁低矮潮湿的房子里，直到一线教师全都有了新宿舍之后，才在行署教育局领导的再三催促下搬进别人腾出的房子里。在学生毕业分配工作的季节里，他将所有说情请托的信函一概摞在办公桌上不予理睬，认真仔细研究全县中小学校教师缺额，以及各学校学科教师缺额情况，统筹一盘棋，制订毕

① 张海清辑录《蒙城历史上那些事》，蒙城县政协委员会编印，2018年版。

② 张海清辑录《蒙城历史上那些事》，蒙城县政协委员会编印，2018年版。

业生分配方案，有力地保障了全县各学校均衡发展。牛之良“刚劲而质朴”的人格风范深深影响了校风以及学生们人生性格特征的养成，以至全县教师队伍的精神风貌呈现出与之十分相似的特征，蒙城师范也迅速跃升为全省重点师范学校，为蒙城培养了大批人才，为后来蒙城师范升格为亳州师专奠定了坚实的基础。再如该县原文联主席夏如冰先生，“志意轩昂”地潜心于地方历史英烈人物题材的文艺创作，研读《庄子》、撰写庄子故里考证论文，又在 1987 年初组织创办面向全国读者的楹联专业报纸。这张报纸后来成为中国楹联学会的会报，夏如冰先生当选为第四届、第五届中国楹联学会副会长，获得中国楹联学会授予的终身成就奖。晚年的他常和夫人唠叨，身后要秉承庄子视死如“顺”的遗风，要“安时而处顺”（《养生主》），不搞遗体告别仪式。其夫人和家人也正是按照他生前遗愿，不接受吊唁礼品，连花圈、挽幛也一概婉拒。牛之良、夏如冰有一个共同之处，即家庭清贫，“处穷闾厄巷”，甚至其本人也如庄子般“槁项黄馘”，但他们从来不接受组织的照顾和他人的馈赠。他们“谨修其身，慎守其真，还以物与人”的价值取向和做人信条，与庄子人格精神何其相似。

以牛之良、夏如冰等为代表的一批批知识分子承载的庄周精神，深入、持久地浸润、影响着蒙城文化，化育民风。中央文明办于 2008 年开始评选命名“中国好人”以来，蒙城一直保持着全国县级行政区域上榜人数之首，至今已有 50 余位普通群众登上“中国好人榜”，远高于全国平均数，所以蒙城也成为安徽省“弘扬君子文化，培育和践行社会主义核心价值观”两个试点县之一。蒙城“中国好人”的共同特点之一，是在生于斯、长于斯的土地上“与里党相齿让，绝无侵渔凌欺之习”。对于自己孝老爱亲、见义勇为、诚实守信、爱岗敬业、助人为乐等品行，他们均认为是理所应当的事，并无特别之处。对于登上“中国好人榜”，他们也大多不以为意，不以为然，也无欲无求。这种“质朴”、近乎“澹然无极”（《刻意》）的心境、行为，与庄子所说的“真者，精诚之至也”（《渔父》）一脉相承。他们在荣誉称号面前仍以“质朴”之心做人做事的境界，诚如庄子追求的“功成之美，无一其迹”的理想境界。这也说明，在历经近千年的“庄周后世风”传续熏染下和当代知识分子身体力行“风偃”作用下，蒙城“中国好人”们摆脱了“禄禄受变于俗”的功利追求，而把庄周精神深深地刻印在自己的心中，使其成为蒙城新的历史时期“民有庄周后世风”的承载者、播火者。

蒙城庄子文化事象呈现蓬勃向上、迅速兴盛的局面。20 世纪 70 年代末以来，蒙城文化界人士夏如冰、熊克岐、卢干、张曦光、王克峰等陆续发表庄子故里考证文章，县外部分专家学者也纷纷发表文章，赞同庄周故里蒙城说。蒙城县政府随后联合出版社、大学、国家社科机构先后三次召开全国性、国际性庄子研讨会，成立庄子研究所，支持庄子题材的文学艺术创作、展览、演出等活动。进入 21 世纪以来，尤

其是近十年来，蒙城县委成立高规格“人文蒙城领导小组”，主要领导亲自抓，统筹推进文化大建设大发展，促进蒙城庄子文化走向繁荣。群众性、专业性文学艺术创作取得较大成果，如李世峰长篇神话小说《大道蝶仙庄子休》，�德强长篇传记《庄子传》，刘勇故事集《清廉庄子》，安徽裕隆文化传媒公司系列漫画《庄子成语故事》，春艺舞蹈学校小舞剧《庄子》，第二人民医院小舞剧《庄周梦蝶》，县文化馆蒙城大鼓群口说唱剧《庄周下山》以及根据“漆园八景”创作相应古琴曲目，根据庄子养生思想编创、推广“庄子养生功”等。群众性社会文化活动丰富多彩，如定期举办的“中秋梦蝶诗会”“布衣祭庄大典”“庄子杯春联大赛”，庄子主题的“庄子文化周”系列活动，以《庄子》为主题的“全国硬笔书法大赛”，以庄子养生思想为主旨的“养生美食大赛”，等等。学术活动和普及工作逐步深入：设置多个“庄研”项目开展课题研究，组织专业力量攻关；开展专项调查，形成调研报告，服务于决策咨询；面向全县党政机关举办“庄子清廉思想研究”论文征集评奖，增强蒙城廉政文化特色；编印并出版多种专著、专辑、合集，传播庄子思想；发起成立安徽省庄子研究会，创办《庄子研究通讯》，设立庄子研究网站；依托安徽省庄子研究会搭建平台，每年召开省内外专家学者广泛参与的庄子学术交流会；与中国社会科学院哲学研究所等专业机构联合创办面向全国学界的《庄学研究》集刊；资助安徽省庄子研究会开展重点课题研究，促进蒙城“庄研”人才成长；采取“请进来”的办法举办“庄子大讲堂”，丰富“蒙城干部夜校”内容；用“走出去”的办法请知名专家学者指导蒙城庄子文化发展的路径、方略；等等。

从以上列举可见，现阶段蒙城庄子文化事象呈现出主题深化、形式多彩、“官民”并举、各地专家襄助的生动局面。

运用庄子思想治事理政成为蒙城庄子文化演进、发展的新形态。2009年以来，蒙城在拓展城区的规划、建设过程中，以庄子“依乎天理”“因其固然”（《养生主》）思想贯穿于始终，在城市框架设计上，依循原田野所形成的沟、塘、小径等要素特征，保留阡陌纹理，展沟为河，拓塘为湖，扩径为道，形成“水网、绿网、路网”三网合一，使其呈现现代水乡花园城市风韵；在城市功能布局上，采用“窄马路、密路网、小街区”方式，构建15分钟“宜居生活圈”等，仅用10年时间建成近20平方千米的城市新区。

蒙城面对20世纪改革初期形成的农民家庭承包地块零散、严重制约生产方式进步，却十分敏感、复杂的问题，遵循“与时俱化”（《山木》）理念，下大力气深入调研、梳理全县各地不同类型的农民自发调剂互换地块的成功案例，依循“顺物自然”的理念，顺应农民对承包土地化零为整的强烈要求，采用农民自发创造的换地、调剂的基本方法，顺应群众不留矛盾、水到渠成的价值追求，确立工作的指导思想、引导方法、服务措施，推动农民承包土地化零为整的“一块田”改革。在具体实施中，不搞一刀切，不设完成时限，让每个农民家庭都能在公平、合理基础上享受便利的生产条件。经过几年的引导，大部分农民家庭实现了土地承包面积长期不变、承包土地归并成“一块田”长期不变的有机统一，历史性地再次解放了蒙城农业生产力。这个改革成果被评为全国纪念改革开放40周年40个典型案例之一。

由蒙城新城区规划、建设和农村承包地“一块田”改革实践可以看出，庄子“依乎天理”“顺物自然”的治世思想，在这里已经融入改革实践之中，得到创造性转化和创新性运用，并且取得积极成效，标志着蒙城庄子文化进入了创新发展的新境界。

五

著名学者钱穆先生指出：“凡治史有两端，一曰求其‘异’，二曰求其‘同’……何谓求其‘同’？从各不同之时代状态中，求出其各‘基相’。此各‘基相’相衔接，相连贯而成一整面，此为全史之动态。”①

蒙城庄子文化从北宋中期以降演进已千余年，各时代之面貌皆有所不同，然其受庄子祠存续、倾废状况影响较大。由于庄子祠安放着庄子的“魂灵”，宣示着庄子的荣耀，播撒着庄子的人格光芒，承载着蒙城人们尊庄崇“道”的价值追求，因此是其文化最直接、最显著的标志，实为各时代蒙城庄子文化共有之“基相”。考察蒙城历次修建庄子祠的时机与历史上庄子之学演进轨迹之间的关系，可以寻找到催生蒙城庄子文化演进流变的外在条件及作用。

关于庄子之学，上海华东师范大学方勇教授有专著《庄子学史》。陈鼓应先生为其作序时评价：“方勇教授倾十多年的心力，搜集自魏晋至民国庄子学著作二百余种，并对这些著作详加梳理、研究，著成了近二百万字的《庄子学史》。这部巨著，正可以向人们展示庄子学各阶段发展的概貌、特征，对大家解读《庄子》及相关文化事象甚有襄助之功。”郝雨先生评价：“可以说，一部《庄子学史》，几乎就是半部中国文化史。”②

北宋自仁宗时起，变革思潮勃然兴起，逐渐形成有别于传统儒学的新儒学（理学），其一方面直接继承孔孟儒学，另一方面吸纳道家、佛教的许多思想和思维方式，使儒、道（家）、佛在更高的理论层次和思维方法上得到了融合。在此影响下，庄子之学朝着儒学化方向发展，并呈现出重在阐发《庄子》义理的特征。尤因“王安石、苏轼对庄子学的大力提倡，以及在他们的庄子学思想中都充溢儒、道合一的

① 钱穆：《国史大纲·引论》，商务印书馆，2015年版。

② 郝雨：《方勇：〈庄子学史〉》，载陈鼓应主编《道家文化研究》（第二十五辑），生活·读书·新知三联书店，2010年版。

精神，这不但有力地推动了北宋中期庄子学的蓬勃发展，而且还大大促进了庄子学与儒学的相结合”①。“王安石、苏轼对庄子学的大力提倡”，主要是指前者的《庄周论》、后者的《庄子祠堂记》的影响。蒙城北宋中期修建庄子祠，县令王兢求请苏轼为庄子祠题记，正是新儒学（理学）日趋兴盛，庄子之学应势发展之时。苏轼借机表达庄子实为“助孔”的观点，与王安石“以儒解庄”思想不谋而合。二人“合力”之倡导，因二人政治地位、文坛领袖地位而大大推动了庄子之学蓬勃发展，并对后世庄子之学“以儒解庄”产生深远影响。由此可见，蒙城庄子祠实乃苏轼假之以大胆批判《史记》之庄子“诋訾孔子之徒”成说的思想激荡之所，是其标新立异“以儒解庄”、在庄子学史上树碑立传的成就之地。蒙城庄子祠有幸“见证”了苏轼与王安石“有力地推动了北宋中期庄子学的蓬勃发展”过程，所以必然地载入了庄子学史。

明代中叶之后，由于政治经济等方面的变化逐渐加剧，整个社会出现了近代化的人文启蒙思潮，因此庄子学也就随之被激活起来。“到了嘉靖末，直至万历、天启、崇祯时期，明代庄子学呈现出了全面持久的繁荣景象。”②方勇教授列举此一时期七十余位著者所著数百卷流传到现在的书目，以证明此论，其中包含凤阳府太守“张登云《庄子南华真经参补》十卷”，蒙城县令“王继贤《古蒙庄子校释》四卷”，蒙城教谕“吴宗仪《古蒙庄子》四卷”③。可见，张登云自己就是一位庄子研究者，对庄子之学兴起之势早有感知与洞察，因而他才于万历八年赴任凤阳府太守之初来蒙城特意命蒙城知县吴一鸾重建庄子祠。崇祯五年，李时芳任蒙城知县伊始便再次修建庄子祠，乃是万历以后蒙城历经黄水、地震及风雨侵蚀④，庄子祠已颓废，而此时仍是庄子学“全面持久的繁荣景象”时期，李时芳为“蒙之漆园不致为鼓箧者窃哉”⑤，故而及时复建庄子祠。

清嘉庆十四年，蒙城官方再次重建庄子祠。辨析其背景，乃是“清代康熙中后期至乾隆时期，庄子之学得到大的发展，尤其在《庄子》艺术阐释方面取得了前所未有的巨大成就。之后，随着‘乾嘉学派’的兴起，《庄子》考据之学，著作接连问世，取得了非常大的成就”⑥。虽然当时为修建庄子祠所作题记、碑记实物均已亡佚，但此次建祠和当时“乾嘉学派”“异军突起”，“取得了非常大的成就”时间上的吻合，不是巧合，而应是蒙城利用社会思潮之风尚，标举蒙城是庄子故里机智抉择

① 方勇.《庄子学史·宋元庄子学概说》。
② 方勇，《庄子学史·明代庄子学概说》。
③ 《古蒙庄子校释》王继贤作《古蒙庄子序》，吴宗仪作《叙古蒙庄子》。
④ 民国四年《重修蒙城县志》卷十二“祥异”。
⑤ 民国四年《重修蒙城县志·艺文志》。
⑥ 方勇《庄子学史·清代庄子学概说》。

的结果。

北宋中期至清代嘉庆年间，蒙城四次修建庄子祠之举，与同期庄子之学三次兴盛繁荣的时期相契合，说明蒙城庄子文化显兴、隐微的演进轨迹，受到庄子之学繁荣、沉寂的直接影响，亦证明蒙城庄子文化存续承袭并非孤立于庄子学史之外的偶然性存在。没有庄子之学的延续、发展和影响，便不可能有蒙城庄子文化的千年历史。庄子之学演进发展的影响，是蒙城庄子文化形成与演进、发展的外部条件。

毛泽东同志在《矛盾论》中指出："唯物辩证法认为，外因是变化的条件，内因是变化的根据，外因通过内因而起作用。"剖析清同治年间蒙城民间修建庄子祠这个"异象"代表性事件，可以窥见蒙城庄子文化演进、流变之内因所在。咸丰年间，庄子祠被朝廷反叛力量拆毁，这与以前几次庄子祠自然损毁的性质截然不同。此时，本轮庄子学末势渐显，蒙城官方已经无力，或许也无心再建庄子祠。可是时隔不久的同治年间，"邑绅冯承裕独力捐修庄祠正殿三间"，是为蒙城历史上第五次修建庄子祠。在劫波未尽之际，冯承裕此举集中表达了时下蒙城人以庄子为乡贤信念之稳固，既体现了蒙城人赓续传统文脉、光大庄子故里荣耀的迫切愿望，也呈现了蒙城人希冀以"庄子祠"为寄托精神的家园，在衰世中对话庄子、寻求精神独立与自由的迫切愿望。虽然这些含义与历史往期官方建祠之动因不尽相同，但以庄子为乡贤，光大庄子故里荣耀的愿望是相同的。如果说以庄子为乡贤，光大庄子故里荣耀的愿望是蒙城庄子文化传续的功利性动力，那么，人们受庄子思想和精神长期流布、浸洇而形成的崇庄观念以及由此形成的"刚劲而质朴，气概矜傲，志意轩昂"的"民性"特质，则又反过来推动"民有庄周后世风"向广度和深度发展，形成内在相互促进之力。以上二者之"力"共同构成了蒙城庄子文化演进、发展之"内因"。这个内因的决定性作用，与庄子之学繁荣兴盛时期的巨大影响之"外因"作用相结合，形成了历史上蒙城庄子文化的赓续绵延。而20世纪90年代蒙城在"漆园旧址"附近重建庄子祠，并于21世纪续建景观以来，蒙城庄子文化茂盛发展之景象，更是在中华民族走向复兴之路、庄子之学走向新繁荣条件下，蒙城积极主动发挥"内因"作用的结果。

综上所述，近千年来，庄子的基因已深深融入蒙城这片土地。这里的人们以庄子为乡贤，在庄子学演进风尚的影响下，对庄子由敬而同，由同而行，由行而蔚然成风。"民有庄周后世风"已成为这片区域鲜明独特的气质和软实力，而庄子思想的积极内涵如今在这里也已"与时俱化"，成为蒙城拥抱新时代、共筑新梦想弥足珍贵的文化资源。当然，《庄子》的魅力是无穷的，其影响也几乎是无时无处不在的，但与蒙城庄子文化近千年演进、发展之"风貌"相较，以"各地有'庄'，以斯为盛"论之，恐不为过。

加强淮河文化建设，增强民族文化自信

朱绍学　宋　弘

摘　要：淮河文化是淮河两岸历史发展、自然环境、生活方式、价值理念等各方面综合作用的产物，因而得到淮河流域内民众的高度认同，是培育淮河流域民众文化自信的关键要素。皖北增强文化自信应以淮河文化为切入点，以培育对淮河文化的自信为基础。这就需要加强对淮河文化的认知和运用，加强对淮河文化的传承、保护和发展创新，深入挖掘淮河文化潜力，精心培育淮河文化品牌，以文化的繁荣发展带动皖北经济社会的全面发展。

关键词：淮河文化；文化品牌；文化自信；传承；保护

文化是一个国家、一个民族的灵魂。习近平指出："无论哪一个国家、哪一个民族，如果不珍惜自己的思想文化，丢掉了思想文化这个灵魂，这个国家、这个民族是立不起来的。"因此，文化自信是"更基本、更深沉、更持久的力量"，是"更基础、更广泛、更深厚的自信"。这说明文化建设已经成为新时代中国发展的重大课题之一。提升文化自信，加强文化建设，今后将成为新时代中国社会发展的一个重要内容。

文化也是一个地方的灵魂。中国地大物博，每一个地域都有不同于其他区域的最具特色的地方文化。地方文化不仅是一个地域的标志和符号，更是当地民众对个人归属的一种精神认同。安徽地域文化一般分为三块，即淮河文化、徽州文化与皖江文化。其中，淮河文化久远而厚重，在安徽地域文化乃至中华传统文化中有着举足轻重的影响。根据考古发现，早在旧石器时代，淮河流域就有人类活动，固镇垓下龙山文化城址的发现，是考古发现淮河流域距今约 5000 年的标志性成果，其内涵充分证明当时淮河流域已经跨入了文明的门槛，这个时期大致处于史书记载的三皇五帝等传说时代。到了夏禹时期，"大禹治水"的任务之一是治理淮河。为了完成这一历史使命，"禹娶涂山女"以联姻的方式与生活在今蚌埠一带的涂山氏结成联盟，并号召天下方国共襄治水大业，形成了"禹合诸侯于涂山，执玉帛者

作者简介：朱绍学，男，淮南市寿县县委党校信息中心副主任，高级讲师。宋弘，女，淮南市寿县宣传部理论科科长，高级职称。

万国”局面。在淮河流域发现的这一时期的遗址、遗物印证了大禹治理淮河活动的存在。商周时期,位于黄河中下游一带的中央王朝势力强盛,位于淮河流域的淮夷、南淮夷、徐、六等方国与商周王朝同时存在。商周王朝屡次征伐位于今皖北、苏北一带的夷方,主要目的是向东南一带扩张,夺取铜矿资源、获取冶铜技术,以实现和巩固商周中央王朝在科技和文化上的领先地位。淮河流域此时成为南北文化冲突、交流、融合的必经区域。到了春秋时期,在过去长期的文化冲突、交流、融合所积累的成就基础上,出现了“百家争鸣”的文化繁荣景象,涌现出管子、老子、庄子、孔子、孟子等一批大思想家。他们中的多数人生长于、活动于、成就于淮河流域,可以说“淮河流域是中国古代思想家的摇篮”。秦统一中国以后,淮河流域继续在中华文明发展中发挥作用,淮河文化得到进一步的丰富和升华。淮河流域发生了无数个影响中国历史进程的重大事件。汉唐以后,淮河流域同样是人才辈出,屡屡左右了中国的政治与军事舞台。正如梁启超所说的:“有健全之肉体,然后活泼之精神生焉;有适宜之地理,然后文明之历史出焉……淮河流域,阳开阴合,为我国数千年来政治史的中心,其代产英雄,龙跳虎卧,为吾国数千年人物史的代表。”从中可以看出,淮河文化既是中华民族优秀传统文化的重要内容,又是提升民族文化自信、强化地域认同的基础。因此,保护并培育积极健康的淮河文化,对于增强全民族文化自信,加强新时代中国文化建设,促进中华优秀传统文化传承和发展具有十分重要的意义。

一、坚定文化自信,离不开对淮河文化的认知和运用

淮河文化是淮河两岸人民在几千年漫长的历史发展和特定的地理环境中,通过长期的交流、碰撞、融合,形成的一种具有地方特色的历史文化积淀,它包括风土人情、生活方式、性格气质等各个方面的地方特点。早在4000多年前,夏王朝就在颍河上游的登封建都,这标志着中华民族文明史的开端。继夏而起的商朝,也首先在河南商丘一带艰苦创业。“临淮自古多名士。”淮河流域的经济发展和历代的政治变迁,造就了一大批杰出人物,如管仲、孔子、老子、孟子、庄子、刘邦、项羽、韩信、蔡文姬、曹操、诸葛亮、朱元璋、施耐庵、吴承恩、孔尚任……特别是周恩来总理也诞生于此。淮河文化诞生于中华民族共同的文化母体之下,其在精神内核上,具有鲜明一致的中华文化的共性特征。如强调以人为本、道德自律、伦理关系等朴素的生存意识,以及重视平衡发展、积极乐观的进取精神等。这种内在精神的相近,共同构成了中华文化的整体生态。淮河文化成为淮河流域最具特色的人文现象和传承不衰的极为重要的文化资源,是淮河流域政治、经济、思想、哲学、法律、宗教、文学、艺术等社会精神文明成果的集中体现;同时也是博大精深的华夏文化的重要组成部分,是构成中华文化的基石和骨干。淮河文化,不仅是淮河流域内人民不可或缺

的物质和精神生活，同时也在几千年的传承演变和一代又一代人发展创新的过程中，对淮河流域的经济发展与社会变革潜移默化地产生了深刻的影响。

淮河文化是淮河流域由历史发展、自然环境、生活方式、价值理念等各个方面综合作用而得来的产物，是区域内的人民群众在长期的生产和生活实践中创造、积淀而成的。它们来源于群众，反映区域内物质和精神生活的变迁，因而必然能够得到本区域内民众的高度认同，是培育当地民众文化自信的关键要素。因此，提升全民族的文化自信，应以提升地方文化自信为基础。正如费孝通先生在《乡土中国》中所说的那样，中国的社会关系格局"好像把一块石头丢在水面上所发生的一圈圈推出去的波纹。每个人都是他社会影响所推出去的圈子的中心"。人们对于文化的自信其实也是如此：以自己所生长的地域为中心，只有对生于斯长于斯的地方文化有着充分的自信，才能够在此基础上树立起对整个国家和民族文化的自信。

培育对淮河文化的自信，离不开对淮河文化的认知和运用。树立淮河文化自信的首要前提是要对淮河文化有深入了解。如果不能正确地认知淮河文化，不能清楚地认识到地方文化对于树立全民族文化自信的意义，要想建立起民众对地方文化的自信就很困难。对于淮河文化的认识，不能简单地以好或不好、先进或落后、强势或弱势来评价，这是因为每一种不同的地方文化，都是一定的历史条件和特定的区域共同作用的产物，都有其产生的文化土壤。因此，想要正确认识淮河文化，首先要尊重生于斯、长于斯的淮河文化，充分认识到多元化的文化并存才是人类发展的动力。只有文化多元发展，具有不同特征的文化拥有平等的发展空间，才能够推动文化之间的互动，彼此取长补短；才能够加速文化实践的生机勃发，产生丰硕的文化成果；才能够推动淮河文化大步前进，进而推动中华民族文化发展到一个全新的高度，为全世界文化多元化发展做出积极贡献。

而对于淮河文化的认识，最重要的是淮河流域内部的文化认同，缺乏内部认同的文化往往会在与其他文化碰撞时丢失或沦为附庸。因此，增强文化自信应以淮河文化为切入点，挖掘淮河文化的内涵和潜力，使之更加顺应时代发展潮流，成为凝聚全民族的向心力。深入挖掘淮河文化的内涵，不仅能够保存淮河流域的历史文化记忆，强化淮河流域的文化认同感和归属感，同时还能够传承地方乃至国家的历史文脉，能够凝练地方和民族的精神气质，增强淮河文化和民族文化自信，推动淮河流域的文化优势转变为发展优势，形成传承和弘扬中华优秀传统文化、坚定民族文化自信的生动地方实践。

二、培育文化自信，离不开对淮河文化的传承和保护

淮河文化经过漫长的历史积淀延续至今，造就了过去和现在的我们。淮河文化既是淮河流域内一代又一代人民群众的物质和精神文化生活的体现，又是人民

群众的思想文化的载体，从这个角度来说，淮河文化是中华民族的思想文化传承的一笔巨大的财富。但是随着历史的不断推进和发展，随着全球化进程的加快和互联网的普及，今天有很多人在面对这个多元化的世界时，渐渐开始对自身文化不自信，甚至否定自身文化，过度推崇外来文化，这是对自身文化不自信的表现。因此，地方文化在现代化的进程中受到了极大的冲击，淮河文化作为地方文化，这种状况难以避免，越来越被边缘化，甚至出现了较为严重的流失、断层现象。很多年轻人热衷于网络世界、时尚潮流，对自己家乡的历史文化、资源环境、风俗习惯、名人古迹却不甚了解，甚至漠不关心、毫无兴趣。造成这种现象和趋势的主要原因，并不是他们不爱家乡，而是教育体系的缺陷。皖北地区民众从青少年时期就对淮河文化缺乏深入了解和认同，甚至有很多人认为，皖北文化与个人生活毫无关系，对自己来说是可有可无的东西，自然也就不会关注淮河文化的发展。长此以往，必然会导致淮河文化的影响力越来越小，淮河文化的独特价值无法彰显。

在这种情况下，加强对淮河文化的传承与保护就显得尤为重要，其中最关键的就是要重视淮河文化的普及和教育。民众能否形成对淮河文化的认同感、归属感以及自豪感，是淮河文化得以发展的前提；而构建规范、有效的社会教育体系，引导民众深入了解淮河文化，又是淮河文化得以传承的关键所在。淮河文化延续数千年，如果人们没有继往开来的文化发展意识，淮河文化在不久的将来就有可能成为无源之水、无本之木。所以，从民族文化、民族精神的承继和弘扬出发，加强淮河文化的教育和普及是当前需要重点关注的问题。

加强淮河文化的普及教育，不仅能够加深人们与家乡的情感联系，还可以增强人们对地域的认同感和归属感。这种心有所依的感觉无论何时何地都可以有效地缓解人在离开家乡后产生的虚无感，也即乡愁。近年来，习近平多次提出“乡愁”的概念，他说：“乡愁是什么意思呢？就是你离开了这个地方会想念这个地方。”“一个地方的幸福很重要，要记得住乡愁。”乡愁其实就是故乡独有的无可替代的特色文化背景，是只有在故乡才能真实体会到的身心都能够妥帖舒适的幸福感，这种眷恋和依赖的感觉如影随形。因为“故乡”不仅是人们自幼生长的地方，更是每个人在精神和情感上终生依赖的精神家园和文化原乡。人要有情怀有温度地活在世界上，靠的不仅仅是高度的物质文明和制度文明，同样也需要高度的精神文明与文化氛围。淮河文化的天然使命，就是安顿和抚慰淮河流域人民那种无处安放的浮躁的身心。因此，无论是过去、现在还是未来，淮河文化的这种功能和作用都不可抹杀。而习近平提出“乡愁”，意在唤醒人们关注自身心灵和精神生命的这样一种文化意识，引导人们不能因为追求物质的满足而在物欲中丧失初心，而是要把更多的关注放在自己的精神生命和心灵家园。同时，“乡愁”的提出也意在表明，现在所谓的文化不能仅仅是一些学以致用的知识，它更应当关注人的精神归宿，让人不会在物欲中迷失本心和方向。所以,现在要提升文化自信,就不能仅仅关注中华民族具有共性的传统文化,更要关注来自身边的淮河文化,关注生命的本源和生活的理想。如果在现代化的进程中,丢失了最根本的文化与精神的导向,人们就有可能在物化的道路上越走越远。从这个角度讲,对淮河文化的保护与传承是一项功在千秋、泽被万世的伟大事业。

三、加强文化建设,离不开淮河文化的发展创新

时代和社会在不断进步发展,要想与之相适应,文化也必须不断地发展和创新。今天的中国与过去相比在各个方面都发生了翻天覆地的变化,虽然文化的核心精神可以在相当长的时间中保持稳定,但是用以体现文化核心精神的具体形式,则应随着时代与社会的变迁而发生变化,随着时代的前进而创新发展,即淮河文化也需要随着时代的发展和社会的进步,做出创新性的改变。另外,淮河文化传承数千年,随着时代的发展与社会的进步,必然会有一些内容跟不上时代发展的脚步,必须变革创新才能够产生新的生命活力。实践证明,僵化保守、故步自封的文化只能是死路一条。淮河文化在新时代发展背景下,必须时刻保持新的精神面貌才能够实现繁荣和发展。因此,今后淮河流域在加强地方文化建设时,首先要大力探究新时代淮河文化的发展思路;研究如何在传承原汁原味的淮河文化的同时,不断地对淮河文化的内容和形式进行大胆的创新;研究淮河文化应如何适应经济社会的改变并引领经济社会发展;研究如何为淮河文化的传承和发展提供丰富给养和有力支撑,"取其精华,去其糟粕",让优秀的淮河文化时刻展现出独特的魅力和时代的风采。

第一,要积极培育民众对淮河文化的自信。德国著名哲学家卡西尔在《人论》中提出"人是文化的存在"。淮河文化是生活在淮河流域的人们的物质和精神生活的重要内容,是其集体创造、集体智慧的结晶,其不可能脱离人而独立存在,因此,提升淮河文化自信的前提是加强当地民众对淮河文化的认同和参与。最直接的方法就是将淮河文化融入社会教育体系之中,加强宣传和推广,由地方政府统筹安排,以学校和各级宣传部门为主体,开展规范的教育宣传,建立长效的推广机制,构建全方位的淮河文化宣传教育网络。学校、社区和新闻媒体等可以定期举办淮河文化主题活动,引导不同文化程度和年龄层次的民众广泛参与,全面深入地了解本地的历史地理、民俗物产、名家名人等特色文化,通过接触了解,逐步认识淮河文化的价值与艺术魅力,形成对淮河文化的认同感及归属感,进而产生喜爱之情,产生深入探究淮河文化的兴趣和保护、传承与创新地方文化的理念。同时,要通过宣传引导,不断鼓励民众进一步挖掘淮河文化对促进地方经济社会发展的多重价值,引导民众深入领悟淮河文化自信与中华文化自信之间的关系,从而以更为自觉自

信的态度去推动淮河文化的传承与发展，并在推进淮河文化建设的过程中获得成就感和自豪感，使文化自强自信成为淮河流域内民众的共识，成为一种强劲而持久的精神动力，不断推动淮河文化的繁荣兴盛。

第二，要深入挖掘淮河文化特色。淮河文化的生命力和最大魅力，就是在于其鲜明独特的个性和民众喜闻乐见的表现形式。因此，新时代淮河文化的发展必须有新的发展思路和目标方向，要用全新的理念、内容和实践去修正旧有的一些不合时宜的发展方式和价值取向，彰显与众不同的独特魅力，表明自己独树一帜的文化主张，形成淮河文化在新世纪新时代的新面貌。要深入挖掘淮河文化的个性魅力，如历史沿革、风景名胜、饮食文化以及具有地域特色的文学典故、戏曲、建筑、名人等。要大力促进资源环境与文化内涵相结合，打造具有浓郁地方特色的文化品牌。要坚持发展与创新相结合，充分挖掘淮河流域的历史文化、自然环境、名人古迹等，打造具有影响力的文化品牌；充分挖掘淮河流域文化特色，这是淮河文化走向繁荣的必由之路。

第三，要精心培育和打造淮河文化品牌。“民族的就是世界的”，淮河文化也是这样，既是淮河流域的，又是中华民族的，同时也是世界的。很多淮河特色文化经过精心培育打造都可以走出国门走向世界。一方面，淮河文化作为中华民族精神文化遗产的重要组成部分，凭借鲜明的地方特色、独特的艺术魅力、巨大的发展潜力和庞大的受众群体，既可以成为新的地方宣传名片，又可以成为地方的经济增长点；另一方面，淮河文化具有丰富多彩的文化内涵，为打造地方文化品牌提供了生动鲜活的素材。淮河文化这一文化品牌对促进地方经济社会发展具有不可替代的强大作用，同时又是民族文化多元的有力佐证，是推进社会和谐的重要动力。因此，今后皖北地区在扶持淮河文化发展时，要精心培育淮河文化品牌，着力打造在国内外具有重大影响力的文化品牌，让越来越多的淮河文化品牌享誉全国、走向世界。皖北地方政府要在政策和资金方面给予大力支持，否则即便有再多的淮河文化资源可以开发利用，要形成国内外知名文化品牌的目标也很难实现。另外，在淮河文化的开发建设中，格局要高、思路要宽，尽最大可能地将淮河文化品牌的开发建设与皖北地方经济社会发展结合起来，这样才能够实现区域的全面发展。

第四，要加强不同地方文化之间的交流和学习。世界上任何事物都不是孤立存在的，都是相比较而存在、相碰撞而发展的，淮河文化也是如此。由于历史传统等原因，虽然每一种地方文化有自身的鲜明特点，但也都存在一些不足之处。每一种地方文化都有自己重点关注和需要解决的问题，这也导致每一种地方文化都会有局限性，只有在与其他文化交流互动的过程中，才能够开阔视野，不断丰富发展自己。培育淮河文化自信绝不是让人们自我封闭、孤芳自赏，而是要虚心同其他文化交流互鉴，积极借鉴其他地方文化的精华和长处，弥补自身的劣势和不足，这样才能不断增强地方文化自信。不能因为别的地方文化与自己的文化不同就产生排斥心理。各种不同的文化形态相互碰撞、相互渗透，并在相互的交织、比较和冲突中不断地交流、融合，共同发展创新，不仅为中华文化提供了丰富的资源，大大激发了传统文化的发展活力，同时还构成了中华文化多元形态共存的格局。因此，在加强淮河文化建设的过程中，要拓宽思路，突破地域局限，加强跨区域的文化交流与学习合作，有选择地吸收、借鉴其他地方文化的精髓，不断地丰富和提高淮河文化的活力，不断地增强淮河文化的独特魅力，促进皖北文化繁荣与发展。

参考文献：

[1] 赵银平. 文化自信——习近平提出的时代课题[J]. 理论导报,2016(8):7-9.

[2] 邹广文. 文化自信与文化繁荣兴盛[N]. 吉林日报,2017-11-10.

[3] 徐守斌. 树立文化自信不可冷落地方文化[N]. 中国教育报,2017-07-18(2).

[4] 章伟文. 传统文化是涵养文化自信的源泉[J]. 人民论坛,2017(23):128-130.

[5] 吕健. 地方文化的传承和创新[J]. 人民论坛,2018(12):138-139.

[6] 李兵. 如何推动地域特色文化走向世界[EB/OL]. http://www.chinagwyw.org/hunan/sl/slzd/167286.html,2013-08-04/2019-01-17.

基于 CiteSpace 的淮河文化文献计量分析

武雪婷

摘　要：本文运用可视化分析工具 CiteSpace，对中国基础设施工程（CNKI）中收录的313篇以淮河文化为主题的相关文献进行计量分析，通过关键词共现图谱和关键词共现时区视图，展示淮河文化研究趋势、研究主题和研究热点，梳理发展脉络，构建淮河文化研究的知识图谱，较为客观地反映了淮河文化研究的基本状况，希望能为此领域的研究者提供参考。

关键词：CiteSpace；淮河文化；可视化分析

淮河文化隶属于区域文化，是居住在淮河流域的劳动人民通过社会实践创造的物质财富和精神财富①。研究淮河文化的文献肇始于1952年，历经了约70年的发展历程，呈现出研究领域愈发精细、研究视角不断拓展的局面。历经这么久远的研究历程，淮河文化研究成果如何？学者们关注的主题主要有哪些？哪些学者和机构为淮河文化的发展做出了重大贡献？哪些文献对淮河文化的发展有着深远的影响力？淮河文化研究的未来方向是什么？厘清这些问题有助于对人们更清晰地认知淮河文化的发展历程、研究主题和研究趋势，深化对淮河文化的研究。本文以1952—2019年CNKI数据库中以淮河文化为主题的文献为对象，采用文献计量分析方法，梳理淮河文化研究发表文献增长趋势，通过勾绘关键词共现图谱、关键词共现时区图谱、作者和机构共现图谱以及高频次被引文献表等，探析淮河文化研究的主题，把握研究热点、研究趋势，力求构建70年来淮河文化研究的知识图谱。

一、研究方法和数据来源

（一）研究方法

CiteSpace 是目前文献信息分析中极具影响力的软件，是一款在科学计量学、数据可视化这两个背景下发展起来的引文可视化分析软件，主要用来分析科学分

作者简介：武雪婷，阜阳师范学院商学院2018级工商管理专业硕士研究生。

① 房正宏．淮河文化内涵与特征探讨［J］．阜阳师范学院学报（社会科学版），2015（4）：12-16.

析中所蕴含的潜在知识。把科学知识的结构、规律和分布情况通过可视化的手段进行呈现，生成各种类型的知识图谱，为研究者提供文献的可视化引证“景观”①。本文借助 CiteSpace 软件中的发文作者（Author）、发文机构（Instiution）、发文国家（Country）、文献共被引分析（Cited Reference）、关键词（Keyword）等分析功能，选用 Pathfinder、Pruning sliced networks、Pruning the merged network 算法，绘制淮河文化研究的知识图谱，可视化呈现淮河文化研究70年来的演进历程和研究热点，便于人们更客观地认识和挖掘淮河文化研究态势，为淮河文化后续研究提供借鉴和参考。

（二）数据来源

文献数据来源于 CNKI 数据库，检索时间为2019年9月6日，选用高级检索，设置主题为“淮河文化”，由于获得的文献篇幅较少，因此并未重新设置时间跨度，共获得366条检索结果。为保证数据的精确性，手动剔除报纸、会议报告等，最终整理得到313篇相关文献。

二、淮河文化研究的可视化分析

（一）研究文献发表趋势分析

为了综合把握产融结合研究的文献数量和时序变化，本文将313篇淮河文化相关文献的发表年份和发表数量综合体现在图1中。

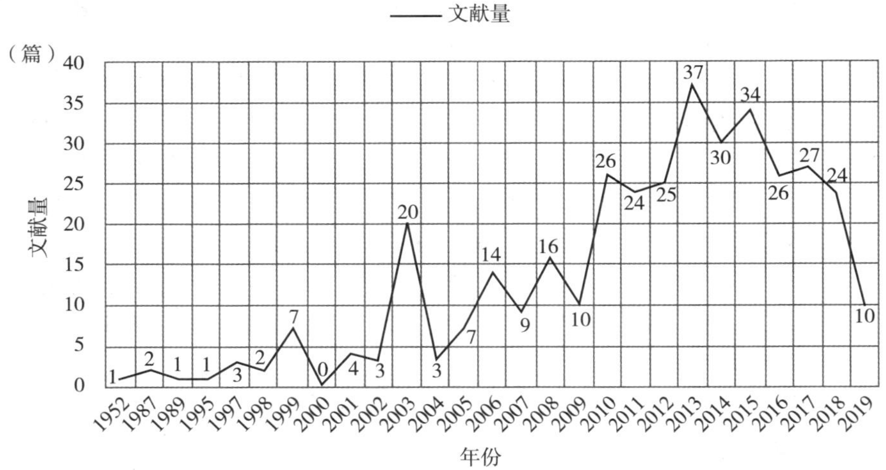

图1　淮河文化研究文献量走势图

① 陈悦，陈超美，刘则渊，等. CiteSpace 知识图谱的方法论功能［J］. 科学学研究，2015，33（2）：242-253.

从整体来看，淮河文化研究的文献量逐年曲折上升。从时序来看，淮河文化研究可划分为两个阶段：1952—2002 年为第一阶段，学者对淮河文化研究关注较少，发表文献数量持续走低；2003—2009 年为第二阶段，发文量相较于第一阶段有着明显增长。2003 年是淮河文化研究的重要节点，淮河文化研究蓬勃发展，发文量达到了第一个小峰值。2010—2019 年为第三阶段，发文量相较于前两个阶段呈指数增长的趋势。

（二）关键词分析

运行 CiteSpace，载入数据，Time Slicing 设置为 1952—2019 年，Year Per Slice 设置为 1，Node Types 选择 Keyword，连线选择 Cosine，范围选择 Within slices，每段时间切片选择 Top50，网络裁剪方法为 Pathfinder、Pruning sliced networks、Pruning the merged network，其他设置保持默认状态。点击 GO 之后，绘制出淮河文化研究的关键词共现图谱（图 2）并输出关键词词频分布表（表 1）。

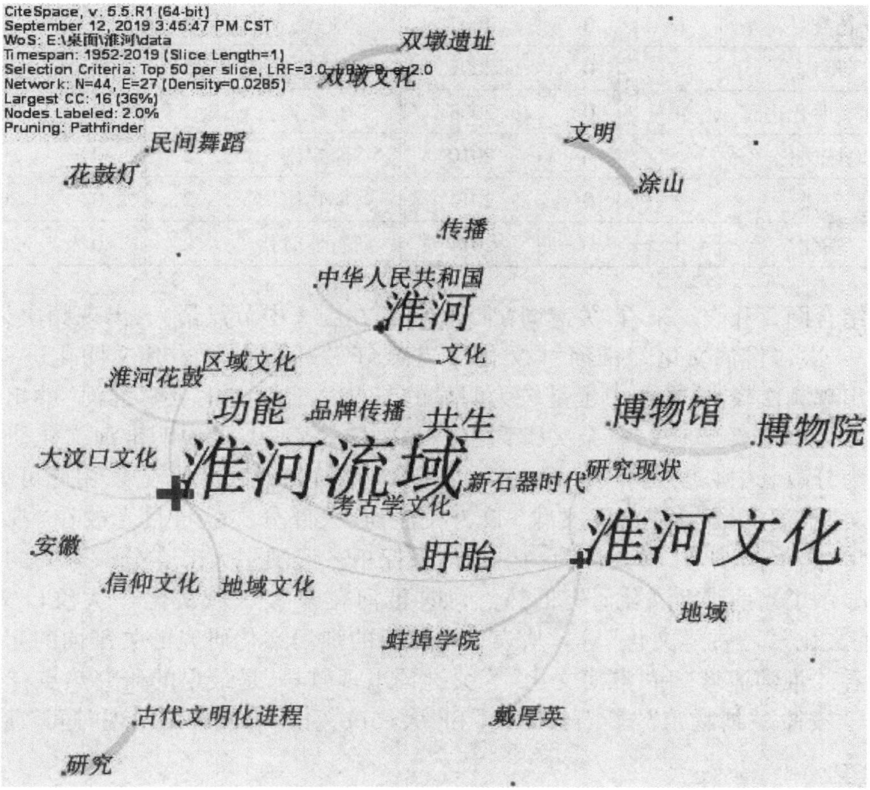

图 2　淮河文化研究关键词共现图谱

其中,淮河文化研究关键词共现图谱连线数量为27条,节点数量为44个,网络密度为0.0285。其中,在图谱上各个节点表示关键词,关键词出现的频次越高,表现在图中为节点面积越大。节点之间的连线代表各关键词共现的状态,网络链接越密切说明关键词之间的关联越大。一般来说,出现频次较高和中心性较强的关键词是学者们研究的热点①。由于淮河文化研究篇幅较少,关键词出现的频次离散程度较大,因此本文仅仅截取了词频出现前20的关键词,见表1所列。

表1　淮河文化研究关键词词频表

关键词	词频	中心度	起始年份	关键词	词频	中心度	起始年份
淮河流域	94	0.18	1999	盱眙	3	0	2013
淮河文化	50	0.16	2003	大汶口文化	2	0	2018
淮河	35	0.05	1997	区域文化	2	0	2013
文化	9	0	1999	淮河花鼓	2	0	2013
花鼓灯	6	0	2007	地域	2	0	2012
研讨会	5	0	2006	双墩遗址	2	0	2006
古代文明化进程	4	0	2005	安徽省	2	0	2011
地域文化	4	0	2010	豫东南	2	0	2011
安徽	3	0	2014	博物馆	2	0	2014
皖北	3	0	2011	新石器时代	2	0	2018

结合图2和表1来看,关键词"淮河流域"在图2中节点最大,出现频次最多,高达94次;"淮河文化""淮河""文化""花鼓灯""研讨会""古代文明化进程"等由于出现频次较高,在图中也是较为明显的节点,"淮河文化"和"淮河"的出现频次分别为50次和35次,其余关键词出现频次均低于10,这说明淮河文化研究视角较为分散。中心度大于0.1的关键词说明对该研究领域贡献较大,由此可见,学者们对"淮河流域"及"淮河文化"较为关注,其大部分文献将目光放在"淮河流域"和"淮河文化"上,将其作为一个整体来探析。但图中大节点分散开来的小节点也显示了当前淮河文化研究的热点,如"淮河花鼓""区域文化""大汶口文化""信仰文化""考古学文化"等。从表1中列出的淮河文化研究的关键词的起始时间来看,"淮河流域"和"淮河文化"等关键词出现较早,是最早的研究热点;"区域文化""安徽""博物馆""新石器时代"和"大汶口文化"等关键词出现时间较晚,其

① 谢伶,王金伟,吕杰华.国际黑色旅游研究的知识图谱——基于CiteSpace的计量分析[J].资源科学,2019,41(3):42-54.

中“大汶口文化”和“新石器时代”的起始年份是 2018 年，距今最近，因此这两个是淮河文化最新的研究热点。

综合上述研究结果，我们可以发现淮河文化的研究热点主要可以分为以下几个方面：

(1)淮河文化的概念探析及发展模式探寻。学者们对淮河文化的研究已历经几十年，虽然不同学者对淮河文化的内涵有着不同的界定，但是淮河文化该如何传播发展依然是学者们热衷讨论的问题。

(2)淮河文化中所包含的地域文化。部分学者不再着眼于整体淮河文化，而是尝试着从地域文化的视角来探寻淮河文化广袤的一隅，通过探析地域文化特色，发掘地域文化的应用价值，达到弘扬淮河文化的目的。

(3)淮河文化中的特色文化，如民间音乐舞蹈、花鼓灯等。通过剖析淮河文化艺术瑰宝中蕴含的特殊意义和象征性，彰显淮河文化的魅力，探析淮河文化的发展趋势。这在一定程度上有助于淮河文化的发展模式选择并促进了淮河文化的长远发展。

(三)研究者与研究机构分布

使用 CiteSpace 软件点选 Author，选择研究对象主题为淮河文化的相关文献，就可以得到在此领域高频发文量的作者图谱，如图 3 所示，图中共有 27 个节点，7 条连线，网络密度为 0. 0199。

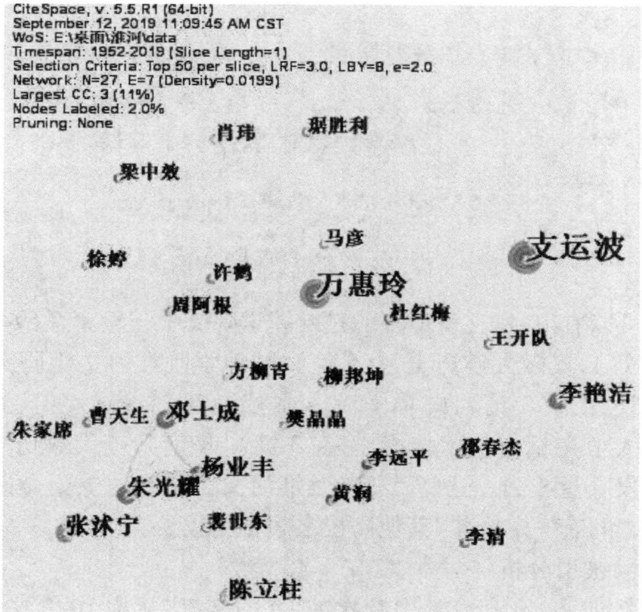

图 3　淮河文化研究作者共现图谱

图3中的学者均在淮河文化领域有一定影响,其中不乏一些领军人物。从图3中我们可以看到,出现节点最大的是支运波,发文量为6篇;其次是万惠玲,发文量为5篇,朱光耀、陈立柱、张沭宁、李艳洁等发文量为3篇;发文量在3篇及以上的共有8人。从整体上来看,中心密度为0.0199,7条连线,网络密度较低,连线较少,说明该领域学者之间合作较少、组成的团队规模较小,研究较为分散。

从淮河文化研究的发文机构来看,可以得到图4所示的淮河文化研究机构共现图谱。

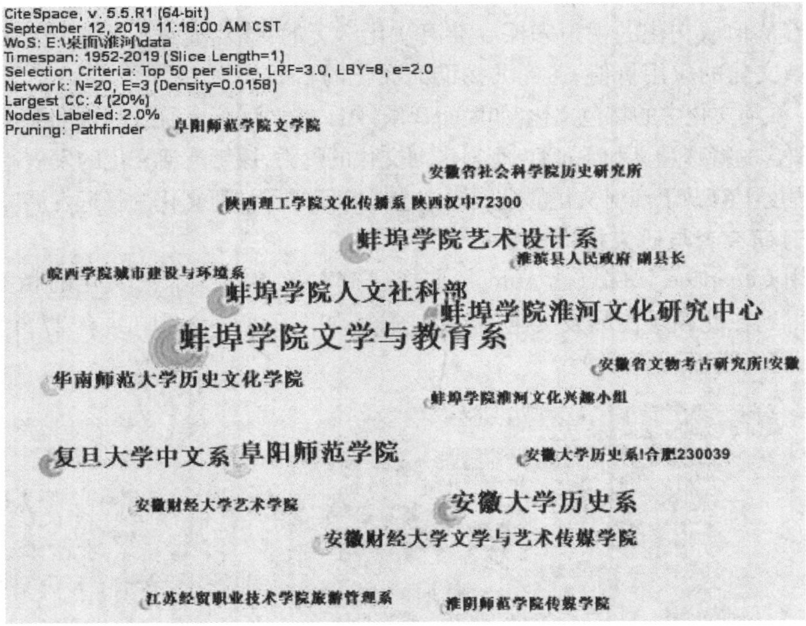

图4 淮河文化研究机构共现图谱

从图4中可以看出,发文量最多的是蚌埠学院文学与教育系(9篇),其次是阜阳师范大学(5篇),安徽大学历史系(5篇),蚌埠学院淮河文化研究中心(5篇),蚌埠学院艺术设计系(5篇),蚌埠学院人文社科部(5篇),复旦大学中文系(4篇),安徽财经大学文学与艺术传媒学院(3篇),华南师范大学历史文化学院(3篇),这些高校发文量相当。这些院校都是淮河文化研究的主要力量,其中蚌埠学院内部各院系之间有一定合作,其他高校之间合作较少。

(四)文献共被引分析

表2统计了淮河文化研究被引频次前10的文献,从这10篇文章中可以看出淮河文化研究历程中出现的重要知识基础。其中,被引频次最高的是王资峰的

《中国流域水环境管理体制研究》(73 次)。这些高频被引文献涉及淮河文化的多个主题,如建筑、文化传承、历史文化、地理文化等,多方面延展和拓宽了淮河文化研究的广度和深度。

表 2　淮河文化研究文献被引频次表

序号	文献名	作者	来源	年份	被引数
1	中国流域水环境管理体制研究	王资峰	中国人民大学	2010	73
2	地域文化与城市特色的传承——以安徽为例	周晓燕	合肥工业大学	2010	38
3	苏皖历史文化地理研究	周运中	复旦大学	2010	37
4	南京都市圈文化旅游空间整合研究	侯　兵	南京师范大学	2011	26
5	皖江文化的特点——与淮河文化、徽州文化比较	朱　洪	学术界	2008	24
6	开发区的治理与变迁——对皖北蚌埠经济开发区的实证研究	张志胜	华中师范大学	2010	24
7	创意产业园的建筑设计研究	吕梦妮	合肥工业大学	1999	21
8	安徽淮河流域西周时期文化试析	宫希成	东南文化	2008	20
9	淮河文化概念之界说	陈立柱 洪永平	安徽史学	2009	20
10	从意境角度探索当代纪念性建筑表情	谢列场	合肥工业大学	2006	19

(五)淮河文化研究的演进分析

运行得到 Keyword 共现图谱之后,在 CiteSpace 控制面板界面选择 Layout 界面,点选 Timezone,调整得到关键词共生时区图谱。图 5 表明,我国淮河文化研究经历了一个由粗及细、由浅入深的发展过程。

通过研读相关文献和淮河文化研究关键词共现时区图谱,我们可将淮河文化研究分为三个阶段。

第一阶段,淮河文化研究的早期萌芽阶段(1952—2002)。热点关键词主要是"淮河流域""淮河文化""淮河""文化"和"文明"等。1952—1998 年的研究成果较少且多是对会议的总结,主要集中在对淮河文化的水文化和历史经济文化的研究上。赵武京指出,同长江流域、黄河流域一样,淮河流域也是华夏文明的起源地之一。周崇云通过研究考古发现的资料,探寻淮河流域历史原始经济状况,发现淮

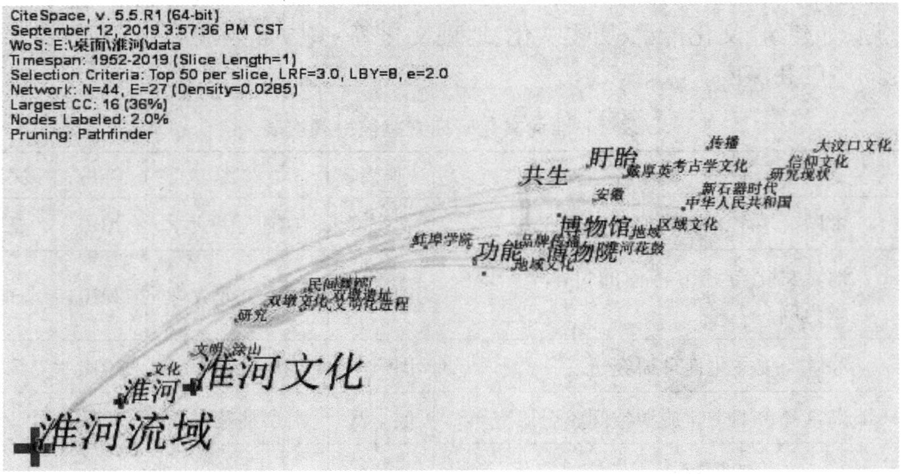

图 5　淮河文化研究关键词共现时区图谱

河流域在新石器时代原始农业已经发展得比较成熟①。前川孝昭、宋豫秦和程必定等通过对淮河流域的社会、经济、环境和资源的系统分析，提出了大河流域可持续发展的思路和基本框架②。

第二阶段，淮河文化研究的迅速发展阶段（2003—2009）。热点关键词主要是“花鼓灯”“研讨会”“古代文明进程”“双墩遗址”和“民间舞蹈”等。接连三届淮河文化研讨会和中国水文化研讨会使得学者们开始重视淮河文化的传承与发展，这一阶段主题为淮河文化的文献量迅速增加。这一阶段，学者们的研究视角开始扩大，不再拘泥于对淮河文化的整体性研究。于立刚比较研究了淮河流域民歌和长江、黄河流域民歌的异同，揭示了淮河流域民歌独具一格的魅力③。周冠艺详尽介绍了被誉为“东方芭蕾”的花鼓灯的起源、音乐、服装、舞姿、韵律、灯歌创作，强调了花鼓灯是淮河流域文明的珍宝④。方成军指出，淮河流域是汉代墓葬的主要集中地，对这些王侯墓的研究有着重要的历史价值，有助于我们研究西汉随葬礼俗及其背后蕴含的社会阶级和等级关系⑤。

① 周崇云．淮河流域史前文化形成和发展的基础——关于淮河流域原始经济的探讨[J]．安徽大学学报，1999(5)：8-14.

② 前川孝昭，宋豫秦，程必定．淮河流域可持续发展研究的重点问题[J]．中国人口·资源与环境，2002(4)：79-82.

③ 于立刚．略论淮河流域民歌之音乐特征[J]．中国音乐，2003(3)：93-5+104.

④ 周冠艺．淮河瑰宝花鼓灯[J]．上海戏剧，2006(5)：36-37.

⑤ 方成军．先秦淮河流域货币文化初探[J]．钱币文论特辑，2006(2)：49-58.

第三阶段，淮河文化研究的突破发展阶段（2010—2019）。热点关键词主要是“地域文化”“皖北”“盱眙”“大汶口文化”“区域文化”“非物质文化遗产”“旅游纪念品”“花鼓灯”和“考古学文化”等，主要探讨了淮河文化中包含的地域文化，民俗瑰宝以及历史地理经济文化，同前两个阶段相比，这一阶段研究的内容更为广泛，研究切入的视角更为细致。宋春燕介绍了淮河文化的新代表——双墩文化，指出淮河文化的包容性和独立性，打破了学术界对淮河文化以往的刻板认知，将淮河文化推向了新的历史舞台①。淮河流域的人文地理特征和自然地理特征都反映在淮河两岸的地名上，陈珂、高瑜和胡吉超通过对沿淮地名的探寻，挖掘出其中蕴含的丰富的文化内涵②。

三、讨论与展望

本文选择的分析对象是与淮河文化相关的文献，运用 CiteSpace 软件绘制知识图谱，对淮河文化相关研究文献进行计量分析，梳理淮河文化研究发表文献增长趋势，绘制关键词共现图谱、关键词共现时区图谱、作者共现图谱、机构共现图谱以及关键词共现时区图谱，分析了淮河文化的研究热点和研究趋势。几十年来，淮河文化研究的相关成果不断涌现，淮河文化的后续研究可着眼于以下三个方面：

（一）把握新兴研究视角和可能的研究热点

2010—2019 年，淮河文化的研究趋于地域化、区域化，研究热点从“花鼓灯”“民间舞蹈”转变到“区域文化”和“地域文化”。学者们对淮河文化的研究应该重点关注此类方向，向此类方向转变。当前最紧要的问题是弘扬淮河文化，因此，“花鼓灯”“民间舞蹈”等作为淮河文化中亮眼的瑰宝是不会过时的，学者们也要把握住此类研究热点。

（二）加强学者和机构之间的学术交流与合作

从图 3 淮河文化研究作者共现图谱和图 4 淮河文化研究机构共现图谱中可以看出，学者们之间合作较少，机构之间的合作也较少，分散的研究现状对淮河文化后续的研究发展是不利的。可以通过举办相关的学术会议来促进学者和机构之间的合作与交流。另外，从图 4 中可以看出，发文机构较为集中，可以加大对专门研究淮河文化人员的培养力度，存储科研后备力量，以寻求淮河文化的长足发展。

---

① 许丹桂，宋春艳．蚌埠双墩遗址地域性文化考[J]．传奇·传记文学选刊（理论研究），2010（6）：39+45-46.

② 陈珂，高瑜，胡吉超．沿淮地名的文化意义阐释[J]．合肥工业大学学报（社会科学版），2012，26（3）：54-58.

（三）加快专门期刊的组织与创建

与长江流域和黄河流域一样，淮河流域也是华夏文明的发源地之一，对淮河文化的研究是不可忽视的，仅仅有《治淮》这类水利类期刊远远不够。缺乏专门的期刊使得淮河文化相关研究成果没有得到应有的重视，严重限制了淮河文化研究工作的发展。专门的学术期刊，能够更快速传递最新的研究成果。因此，为了淮河文化研究工作的长足发展，组织创建专门期刊是十分必要的。

欧阳修与常秩

明　智　秦俊芳

摘　要：北宋颍州汝阴人常秩科考不利，回乡隐居，不慕荣利，钻研经学，对《春秋》有深刻见解。欧阳修知颍州时，发现常秩潜心学问，孝悌有德，便向朝廷推荐，吕公著、王安石等人也作了推荐。常秩一再拒绝应召，由此名震朝野。身处宦途的欧阳修多次在诗歌、书简中表达对常秩隐居生活的向往，并期待早日归颍，与其比邻而居。后来常秩入朝为官，积极拥护宋神宗、王安石变法。从两宋史料笔记上看，常秩入朝为官，违背期约；迎合新党，背叛了欧阳修。常秩身后备受訾议，原因是多方面的，可能与介入党争及中国传统思维习惯因素有关。

关键词：欧阳修；常秩；颍州；隐居；变法

宋仁宗皇祐元年正月，欧阳修自请由扬州移知颍州，三月到颍，即日视事。皇祐二年七月，他改知应天府（今河南商丘）兼南京留守司事，当月离颍。在知颍的一年多时间里，欧阳修注重民生，为政务实稳健。他因地制宜兴修水利，改造河道，疏浚西湖；旱灾季节为民祈雨，上书朝廷免除灾民劳役；重视文化教育，设立学校，养成颍地读书风气。公事之余，欧阳修多方结交文士，正像多年后门生苏轼在《钱塘勤上人诗集叙》中所云："故太子少师好士，为天下第一。士有一言中于道，不远千里而求之，甚于士之求公。"①周必大在《跋范元卿所藏醉翁帖》中指出："翁（欧阳修）喜贤俊，重交游，出于天性。"②欧阳修这个人身上有着浓重的尚贤、尚友情结，知颍时依然如故。他善聚文气，择贤而交，择善而从，故身边总是贤达名士络绎不绝，由此成为当之无愧的"颍州文人集团盟主"。欧阳修还注意从当地查访隐贤，提携后学。刻苦好问、不慕荣利的焦千之，后来成为他的门生，深受器重。他的

作者简介：明智，男，安徽师范大学中国古代文学专业硕士，阜阳市城郊中学一级教师，主要从事中国古代文学、阜阳文史、中华传统文化研究。秦俊芳，女，阜阳市城郊中学一级教师，主要从事高中语文教学、中华传统文化研究。

① 苏轼．苏轼文集［M］．孔凡礼，点校．北京：中华书局，1986.

② 周必大．文忠集·卷十七［M］//纪昀．四库全书．上海：上海古籍出版社，1987.

麾下人才彬彬郁盛，其写诗赞誉“颍虽陋邦文士众”。他还很赏识藏身乡野的饱学之士常秩，两人初次接触的具体时间无考。欧阳修来到颍州后，经过王回、刘敞等人的介绍，便与常秩结识，折节造访。他们谈经论道，切磋学问，非常投合。欧阳修发现常秩孝悌有德，非庸凡之辈。他对于“无丝竹之乱耳，无案牍之劳形”的常处士的隐居生活极为神往，自此以后不论离开颍州多远，总是忘不了以诗歌或书简的形式表达对这位隐士的思念。

一、常秩生平事略

常秩，字夷甫，颍州汝阴（今安徽省阜南县焦陂镇常庄）人。因考进士不中，遂无意功名，屏客独居汝阴乡间多年，安贫乐道，淡泊恬静，悠游自在，以钻研经学著称。《续资治通鉴长编》（卷二百二十二）云：“常秩，颍州人……（欧阳修）闻常秩居里巷，有节行，间与之宴集，由此知名。秩不能为文，故罢进士无他才能，（王）回与规磨之，学问稍进。”①在欧阳修的荐举下，宋仁宗皇祐二年，朝廷赏赐常秩成捆的绢帛，他推辞不受②。皇祐六年五月，颍州知州张唐公请朝廷赏赐给他米麦绢帛，仍不接受，反说自己正应举考试，不算隐者，故不应接受。仁宗嘉祐年间，朝廷任命他为颍州教授、国子监直讲、大理评事；英宗治平年间，朝廷授予其忠武军节度推官、长葛县（今河南许昌长葛市）知县，常秩都拒绝了，天下文人把他当作大贤。宋神宗赵顼即位后，知道常秩名气大，多次派使者征聘，他都推辞了。熙宁三年，朝廷下诏让郡里以礼相待，敦请遣送常秩，不得推辞。南宋学者王明清《挥麈录》记载：“熙宁初，王荆公力荐常夷父，乞以种放之礼召之。上云：‘放辈诗酒自娱而已，岂有经世之才？如常秩肯来，朕当以非常之礼待之。’故制词云：‘幡然斯来，副朕虚伫。’盖宣德音也。”③十月，朝廷下诏让其儿子常立就试舍人院，以侍御史知杂事。熙宁四年，常秩方至朝廷。神宗问曰：“先帝多次任命官职，你为什么不接受？”常秩答：“先帝对我的愚昧比较谅解，允许我在家养拙，所以得以安居乡里。现在陛下用严厉的诏书催促逼迫，因此不敢不来，不是自己随便能作了主的。”神宗很高兴，又缓缓地问他：“现在怎样才能使百姓免于受冻挨饿？”常秩答曰：“法令、制度没有制定、建立，一些普通民众生活奢华过度，破费严重，这是今天的大患。我的才能不适合任用，希望能够告辞回乡。”神宗说：“你既然来了，就留下来多待些时候。有一天实在不能任用你了，再离开吧。”四月十九日，常秩被破格授予右

① 李焘. 续资治通鉴长编[M]. 北京：中华书局，1979.

② 关于常秩的事迹编年，拙文主要参考《宋史》，袁贝贝《“汝阴处士”常秩事迹考》（《阜阳师范学院学报：社会科学版》2012年第3期，第31–34页），下文不再赘述。

③ 王明清. 挥麈录[M]. 北京：中华书局，1961.

正言、入值集贤院、管理国子监；九月十七日，兼供职舍人院，力辞；十月初九，辞此职获批。熙宁五年二月，权判流内铨，常秩调任天章阁侍讲、同修起居注，并且因支持新法进入谏院，成为台谏官。常秩请求辞同修起居注，获准。常秩又请辞归田，神宗惊讶道："现在朝廷正有赖你这样德才兼备的人才为国效力，怎么又要仓猝离去呢?"颁旨改任太常寺。熙宁六年二月，常秩因病告假；三月十九日，罢天章阁侍讲及谏院之职。

熙宁七年四月，王安石罢相。七月，朝廷擢升常秩为宝文阁待制兼侍读。十二月二十七日，常秩请立孟子、扬雄像于孔庙前，并追尊孔子帝号，被李清臣制止，不果行。熙宁八年，任命他的儿子常立天宁军节度推官、校书崇文院。是年常秩又请辞，皇帝不允。熙宁九年三月初三，因皇后父亲向经之丧，常秩摄鸿胪卿；同月，参与进士放榜；八月，提举中太一宫；十二月，权判西京留司御史台。后来，他因病回到颍州。熙宁十年二月，常秩去世，年五十九；四月，朝廷追赠右谏议大夫；五月十二日，葬于颍州。《挥麈录》云："本朝以来，以遗逸起达者，惟种明逸(放)、常夷甫二人而已。"①

常秩平时做学问强调要有自己的心得体会。王回是乡里的名士，每次见到常秩并跟他交谈，总是谦虚地认为自己比不上他。欧阳修、胡宿、吕公著、王陶、沈遘、王安石都称赞、推荐他，一致敬仰，故名重一时。

当初，常秩隐居的时候，不肯出仕为官，世人都认为他退隐的决心很坚定。后来王安石做了宰相实行变法，朝野沸沸扬扬，议论纷纷，认为不宜变法。常秩居于乡里，看到颁行的新法法令，却唯独认为是正确的，一有征召就应聘出仕。在朝廷担任谏诤的职务，成为皇帝的侍从，低头顺耳，毕恭毕敬，没有什么建议和阐述，能力平平，声望一天天地降下去了。

常秩精通《春秋》之学，长期研究《三传》，撰写了数十篇解析《春秋》的文章，自以为独得圣人之道。当时孙复高举尊王大旗，用《穀梁传》的观点来阐释《春秋》，与胡瑗、石介并称"宋初理学三先生"。常秩指斥孙复所主张的理论不近人情。《四库全书总目》云："晁公武《读书志》载常秩之言曰：'明复(孙复字明复)为春秋，犹商鞅之法，弃灰于道者有刑，步过六尺者有诛。'盖笃论也。"②

常秩死后，常立让门人赵充记述父亲生平事迹，其中大致说，自从常秩与王安石离任，天下官吏暗中改变他们推行的法令，导致民不聊生。朝野上下缄默不言，失败的征兆从内部萌芽，却无人保持清醒的头脑有所觉悟，只有常秩知道变法必然失败。宋哲宗绍圣年间，蔡卞推举常立为秘书省正字、诸王府说书侍讲，请求任命

---

① 王明清．挥麈录[M]．北京：中华书局，1961.

② 纪昀，陆锡熊，孙士毅，等．钦定四库全书总目[M]．北京：中华书局，1997.

他为崇政殿说书，故而常立得以被皇帝召见并回答皇帝有关政事、经义方面的问题，蔡卞还请求任命他做谏官。当时蔡卞正与章惇朋比为奸，曾布想扳倒他们，趁机会向宋哲宗说常立依附这两人，于是揭露了常秩生平事迹的文章之事，认为他们在诋毁先帝。皇帝急速让人到史院取来审阅，说常立很不恭顺，并以此责备章惇、蔡卞，章惇、蔡卞很害怕，请求贬谪常立，于是哲宗绍圣三年罢诸王府侍讲，差监永州酒税。徽宗崇宁三年，朝廷立《元祐党人碑》，常立进入“余官”之列。

二、“却羡常夫子，终年独掩扉”

欧阳修的作品中有四首诗提到常秩。另外，写给常秩的书简有十封。

早在做朝官时，欧阳修就作诗《早朝感事》，该诗是治平元年春作。当时欧阳修58岁，任参知政事。诗曰：

疏星牢落晓光微，残月苍龙阙角西。玉勒争门随仗入，牙牌当殿报班齐。羽仪虽接鸳兼鹭，野性终存鹿与麋。笑杀汝阴常处士，十年骑马听朝鸡①。

诗的大意为：疏星寥落，晨光熹微，月牙已下沉到如苍龙一样的宫殿翘角的正西。朝臣骑马随皇帝的仪卫进入皇宫大殿，仪卫官对着宫殿报告当班官员已到齐。自己位居朝官，身不由己，但乐居田园的性情不改。我体弱多病，不习惯早起朝拜。隐居汝阴的常处士，如果知道我在京城天天听到鸡叫就早早起床上朝，过了十年这样的生活，岂不笑话？这是一首思颍诗。至和元年五月，欧阳修母丧服除，至开封。中间除出使契丹外，他一直在京任职，至今正好十年。从诗中可以看出欧阳修厌倦了官场刻板的生活，“鸟倦飞而知还”，对常处士逍遥林下的日子充满向往之情。诗中对常秩的抬举，进一步提高了常秩的声望。而早在庆历七年知滁州时，欧阳修就曾作《画眉鸟》诗：“百啭千声随意移，山花红紫树高低。始知锁向金笼听，不及林间自在啼。”②与锁在金笼子里的鸟相比，他更欣赏自由啼鸣、不受羁束的山野林间之鸟，可知他的退隐想法，非一朝一夕的心血来潮。

《书怀》一作《思颍寄常处士》，是思颍诗。诗云：

齿牙零落鬓毛疏，颍水多年已结庐。解组便为闲处士，新花莫笑病尚书。青衫仕至千钟禄，白首归乘一鹿车。况有西邻隐君子，轻蓑短笠伴春锄③。

全诗大意是说：我牙齿脱落，鬓毛稀少，多年前已在颍水之畔建好房子。辞掉

① 欧阳修．欧阳修全集[M]．北京：中国书店，1986.

② 欧阳修．欧阳修全集[M]．北京：中国书店，1986.

③ 欧阳修．欧阳修全集[M]．北京：中国书店，1986.

官职就可以过上无拘无束的悠闲生活了,你可不要讥笑我这个身患多病的刑部尚书啊！我何尝留恋权位,只是圣恩不许。出身寒儒,身着青衫,后来中第做官,享受丰厚的待遇,我只愿及早告老归田,乘车任意游荡。我的邻居是一位隐居的高士,披蓑戴笠在田间耕作,生活是多么惬意！这里诗人相约与常处士比邻而居,言辞恳切。

欧阳修在知亳州期间,连续上了《亳州乞致仕》三表、三疏,未得允。既然朝廷不批准,他就借诗咏怀,《新春有感寄常夷甫》云:

余生本羁孤,自少已非壮。今而老且病,何用苦惆怅。误蒙三圣知,贪得过其量。恩私未知报,心志已凋丧。轩裳德不称,徒自取讥谤。岂若常夫子,一瓢安陋巷。身虽草莽间,名在朝廷上。惟余服德义,久已慕恬旷。矧亦有吾庐,东西正相望。不须驾柴车,自可策藜杖。坐惊颜鬓日摧颓,及取新春归去来。共载一舟浮野水,焦陂四面百花开[①]。

该诗是思颍诗,熙宁元年正月作,当时欧阳修在知亳任内。诗意是说:我幼年丧父,漂泊在外,自小体质羸弱。现在又老又病,为什么还要让自己备受伤感悲哀的折磨呢？回忆宦海一生,位列三朝(宋仁宗、英宗、神宗),备位二府(任枢密副使、参知政事),我蒙受三皇宠爱,贪恋俸禄过头而不知有所止。皇恩浩荡却无以为报,壮心失落,庸碌无为。如今我坐享高官厚禄,只怕德不配位,只会给自身带来灾殃。哪能比得上你常处士,过着像颜回那样安贫乐道的生活。你虽然身居草莽,却显名于朝堂。我很佩服你的道德信义,渴望像你一样过上恬淡旷达的生活已很久了。何况我在颍州建有房舍,与你正好离得不远,根本不用驾车,拄着手杖就能互访了。自己两鬓一天天地变白,想过罢春节就回归田园。到时候我们俩同坐一条船,在城南焦陂一带水上漂流,欣赏着四周百花盛开、姹紫嫣红的美丽景致。诗人在这里纵情展望归颍以后的乡野生活,常处士在他今后的生活中已经不可缺少了。

熙宁元年八月,欧阳修转兵部尚书,改知青州(治今山东益都),充京东东路安抚使,九月抵青州。《岁暮书事》云:

东州负海圻,风物老依依。岁熟鸦声乐,天寒雁过稀。跨鞍惊髀骨,数带减腰围。却羡常夫子,终年独掩扉[②]。

该诗作于是年年末的知青州时期,属思颍诗。诗中说,青州背靠大海,景物柔

---

① 欧阳修. 欧阳修全集[M]. 北京:中国书店,1986.

② 欧阳修. 欧阳修全集[M]. 北京:中国书店,1986.

美可爱。年成丰熟,连乌鸦都高兴地唱起歌来。因天气寒冷,大雁很少从这里飞过。上鞍跨马时,我竟然发现自己胯骨上的肉已不见,只剩骨头。因老病衰弱,腰带反而显得更长了。我羡慕常夫子,常年关着门,无人打扰。

《欧阳修全集》中,致常秩的书简有十封[①],见于明·正德《颍州志》的仅三封。现先对这三封书简作扼要分析。

《与常待制书一》:

某启。相别之久,书问虽阙,而思慕盛德,未尝少忘于心。不审即日体候何似?向蒙宠示盛文一编,究味意趣,殊发蒙陋,珍玩秘藏,未曾暂释。续更有新作,苟赐不鄙,无外开示,至幸至幸。深冬,为道自爱。

题下注云:“嘉祐治平间”,未见具体时间。信中说,与君相别日久,未通书信,但时时刻刻念君高德,心里从未有所忘却,不知现在身体如何?先前承蒙惠寄大作一编,探究、体味内在的义理、情趣,很能开启心窍,使我脱离无知、浅陋。我欣赏、珍藏,爱不释手。期待你的新作,如若不吝,赐我一读,实属幸运。深冬天寒,多保重。

这封信谈论的是常秩的文章,品评得很是到位。常秩能把自己的文章给欧阳修看,已经把欧阳修视作同道中人了。

《与常待制书四》:

某启。向在颍,区区仅得一二闻余论,虽未厌于心,而仁人之言,获益已多矣。自藏拙于此,习成懒慢,遂疏奉问。亮须幅巾闾巷,杖屦往还,始偿夙素倾向之心尔。未间,以时为道自重。因负枣人行,谨奉手状。

信中说,我以前在颍州知道你满腹经纶、学富五车,可惜你的才学我仅听闻一二,远远不能了解全部,不过确实获益良多,故至今仍感到满足。我在外地做官,习惯于懒散,对你疏于问候。相信今后定要戴头巾、拄手杖、穿粗鞋与你朝夕共处,以偿还我对你的一片倾慕之心。你身怀高风亮节,矜持自重。因走在路上,匆匆之间,我仅奉送这份亲笔信给你。

这封书简是欧阳修治平四年知亳州时作。欧阳修身在宦途,还关心着汝阴乡间隐士,致以问候,足见两人感情之深。

《与常待制书九》:

某启。多病疏懒,稍阙致问。近儿子自颍还,云尝侍杖屦。喜承经暑寝兴万福,兼审尚以足疾未副召命。朝廷礼贤之意甚笃,而士大夫延首之望益勤。然君子

① 欧阳修. 欧阳修全集[M]. 北京:中国书店,1986.

出处有道，足以镇止奔竞，敦厚时俗，其功利亦多矣。某尚未得请，未遂相从闾巷之间，然亦不过一两月之顷尔。时暑，为道爱重。

这封信的写作时间是熙宁三年，常秩52岁。由书简文句提到“时暑”，当在六月。由“尚未得请，未遂相从闾巷之间”可知，当时欧阳修在知青州任里。信中说：我多病、粗心、慵懒，对你缺少问候。近来儿子从颍州回来说，曾陪侍你拄杖穿屦走路。很高兴获悉你暑热天气起居安康，也知道你因足疾未赴朝廷之招。朝廷礼贤爱才，情谊很厚，朝野上下都翘首期盼你尽快入朝。当然，君子无论出仕还是退隐，都走正确的途径，这样才能对那些为名利奔走竞逐、蝇营狗苟之辈有所震慑，有利于移风易俗，弘扬敦厚的为人之道，这样做益处很多。我退休之请尚未遂愿，还不能立即归休，但只是一两个月之内的事。暑气正盛，请多保重。

这封信里提到的有对方，有自己，关心常秩的身体和前途，也特意提到自己退休的决心，由这些方方面面的生活事项可以看出两人的亲密友情。

通过分析三封书简内容，我们可以判断出两人关系绝非一般，两人的志趣相合。另外七封，内容与前三者大体相似。兹录如下。

《与常待制书二》：

某相别累年，书问虽阙，而思慕盛德，未尝一日而忘于心。不审即日体履何似？某碌碌于此，国恩未报。而衰病日侵，进无少补于时，退未得幅巾闾巷以从有道君子，岂胜区区。深寒，为道外自爱。因小侄行，附此。

《与常待制书三》：

某前日承枉顾，少接余论，殊不从容。朝夕人事稍间，当获款奉。未间，略布区区。茶少许，聊助待宾，轻浼，惶恐。

《与常待制书五》：

某启。少便，久疏致问。经寒，仰唯德履多福。某衰病如昨，已再请寿阳。旦夕有命西归，渐谋休息，必得幅巾衡巷，以从长者之游，偿其素愿，然后已也。未间，唯为道自爱。

笔者注：作于春天，时在亳州。

《与常待制书六》：

某启。到官忽忽，已复穷冬，老病疏慵，阙于致问。雪后清洌，体况想佳。某幸居僻事简，足以养拙，归心虽切，尚少盘桓。款悟未期，深寒加爱。

笔者注：作于冬天，时在青州。

《与常待制书七》：

某启。近小史许充行，奉状粗布区区。穷腊阴雪，忽复新春，窃唯养道燕居，动履清福，某此忽忽已数月，开春遂寻前请，窃谓理尽而无嫌。至于幅巾闾巷，以从先生长者之游，此实无穷难得之乐尔。未间，保重以副瞻勤。因家兵还，谨奉启。

笔者注：作于春天，时在青州。

《与常待制书八》：

某启。守官东州，僻在海涘，久疏致问，徒积倾驰。气候已寒，不审燕居动履何如？某勉强衰病，迁延荣禄，又将及期。岁物丰盛，盗讼稀简，粗足偷安。冬春之交，得遂西首，获亲长者之游，不胜至乐。未间，为道爱重。

笔者注：作于冬天，时在青州。

《与常待制书一〇》：

某启。霜气清冷，不审燕居动履何似？窃承朝旨尚复敦迫，出处之际，遂为世法，必有以果于自信者。某累牍恳至，而上恩未俞，素愿虽稽，终当如志。瞻仰盛德，唯日增劳。向寒，珍重。

笔者注：作于秋冬之际，时在蔡州。

三、"古来交道愧难终"

欧阳修在熙宁元年八月到熙宁三年七月近两年的知青州任上，正是王安石大力推行新法的时候。比如青苗法，是在青黄不接的时候，官府贷款给农民，然后收取二分的利息。贷款又分两次，正月贷款夏季还本息，五月贷款秋季还本息。但如果遇到天灾，老百姓连生存都是问题，却还要还本还息，哪能承受得住？还有，各地地方官围绕变法，在执行上出了问题，本来是帮助农民度过艰难期，结果官吏们为捞政绩强迫贷款，这就严重加重农民的负担。目睹新法诸种弊端，一向主张改革步子要稳、宽简为政的欧阳修按捺不住了，便接连上表，请朝廷立即免息或罢止青苗法。这让宰相又兼昔日门生的王安石很不高兴。欧阳修的主张不得推行，还惹恼了宋神宗和王安石，虽没有被以抗旨罪追究责任，但欧阳修退休的意志更坚定了。熙宁三年七月三日，他改知蔡州；八月，在颍州停留一月有余，有《回颍州吕侍读远迎状》①为证。在假道颍州期间，因吕公著早在本年四月八日贬知颍州，故二人得以相会。此时，欧、吕与常秩论及时政，常秩对新法大加赞赏，欧阳修则不敢苟同，当面与之争论，连一向看好他的吕公著也很失望。九月上旬，欧阳修赴蔡州任，又是连章请退，终于在第二年六月，获准以观文殿学士、太子太师致仕，七月归颍，第

① 欧阳修．欧阳修全集［M］．北京：中国书店，1986.

二年闰七月逝世。

五代乱世，戎夷交侵，生灵涂炭，纲常颓弊，礼崩乐坏，世风浇薄，坏乱相乘，僭窃分裂，丧君亡国事件常有，人性淡漠，人伦颠倒，道义不存，反复无常，有始无终，寡廉鲜耻。针对这些积习、积弊，社会责任感很强的欧阳修一直想力挽狂澜，扭转社会风气。他在《朋党论》中强调君子的特征是："所守者道义，所行者忠信，所惜者名节。"①他用春秋褒贬笔法撰修《五代史》，渗入经学忠君思想，贯彻当今圣上意旨，树立君主权威，扬正气，厚人伦，美教化，讲信义，鞭笞邪辟、忤逆，改善士风、民风。

欧阳修退休之前，多次表示将与常处士为邻，共赏西湖风月，临清流而赋诗。然而，归休未久，身在江湖、心存魏阙的常处士就找到终南捷径，踏上仕途，跻身王安石变法者行列。有人说，常秩凭着隐士身份应召为官，不能尽其天性、顺应天命，反而违背己愿，一定要为官求仕，苟且附和，不是真正懂得《易经》上所说的君子之道的人，故理所应当受到时人嘲笑，因此，从隐居者角度来看，常秩应该为自己的所作所为感到羞愧。但也有人说，人各有志，此一时彼一时，环境变了，人也在变，常秩长期隐居，一朝出山，可能有多种原因，比如北宋积贫积弱，他想通过支持宋神宗、王安石变法，实现国强民富，如果是这样的话，他的思想代表着历史的进步潮流，有积极意义。北宋魏泰所撰笔记《东轩笔录》(卷十一)、南北宋之交叶梦得《石林诗话》、南宋王偁《东都事略》、金代王若虚《滹南诗话》，还有(乾隆)《颍州府志》与(康熙)《颍州志》转引北宋彭乘的笔记《墨客挥犀》里的材料，对这事均有类似记载，几乎众口一词，对常秩予以嘲讽。比如《墨客挥犀》(卷七)云：

少保欧阳公永叔在政府，将求引去，先一诗寄颍阴隐士常秩，其略曰："笑杀汝阴常处士，十年骑马听朝鸡。"及公致仕还颍，有诗赠秩曰："赖有东邻常处士，披蓑戴笠伴春锄。"既而王丞相介甫秉政，遂以右正言直史馆召秩，而秩遂起。先是欧公既致政，凡有宾客上谒，率以道服华阳巾便坐延见。至是秩授官来谢，公乃披衣束带，正寝见之。明年，秩拜侍讲、判国子监，寻有无名子改前诗，作《秩寄欧公诗》，曰："笑杀汝阴欧少保，新来处士听朝鸡。"又曰："昔日颍阴常处士，却来马上听朝鸡。"②

这段话里的"赖有东邻常处士，披蓑戴笠伴春锄"引自《思颍寄常处士》，属于思颍诗，在亳州作，此处说归颍后作，有误。引文说，欧阳修致仕后，在家里接待宾客一般是穿宽襟缓带的道服或常服。唯一的例外是，欧阳修穿朝服接待新官常秩。

---

① 欧阳修．欧阳修全集[M]．北京：中国书店，1986.

② 彭成．墨客挥犀[M]．北京：中华书局，2002.

相比于两人多年的交情，这一做法确实显得很见外了。怪不得常秩依附王安石，被人訾议。《墨客挥犀》是史料笔记，当不得真。《颍州府志》把它列入“纪闻”，亦即传闻、小道消息，不足为凭。

常处士出仕受时人嘲笑的真实性有多少？北宋王辟之所著史料笔记《渑水燕谈录・卷十》中云：

颍上常夷甫处士，以行义为士大夫所推，近臣屡荐之，朝廷命之官，不起。欧阳公晚治第于颍，久参政柄，将乞身以去。顾未得谢，而思颍之心日切，尝有诗曰：“笑杀汝阴常处士，十年骑马听朝鸡。”后，公既还政，而处士被召赴阙，为天章阁待制，日奉朝请。有轻薄子改公诗以戏之曰：“却笑汝阴欧少保，新来处士听朝鸡。”①

王辟之生于1031年，与欧阳修三子欧阳棐是同年进士，又任蒙城县主簿，蒙城离颍州、亳州都不远。他的记述当有较高的可信度。

在北宋邵博的史料笔记中，常秩遭受的已经不是嘲讽，而是咒骂，他几乎成了忘恩负义、不守节操、随波逐流、谄媚新党、趋炎附势之势利小人：

欧阳公在政府，寄颍州处士常秩诗云：“笑杀汝阴常处士，十年骑马听朝鸡。”公将休致，又寄秩诗云：“赖有东邻常处士，披蓑戴笠伴春锄。”盖公先为颍州，得秩于民伍中，殊好之。至公休致归，每接宾客，必返退士初服，秩已从王荆公之招，公独朝章以见，愧之也。秩入朝极其谀佞，遂升次对。蚤日著《春秋学》数十卷，自许甚高，以荆公不喜《春秋》，亦绝口不言，匿其书不出。适两河岁恶，有旨青苗钱权倚阁，王平甫戏秩曰：“君之《春秋》亦权倚阁矣。”后神宗遇秩浸薄，荆公亦鄙之，秩失节，怏怏如病狂易，或云自裁以死。荆公尚表于墓，盖其失云②③。

退休后的欧阳修门前冷落车马稀，故略感寂寞，而赵概来访，差可慰藉。熙宁五年四月，为兑现在朝时的约定，77岁高龄的赵概不惧劳苦，风尘仆仆，从数百里外的南京（今河南商丘），专程来颍州访问欧阳修。时任知州吕公著把欧阳修接待的六一堂西堂题名“会老堂”。当年“张甥案”中，欧阳修被谏官钱明逸以无端罪名污蔑，同僚躲之唯恐不及，偏偏知制诰赵概仗义执言，上书圣上，为其洗刷清白，兼顾朝廷大体。其实当时两人关系一般，赵概竟然冒险替他说话，维护他的名节，多年后欧阳修得知原委，便与赵概结下终生挚友。今日二老相会，少不了忆及前尘往事，倍感情浓，饮宴酬唱一月有余，依然恋恋不舍。相聚期间，欧阳修作诗《会老

① 王辟之. 渑水燕谈录[M]. 上海：商务印书馆，1935.

② 关于常秩死因，邱丽维撰文《宋代文官常秩死因探析》认为，宋人张师正、林希、魏泰、邵博持“自杀说”，王得臣持“病亡说”。

③ 邵博. 邵氏闻见后录[M]. 北京：中华书局，1983.

堂》云：

古来交道愧难终，此会今时岂易逢？出处三朝俱白首，凋零万木见青松。公能不远来千里，我病犹堪釂一钟。已胜山阴空兴尽，且留归驾为从容[①]。

欧阳修在诗中赞颂赵概珍惜友情、一诺千金的节操，并发出感慨：能经受住考验的友谊太少了。今人施培毅先生认为这是有感而发："欧阳修原来与常秩的交情也很好，曾相约归颍后做邻居，游焦陂。因为欧阳修在青州任内曾上书建议停止实行青苗法，常秩为表示支持王安石，竟与欧阳修断交。欧阳修对此很有些感慨。"[②]说"断交"似乎言重了，常秩不至于这样。欧阳修对他的改节谋官，不能朝夕相从，多少有点遗憾，发些感慨也不是没有可能。

欧阳修《双井茶》诗有云："岂知君子有常德，至宝不随时变异。君不见建溪龙凤团，不改旧时香味色。"[③]用茶叶喻君子之"常德"，告诫世人修养美德，坚守信义，不要"随时变易"，争新弃旧。回想这些年来，长他 5 岁的文学同盟梅尧臣离世 11 年了，弟子王回 6 年前（1065 年 7 月 28 日）去世，焦千之为前程而奔波，吕惠卿、章惇、沈括以前对他恭谨有礼，现在转而投靠王安石，常秩成名于他的举荐，现在竟也离之而去，此刻形影相吊、落落寡欢的境况可以揣知。

有史料说，欧阳修在颍州去世后，常秩又参与议谥，并从中作梗，借机报复，反对谥"文"，主张谥"文忠"。《老学庵笔记》卷五云：

欧阳文忠公初但谥文，盖以配韩文公。常夷甫方兼太常，晚与文忠相失，乃独谓公有定策功，当加忠字，实抑之也。李邦直（即李清臣）作议，不能固执，公论非之。当时士大夫相谓曰：永叔不得谥文忠，此谥，必留与介甫耳。其后信然[④]。

《谥诰》一文首先评价了欧阳修扭转文风的历史功绩，然后记述了太常寺众官定谥经过，"其文卓然，自成一家"，"一变为古文"，"如太师真可谓'文'矣"，"忠亦太师之大节"，"按《谥法》，道德博闻曰'文'，廉方公正曰'忠'，今加忠以丽文，宜为当"[⑤]。全文并没有提常秩的名字，更没有说他的刻意阻挠。

《神宗实录本传》云：

---

① 欧阳修．欧阳修全集［M］．北京：中国书店，1986.

② 施培毅．欧阳修诗选［M］．合肥：安徽人民出版社，1982.

③ 欧阳修．欧阳修全集［M］．北京：中国书店，1986.

④ 陆游．老学庵笔记［M］．李剑雄，刘德权，点校．北京：中华书局，1979.

⑤ 欧阳修．欧阳修全集［M］．北京：中国书店，1986.

太常初谥曰文，常秩曰：修有定策之功①，请加以忠，乃谥曰文忠②。

而《神宗旧史本传》③上与《神宗实录本传》内容全同。《宋史·欧阳修传》及欧阳发等记述的《先公事迹》中，均没提到常秩干涉谥号一事。

常秩于欧阳修谥号上所作所为只是出现在《老学庵笔记》之类的史料笔记中，然后被颍州旧志辗转传抄，官方正史《宋史》《欧阳修全集》均无记载。其真实性如何，不得而知。

四、常秩现象之反思

纵观常秩的一生，按说他也以儒家倡导的“独善”“兼济”设计规划人生，但争议确实很大，做官前好评如潮，做官后备受指摘，非议迭起，连死后都不被放过，前后形成如此巨大的反差，个中原因何在？下面从三个方面试作分析。

一是要结合其履历进行考察。这是主观原因。常秩一生中的隐士生涯占据其成年后的大部分时光，只是在生命的最后五六年才参政，中间还多次居家养病，实在没有积累多少从政经验。他从隐士一步登天，没经过基层一步步历练，阅世浅、眼界窄，但朝野上下对他期望值过高。进入工作岗位能否适应角色转变，能否应付朝廷复杂的人事关系等，都是问题。这种超常规提拔，是封建社会特权制下的产物，在现代社会几乎是不可能的。可以预测，他在实际工作中很难有大的建树。另外，像他这样被火箭式提拔，也会招致嫉妒，难免出现造谣生事、恶意诽谤之类的情况。

二是常秩可能是政治斗争的牺牲品，他的遭遇与支持变法脱不了干系。这是直接原因、客观原因。王安石在变法中遇到的阻力很大，他身为宰相，置身于党派斗争的旋涡中不能自拔，又刚愎自用，不懂变通，识人不准，以致几起几落，最后弄得声名狼藉，灰溜溜下台。常秩可能犯了政治幼稚病，胸无城府，明确表示站在王安石一边。新旧党争日趋激烈，双方互相倾轧，可能会因政见不同而进行人身攻击，发泄怨气。如果写野史笔记的作者是旧党人物或者旧党亲近的人，像他这样立场鲜明，是很难逃脱责罚的，甚至连儿子也受牵连。邱丽维撰文指出：

究其原因，不过是反对变法的人对变法的攻讦。他们这种记载不仅是讥讽常秩，更多的是借机讥讽参与王安石变法的人都是小人，这群小人们“逞其狡谋，壅阏上听，变易国是，贼虐忠直，屏弃善良”，使得励精图治的神宗被蛊惑，“断然废逐

---

① “定策之功”指的是欧阳修协助宰相韩琦，调和帝、后两宫嫌隙，拥立英宗、神宗顺利即位，维护大局，确保权力交接平稳过渡。韩琦成就了“两朝顾命，定策元勋”之美誉，欧阳修也有安社稷功。

② 欧阳修．欧阳修全集[M]．北京：中国书店，1986.

③ 欧阳修．欧阳修全集[M]．北京：中国书店，1986.

元老，摈斥谏士，行之不疑。卒致祖宗之良法美意，变坏几尽”。而这些“奸徒”自然没有好下场，故而常秩自杀的记载便出现了，并经反对变法之人不断传播、扩充，而后世对王安石变法基本持否定意见，故而对变法集团人物的负面记载便一直得以保留，“昭示”后人。这种捏造故事的手段不止用在常秩一人身上，对许多参与变法的人也是如此①。

三是根深蒂固的中国传统思想在起作用。这是深层原因、根本原因。儒家思想在北宋逐渐发展成理学思想。理学家提倡饿死事小、失节事大，这一思想不可能尽善尽美，不排除有的文人放大其消极面，带着这种文化意识与思维观念，对别人评头论足。他们要求女人守节，从一而终，守寡一辈子换来贞节牌坊；要求做隐士必须一做到底，不能见异思迁。他们奉行中庸之道为行事极则，循规蹈矩，不敢越雷池一步。加之欧阳修本人有着纯正的儒家思想，曾撰文严斥五代时期惯于见风使舵、历仕四朝十君、相六帝的“官场不倒翁”冯道为“无廉耻者”。在这种思想笼罩下，如果发现常秩有对不住欧阳修的地方，受到众多文士攻击是很有可能的。实际上，冯道的历仕多朝，在当时具有一定的合理性和必然性，如果不这样，甚或招来杀身之祸。宋代史料对冯道并非一味批判，而欧阳修贬斥朝三暮四的“冯道现象”，与北宋进入承平时代，君主刻意维护忠君思想，将赵家天下定于一尊，开始重视伦理纲常的大背景有关。

拙文无意为常秩翻案，只是提供一种看问题的方式，仅供参考。笔者认为，在涉及评价历史人物或事件时，对前人记录要多方参照，保持客观理性，审慎判断。

① 邱丽维．宋代文官常秩死因探析[J]．唐山师范学院学报，2016(1)．

方震孺年谱补正

孙友虎

摘　要：方震孺，字孩未，又字心念，号念道人，桐城人，移家寿州（今安徽寿县）。明万历四十一年进士，初任沙县知县，后为御史。受诬入狱，险丧命。崇祯年间起，巡抚广西。其自撰《方孩未年谱》载行迹止于天启六年，因作于狱中，存有偏差，且缺出狱后生活、保寿州及任岭西参议、广西巡抚等行迹。原年谱载者从略，个别存误者正之。今结合《方孩未先生集》《明熹宗实录》《明史》《寿州志》《凤台县志》及明代笔记等，重点补续出狱及"复出"情状。

关键词：方震孺；年谱；补正

（一）万历十三年（1585）生，1 岁

原籍桐城，移居寿州。闰九月十二日夜生于寿州。

方震孺《方孩未年谱》（以下简称《年谱》）载：方震孺出生于万历十三年"闰九月十二"。（《方孩未先生集》卷 5，又见北京图书馆《年谱丛刊》卷 59）。

计六奇《明季北略》之《方震孺守寿州》载："方震孺，字孩未，桐城人，迁寿州。母孔氏，梦正学先生来，寤而生。"

邹漪《启祯野乘》之《方巡抚传》载："（方震孺）母孔孺人，梦正学先生来寤而生公，因以命名。稍长，颖异，骨肉皆香。"

《兰台法鉴录》卷 21"方震孺"条载："方震孺，字心念，南直隶寿州人，万历四十一年进士。"

《明史・方震孺传》载："方震孺，字孩未，桐城人，移家寿州。"

郑之元《侍御方公传》载："公名震孺，字孩未，直隶桐城人，迁寿州。""母孔太孺人诞侍御之夜，梦正学先生来，因命是名。"（《方孩未先生集》，以下简称《集》；见于《集》卷 16《附传》）

赵吉士《巡抚方公传》载："震孺，字孩未，原籍桐城，后移寿州。""母孔孺人怀

作者简介：孙友虎，安徽蚌埠明文化研究会副会长，凤台县信息产业中心主任，已出版《大清名宦李兆洛》《问道淮商》《淮商史痕》等文集。

娠时梦正学先生至其家,因命是名。”(《集》卷16《附传》)

光绪《寿州志》卷20《人物志》载:“方震孺,字孩未,桐城人,移家寿州。”

《江南通志》(四库全书本)卷123《选举志·癸丑科周延儒榜》有“方震孺(桐城人)”。

《大清一统志》卷88《人物·方震孺》载:“字孩未,寿州人。”

《御选宋金元明四朝诗·御选明诗·姓名爵里六》载:“方震孺(字孩未,寿州人。万历癸丑进士,除知沙县,擢湖广道监察御史,巡按辽东,历官都御史,巡抚广西)。”

嘉庆《凤台县志》卷8《人物志·方维馨》载:“方维馨,字蕴差,震孺次子。廪生,寓居金陵,工诗赋,以保举授江西瑞金县知县,未之官,随父任广西。后携幼子蹈海以终。旧志云:谢氏、方氏俱寿州人。惟谢翀、方震孺世居北城,属县境,故载。”

按:《年谱》未载籍贯,载出生日,无“夜”字,从《侍御方公传》补之。《集》卷6《报恩录》载,方震孺被诬入狱典卖桐城家当,“寿春俗偷而人瘠,余揭僭典卖之勤谨,可谓备极之至,而茫无应者。印董郑子遂为我两走新安”。“始终从余于难者,自浣叟外,则堂弟调之……后见余赃无措,则又急走故园,典其住宅。”知方震孺家移居寿州后,在桐城仍有房、田等,籍贯当属桐城,《明史》《寿州志》及有关传记等持此说,今从之。“(赵)明宇先生观察寿、颍时,余为诸生,初得隽,甚蒙刮目。”(《报恩录》),学于寿州,学籍却为桐城(《江南通志》)。方震孺生于寿州,家于此,其子孙遂为寿州人(嘉庆《凤台县志》)。

(二)万历十九年(1591),7岁

能诗。

嘉庆《凤台县志·艺文志·存文》之方震孺《偶然剩稿》自序曰:“念道人七岁能诗,然懒甚,又意有所在,不欲与骚人吟客争字句之长,以故诗不甚工。”

(三)万历四十一年(1613),29岁

三月,中进士。

《明神宗显皇帝实录》卷506载:“(万历四十一年三月)癸酉,策试天下贡士,赐周延儒等三百五十名进士及第出身有差。”方震孺名列其中。

《兰台法鉴录》卷21“方震孺”条载:“万历四十一年进士。”

《江南通志》(四库全书本)卷123《选举志·癸丑科周延儒榜》有“方震孺(桐城人)”。

七月馆选,因母病归乡而作罢。

《启祯野乘》之《方巡抚传》载:“福清叶公向高极器重之,订以馆选,因母病遽遁。”注:叶向高,时任大学士。

《年谱》载:“余七月初十偶闻母孺人小恙遂疾走。”距馆选之期仅两日而归去。

（四）万历四十二年（1614），30岁

十二月赴沙县任职。

《年谱》载：万历四十二年，“二月赴选京邸得福建沙县知县，以吏垣缺不得凭，守至经年，十二月赴沙县任”。

（五）万历四十三年（1615），31岁

革除沙县屠牛以祀陋习。

邹元标《辽事颠末・叙曰》载：“余里居时，闻侍御为闽令，却牛年税数千金，所活牛至亿万头，而赋亦不入境，窃以为慈悯君子耳。”（嘉庆《凤台县志・艺文志・存文》）

（六）万历四十五年（1617），33岁

兴学解困，重视民声。

《年谱》载：“在沙立文会课士八闽俊彦从学者甚众。又雪冤理枉，奖拔寒苦闽士遭刖而被摈者就先生如真父母。然不能婚葬者取先生俸如其外府也。”

民国《沙县志・学校》卷7“今学”条记载：“万历四十五年己巳，方令震孺复迁于魁星坊。旧学横一十丈余，纵二十五丈。后康令承祖竣其事。”

民国《沙县志・循吏》卷11“方震孺”条载：“方震孺，号孩未，寿州人。以进士尹沙，乐易近人，兴学校……”

著《在沙腐语》《闽士课》《治虫奇书》等书，今“未获”。（嘉庆《凤台县志・艺文志・存文》）

（七）万历四十六年（1618），34岁

十月，解沙县任。临去，诗云：“别我还应想春日，问渠曾否扰秋毫。”（《年谱》、《启祯野乘》之《方巡抚传》、《福建通志》（四库全书本）卷31《名宦・方震孺》）

（八）泰昌元年（1620），36岁

十一月，被选为湖广道侍御史。

《兰台法鉴录》卷21“方震孺”条载：“（方震孺）万历四十八年，繇沙县知县选为湖广道御史。”

《年谱》载：“庚申先生年三十六岁。……十月至京师。十一月，考选得湖广道侍御史。赠府君心宇公如其官，母氏封太宜人。”

按：《年谱》记为“庚申”年，事发在十一月，实为泰昌元年。

十二月初五日，作《列三案是非并斥客魏疏》。（《明熹宗实录》卷4、《集》卷1）

十二月，作《搜获假印疏》、《责司寇冢卿求去疏》。（《集》卷1《奏疏》）

（九）天启元年（1621），37岁

正月，言人心有不平者三：国本之事、门户之说、移宫之事。

《年谱》载：“天启辛酉，先生年三十七岁。……二月，上人心有三不平疏。”

《明熹宗实录》卷6天启元年正月甲午(二十二日)条载:“御史方震孺言:今日人心有不平者三。一曰国本之事。言:张差一案贻累多人,如王之采、陆大受、李俸等沉郁已久,至今无见天之日,则不平。一曰门户之说,言:门户二字,葛藤未已,如叶茂才、朱世守、董应举、赵南星、魏云中、马孟祯、高攀龙、刘策、李邦华、鲍应鳌、刘宗周等摧折已尽,至今无出山之色,则不平。一曰移宫之事,谓移宫之始末,事关圣躬,同为臣子,决不敢先选侍而后皇上。”

李长春《明熹宗七年都察院实录》卷1载:“(天启元年正月)十三日,湖广道御史方震孺疏为天下本无一事人心有三不平,即国家大事、门户之说、移宫之事。”

《明史纪事本末》卷66载:熹宗天启元年,“二月,御史周宗建上言:‘国家之治乱,由于议论之公私。……以移宫言之,如方震孺、毛士龙等十有余章,阐发既明。’”

方震孺作《再扫三案葛藤疏》。(《集》卷1《奏疏》)

按:上人心有三不平疏,当在正月,从《实录》,《年谱》误。《明史纪事本末》所载“二月”,涉及方震孺言“移宫”,只是回顾,并非当时。

二月,中官张晔、刘朝被讼,魏忠贤从中周旋,不从。(《明熹宗实录》卷7、《明熹宗七年都察院实录》卷1、《明史·方震孺传》)

三月十八日,上《整饬吏治疏》。(《明熹宗七年都察院实录》卷1、《集》卷1)

三月中旬,上《条议直陈疏》《直陈会议情形疏》。(《集》卷1)

按:查疏文可知,《条议直陈疏》《直陈会议情形疏》作于三月十三日沈阳城破与三月二十一日辽阳失陷之间。

是月,因沈阳、辽阳失陷疏罢兵部尚书崔景荣,以孙承宗代。(《明史·孙承宗传》、钱谦益《初学集》卷47《特进光禄大夫左柱国少师兼太子太师兵部尚书中极殿大学士孙公行状》)

四月,上对内“镇定人心”,对外急务“十四条”。捉获奸细邢子成,请求出关抚恤将士。(《明熹宗实录》卷9)

是月,自请出关,抚恤关外前线将士。(《明熹宗实录》卷9、《明史·方震孺传》《明季北略》)

五月,疏参蔡复。

李长春《明熹宗七年都察院实录》卷2载,天启元年五月十五日,湖广道御史方震孺疏参蔡复,“内云:‘复一夙负盛名而兼胜气,近议添设巡抚臣等,每为屈指即台臣侯恂未常不许其才名,未常不期以节钺,惟深有责望之心,故微示激劝之意,且垂涕一事,寻之传闻非台臣之言而通国人之言也。此亦何足深辨,使复一而无是也,则亦任真做事百折不回,事定功成,自然天下谅之,举朝谅之,即台臣亦终取之矣,而一揭再揭以口舌角胜何为者也?既曰刃在其颈谁先皱眉,又曰三岔河在望谁先缩足，此是何等说话。岂雄心猛志不用以理封疆而能口利牙反用以摧言路，如是而后明，其不垂涕不惟怯乎，或者谓其心警胡马悔别青山狠嚷一场好寻归路，诚如是也，是真垂涕真惟怯之左券矣。而复一岂其然乎，不知赋归去于清平无事之时，为知机、为高蹈、为养廉耻巧卸肩于扰攘艰危之日，为畏难、为怕死、为讨便宜，复一何不深长思耶？……'该部院知道。"

六月，奉旨带帑金十万两赍恤。

《明熹宗实录》卷 10 天启元年五月戊辰条载："遣御史方震孺奉敕谕辽东文武将吏军民人等。""御史奉敕行边，除巡察情形咨诹攻守，遵照钦依原奏外所有宣谕事理，并发去帑金十万两，用备赍恤。诸需听会同督抚各官遵奉行事，事完一并复命。如敕奉行。"

《年谱》载："疏入，上发帑金十万，赐端敕犒师。……（六月）初六日，发京师，十五日至山海。"

按："请皇上速发帑金二十万"，只给十万。《明史·方震孺传》载："帝壮其言，发帑金二十万震孺犒师"之"发帑金二十万"，误。

七月，以"赍恤御史"之名抚恤，献河西战事应对之策，分析敌方"十可图"。（《明熹宗实录》卷 12、《明熹宗实录》卷 13）

八月，巡按辽东，分析河广六个"不足恃"，具报辽阳失事情形。（《明史·方震孺传》《明熹宗实录》卷 13）

九月，经略熊廷弼、抚臣王化贞经抚"心同手异"。（《明熹宗实录》卷 14、《明季北略》之《方震孺守寿州》）

十月，举荐刘徵罗一贵加衔统兵防御；授命辖永平查理援辽兵马军需。（《明熹宗实录》卷 15、《年谱》）

十一月，再言辽事现状，"经抚不和，疆事益坏"。（《明熹宗实录》卷 16）

十二月，请以广宁备御陈一元升管屯田佥书，署掌辽东都司印务。

《明熹宗实录》卷 17 载：天启元年十二月庚辰，"监军御史方震孺参镇守标下游击娄云龙、左翼营游击熊锦俱革任回卫，请以广宁备御陈一元升管屯田佥书，署掌辽东都司印务"。

是年，左光斗赠诗。

《左忠毅公集》卷 3《赠方孩未侍御》载："才子名家赋早工，西台一入想雄风。乍闻鸣鸟惊虞阁，早见批鳞出汉宫。梧风朝阳遵北极，花骢嘶雨遍关东。同乡何幸逢同调，吾道如今竟不穷。"

按：诗中有"西台一入想雄风""早见批鳞出汉宫"，当指其自请巡按辽东之事。

（十）天启二年（1622），38 岁

正月，任满，候代前屯，陈用兵"五要"，劝祖大寿西归。（《明熹宗实录》卷 18、

《明史·方震孺传》、《明季北略》）

二月，河西既陷，上守山海之策，言明河西尽陷原委。（《明熹宗实录》卷19、《明史·方震孺传》）

四月，受弹劾，回家养病。（《年谱》《明季北略》《兰台法鉴录》卷21）

是年冬，邹元标《辽事颠末·叙曰》对其按辽给予高度评价。（《凤台县志·艺文志·存文》）

（十一）天启三年（1623），39岁

正月，追责广宁失陷。（《明熹宗实录》卷30）

四月，寿州署知州"增修（寿州）北城"成，嘱其作碑记。

曾道唯《寿州志》卷4《营建志》载："天启间，署知州李来凤增修北城，州人方震孺有碑记。记曰：……经始于癸亥（注：天启三年）之春，四月而成。"

十二月，胡士奇为其辩护。（《明熹宗实录》卷42、《集》卷16《附疏》）

按：《集》附有《胡士奇疏》，与《实录》一致。《年谱》天启三年无胡士奇疏言，记为天启四年"十二月御史胡士奇等疏荐余当超擢录用"，恐误。从《明熹宗实录》。

（十二）天启五年（1625），41岁

五月初一日，旨令逮之。

《东林列传》卷末下《附熹宗原本纪下》载："（天启五年）五月戊申朔，逮原任御史方震孺下刑部狱。"

《年谱》载：天启五年，"有旨逮余，遂不免。六月，余逮至。……独余下法司"。

按：《年谱》无下令逮捕时间，从《东林列传》补之。

七月送刑部拟罪，且在狱中不穿囚服，饮酒笑傲。（《甲乙记政录》）

十月罪状欠明，责令从重处理。（《甲乙记政录》）

十二月被诬"贪声大著"。（《甲乙记政录》）

（十三）天启六年（1626），42岁

三月，拟绞。（《明熹宗实录》卷69）

闰六月，原绞加斩。（《明熹宗实录》卷73、《兰台法鉴录》卷21、《续丙记政录》）

七月结集《祸由录》《报恩录》。（《凤台县志·艺文志·存文》）

初秋结集《偶然剩稿》。（《凤台县志·艺文志·存文》）

九月作《自叙年谱》一卷。（《凤台县志·艺文志·存文》）

（十四）天启七年（1627），43岁

结集《几灰草》。

《几灰草》邱石常序曰："吾师孩未先生既被拘系，日夕坐一土坑上，神气寂然。……三年以来，灵秘光怪为祝融所收去者，不知其几矣。一二弟子间从灰烬之

余攫得之千百之一，久而遂成帙。……东海门人邱石常序。”(《凤台县志·艺文志·存文》)

考：文中称方震孺入狱三年，而方系天启五年入狱，故推知结集时间当在天启七年。

十二月，释放出狱。

《明怀宗端皇帝实录》卷4载：天启七年十二月乙巳，“释故大理寺少卿惠世扬、御史方震孺狱，李承恩论减”。

郑之元《侍御方公传》载：“(天启七年)十二月二十五日为万寿节，上传旨特释公及惠给谏于狱。两公策马出刑部门，儿童妇女拥观如堵至，马不得前，众北向呼万岁。”(《集》卷16《附传》)

《兰台法鉴录》卷21“方震孺”条载：“崇祯元年，释放。”

按：《兰台法鉴录》，误，从《实录》。

(十五)崇祯元年(1628)，44岁

因刘鸿训作梗，没被起用。

计六奇《明季北略》之《方震孺守寿州》载：“崇祯初，欲大用，而刘鸿训柄国，索重贿震孺不可。自言与杨、左入狱时，共十七人，今惟与惠世扬两人在，自骨再肉，华表重来，若再作宦海汩没之想，便是冥顽不灵男子。自是息影杜门，日事禅诵，绝口不谈仕进事。”《明史·庄烈帝传》载：崇祯元年，“冬十月戊戌，刘鸿训罢，寻遣戍。”

按：刘鸿训于崇祯元年十月被罢免，说明“欲大用”方震孺而不用，当在此之前。

(十六)崇祯二年(1629)，45岁

作《白衣庵植愿田碑记》。

方震孺《白衣庵植愿田碑记》：“……下蔡一方氏，以万历丙辰岁既创庵宇，复以崇祯己巳赠植愿田。僧如受来乞一言勒之石。予愿名思义，夫白衣永久者也。”(《集》卷15《碑记》)注：崇祯己巳，即崇祯二年。

(十七)崇祯七年(1634)，50岁

撰《重修天静宫》碑记。

民国《涡阳县志·古迹》卷4载：“寿州方震孺记：……今上御极之六年，里人有国学袁昌胤，慨然兴怀，会众施财，更换梁柱，重修殿宇。而且新建檐阿，以□□□所未备，功成巍然□□□□□焉者矣。司簿者张学孟等，董工者袁应桢等，齐心竭力，共图厥事。工起于崇祯六年癸酉，事竣于次年甲戌。□□二年，遂获厥成。□□□□□山，绕涡谷二水。□□芝圃柳路，北走梁园；沃野平皋，西联谯国。雕楹画栱，磊砢烟水相扶；方井圆渊，参差紫气交映。尊荣肃穆，□□□□□□□中；

神宫虚静,声奏□□□于天上。显上助于王者,万寿无疆。冥福资于黎献,诸禧骈臻。敬刊金石,用垂久远。是为记。”

按:碑文“工起于崇祯六年癸酉,事竣于次年甲戌”,当作于崇祯七年。

(十八)崇祯八年(1635),51岁

正月,守寿州。

《明史·方震孺传》载:“(崇祯)八年春,流贼犯寿州,州长吏适迁秩去,震孺倡士民固守,贼自是不敢逼寿州。”

计六奇《明季北略》之《方震孺守寿州》载:“乙亥(崇祯八年)正月,颍霍告峭,贼至寿州。时寿守士无一官,父老子弟请震孺为城守计。震孺破家给士,乘城拒守,捍御诸具,一夕皆备。未几,万众肉薄环攻,震孺亲冒矢石,用炮歼厥渠魁。又缒城出死士,劫其营,斩获无算,贼乃骇遁。”

嘉庆《凤台县志》卷8《人物志·方震孺》载:“明史《刘锺英守城纪事略》曰:崇祯乙亥正月十一日,锺英以考满之京,过寿州。会流贼躏正阳关,而州长吏皆不在,守御无具。方侍御震孺方家居,锺英率众环告。侍御起令男子二十以上皆具兵,不则持巨挺,每城一堵,二人守之。十堵领以一诸生,百堵领以一乡官。比上城者,各负石一,以为驳具。躬率之,石遂集。一日午至申,守具少备。乃与其弟震仲出银带酒器,得数十百金,又募其族人方大耀、方之珍及其姻党李百顺等人,出百金,度可支三日粮,众乃安。明日,贼至城下,有草屋数百间,虑贼匿其下以掘城,募死士缒城下,焚烧草屋,贼无所容。南门桥距城数十步,有龙神庙,贼踞屋攻城。用炮击毙其一魁。顷之,有数百骑西走,去城百步,命其仆石仲珠以鸟枪击,又毙一魁,贼遂不敢近城。十五日,贼大至,连营六十里,因令各坊严守,无得动。顷之,城外火起,令有下救火者斩。贼稍近,辄以炮击贼,卒不得近,遂遁。二十四日,有土寇张文政父子将乘机肆劫,众亦数百人,捕斩之,乱遂定。”

按:《集》卷16《附录》载有刘锺英《方侍御守寿春录》。

(十九)崇祯九年(1636),52岁

一二月间,寿州知州张鸿勋上报方震孺守城核查情况。

《史可法疏》载:“钦差、总督漕运、提督军务、巡抚凤阳等处地方兼摄海防、户部右侍郎兼督察院右佥都御史史可法题为圣主之求治无方、人才久锢可惜,仰绎明旨敬举所知,以助平明之理,以慰苍生之望。事据颍州兵备佥事张如蒽呈称,行据凤阳申称,蒙本道按验,奉督察院勘札,准刑科抄出工科给事中李如壁题前事奉旨,吏部知道。乡绅里居能守城、捍患、好义、急公,方震孺歼贼拒守有无实据,着该抚按察,明奏夺,钦此。钦遵抄部咨院案发到道,仰府照案备,奉明旨,内理事即察。寿州乡绅方震孺,何时歼贼,何日拒守,有实据,有大功,是否情形,逐一察明。具详报道,以凭酌复转报,会题等到府,蒙此随经备行寿州确察。去后,行据该州回详,据本州儒学唤,集合学生员谢一鲁等,举人夏人伯等,乡绅耆里老邻佑徐凤、李绪等,鳞集公庭,该本州知州张宏勋等逐一询问细察,当日歼贼拒守情形,所称悉如前题云云。次月,漕抚阳部院塘报以闻。是年三月,皇上特遣林给事中亲来察勘得实,奉题旨行抚按察覆……"(《集》卷16《附疏》)

光绪《寿州志》卷16《职官志·张鸿勋》载:"张鸿勋,郑州人,举人,崇祯间知寿州。……后卒于官,殡殓不备,州人感泣。"

按:《史可法疏》中的"张如蒽","蒽"的意思为"害怕",误,当为"张如蕙"。《江南通志》(四库全书本)卷103《职官志·文职五》载:"(崇祯)胡沾恩、吕道昌、申为宪、谢肇元、袁楷、李一鳌、张如蕙(以上颍州兵备道)。"《河南通志》(四库全书本)卷45《选举二·进士·(崇祯)甲戌科刘理顺榜》载:"张如蕙(信阳人,佥事)。"光绪《寿州志》卷16《职官志》:"张如蕙,河南人,进士,崇祯间任兵备副使,驻寿州。为政宽严并济,不受馈遗……""张宏勋",当是"张鸿勋"之误,从《寿州志》。

考:方震孺"复出"经过,从史可法的奏疏中可予以梳理。其事迹,先后报经寿州知州、凤阳府知府、颍州兵备佥事、河南按察使、凤阳巡抚等,其中有给事中、督察御史等察验。文中说,"当日歼贼拒守情形,所称悉如前题云云。次月,漕抚阳部院塘报以闻。是年三月……"不可能是发生在崇祯八年春激战之初,因当时寿州缺知州,寿州城防紧急,守城情形难定,不便核查。光绪《寿州志》卷13《官职志·表》载:"(崇祯)八年,茅望之(署任)",恐因战乱未到任。因寿州核查发生在年初,核查者并非崇祯八年署任者茅望之,故推知,寿州知州张鸿勋受命核查当在次年,即崇祯九年一二月间。

是年冬,"闯王"部下绕道寿州城而过。

计六奇《明季北略》之《方震孺守寿州》载:"及丙子(崇祯九年)冬再犯和含,道经寿界,去城不三里,而卒不敢正视也。抚军史可法,上其功,当擢用,因冢宰有小嫌,仅补岭西参议。"

《明史·李自成传》载:"(崇祯)九年春,迎祥、自成攻庐州,不拔。陷含山、和州,杀知州黎弘业及在籍御史马如蛟等。又攻滁州,知州刘大巩、太仆卿李觉斯坚守不下。象升亲督祖宽、罗岱、杨世恩等来援,战于砾龙桥,贼大败,尸咽水不流。北攻寿州,故御史方震孺坚守。折而西,入归德,边将祖大乐破之。"

按:《明史·李自成传》所记"九年春",是指攻庐州的时间,攻寿州权以《明季北略》为准。

(二十)崇祯十年(1637),53岁

四月,漕运总督、凤阳巡抚朱大典核报其守城事迹。

《史可法疏》载:"钦差、总督漕运、提督军务、巡抚凤阳等处地方兼摄海防、户部右侍郎兼督察院右佥都御史史可法题为圣主之求治无方、人才久锢可惜,仰绎明旨敬举所知，以助平明之理，以慰苍生之望。……次年四月，前漕抚朱部院，巡按张御史覆察得实，奏闻迄，前后奏疏俱已下，部未覆。”（《集》卷16《附疏》）

按：朱大典，崇祯八年二月任漕运总督、凤阳巡抚，十四年六月改任凤阳总督（《明史》卷276《朱大典传》）。《江南通志》（四库全书本）卷103《职官志·文职五·统制》载：“（崇祯）李待问、郭尚友、朱大典、史可法、路振飞（以上总督漕运兼巡抚都御史）。”崇祯九年的“次年”即崇祯十年。漕运总督、凤阳巡抚朱大典核报情形，时为十年四月。

（二十一）崇祯十二年（1639），55岁

张献忠率众犯寿州，被击退。

《广东通志》（四库全书本）卷45《人物志·萧嗣立》载：“萧嗣立，字而权，番禺人……（崇祯）十二年兼摄寿州，张献忠率众来犯，嗣立与乡绅方震孺、万兵募死士夜斫贼营，斩其枭帅，贼遂退。”

（二十二）崇祯十四年（1641），57岁

史可法上其守寿州之功。

计六奇《明季北略》之《方震孺守寿州》载：“……仅补岭西参议。未几，有汤、杨二将，踞廉州以叛，总制沈犹龙委南韶道王孙兰往御，孙兰缢死，震孺单骑直入其营，谕以祸福，率兵皆降，全广得安，不半载，擢为广西巡抚。盖出于上意也。”

《明史·方震孺传》载：“八年春，流贼犯寿州，州长吏适迁秩去，震孺倡士民固守，贼自是不敢逼寿州。巡抚史可法上其功，用为广西参议。寻擢右佥都御史，巡抚广西。”

《史可法疏》载：“钦差、总督漕运、提督军务、巡抚凤阳等处地方兼摄海防、户部右侍郎兼督察院右佥都御史史可法题为圣主之求治无方、人才久锢可惜，仰绎明旨敬举所知，以助平明之理，以慰苍生之望……如寿州乡官，原任御史方震孺，当八年寇乱之时，正本官家居之日，道、州两缺，既倡守之无人，士庶交推，因毁家而济难，时经三月，费逾万金，或击贼于城边，或却营于原野，身亲矢石，虽臂创而神闲，贼惮余威，屡望城而远遁，至今阅抚按之报，题科臣之勘，叙其全称歼贼之绩，亦既彰，彰明著而部覆，竟归寝阁者得无，谓乡绅守城固亦所以以自为乎？乃今于贼势鸱张望风遁走之日，以想本官之登陴，慷慨其忠壮，为何如？而顾勒一优旌，使正气不伸，虏功竟没耶！事以久而愈著，功以抑而愈明，士民之舆论攸同，道府之确察有据，旌一人而励天下，不但使懊懦偷生之辈咸知死守之能存，并可使苍皇殉难之夫共奋全城之伟烈，其于人才世道裨益，非轻职谨遵抚按察□之旨，合词具奏，至于作何旌劝，请自圣裁，非职等所能定也。”

奉旨：“方震孺歼寇全城，屡经勘叙，着该部核议具奏。”（《集》卷16《附疏》）

按：文中说“今奉行察公论佥同据实详报等因，申府据此，随该加升河南按察司副使李应节确察以报等因”,知与史可法上报时间当在同年。光绪《凤阳府志》卷6中《明秩官》载:崇祯年间凤阳府知府,“李应节(四川举人,六年任)、李可植(十六年任)、张以谦(山西选贡)”。王鼎镇的有关情况是,《江南通志》(四库全书本)卷103《职官志·文职五·统制》载:“(崇祯)梁云构、王鼎镇。”《河南通志》(四库全书本)卷60《人物四·汝宁府·陈州》载:“王鼎镇,字禹烈,西华人。明崇祯辛未进士,累升尚宝司少卿。国初,顺治二年,授江南驿传道按察司副使。”据此推之,崇祯十四年,时任凤阳知府、现任河南按察司副使李应节确察以报,监察御史王鼎镇等核查。大约是年底,史可法上报。

又按:梁云构是王鼎镇的前任凤阳等处巡按。梁云构由凤阳等处巡按转任新职的时间,大体就是王鼎镇任凤阳等处巡按的时间。《河南通志》卷57《人物一》载:“皇清梁云构,字眉居,兰阳人。明崇祯戊辰进士,擢御史,巡按宣大、庐凤皆有伟绩,升操江巡抚,会左良玉自湖广南下,江南震恐,云构移书以大义责之。”《清故户部右侍郎眉居梁公墓志铭》载:“(崇祯)甲戌按视宣大,亦衷皓表边事方棘,公整武犀□……。□□又巡庐凤,除□金猾胥,来桥释疑狱,流寇艺蜂拥□食,诸郡县公多所□,□视鹾于淛,察弊窦,恤商灶,又惩大憝,擒海盗,□诸□,遂无定患。辛巳,为少京兆,升操江佥都御史。”(河南兰考县梁氏文化馆藏拓片)梁云构崇祯甲戌(七年)巡按宣大。崇祯辛巳十四年改任“少京兆”,在十四年前疑为巡按庐凤,王鼎镇巡按凤阳与史可法任凤阳巡抚的时间大体相近。

考:《崇祯实录》卷14载:崇祯十四年八月,“吏部奏言,漕运总督宜重臣驻节淮上,当以史可法总督漕运、巡抚凤阳,朱大典提督凤阳等处军饷,报可”。卷15载:崇祯十五年三月,“凤阳总督史可法”会同协剿,说明已改任总督。寿州归凤阳府管辖,史可法身为凤阳巡抚,可上报方震孺守寿州之功,其时间当在是年底或次年初。

黄道周作《方孩未侍御灌园》。

《黄石斋先生大涤函书集录》(崇祯十五年刻本)卷4《方孩未侍御灌园》:“宝山欲焚天暄阴,宝苗一寸千黄金。蓬柱蒿宫已萧飒,梗楠安得安山林。昌启年间诸君子,十手何会存一指。所余惠公与方公,庖厨有命溷鹿豕。惠公生还十五年,至今开颜皋陶前。方公犹自托林下,姓名始得通御筵……”

按:惠世杨,字抑我,号元孺。天启五年被诬入狱,天启七年(1627)八月,思宗即位,出狱任大理卿,继升刑部左侍郎。诗中有“惠公生还十五年”,知当作于崇祯十四年。方震孺“姓名始得通御筵”,而诗名仍称“方孩未侍御”,说明当时并未有新的任职。

(二十三)崇祯十五年(1642),58岁

金光辰、杨四重举荐之。

《东林列传》卷23《金光辰列传》载："光辰在谪籍三年，复召为大理寺丞，累迁至通政司左参议，会有旨废，即荐陈必谦、许誉卿、周镳金、杨廷麟、张采、王相说、詹尔选、范景文、方震孺、金声等十一人，时崇祯十五年也。"

《杨四重疏》载："南京江西道监察御史杨四重为求贤当得其真用蔡宜及其时，谨特举所知，以备擢用，事如原御史方震孺者，忤珰被祸，九死一生，幸遭圣明，特赐生还。……今之推毂震孺者，每盛称其守寿功职以为大节，久著中朝，沉痛已逾廿载，即微此，守围终难泯泯，况其志力强正经术渊深，尤罕俦乎！所当环赐急为大用者也。"（《集》卷16《附疏》）

按：杨四重，"崇祯辛未年（四年）任（洛阳县知县）"，任宜阳县知县时间不详（《河南通志》卷34《职官五》）；崇祯十二年六月为试监察御史（《明史纪事本末卷66》），一般是半年至一年试用期。方震孺天启二年初"乞归"，"逾廿载"当指崇祯十五年或其后。因十六年已任职参议，故权置于此。

（二十四）崇祯十六年（1643），59岁

是年初，补岭西道参议。

《明史·方震孺传》载："八年春，流贼犯寿州，州长吏适迁秩去，震孺倡士民固守，贼自是不敢逼寿州。巡抚史可法上其功，用为广西参议。寻擢右佥都御史，巡抚广西。"

方震孺《集》卷11《笔记（平反）》前言载："方子守岭西，得专高凉一郡刑名，至署臬。七月则全粤刑狱司也。"

方震孺《山贼出刦不报特行察究事》载："看得迩来地方多盗，致廑上台绸缪之虑，宪檄通行，严饬有司营寨，凡有窃刦五日一报，流刦登时飞报，所以防蒙蔽、儆怠玩、弭安地方之至计也。在属下者宜何如凛凛奉行？乃电白县则异焉。本年三月二十日，强贼自阳春突狮子堡刦塘底吴家，复转至潭居莲垌，夥党二百余人，亦非小盗矣。堡官具报该县督拨阳电营官兵协同壮健擒捕梁福等三十多人，固未敢怠忽也，但前之报刦与后之获贼，竟不详报于宪台，于不与闻于本道，其意盖谓督兵获贼本县自尽，阙职不必过为张皇以惊烦上台，其心良苦，然亦何词于朦胧哉？……"（《集》卷12《平反》）

方震孺《因劳病剧藩篆难兼仰祈另行委署以均劳逸以励素节事》载："本道以岭西分守兼摄按司。"（《集》卷13《开节》）

陈子庄《方公笔记引》载："中丞方公当吾粤藩臬之冲，与余促膝而进宗国之计，其节务不可胜举也。去岁，连州之变至犇逸而不可止也，公自挺身入，不旋踵而定，无何？高州之变，又几糜烂，不可止也，公自挺身入，不旋踵而定？斯二者，在古昔则为奇谈，而公履之若平地。"（《集》卷16《附引》）

按：方震孺任"中丞"，即都察院右佥都御史、巡抚广西，与处置"连州之变"的时间关联是“去岁”。嘉庆《凤台县志·艺文志·存文》所载“序”之时间为崇祯甲申(十七年),连州事为“去岁”,即崇祯十六年。他于崇祯十七年正月任巡抚,可推知补岭西参议、处理连州事当在崇祯十六年。

考:崇祯十五年仍有举荐原御史方震孺之疏,方震孺任参议当在十六年初。从《山贼出刦不报特行察究事》中可知,他三月已在参议任上,专管高州刑事,电白县属高州,故追电白县不报岭西道之责。方震孺补岭西参议,不是“广西参议”。岭西,属广东。《明史》误,从方氏《集》等。

八月,任广东提刑按察使。

《广东通志》(四库全书本)卷27《提刑按察司按察使》载:“……何万化(江南青浦人,进士,七年任)、黄承昊(浙江秀人人,进士,十年人)、方震孺(江南桐城人,进士,十一年任)、王梦锡(京南金坛人,进士,十二年人)、黄日昌(福建晋江人,进士,十三年任)。”

《广东通志》(四库全书本)卷40《按察使·方震孺》载:“崇祯初,忠贤伏诛,与给事惠世扬同日出狱,儿童妇女观者如堵,后累官至广东按察使。为政清严,率属凛不可犯,然持法平恕,吏民敬而爱之,升广西巡抚,以病卒于官。”

《广东通志》(四库全书本)卷45《人物志·黎遂球》载:“黎遂球,字美周,番禺人。……丙子粤东饥,遂球画赈济之法,存活甚众。崇祯末,有叛将拥众数万,自湖南挟吉藩突至,连州省会汹汹,遂球言诸按察使方震孺,令严警备励人心徐,以檄呵,叛将去,乱遂寝。(陈)子壮力荐之。”

《集》卷13《笔记·开节》载:“方子以癸未八月掌臬事,会藩司缺,则又署藩,因得以窥东粤财赋出入盈缩之数,而后知财非不足也。”注:掌臬事,即指任广东提刑按察司按察使。

按:明代提刑按察司,也称臬司,“署臬”指署广东提刑按察司,崇祯十六年七月署之,八月任之。《广东通志》所载,崇祯十一年任,误。

十月,山东道御史陈良弼疏荐任封疆。

《崇祯长编》卷1载:崇祯十六年癸未十月壬寅,“南京山东道御史陈良弼疏荐旧台臣今岭西道方震孺、原任郧阳抚治袁继咸、安庆兵备佥事张亮,三臣足任封疆。帝言:‘已俱有旨!’”

是月,署广东布政使。

方震孺《吉安被袭初复路阻解饷难前恳乞题明粤饷愆期之故免部议事》载:“……岭以道参议方接署布政司印一十八日,亦于十一月差指挥陈仲勋解京边银拾贰万两,俱先后在道,不意十一月初十行至江西地方,而吉安、泰和相继为贼袭陷……”(《集》卷13《开节》)。注:吉安被袭,为崇祯十六年张献忠部所为。

方震孺《忍病署藩实苦当控谨预首免罪并祈宪慈曲怜加护以矜万死余生事》

载:“本道以(崇祯十六年)十月十六日署印至十一月初五日本宪札往连阳通计一十九日,应解京银七万六千两,已征在库,此本道之责任,无可辞也。”(《集》卷13《笔记·开节》)

方震孺《因劳病剧藩篆难兼仰祈另行委署以均劳逸以励素节事》载:“本道以岭西分守兼摄按司清军,无尺寸不竭之力矣,而又摄藩篆,前以军情紧急羽书旁午,勉强支撑,不敢畏避。自十月以来,酬应杂沓,日思夜算,经月不眠,心血耗尽,兼以大病之后,常患怔忡,今更益,而喘嗽岌岌,有性命之忧,尝恐为南韶道之续矣。此固本院之所亲见,而不敢粉饰一语者也。本司署藩篆,一十六日复蒙按院遣往连州分派诸将堵御贼兵,并安置楚将,半月之间,驰二千余……”(《集》卷13《笔记·开节》)

十一月初,上《忍病署藩实苦当控谨预首免罪并祈宪慈曲怜加护以矜万死余生事》。

方震孺《忍病署藩实苦当控谨预首免罪并祈宪慈曲怜加护以矜万死余生事》载:“照得粤省钱粮每年额征一百五十余万,解京者一百二十余万,旧例完至九分五厘得免。……此不可不控明者一。藩吏每日额解银四千两。本道以十月十六日署印至十一月初五日本宪札往连阳通计一十九日,应解京银七万六千两,已征在库,此本道之责任,无可辞也。若十一月初六以至十二月初六日别有署者,本道方奔走道路未尝理藩事也,今将委之黄宪副,宪副曰:本道不过看印,原不理一切事件。其言有理,然则势必委之本道矣,以连阳之日月而受署藩之参罚,情与理俱有所未可。……使入春之后,劳病之身,卸肩有期……”(《集》卷13《笔记·开节》)

按:“若十一月初六以至十二月初六日别有署者”,知上文作于十一月初。

是冬,“闯王”部下绕道寿州城而过。

计六奇《明季北略》之《方震孺守寿州》载:“及丙子(崇祯九年,1636)冬再犯和含,道经寿界,去城不三里,而卒不敢正视也。抚军史可法,上其功,当擢用,因冢宰有小嫌,仅补岭西参议。”

《明史·李自成传》载:“(崇祯)九年春,迎祥、自成攻庐州,不拔。陷含山、和州,杀知州黎弘业及在籍御史马如蛟等。又攻滁州,知州刘大巩、太仆卿李觉斯坚守不下。象升亲督祖宽、罗岱、杨世恩等来援,战于硃龙桥,贼大败,尸咽水不流。北攻寿州,故御史方震孺坚守。折而西,入归德,边将祖大乐破之。”

按:《明史·李自成传》所记“九年春”,是指攻庐州的时间,权以《明季北略》为准。

(二十五)崇祯十七年(1644),60岁

正月,擢都察院右佥都御史,巡抚广西。

《崇祯长编》卷2载:崇祯十七年甲申正月癸巳,“擢方震孺为都察院右佥都御史，巡抚广西"。

《广西通志》（四库全书本）卷53《秩官·巡抚》载："……林贽（崇祯十一年任。详名宦）、方震孺（桐城人，崇祯十七年以副都御史任）、瞿式耜（常熟人，崇祯十七年以佥都御史任）。"

按：方震孺的官职，今从《长编》。

福王立，七月拜疏勤王，不准。

《圣安纪略》载：崇祯十七年秋七月，"广西巡抚方震孺、松江知府陈亨、给事中李维樾与兄佥都御史李光秦各措饷募兵入卫，建阳知县蒋芬造火器、募勇士勤王，疏言：'傥徼天幸，迅扫狂氛，指日奏凯，社稷之福；否则断脰、决腹，瞑目地下，以报国家三百年养士之恩，以无负臣三十年读书之志。'识者壮之"。

计六奇《明季北略》载："弘光立，震孺拜疏，愿亲提兵过河，与贼一决。马士英、阮大铖见之曰：彼来，吾辈无幸矣。遂矫旨诏云：抚臣勤王，不得自行。"

九月，拟派"狼兵"入卫。

《明季南略》卷1载：崇祯十七年九月初三（时福王已即位），"广西巡抚方震孺言：'狼兵善火器、药弩，以副将朱之胤统千人入卫'"。

陈衍《福建通志列传选》卷1《陈一元（孙亨）》载："自一元曾祖谭以下，五世同居。孙亨，字莲石，崇祯庚辰进士。年二十，出为松江知府。福王时，与广西巡抚方震孺、给事中李维樾、佥都御史李光泰先后措饷募兵人卫，升苏松常镇督粮副使。南京亡，退居福州西关外柳桥。矮屋一椽，栖止终身（道光旧志）。"

是月，结集《闽中笔记》五卷，陈子壮作序。

嘉庆《凤台县志·艺文志·存文》载："方震孺《闽中笔记》五卷。存。""陈子壮序曰：……谈远者聪，视近者明。中丞方公，当吾粤藩臬之冲，与余促膝而进宗国之计，其节务不可胜举也。去岁连州之变，至犇逸而不可止也。公自挺身入，不旋踵而定。无何，高州之变又几糜烂不可止也。公自挺身入，不旋踵而定。斯二者，在古昔则为奇谈，而公履之若平地。天下即多变，公身可入则变无弗可定，人皆拟公才公望，而吾有以见公之意者，岂非视近而明哉！然公且懋方叔、召虎之勋，而吾举江左以发端，其无乃非伦实以法外之意，惟公有独得焉。困以告美周舍弟之编次粤绩者，二子曰：敢问法外何意？曰：非所语子也，将及子则意之。崇祯甲申年重阳，云淙山弟陈子壮拜手题。"

按：文中落款"崇祯甲申年重阳"，即崇祯十七年九月初九日。

十二月，被诬涉贪。

《明季遗闻》卷3《南都（下）》载：十二月二十日，"庆远知府郭仪凤疏言挂冠勤王，且诬巡抚方震孺贪状，科参'郡守无勤王之例，挂冠非入援之名；仪凤不候宪檄，非奉明纶，擅离职守，饰词妄渎。察抚臣清执有素，仪凤秽迹着闻，必惧题参，先行反噬;自应严究,以杜刁风’”。

(二十六)弘光元年(1645),61 岁

代任者为瞿式耜;是年忧愤而卒。

《明史·瞿式耜传》载:“(崇祯)十七年,福王立于南京。八月起式耜应天府丞。已,擢右佥都御史,代方震孺巡抚广西。明年夏,甫抵梧州,闻南京破。靖江王亨嘉谋僭号,召式耜。拒不往,而檄思恩参将陈邦传助防。”

《明史·方震孺传》载:“京师陷,福王立南京,即日拜疏勤王。马士英、阮大铖惮之,敕还镇。震孺竟郁郁忧愤而卒。”

计六奇《明季北略》载:“震孺郁郁失志,每自言曰:南都诸臣,忍忘先帝仇乎?吾当为先帝驱蝼蚁耳。病遽不起,索笔题诗,有‘一痛桥山幸回首、麻衣如雪见先皇’之句。仲子惟馨仕闽,兵部司务署篆。其上封事有曰:萧王为将而不为天子,此光武所以覆旧物也。宋高为天子而不为将,此绍兴所以终南渡也。时谓名言。大清兵南下,痛哭疾走南雄,委顿逆旅,呕血而卒。子居易覆额,亦不愿回里,随死之。”

赵吉士《巡抚方公传》载:“大兵南下,走南雄。乙酉呕血而卒。”注:乙酉年(1645),即宏光元年、清顺治二年。

按:《明季遗闻》卷3《南都(下)》载:在“明年乙酉,称弘光元年,实清朝顺治二年也”之后、三月初一之前,记录如下资料:“予吏部侍郎顾起元谥‘文庄’,都督刘源清谥‘武节’。起范凤翼光禄寺少卿、陈洪谧太仆寺少卿,考选林有本、沈应昌、张利民、韩接祖、钱源、徐方来、庄则敬为给事中,王锡衮、刘勷、夏继虞、郝锦、王大捷、毕十臣、张兆熊、王养、郭贞一为御史。升瞿式耜佥都御史,巡抚广西……”说明瞿式耜代任广西巡抚当在弘光元年一二月。

(二十七)编年后录

清初,韦际明编《方孩未集》一卷。

乾隆《泉州府志·卷54·文苑·明文苑3》(同治补刊本)载:韦际明(字圣俞,号彭野,晋江人)活动于明末清初,编有“《方孩未集》一卷……俱注释丹铅,节批总评”。

清朝前期,请入广西名宦祠。

光绪《寿州志·人物志》之《方震孺传》载:“国朝准祀广西名宦祠。礼部奏案。”

乾隆《大清一统志》(四库全书本)卷338《名宦·方震孺》载:“桐城人,明末崇祯中为岭西参议,有裨将据廉州叛,单骑谕降之。”

按:文中“廉州”为“连州”。乾隆二十九年敕编的《大清一统志》载方震孺为“名宦”,大体可推定当在清朝前期。

嘉庆十八年十月,凤台县令兼署寿州事李兆洛编辑《孩未方先生遗书》。(《凤台县志·艺文志·存文》)注:《孩未方先生遗书》,即今流传之《方孩未先生集》。

道光七年,请入寿州乡贤祠。

光绪《寿州志·人物志》之《方震孺传》载:"道光七年,敕祀乡贤祠。《朱志》。"

参考文献:

[1]《方孩未先生集》,清同治七年(1868)寿春方氏刻本。

[2] 方震孺《方孩未年谱》,《年谱丛刊》卷59,北京图书馆出版社1998年版。

[3] 嘉庆《凤台县志》,黄山书社2009年点校本。

[4] 光绪《寿州志》,黄山书社2011年点校本。

[5]《大明熹宗悊皇帝实录》(简称《明熹宗实录》)。

[6]《明史》,中华书局2000年简体本。

[7]《广西通志》《广东通志》《大清一统志》等有关方志(四库全书本)。

[8]《崇祯长编》《三朝野记》《明季北略》《圣安纪略》等,《明朝野史丛书》,北京古籍出版社2002年版。

[9] 何出光、陈登云等《兰台法鉴录》,《北京图书馆古籍珍本丛刊(16)》,书目文献出版社,据明万历二十五年刻崇祯四年续刻本影印。

[10] 徐肇台《甲乙记政录》,《续修四库全书》本。

[11] 李长春《明熹宗七年都察院实录》。

第三部分

经济与社会研究

加强非物质文化遗产生产性保护

——基于安徽省蚌埠市的实践探索

崔北军

摘　要：蚌埠拥有十分丰富的非物质文化遗产，适合生产性保护的非物质文化遗产项目众多，特色鲜明，体现了淮河文化南北融合的特点。由于受到现代化进程的影响，生产性保护总体形势不容乐观，仍然存在缺乏科学保护规划、政府扶持力度不够、传承人缺失、市场潜力有待开发以及缺乏创新等诸多问题，这制约了非物质文化遗产的保护与传承，没有形成充满活力的生产性保护体制机制。为保护传承和开发利用好非物质文化遗产，应结合蚌埠实际，着力在科学规划、合理布局、挖掘市场潜力、改变观念、创新发展、注重人才培养等方面加大力度。

关键词：蚌埠；非物质文化遗产；生产性保护；对策建议

中国的非物质文化遗产是中华民族世代相传的宝贵精神财富，在做好抢救与保护的前提下，科学利用其经济价值，在市场化时代显得十分必要。2011 年颁布实施的《中华人民共和国非物质文化遗产法》指出：国家鼓励和支持发挥非物质文化遗产资源的特殊优势，在有效保护的基础上，合理利用非物质文化遗产代表性项目，开发具有地方、民族特色和市场潜力的文化产品和服务。2012 年 2 月 2 日，文化部出台《关于加强非物质文化遗产生产性保护的指导意见》（以下简称《意见》），提出了非物质文化遗产生产性保护的概念、方针、原则、保护方式等。《意见》指出：非物质文化遗产生产性保护是指在具有生产性质的实践过程中，以保持非物质文化遗产的真实性、整体性和传承性为核心，以有效传承非物质文化遗产技艺为前提，借助生产、流通、销售等手段，将非物质文化遗产及其资源转化为文化产品的保护方式。

一、蚌埠非物质文化遗产生产性保护现状

（一）蚌埠非物质文化遗产概况

蚌埠地处淮河流域，历史悠久，文化底蕴深厚，具有多元性、包容性、开放性、创

作者简介：崔北军，男，中共蚌埠市委党校副教授。

新性等鲜明的淮河文化特征。正是蚌埠这种独特的地理环境和人文环境孕育了丰富多彩的非物质文化遗产(见表1)。

表1 蚌埠非物质文化遗产资源分布

分布地区	调查项目数(项)	类型
怀远县	279	民间文学、民间美术、民间音乐、民间舞蹈、戏曲、曲艺、民间杂技、民间手工技艺、生产商贸习俗、消费习俗、人生礼俗、岁时节令、宗教信仰、民间知识、游艺传统体育与竞技
五河县	202	
蚌埠市区(含固镇县)	116	
合　计	597	

资料来源:蚌埠市非物质文化遗产保护中心

表1显示,蚌埠非物质文化遗产资源十分丰富。一是数量众多。全市普查登记的非物质文化遗产项目共有597项,其中,蚌埠市区(包含固镇县)116项,怀远县279项,五河县202项。二是种类齐全。蚌埠非物质文化遗产涉及民间文学、民间美术、民间音乐、民间舞蹈、戏曲、曲艺、民间杂技、民间手工技艺、生产商贸习俗、消费习俗、人生礼俗、岁时节令、宗教信仰、民间知识、游艺传统体育与竞技等15类,除了“民族语言”外,涵盖了非物质文化遗产的全部基本类别。

近年来,蚌埠加大了非物质文化遗产保护力度,积极申报国家级和省级非物质文化遗产项目,逐步建立了比较完善的国家、省、市、县四级非物质文化遗产保护名录体系。目前,被列入各级政府保护名录的非物质文化遗产项目有575项,其中,国家级有3项,省级有13项,市级有37项,县级有522项。

(二)适合生产性保护的非物质文化遗产项目众多,特色鲜明

按照国际公约和我国的相关规定,我国将非物质文化遗产分成16个基本类别(表1中的15种,另有“民族语言”,共16种)。在这些种类众多的非物质文化遗产中,有的项目是不适宜进行生产性保护的,根据文化部《意见》的要求,生产性保护方式主要是在传统技艺、传统美术和传统医药药物炮制类非物质文化遗产领域实施。目前,蚌埠被列入市级以上政府保护名录的非物质文化遗产项目有53项,适合生产性保护的三类非物质文化遗产项目达17项,占全市市级以上非物质文化遗产项目近三分之一(见表2)。

表2 蚌埠市级以上三类适合生产性保护的非物质文化遗产代表作名录

序号	类　型	数量(个)	名　称
1	传统技艺	10	扎彩龙、花鼓灯道具制作工艺(锣鼓架、衬子)、虎头鞋、淬火神功、雪园小吃、生炸圆子、缸贴烧饼、董湖粉丝、湖沟烧饼、蚌埠传统点心

（续表）

序号	类型	数量(个)	名称
2	传统美术	6	杨氏微雕（省级）、蚌埠市玉器加工技艺、白玉微雕、葫芦雕刻、蚌埠剪纸、浅绛彩瓷画
3	传统医药	1	石良道膏药

资料来源:蚌埠市非物质文化遗产保护中心

通过表2我们可以看出,蚌埠适合进行生产性保护的非物质文化遗产项目主要集中在传统技艺(10个项目)和传统美术(6个项目)两类,传统医药只有1个项目。一方面,在传统技艺项目中,有6个属于饮食类的,反映出蚌埠市传统小吃丰富,饮食文化发达,体现了蚌埠是一座商贸流通型城市;另一方面,这些传统小吃也体现了蚌埠鲜明的地方特色,像雪园小吃、生炸圆子香甜软糯,是典型的南方美食;而缸贴烧饼、湖沟烧饼口味偏咸,属于北方美食,南甜北咸兼具的饮食文化也体现了蚌埠文化南北融合的独特性。

在传统美术项目中,蚌埠市杨氏微雕、玉器加工技艺、白玉微雕3个项目属于相近技艺,都是以玉石为主要原材料的手工技艺,统称为蚌埠玉雕,是蚌埠特色文化产业,蚌埠因此成为全国重要的玉器生产、加工、销售集散中心。

实践证明,对传统技艺、传统美术和传统医药等工艺性、技艺性非物质文化遗产项目进行生产性保护,既可以为社会提供就业机会,又会带来良好的经济效益,给项目保护带来可持续的长远发展。

(三)传统美术中的玉雕类非物质文化遗产项目发展成为特色文化产业

近年来,在传统美术非物质文化遗产项目的生产性保护中,政府采取了一系列措施,对蚌埠玉雕进行重点扶持,促进其快速发展壮大。

一是蚌埠玉雕规模较大,具有较高知名度。经过几十年发展,蚌埠玉雕经历了从无到有、从弱到强的过程,并逐渐形成了集生产、加工、销售于一体的完整产业链。既有玉器原石专业市场,又有玉器半成品加工市场,还有成品玉器市场。在全国玉器市场中,蚌埠玉雕占有举足轻重的地位。据不完全统计,目前,蚌埠玉雕产业有4000多家商户,直接从业人员有6万人,年销售额超20亿元。从空间布局看,蚌埠玉雕市场分布在全市各处,主要集中在蚌山区、龙子湖区和淮上区:蚌山区的光彩玉器城、南山路古玩玉器城、爱国巷华海玉器城,龙子湖区的郁金香白玉城、幸福村的“北工地”玉器市场、光明街“华东玉器第一街”,淮上区的中华玉博园。2011年,蚌埠光彩玉器城被国家文化部授予“国家文化产业示范基地”。

二是玉雕技艺高超，仿古工艺堪称一绝。蚌埠玉器产业发展是靠20多年前老玉雕厂数名下岗工人发展起来的，他们通过“师傅带徒弟”的代代相传方式，把玉器加工技艺传承下来，至今掌握初、中级专业技术的从业人员有2万余人。蚌埠玉雕主要使用各种玉石、翡翠、玛瑙、珊瑚等高中低档原料，取法于传统玉雕技艺，勇于创新、南北兼容、风格独特、自成一派。蚌埠玉雕名家荟萃，在2014年安徽省成功申报中国传统工艺大师的13人中，有10人来自蚌埠玉雕行业。蚌埠仿古玉加工工艺在全国独一无二，深受全国各地古玩玉器商家青睐。

三是政府重视，注重培育引导。市委市政府高度重视蚌埠玉雕非物质文化遗产项目的保护与发展，将发展玉器产业作为推动蚌埠市文化产业发展的重要突破口，围绕培育和发展玉器产业开展调查研究，并出台相关政策加以引导。例如：制定了《关于深化文化体制改革加快文化产业发展的若干意见》，把玉器产业作为全市文化产业的一项重点来抓；多次考察外地和本地的玉器市场、玉器生产企业，召开座谈会，听取意见与建议。为了培育玉器这个特色文化产业，市委市政府一直采用“放水养鱼”的管理模式，在办证、税收等各方面给予扶持，推动玉器产业迅猛发展。蚌山区、淮上区、龙子湖区也制定了相关的产业发展规划，并积极推进，取得了明显效果。

（四）传统技艺中的美食类非物质文化遗产项目深受人们喜爱

在传统技艺类非物质文化遗产项目中，一些传统美食项目得到较快发展，既取得了经济效益，也有效保护了非物质文化遗产。百年老字号“雪园小吃”风味独特，老少皆宜，誉满珠城，百余年来久盛不衰。目前，雪园小吃在蚌埠市区有5家连锁店，在合肥、淮南、淮北等市也有加盟店。可以说，雪园小吃香飘江淮，成为安徽人的美食。

董湖粉丝是固镇县刘集镇董湖农民利用当地种植的红薯加工而成，已有190多年的历史，采用传统工艺生产，纯手工制作，入口爽滑细腻、筋道，深受城乡居民的喜爱。为了扩大董湖粉丝的生产规模，2007年12月，当地成立了固镇金香丝粉丝合作社，发展合作社成员580户，红薯种植面积达3.33平方千米，年产量达35万公斤。目前，董湖粉丝通过商超和网络销售，已经走向全国，产品供不应求，市场潜力巨大。

（五）传统医药类非物质文化遗产项目远近闻名

在传统医药类非物质文化遗产项目中，只有石良道膏药一项。石良道接骨膏药运用正骨手法，使骨折复位后内外兼顾、活血化瘀、舒筋活络、强筋健骨，修复体内气血，从根本上治疗骨伤。石良道接骨膏药选料优良，处方精妙，由20多味中药熬制而成，制作工艺复杂独特，疗效显著，深受患者赞誉。石良道骨科医院，每天接待数以百计的患者，在皖北地区享有很高的声誉。

二、蚌埠非物质文化遗产生产性保护存在的主要问题

(一)缺乏科学的生产性保护规划

到目前为止,尚未制订全市层面的非物质文化遗产保护与传承规划。在非物质文化遗产的保护与传承中,政府处于决策、组织、统筹、引领的重要地位,规划的缺失,会直接导致这些职能无法得以实施,也会导致一些传统技艺处于濒临失传的局面,如传统技艺类中的扎彩龙、淬火神功、虎头鞋等非物质文化遗产项目,由于不符合现代人的生活需求,政府又缺乏规划扶持,面临失传的困境。虽然蚌埠玉雕产业规模较大,建有多处初具规模的玉器市场,但这些新建玉器市场分属不同行政区,缺乏全市统一的错位发展规划,同业竞争激烈,各个区各自为政,新的"玉器城"层出不穷,造成资源浪费,增加了商户负担。

(二)政府扶持力度不够

我国对非物质文化遗产保护工作起步较晚,地方缺乏相应的非物质文化遗产生产性保护扶持政策。同时,由于地方财力有限,经费保障跟不上,政府对非物质文化遗产生产性保护的扶持力度不够。一些市场潜力较大的非物质文化遗产项目,由于资金不足,制约了产业进一步发展,如固镇县市级非物质文化遗产项目董湖粉丝,市场供不应求,但冷库不够,影响生产,产量上不去。一个冷库 20 万元的昂贵价格,让农户望而却步。湖沟烧饼工序独特,色泽金黄,香酥可口,是当地有名的小吃,但由于缺乏扶持和宣传,传承人有心无力,发展困难重重,十分可惜。

(三)传承人缺失

蚌埠省级以上非物质文化遗产项目传承人,平均年龄超过 60 岁,有的已是年过七旬,有的已经离开人世。有些项目传承人很少,如虎头鞋、浅绛彩瓷画、葫芦雕刻等项目只有 1 位传承人。蚌埠玉雕行业从业人员虽多,但多为当年下岗工人和来自周边农村进城务工的人员,文化水平较低,整体素质不高,经过专业训练的高素质人才更是缺乏。一方面,由于蚌埠玉雕技师待遇不高,一些中级、高级技术人才纷纷外流到苏州、扬州、上海、南阳等地,留在蚌埠的大师级人才越来越少,对玉雕产业发展影响很大;另一方面,由于玉雕手工艺操作辛苦,学徒期间收入低,加上掌握较高技艺所需周期较长,现代年轻人不愿学习玉雕手艺,造成职业院校招生难,玉雕作坊招学徒难,这已严重制约了蚌埠玉雕行业的进一步发展。

(四)市场潜力有待开发

从三类适宜生产性保护的非物质文化遗产项目来看,除了传统技艺类中的玉雕项目形成产业规模外,其他的非物质文化遗产项目多处于弱势行业状态,缺乏自身发展环境。有的非物质文化遗产项目虽具有很大的市场潜力,但由于种种原因,项目发展受到限制。省级非物质文化遗产项目杨氏微雕技艺精湛,艺术价值和市

场价值都很高,但由于受家族式传承方式的限制,现在只有两位传承人在做,作品供不应求,规模上不去,难以形成产业。市级非物质文化遗产项目虎头鞋,虽然做工精美,但是存在包装粗糙,市场销售渠道不畅等问题,难以打开市场。浅绛彩瓷画具有很高的艺术价值和收藏价值,但由于传承人少,费时费力,作品产量低,还未作为商品推向市场。蚌埠剪纸、葫芦雕刻等由于市场需求少,很难形成产业。湖沟烧饼、缸贴烧饼由于做工考究,美味可口,具有现烤现吃的要求,不适宜包装储藏,无法进入商超和外销,市场推广困难。

(五)观念落后,缺乏创新

在非物质文化遗产生产性保护中,要正确理解保护与创新的关系,只有不断适应社会发展,满足人们需求的非物质文化遗产,才具有持久的生命力。在传统技艺类非物质文化遗产中,蚌埠玉雕以仿古玉器最为著名。20世纪80年代,蚌埠仿古玉有着非常高的工艺水平,受到市场的追捧,产品供不应求。随着蚌埠仿古玉声名鹊起,其隐患也悄然滋生。近年来,古玩收藏不断升温,一些利欲熏心的不法之徒将蚌埠仿古玉器当成古董文物在市场上倒买倒卖。2012年央视"3·15"晚会对此进行曝光,一时间,原本引以为傲的蚌埠仿古玉器从巅峰跌落至谷底,经营日渐萧条,当年就有1/4经营户关门。如今,一些经营户依旧抱着陈旧观念,一味模仿传统产品,玉雕工艺缺乏创新,跟不上日新月异的市场需求,蚌埠玉器行业需要由仿古向高精尖艺术品转型,但转型所面临的诸多问题,经营户无法解决,发展遇到了瓶颈,玉雕产业日渐萎缩。

三、加强蚌埠非物质文化遗产生产性保护的对策建议

(一)科学规划,合理布局

制订专门的非物质文化遗产生产性保护规划是当前的首要任务,使得保护有法可依,有章可循,才能为非物质文化遗产保护提供制度性保障。按照文化部非物质文化遗产生产性保护的《意见》要求,在全市层面分类制订非物质文化遗产生产性保护的中长期规划和实施细则,明确保护目标、要求、资金保障等相关内容,各县区也要针对重点非物质文化遗产项目制定具体保护措施,使非物质文化遗产保护走上规范化、制度化道路。

在制订蚌埠传统技艺类生产性保护规划时,要加强对玉雕的规划设计。由于缺少全市层面的统一规划,数千家玉雕加工经营户过于分散,难以形成产业集群,没有发挥集聚效应,因此,市政府要发挥主导作用,在深入调研的基础上,科学规划,合理布局,抓紧制订《蚌埠市手工艺产业(玉雕)发展规划》。整合玉雕市场资源,停止新的玉雕市场建设,协调好各个区之间的利益关系,利用好存量市场资源,把分散在小街小巷的商户集中在几个大的玉器市场,明确不同的市场功能定位,针

对原石交易、加工作坊、成品销售等不同的市场，实行错位发展，避免同业恶性竞争，促进蚌埠玉雕市场健康发展。

（二）加大扶持力度

在非物质文化遗产保护与传承中，各级政府及相关部门要高度重视和支持非物质文化遗产生产性保护工作。在市级层面，可以设立非物质文化遗产生产性保护专项资金，并将其纳入当年的财政预算，对市级以上的非物质文化遗产项目开发给予一定的财政经费支持或税收优惠。对适合生产性保护但处于濒危状态、传承困难的代表性项目，要优先抢救与扶持。对传统技艺类的扎彩龙、淬火神功、虎头鞋等远离现代生活的非物质文化遗产项目，要重点给予扶持，如对虎头鞋要加强包装，帮助传承人打开销售渠道。对有市场潜力的代表性项目，鼓励采取“项目+传承人+基地”或“项目+协会（公司）+农户”等模式。对具有销售前景的董湖粉丝，要支持农业合作社扩大种植面积，提高产量，并帮助合作社争取资金购买冷库，解决项目发展的燃眉之急。对湖沟烧饼，政府要提供平台，寻找合作伙伴，成立运营公司，培养人才，规模经营。

对于蚌埠玉雕产业，各级政府应在财政税收、土地出让金、一般行政事业性收费等方面给予支持，促进玉雕企业做大做强。政府及行业主管部门要加强引导和服务，为玉雕经营户提供市场信息，帮助开辟销售渠道，以销促产，推动发展。要积极探索融资方式，创新金融产品形式，协调银行和相关担保公司，共同研究制定信贷扶持政策，鼓励各大商业银行对玉雕产业“量身定做”贷款产品，探索利用专利权、驰名商标以及经过评估的成品、销售合同等多种形式进行银行信贷抵押的办法，使玉雕产业得到更多金融支持，解决玉雕产业发展资金瓶颈，从源头上解决中小规模作坊做大做强融资难的问题。

（三）挖掘市场潜力

传统技艺和传统美术类非物质文化遗产项目具有独特的艺术价值和市场价值，要以市场为导向，从现代人生活需求出发，结合发展文化旅游、民俗节庆活动等开展非物质文化遗产生产性保护。对传统技艺和传统美术类非物质文化遗产项目的开发不应局限于静态的博物馆和旅游纪念品的形式，还应开发动态的游客体验产品，例如：由传承人介绍非物质文化遗产项目有关知识，并给游客现场示范制作流程，鼓励游客参与制作；还可开展游客传统工艺品制作竞赛活动，提升游客的体验乐趣和成就感。以蚌埠旅游为载体，以花鼓灯嘉年华、湖上生明月、大明文化产业园、光彩玉器城为依托，为杨氏微雕、虎头鞋、蚌埠剪纸、葫芦雕刻、浅绛彩瓷画等提供展示技艺的平台和销售场所，也可通过互联网形式开辟新的销售渠道，将其逐步产业化。

利用蚌埠饮食类非物质文化遗产众多的优势，举办美食节、小吃节、啤酒节等活动方式，为饮食类非物质文化遗产与旅游业的结合提供消费基础。打造蚌埠美食一条街，将饮食类非物质文化遗产项目在美食街集中经营，要善于利用“非物质文化遗产”的品牌来为饮食企业扩大影响，带来效益。在保证饮食类非物质文化遗产项目传统技艺完整性、真实性的前提下进行必要的创新，积极探索新的经营方式，提高知名度和扩大企业规模。雪园小吃价廉物美，市民认可度高，但限于店面经营，难以走上规模化道路，可以借鉴国内知名同类食品企业的做法，提高雪园元宵、馄饨的产量，进行冷冻真空包装，进入商超，扩大销售范围。

（四）改变观念，创新发展

历经数百年甚至上千年的非物质文化遗产之所以流传至今，是因为人们在长期的生产生活实践中，不断地加以完善和创新，满足人们的现实需求。就蚌埠玉雕而言，蚌埠仿古玉器行业的萎缩是市场选择的结果。随着人们鉴赏水平的提高，仿古玉已经不能满足现实的审美需求。现在市场变了，而人未变，很多经营户不知转变观念，创新发展，主动去适应市场，而是坐等市场的好转。再加上玉器制作高成本、低利润，蚌埠的玉雕行业正在经历转型市场的自然淘汰过程，没有资金、没有技术的仿古做旧小作坊必然会被淘汰掉。因此，蚌埠玉雕要以市场为导向，充分利用自身的优势，向工艺化、艺术化方向转型，从过去粗放型的低端产品逐步走向高精尖的高端艺术品。要遵从传统与现代相融合的创新之路。玉雕是一门造型艺术，在继承传统工艺的基础上，应大力推广运用先进制作技术，严厉打击假冒伪劣行为，保护技术创新成果，保护诚实守信者，形成良好的市场秩序和创新氛围。

（五）加强传承人保护，注重人才培养

非物质文化遗产是世代相传而保留下来的，因此，对非物质文化遗产保护的关键是建立科学有效的传承机制。对传承人的保护是非物质文化遗产生产性保护的重中之重，没有了传承人，就会人亡艺绝，非物质文化遗产也就随之消亡。要给那些为非物质文化遗产事业贡献一生的老艺人提供必要的养老、医疗保障，以解除他们晚年的后顾之忧，使他们能够安心非物质文化遗产传承事业。相关部门要经常关心关注传承人，逢年过节要多看望和关怀他们，从精神上给予鼓励和安慰。

传统技艺、传统美术行业发展的核心靠技师，从蚌埠玉雕产业的发展情况来看，关键是培育专业技术人才。要建立完备的人才培养模式，除了采取家庭世代传承、师带徒等传统的培养模式外，还要探索建立社会培训、学校培养、行业交流等新的人才培养模式。一是注重发挥玉雕大师的人才培养作用。对目前蚌埠该行业内的名人、大师进行归档收录，建立蚌埠玉雕大师专家库，利用他们高超的技艺，培育更多玉器高端人才。二是成立政府和协会的玉雕行业技术职称评定委员会，对玉雕行业手工艺人员进行职称评定，促进玉雕行业人员在技术上精益求精，提升全市玉器行业的工艺水平。三是加强专业院校玉雕人才培养建设。利用驻蚌高校、职业院校在工艺美术专业的优势资源,根据玉雕市场的需求,采用校企合作方式,开设玉雕相关专业,培养玉雕专业人才队伍。发挥省工艺美术学校的专业优势,主要开设玉雕加工制作专业,蚌埠经济职业学院、蚌埠学院、安徽财经大学等高校要根据自身的优势,开设玉雕设计、珠宝玉器鉴赏等专业,培育玉雕行业初、中级专业技术人才,形成完备的院校专业人才培养模式。四是利用行业协会,开展短期培训和技术交流。行业协会与人力资源部门协调,利用"阳光工程",针对下岗再就业人员实施玉雕加工制作技术培训,壮大玉雕技术人才队伍。发挥行业协会内引外联作用,帮助大的玉雕企业采取"走出去、请进来"方式,组织经营业主和技术骨干到外地学习交流,开阔眼界,提高水平;定期从苏州、上海、扬州、河南等地邀请玉雕大师来蚌埠授课,传授玉雕技艺,不断提升蚌埠玉雕行业的发展水平。

创意经济视域下皖北非物质文化遗产的活态传承

蒋月侠

摘　要:文化的传承离不开创意,创意是文化活的灵魂。文化创意为皖北非物质文化遗产的活态传承带来机遇,是其融入现代社会、进入大众生活的重要途径。当前,皖北非物质文化遗产创意性传承中存在着创意缺失、优秀人才匮乏、趣味性不足、产品缺乏吸引力等问题。深入发掘皖北非物质文化遗产文化内核、培育富有文化创造力的非物质文化遗产文创复合型人才、对皖北非物质文化遗产进行创造性转化和创新性发展、创新皖北非物质文化遗产及其文创产品的营销传播手段,有助于拓宽皖北非物质文化遗产的传承路径。

关键词:文化创意;皖北非物质文化遗产;复合型人才;科技;社群传播

非物质文化遗产是民族历史的活态传承,是不同历史时代民族精神的体现,同时也是民族文化认同的标志。随着"中华优秀传统文化传承发展工程"的深入实施以及"文化强国战略"的持续推进,非物质文化遗产在促进经济转型升级、增强国家文化软实力过程中的分量日益加重,非物质文化遗产的传承保护、发展创新也愈加迫切。皖北地区历史悠久,底蕴深厚,非物质文化遗产资源众多。据安徽非物质文化遗产网统计,阜阳、淮北、蚌埠、宿州、淮南、亳州六市中被收入国家非物质文化遗产名录的就有界首彩陶烧制技艺、凤阳花鼓、界首书会、阜阳剪纸、埇桥马戏、花鼓灯、泗州戏、坠子戏、淮北梆子戏、亳州二夹弦、砀山四平调、砀山唢呐、萧县渔鼓道情等几十种之多。皖北非物质文化遗产承载着皖北地区独特的文化记忆和精神血脉,是当地人的精神家园,其产生并传承于农耕时代,农村是其赖以生存的文化空间。近年来,城镇化进程的推进、生活方式的变迁以及传承人的年龄老化等情

作者简介:蒋月侠,女,安徽砀山人,硕士,讲师,主要从事中国古代文学、文化艺术传播研究。

基金项目:安徽省教育厅人文社科重点项目"皖北地方文化资源与皖北高校大学生文化素质教育的融合研究"(编号:SK2016A997);安徽省社科规划项目"'后申遗时代'我国非物质文化遗产保护的知识整合与实践整合研究"(编号:AHSKY2017D105);宿州市2018年社科规划项目"文化传播学视域下泗州戏的数字化生存与发展研究";宿州学院质量工程重点教研项目"全球化视野下'外国文学'课程模块化教学改革研究与实践"(编号:szxy2018jyxm10)。

况，使皖北非物质文化遗产赖以生存的原生态空间已难以维系，大量非物质文化遗产面临严重的生存困境。作为一种公共文化的历史遗产，非物质文化遗产的内容是："依附、蕴含在文字记载和物质遗迹内部的精神内涵，是特定文化群体通过民间口传、实践和习俗传承的感知、体验与叙述等活态审美经验"①。精神性价值是非物质文化遗产区别于物质文化遗产的核心差异。这种差异性决定了非物质文化遗产保护不同于物质文化遗产保护的固化、封存或以符号、影像等方式的记录，而是活态传承。保护的核心不是物化的形态而是其内在的生命活力。创意经济，又称创意产业、文化创意产业等，是"源于个人创造力和技能及才华、通过知识产权的生成和取用、具有创造财富并增加就业潜力的产业"②。保护非物质文化遗产、发展文化创意产业，这二者都是提高国家文化软实力的重要途径。将皖北非物质文化遗产与文化创意产业有机结合，以文创为形，采非物质文化遗产之魂，不仅有助于为皖北非物质文化遗产传承培养更多的受众，唤起、提高人们对皖北非物质文化遗产的保护意识，激发传承者的活力，同时也可以获得一定的经济利益，增强民族认同与国家认同。

一、文化创意对皖北非物质文化遗产传承的重要意义

（一）文化创意是皖北非物质文化遗产进入现代生活的重要方式

马林诺夫斯基在其著作《文化论》中曾说："一切文化要素，若我们的看法是对的，一定都是在活动着、发生作用而且有效的。"③满足物质生活和精神生活的需要是人类创作文化的目的。一种文化事象只有满足人们物质的或精神的需要，成为人们生活的有机组成部分，在现代文化中承载新功能，才富有生命力。非物质文化遗产是具有生命的活态文化，"她们不可能像出土文物那样，凝固封存于某个既往的历史时空点；相反，她们在不断变化的社会生活中，必须进行新的创造，传承和重构，与社会同步发展，以满足不同时代的不同功能需求"④。文化创意为非物质文化遗产的活态传承带来机遇，是其融入现代社会、进入大众生活的重要途径。如电视剧《延禧攻略》将遗产文化与影视巧妙融合，借助影视剧让更多的人了解和关注非物质文化遗产。"锦绣中华——中国非物质文化遗产服饰秀"将非物质文化遗产与现代服饰时尚融合，呈现了传统工艺的精湛绝伦和现代创意设计的奇思妙想。南京夫子庙"肯德基非物质文化遗产主题系列餐厅"打造了非物质文化遗产主题

---

① 高小康．非物质文化遗产美学：传承、创意与互享［J］．社会科学辑刊，2019（1）：177.

② 蒋三庚．文化创意产业研究［M］．北京：首都经济贸易大学出版社，2006：2.

③ 马林诺夫斯基．文化论［M］．费孝通，译．北京：中国民间文艺出版社，1987：14.

④ 陈建宪．非物质文化遗产与创意产业［J］．文化遗产，2007（1）：142.

的特色餐厅，传递非物质文化遗产文化的视觉元素，普及非物质文化遗产文化历史知识，让原本束之高阁的非物质文化遗产“接地气”，走进百姓的日常生活，这些都是非物质文化遗产与文化创意结合的产物。非物质文化遗产资源的创意开发实际上是对中华文化的传承与传播。文化创意为非物质文化遗产打开了通向现代社会的大门，成为非物质文化遗产融入现代社会、进入大众生活的重要路径。对皖北非物质文化遗产资源进行创意设计与开发，其目标并不仅仅在于获取多大经济效益，更在于将皖北非物质文化遗产背后所承载的文明、文化通过一个个单体的、活化的创意产品实现广泛传播，传承文化根脉、凝聚民族精神。

（二）皖北非物质文化遗产是皖北文化创意产业发展的重要源泉

费孝通曾指出，人类流传下来的文化遗产，如果只是静态的存在，与现实生活没有联系，就只能称为遗产，只有与现实生活、社会活动等联系在一起后才能称为“资源”①。优秀的传统文化是发展文化创意产业的重要源泉。20世纪以来，基于传统文化资源的文化创意越来越丰富。好莱坞经典动画片《花木兰》《功夫熊猫》，国产动画大片《大圣归来》等，无不是传统文化资源与当代文化创意“IP”（知识产权）资本融合产生的文化产品。2017年，文化部出台的《“十三五”时期文化产业发展规划》以及中共中央办公厅、国务院办公厅印发的《关于实施中华优秀传统文化传承发展工程的意见》都明确强调，要从中华资源宝库中提炼题材、获取灵感、汲取养分，推动我国文创产品的开发，“系统梳理传统文化资源，推动文化资源活起来，以中华美学精神引领创意设计，把传统元素与时尚元素、民族特色与世界潮流结合起来，创作生产更多优秀原创文化创意产品”②。非物质文化遗产是经过价值衡量后的传统文化，是中华民族最优秀的传统文化精华，其文化价值与审美价值历经历史长河的洗礼。非物质文化遗产的稀缺性及其内在蕴含的符号价值，是民族文化中的重要基因，更是创意素材取之不尽用之不竭的宝藏。作为皖北地区民间历代创造的珍贵文化财富，皖北非物质文化遗产蕴含着深厚的历史价值、审美价值、情感价值，其原创性、唯一性、稀缺性，也是皖北地区与其他地区文化差异性的直接体现，可以使设计师们从中源源不断地汲取资源，进行多梯度的设计与创新。

（三）皖北非物质文化遗产与文化创意产业联姻有不可限量的前景

我国已进入文化消费的新时代，社会消费的重心正由物质性商品向精神类、文化类产品转变。让·鲍德里亚在《消费社会》中曾指出，“我们处在‘消费’控制着

---

① 方李莉．从“遗产到资源”的理论阐释——以费孝通“人文资源”思想研究为起点[J]．江西社会科学，2010(10)：186-189.

② 文化部．“十三五”时期文化产业发展规划[EB/OL]．(2018-04-27)．http://www.gov.cn/xinwen/2017-04/21/content_5187654.htm.

整个生活的这样一种境地”①,并说消费的主体,是符号的秩序。后工业社会时代,符码操控和制造消费。消费者消费的与其说是丰盛的物的本身不如说是对物的符号价值的消费。在消费过程中,吸引人们的不是物品本身的功能,而是某种被制造出来的象征性的符码意义。符号对消费导向的影响越来越大。符号价值超越其他价值,成为所有价值中最重要的决定要素。建构出消费者认可的符号并引导其消费是当前消费社会时代消费文化的核心要义。非物质文化遗产的创意性传承以创意为产品内容,利用非物质文化遗产文化的符号意义创造产品价值,通过内容的创造使人在有限的自我时间中拥有更多的精彩体验。在全球经济进入以知识为核心竞争力的背景下,对非物质文化遗产进行现代转化,通过发展文化创意产业促进经济增长的转变已经成为许多发达国家和地区普遍采取的战略举措。一些欧美国家和地区甚至已经取得了巨大成功,如电影方面《哈利·波特》《怪物史瑞克》《达·芬奇密码》,电脑游戏领域“暗黑夜破坏”(美国暴雪公司)、“轩辕剑叁外传:天之痕”(台湾大宇公司)等都是将非物质文化遗产传统元素解构后以现代形式重新组装。在我国大陆地区的文化产业市场上,不少文创产品正借非物质文化遗产的“东风”顺势而起。2017年,故宫仅文创产品收入就高达15亿元,以故宫为主题的文创产品种类突破1万种。“朕就是这样汉子”折扇、顶戴花翎防晒伞、“雍正御批”胶带等一系列走卖萌路线的文创产品,将庄严肃穆的历史与可爱呆萌的形象巧妙结合,形成巨大的形象反差,吸引着消费者眼球。香云纱、皇家贡品云锦立足于传统工艺生产,依据现代人的审美需求在图案、色彩、款式等方面做出创新,摇身一变,成为“中国元素”的时尚用品。这些都是文化创意与非物质文化遗产资源相互碰撞、相互结合、彼此开发利用的典型成功案例。正如人类学家方李莉所言:“许多传统文化在成为一种资源,被活化成为当地新的文化和经济的增长点。”②创意经济最大的特点就是高附加值、高利润、低耗能。皖北地区拥有众多的国家级以及无数的省级、市级非物质文化遗产资源,不少享誉中外。将文化创意运用到这些非物质文化遗产语境中,如将皖北非物质文化遗产的文化基因如图形符号、文化元素、意识形态等植入产品创新之中,创造出既富有浓郁地域特色、民族风格,又具有鲜明时代特征、符合当代审美情趣的皖北非物质文化遗产文创产品,这有助于皖北非物质文化遗产在市场中寻求并获得价值认同,有助于彰显其深厚的历史价值、审美价值,充分发挥其潜藏的巨大经济价值。

---

① 让·鲍德里亚. 消费社会[M]. 刘成富,全志钢,译. 南京:南京大学出版社,2000:5.

② 方李莉."文化自觉"视野中的"非遗"保护[M]. 北京:北京时代华文书局,2015:42.

二、皖北非物质文化遗产创意性传承中存在的主要问题

(一)创意人才匮乏

移动互联网时代,是一个知识为王、"创意为王"的时代。尤其是在文化创意产业领域,创意是文化的生命,是文化活的灵魂,也是文化的精神生命力以及核心竞争力、影响力。创意引导着人们的文化消费,也引领着文化产品的生产。随着物质生活水平的提高,人们对精神性、文化性、娱乐性、心理性产品的需求越来越大,非物质文化遗产文创产品要想充分吸引消费者的注意力,获得经济效益或社会效益,就必须将其厚重感的传统文化与现代市场需求相融合,融入创意元素,借助创意直击消费者的心灵。没有创意激活,非物质文化遗产资源再丰富,也很难转化为深受当代消费者欢迎的文化产品,也难以使消费者感受到其独特性的文化魅力。皖北非物质文化遗产资源丰富,但因为缺乏优秀的创意人才以及好的创意,很多珍贵的非物质文化遗产资源被闲置浪费,未能得到有效开发,如以阜阳剪纸、界首彩陶、萧县农民画、灵璧钟馗画等为代表的具有较强民族性和浓郁地方特色的皖北地区民间美术类非物质文化遗产。阜阳剪纸在2008年已获批为国家级非物质文化遗产,但当前的生产依然以家庭式手工生产为主,生产者多为遗留在农村的闲散老人。被誉为"东方之秀"的国家级非物质文化遗产——界首彩陶,当前在生产上主要是以企业与农民合作的方式,或者是小作坊式的生产模式为主。由于市场或经营不善等原因,目前整个界首市仅有两三家企业在生产。萧县农民画是安徽省首批非物质文化遗产,近年来绘画创作虽然开展得如火如荼、热闹非凡,书画队伍一度达几千人,但由于缺乏书画领军人物,整体艺术水平不高,艺术特点不明显①。文创人才短缺,已成为制约皖北非物质文化遗产文创产品开发的重要因素。非物质文化遗产文创,对人才的综合能力要求较高,"既要具备较系统的单项技能,还要涉猎人工智能、VR技术、互联网技术等新兴学科或跨界学科知识,及时消化和融会新兴技术和学科前沿知识,借鉴利用相邻或相近项目的技术技能、跨界学科的方式方法,解决创新瓶颈"②。在皖北非物质文化遗产文创的发展中,传承人是中坚力量,具有不可替代性,但由于当前皖北非物质文化遗产传承人整体上呈老龄化趋势且学历低,受年龄、经历、交往范围、认知水平等限制,他们"容易立足于自身所在的项目类,固执地坚守原有技艺,偏执地强调技艺技能的原汁原味,无法正确

---

① 李森. 淮北地区民间美术非物质文化遗产现状与保护探析[J]. 阜阳师范学院学报,2015(2):21.

② 潘昱州,彭荔. 非遗文创人才的供需矛盾及其对策[J]. 文化遗产,2019(1):1-8.

处理保护与发展的关系，不敢大胆革新，不能与时俱进”①，已无法承担起当前“文创+”跨业态融合趋势下非物质文化遗产文创发展所需的富有文化创造力的融文化、科技、创意、经营等于一体的复合型人才的重任。皖北非物质文化遗产文创企业多以家庭式手工生产、小作坊式的生产模式为主，本身用人难、留人难现象已非常突出，懂技术、有创意、善经营的中高端人才、创意型人才、复合型人才更是极其短缺。在创新驱动发展的新态势下，越来越多高校将文化创意人才培养作为深化创新创业改革的着力点，但文化创意需要大量的高端艺术创意和设计人才，以及兼通艺术与科技、懂经营、会管理的复合型人才。当前安徽省高校的文化创意设计教育孵化支撑能力还显得很薄弱。“截至目前，安徽省还没有一家艺术类本科院校，艺术学、设计学的博士点和博士后流动站还是零，也没有一家严格意义上的文化创意产业学院。”②其文创人才的培养，主要以本专科层次的学生为主，侧重技能培训，理论研究、综合能力研究相对薄弱。

（二）文化缺失

近年来，随着非物质文化遗产文化热度的持续上升以及人们对非物质文化遗产的积极关注，以非物质文化遗产为主题进行的文化创意产品大量涌入市场，但纵观当下的一些以非物质文化遗产为核心的文创产品，其在设计上缺乏深层的文化性，只是单纯依托于表象的、具有视觉冲击力的图形，将文化作为素材拼凑堆积，甚至一些设计师们直接将一些非物质文化遗产图形或元素印制在产品上。在这个过程中，对图形的典故内涵、局部图案与整体的关联、相关民俗和信仰等都未能进行深入的剖析、挖掘及思考。如此一来，非物质文化遗产的文化性大大缺失。人们注意到的只是非物质文化遗产技艺与相关工艺品最为表象的部分，追求的只是视觉效果与“融合”的概念，留下的只是将非物质文化遗产进行物化之后的躯壳，而非物质文化遗产所蕴含的深厚文化传统与民俗则被忽略了。非物质文化遗产文创是将文化创意产品运用到非物质文化遗产资源语境中，是以非物质文化遗产资源为原型，吸收和转化非物质文化遗产文化所具有的符号价值、人文价值和美学价值，以创意重构具有审美价值、文化价值和实用价值的新产品，并在市场中寻求价值认同。与传统工业产品相比，非物质文化遗产文创产品具有较大的深度和空间，并以其自身固有的文化情怀吸引消费者。文化属性、创意属性与市场属性是非物质文化遗产文创产品的三大基本属性。一个优秀的非物质文化遗产文创产品不但要具有实用功能，更要注重文化内涵与情怀，必须在文化的基础上，加入巧思妙想，融入创意，使文化性与商品性达到浑然一体的境地。目前皖北地区非物质文化遗产文

① 潘昱州，彭荔．非遗文创人才的供需矛盾及其对策[J]．文化遗产，2019(1)：1-8.
② 汪海波．产业融合视角下的安徽文化创意产业发展新战略[J]．福建论坛，2017(8)：93-98.

创产品尚在不成熟的起步阶段，虽然有一些创意产品崭露头角，但整体上来看，皖北非物质文化遗产的文化创意产品文化性、创意性不足。产品缺乏鲜明的地域文化内涵，文化特色和文化价值彰显不明，有的甚至出现同质化现象。在进入文化消费市场后，效益不明显，品牌影响力有限，如界首彩陶的生产“在功能上仅限于日用瓷器、日用陶制品及其他陶制品方面的生产，种类不多”，“在产品形态上也没有取得新的突破，只是维持最传统的样式”①。这不仅严重阻碍了其在现代社会中的发展步伐，甚至还影响了它的生存。

（三）技术缺失

《国家文化科技创新工程纲要》指出：“科技已成为文化产业发展的核心支撑和重要引擎。”文化、创意、科技深度融合是中国文创发展的方向。当下，文化与科技正在不断突破固有边界，走向深度融合。科技创新为文化创新提供优质的发展平台。科技创新成果在文化领域的不断应用可以激发文化创作的灵感、丰富文化内容的表现形式、拓宽文化传播方式、改进文化生产方式、培育文化消费的新热点等。如信息技术和新媒体技术的发展为非物质文化遗产的保护与传承提供了新的手段。当前在非物质文化遗产的传承与保护工作中，数据库技术、数字影像技术、三维技术、虚拟现实技术、增强现实技术、数字动画技术、主题图技术、动作捕捉技术等数字技术都已经开始大量使用，其优势与作用日益彰显。以虚拟现实技术为例，作为21世纪最为重要的发展学科以及能够对人们生活产生直接影响的重要技术之一，其已被广泛应用于医学、商业、教育、科研、影视、娱乐、制造、军事、工程训练等众多领域。在非物质文化遗产资源的有效传承与保护方面，虚拟现实技术同样具有重要意义，如利用虚拟现实技术，可使非物质文化遗产中的动作、工艺更加接近原真性；对已失传的非物质文化遗产资源，通过文献资料搜集，利用虚拟现实技术，可将其虚拟复原，从而达到有效保护；利用虚拟现实技术还可以把非物质文化遗产文化数字化，推动其跨时空传播与传承。虚拟现实的沉浸感、交互性、构想性三大特征已使其成为当前非物质文化遗产最为时尚的一种数字化传播形态，深受消费者喜爱。然而，在皖北非物质文化遗产保护与传承领域，这些新技术都尚未得到有效运用。以皖北地区丰富的戏曲类非物质文化遗产为例，早在2013年，就有学者提出了将虚拟现实技术运用于传统戏曲演出的构想②。2016年，京剧《春日宴》开始了国内首次戏曲VR视频录制尝试。2017年，中国戏曲学院青年教师王晓宁将京剧《挑滑车》中《高宠大战金兀术》的段落进行了虚拟现实技术改编，并在

① 胡继艳．文化生态视域下的传统手工艺类非物质文化遗产创意产业研究——以安徽界首彩陶为例[J]．广西师范学院学报，2015(6)：14.

② 张安华．中国戏曲的新媒体化刍议[J]．戏剧文学，2013(7)：89-93.

北京798艺术区进行公开体验。但当前皖北地区的戏曲类非物质文化遗产依然还停留在传统的演出方式上，虚拟现实技术、数字动画技术、动作捕捉技术等数字技术的探索与尝试尚未开展。再如，界首彩陶，虽也有学者对界首彩陶动漫化发展的可行性进行了分析，但也只是停留在理论探索层面上，并未付诸实践运用①。由于现代科技手段的缺乏，很多皖北非物质文化遗产文创产品的文化体验感、交互性、娱乐性不强，缺乏吸引文化消费的功能与属性，难以引起人们尤其是年轻人对皖北非物质文化遗产的文化认同感以及消费的举动。

三、文化创意视域下皖北非物质文化遗产的传承路径

（一）深入发掘皖北非物质文化遗产文化内核

文化创意以地域特色文化内容和创意成果为核心，是对一切中华优秀传统文化的发展与继承。地域特色文化是文化创意的根源。特色文化资源发掘深度不够，低水平重复建设，原创性、特色化、个性化开发不足，文化创意质量和竞争力不强等是当前各地文化创意产业发展面临的一个共性问题。梳理皖北非物质文化遗产资源，深入挖掘、提炼皖北非物质文化遗产文化内核，是继承和弘扬皖北非物质文化遗产的着力点，也是对皖北非物质文化遗产进行文化创意开发的关键环节。皖北非物质文化遗产种类繁多、资源丰富，其中仅宿州地区就有9项国家级非物质文化遗产、32项省级非物质文化遗产、52项市级以及620余项县级非物质文化遗产。历经时间的沉淀，皖北非物质文化遗产资源积累了大量的、丰富多彩的艺术表现手法及表现形式，并随着时间的推移、历史的变迁以及科技与工艺的不断演进形成皖北特有的传统文化元素。这些文化元素凝聚着皖北人民的智慧精华，传承着皖北地区特有的艺术精神，但如此庞大的文化资源，需要人们去探寻起源，树立文脉，运用“批判继承”方法对其进行审视，去粗取精、去伪存真、由表及里地将其中的精华部分提炼出来，为皖北非物质文化遗产的创意性传承与开发奠定坚实的基础。

（二）培育富有文化创造力的皖北非物质文化遗产文创复合型人才

文创人才是文化创意产业的核心，也是发展文化创意产业、推动文化创意传播的主体力量。文化创意产业的竞争实际上就是人才的竞争。皖北非物质文化遗产文创的良性发展，需要大批高素质的文创人才予以支持，需要充足的文创人才供给资源予以保障。文创人才能力的核心在文化创造力，“作为一种崭新的文化发展理念，文创理念强调的是以创意视角、科技视角、生活视角来看待文化发展”②。富

① 马磊．界首彩陶动漫化发展可行性研究[J]．阜阳师范学院学报，2015(4)：26.

② 胡钰．文化创新重在人才培养[N]．中国教育报，2018-04-02(6).

有文化创造力的非物质文化遗产文创人才，必须具备敏锐的文化观察力与文化想象力，既要熟知非物质文化遗产文化又要掌握当代科技，既要懂市场又要会管理善经营。皖北非物质文化遗产文创人才的培育，离不开高校、政府、企业以及非物质文化遗产传承人的共同努力、政产学研的协同发展。打破高校、传承人、文创企业的人为界限，克服学校教育、传承人教育、企业培训教育等模式的缺陷，以学校教育为主导，充分融入传承人教育、企业培训的优势资源，积极引入现代教育手段和培养方法，将大众教育模式与精英教育模式相链接，优势互补，多渠道、多形式架构立体式文创人才培养体系。如整合省内教育资源，实现艺术类本科院校以及艺术学、设计学博士点零的突破；搭建文化创意产学研创一体化平台，鼓励企业与高校以及科研院所等联合建立创意产业研发中心，孵化高素质应用型人才；推进职业教育、行业培训和资质认证工作，做精做强文创职业教育，培养文创产业技能型人才等①。

（三）借助科技对皖北非物质文化遗产进行创造性转化和创新性发展

文化与科技融合是当前创意产业发展的重要特征。文化为科技创新提供创意源泉，而科技为文化创意提供技术支撑。近年来，互联网+、云计算、大数据、数字影像、数字动画、3D打印、虚拟现实、动作捕捉等技术在非物质文化遗产保护领域的运用，不仅改进了非物质文化遗产的生产方式、拓展了非物质文化遗产的表现手法和展示形式，还培育了新的文化消费热点。如借助现代数码仿真彩色丝织技术，传统织锦工艺由只能表现20多种颜色增加到可以表现近千种颜色；借助数字影像技术和多光谱成像技术，敦煌莫高窟壁画既得以完整记录并展现，同时又最大限度地保护了洞窟内的自然环境，提高了参观质量。虚拟现实、增强现实、全息成像、裸眼三维图形显示、交互娱乐引擎开发、互动影视等沉浸式技术发展，在带来影视娱乐、文化旅游、游戏等领域视听感官交互升级的同时，也催生出新一轮的文化消费革命。借助现代科技，活用非物质文化遗产资源，对皖北非物质文化遗产文化进行创造性转化和创新性发展，探索皖北非物质文化遗产的现代化表达，将皖北非物质文化遗产转化为创意产品，是皖北非物质文化遗产文化融入当代社会生活的最直接和现实的路径，如积极尝试将数字化技术应用于皖北非物质文化遗产的保护、传承与创新之中。虽然非物质文化遗产数字化中许多新兴技术如3D扫描与重建、虚拟现实、增强现实、动作捕捉等的应用尚处于探索与萌芽阶段，但在未来的非物质文化遗产数字化保护、展示及传播工作中必将具有广泛的应用潜力。对皖北非物质文化遗产的数字化保护与开发不

① 汪海波．产业融合视角下的安徽文化创意产业发展新战略[J]．福建论坛，2017(8)：93-98.

仅包括数字化复制存储、数字化展示、数据库、虚拟游览、4D影像体验等保护层面的形式，还应该积极探索开发出具有更多艺术附加值的皖北非物质文化遗产数字创意作品，如具有皖北非物质文化遗产文化内涵的数字影视、数字动画以及可供深度参与的数字交互产品等。在数字影视中，数字化摄制、特效、合成等技术手段的使用以及数字视觉技术的开发等，打破了皖北非物质文化遗产展示拘泥于实物实景、此时此地的物质束缚，使皖北非物质文化遗产的传播更加生动、鲜活和感人。在数字动画中，基于触摸屏图形、三维图形等技术的触屏动画，借助动态感应和捕捉技术实现的体感动画等新的动画理念和应用形式，有助于使皖北非物质文化遗产的传播更加直观、准确和层次丰富。体验是连接消费者与非物质文化遗产文化产品形成情感共鸣的关键，皖北非物质文化遗产数字交互作品中的互动、参与、体验式的设计，不仅能够丰富皖北非物质文化遗产的解读方式，更有助于调动受众的参与热情进而进行独具新意的创作。

（四）以社群为对象创新皖北非物质文化遗产及其文创产品的营销传播手段

20世纪60年代，传播学家麦克卢汉曾预言未来的媒介将会是人的智力的延伸，即脑力的延伸，人类的每一次进步都依赖于媒介的改变。计算机的出现完全印证了他的这一预言。随着网络及移动互联网的出现，机器在很多方面代替了人工。工业时代的知识就是力量，已经演变为信息时代的传播就是力量。谁控制了传播信息和信息的传播，也就控制了社会权利。未来的竞争已不再是产品的竞争，而是产品影响力的竞争。人们的消费也已经从消费产品转变为消费影响力。不仅如此，社会化媒体还改变了消费者的行为模式。数字网络强大的连接力，已突破时间和空间的限制，实现了人与人之间的自由聚合。消费者也由相对孤立的个体聚合为拥有极大群体力量和群体智慧的社群。消费者的消费决策不仅被社会化媒体中的各种信息、互动、讨论所影响，而且又产生新的信息并进行指数级的扩散传播。消费者的行为模式正演变为“创意吸引关注，互动激发兴趣，搜索信息辅助决策，发生购买互动，最后分享体验形成口碑传播”①。通过社群内的传播、社群与社群之间的传播，一个个体的行为或声音就有可能影响到整个社群甚至引爆整个网络世界，产生不可估量的传播效应。社交媒体时代，皖北非物质文化遗产及其文创产品营销传播必须由传统的针对消费者个体的营销转向针对社群的营销转变，以社群为对象，尊重社群的行为特征，重新思考与消费者对话的方式。

---

① 钟跃东．“互联网+”时代的内容消费生态[J]．青年记者，2016(27)：16.

四、小结

文化的传承与发展离不开创意。创意是文化活的灵魂,是文化的精神生命力,也是文化竞争力、影响力的核心。文化创意为非物质文化遗产的活态传承提供了新的思路,是皖北非物质文化遗产融入当代社会生活的最直接和最现实的路径。在全球经济进入以知识为核心竞争力的背景下,通过文化创意诠释皖北非物质文化遗产,以皖北非物质文化遗产资源为原型,吸收转化其所具有的符号价值、人文价值和美学价值,创意重构出具有审美价值、文化价值和实用价值的文创新产品,能够赋予皖北非物质文化遗产更加活泼的面貌,有助于提升皖北非物质文化遗产的知晓度、感染力,让更多的人了解皖北非物质文化遗产,参与到皖北非物质文化遗产的保护与传承中来。

淮南煤矿局的创办与安徽近代工业文明的兴起

管德宏　孙学海

摘　要:20 世纪 30 年代初期,南京国民政府建设委员会直接投资的淮南煤矿局在淮南九龙岗成立,标志着官办淮南煤矿开始正式运营。从 1930 年至 1938 年,淮南煤矿局经过国有化创立和私营化改制,成为当时中国经营最为成功的国家资本主义企业之一,也是安徽近代工业文明的重要发源地之一。本文根据有关史料和最新研究成果,重点论述淮南煤矿局的创办运营与安徽近代工业文明兴起之关系。

关键词:淮南煤矿局;安徽近代;工业文明

一、淮南煤矿局创办的历史背景

1927 年 4 月,南京国民政府建立以后,中国面临的局面极其困难:中国的经济命脉基本操控在外国列强手中,煤炭企业大多被外国资本控制,煤炭市场长期被外国财团垄断,国营和民办煤矿企业在外国列强的挤压下十分艰难地维持着生存。上海作为全国煤炭消费大区,80% 的煤炭供应量却被外国人控制,国营和民办煤矿在上海煤炭市场毫无立足之地,其他沿江沿海重要商埠也为外煤所充斥。

为了应对这种复杂局面,南京国民政府在采取政治军事手段巩固政权的同时,提出了发展"战时经济统制"政策,其核心是逐步确立国家资本的主导地位,经济统制和投资的方向主要集中在交通业、工矿业、金融业和商业中。南京国民政府凭借其设立的建设委员会、经济委员会、资源委员会和实业部等国家经济管理机构,逐步实现对重要经济建设事业的强化,尤其是国家资本在工矿业方面的强化。

建设委员会作为最早成立的一个主管国营企业的部门,从接管旧有企业和新办国营企业两个方面致力于国家资本的扩展,其经营的事业主要是煤矿和发电。1928 年,在相继接管和扩建首都电厂和戚墅堰电厂以后,随着发电规模的扩大、京

作者简介:管德宏,男,81 岁,淮南市文联原主席,《淮南煤矿史》主任编辑。孙学海,男,64 岁,《淮南煤矿史》主编,高级政工师。

沪杭市场的崛起,其经营的浙江长兴煤矿产量已远远不能满足市场的需求。作为建设委员会委员长的国民党元老张静江,以政治家和企业家的敏锐眼光,把寻找更大煤源的视野定位在安徽淮南煤矿。

从战略位置讲,淮南煤田位于淮河流域,离中国最发达的长三角地区非常近,距当时的首都南京直线距离仅为260千米,对于保障南京的能源供应十分重要。从煤炭储量讲,淮南煤田煤层大部分处于二叠纪,“地层整齐处与北方煤田同,殆北方系煤田之南极”,储量大、煤质优、灰分少,“固我国市场上第一等煤也”。建设委员会在其工作报告中也指出:“如果产量以每日五千吨计,可采三百余年。”为此,建设委员会“为救济煤荒,抵制输入起见,除办理长兴煤矿外,复向农矿部领照,开采皖北怀远县煤田,定名为淮南煤矿”。

二、淮南煤矿局的运营与发展

(一)煤矿生产建设

1930年3月27日,淮南煤矿局正式成立,局址设于淮南九龙岗。1933年8月,建设委员会领取了南京国民政府实业部颁发的怀远县西南乡舜耕山九龙岗、洞山、长山、上窑镇新城口四矿区采矿执照,总面积共计226 932亩,取得了完备的法律手续。

1930年4月14日,九龙岗东矿一号、二号井破土动工;5月14日,西矿三号、四号井动工开挖。这标志着淮南煤矿局工事正式“发轫”。由于煤炭贮存条件良好,动工开挖不到50米,东西两矿就发现优质煤层,日产达110吨。1936年,淮南煤矿局煤炭最高年产量为50多万吨,占安徽煤炭年产量的61.2%,占华东地区煤炭年产量的45.5%,成为江浙沪地区煤炭的主要供给地。

(二)修建淮南铁路

1930年以后,淮南煤矿局下属的九龙岗矿和华商公司下属的大通矿煤炭生产逐年攀升,两矿煤炭产量到1933年已达到了37万吨,但对外运输能力远远落后于产能增长。两矿的决策者意识到,必须尽快开辟一条新的大运力的运输通道,才能从根本上解决制约企业发展的“瓶颈”。于是,修建一条从淮南直达长江岸边的铁路专用线,便刻不容缓地提到两矿的议事日程上来。

1934年6月,淮南铁路正式开工建设。按照总体规划:淮南铁路全长215千米,分三期进行施工:第一期九合段,从田家庵经九龙岗至合肥约97千米;第二期合巢段,合肥至巢县约70千米;第三期巢江段,巢县至长江北岸裕溪口约48千米。沿线须建设桥梁涵洞59座、水塔泵房9座、车站20座及修理厂若干。每段限期1年完成,3年全部建成通车。预算总造价850万元,平均每千米造价4万元。这与杭江铁路每千米6万元、宁芜铁路每千米5万元相比,其工程造价在当时是十分低廉而又经济的。

1936 年 6 月 25 日，由淮南煤矿局投资建设的淮南铁路在九龙岗举行通车典礼。南京国民政府要员、银商巨子、地方豪绅、外国使节等前来祝贺，见证这条由中国人自己设计、自己建设、自己运营的煤矿专用铁路开通盛况。淮南铁路预算投资 850 万元，实际投资 650 万元，平均每千米实际造价约为 2.8 万元，较预算约节省 1.2 万元。太平洋国际学会及国内外报刊高度赞扬淮南铁路，称其为“当时世界上造价最低、建造速度最快的铁路之一”。

淮南铁路建成通车后，首先解决了煤炭外运通道问题。1936 年，淮南九龙岗和大通两矿对外发运煤炭 66 万多吨，比 1935 年增长近 1 倍。其次，淮南煤炭在市场上更具竞争力，淮南铁路通车后的 1936 年与之前一年相比，淮南煤炭运到江苏浦口、无锡和上海三处的费用，分别降低了 20.4%、23.0% 和 31.0%。

（三）淮南矿路公司与私营化改制

1937 年 4 月 1 日，国民政府颁布训令，批准蒋介石和张静江所提关于“为发展建设委员会主办之电矿事业，拟招收商股办法”的议案。4 月 5 日，国民党中央政治委员会第 39 次会议决定：“由国民政府令饬建委会拟具体办法，遵将京戚二电厂改组为扬子电气股份有限公司，淮南煤矿及铁路二局改组为淮南矿路股份有限公司，一切按照公司法办理。”

1937 年 7 月 1 日，淮南矿路股份有限公司挂牌成立，总部设在上海，公司下设淮南煤矿局和淮南铁路局。10 月 28 日，国民政府经济部批准宋子文所呈淮南矿路股份有限公司设立登记报告，公司总股本 1000 万元，宋子文的中国建设银公司及银行股本占 7 成，共计 700 万元。在获得国民政府实业部颁发的营业执照后，矿路公司随之便在全国发行股票，进行交易流通。至此，张静江苦心经营的淮南矿路事业从此改变了国有性质，被宋子文官僚资本集团牢牢控制在手中，淮南煤矿局正式退出历史舞台。

风起于青蘋之末，浪成于微澜之间。淮南煤矿局改制为私营化公司，具有深厚的政治背景和社会背景。实质上，它是特殊历史条件下，蒋介石主张的国家资本主义和张静江主张的自由资本主义以及国家、社会、部门、企业、个人诸方利益博弈的产物。

随着 1934 年 6 月中国建设银公司的成立，尤其是日本帝国主义加快了侵略华北乃至整个中国的步伐，蒋介石认为无论作为国防军事上的考虑，还是从经济发展的高度，都有必要加快对战略资源的控制。于是，他迅速抓住这一有利时机，在分设经济委员会、资源委员会以架空张静江为首的建设委员会以后，果断采取对国营企业实行股份制改造的方式，进一步削弱了建设委员会的权力，利用建设银公司名义把控股权牢牢掌握在政府手里，从而达到了强化国家资本主义、巩固个人独裁统治的目的。1938年2月,国民政府决定撤销建设委员会并划归经济部,其原有淮南矿路公司20%的股权也转归经济部所存。

三、淮南煤矿局运营的基本模式

作为官办煤矿,淮南煤矿局之所以能够在较短时间内迅速崛起,成为“当时华东地区唯一的大煤矿”,除了官方政治背景之外,还与淮南煤矿局自身创立的一套科学高效管理体制与运营机制密不可分,在某种意义上其已显示出近代企业管理制度的特点。

(一)矿路电一体化战略

国民政府建设委员会委员长张静江筹建淮南煤矿的一个重要目的,是解决南京首都电厂和戚墅堰电厂燃煤供应问题,并在筹建淮南煤矿之初就“尤恐日后受交通阻滞之影响,更拟修筑由厂经合肥达长江一路”。1930年12月,国民政府建设委员会组织勘测队测量自九龙岗到芜湖长江路线,拟修建通江轻便铁路,后因经费限制,一直没有动工。1931年,日本侵略者在占领东北全境后,继续把侵略魔爪伸向华北乃至华东地区。在这种情况下,建设委员会无论是从当时大局形势着眼,还是从淮南煤矿局自身发展来讲,修筑通江铁路都已是刻不容缓。因此,淮南铁路的修建,既顺应了中央政府的意志,也是建设委员会的职责所在,还体现了淮南煤矿局矿路电一体化发展战略,它是政府、部门与企业利益的有机结合。

(二)融资多元化渠道

在发展国营经济政策的推动下,南京国民政府所属各经济部门积极从事经济实体建设,但资金短缺成为一大难题。作为主管全国经济建设部门之一的建设委员会,成立之初财政部仅拨付10万元建设基金,经常性办公经费每月仅为5万元,这对于开展大规模经济建设来说无疑是杯水车薪。但是,在政治强人张静江的强势推动下,从1929年最初拨30万元作为淮南煤矿创办费开始,建设委员会对淮南煤矿不断注入资金,到1937年淮南煤矿私营化改制前的8年间,投资淮南煤矿和淮南铁路两项资金高达1100万元,占国民政府年度财政收入的八分之一,是华商大通煤矿公司经营30年股本总和的5倍之多。面对如此庞大的建设资金,张静江和建设委员会积极通过多种渠道进行融资:一是实行内部整合,出售浙江长兴煤矿矿权100万元,将其中63万元投资到淮南铁路建设;二是内外债融资,募集公债900万元,其中300万元用于九合段铁路建设;三是向江浙财团借款,筹措420万元用于煤矿和铁路建设等。

(三)销售多样化手段

从1931年开始,淮南煤矿局实施由近及远、沿江布点的市场销售网点建设战略,相继设立了矿山、洛河、田家庵、蚌埠、浦口、无锡、汉口煤厂及南京、上海等地销售处等。短短几年间,其煤厂几乎覆盖整个长江中下游地区,构成了畅通的销售渠道,使得淮南煤炭在华东及华南地区保持稳定的市场占有率。淮南煤矿局结合自身与市场实际,形成了自己独特的营销模式:一是煤电联营销售。1930 年,建设委员会旗下有首都和戚墅堰两大电厂,其煤炭主要由浙江长兴煤矿供应。1932 年,建设委员会将长兴煤矿出让后,淮南煤逐渐取代长兴煤而成为主要供煤来源,每月首都电厂用煤 2000 吨,戚墅堰电厂用煤 3000 吨。这种煤电联营模式,既稳定了淮煤销售市场,也稳定了首都能源供应。二是合作联营销售。1933 年 6 月,淮南煤矿局与华商大通煤矿公司协商组成“淮通联合营业处”,破解了同行同地区竞争的困局,形成了官办与民办企业互利的局面。

(四)治矿制度化模式

淮南煤矿局成立伊始,把制度化、规范化作为企业管理的重要途径和手段,以此达到依法治矿、科学管理的基本目的。自 1930 年 3 月建设委员会公布《淮南煤矿局章程》开始,到 1936 年,一共修改了 9 次之多,几乎每年修改一次,甚至一年两改。之所以不厌其烦地进行修改,一方面说明企业当时面临的复杂情况,及时修改章程才能跟上不断变化的形势;另一方面,也充分说明建设委员会崇尚法治、注重规章,运用制度去管理企业。在煤矿规章方面,淮南煤矿局还相继制定并出台了《淮南煤矿局工人管理规则》《淮南煤矿工警抚恤规则》《淮南煤矿局监工任用暂行规则》等,这些规则大大增强了企业管理的刚性,有效地规范了企业员工行为。

(五)企业人文化管理

南京国民政府建设委员会成立之初,张静江就确定了“忠勇勤廉”的会训。淮南煤矿局成立后,张静江又把这个会训带到淮南,以此作为淮南煤矿企业文化,对员工进行培训灌输。在企业文化的熏陶之下,淮南煤矿局对员工的管理更多地体现在人文关怀上。在工人招募上,规定工人在进矿之前要填写保证书,承诺能遵守局章、佩戴工牌;局矿也能根据保证书上的信息,摸清工人的真实情况,进行有效的管理和发挥个人所长。根据工作环境,井下工人日分三班,每班 8 小时,非井下工人每日一律定为 9 小时,加班工资按时计付。为解除员工的后顾之忧,局矿分别设立了职工消费合作社,各种日常消费品优惠供给职工;开办职工子弟小学校,创办工匠艺徒补习班,加强职工的培训及其子女的文化教育;兴建职工俱乐部、医院和幼儿园,建设局办公大楼和职工家属住宅。现在这些建筑大多保存较好,而且依然能够居住,被列为地方政府保护的民国建筑群。

(六)合作共赢的经营理念

作为当时淮南的两大煤矿,1933 年 6 月,华商大通公司与淮南煤矿局经过多次磋商谈判,达成了“统一售价、统一磅分”的协议,协商组成“淮通联合营业处”,在蚌埠联合经营淮涡流域煤炭的销售。1935 年 8 月 17 日,淮南煤矿局与华商大通煤矿股份有限公司签订《淮南煤矿局与大通公司合并议约草案》。1937年4月1日,为避免争夺市场、竞相降低煤价的局面,华商大通煤矿股份有限公与淮南矿路股份公司再次签订联合营运协定,在淮南成立新的联合营运处,联合外运销售煤炭,这种联合一直延续到日本侵略军侵占淮南煤矿以前。

四、安徽近代工业文明的一面旗帜

从1930年到1938年的8年,国民政府建设委员会淮南煤矿局的迅速崛起,对安徽地区当时乃至后来的发展产生了十分重要的影响,同时也成为引领安徽近代工业文明的一面旗帜。

第一,淮南煤矿局奠定了淮南城市的基础,近百年来淮南资源型城市的发展扩张,盖出于淮南煤矿。淮南煤矿的官办背景,集中了物力、财力、人力,矿业生产蒸蒸日上,基础设施建设突飞猛进。官商两大煤矿公司既竞争又合作的态势,促进了矿业生产的良性发展,淮南矿区以崭新的面貌呈现在世人眼前。同时,淮南因矿兴市、因矿发展,并且辐射周边怀远、寿县、凤台、凤阳、蚌埠等县市,形成了以淮南市为中心的现代化城市群。

第二,淮南煤矿局不仅加速了安徽与长三角地区经济的融合,还为当今中东部地区协调发展打下了坚实的基础。淮南矿区拥有商办、官办两座煤矿,矿区生产规模大,煤炭销售网络广,为安徽和华东地区提供源源不断的能源。淮南铁路的修筑,不仅为煤炭运销开辟了快捷通道,而且为当今安徽中东部铁路建设奠定了重要基础。同时,淮南铁路的运营,推动了合肥商业城市的扩大、芜湖港口贸易的繁荣及沿路城镇经济的发展。如果没有日本侵略者的入侵,淮南煤矿作为首都(南京)经济圈的重要能源供给基地,必将获得长足发展,融入长三角的步伐会大大加快。

第三,淮南煤矿局开启了安徽近代企业制度的先例。在短短的8年间,淮南煤矿局融合中国传统古典文化,吸纳西方科学管理学说,坚持从企业自身和区域经济的实际出发,其独创的煤矿、铁路、电厂一体化发展战略,沿江布点、煤电联营、联合销售的营销策略,崇尚法治、注重规章、人文关怀的企业文化,所有权与经营权分离、合作共赢的管理理念,不但对安徽近代工业企业产生重要的影响,而且即使在现代化的今天也具有一定的借鉴意义。

第四,淮南煤矿局开创了安徽近代工业文明的先河。20世纪30年代以后,西方帝国主义加深了对安徽的经济侵略,安徽近代工业进入一个停滞阶段。在这种形势下,淮南煤矿局由于其深厚的政治背景、雄厚的经济实力、广泛的人脉关系、宏大的煤炭市场,足以与西方帝国主义经济侵略相抗衡。由于淮南煤矿局享有许多政治经济特权,一般的民族资本与之无法比拟,所以淮南煤矿局在萧条停滞中的安徽近代工业中更是一枝独秀,成为那个时期安徽民族工业的领头雁。淮南煤矿局独特的企业文化，不仅在企业内部增强了吸引力、形成了凝聚力，而且在某种意义上也催生了安徽近代工业文明的兴起。

新中国成立后，特别是改革开放 40 多年来，淮南煤矿走过了 120 多年风雨历程，取得了举世瞩目的成就。2018 年 9 月，经中共安徽省委省政府批准，淮河能源控股集团正式成立，淮南矿业发展进入淮河能源的新时代。

参考文献：

[1] 中共中央党史研究室编著 2001 版《中国共产党简史》。
[2] 1930 年国民政府建设委员会《开发淮南煤矿计划》。
[3] 1982 年国民党中央委员会编著《张静江先生文集》。
[4] 1936 年淮南煤矿局编著《淮南煤矿六周年纪念特刊》。
[5] 孙多忠先生论著《官办淮南煤矿研究(1928—1937)》。
[6] 1994 版《中国煤炭志·安徽卷》。
[7] 1987 版《淮南煤矿志》。
[8] 2018 版《淮南煤矿史》。

乡村振兴战略下乡风文明建设研究

——以安徽萧县为例

李玉婷　沈　昕

摘　要：乡风文明作为思想及精神层面的要求在乡村振兴战略中起着至关重要的作用，但在实际工作中受到不同程度的忽视。乡风文明作为乡村振兴之魂，必须引起全社会的关注与重视。本文主要分四个方面对乡风文明建设进行论述：第一部分论述乡风文明建设的变迁及意义，第二部分论述萧县乡风文明建设的努力以及问题，第三部分论述萧县乡风文明建设的优势，第四部分论述萧县乡风文明建设的对策与建议。

关键词：乡风文明；农村；萧县

一、绪论

2017年，党的十九大报告明确提出实施乡村振兴战略，并提出要按照"产业兴旺、生态宜居、乡风文明、治理有效、生活富裕"的20字总要求开展农村工作，推进农业农村现代化。其中，乡风文明建设作为精神层面的建设对其他方面起着引导作用，但又由于见效慢、工作不易展开等原因受到忽视。因此，在全面建成小康社会的决胜阶段，加强乡风文明建设十分重要，加强这方面研究也显得非常迫切。

目前，理论界主要从以下几个方面展开了相关研究。一是有关乡风文明建设的地位与意义的研究。刘盛从乡风文明能为乡村振兴战略奠定文化基础，提供人才保障，竖起道德围墙三个方面展开论述①；徐学庆认为乡风文明是乡村振兴之魂，是其内在要求②。二是有关乡风文明建设的问题的研究。这方面研究很多，但大多是普遍问题，针对性不太强。肖著清从陈规陋习盛行、传统道德丧失等方面展

作者简介：李玉婷，女，安徽省民俗学会理事、东南大学人文学院社会工作专业学生。沈昕，1972年生，女，安徽大学社会与政治学院教授、博士、博士生导师，安徽省民俗学会常务理事，研究方向：文化社会学、民俗学、徽学。

①　刘盛．乡风文明与乡村振兴：重要意义、现实难点与关键举措[J]．农林经济管理学报，2018(5)：629-634.

②　徐学庆．乡村振兴战略背景下乡风文明建设的意义及其路径[J]．中州学刊，2018(9)：71-76.

开研究,并举了一些具体的例子来加以论证,譬如天价彩礼、不赡养老人等①。三是有关乡风文明建设的对策的研究。关于乡风文明建设的对策研究,和问题研究一样也有很多。李长学等人从党和政府层面、发挥农民主体作用做好经济保障等层面提出了乡风文明建设的建议②。杨颖则主要从政府的角度加以论述,建议政府做好能做的事③。四是关于某一要素和乡风文明建设的关系研究。安勇针对家规家训这一要素在乡风文明建设中的作用进行了研究④;王宁则在乡村振兴战略背景下对浙江农村文化礼堂这一民俗展开了探索⑤;孙迪亮和宋晓蓓就新乡贤助力乡风文明建设进行了分析⑥。

众多学者对于乡风文明建设进行了多方面的研究,但这些研究中也存在些许不足,比如在应对策略方面略显空洞,可操作性不强。因此,本文通过实地调研和文献研究相结合的方法在这些方面进行一些探讨,围绕萧县乡风文明建设中存在的问题进行分析并提出对策。

萧县近些年努力加强文明县城建设,并于 2017 年被评为"文明县城",县城内文明之风盛行。然而下到村镇,乡风文明建设效果并不是很显著,许多活动在农村还没有系统地举办起来,尤其是萧县特色文化,如书画、孝文化等乡风文明建设中的优势元素没有在村镇发挥作用。

二、乡风文明建设的变迁及意义

(一)乡风文明建设的变迁

1. 乡村建设运动

20 世纪二三十年代,中国曾掀起一股影响较大的乡村建设运动,其中影响较大的人物有晏阳初和梁漱溟。

晏阳初认为,中国农民普遍存在"愚、贫、弱、私"四大病害,并提出要以学校、社会、家庭三位一体连环教育的方式实施四大教育:以文艺教育治愚,以生计教育治穷,以卫生教育治弱,以公民教育治私,达到政治、经济、文化、自卫、卫生、礼俗"六大建设"。晏阳初主持的"定县实验",至今仍有很大影响,其中涉及文化、文明

---

① 肖著清. 新时代加强乡风文明建设的思考[J]. 经济研究导刊,2018(31):31-38.

② 李长学. 论乡村振兴战略的本质内涵、逻辑成因与推行路径[J]. 内蒙古社会科学(汉文版),2018(5):13-18.

③ 杨颖. 乡村振兴视域中的乡风文明建设探析[J]. 社科纵横,2018(9):9-12.

④ 安勇. 浅析家规家训在乡风文明建设中的作用[J]. 经济研究导刊,2018(17):25-27.

⑤ 王宁. 乡村振兴战略下乡村文化建设的现状及发展进路——基于浙江农村文化礼堂的实践探索[J]. 湖北社会科学,2018(9):46-52.

⑥ 孙迪亮,宋晓蓓. 乡村振兴视野下新乡贤助力乡风文明建设的机理分析[J]. 广西师范学院学报(哲学社会科学版),2019,40(1):67-74.

知识的传播、风俗礼俗的建设。由此可见，当时晏阳初已意识到了在广大农村进行文化文明建设的重要性，也看出了很多方面的建设都要以文化知识为基础，所以当时更多的还是以教授知识、提高文化水平为主。梁漱溟主持的山东乡村建设实验，影响也非常大。梁漱溟主张从乡村着手，以教育手段来改造社会，以伦理道德教育、乡村自卫团体来维护社会安定、维护治安，并采取一定的手段进行了乡村经济建设，在培育农业人才、发展农业技术上做出很大贡献。

总的来看，这一时期的乡风文明建设主要通过教育的方式丰富农民文化知识、培育美德，主要目的是维护社会安定，发展农村经济。

2. 从美丽乡村到乡村振兴

美丽乡村建设是2005年党的十六届五中全会上提出的，其具体要求是“生产发展、生活宽裕、乡风文明、村容整洁、管理民主”；而乡村振兴战略则是习近平同志在党的十九大报告中提出的，它的具体要求是“产业兴旺、生态宜居、乡风文明、治理有效、生活富裕”。

这两个阶段，虽然都提到了乡风文明这一要求，但其含义已经发生了变化并且有所发展，表现在指标更加丰富、标准更高。美丽乡村建设时期乡风文明的着力点在“文化供给”方面，重视文化设施及产品供给以及继承传统美德和移风易俗，这一时期乡风文明建设停留在更基本、更基础的层面上；而在乡村振兴战略的实施过程中，乡风文明则不仅仅强调以上这些内容。随着中国市场经济的发展，人民物质生活更加丰富的同时，功利主义、个人主义等观念也逐渐盛行，一些优秀传统文化遭到冲击。因此，在这一战略的背景，乡风文明更加重视优秀传统农耕文化的保护和创造性转化、创新性发展，更加重视人的现代化发展和文明素质的提高，更加重视良好家风的培育以及传统陋习、腐朽文化的摒弃，着力点在于“文化保护和时代发展”上①。

（二）乡风文明建设的意义

1. 对乡村振兴战略的意义

乡风文明是乡村振兴的灵魂。笔者主要从乡风文明对乡村振兴战略中其他四个方面要求的意义来论述对乡村振兴战略的意义。首先，就产业兴旺而言，农民文化水平的提高，使其不仅仅是依赖代际、人际口口相传的经验去种植和养殖，还会从农业书籍中学习科学种植养殖的知识，提高质量与产量；另外，文化水平的提高还有利于培养高水平的管理人才、建立更加健全科学的管理体制，进而利于现代化农场的发展以及生产效率的提高。其次，就生态宜居而言，注重乡风文明建设，政

---

① 李长学．论乡村振兴战略的本质内涵、逻辑成因与推行路径[J]．内蒙古社会科学（汉文版），2018（5）：13-18.

府监管的加强以及农民素质的提高都使人们有意识地约束自身的行为。从养成文明习惯开始,文明意识逐渐深入人心,生态环境保护意识自然也就在农村树立起来了。再次,就治理成效而言,党的十九大报告提出要健全自治、法治、德治相结合的乡村治理体系。自治依赖村民的文化水平和管理水平,村民法律意识的增强也有利于法治有序进行;德治则通过道德伦理治理,这恰恰与乡风文明建设中弘扬优秀传统文化、传统美德等相呼应。最后,就生活富裕而言,增加农民收入很关键,基于文化水平带来的科学种养及科学管理都能带来收入的增加;思想的开明开放也有利于农民创新创业,寻找新形式增加收入。所以,乡风文明建设在乡村振兴战略中具有非常重要的地位。

2. 对乡村社会及村民的意义

随着市场经济的发展以及西方价值观的冲击,人们的个人主义、功利主义等观念盛行,整个农村的风气、氛围也日趋利益化。那么,通过乡风文明建设,提高农民的思想道德水平,保持农民特有的朴实、善良、热情等优秀品质,宣传农民的美好形象,可以建设一个更和谐、农民幸福感更强、民风更淳朴的农村社会。另外,随着城乡互动机制的健全以及人口流动,农民外出打工、看病等与外部交涉都需要具有一定的文化水平和文明素质,因而乡风文明建设在方便农民生活的同时也有利于促进农民自身的发展。

三、萧县乡风文明建设的现状和问题

(一)萧县乡风文明建设的努力

萧县乡风文明建设的努力主要体现在四个方面:一是政府政策发布与引导,提出"四个同步"推进美丽乡村建设提档升级①。此外,萧县还提出四项措施:精准扶贫与乡风文明相结合;"扫黑除恶"与乡风文明相结合;"两治三改"与乡风文明相结合;移风易俗与乡风文明相结合②。二是重视党员干部带头作用,党员干部不仅扮演着倡导者的角色,还扮演着行动者、参与者的角色,基层党员干部要承担多元角色③。三是基层干部宣传与落实到位,乡风文明建设离不开基层干部的参与,他们宣传上级政策、直接展开行动、规范引导人们的行为。四是村民配合度较高,村民作为乡风文明建设的重要主体,在乡村建设中具有非常重要的作用。笔

① 萧县"四个同步"推进美丽乡村建设提档升级[EB/OL]. 宿州发布网 http://www.suzhoufb.cn/htmls/suzhoukuaixun/shizhengkuaixun/2018-07-25/21246.html.

② 萧县:四措并举推进乡风文明建设[EB/OL]. 人民网-安徽频道 http://ah.people.com.cn/n2/2018/1207/c374164-32381236.html.

③ 董宏达. 移风易俗党员干部要进入角色[N]. 吉林日报,2019-4-24(7).

者在社区走访中感受到村民们的积极配合，这来源于基层干部较高的权威性、话语权以及和谐的干群关系。

（二）萧县乡风文明建设的问题及原因

1. 多停留在环境卫生层面

笔者在社区采访中发现，许多村民认为村里主要的文明进步就是垃圾有地方放了，更干净了，环境更好了；此外，随着健身之风盛行，很多村民在忙农活的同时也不忘锻炼身体，傍晚的时候许多年长者经常散步。但像唱戏、节日活动等其他形式的活动较少，甚至访问的村民有些并不知道萧县的著名特色民俗和文化；关于思想道德方面的宣传教育也相对较少①。

另外，笔者浏览萧县人民政府的网站，搜索关键词“乡风文明”，并以发表时间在 2017 年 10 月 18 日乡村振兴战略提出之后为标准进行筛选，共有 31 篇有效文章。对文章进行量化分类，结果如图 1 所示：主要内容为环境卫生的文章占比为 42%，将近一半；与之对比，主要内容为乡风文明建设中环境卫生以外的文章占比为 26%。

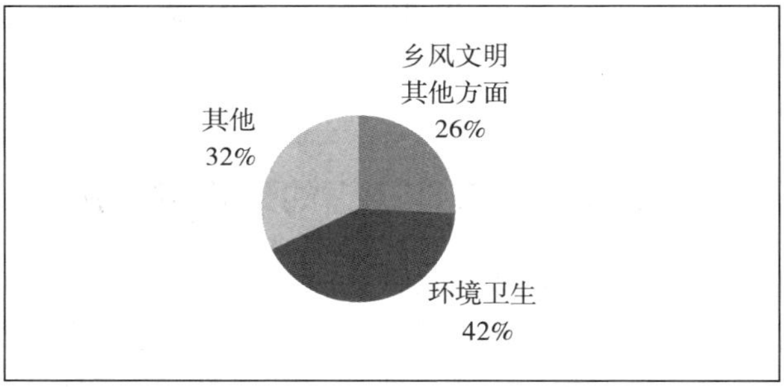

图 1　萧县人民政府网站“乡风文明”有关文章内容分析

上述量化分类说明，萧县在乡风文明建设上还处于美丽乡村到乡村振兴的过渡期，并且过渡缓慢。这与政府的宣传策略和宣传点有关。也与萧县乡村的基本情况有关。比如：乡村环境整治任务重；村民文化水平低、主体意识弱；村民的物质生活还不够丰富，经济支撑还不是很坚固，精神追求不足；基层政府和村干部重面子工程；等等。

2. 特色民俗文化传承缺乏

乡村是农民心灵的家园，乡村文化的内涵包括道德情感、社会心理、风俗习惯、是非标准、行为方式、理想追求等，传承是基础。乡村振兴战略要求乡风文明建设

① 采访多位村民记录总结，安徽萧县某乡某村，2015 年 4 月 15 日.

更加重视传统文化、特色民俗的保护和发扬,也离不开特色民俗文化的传承。笔者调查发现,萧县虽然拥有丰富的民俗文化资源,但在乡村地区并没有真正得到传承和发扬。

特色民俗文化传承工作没有得到重视的原因是长期形成的且是多方面的:政府特色文化宣传不足,村民经济水平偏低,相关商家下乡意愿不强,此外还有村民自身文化素质不高,思想较为落后等。

(1)政府特色文化宣传不足。在宣传形式上,倾向于标语、警示以及基层干部转述,而结合节日活动、书画等进行宣传工作做得较少,方式偏于直接、刻板。在宣传内容上,也如前文所述,萧县乡风文明建设目前还多停留在环境卫生层面,专门针对文化、节日、民俗的宣传还较少。

(2)村民经济水平偏低。村里虽然有一些兴趣班,但村民迫于经济压力也无法送孩子去学习。村民生产的农产品一般不进行精加工,而是直接出售,故价格略低。所以,每年经济所得也仅能支付日常生活、孩子读书等必要的开销。另外,多数村民忙于生计,也没有时间和心思去了解、感受民俗文化,更并没有意识到精神方面的需要,这对乡风文明建设是非常不利的。

(3)相关商家下乡意愿不强。利益是商人的第一追求,由于农村经济水平较低,文化市场相对狭小,很多商家不愿意下乡从事文化工作。虽然近两年有些学习班办起来了,但也由于学生少,缺乏同行竞争而价格相对高昂。

(4)村民自身文化素质不高,思想较为落后。由于村民们本身文化水平偏低,因此他们民俗文化的鉴赏能力较弱。孩子是祖国的未来和希望,但仍有一些村民对子女教育不够重视,认为一些传统节日、特色节日的仪式可有可无;认为书法、绘画等艺术都是课外的东西,不是正规的学习内容等。

3. 村民自发性不强

乡村振兴离不开村民的高度参与,乡风文明建设,村民是主力军,但是不少农民认为乡风文明建设是虚的东西,看不见,摸不着。大多数农村人还在为自己的日常生活奔波,对精神生活需求缺乏意识,觉得只要自己富足了就行了,所以农民只顾勤恳劳作,努力赚钱,并不关心乡风文明建设①。村民们认为自己是农村人,没什么文化,干部怎么说,他们就怎么做②。也就是说农民自身对文明建设的意识不强,甚至没有自觉意识。这一方面是由于历史上城乡差距以及农村物质生活水平不高和精神生活匮乏,农民的机会少、资源少;另一方面还在于政府的不重视,缺乏

① 刘汉成. 中部欠发达地区“乡风文明”建设的现状、原因与对策——以湖北省黄冈市为例[J]. 生态经济,2019(10).

② 采访李某某记录,安徽萧县某乡某村,2019 年 4 月 15 日.

对农民内在力量的发掘。

四、萧县乡风文明建设的资源优势

（一）地理优势明显

萧县地处安徽省最北方，位于江苏、山东、河南、安徽四省的交界处。萧县距离江苏省徐州市非常近，直线距离仅十几千米；又因历史上萧县隶属于徐州，两地风俗习惯也较为相近。而徐州市在各方面都比萧县更为发达，萧县可以向徐州学习相关方面的建设经验。除此之外，徐州的一些特色民俗文化也可以引进到萧县来，以丰富萧县人民的精神生活。另外，近些年随着乡镇大巴、县城公交的运行，两地间的交通交流也更加便利；再加上徐州是重要的交通枢纽，不管是对萧县人民生活出行还是经济运输等都是非常有利的，尤其是对萧县经济发展的影响十分巨大。

（二）当地民风淳朴

一方面，正是由于萧县富有深厚的文化底蕴，几千年来，生活在这片土地上的人民经受这些风俗文化的熏陶、浸染，逐渐形成朴实、善良的民风，形成了尊重孝顺老人、敬重文人、以和为贵的良好风气。

另一方面，笔者在调研地的集市上观察到，人们之间的交往很轻松愉快，集市上，买家与卖家、买家之间以及卖家之间的相处都很和谐，在这种和谐的氛围中人们进行交易，谈笑间便完成了买卖。笔者在采访的时候，村民也都很热情，言语中透着北方人特有的豪爽，让人很容易就能放松下来。

萧县民风淳朴，使得乡风文明建设工作更容易展开，这也是萧县乡风文明建设的优势之一。

（三）民俗资源丰富

民俗文化是乡风文明建设中必不可少的一部分，在乡风文明建设中具有举足轻重的作用。民俗文化蕴含着中华传统美德，需要传承和发扬，同时，民俗文化还可以作为乡风文明建设的媒介。

第一，萧县被誉为“书画之乡”，有很多著名的书画大家，书画艺术历史悠久、底蕴深厚。新中国成立后，萧县书画艺术更加繁荣，形成了以萧龙士为代表的新“龙城画派”群体，许多书画大家在萧县交流创作。同时，萧县还创办艺术学校，积极培养书画人才①。书画本身是一门艺术，又可以作为传播媒介，在乡风文明建设中可以发挥极大的作用，因此，应彰显萧县乡风文明建设的特色及优势。

---

① 池海营．萧县书画现象研究——皖北文化产业发展模式与途径探析[J]．赤峰学院学报（汉文哲学社会科学版），2017，38（1）：146-149.

第二，萧县国家AAAA级旅游风景区皇藏峪，相传是汉高祖刘邦在芒砀山斩蛇起义后遇难的藏身之地，因而此地也是汉文化的发源地。近年来，随着萧县旅游经济的发展，越来越多的人来此地感受一些历史故事及传说的趣味与底蕴，感受新鲜的空气和奇妙的地理景观。

第三，孝善文化，萧县具有独特的孝善文化，可以追溯到春秋时期，孔子弟子闵子骞"单衣顺母"的故事便发生在萧县的杜村。故事说的是闵子骞继母偏爱两个亲生孩子，给他们的棉袄里填的是棉花，而闵子骞棉袄里面装的是芦花。在外出途中，闵子骞因太冷使牛车失控遭父亲鞭打，结果衣服破了，芦花飞出来，其父这才发现继母的行为，想要休妻，而闵子骞劝说："母在一子寒，母去三子单。"之后继母悔改，父亲放弃休妻，一家人过上幸福美满的生活。至今，当地还流传着一首民谣："鞭打芦花车牛返，仁义道德最为先；夫休后妻儿救母，子骞美名代代传。"[①]闵子骞的孝行受到萧县人的推崇，影响深远而广泛。

除以上民俗文化外，萧县还有独具特色的伏羊节、民间戏曲等，此处便不一一列举了。

五、萧县乡风文明建设的路径分析

（一）发展经济，坚固基石

精神文明建设离不开经济基础的支持，而且乡风文明建设不是一朝一夕间就能完成的，因而在萧县农村并不富裕的现实情况下，经济建设依然不能放松；与此同时，还要紧随当下创新创业的潮流，走出一条经济发展的新道路。

1. 发展旅游经济

萧县有不少颇有名气的旅游景点，比如上文提及的皇藏峪、圣泉寺、鞭打芦花车牛返村等，都具有深厚的历史韵味。这些景点已有了一定知名度，但还是要加大宣传力度。除此之外，笔者在走访中还发现萧县农村有很多的果园，像葡萄园、桃园、苹果园、梨园等，尤其是萧县葡萄十分出名。当然，要发展旅游经济也不是一步就能完成的。一方面，要做好线上、线下相结合的宣传，打出知名度；另一方面，要对相关产业进行政策优惠、资金扶持等。总之，发展乡村旅游经济，离不开政府的支持和引导。

2. 发展农产品加工业

广大农村地区长期以第一产业为主，部分村镇拥有第二产业，近年来第三产业逐渐发展[②]，萧县农村也不例外。笔者通过采访得知，萧县农村的农产品多是成熟

① 张明．闵子骞与皖北孝道文化[D]．淮北：淮北师范大学，2018.

② 胡文丽．新形势下我国乡风文明建设的思考[D]．临汾：山西师范大学，2018.

之后直接销售，或批发，或零售，少有加工。一方面是缺少加工厂和加工设备；另一方面村民们缺乏再加工的意识，因为祖祖辈辈都是这样的，所以，村民们的所得并不多，有时因为天气、时间等原因直接销售也没有保障。因此，发展加工业是非常有必要的，而加工业的发展不仅要有政府的支持，还需要从意识层面改变村民们保守的思想，这也正是乡风文明建设的内容之一。

3. 继续与脱贫攻坚相结合

萧县经济发展已经有与脱贫攻坚相结合的经验。在乡村振兴战略背景下，萧县经济发展更应该重视村民自身能力的挖掘，正所谓授人以鱼不如授人以渔。要将扶贫与“扶志”和“扶智”相结合，开展技术培训班，增长村民们在种养殖上的知识；结合脱贫攻坚，树立成功农户典型，激发农民改变传统农业模式、靠农致富的志气，切实增强信心。社会工作的专业理念便是助人自助，重视农户自身能力的建设也是社会工作这一理念的重要体现①。

（二）政治改革，有效引导

1. 继续发挥党员的作用

一方面，基层干部和党员生活在农村社区里，对村情民情有更直接的感受和更清楚的了解；另一方面，党员干部也拥有较高的声望和地位，因此要充分发挥其在乡风文明建设中的作用。

2. 基层干部注入新鲜血液

我们在走访中发现，村干部中的中年人较多，少有年轻人。年长者固然有丰富的经验，但工作方式较固化，而年轻人普遍知识水平较高，思维也比较活跃。因此，在基层干部群中注入新鲜血液刻不容缓，只有两个年龄层互相交流、合作，才能促进乡村建设工作更加有效地开展。

（三）发扬民俗，“文”入人心

1. 宣传及行动上的侧重

由于农民知识面有限，因而民俗、文化的传承与发扬少不了各个方面的宣传。在宣传形式上，要多利用民俗节日和文化，发挥萧县书画的优势，制作宣传画及标语；宣传内容上，应加强民俗文化等其他文明内容的宣传。

2. 增强村民的节日仪式感

前文提及的村民因经济、时间等方面的限制，在一些节日上仪式感不强。村民只有春节过得特别隆重，中秋次之，其他节日大多随意；而许多传统节日中都蕴含着特殊的、深厚的传统文化，认真准备传统节日也是对传统文化的发扬，因而要增

① 容易．文化扶贫，“扶志”又“扶智”［N］．中国文化报，2019-04-26(003).

强村民的节日仪式感。一方面,鼓励乡镇相关部门举办一些节日活动,组织大家一起过节,这样既热闹,能吸引村民,也能借此机会宣传传统民俗文化,增强村民的认同感;另一方面,游戏娱乐是孩童的天性,因此也可通过学校以及乡镇营造浓厚的节日氛围,加强针对孩童的宣传与教育。

3. 公共文化设施入镇入村

农村广场舞、健身之风已经兴起,但是一些健身设施多集中在乡镇上。在访谈中村民也反映:“现在流行跳广场舞,乡里晚上跳的人多得很,就是村里头没有音乐设备,也没人教!”①因此笔者建议把相关设施引入村内,并以此促进文化广场的建设,来支持村民健康的、文明的行为,丰富其业余生活。另外,在此基础上要加强其存活率以及持久性,做好文化广场发展工作,大力培育乡村文化骨干,形成农村特色文化队伍②。

(四)重视村民,激发动力

有文化、懂技术、会经营的新型农民是乡风文明建设的主力军③。村民是乡风文明建设的主体,增强村民文明建设的意识,使人们认识到文明建设的重要性是非常有必要的。从社会工作的增能理论出发,提高文化水平是基础性的、技能性的,培养参与意识则是认知性的。加强这两方面建设,有利于发挥村民的主体性,也有利于乡风文明建设的长期发展。

1. 提高村民的文化水平

乡风文明建设,村民拥有较高的文化水平很重要。现如今网络发达,智能手机也已经非常普及,收听收看音频、视频更加方便,农村地区可以借助这些文化载体广泛推进对村民文化知识的传播。比如,可以借助微信公众号将有共同兴趣的村民们在一个大课堂联系起来,彼此交流。有一定的文化知识作为基础,村民的视野才能更广,才有进一步发展自身的动机。

2. 培养村民的参与意识

村民和村干部打交道较多,上级政策也多是由村干部直接传达,因此,村民受村干部的影响极大。

从村干部角度来说,如果在组织活动的时候,他们能有意识地让村民参与进来,在一定范围内,征求参考村民的意见,那么,村民便渐渐有了要发表观点、看法

---

① 采访丁某某记录,安徽萧县X乡Y村,2019年4月15日.

② 张才行. 乡村振兴背景下推进乡风文明建设的路径探讨[J]. 农村经济与科技,2019,30(3):228-230.

③ 吴林萍. 新型农民:乡风文明建设的主力军[J]. 湘潭师范学院学报(社会科学版),2009,31(4):45-47.

的意识。

从村民角度来说,村民参与受参与成本和与己相关性的影响。在农村,参与成本包括时间、金钱、人情消耗等。时间、金钱自不必多说,人情消耗要如何理解呢?费孝通在《乡土中国》中提到乡土社会的一个特点就是这种社会的人是在熟人里长大的[①],村民在参与决策、活动分工等过程中的意见难免有分歧,而村民们在熟人社会里又怕得罪人,所以最后可能会影响公平和效率。减少人情消耗就需要制定明确清晰的规章制度,并增强村民对规章制度的认同感,一切按章办事;还有重要的一点就是结果公示,这样也利于相互监督。与己相关性和村民积极性呈正相关,因此,在动员村民的时候,要讲清楚其中的利害关系,尤其是对村民的益处。

六、结束语

本文主要就萧县乡风文明建设的现状和问题进行了简要的分析,还有些许不足之处,笔者希望能有越来越多的专家、学者以及调研团队能关注这一课题,为建设和谐美丽的乡村贡献力量。

---

① 费孝通. 乡土中国[M]. 北京:北京出版社,2004.

高质量构建“天下淮盐”特色旅游圈

刘怀玉　汤薛艳

摘　要：从西汉吴王刘濞“煮海为盐”，开挖运盐河，到唐朝时仪征全国盐运中心，再到今天淮安“中国新盐都”，苏中和苏北形成了大范围、多元化的淮盐文化旅游资源。为彰显淮扬文化特色，构建“天下淮盐”特色旅游圈具有相当的重要性和必要性。建议将“天下淮盐”特色旅游圈纳入相关规划，整体定位为以淮盐为特色的国内外精品文化旅游线路，实行“口”字形和“十”字形空间布局，实现全景式展示、全产业链发展。

关键词：运河；淮盐；旅游

2019 年 2 月，中共中央办公厅和国务院办公厅颁发了《大运河文化保护传承利用规划纲要》（以下简称《规划纲要》），标志着大运河文化带建设进入了由国家顶层设计到具体落实的阶段。《规划纲要》根据“千秋淮扬”的定位，明确提出建设淮扬运河文化长廊，保护展示漕运文化、盐运文化、河工文化、码头文化等相关文化遗产，打造开放包容、南北融合的淮扬文化高地，为高质量构建“天下淮盐”特色旅游圈提供了重要的政策支持，而“天下淮盐”特色旅游圈成为淮扬运河文化长廊和淮扬文化高地建设的重要载体。从西汉初年吴王刘濞“煮海为盐”，开挖运盐河，到唐朝时仪征全国盐运中心，再到今天淮安呈现“中国新盐都”，苏中和苏北形成了大范围、多元化的淮盐旅游资源，借助于淮扬运河（淮安至扬州）、通扬运河（运盐河，扬州至泰州、南通）、通榆河（南通、盐城至连云港）以及并行的串场河（唐代串联盐场的河道，南通至盐城）、盐河（唐代开挖，淮安至连云港）等，大致形成了“天下淮盐”特色旅游圈的轮廓。为高质量建设淮扬运河文化长廊和淮扬文化高地，彰显“千秋淮扬”的特色，进而推动淮扬运河文化带成为全国的“样板”和“示

作者简介：刘怀玉（1955—），男，江苏涟水人，大运河文化带建设研究院扬州分院副院长，扬州大学中国大运河研究院副院长、特约研究员、副教授，硕士生导师，主要从事运河文化研究。汤薛艳（1991—），女，江苏启东人，扬州大学水利科学与工程学院助教，主要从事交通规划研究。

基金项目：本文系 2019 年江苏省文化科技项目“‘天下淮盐’特色旅游圈建设研究”（编号为 19YB34）、扬州大学中国大运河研究院 2019 年度开放性课题“淮扬文化高地建设研究”阶段性成果。

范”，构建“天下淮盐”特色旅游圈具有相当的重要性、必要性和可行性，但目前这一旅游圈并没有被列入江苏以及有关设区市的规划，也没有进入实际操作层面，严重影响其潜在价值的发挥，迫切需要从省级层面予以大力推动，使之早日成为叫响全国的“千年淮扬”特色品牌。

淮盐因淮河横贯江苏盐场而得名。淮北、淮南盐场以淮河为界，分布在北起苏鲁交界的绣针河口，南至长江口这一斜形狭长的海岸带上，跨越连云港、盐城、淮安、南通4市。据相关史料记载，明末清初，每年经扬州运销的盐达670万石之多，当时“盐课居税之半，两淮盐课又居天下之半”。目前，淮安、扬州、泰州、南通因拥有运河主河道和重要支流被列为大运河文化带建设核心区，盐城市、连云港市被列为辐射区。所谓“天下淮盐”特色旅游圈即以感知淮盐为主题，以淮扬运河、通扬运河（运盐河）、通榆运河（串场河）、盐河等为主轴，以淮安、扬州、泰州、南通、盐城和连云港等地为主要节点城市，以遗址遗存旅游、景观旅游、生产旅游、修学旅游、生活体验等为主要业态的旅游圈。

一、“天下淮盐”特色旅游圈的旅游资源价值之最

一是运河沿线最古老的盐文化旅游资源。古邗沟是我国史书中最早明确记载的运河。《左传·哀公九年》中载：“吴城邗，沟通江淮。”周敬王三十四年，夫差为北上与齐、晋争霸，在江北邗国故地修筑了邗城（在今扬州蜀冈上），并在邗城之下开凿了一条沟通长江和淮河的水上通道，避开了海上航运的风险和绕道濡须口的困难，此河因城而得名邗沟①。在春秋战国时期，扬州沿海已经产盐。司马迁在《史记·吴王濞列传》中记载：“濞则招致天下亡命者盗铸钱，煮海水为盐。”西汉文景年间，吴王刘濞为了煮盐富国、运销海盐，开凿了一条人工河道，西起扬州茱萸湾（即今湾头镇），经海陵仓（今泰州），东至如皋蟠溪，被称为运盐河，后人又逐步延伸至南通九圩港。古代南通境内长期存有吕四、余东、余中等12所煎盐场。食盐经过串场河进入运盐河，途经泰州、扬州、真州（今仪征）入长江，溯江而上，到达安徽、江西、湖南、湖北等销区。由于扬州地处运河、长江交汇之处，商贾云集，备受渔盐之利。邗沟和运盐河对扬州汉、隋、唐、明、清时期的繁荣发挥了重要作用。清乾隆时期，扬州人在邗沟大王庙里供奉了两尊神像，一个是吴王夫差，另一个就是吴王刘濞，称他们为财神②。该淮盐旅游圈内有许多以盐命名的河道、闸坝以及盐业管理机构和盐商住宅，留下了大量很有价值的盐文化信息。浙江省海盐县曾于秦王政二十五年置县，因“海滨广斥，盐田相望”而得名。今日海盐县海盐遗存不多，

① 戴甫青．“邗沟十三变”综述［J］．档案与建设，2019（01）：71.

② 卢桂平．扬州历代名人传［M］．扬州：广陵书社，2015：10.

离江南运河嘉兴段又比较远，所以《规划纲要》未将海盐县纳入核心区。

二是世界遗产点最多的运河。扬州是运河沿线世界遗产点最多的城市，有1段河道、10个遗产点被列入世界遗产，其中瘦西湖、个园、卢绍绪盐商住宅、汪鲁门盐商住宅、盐宗庙等5个遗产点都与盐商有密切联系，占据遗产总数的"半壁江山"。"运河之都"淮安是运河遗产区面积最大的城市，遗产区和缓冲区面积超过100平方千米，约占整个大运河世界遗产区的七分之一，其中清口枢纽面积达40平方千米。明清时期，淮安是中央政府的漕运指挥中心、漕船制造中心、漕粮转输中心、淮北食盐集散中心和河道治理中心。历史上，运盐河和吴王夫差开挖的古邗沟相连，亦称邗沟。后来为了区别，称为邗沟支道、吴王沟或茱萸沟，清宣统元年改称通扬运河。运盐河历史悠久，盐文化遗址、遗存非常丰富，价值重要而又独特，很遗憾运盐河未能被列为世界遗产。

三是功能最多元、效益最显著的活态遗产。淮扬运河集遗产廊道、交通廊道、输水走廊、生态廊道和旅游廊道于一身，具有多功能、大纵深和不可复制的特点，其综合功能和效益在中国大运河谱系中占据重要地位①。通扬运河（运盐河）、通榆河、盐河等也在发挥重要的水上运输、灌溉排涝等重要功能，并串联了许多重要的盐文化遗址遗存。历史上以运盐河为主干的水路，把南通与长江、淮河、黄海、东海连接起来；以串场河为骨架的河网，把南通境内各主要乡镇紧密联结在一起。明永乐二年，泰州通往盐城东台联结盐场的泰东河开挖完工，给淮盐运输增加了一条新的水上便捷通道。

二、构建"天下淮盐"特色旅游圈的重要意义

一是有利于传承和活化"天下淮盐"特色旅游品牌。江苏是产盐、用盐大省，淮盐产区曾被列为中国四大盐场之一，古代泰州所产海盐长期居全国第一位。淮安盐岩资源面积达329平方千米，已经探明盐岩资源储备达1300多亿吨，芒硝资源量为270亿吨，位居世界前列。上市公司淮安井神股份有限公司生产的"淮盐"畅销国内外市场，荣获"2019中国（行业）十大质量示范品牌"，淮安盐化新材料产业有望实现千亿元产值。积淀千年的"淮盐"和现代"淮盐"既一脉相承，又相互辉映。构建"天下淮盐"特色旅游圈有利于进一步传承和活化"淮盐"品牌，使之成为"千年运河"的标志性品牌。

二是有利于建设淮扬运河文化长廊和淮扬文化高地。建设淮扬运河文化长廊和淮扬文化高地是《规划纲要》赋予江苏运河文化带建设的重要任务。淮扬运河

① 刘怀玉．高质量推进淮扬运河文化示范带建设[J]．档案与建设，2018（10）：37.

文化长廊和淮扬文化高地在建设的技术内容以及形态上具有高度的一致性和关联性，只不过淮扬文化高地覆盖的范围更大、影响更广。淮扬运河文化长廊和淮扬文化高地建设重点在苏中、苏北。“天下淮盐”特色旅游圈正好与此基本重叠。构建“天下淮盐”特色旅游圈是建设淮扬运河文化长廊、淮扬文化高地的重要载体，具有重要的引领带动作用。“天下淮盐”特色旅游圈强，则淮扬文化强；“天下淮盐”特色旅游圈“活”，则淮扬文化“活”。

三是有利于促进区域旅游融合发展、特色发展。2018 年，扬州接待境内外游客 7044.23 万人次，实现旅游业总收入 917.90 亿元。除扬州成为重要旅游目的地，名声较响外，苏中、苏北旅游整体呈“温吞水”状态，主要因为缺少特色、缺少协同。淮盐旅游资源多而特，需要统一策划、组团引爆市场。构建“天下淮盐”特色旅游圈有利于推进苏北、苏中旅游一体化发展、特色发展，进而成为江苏旅游新的重要增长极。

三、构建“天下淮盐”特色旅游圈的有利条件和制约因素

（一）有利条件

国家和江苏省多重战略叠加，政策和项目“红利”持续释放。“一带一路”倡议、江苏沿海发展、长江经济带发展、长三角区域一体化发展、淮河生态经济带发展、大运河文化带发展等国家发展战略以及扬子江城市群建设、江淮生态功能区建设等江苏发展战略，在苏中、苏北交汇叠加，许多政策在此“落地生根”。例如，“天下淮盐”特色旅游圈受国家以及江苏多重发展战略“眷顾”，发展空间大，前景可观。

淮盐文化旅游资源非常丰富，业态多元，许多旅游资源具有唯一性。从公元前 195 年吴王刘濞在海边煮海为盐、开运盐河，直到民国年间，泰州产盐、运盐、管盐、查盐，经历了 2000 多年。作为产盐之区、运盐之道、管盐之监、查盐之坝，泰州盐文化非常丰富且比较完整。从 838 年开始，日本圆仁法师留唐求法近十年，用汉文著《入唐求法巡礼行记》，里面记载从掘港亭登岸，入“掘沟”西行，向海陵、往扬州，沿途见“盐官船积盐，或三四船，或四五船，双结续编不绝，数十里相随而行。乍见难记，甚为大奇”！北宋三位著名宰相晏珠、吕夷简、范仲淹曾先后出任东台西溪盐官。宋天圣年间，时任西溪盐仓监官的范仲淹，为抵御海潮侵袭和适应盐场运输，在唐朝李承主修的“常丰堰”基础上，兴工修筑“捍海堰”，后人把“捍海堰”称为“范公堤”，把运盐河道称为“串场河”。范公堤造福盐民几百年。明朝立国后，朱元璋看中了泰州盐场对国家赋税的重要地位，于洪武元年，将两淮都转运盐使司设立在泰州，下辖泰州、通州、淮安三个分司。明清两朝两淮巡盐御史，除了明前期 100 年驻扎通州以外，其余四五百年都驻扎在扬州。扬州盐商富甲天下，他们的住

宅(园林)、会所以及生活方式等,对扬州产生了重要影响。盐城是全国唯一以盐命名的城市,设有中国海盐博物馆,大丰市草堰镇被省政府命名为古盐运集散地保护区。连云港百里盐场产销两旺。淮安盐岩资源丰富,盐化工及新材料产业发展快速,“中国新盐都”名副其实。淮安“千年淮盐”工业旅游被列入 2019 年江苏省重大项目。

区位交通条件相当优越,旅游市场广阔。该区地处长江北岸、黄海西岸和淮河下游,承南接北、连东贯西。该旅游圈总人口达 3462 万人,占江苏总人口的 43.11%;面积为 55 653 平方千米,占江苏总面积的 51.86%。目前有 5 个中等机场。随着徐宿淮盐、连淮扬镇、盐通、北沿江等高等级铁路规划建设,将形成空、铁、公、水一体化和江海河湖相协调的综合运输体系,便于旅游要素大进大出。

(二)制约因素

第一,认识不足,重视不够,尚未进入规划体系,缺乏统一的宣传和推广平台。

第二,“各自为政”现象比较严重。例如刘濞开挖的从扬州茱萸湾通往泰州、南通的古代运河,扬州称运盐河,而泰州主张称古盐运河。扬州、泰州、南通“睁眼向南看”,对与苏北合作的兴趣不浓;苏北自身发展旅游的能力不足。

第三,对盐文化旅游资源保护利用的力度不够,投入不足。

四、构建天下淮盐特色旅游圈的对策及其建议

一是将“天下淮盐”特色旅游圈纳入省相关规划。要以大视野、大格局充分认识构建“天下淮盐”特色旅游圈的重要性。《大运河江苏段保护传承利用规划》曾提出“漕运经济制度研学游”。笔者认为太官方化、学术化,不易为普通百姓所理解并接受,建议使用“天下漕运”和“天下淮盐”相配套,通俗又易懂。将该旅游圈纳入“江苏人游江苏活动”,积极参与国内旅游推广联盟活动。发挥海外江苏旅游推广中心作用,做好该旅游圈国际旅游品牌推广工作。将该旅游圈纳入大运河文化旅游发展基金的重点支持范围。

二是主要定位。整体定位:以淮盐为特色的国内外精品文化旅游线路。功能定位:南部的扬州、泰州、盐城、南通主要以淮盐遗址遗存展示和扬州盐商生活体验为主,北部的连云港、淮安主要以现代盐业生产和工业旅游为主。实现三个“贯通”:一是淮扬运河主线和支线通扬运河(运盐河)、盐河等全域旅游“贯通”;二是运河核心区、扩展区和辐射区一体化旅游“贯通”;三是男女老少宜游,实现全员旅游“贯通”。

三是拓展空间布局。首先,实行“口”字形空间布局,以淮扬运河、通扬运河(运盐河)、通榆运河(串场河)、盐河等为主轴,将淮安、扬州、泰州、南通、盐城和连云港串联起来。其次,建议采用“十”字形战略布局。一横以南通、泰州、扬州为主

要节点，主要通过通扬运河（运盐河）、扬州古运河、仪扬河等，重点凸显盐业文化。仪征十二圩曾是全国最大的盐运集散地。建议进一步加强通扬运河（运盐河）、扬州三湾、仪扬运河盐业资源的整合，促进盐业文化旅游。一竖以瓜洲、扬州、邵伯、高邮、界首、宝应和淮安等为主要节点，结合运河遗产点段，重点凸显漕运文化。宋代真州复闸（仪征）比欧洲复闸要早380余年。邵伯船闸的发展，经历了东晋太元年间的谢安筑埭，到唐代的“斗门”、宋代的“二斗门闸”、清代的“人字门船闸”、中华民国的“新式船闸”，直到今天现代化三线船闸，可谓我国船闸发展历史的缩影。笔者建议在邵伯镇建设中国船闸博物馆，串联运河边上的槐泗船舶创意园，形成叠加效应。

四是全景式展示、全产业链发展。首先，水陆并进，积极推进淮扬运河世界遗产精品旅游，擦亮“千秋淮扬”品牌。重点做好淮安清口枢纽遗址和板闸遗址，扬州城遗址（包括隋炀帝墓）展示利用工作，发挥淮扬运河名人、名城效应。其次，沿通扬运河（运盐河）、扬州古运河、仪扬运河构建淮盐全产业链旅游体系。古代南通、盐城产盐，泰州仓储和税赋管理，扬州转运以及盐商消费，形成了分工合作的淮盐现象。围绕通扬运河（运盐河）、串场河，重点展示利用盐城范公堤、东台西溪、如东掘港、泰州海陵仓等重要遗址遗存。中国两淮盐运博馆馆在仪征十二圩开馆展陈，要结合利用当地运盐河、闸坝等遗址遗存活态展示，建设十二圩中国盐文化特色小镇；在扬州中国大运河博物馆设立盐业专题展示馆；借助扬州盐商住宅、盐业遗址等，充分发挥活态博物馆的参观、体验和休闲等特征。建设扬州中国盐运城，既可以和中国大运河博物馆相呼应，又可以和淮安的中国漕运城相区隔。另外，开展淮安盐化工和连云港海盐工业旅游，重点面向青少年，开展研学旅游。

五是逐步推进淮安、扬州“运河姊妹城”建设。笔者多年前就曾提出建设淮安、扬州“运河姊妹城”，现在更具可行性。2000多年前的邗沟从扬州一直到淮安古末口，淮安与扬州水脉、文脉紧密相连。从历史、地理、交通、文化等方面因素看，淮安、扬州基本具备建设“运河姊妹城”的条件。要通过淮安、扬州“运河姊妹城”建设，凸显淮扬文化高地，并以此带动苏中、苏北文化旅游一体化发展。

六是设立牵头单位。参照当年运河申遗模式，省内由省文化和旅游厅牵头，相关6个设区市参与，设立市厅际联席会议，并由扬州市担任牵头城市。

立夏节起义的主要特色及其历史贡献

曹能求

1929年5月6日，在中国共产党的领导与组织下，金寨县西部地区（原商南）爆发了安徽省境内第一次大规模的革命武装起义。因暴动之日为农历立夏节气，故名"立夏节起义"；又因暴动地区在商城县南部，又称"商南起义"。

一、立夏节起义的主要特色

（一）立夏节起义是中国共产党直接领导与指挥的伟大的革命实践

1927年4月至7月，蒋介石、汪精卫先后叛变革命，大肆逮捕共产党人，极力破坏共产党组织。在革命斗争的濒危关头，1927年8月7日，中共中央在湖北汉口举行了紧急会议。瞿秋白主持会议并做了报告，李维汉、任弼时、毛泽东、邓小平等参加了会议，会议通过了土地革命和武装反抗国民党反动派的方针。

金寨西部地区临近武汉，当时在武汉中央军事政治学校学习的李云悌、周维炯、漆德玮、漆海峰、桂伯炎等同志，根据"八七会议"精神回到家乡，和地方党组织、农民协会一起开展宣传活动，一方面积极发展农民武装；另一方面指派共产党员打入各民团内部，准备武装起义。

随着金寨西部广大地区革命力量不断发展壮大，国民党反动势力惶恐不安，对共产党员和革命群众进行残酷镇压与迫害。1929年年初，商城县党组织屡遭破坏，周边革命组织失去了指挥核心。同年5月初，鄂东北特委派遣红十一军军长兼红三十三师师长吴光浩等十余人，由河南新县柴山堡到金寨西部指导武装斗争，途经罗田滕家堡遭反动民团围攻，吴光浩等人全部壮烈捐躯。

面对严峻的革命斗争形势，在金寨吴家店成立的中共商（城）罗（田）麻（城）特别区委（以下简称"商罗麻特委"）于5月2日在吴家店穿石庙召开紧急会议，研究决定将原定于中秋节举行的起义提前到立夏节，成立了起义指挥部，商罗麻特委书记徐子清任指挥，特委成员徐其虚、李云悌、肖方等为指挥部成员，指挥部制订了

作者简介：曹能求，安徽省大别山革命历史研究会执行主席、研究员。

周密的行动方案、纪律要求及保密措施等。商罗麻特委成员和指挥成员进行明确分工,分别到起义第一线,担任各起义点的组织领导和行动指挥。时间一到,各暴动点同时行动。

(二)立夏节起义创造了我军发展史上的奇迹

立夏节起义规模大、战线长。一是起义的行程长度为130多里(65千米左右),宽度为50多里(25千米左右),起义范围之大,前所未有。二是起义多达14个暴动点,14个暴动点在一夜之间同时行动,全部胜利,前所未有。三是参加起义的农民武装近千人,起义时无一人伤亡,前所未有。四是起义胜利后,立即组建了红三十二师,成立苏维埃政府,打土豪分田地,前所未有。

(三)正确运用战略和策略是立夏节起义全面胜利的关键

1. 审时度势,适时而动

"认识情况的过程,不但存在于军事计划建立之前,而且存在于军事计划存在之后……如果不符合或不完全符合,就必须依照新的认识,构成新的判断……使之适合于新的情况。"①立夏节起义原定于中秋节举行,商罗麻特委认真分析研究当时的斗争形势,认为:一方面反动势力疯狂镇压革命力量,革命队伍可能遭受越来越多的损失,地方党组织可能遭受越来越多的破坏;另一方面金寨西部地区大多建立了党组织和农民武装,革命力量风起云涌,人民群众对革命的热情方兴未艾,武装起义的时机已经成熟。抓住时机,有利于先敌制胜;丧失时机,有可能坐以待毙。于是商罗麻特委果断决定:将原定于中秋节起义提前到立夏节。这不仅保存了革命力量,而且取得了武装起义的全面胜利。

2. 子夜行动,趁敌不备

立夏节起义战线长、暴动点多,为了避免或减少起义队伍流血牺牲,并取得全面胜利,商罗麻特委把起义时间定在5月6日深夜12点。立夏是农耕时代的重要节令,此时农作物生长旺盛,预示五谷丰登。金寨在立夏这一天,大户人家和民团都时兴摆酒席庆贺。半夜三更,民团疏于戒备,这正是攻打民团的最好时机,如吴家店驻有民团30多人,特委书记徐子清带领农民武装50多人,先将民团驻地围住,趁民团熟睡之际,端掉民团岗哨,起义武装奋勇冲进民团宿舍,团丁惊慌失措,全部当了俘虏。

3. 瓦解敌人,里应外合

为确保武装起义成功,地方党组织曾指派共产党员先后打入民团内部,与团丁交朋友,择机宣传马克思主义,随时掌握民团布防及动向,待起义时机一到,便呼应

① 毛泽东:《中国革命战争的战略问题》。

外线农民武装。如丁家埠暴动点，驻防民团有50多人，通过社会关系打入民团的共产党员周维炯，取得了民团头领杨晋阶的信任，担任军事教官兼民团第四班班长。由于周维炯曾在武汉中央军事政治学校受过专业军事训练，军事素质和文化修养都很高，深受团丁的敬仰和爱戴。立夏节这一天，周维炯和民团内部几个共产党员商定，借立夏过节之机，灌醉民团小头目，控制民团，然后发出信号，农民武装便顺利占领民团驻地，一枪未放，兵不血刃。不少团丁经过宣传教育后，自愿加入农民武装行列。

二、立夏节起义的历史贡献

（一）沉重打击了国民党反动势力

1. 肃清地方劣绅的残余武装

红三十二师配合农民协会，收缴地主枪支，镇压了罪大恶极的反动分子，有力地打击了土豪劣绅的嚣张气焰。

2. 反击反动民团

立夏节起义胜利不久，一些反动民团却虎视眈眈、蠢蠢欲动。商城县县长李鹤鸣和县民团大队长王济亚急忙派兵进剿。5月16日，王济亚率部倾巢出动，与顾敬之民团兵分两路向南进犯，妄图将新生的红三十二师扼杀在革命的摇篮里。红三十二师制订了各个击破的作战方案，王济亚的近百人部队被打得溃不成军、落花流水。红三十二师歼敌40余人，缴枪48支。顾敬之见状，不战而逃。李鹤鸣、王济亚因“剿匪不力”被革职。红三十二师首战告捷，群众欣喜地唱道：“四月初七八，攻打王金牙，王金牙不经打，一打就散花。哎哟哟，缴枪四十八。”[①]

红三十二师大败王济亚，使商城及其周边的反动势力惶惶不可终日，小股民团则龟缩不出。于是，国民党商城县指导委员会及商城、固始地方官绅纷纷向蒋介石致电求援，并声称“万急”，请求蒋介石“怜悯出兵，早饬援军”，“恳速令部队来商痛剿”，等等。

3. 有力地打击、牵制国民党反动武装

鄂豫皖边区革命力量如火如荼，日益迅速发展壮大。到1932年5月，鄂豫皖苏区总面积为4万多平方千米，人口共计350余万人，共建立了26个县级苏维埃政权，成为全国第二大苏区[②]。

视共产党为洪水猛兽的蒋介石反动集团坐立不安，从1930年冬至1933年夏，先后5次共调动几十万国民党军队向鄂豫皖边区发动“围剿”，边区红军奋起反

① 编者注：王金牙即王济亚，因王济亚嘴里镶有金牙。

② 曹能求、胡遵远、檀江林：《话说红色金寨》。

击。第一次"反围剿"收复金家寨，在东、西鲜花岭战斗中，歼敌3个团，溃敌3个团，毙伤敌团长以下官兵300多人。第二次"反围剿"，全歼独山守敌1个团，共计2000多人。第三次"反围剿"取得全面胜利。仅苏家埠战役就歼灭敌军3万多人。红军发展到2个军6个师、1个少共国际团、7个独立师，共计45 000多人。在"反围剿"斗争处于关键时刻，第四次"反围剿"严重失利，金家寨被攻陷，鄂豫皖边区大部陷落。第五次"反围剿"也遭受重大损失。

红军在五次"反围剿"中，歼灭与牵制了大量国民党军队，使革命红旗高高飘扬在大别山区，这有力地支援了红军主力北上，紧密地配合了南方红军坚持斗争。

（二）立夏节起义建立的武装是人民军队的重要源头之一

立夏节起义胜利后第一天与第二天，各地纷纷组织农民集会，欢庆起义胜利。5月9日，即立夏节起义后的第三天，十几路起义武装在斑竹园朱氏祠会师，依据上级指示，成立了中国工农红军第十一军第三十二师，师长周维炯，党代表徐其虚，副师长漆德玮，政治部主任李梯云。下设2个团与1个特务营、1个炸弹队。这是豫东南地区第一支红军队伍。

1930年4月，中共中央决定将红军第三十二师和在金寨县流波镇成立的红军第三十三师与先期在鄂东成立的红军第三十一师，合编为中国工农红军第十一军。这是鄂豫皖边区组建的第一支成军建制的直接受中央指挥的红军队伍。

立夏节起义的武装部队，经过中央多次改编、合编融入我军不同番号的队伍中。在烽火弥漫的青纱帐里，在粉碎日寇灭绝人性的"大扫荡"中，他们大显神威；在解放全中国的战争中，他们驰骋于白山黑水，浴血奋战在各个疆场。所以说，立夏节起义建立的革命武装是大别山地区最早建立的红军队伍之一，是中国人民军队的重要源头之一。

（三）立夏节起义胜利是践行"农村包围城市"的丰硕成果

长期以来，金寨地区广大农民深受地主豪绅的剥削压迫，积贫积弱，特别是占农村70%的贫苦农民，他们苦大仇深，革命意志尤为坚定，是中国革命最广大的动力，是中国革命队伍的主力军。"乡村中一向苦战奋斗的主要力量是贫农。从秘密时期到公开时期，贫农都在那里积极奋斗。他们最听共产党的领导，他们和土豪劣绅是死对头，他们毫不迟疑地向土豪劣绅营垒进攻。"①

1920年，金寨境内就建立了马克思主义学习小组。1924年秋，共产党员詹谷堂在汤家汇笔架山组建了中国共产党支部，此后，金寨地区党组织渐进发展。至1927年，金寨境内已建立党支部11个，发展党员150多人；马克思主义学习小组、

① 毛泽东：《湖南农民运动考察报告》。

马克思主义文化研究会、马克思主义读书会、青年学习会等进步组织有9个[1]。

此后，金寨各地党组织得到进一步发展，党员队伍不断壮大。各地党组织和共产党员，特别是知识分子党员，纷纷深入农村开展活动，向广大农民群众宣传马克思主义；通过创办农民夜校、参加庙会活动、召开会议、印发宣传品、刷写标语等方式，不断提高农民群众的阶级觉悟，将广大农民组织起来，与土豪劣绅做斗争。

共产党员詹谷堂、袁汉铭在南溪、葛藤山创办农民协会。1926年6月，詹谷堂、王凤池利用南溪火神庙会期，召集南溪上保、中保、下保2000多名农民协会会员和群众集会，号召农民开展减租减息斗争，手持镰刀、长矛的农民，吓跑了前来干预的商城县民团头子周凤山。

1927年年初，金寨西北部地区，大部分区、乡、村建立了农民协会。4月9日，在斑竹园文昌宫召开了商城县农民代表会，成立县农民协会筹备处，下辖8个区97个乡农民协会，会员总数达到10 955人，并组织了3个2000多人的农民自卫军[2]。6月2日，汉口《民国是日报》报道：商城之南乡一带与鄂接壤，农民继续组织起来，县农民筹备处因特别原因，暂设于该县南距城一百四十里之斑竹园（今金寨县斑竹园镇）。

1927年以后，金寨县境内的农民协会、农民协会会员、农民自卫军迅猛发展，这为立夏节武装起义奠定了坚实的基础。

（四）立夏节起义开辟了豫东南革命根据地

建立革命根据地，是中国共产党重要的军事思想路线。毛泽东曾多次指出建立革命根据地的重要意义和建立根据地的主要条件：边界党还有一个重要任务，就是大小五井和九陇两个军事根据地的巩固……特别是既有群众拥护、地形又极其险要的大小五井[3]。不但在边界此时是重要的根据地，就是在湘鄂赣三省暴动发展的将来，亦将仍然是重要的军事根据地[4]。没有根据地，游击战争是不能够长期生存和发展的，这种根据地就是游击战争的后方[5]。1929年12月，毛泽东同志还指出“不愿意做艰苦工作建立根据地”，是红军中流寇主义的政治思想的表现。

金寨地处大别山腹地，远离沪宁，阻隔武汉，境内崇山峻岭，沟壑纵横，地势险要，具备了根据地必须有的几个主要条件，即坚强的党组织、英勇善战的红军、群众拥护的人民政权、群众阶级觉悟高并有自己的武装。

---

① 曹能求、胡遵远、檀江林：《话说红色金寨》。
② 曹能求、胡遵远、檀江林：《话说红色金寨》。
③ 编者注：此指井岗山。井冈山上有大井、小井、上井、中井、下井。
④ 毛泽东：《中国的红色政权为什么能够存在？》。
⑤ 毛泽东：《抗日游击战争的战略问题》。

1. 建立苏维埃政府

立夏节起义胜利后，金寨境内政治、经济、军事、文化等机构设置比较齐全，成立了苏维埃银行，开办了邮政局，设立了兵工厂，建立了红军医院，各乡、村兴办列宁小学、识字班和业余学校，等等。金寨地区呈现出从未有过的生机蓬勃、兴旺发达的新景象，人民群众欢欣鼓舞。时值金风送爽、桂花飘香季节，佛堂坳（今金寨果子园乡）模范小学校长罗银青，心潮澎湃，触景生情，以当地民歌"八段锦"调子为曲，填词创作了《八月桂花遍地开》的革命歌曲，表达了广大翻身解放的农民庆祝苏维埃政府成立的喜悦心情。

至今，汤家汇镇瓦屋基"六区一乡列宁小学校"遗址，是目前全国仅有的两所苏区列宁小学遗址之一；汤家汇邮政局，也是全国仅有的两所红色邮局遗址之一。

建立人民政权是豫东南根据地的重要支柱。

2. 红三十二师不断发展壮大

1929年8月，红三十二师为避强敌锋芒，向光（山）麻（城）边界地区转移。9月上旬，红三十二师在麻城北部与徐向前率领的红三十一师会合。9月中旬，红三十二师挥师商南，打击地方民团，镇压反动分子，形成以南溪、斑竹园、吴家店为中心的豫东南根据地。12月25日，红三十二师攻占商城县城，之后组建第一〇一团和学兵团。

1930年1月上旬，红三十二师第九十七团与一〇一团共同进行第二次东征，途中收编麻埠地区民团，组建第一〇三团。4月底，红十二师已发展到800多人，建立红军是豫东南根据地的关键。

3. 发动群众，发展农民武装

立夏节起义胜利后，各地农民协会公开对外挂牌，宣布一切权力归农会，带领农民打土豪，分田地，没收土豪劣绅的财产，召开群众大会，处决恶霸地主和反动分子，广大农民的革命热情空前高潮，农民协会和农民赤卫军迅速发展壮大。1929年9月底，在南溪林氏祠成立商城县工农革命委员会。充分发动群众，发展农民武装，这是豫东南根据地建设的重要条件。

与此同时，各地党组织和苏维埃政府，通过夜校学习、开会培训等宣传党的方针政策，不断提高农民骨干的思想觉悟，要求他们遵守纪律、掌握政策，不断改进工作方法。

（五）驰援六合起义，推进皖西革命根据地的建立

1929年5月10日，即立夏节起义胜利后第4天，中共商罗麻特委在斑竹园文昌宫召开会议，地方党组织、红三十二师领导共30多人参加了会议，会议作出重要决定：积极与鄂东红三十一师联系，协同作战。积极向东发展，与皖西党组织联系，支援皖西地区武装起义，建立东方屏障。

1929年5月16日，即立夏节起义第10天，红三十二师应六安六区（今金寨县梅山水库淹没区）区委书记袁继安之求援，周维炯率红三十二师九十七团挥师东进，策应由共产党员领导的六保联络自卫团起义，以其60多支枪组建了六区游击队。

5月20日，红三十二师和六安六区游击队共同进攻金家寨，全歼守敌汪东阁商团，缴枪20多支；汪东阁随余部逃窜，红军旋即攻占皖西重镇金家寨。

5月21日凌晨，周维炯率红三十二师和六区游击队奔赴流波礓（今金寨县张冲乡），攻打朱孟功民团。在当地农民武装的配合下，毙伤团丁10余人，缴枪10余支，朱孟功随余部溃逃。

11月19日，在红三十二师的支援下，西镇（今金寨燕子河、长岭一带以及霍山县漫水河等地区）农民武装暴动胜利，并成立西镇革命委员会和军事指挥部，组建了360多人的西镇游击队。

在红三十二师多次出军驰援下，六霍地区（大部分在今金寨境内）武装起义取得全面胜利。起义武装会师流波礓，并于1930年11月20日成立中国工农红军第十一军第三十三师，师长徐百川。随后红三十二师与红三十三师组建前敌总指挥部，周维炯任总指挥，徐百川任副总指挥。前敌指挥部攻打麻埠守敌张季荃部。之后，红军横扫商南和皖西接壤地区反动武装，使商南和皖西根据地连成一片，从而进一步巩固和发展了豫东南根据地。

第四部分

典籍考古研究

地政、四维、孝悌

——管子"一匡天下"三大基础工程

周怀宇

摘　要:地政、四维、孝悌,是管子相齐的三项新政。这三项新政,不唯功在齐国,也惠及全社会全天下。地政,是经济领域土地制度重建,涉及土壤研究、土地调查、土地分配、赋税新规等,是牵动很多社会问题的重大而又复杂的改革,是经济基础领域的系统工程。四维,是思想领域的意识形态重建,涉及原有意识形态的扬弃,精辟提出了新的意识形态,即礼义廉耻,借以重塑与社会转型时期相适应的思想风貌,是一项重塑社会价值观的意识形态工程。孝悌,是社会基本经济体"家庭"的构建,涉及家庭成员构成、伦理秩序、家规家风、责任义务等,是一项社会基本经济细胞体的创造工程。

简而言之,即"治地""治人""治家"三大系统工程,具有战略意义,关系社会发展的全局性、根本性、长远性的问题。

春秋时期,社会生产力高度发展,管子三大新政,正是在经济基础、意识形态、社会经济体等方面大幅度创新,精准捕捉了那个时期的社会主要矛盾,根据矛盾规律,扫除了社会发展的障碍,改善了这一历史时期的人类命运,引领全社会发展,成为"一匡天下"的真正内涵。

关键词:《管子》;一匡天下;地政;四维;孝悌

每一个历史时期,都有社会主要矛盾,认识社会主要矛盾,顺应矛盾规律,实时制定相适应的积极措施,就能够促进社会发展。管子那个时代,把引领社会前进与发展,称为"一匡天下"。

管子相齐42年,历史贡献很多。"一匡天下"是其远大政治理想。《管子·地员》篇的开篇云:"夫管仲之匡天下也,其施七尺。"这说明他所做的每一件事情,都和"匡天下"的远大目标相联系,哪怕提出一项新的长度单位"施",也和"匡天下"

作者简介:周怀宇,安徽省管子研究会副会长,安徽大学历史系教授。

之伟业相联系。

管子和桓公讨论帝、王、霸三种政治模式，实际上是引导桓公把“一匡天下”作为最高政治理想；而管子一生，就是着眼于最高理想，辅佐桓公“匡天下”。

“匡天下”，不是“霸天下”，而是立足全局、长远、根本利益，治理社会。

春秋时期，社会经济文化长足进步，社会生产力迅猛发展，这一新的历史特征，要求有相适应的社会条件，即要求经济基础、上层建筑、意识形态乃至社会基本经济体等各个方面做出新的调整和改革，达到“人与天调，然后天地之美生”（《管子·五行》）。尤其是带有全局、长远、根本性的社会矛盾，需要及时认识和揭示，并作出改革，以满足社会迅猛发展的势头。

管子立足齐国，以齐国为平台，实施各种改革，其中有三项改革“地政”“四维”和“孝悌”，是事关全局、长远、根本利益的改革。管子成功地将这三项改革实施于社会实践，引领齐国顺利过渡到新的历史时期。春秋时期，正是诸侯国之间相互交流很活跃的时期，各个诸侯国相互沟通、联合是常态。齐国改革的成功，成为那个时代的垂范，这之后，各个诸侯国都相继效仿，为管子的三项改革注入了“一匡天下”的意义，促进了中华民族的发展，改善了中华民族的历史命运。

一、地政，经济基础领域改革工程

管子“匡天下”思想，始于经略土地。《管子·地政》篇曰：“地者，政之本也。是故，地可以正政也。地不平均和调，则政不可正也；政不正，则事不可理也。”管子实施这一工程，内容包括土壤分析研究，全国土地调查；在土地分配中，按照土壤质量与数量相互调剂，公正分配；相地而衰征，按照土地质量实施有差别的赋税制度。这是一个系统的改革工程，其中每一项子工程，都需要改变原有的社会秩序。

《管子·地员》篇中，管子专门研究“土地”的基础工程，他在开篇即曰：“夫管仲之匡天下也，其施七尺。”这表明了该工程的宏旨，只有完成了这一工程，才有可能实施“公正”的土地分配与赋税改革。

1.《管子·地员》，土壤研究与土地普查

土地问题，是“正政”的根本，即是“匡天下”大业的重要起点。《管子·地员》的主旨就是土地，通篇都是论述土地问题。这是管仲“匡天下”思想的起点，也是“匡天下”思想的立足点。

管子“地员论”中，深刻揭示了土壤生态和人类社会之间的关系，阐述了一系列前所未有的土壤生态学概念，构建了专门评估土壤优劣的标准——二十施指针，还详细介绍了全国90个土壤品种。“地员论”的问世，很快应用于社会实践，为制定新的土地、人口、赋税、城邑规划政策提供了理论引导和数据支撑，齐国国力迅猛提升。

“地员论”的形成，继承了历史上积累的“辨土”知识，吸纳了同时期诸侯国“辨土”的经验，经过了艰辛的土地研究与考察，其历史价值、学术地位创造了三个世界第一：第一个土壤生态学理论、第一个生态文明理念的土壤标准、第一个生态文明治国的实践。《管子·地员》成为中国最早的土壤生态学经典文献，在历史上产生了深远影响。

(1)“地员论”的主要内容

《管子·地员》提出了一个新的学术命题“地员”，其研究对象是土壤，内容涵盖土壤结构、草木植被、粮食作物、环境位置、水源水质、人体健康等部分，其主要目的是揭示土壤生态规律及其与人类社会发展之间的关系。其理论内涵十分丰富，有很多创新性内容，如提出了“其施七尺”“地员”“立后”“手实”等一系列前所未有的学术新概念，阐述了崭新的土壤生态理论体系。

地员论最突出的学术成果有三：构建了“二十施”土壤指针、制定了5种特殊土壤指针、辨认“九州之土”90种。《管子·地员》篇，全文2401言（不含标点），是这三项重大学术成果的记录，更是中华文明史的宝贵结晶①。

(2)《管子·地员》诞生的背景

“地员论”之所以诞生，有多方面历史条件。从学术源流看，“地员论”继承了周王朝长期积累的辨土之术，吸纳了同时期诸侯国的土壤资料；从社会背景看，土地制度变革成为历史潮流。

“地员论”问世之前，关于土壤的研究与考察，已经有了较为丰厚的积累，包含两个方面的内容：一是历史上长期土壤研究的积累，二是借鉴同时期各诸侯国的土壤资料。

中国具有悠久的农业史，土壤的考察和研究起源很早。《尚书·禹贡》划分全国为九州，记录了各个区域的土壤。《禹贡》冀州之域，“厥土唯白壤”，扬州之域，“厥土唯涂泥”，即是关于今河北和江淮一带土壤的记载。《周礼》（亦称《周官》）等文献亦有很多记载。《周官·职方》和《周官·地官·大司徒》等篇，记载了管理土地的官员：大司徒，佐王管理全国土地、地图和人口。大司徒之下，建置四个部门，即土会、土宜、土均、土圭之官，各有职责。

土会之官，掌“土会之法，辨五地之物生”。其中“五地”，指山林、川泽、丘陵、坟衍、原隰五种土地。需要统计土地数量和生物生长的特性。

土宜之官，掌“土宜之法，辨十有二土之名物，以相民宅而知其利害，以阜人民以蕃鸟兽，以毓草木以任土事”，即管理人民居住的生活环境，辨明12种土壤，考

① 参阅周怀宇《中国土壤生态理论发轫——〈管子·地员〉浅探》，载《管子学刊》2016年第1期。

察12种土壤上的生物,包含动植物。

土均之官,掌“土均之法,辨五物九等制天下之地征,以作民职,以令地贡,以敛财赋,以均齐天下之政”。(郑玄注,均,平也;地贡,贡地所生,谓九谷)

土圭之官,掌“土圭之法,测土深”。

《周官·夏官司马》篇记载:“职方氏,掌天下之图,以掌天下之地,辨其邦国、都鄙、四夷、八蛮、七闽、九貉、五戎、六狄之人民,与其财用、九谷、六畜之数要,周知其利害。”

周王朝建立了“朝觐”和“贡赋”制度,为全国土壤和生态信息提供了交流的渠道。各个诸侯国,每年春秋两次入京述职。春曰“朝”,秋曰“觐”。《礼记·乐记》记载:“朝觐,然后诸侯知所以臣。”贡赋制度,是诸侯国向天子进贡本地物产。这两项制度,包含各地土壤的重要信息,为“地员论”收集“九州之土”的土壤、生态、作物、人寿等信息提供了学术来源。

周王朝的土会、土宜、土均、土圭四官,专门负责“统计土地”“记录物产”“调查粮食作物”“制定贡赋”“丈量土地”等,留有宝贵的档案,为管子“地员论”提供了丰富的学术资源。“地员论”正是在相关资料丰厚积累的基础上,向前跨越了大大的一步,提出“地员”的新概念,这是超越“土壤学”、跨越“生态学”的概念。虽然当时尚没有“生态”的名词,但是其内涵已经迈入“生态学”了。

明代学人评价:“《管子·地员》之篇,百谷草木果蔬之属,无微不具,所以辨水土之性,观万货之原,以为斯民衣食之基本也。”清代学人曰:“《管子·地员》篇有赤垆、黄唐、黑埴、青商、白壤之名,皆祖述禹贡之遗意也。”明清学者的评价,梳理了“地员论”的学术源流,也评价了“地员论”的理论突破与进步。

朝觐,是诸侯朝拜天子制度;聘享,是诸侯互相访问的制度。诸侯国相互之间的访问,有很多主题,如诸侯之丧、士吊、大夫送葬、诞辰庆贺等,或国君会盟,或相互派遣使节。这一制度有利于互相交流,互通有无,互惠互助。

管子相齐,充分利用这一制度,促进诸侯国联盟,加强相互交流。据《管子·小匡》篇记载,管子任用贤臣隰朋为“行人”,主管外交事务,积极通使各诸侯国。他们派遣曹孙宿通使楚国,商容通使宋国,季友通使鲁国,徐开封通使卫国,匽尚通使燕国,审友通使晋国。又派出“游士八千人”,遍访各诸侯国,供给他们车马衣裘,带足物资粮食,多带财币,交结四方。

《管子·小匡》记载,齐国使节,主要使命有三:其一,“收求天下之贤士”,为齐国招聘贤才;其二,“鬻之诸侯”,加强友好往来与贸易,甚至直接签约贸易;其三,所到之国,需“观其上下之所贵好,择其沈乱者而先政之”,即考察各国国情,为齐国提供外交决策。所谓“观其上下”,包罗内容广泛,包括考察各国土地资源,采集土壤资料,为“地员论”提供情报。

春秋初期的齐国,面临重大的社会变革问题,土地制度出现深刻矛盾。这不仅仅是齐国,而是全社会的问题,是那个时代的问题,经济基础出现了不可调和的矛盾。管子执政,积极应对土地矛盾,举全国之力,开展“地员论”研究,正是顺应时代为迎接齐国土地制度的复杂变革做出的积极准备。

早在周厉王时期,就已经遇到了土地制度的尖锐矛盾。厉王变革,《国语·周语》云:“厉始革典。”革典,就是革“籍田”之典,质言之,即废除公田。

周厉王“革典”,遭遇保守势力激烈反对,发生了“国人暴动”,以失败而告终。

周宣王继位,坚持周厉王改革路线,推行“不籍千亩”“料民于太原”等重大土地改革。同样遇到阻力,周宣王不惜动用武力,平息了矛盾冲突,稍稍前进一步。

周宣王之后,一直到东周襄王,不断发生土地问题争端,土地所有制的矛盾日趋尖锐。齐桓公、管仲正处于周襄王时期,管仲历时 19 年,完成“地员论”,施之于政。齐国于齐桓公十九年采纳管子建议,推行“相地而衰征”的土地政策,重新分配土地,平稳实施土地改革。其后,晋国于晋惠公六年“作爰田”“案田而税”;鲁国于鲁宣公十五年,实施“初税亩”“履亩而税”。此后,楚、秦、郑等国也实施类似改革。楚国“量入修赋”、秦国“为户籍”,形成了历史大势。

(3)“地员论”的历史价值

在中国生态文明史上,“地员论”的学术价值和历史地位不可低估,其创造了三个世界第一。

第一个提出土壤生态理论。“地员论”是一个新理论,是历史上首次阐述土壤生态理论。

“地员”一词,始出《管子》,也仅见于《管子》,体现了学术上的独创性。“地员论”之前,有关土壤研究的历史,在《禹贡》《周官》等文献中有一些记载,但没有上升为理论。《禹贡》九州之土及其物产记载,旨在“随山刊木”,明确九州分界和贡赋;《周礼·大司徒》有一些关于土壤的记载,旨在建置管理机构和规定官员职责。继之乃是《地员》,系统论述了土壤的一系列问题,提出了很多专有的学术概念,总结了土壤与生物环境的内在规律,界定了土壤标准,评估了土壤等级,尤其是 90 种“九州之土”和“二十施”指针,不仅收获了重大成果,而且转化到社会实践,成为治国之利器。“地员论”在历史上的同类文献中,被视为“辨水土之性”的土壤学里程碑式的著作。晋郭璞注的《尔雅》,宋邢昺疏的《尔雅》,宋王应麟的《困学纪闻》《玉海》,宋李昉的《太平御览》,明徐光启的《农政全书》,明人编纂的《古微书》,明方以智撰的《通雅》,明唐顺之撰的《稗编》,明陈士元的《论语类考》乃至《四库全书》等,均收入或者引论《地员》。

第一个测试生态文明的土壤标准。“地员论”在土壤研究方面,构建了土壤评估的多种模式,制定了系统的土壤标准;依据数据,评估土壤优劣,排列土壤等次。

这在中国历史上是第一次研究性评估，创造了中国土壤评估的开端。用当代评估学的视野考察，“地员论”的土壤评估，有很多特色，也具有很多积极意义。其一，评估形式多样。构建了多种评估模式，架构庞大而又内涵清晰。其二，自成评估系统。“九州之土”90种，基本上包含全国土壤类型，依据地形、特性、生态环境、人土关系等，细化土壤鉴别标准，排列优劣等次。制定了评估指标16项，90种土壤，累计完成1440项评估标准。其三，指标明确，操作简便。“地员论”制定土壤标准的终端成果简明扼要，检测土壤十分方便。例如，“二十施”和“五种特殊土壤”指针，指标清晰，逐项对照，即可得出结论。在社会实践中，各行各业都离不开土地资源，各方面对于土地资源的需求不一样，需求土地的种类也不一样。在当时土地国有制的背景下，土地使用权的分配越公正，越有利于化解社会矛盾，越有利于充分开发土地资源，促进经济繁荣。

第一个重视生态文明的治国实践。“地员论”是体现生态文明的理论文献。管子举全国之力，完成了这一理论创造，并且依据这一理论制定了一系列政治政策、经济政策，深化国家政治、经济改革，推动社会发展，也加快了历史上生态文明的进程。从科学发展观来看，这也标志着历史上唯物论的思想路线取得了重大进步。

2.《管子·地政》，“地员论”向实践转化

“地员论”诞生以后，齐国公布于世，学术成果为社会各界所应用，成为国家以及各个部门制定各种政策的理论依据。在土地分配、调整赋税、规划封国、城邑建置、开发山海乃至调整经济结构等社会实践中发挥了重要作用。尤其在土地改革、城邑建设、新的经济开发即经济结构的调整方面具有重要意义。举其要者，考论于次。

(1)“相地而衰征”

“相地而衰征”，是《管子》提出的赋税制度，核心内容是区别土地优劣，实施有差别的土地分配和征收赋税。这是一项新的土地政策和赋税政策，始于齐国，乃管仲顺时应变的土地改革举措。

实施“相地而衰征”，其关键是“相地”，即区分土壤优劣，实施公正的土地分配。“地员论”完成了“相地”的学术研究，初步解决了这一关键性问题，推动这一政策顺利实施。

第一，指导“相壤宜”。所谓“相壤宜”，即因地制宜地开垦、种植或开发。《管子·山国轨》篇中列举了多种土壤加以说明：“有莞蒲之壤，有竹箭檀柘之壤，有汜下渐泽之壤，有水潦鱼鳖之壤。”这“四壤”各有不同的特性，有适宜生长莞蒲的沼泽地，有适宜生长竹箭檀柘的山地，有低下可以蓄水的涝洼地，有适宜生长鱼鳖的池塘，结合土地资源的特点，分别加以利用，促进深化经济开发。

管子“地员论”确立了“相壤宜”的土地开发战略，这是尊重土地特点和自然规

律的进步思想。

第二,支撑“地均”政策。“地均以实数”,这是《管子·乘马》篇中记载的一项土地改革政策。何谓“地均”?何谓“实数”?先说明实数。就是核实可耕地的数量、瘠沃等,包含生态状况。在“实数”的基础上,根据土壤级别折算。经过折算,分配耕种土地,这才是“地均”。如何折算,这同样是一件难事,“地员论”解决了这一疑难。

第三,“轻征”赋税。“相地而衰征”,是普遍性的赋税政策,对于特殊土壤,需要减轻赋税,这称为“轻征”,是相应的惠民政策。《管子·乘马》篇曰:“十仞见水不大潦,五尺见水不大旱。十一仞见水轻征,十分去二三,二则去三四,四则去四,五则去半,比之于山。”由上而知,地下十一仞见水的田地易旱,应减轻租税十分之二三,十二仞见水的减轻十分之三四,十四仞见水的减轻十分之四,十五仞见水的减去一半。征税减免细则,其理论依据即“地员论”,这增强了赋税的公正性。

(2)引领城邑建置

“地之守在城”,是管子的战略思想,其核心内容是建置城邑,构建经济文化中心,推进土地开发,其实质是推进城镇化。

春秋时代,衡量国力大小,往往考量城池多少。两国交兵,胜负也以攻城夺邑多少为标志。管子依据“地员论”,制定一系列土地政策,推进城邑建置。

其一,“均地”引领城邑建置。《管子·权修》篇阐述了建置城邑的思想,曰:“地之守在城,城之守在兵,兵之守在人,人之守在粟。故地不辟,则城不固。”这精辟论述了“土地”“人口”和“城池”相互依存的辩证关系。在这一思想支配下,制定了相关的土地政策、人口政策,推进城邑建置。其中关于城邑建置的土地划分,《管子·乘马》篇提出了具体政策,曰:

上地方八十里万室之国一,千室之都四。中地方百里,万室之国一,千室之都四。下地方百二十里,万室之国一,千室之都四。以上地方八十里,与下地方百二十里,通于中地方百里。

上述关于封邑占有土地的分配数据和土地级别之间的比例,即是一项规划城邑建置的“均地”政策。这一政策中,有“上地”“中地”“下地”,依据土地级别,授予土地,建置封国国都、都邑、卿大夫、士的采邑等。国家授予土地,必然会遇到土地优劣的问题,实施“均地”政策,用加减土地面积来调节,趋于相对公平,鼓励封国、采邑的积极性,加速城邑建置的进程。

其二,优化城邑选址。建置城邑,如何选址?“地员论”为选择城邑建置的地理位置,提供了很多值得参考的指标,启迪了人们对于居住环境与人寿关系的认识。在“三土”分类和“二十施”指针中,即有生态环境与人寿关系的论断略择几例如下：

五施之地，“其水仓，其民强”。

四施之地，“其水白而甘，其民寿”。

五粟土，“士女皆好，其民工巧，其泉黄白，其人夷姤”。

五沃土，“其人坚劲，寡有疥骚，终无痟酲”。

五位土，“其人轻直，省事少食”。

上述记载，体现了对于环境与人寿关系的认识，启迪了人的“生态”意识，指导人们选择居住环境；这一意识，也转化为各级封邑主选址的自觉行为。《管子》中记载了一份城邑选址的文件，其文曰：

凡立国都，非于大山之下，必于广川之上。高毋近旱，而水用足；下毋近水，而沟防省。因天材，就地利，故城郭不必中规矩，道路不必中准绳。

其含义是凡营建都城，应该注意选址，一般建在大山下或者大河旁。城址高度不可高到遭受干旱，要有充足的水源；低不可低到太接近河流，这样可以节省防水沟堤的费用。构建城郭，因地制宜，利用自然资源，凭借地势，不必拘于方圆规矩，道路也不必拘于平直。以上三言两语，表述了关注生态环境的选址思想。《管子·度地》篇，又有进一步论述，曰：

故圣人之处国者，必于不倾之地，而择地形之肥饶者。乡山，左右经水若泽。内为落渠之写，因大川而注焉。乃以其天材、地之所生，利养其人，以育六畜。

上述城邑选址的思路，鲜明体现了重视生态环境的观念，而这正是“地员论”在社会实践的深刻影响。

其三，加速了城邑建置进程。燕昭王时期，乐毅“攻齐，下七十余城”（《战国策》卷30），反映了齐国拥有城邑的数量，在诸侯国中，名列前茅。这虽然是战国时期的一个历史事件，却透露了海岱之间的70多座城池的建置，正是管仲推行城邑建置思想路线的结果。管仲时代，齐国城邑建置，“国”之下有“都”“州”“术”等，《管子·度地》篇，曰：“百家为里，里十为术，术十为州，州十为都，都十为霸国。”

各级城邑建置，不仅加快城邑发展的速度，客观上也扩大了土地开垦与开发的规模，推进了社会经济的发展。

（3）引导经济结构调整

“地员论”指示了很多土地不适宜农业生产，辩证启迪了其他经济开发的用途。“官天财”，是管子独创的学术命题，提出了开发天然资源的新思路，如山林、海洋、河流、湖泊、矿藏等。

《管子·山国轨》篇论曰：“轨守其时，有官天财。”春秋时期，社会变革，经济转型，开发新的经济资源，对于不能生产粮食的土地，制定“官天财”“官山海”的开发政策，组织百姓投入山海经济的宏大事业，这是社会经济结构的重大调整。《管子·山至数》篇论曰："君有山，山有金，以立币。"其含义是国家有山，山中产铜，可用铜铸造钱币。《管子·地数》篇论曰：

上有丹砂者下有黄金，上有慈石者下有铜金，上有陵石者下有铅、锡、赤铜，上有赭者下有铁，此山之见荣者也。

二、四维，以礼为纲重塑道德工程

"四维论"，是管子遴选"礼义廉耻"四种传统文化，深化阐述其内涵、意义、主旨，借以确立治国的思想文化纲领。管子又创建了孝文化理论，简称"孝论"①，贯通四维论，融合四维文化，促进孝文化发展。四维文化凭借孝文化渠道走进千家万户，传播全社会。

管子四维论，没有简单重复历史上的四维文化原典，而是在新形势下，阐述四维文化的核心价值、治国意义。四维论涵盖两大理论，即"国之四维"与"民之四维"。国之四维，鲜明提出"守国之度，在饰四维"，是维护国家安全稳定的利器。失之，国家就会"倾""危""覆""灭"；民之四维，关系国之四维能否纲举目张。

管子孝论，总结了历史上的孝文化，第一次系统梳理了孝文化的历史起源，阐述了社会各类群体人物的伦理关系、相互义务和责任，论述了孝文化与时俱进的历史特点，从而揭示了孝文化的历史规律，形成了中国历史上最早的孝论，表现了执政者"治家"战略，中国的"家文化"由此走进政坛。

管子在孝论中，引入了四维论的原则思想，丰富了孝论的内涵，提升了社会各类人物群体伦理关系的品质和社会意义。

"四维论"和"孝论"，二者互为依存，形成合璧，以重塑齐国意识形态，修复和振兴东周王朝"礼崩乐坏"的衰微局面，促进社会发展。这两个理论，究其学术价值，在当时具有进步意义，其历史影响十分深远，学界对此已有很多总结；但是，两论的创新性所表现的前瞻性，仍值得进一步探讨。今考察历史背景，提出几点认识。

1. 遴选四维是道德创新

管子遴选"礼义廉耻"四种文化，阐述"四维论"，作为一个新鲜理论，不仅具有理论上的前瞻性，也有改造意识形态的社会应用价值。

(1)四维的文化内涵

中国传统文化积淀厚重，种类繁复，管子从繁复的传统文化中遴选礼义廉耻这

---

① 参阅周怀宇《〈管子〉孝论：中国孝文化的理论起源》，载《安徽大学学报(哲学社会科学版)》2013年第1期。

四维，具有十分独特的眼光。

礼维，居于四维之首，礼，就是《周礼》，是周王朝的国家模型，形成于周初，是周初几代建国者智慧和心血的结晶，其中包含汲取夏商王朝的历史文化。讫至齐桓公，《周礼》经过几百年的历史检验，这个政治模型在实践中不断丰富和发展。这时期的《周礼》已经被历史接受，形成了“礼”文化，深入民心。《周礼》中“六官”，被冠名“天地春夏秋冬（工）”，即表达了一种历史象征，象征自然界“天地四时”一样永恒，这不仅反映了民心，也反映了历史的客观发展趋势。

义维，为维护礼维阐述了相应的精神道德。礼与义，成为不可分割的连体文化，后人常常礼义并称。管子遴选礼和义，首要宗旨是从思想上弘扬礼文化，维护中华民族创造的瑰宝——礼制。从精神文化层面，提出“礼义”命题，为鼎力维护政治体制，确立了指导思想和政治原则。

廉维和耻维，这是管子提出的新型社会价值观，前所未有。《周礼》中有“六廉”条例，以考察官员“六计”，即六个方面的政绩，曰“廉善、廉能、廉敬、廉正、廉法、廉辨”①，可窥周王朝管理官员之一斑。管子提取“六廉”之义，提升为四维之一，这是管子汲取传统文化而作发挥，突出了“廉”的文化内涵，激励社会弘扬“善、能、敬、正、法、辨”的文化精神，以塑造新的社会价值观。管子又借“圣王”之口，提出：“废上之法制者，必负以耻。”（《管子·法禁》，下引《管子》之文，仅注篇名）管子这里提出的“上之法制”，就是“礼制”，或可视为礼法，就是周王朝正在通行的政治制度。管子视礼制为最高政治原则，并以这个原则，划定了“耻”的界限，谁破坏“上之法制”，就是耻辱。谁懂得维护“上之法制”，就是“知立君之道，以为国本”（《法禁》），就是知“耻”。在这个原则下，每个人各尽其能，“不能其事而失其职者，必使有耻”。管子进一步举起圣王旗帜，指出：“圣王之教民也，以仁错（同措）之，以耻使之，修其能，致其所成而止。”（《法禁》）由上而知，管子阐述的“耻”文化，适用于万民，既确定了耻的礼制原则，也确定了耻的普遍性内涵，即要求人人“修其能”，激励所有人在自己的行业中，“修其能，致其所成而止”。

管子关于廉耻的阐述，第一次明确提出了廉与耻的道德观念，旨在激励所有人，树立遵纪守法、立足岗位、恪尽职守、修身敬业的新观念。

（2）历史呼唤新道德

齐桓公时期，周王室内政危机四伏：夺嫡争位十分激烈，王室与诸侯国冲突此起彼伏，财政入不敷出，政令不畅等。管子洞察时局，认为原因在于王室式微，天子“号令赋于天下则不信诸侯”（《菁茅谋》），这并非国家机构自身缺陷所致；相反，

---

① ［东汉］郑玄《周礼注疏》卷3《小宰》。文渊阁本《四库全书·经部·周礼之属》。

正是维护国家体制的认识不足、礼制观念淡薄，导致“礼崩乐坏”的景象。管子、桓公襄助周王，设计了“菁茅谋”工程，旨在帮助周王提升政治地位，改善财政困难。管子《菁茅谋》计划有两个要点，其一，“号令天下诸侯曰：‘诸从天子封于太山、禅于梁父者，必抱菁茅一束以为禅籍。不如令者不得从。’”其二，江淮之间生长祭祀用的菁茅，天子事先派遣官吏封守了江淮出产菁茅之地，其结果是天下诸侯载其黄金，争相购买江淮菁茅，江淮菁茅价格上涨，为原价十倍，一束而百金。天下之金四流而归周若流水，可抵周天子七年贡赋收入。

菁茅谋工程说明了两个问题：其一，所有诸侯国的礼制观念得到了检验，争相购买菁茅，参加天子祭祀，这既是遵守礼法观念，又是维护自身地位和利益而践行礼制的表现，从而证明周王朝时期的政治体制充满活力，而非礼崩乐坏。其二，“天子之养不足，号令赋于天下，则不信诸侯”（《菁茅谋》），即得不到诸侯国的响应，这是由于天子没有坚持以“礼制”治理国家。菁茅谋工程，成功检验了“礼制”的强大生命力，也检验了时局，时弊恰恰在于天子自身忽视了以礼为治，即礼治。

创建“四维论”，建构以“礼”为首的四维文化，提出“守国之度，在饰四维”，维护已经建成的国家机制，这是管子睿智的抉择。

一个半世纪之后，孔子的学生卜子夏深刻认识到“礼义廉耻”的价值所在，作出了规律性论述，曰：“有天地然后有万物，有万物然后有男女，有男女然后有夫妇，有夫妇然后有父子，有父子然后有君臣，有君臣然后有上下，有上下然后礼义有所错（笔者按：错，同措，措置，构建）。”①也就是说，礼义廉耻是维护礼法的必然。可见，遴选礼义廉耻，是具有代表性的精神道德，是提升社会道德，整齐社会风俗的有效方略，具有重要意义。元代学人认为：“礼义廉耻，足以激励风俗。”②

2. “四论”是四维道德的抓手

管子遴选四维，构建新论，并没有重复“礼义廉耻”文献原典，而是直奔主题，提出如何贯彻四维的四个精辟之论。礼义廉耻，各有一论，姑且称为“四论”。

“管子四论”，是管子四维论的核心内容。管子提炼了四个通俗而又精辟的关键词，表述了四论的主题，即“礼不逾节”“义不自进”“廉不蔽恶”“耻不从枉”。

这四个关键词，从四个方面提出了建构四维纲领的路径，也从四个方面提出针砭时弊的方剂。四个词相互关联，也各有独立含义，概括起来，可以分为两组，即“礼义”和“廉耻”，这也是后人常常联袂使用的复合词，原因在于相互之间的互补性较强。

---

① ［春秋］卜子夏《子夏易传》卷10《周易·序卦传第十》，文渊阁本《四库全书·经部·易类》。

② ［元］胡震《周义衍义》卷13，文渊阁本《四库全书·经部·易类》。

(1)"礼不逾节"与"义不自进"

管子的"礼维论"和"义维纶"是崭新的思想理念，这一理念提出了"礼不逾节"和"义不自进"的思想主张，这是从精神道德层面强调遵守礼义制度。亦可这样读句："礼，不逾节"，"义，不自进"，可较为明确管子关于这两论的主题，焦点在"不逾节"和"不自进"。

何谓"不逾节"？强调个人行为不要逾越礼制的等级规定。何谓"不自进"？反对用不正当的手段谋取功名利禄。

"礼，不逾节"，也是管子的独特提法，重在一个"节"字。唐代孔颖达释曰："礼者，所以辨尊卑，别等级，使上不逼下，下不僭上，故云礼不逾节，度也。"①这一解释基本符合《管子》原义。《管子》下文曰："不逾节，则上位安。"所谓"上位"，涵盖全部社会管理机构，即是等级森严而又庞大的官员队伍，金字塔式的管理层。管子用"不逾节"，维护"上位安"，就是要稳定这个金字塔。管子的基本思想就是坚守礼制的思想路线，"四维论"旨在加强礼制观念，要求全社会的人用礼制观念规范自己的思想道德行为，即"礼，不逾节"。因此，强调礼制观念，遵守礼制教育，是"管子礼维论"的核心内容。礼制，是西周建国以后形成的政治制度，是维护和巩固统治集团和阶层既得利益的社会政治制度。春秋时期，出现了"礼崩乐坏"的危机。历史证明，并不是制度或者管理模式自身的毛病，周礼所创造的管理模式，与时俱进，不断发展，从周礼"六官"，到秦汉"三公九卿"，隋唐"三省六部"等，这套具有中国特色的国家模式，虽然时有变化，但总体发展趋势承袭了传统周礼模式，包含纵横两个方面，即中央到地方的上下结构和社会活动的各个方面，形成具有中国特色的"礼文化"，代代相传。历史证明，管子的研判是正确的，周礼只能够强化，不能够削弱。"管子礼维论"，就是申明继续维护这一制度的理论阐述；而"不逾节"的思想主张，是维护礼制，或曰维护礼法的精准号脉，要求全社会严格遵守已经形成的"礼制"，强调个人行为不要逾越"礼"的等级制度。

"义，不自进"，唐代房玄龄释曰："自进，谓不由荐举。"这是房玄龄用唐代选拔人才的方式，通俗喻其义。管子原义，更加深刻，就是反对用不正当的手段谋取官位。《管子》下文云"不自进，则民无巧诈"，明确反对"巧诈"手段入仕、升迁。管子创建并且阐述"义维论"，旨在从思想上要求人们自我约束，维护礼制，最终达到维护"尊卑""贵贱""长幼""贫富"有序的社会秩序，在维系礼制的前提下，从伦理道德层面，维系各个阶层之间的和谐。

在四维文化中，礼义是灵魂，坚持礼义，就是维护尊卑、贵贱、上下、贫富之间的等级

① ［清］乾隆《钦定礼记义疏》卷1孔颖达《礼不逾节疏》。文渊阁本《四库全书·经部·礼记》。

秩序，最终维护了天子和国君的统治地位，这是加强政治统治的精神工具，是形成于春秋初期意识形态学说的核心。这一学说中，坚持“礼制”的政治路线没有变；相反，在坚持礼制的前提下，加强“礼治”，强调维护礼制的思想教育，宣扬礼制的合理性。

（2）“廉不蔽恶”与“耻不从枉”

在廉维论和耻维论中，管子史无前例地提出了廉耻观，给当时的社会创造了前所未有的道德观念。同时，阐述了“廉耻观”的新内涵，云：“廉，不蔽恶；耻，不从枉。”“恶”，是对所有错误观念、反动行径、腐败作风的概括。管子把廉文化的核心思想，归结为“廉”与“恶”的对立，赋予“廉文化”最精练的一句话，“不蔽恶”，即不掩饰邪恶，不做坏事。把“廉”的内涵，从《周礼》六廉中拓展出来，确立为具有普遍意义的道德准则，适用于全社会成员，而不是仅限制在官员“六计”官僚群体。《易·象传》云：“君子之遏恶扬善。”管子把这一精髓提取出来，融合于廉维论中，作为治国的精神纲领。

为了加强廉文化的，管子提出了耻文化，“耻，不从枉”。“枉”，“邪曲也”（《说文》），谕义邪事、坏事。“不蔽恶”“不从枉”，二者都是思想道德层面新的约束，这是以春秋时期社会形势为基础确立的道德准则，反映了春秋的历史实际情况而具有时代意义，其实际意义在于教育人加强自我修养。《管子》下文阐述得十分清楚，云：“不蔽恶则行自全，不从枉则邪事不生。”客观地研究这个问题，“不蔽恶”和“行自全”之间，没有必然的因果关系；“不从枉”和“邪事不生”之间也没有必然的因果关系。但是，管子的廉维论和耻维论，旨在希望通过这条途径，帮助人们完善品行，营造邪事不生的良好社会环境。

综上所述，礼义廉耻，四维学说，迥然不同于商周以来敬鬼神、畏天命的思想观念，体现了中国古代意识形态开始走下神坛迈向人间的人文新阶段。

3.“民之四维”的新观念

管子四维论中，极具冲击力的理论成分是“民之四维”。《管子·权修》篇，阐明了“民之四维”的主要内容，体现了很多新的观念，比较有代表性的有两点。

（1）突破传统的“民之四维”

管子旗帜鲜明地提出实施“民之四维”的思想主张，曰：“凡牧民者，欲民之有礼也”，“欲民之有义”，“欲民之有廉”，“欲民之有耻”，即让民众懂得“礼义廉耻”。这个主张，是前所未有的新说。

四维学说的核心是“礼”。“礼”的特性，是“辨尊卑，别贵贱，序长幼，分贫富”[①]，所有“辨、别、序、分”，都限定在“士人”以上的贵族阶层，“庶人”不入围，不

① ［清］乾隆《钦定礼记义疏》卷1孔颖达《礼不逾节疏》。文渊阁本《四库全书·经部·礼记》。

参与礼文化活动。长期以来,形成"礼不下庶人"的理念①。管子提出构建"民之四维"的主张,以启迪民智,唤醒民众支持国家,并且把这一主张视为治国纲领的组成部分,而且是不可缺少的组成部分,这是思想上的重大转变,也是观念的突破。

管子这一思想理念很超前。除了齐国,在很长时间内,士大夫阶层都难以接受,一个半世纪后的孔子仍然不能够接受这一观念,孔子的理念停留在"民可使由之,不可使知之"的层面②。孔子甚至因此而批评管子,曰:"管氏而知礼,孰不知礼!"③直到战国时期,孟子才开始提出君民同乐论,主张重视民意。但是《礼》尊卑贵贱、亲疏贫富观念的解禁,直到宋代才完成。宋代司马光著述了教育平民如何遵循礼义的《书影》著作;南宋朱熹著述了教育庶民如何学习礼义的《家礼》一书,也就是说,两宋时期,普通庶民,才获得了参加了礼义活动的资格和权利。

(2)坚定"民之四维"

礼义廉耻,管子视其为治国之四纲,将其作为治国的纲领,不能够停留在上层,要贯彻全社会。

其一,民之四维的必要性。

管子在《管子·权修》篇中有一段详细论述,曰:

> 凡牧民者,欲民之有礼也;欲民之有礼,则小礼不可不谨也;小礼不谨于国,而求百姓之行大礼,不可得也。凡牧民者,欲民之有义也;欲民之有义,则小义不可不行;小义不行于国,而求百姓之行大义,不可得也。凡牧民者,欲民之有廉也;欲民之有廉,则小廉不可不修也;小廉不修于国,而求百姓之行大廉,不可得也。凡牧民者,欲民之有耻也;欲民之有耻,则小耻不可不饰也;小耻不饰于国,而求百姓之行大耻,不可得也。凡牧民者,欲民之修小礼、行小义、饰小廉、谨小耻、禁微邪,此厉民之道也。民之修小礼、行小义、饰小廉、谨小耻、禁微邪,治之本也。

其二,七体八经:贯彻礼义之通途。

《管子·五辅》篇,详细阐述了四维中的礼义部分,谓"义有七体,礼有八经",也就是说,礼的内容有八个方面,义的内容有七个方面,礼义是"管子四维论"的灵魂成分。在这两个论述中,我们可以清楚看见,管子的论述对象面向全社会成员,包含所有"民"众。

礼有八经,原文曰:

> 上下有义,贵贱有分,长幼有等,贫富有度,凡此八者,礼之经也。故上下无义

---

① [宋]王与之《周礼定义》卷27《总论》。文渊阁本《四库全书·经部·周礼》。

② [宋]朱熹《四书章句集注·论语》卷4《泰伯第八》。文渊阁本《四库全书·经部·四书》。

③ [魏]何晏集解,[唐]陆德明音义,[宋]邢昺疏《论语注疏》卷3。文渊阁本《四库全书·经部·四书》。

则乱,贵贱无分则争,长幼无等则倍,贫富无度则失。上下乱,贵贱争,长幼倍,贫富失,而国不乱者,未之尝闻也。

义有七体,原文曰:

孝悌慈惠,以养亲戚。恭敬忠信,以事君上。中正比宜,以行礼节。整齐撙诎,以辟刑戮。纤啬省用,以备饥馑。敦蒙纯固,以备祸乱。和协辑睦,以备寇戎。凡此七者,义之体也。

管子清晰构建了民之四维,坚持向全社会贯彻“礼义廉耻”的思想纲领,有利于提升民众的思想素质,“民必知义然后中正,中正然后和调,和调乃能处安”(《五辅》)。社会安定了,社会生产发展,经济上升,就能够走向管子所期望的民富国强的新时代。

三、孝悌,创建家庭经济实体工程

中国孝文化源远流长,但是一直处于自然发展中,缺少系统的理论总结和引导。管子构建的“四维论”,无论“国之四维”,抑或“民之四维”,都涉及全社会成员,管子以特有的思想家和政治家的灵敏,将视野扩大到社会的基层构成单位,即家庭。在梳理中国孝文化发展轨迹的基础上,系统总结了孝文化理论,形成管子特色的孝论,以嫁接“四维论”,凭借“孝论”,把“四维论”贯彻到社会基层,促进家庭和睦,促进社会发展。

1. 管子孝论的内容

“管子孝论”,保存在《管子》中,没有专题和专门的章节,其主要构成有三大系统,包含“血缘”“师承”“君臣”等组成部分。三大系统是独立而又互相关联的理论体系。

(1)家族系统的孝论

人类的血缘关系,按照生息繁衍的关系,可划分三个系列,即父子、兄弟、夫妻。这三个系列涵盖了一个家族“纵向”“横向”“外延”的主要方面。“管子孝论”,以这三个脉络为主干,论述其伦理方面的道德文化,阐明其应该遵守的道德规则。

父子,属于血缘关系的纵向脉络,上溯远祖,下延远孙,以“父子”关系为环节,形成漫长的生物链。就社会而言,每一个家族都有这样的“父子”链,具有普遍性的意义。《管子》针对社会普遍存在的“父子”关系,提出了“父慈子孝”的概念(《五辅》《版法解》),其中,“子”,包含“男”和“女”,这是古汉语学科的研究结论。

兄弟,属于血缘关系的横向脉络,即平辈血缘关系,这是一个庞大的脉络。在中国古代的婚姻制度下,有同父同母兄弟和同父异母兄弟之别;有同祖父同祖母兄弟和同祖父异祖母兄弟之别；以此类推，上溯远祖，下延每一代，其横向延伸，包含庶出“兄弟”，形成庞大的脉络，在社会上同样具有广泛性和普遍性意义。《管子》针对“兄弟”关系，提出了“孝悌”（《五辅》）和“兄爱弟敬”（《版法解》）的概念，把孝文化引入平辈血缘群体之间，纳入“孝论”。《管子》中的“孝悌”，也称“孝弟”。《释名》曰“悌，弟也”，特指兄弟之间“兄爱弟敬”。“孝”和“悌”并提，首出《管子》，其首次把“孝悌”视为“孝”的文化概念，成为中国“孝悌”文化之揭橥。《管子》中论及“孝悌”有6处，论及“孝弟”有7处，含义相同，属于文化和实践两个语言环境下的表述。前者提升了文化内涵，后者保留了实际生活的痕迹。

夫妻，属于家族系统中的特殊系列，本来没有血缘联系的异姓家族，由于婚姻而繁衍后代，其血缘关系在“子女”中绵延，构建了新的血缘脉络，这是比较特殊的以子女为纽带的相向血缘关系。在人类社会的婚姻发展史上，无论在什么样的婚姻制度下，正常的成年男女，一般会有结婚的经历，夫妻关系，具有普遍性。以“夫妻”为桥梁，把血缘关系扩大到“异姓”家族之间，更加广泛地促进了社会各个姓氏之间的联结和交融。《管子》提出了“夫妻”的伦理，曰：“为人夫者，敦懞以固；为人妻者，劝勉以贞”（《五辅》），概言之，夫“固”妻“贞”，即丈夫要坚定、本分；妻子要忠诚、专一。言简意赅，规范夫妻之间的伦理关系，赋予“孝”的命题，纳入孝论。

孝论，扩大到夫妻关系，这是孝论范畴的一个重大突破，衍生了家族中新的伦理关系，即媳妇和公婆，或称翁媳、婆媳关系。《管子》文献中多处论述了“翁媳”和“婆媳”二者的互动关系，借以深化这一命题，曰：“慈者，父母之高行也”；“孝者，子妇之高行也”（《形势解》）。管子非泛泛而谈，针对媳妇与翁婆之间的伦理关系，强调指出：“父母慈而不解（笔者按，此“解”，训为“懈”）则子妇顺”；“子妇孝而不解则美名附”（《形势解》）。“父母慈”与“子妇孝”“子妇顺”，这是管子提出的翁婆与子妇的伦理新义，增添了孝文化新成分。

（2）君臣系统的孝论

君臣关系，涉及“统治者”和“被统治者”，即“治人”和“治于人”两大群体。管子选择具有概括意义的“君臣”关系，纳入“孝论”，提出“君德臣忠”的概念，借以调节相互关系。

《管子》文献中不是孤立提出“君德臣忠”这一概念，而是将其纳入孝论的体系，把“君臣”“父子”“兄弟”伦理融为一体并论曰：“君德臣忠，父慈子孝，兄爱弟敬，礼义章明。”（《版法解》）“慈惠以养亲戚，恭敬忠信以事君上。”（《管子·五辅》）在孝论中增添了君臣关系的范畴。

《管子·五辅》篇中进一步总结了孝论的八条要义，不仅包含君臣关系，而且将其列为“八义”之首，曰：

为人君者，中正而无私；为人臣者，忠信而不党；为人父者，慈惠以教；为人子者，孝悌以肃；为人兄者，宽裕以诲；为人弟者，比顺以敬：为人夫者，敦懞以固；为人妻者，劝勉以贞。

上文关于“君德”的表述有一个小小的变化，易“德”以“中正”。先秦文献中，“德”是一个宽泛的概念，用“中正”表述“君德”具体内涵，实质是一致的。春秋初期，社会历史悄然转型，周王朝以及各个诸侯国处于“礼崩乐坏”的式微时期。据各诸侯国史书“《春秋》之记，臣有弑其君”（《法法》），君臣关系出现严峻危机。管子提出“君德臣忠”的命题，阐述了君臣系统的孝论，注入孝文化，借以促进君臣关系和谐。君臣关系，涉及统治集团内部“治人”和“治于人”两大群体，调节二者之间的关系，缓和统治集团内部矛盾，乃是提升国家机构运转能力的核心问题。

（3）师承系统的孝论

《管子》中的《弟子职》篇，是很特殊的“孝悌”理论篇，提出了社会上普遍存在的一种伦理关系，即“师徒”“师生”之间的伦理道德。

汉代刘向、刘欣在《七略》中，把《弟子职》从《管子》文献中抽出来，独立成篇，归入《六艺略》“孝经”类。班固撰写《汉书》，吸收了刘氏这一学术成果，又收入《艺文志》。唐代文献学家颜师古治《汉书》，为《弟子职》篇加注，引用文献学家应劭注曰：《弟子职》“管仲所作，在《管子》书”。这确认了《弟子职》篇是管仲的著作，因而确认了《弟子职》篇的学术分类的性质，即属于“孝经”类。

宋代朱熹治经，编撰了《仪礼经传通解》，把《弟子职》收入其中，并且为之撰序，曰：“此管子之全篇，言童子入学受业、事师之法。”所谓“受业、事师之法”，即是规范先生与童子之间的孝道，提出“先生施教，弟子是则”的师生关系。《管子·弟子职》经过朱熹整理、撰序，被“经学化”了，进一步在社会上广泛流传并且产生深远影响。中国教育领域“尊师爱生”的孝道，源于《管子·弟子职》，而朱熹成为传承这一孝道的推手。

从汉代到宋代，从刘向、刘歆到朱熹，直至明清时期，都把这篇《弟子职》视为教育领域的“孝经”。明确提出了弟子应该在“闻义则服”，即接受老师传授知识、技能的同时，要履行“温柔孝悌”之义。

《弟子职》选择“师生”群体，也不局限于文化教育领域，而是包含各行各业传授知识技能的师徒群体。《管子·乘马》篇中，论述了“士农工商”各业的艺技传授问题，明确指出：士农工商各行各业都有专门的学问，“贾（经商之人）知贾（价格）之贵贱”，“工治容貌功能”，他们有一技之长，可以为人之师。反之，“愚者不知，不可以教民”；“拙者不能，不可以教民”。管子施政，士农工商“四民”不杂处，划分专门的居住区，便于师徒之间传承知识和技艺。《管子·小匡》篇曰：“今夫士，群萃而州处。闲燕，则父与父言义，子与子言孝，其事君者言敬，长者言爱，幼者言弟，旦昔从事于此，以教其子弟，少而习焉，其心安焉，不见异物而迁焉。”在良好的师承关系中，“其父兄之教，不肃而成，其子弟之学，不劳而能”。

“师生”群体是一个庞大的社会群体，构建这一群体人物的伦理关系，确立相互之间的孝悌之义，不仅拓展了孝论的范畴，而且扩大了孝论对于社会实践的意义，对于人类文明和知识乃至学术文化、艺术技能的传承具有重要意义。

2. 管子孝论的社会价值

“管子孝论”，是中国历史上第一次“孝”的理论阐述。在中国思想文化发展史上有很多建设性的贡献。

（1）创造了“治家”孝文化

这是中国历史上第一个用“治国”的视野，创建并且阐述“治家”的思想理论。近现代“细胞学”诞生，有人把“家庭”比喻为社会的“细胞”，这一术语揭示了“治家”与“治国”的密切关系。《管子》创建“孝论”，为改善政治，推动社会发展产生了重大而深远的影响。之后，孔子发展了孝论，提出：“孝，始于事亲，中于事君，终于立身。”深入浅出，把“家”“国”两个元素融于孝文化的血脉中。

（2）创建了新的社会经济体

“管子孝论”，阐述了孝悌的历史传承、社会成因、意义与价值等，提升了人们对于“孝悌”命题的整体认识。此后，社会上关于“孝悌”的认识不再是支离破碎的，也不是可有可无的，其孝悌的三大文化系统，囊括了社会十大群体人物，规范了各种人物群体的相互关系。

尤其是在社会转型时期，自给自足的小农经济逐渐形成，这一经济体，是以家庭为单元的社会细胞体，赋税徭役、礼乐征伐来自家庭的支撑。孝悌，不再是一个古老的文化现象，而是维系家庭的重要精神支柱。管子敏于时事，创建“孝论”，开启了中国孝文化“治家”的新阶段，孝文化与家庭密切结合，就成为社会经济基础的一部分。

在中华民族的传承与发展史上，孝文化巩固了家庭，也巩固了相应时期的经济基础，管子的“孝悌”工程，产生了深刻的社会影响。秦汉以后，孝文化和中国政治密切结合，管子创建的“孝悌”工程，功垂千秋，功莫大焉！

综上所述，“管子孝论”的形成和诞生，离不开“四维论”、宗法等多元思想文化的支撑。同样，“四维论”、宗法也需要“孝论”的广阔渠道。

“四维论”，重塑了社会价值观；“孝论”，巩固了以家庭为经济体的社会结构，“地政”工程才借以顺利实施于社会实践，其“一匡天下”的远大政治理想变为客观历史实际。

论《管子》的仁义思想及其实践

郭世东

《管子》一书博大精深，精彩纷呈，其中蕴含着丰富的治国理政思想和生动实践，对当代乃至后世仍然有一定的借鉴作用。本文梳理该书中有关仁义思想的内容，就有关仁义思想及其实践进行整理、探讨，从推行仁义的意义、推行仁义的方法和如何修养仁义三个方面进行论述，希冀对培育和弘扬社会主义核心价值观，对加强当今社会的道德建设有一定的借鉴作用。

一、推行仁义的意义

（一）以史为鉴，需要推行仁义

《管子·中匡》记述了管仲为齐相后，与齐桓公讨论有关治国的策略，其认为称霸诸侯需要有充分的准备，要学习“先王必有置也，而后必有废也；必有利也，而后必有害也”的历史经验，特别强调要“善之伐不善也”的历史规律，要以治平乱，稳定社会，以诸侯和百姓为重；要矢志不渝地坚持取信于天下，不能偷安于一时。齐桓公问：“昔三王者，既弑其君，今言仁义，则必以三王为法度，不识其故何也?”管仲回答道：从前夏禹平定治理好天下，夏桀却使天下大乱，商汤放逐夏桀而安定了夏禹的功业，但到商纣王又使天下混乱，周武王伐纣而安定了商汤的功业。可见这些都是“善之伐不善也”，从古至今，这种情况也没有改变过。管仲用禹、汤、武王时期兴衰治乱的历史事实说明治国之道在于推行仁义，而那些不仁不义的昏君、暴君必然被推翻，得出结论“善之伐不善也，自古至今，未有改之”。可见，治理国家要以古为鉴，实行仁政，远离暴政。接着，齐桓公又问，古代亡国的原因是什么呢？管仲明确回答有三个方面的原因：“计得地与宝，而不计失诸侯；计得财委，而不计失百姓；计见亲而不计见弃。三者之属一，足以削，遍而有者亡矣。”这就明确告诉齐桓公，只算计着能够获得多少土地和财宝，却不计算失去了多少诸侯；只算计着能够获得多少财物，却不计算失去了多少百姓；只算计有多少受亲附的，却不

作者简介：郭世东，安徽省管子研究会会员，安徽省人大常委会办公厅副巡视员。

计算有多少被抛弃的。如果触犯其中一条，就足以削弱国家；如果都触犯了，那么就要亡国了。告诫君主不要只顾攫取土地和财物，更重要的是不能失去诸侯的支持和百姓的拥护。管仲还直言不讳地指出："古之隳国家、陨社稷者，非故且为之也，必少有乐焉，不知其陷于恶也。"这是警告君主治国要以史为鉴，施行仁义，防止国破家亡的办法就是要防微杜渐、小心谨慎，忽以恶小而为之，以防偶有淫乐，最终不知不觉陷入罪恶深渊。

（二）"义"为四维之一，治国不可或缺

《管子》开篇之作《牧民》篇阐述了治理国家的理论和原则，认为治国的原则在于"张四维"，并说明礼义廉耻四维的含义及其重要性。立国的根本在于"有四维"："一维绝则倾，二维绝则危，三维绝则覆，四维绝则灭。"进一步阐述缺少"四维"的不同危害性："倾可正也，危可安也，覆可起也，灭不可复错也。"意思是说，国家倾倒是可以扶正的，危险是可以转危为安的，翻覆也是可以再振兴的，但是如果国家灭亡，就不能再恢复了。君主治国都是希望长治久安的，那么礼义廉耻对治国有什么作用呢？答案是："礼不逾节，义不自进，廉不蔽恶，耻不从枉。"遵守礼节就不会超越规范，讲求义就不会自行钻营，做到廉就不会掩饰过错，懂得耻就不会追随邪曲。可见"礼义廉耻"是治国不可缺少的"四维"，尤其是"义"，在治国方面具有重要作用。

《管子》提出在当时状态下要实行道义，振兴周王室。《轻重戊》篇记载管仲与齐桓公探讨如何利用轻重之术来治理国家。管仲历数从伏羲氏直到周朝，不同统治者实行不同的轻重策略，他建议齐桓公要实行道义。管子说："帝王之道备矣，不可加也。公其行义而已矣。"齐桓公又问："其行义奈何?"管子回答说："天子幼弱，诸侯亢强，聘享不上。公其弱强继绝，率诸侯以起周室之祀。"这段意思是说，前代帝王的统治之道已经很完备，不必再增加什么，齐桓公只要实行道义就可以了。管子劝说齐桓公，当今周天子年幼力弱，诸侯过于强大，不向天子遣使进贡，你应该削弱过于强大的诸侯，延续濒于灭绝的国家，率领各国诸侯振兴周天子的王室。齐桓公采纳了管仲的意见。这样做也体现了仁义之道。

（三）得人之道，关键在于推行仁义

《五辅》中谈到治国需要实行"德义礼法权"五种措施，并具体阐述了德有六兴，义有七体，礼有八经，法有五务，权有三度。本篇是从治国安邦、巩固政权开始论述的，首先指出："古之圣王，所以取明名广誉，厚功大业，显于天下，不忘于后世，非得人者，未之尝闻。"并从反面论述暴君失国，是因失去人心，因而告诫齐桓公："人不可不务也，此天下之极也。""得人之道"，就是得天下之道，正所谓得民心者得天下，失民心者失天下。那么，君主如何才能做到"得人之道"呢？简而言之，"得人之道，莫若利之；利之之道，莫若教之以政"。国家的政事很重要，不可不慎重对待，第一要务就是是兴六德。兴六德首先要发展经济，满足老百姓生产的需要。“辟田畴，利坛宅，修树艺，劝士民，勉稼穑，修墙屋，此谓厚其生。发伏利，输埽积，修道途，便关市，慎将宿，此谓输之以财。水潦，利陂沟，决潘渚，溃滞，通郁闭，慎津梁，此谓遗之以利。”通过上述措施发展生产，务农经商，老百姓才能获得收益，但做好这些并不是说老百姓就一定能过上安定幸福生活。要让百姓安定生活，君主还要采取三个方面措施：“薄征敛，轻征赋，弛刑罚，赦罪戾，宥小过，此谓宽其政。养长老，慈幼孤，恤鳏寡，问疾病，吊祸丧，此谓匡其急。衣冻寒，食饥渴，匡贫窭，振罢露，资乏绝，此谓振其穷。”即实行宽政、匡急、解困三种仁义办法，来满足老百姓生活需要。一要轻徭薄赋，减轻刑罚，对老百姓实行宽大政策；二要尊老爱幼，救济鳏寡等，帮助老百姓解急济困；三要帮助贫寒百姓，赈济衰落人家，资助面临绝境的人。所以说：“明王之务，在于强本事，去无用，然后民可使富；论贤人，用有能，而民可使治；薄税敛，毋苟于民，待以忠爱，而民可使亲。三者，霸王之事也。事有本，而仁义其要也。”总之，发展农业生产，任用贤能人才，减轻百姓赋税，这些都是关系到称王称霸的根本大事，要达到目的，实行仁爱政策才是关键。

（四）实行仁义，民亲国泰久安

齐桓公在当时历史环境下，提出治国要实行大仁大义是难能可贵的。《小问》记载，齐桓公问：“吾欲行广仁大义，以利天下，奚为而可？”管子的答案是：“诛暴禁非，存亡继绝，而赦无罪，则仁广而义大矣。”管子的建议是惩罚强暴禁止侵略，让亡国能够复存、灭绝的君位能够复继，并赦免那些无罪的人，这样就做到大仁大义了。这就要求君主对内要惩罚强暴、减轻刑罚，对外不要发动侵略战争等。《山权数》还记载了管子和齐桓公讨论如何使用权衡轻重的方法治理国家的问题，该篇不仅论述在经济活动中要使用权衡轻重，乘时适变，而且要学会使用权衡一统天下的办法。管子说道：“君不高仁，则国不相被；君不高慈孝，则民简其亲而轻过。此乱之至也。”即是说，君主如果不倡导仁爱，百姓就不会相互帮助；君主不倡导父慈子孝，百姓就会怠慢亲人而屡犯错误。管仲警告齐桓公，这是国家发生动乱的源头。为了避免祸乱，应当采用平准之道，奖励孝道，宣传典型。“君请以国策十分之一者树表置高，乡之孝子聘之币，孝子兄弟众寡不与师旅之事。树表置高而高仁慈孝，财散而轻。乘轻而守之以策，则十之五有在上。运五如行事，如日月之终复。此长有天下之道，谓之准道。”这是要求，君主应该用盈余的十分之一来树立标兵，表彰仁孝，对乡里的孝子要赠币慰问，孝子的兄弟不管多少都可以免除兵役。这样，树立标兵，倡导仁孝，财货布散于社会，币值就会变轻。国家乘币轻之时运用轻重之策加以控制，十分之五的财货又被国家掌握。再用十分之五的盈余投入辗转运用，就像日月那样往而复来。这就是长久地掌握天下的方法。实施这种“平准之法”的奖励方法，既倡导仁义、孝道，又控制财货和经济，可以一举两得。不仅如此，管仲针对当时大夫们藏匿财货不肯献出，宁愿粮食腐烂也不肯发散给饥民的状况，向齐桓公提出建议：大夫们散财济民才算尽忠心，否则就是对君不忠。齐桓公采纳了这项措施，结果出现了可喜的现象。“功臣之家皆争发其积藏，出其资财，以予其远近兄弟。以为未足，又收国中之贫病孤独老不能自食之萌，皆与得焉。”推行这样的仁义措施后，不仅亲情关系更加密切，还救济了贫困人家，“桓公推仁立义，功臣之家兄弟相戚，骨肉相亲，国无饥民”（《轻重丁》）。

二、推行仁义的方法

（一）以人为本，本理国固

《霸言》篇围绕如何实现霸王之业展开讨论，主张君主“欲用天下之权，必先布德诸侯”，圣明的君主要“务具其备，慎守其时，以备待时，以时兴事”，要以百姓为本，王者之心要方正而不偏执。该篇提出“以人为本”“本理则国固”的治国理念，“夫霸王之所始也，以人为本。本理则国固，本乱则国危”。

一是君主应该让百姓能安定生活。作为春秋时代中等诸侯国，欲用天下之权者，必先布德诸侯，这就是为什么“先王有所取，有所与，有所诎，有所信，然后能用天下之权”。君主一定要懂得“诸侯之得地利者，权从之；失地利者，权去之。夫争天下者，必先争人。明大数者得人，审小计者失人。得天下之众者王，得其半者霸”，要想拥有天下，必先争人。进一步指出“以天下之财，利天下之人；以明威之振，合天下之权；以遂德之行，结诸侯之亲；以奸佞之罪，刑天下之心；因天下之威，以广明王之伐；攻逆乱之国，赏有功之劳；封贤圣之德，明一人之行，而百姓定矣”。意思是说，明君要想拥有天下，必须先争取人心，要广施恩惠，结交诸侯，这样坚持下去，百姓才会归顺，人心才能安定，国家才能强大。

二是君主应该采用仁义德行治国。《霸言》中说：“无德而欲王者危”，告诫君主，如果缺乏德行而妄想称王称霸是很危险的。作为君主要“上明则下敬，政平则人安，士教和则兵胜敌，使能则百事理，亲仁则上不危，任贤则诸侯服”。提出“主尊臣卑，上威下敬，令行人服，理之至也”。意为：君主要想称王天下，必须懂得“德义胜之”的治国道理。不仅如此，“王者之心，方而不最”，成就王业者的心，必须方正而不偏执。只有君主实行公道之心、秉持公正理念，才能使百业昌盛，百姓顺从。因此，在制定政策法律时，要顺应民心，“立政出令用人道”；在执行政策法律时，要讲求公平正义，“以正使之”。这样以德义、人道理念来治国理政，体现了以德治国精神。

三是君主应该以民为本，施行德政。《霸形》记述了齐国图霸的理论和实践。齐桓公问管仲：“敢问何谓其本？”管子对答说：“齐国百姓，公之本也。人甚忧饥，而税敛重；人甚惧死，而刑政险；人甚伤劳，而上举事不时。”管子的回答明确指出民为君本,君主应当懂得固本培元,巩固根本。百姓希望安居乐业,君主就要顺应民心。为此,他建议齐桓公“轻其税敛,则人不忧饥;缓其刑政,则人不惧死;举事以时,则人不伤劳”。齐桓公采纳了管子轻赋税、缓刑政、不劳民三项举措,并立即实施,用于治国实践。第二天对官吏颁布法令:“使税者百一钟,孤幼不刑,泽梁时纵,关讥而不征,市书而不赋,近者示之以忠信,远者示之以礼义。”通过实行这些仁义德政举措,齐国“民归之如流水”。

(二)与时俱进,顺应民意

治国的基本要求,得天时是首要的,得人心是关键。《禁藏》篇指出:“夫为国之本,得天之时而为经,得人之心而为纪。”要遵从一年四季的季节规律,春夏秋冬顺时施策,不误农时,发展农业生产,这样才能富民强国。为此,要做到“春仁夏忠秋急冬闭,顺天之时,约地之宜,忠人之和”,便可达到“风雨时,五谷实,草木美多,六畜蕃息,国富兵强,民材而令行,内无烦扰之政,外无强敌之患也”。可见,按照时令规律,顺时施治,才能内外无忧,民富国强。他还进一步论述道,善于治国的君主必须首先了解百姓拥有土地的情况,要懂得土地这一生产资料对百姓生产的重要性。“田备然后民可足也”,因为满足百姓生活的条件是吃和穿,而食物的生长离不开土地和水。让百姓生存下去的食物产出是有一定标准的,“富民有要,食民有率,率三十亩而足于卒岁。岁兼美恶,亩取一石,则人有三十石,果蓏素食当十石,糠秕六畜当十石,则人有五十石;布帛麻丝,旁入奇利,未在其中也”。也就是说,按照每人三十亩土地够吃一年,一亩收粮一石,一人就是三十石;瓜果蔬菜相当于十石粮,米糠秕谷和畜产品相当于十石粮,那么每人共有五十石粮食,还有布帛麻丝未计在内。可见,国家要按照这样的标准,让百姓占有土地,最终才会做到“国有余藏,民有余食”。“仓廪实则知礼节,衣食足则知荣辱”。《五辅》提出:“德有六兴”,主张改善民生、输导财货流通、改善交通、减税宽刑、救人之急、赈济灾害。首先就是关注百姓生产生活方面的“辟田畴,利坛宅,修树艺,劝士民,勉稼穑,修墙屋”。要求君主及时下达发展生产的命令,发展农业生产。《君臣下》说:“民有三务,不布其民,非其民也。民非其民,则不可以守战。”君主如果不及时发布政令而耽误了农时,致使百姓不成其为百姓,继而也就不能执行守战任务,这是君主的过失。为了避免过失,君主必须重视农业,适时发布君令,推行仁义之道。《山至数》说:“圣人理之以徐疾,守之以决塞,夺之以轻重,行之以仁义,故与天壤同数。此王者之大辔也。”意为,圣明的君主要用政令的缓急来治理国家,用政策的放收来控制国家,用轻重之术来盈利,用仁义之道来推行,因而能与天地同存。强调这是成就王业的君主的根本纲领。“王者乘时,圣人乘易。”君主要审时度势,赈济不足的百姓,君主如对百姓失去控制就是失去基础。《山至数》又说:“君敛三,上赋七,散振不资者,仁义也。五谷相靡而轻,数也;以乡完重而籍国,数也;出实财,散仁义,万物轻,数也。乘时进退。"这是告诉君主要把握时机而实行进退,将国库粮食留存十分之三,其余十分之七全部发放出去,赈济不足的百姓,显示自己的仁义。要采取多种办法来控制粮食价格,解救生活困难者。一是对付大夫,粮食分散导致谷价下跌;二是以乡、家的高价粮,来征敛大夫的粮食;三是投放粮食财货,散布仁义之名,平抑万物价格。因此,成就王业的人要善于把握时机,圣明的君主要善于把握变化。

(三)推行义体,导民行义

首先,实行七体,匡扶社会风气。《五辅》中,管子提出"民知德矣,而未知义",劝导君主要"明行以导之义",通过推行义来引导百姓,整肃社会风气,并详细论述"义有七体",即"孝悌慈惠,以养亲戚;恭敬忠信,以事君上;中正比宜,以行礼节;整齐撙诎,以辟刑僇;纤啬省用,以备饥馑;敦懞纯固,以备祸乱;和协辑睦,以备寇戎"。意为,以孝敬父兄、慈爱和顺来供养家属,以恭敬忠诚来侍奉君主,以公正合宜来实行礼节,以严整谦逊来避免犯罪,以节俭省用来防备饥荒,以纯朴专一来防备祸乱,以协调和睦来防备敌寇。之所以要这样做,是因为"夫民必知义然后中正,中正然后和调,和调乃能处安,处安然后动威,动威乃可以战胜而守固"。因此,"义不可不行也"。

其次,设立官职,任用德才兼备的人才。《国准》论述国家的平准政策,认为君主要"以人御人,逃戈刃,高仁义,乘天固以安己者也"。要求君主设立官职,任用贤能,避免杀戮,倡导仁义,利用天道稳固来安定自己。什么是贤能的人才?《立正》篇提出,君主用人必须注意三个方面:"一曰德不当其位,二曰功不当其禄,三曰能不当其官。此三本者,治乱之原也。"强调用人必须使用品德与爵位相称、功绩与俸禄相称、才能与官职相称的人才。因此"国有德义未明于朝者,则不可加于尊位;功力未见于国者,则不可授以重禄;临事不信于民者,则不可使任大官"。强调道义品德和功绩能力没有展现的人,不能给予爵位和俸禄,尤其是那些治理政事不能取得百姓信任的人,不能担任重要的官职。此外,还要避免用人失当和用人错误,"德厚而位卑者谓之过,德薄而位尊者谓之失"。宁可安排君子失当,也不可错误使用小人。"宁过于君子,而毋失于小人。"并且告诫君主必须慎重对待四种人:标榜道德但做不到仁,见到贤能但不能谦让,优亲厚友而处罚不公,忽视农业生产而轻率征税。"大德不至仁,不可以授国柄;见贤不能让,不可与尊位;罚避亲贵,不可使主兵;不好本事,不务地利,而轻赋敛,不可与都邑。"君主必须慎重对待这四种人,这四项巩固权力的措施,是事关治国安邦的大事,是国家安危的根本。管仲郑重告诉齐桓公要使用"有道之臣",千万防止使用"无道之臣"。《四称》中就记载了几类无道之臣:"不仁群处,以攻贤者,见贤若货,见贱若过。贪于货贿,竞于酒食,不与善人,唯其所事。倨敖不恭,不友善士,谗贼与斗。不弥人争,唯趣人诏，湛湎于酒，行义不从。不修先故，变易国常，擅创为令，迷或其君，生夺之政，保贵宠矜。迁损善士，捕援货人，入则乘等，出则党骈，货贿相入，酒食相亲，俱乱其君，君若有过，各奉其身。"列举这些无道之臣：结交不仁之辈，专门攻击贤者，遇贵如逐财货，逢贱如同路人；财货贪得无厌，酒食竞相争吃，不去亲近善人，专门亲近同伙；为人傲慢不敬，不愿交结善士，私下勾结小人；不去排解纷争，一味鼓动诉讼，整天沉湎饮酒，行为仪容不端；以及捐弃贤才善士，援引市侩门徒，入朝凌越等次，出朝结党营私，互赠财货相交，互请酒食相亲，都来惑乱君主，君主一旦有祸，人人各保自身，等等。这些"无道之臣"千万不能任用，否则，要祸国殃民，危及政权社稷。

再次，奖赏诚信，力行仁义之道。《揆度》记载："天下宾服，有海内，以富诚信仁义之士，故民高辞让，无为奇怪者。彼轻重者，诸侯不服以出战，诸侯宾服以行仁义。"天下归顺，海内统一时，就可以奖赏诚信仁义的人士，这样做，百姓就会崇尚谦让，再无异常行为。诸侯不归顺时，轻重之术可用于战争；诸侯归顺后，轻重之术可用来推行仁义之道。为此，君主要推行仁义，必须率先垂范，推行仁义而又不能损毁法令。《枢言》记载："法出于礼。"《法法》说："为爱民之故，不难毁法亏令，则是失所谓爱民矣。夫以爱民用民，则民之不用明矣。夫至用民者，杀之，危之，劳之，苦之，饥之，渴之，用民者将致之此极也，而民毋可与虑害己者，明王在上，道法行于国，民皆舍所好而行所恶。"为了爱民而损毁法令，就失去爱民的本义了，用毁坏法令来爱民用民，那么民不为所用也是显而易见的。善于驾驭百姓的君主，可以让百姓愿意为他赴汤蹈火，那是因为明君在上，道德和法律在全国施行，百姓都愿意舍弃个人的私欲而为国家的公事，所以"善用民者，轩冕不下拟，而斧钺不上因"。作为明君赏赐不要吝啬，刑罚不可滥用。不仅如此，《法禁》指出，圣王还要明令禁止"以朋党为友，以蔽恶为仁，以数变为智，以重敛为忠，以遂忿为勇者"的行为，就是对那些以勾结私党为有爱，以包庇邪恶为仁慈，以诡计多端为才智，以横征暴敛为忠君，以发泄私愤为勇敢的行为，要制定法律加以禁止。总之，君主要通过推行仁义之道来治理国家，倡导讲诚信、守法律、行仁义的社会风气。

三、如何修养仁义

（一）要仁德若水，以人为本

《水地》篇论述了水的品性和功用，强调圣人要改变世风，一定要了解水性。众所周知，"水淖弱以清，而好洒人之恶，仁也；视之黑而白，精也；量之不可使概，至满而止，正也；唯无不流，至平而止，义也；人皆赴高，己独赴下，卑也"。水有洗涤污秽的仁德，还有诚实、端正、道义和谦卑的品德。"水一则人心正，水清则民心易。一则欲不污，民心易则行无邪。"水纯洁，人心就公正；水清澈，民心就平易。

荀子说:“君者,舟也;庶人者,水也。水则载舟,水则覆舟。”君主要处理好与百姓的关系,对待百姓宽容厚道才能长治久安。《形势解》记载:“惠者,主之高行也。”“主者,人之所仰而生也,能宽裕纯厚而不苛忮,则民人附。”“臣下者,主之所用也,能尽力事上,则当于主。”君主崇高的德行是给予百姓恩惠,君主是百姓崇仰而赖以生存的人,如果能够宽容厚道,而不苛严忌恨,百姓就会归附;臣下是君主所任用的人,能尽心尽力地为君主效劳,是君主需要的。因此,统治者要懂得水德的道理,更要懂得“水能载舟,亦能覆舟”的道理,做一个“既智且仁”(《枢言》)的人。

(二)要遵仁守礼,不忘初心

《君臣下》载:“仁智者君”是天道人情。“君人者制仁,臣人者守信,此言上下之礼也。”君主要实行仁德,臣子要恪守信义,这就是上下之间的礼制。《势》记载:“毋亡天极,究数而止。事若未成,毋改其形,毋失其始,静民观时,待令而起。”这就是说,不要忘记天道,尽到天数就应该停止。如果事业尚未成功,不要改变常态,不要放弃初衷,不要忘记初心,修养民力观察时机,对待天令起事,这样尽行天道就能拥有天下。

(三)要天下为公,内外兼修

《内业》记载:“一言得而天下服,一言定而天下听,公之谓也。”意思是:一个字在心中已得,天下人就会敬服;一个字在心中已定,天下人就会听从,这个字就是公字。要端正外形,摄取精气,像天地那样仁义。《侈靡》记载:“君亲自好事,强以立断,仁以好任人。”“大王不恃众而自恃,百姓自聚;供而后利之,成而无害。”君主要亲临治政,以果敢断事,以仁爱用人;要亲近百姓,克制自身,百姓就会归附,实行仁义,然后给予利益,就会事业成功,没有祸害。还要“上义以禁暴,尊祖以敬祖,聚宗以朝杀,示不轻为主也”。崇尚仁义而禁止残暴,尊荣祖先又敬奉祖宗,聚合宗族而昭明等差。对待诸侯国,要“国虽强,令必忠以义;国虽弱,令必敬以哀。强弱不犯,则人欲听矣。先人而自后而无以为仁也,加功于人而勿得,所橐者远矣,所争者外矣”。就是说,虽遇强国,辞令一定要既诚心又合道义;虽遇弱国,辞令一定要既恭敬又含爱心。强国弱国都不冒犯,各国就愿意听从了。先人后己,不自以为仁,归功他人,不自以为德。做到这样,所包容的就十分广阔,所争取的就十分远大。

(四)要道德当身,修身律己

《戒》记载:“仁从中出,义从外作。仁故不以天下为利,义故不以天下为名。仁故不代王,义故七十而致政。是故圣人上德而下功,尊道而贱物。”意思是说,仁从心中发出,义从外表体现。做到仁所以不凭天下谋利,做到义所以不凭天下争名。做到仁所以以道辅君而不取代称王,做到义所以年过七十便还政于君。因此,圣人以德为上,而以功业为下;以道为尊,而以物利为贱。可见,圣人要以道德为上，以道德为尊。“道德当身，故不以物惑。是故身在草茅之中，而无慑意；南面听天下，而无骄色。如此而后可以为天下王。所以谓德者，不动而疾，不相告而知，不为而成，不召而至，是德也。”作为一个心怀天下的君主应该以道德为重，注重用道德来修养自身，做到道德在身，不受外物的诱惑。即使身在茅屋之中，而无忧惧的心意；面南治理天下，而无骄傲的神色，做到这样才可以统治天下。所以称作有道德，是因为无所发起而百姓奋起，无所言语而百姓领会，无所作为而百姓成功，无所召唤而百姓聚集，这就是道德的力量。《小称》记载，管子论述君子修身之道。管子说：“善罪身者，民不得罪也；不能罪身者，民罪之。故称身之过者，强也；治身之节者，惠也；不以不善归人者，仁也。故明王有过则反之于身，有善则归之于民。有过而反之身则身惧，有善而归之民则民喜。往喜民，来惧身，此明王之所以治民也。”作为明君要善于责备自身，这样百姓不会责备他；如果不能责备自身，百姓才会责备他。承认自身的过失是有力的表现，修治自身节操是智慧的表现，不把不善归于别人是仁爱的表现。所以说，明君有过失就自身承担，有善行就归功百姓。这种勇于承担责任、不诿责于人的反省自身的做法，不仅是一种修养，更是一种智慧。所以说，有过失就自身承担，自己就会戒惧；百姓就会喜悦，有善行就归功于百姓。归善使百姓欢喜，招过使自身警惕，这就是明君能治理百姓的道理。同时，管子还以夏桀、商纣作为反面教材，进一步强调暴君、昏君就不懂得这个道理。最后得出结论“不善人在则乱，善人在则治”，因为善人本身尽善，所以就影响到他治理天下的方式。

中、美《淮南子》英译出版及学界接受对比研究

丁立福

摘　要:《淮南子》诞生不久即因“罢黜百家,独尊儒术”而被束之高阁,其国内传承和国外译介相较于先秦诸子典籍而言要艰难得多。迟至2010年中国学者翟江月携手牟爱鹏才翻译出版了国内第一个英语全译本,同年美国学者约翰·梅杰领衔四位主译出版了国外第一个英语全译本。一方面,本文通过对比研究发现,翟译本*Huai Nan Zi*和梅译本*The Huainanzi*出版都走了品牌路线,首次发行量也都进行了较为理性的控制,但首次出版后的实际销售以及再次印刷,前者要次于后者;另一方面以同行评价为观察点,翟译本*Huai Nan Zi*在国内外均未能引起应有关注,而梅译本*The Huainanzi*则赢得了一定数量、评价较高的正式评论。就典籍译介初衷而言,翟译本*Huai Nan Zi*在国外几近无人问津的窘况理应引起译者、赞助人、出版社乃至相关各方认真反省,而不应限于译者和学界努力。

关键词:《淮南子》;英译本;出版发行;学界接受

一、《淮南子》国内、外全译本同年问世

《淮南子》由淮南王刘安汇集体智慧编著而成,旨在“纪纲道德,经纬人事,上考之天,下揆之地,中通诸理”①,颇具思想光芒和哲学魂魄。《淮南子》在内容上博采诸子百家之长,尤以“道”统摄之,强调淡泊无为、出入经道,堪称集诸子尤其是道家之大成,因而被近代著名学者赞为“西汉道家言之渊府,其书博大而有条贯,

---

作者简介:丁立福,男,上海外国语大学翻译学博士,淮南师范学院外国语学院教授,淮南成语典故研究院特聘研究员,安徽省学术带头人后备人选(2017),安徽省《淮南子》研究会常务理事兼副秘书长,中国典籍双语研究会理事,中国翻译协会专家会员。兴趣方向为现当代翻译理论、文学翻译理论与实践,主持5项省部级课题,曾在各学术期刊发表论文近50篇,其中含《中国翻译》《外语教学与研究》《当代外国文学》《解放军外国语学院学报》等CSSCI来源期刊论文14篇。

基金项目:安徽省高校学科(专业)拔尖人才学术资助重点项目(gxbjZD36)。

① 陈广忠. 淮南子译注(全二册)[M]. 上海:上海古籍出版社,2016.

汉人著述中第一流也”①。西汉建元二年刘安入朝进献《淮南子》，元光元年董仲舒提出“推明孔氏，抑黜百家”，随后汉武帝为封建大一统决定“罢黜百家，独尊儒术”，《淮南子》、道家以及先秦诸子百家学说一同遭到贬黜。耐人寻味的是，其时《道德经》及先秦诸子百家学说已经广为人知，《淮南子》虽为道家集大成者却刚问世不久，还未来得及传播开来，《淮南子》在国内传承和国外译介相较于先秦诸子典籍而言要艰难得多。仅就《淮南子》在英语世界译介而言，直至1884年才出现“零星篇章的节译”②，至于全译本则要迟至2010年。巧合的是，2010年中国学者翟江月携手牟爱鹏翻译出版了国内第一个英语全译本即 *Huai Nan Zi*③（下文简称翟译本 *Huai Nan Zi* 或翟译本）；同年，美国学者约翰·梅杰领衔四位主译合译出版了国外第一个英语全译本即 *The Huainanzi*④（下文简称梅译本 *The Huainanzi* 或梅译本）。两英译本同年问世，一个由中国学者合译，另一个由美国学者合译，所以两译本对比研究极具学术意义，如笔者对比研究两译本副文本后发现，梅译本创设诸多副文“更便于英语读者登堂入室，从而有效、充分地阅读和领会”⑤，这对今后国内策划出版典籍译本不无借鉴意义。有鉴于此，本文拟集中对比探讨两译本的出版与接受，以期能为中国典籍有效译介提供些许启迪。

二、两译本出版发行对比

（一）出版走品牌路线

翟译本是“大中华文库”系列的精选典籍，由广西师范大学出版社2010年出版，恰巧与梅译本几乎同步面世，所以对比研究更富有意义。广西师范大学出版社创建于1986年，于2009年扩建成广西师范大学出版集团，成为广西首家出版集团乃至中国首家地方大学出版集团。广西师范大学出版社兼顾为教学科研服务和社会效益优先的原则，侧重于教育教学、学术人文和珍稀文献等相关书籍的出版，在海内外享有一定声誉。截至目前，约20家有影响力的出版机构先后通过竞标成功参与“大中华文库”典籍译本的编辑出版，广西师范大学出版社即是其中一家。另外，翟江月参与翻译及出版的《管子》（翟江月今译，翟江月英译，2005）、《吕氏春秋》（翟江月今译，翟江月英译，2005）、《战国策》（翟江月今译，翟江月英译，2008）和《朱子语类选》（翟江月、马晓艳今译，王晓农英译，2014）等也都属于“大中华文

① 梁启超．梁启超论清学史二种[M]．上海：复旦大学出版社，1985.

② 丁立福．《淮南子》对外译介传播研究[J]．中国石油大学学报（社会科学版），2016(3)：72-78.

③ Zhai, Jiangyue, Mou Aipeng(tr.). Huainanzi[M]. Guilin: Guangxi Normal University Press, 2010.

④ John S. Major, Sarah A. Queen, Andrew S. Meyer & Harold D. Roth (trans. & eds.). The Huainanzi [M]. New York: Columbia University Press, 2010.

⑤ 丁立福．论中国典籍译介之“门槛”——以《淮南子》英译为例[J]．北京社会科学，2019(6)：4-14.

库”系列。

梅译本是“亚洲经典译丛”系列的重要作品，由哥伦比亚大学出版社2010年出版。哥伦比亚大学出版社创建于1893年，堪称百年老“店”，在出版原创性作品方面颇有声誉；其隶属于哥伦比亚大学系统，但独立运营，且不以营利为目的，旨在促进文学、史学、理学、经济学及其他学科的发展。“亚洲经典译丛”是哥伦比亚大学出版社重点规划的拳头产品，自20世纪60年代起至今已经翻译出版了100多部亚洲代表性经典作品，涉及中国、日本、朝鲜、印度等国家，当然大部分作品源自中国典籍。顺便提及，领衔主译约翰·梅杰教授在该出版社出版的译著除 *The Huainanzi*（2010）和 *The Essential Huainanzi*（2012）外，还有 *The Dao of the Military: Liu An's Art of War*（2012）和 *Luxuriant Gems of the Spring and Autumn: Attributed to Dong Zhongshu*①（2015），这些译著都属于“亚洲经典译丛”。

通过对比可以发现，两译本选择的出版社都有一定声誉，在人文学术出版领域有一定成就和丰富的经验，而且分别将各自出版的译本都纳入了自己重点打造的丛书系列。其中梅译本所属“亚洲经典译丛”系列已有半个多世纪，迄今精选出版了100多部亚洲代表性经典作品；而翟译本所属“大中华文库”系列业已20余年，迄今已经精选出版了100多部堪称代表中华文化的典籍。单从数据上分析，“亚洲经典译丛”历史更为悠久，历时50余年，出版了100余部作品，涵盖亚洲有代表性的经典作品；“大中华文库”历时20余年，出版了100余部作品，涵盖中国有代表性的经典作品。另外，“亚洲经典译丛”并没有拟定一个有限数量的出版目录，只是根据著作实际情况逐年调整和出版，然而“大中华文库”却事先规划了一个涵盖110部（种）典籍译本的出版目录，只是汉-英对照出版归为第一期，汉-外②对照出版为第二期罢了。总之，两译本编辑出版都走了品牌路线。

（二）首发量合理限制

两译本出版在走品牌路线的同时，都较为理性地控制了其首次发行数量。其中，翟译本于2010年5月首次印刷2000册，相较于同为“大中华文库”系列之《老子（汉英对照）》《论语（汉英对照）》《孟子（汉英对照）》《战国策（汉英对照）》《楚辞（汉英对照）》等典籍而言要少至一半③；至于梅译本发行量就更少了，其于2010年4月首次出版仅印刷了600册，与那些动辄发行上万的畅销译本相比简直是天

① 由 Sarah A. Queen 和 John S. Major 合译。

② 汉-外对照是指汉语典籍的非英语译本，“大中华文库”所规划的对照版本涉及9种语言，除汉语和英语外还涉及另外7种语言，具体而言汉-外对照分别是汉-西（班牙语）对照、汉-法（语）对照、汉-俄（语）对照、汉-阿（拉伯语）对照、汉-德（语）对照、汉-韩（语）对照和汉-日（语）对照。

③ 同为“大中华文库”系列之《老子（汉英对照）》《论语（汉英对照）》《孟子（汉英对照）》《战国策（汉英对照）》《楚辞（汉英对照）》等典籍的首次印刷量大多在3000册。

壤之别。就绝对数量而言，翟译本2000册的首次发行量和梅译本600册的首次发行量都不算多，也可以说是比较稳妥的印刷数量，究其原因，主要有以下三个方面：

一是《淮南子》没有及时传播开来，且其“貌”不详，所以其在国内外的认可度及知名度相对受限。《淮南子》成书不久，汉武帝因政治统治需求而“罢黜百家，独尊儒术”，自然也就将这部著作束之高阁。随后王朝更替，这部典籍竟然遗憾地湮灭于历史中，甚至迄今也只能根据许慎校注和高诱校注而揣测其大致原貌，这些使得《淮南子》在国内外的认可度及知名度要相对有限且滞后。

二是大众对《淮南子》的内容及语言显然较为生疏，难有购买的动力和阅读的兴趣。《淮南子》成书已有2000余年，其所论内容和所用语言都与现今有着天壤之别，即便是当今国人也较难有阅读兴趣和动力，更遑论外国读者了。即便是校译成现代白话文或现代英文，其中所含有的特有术语以及具有时代及民族特征的论述内容，仍会在一定程度上让现代读者望而却步。

三是学界对《淮南子》的实质性研究相对滞后得多，未能给预期读者提供必要的帮助。《淮南子》在学术上的真正发掘应在改革开放之后，其在国外相关学术的实质性研究方面更滞后。具体而言，一方面，改革开放之前近两千年的《淮南子》考据研究，主要目的是通过校勘、考证和修订等使之尽量按原貌传承下来（这个领域西方学者着实不太关注）；另一方面，《淮南子》义理研究真正开始于改革开放之后，至此学者才深入地探讨其本身所具有的学术内涵及其内容意义（这个领域西方学者倒是关注，但起步确实严重滞后）。上述种种因素，使得《淮南子》国内传播和研究相对有限且滞后，更遑论国外相关《淮南子》的传播和研究了，直接导致包括普通大众和专家学者在内的读者群不大，所以说翟译本2000册的印刷量和梅译本600册的印刷量较为稳妥。

梅译本第一版首次仅印刷600册，此举颇值得学习。首先，出版社及译者直面现实的勇气值得学习。所涉哥伦比亚大学出版社在美国算是一家百年老“店”，在全球亦有一定的知名度；所涉译者团队包含四名主译、两名助译，前后历时15年之久。但现实是《淮南子》在欧美的读者群主要还是限于汉学专家以及对此有一定兴趣的研究人员，这决定了梅译本在英语世界的销售量不会有多乐观。然而，哥伦比亚大学出版社没有太顾及自己的“颜面”，梅译本译者团队也没有太计较自己的付出，相反是直接面对实际读者群的评估，试探性地仅仅印刷了600册。其次，出版社及译者团队依据市场行情取相应对策的务实作风值得学习。首次试探性地印刷600册，本身就是对图书市场及其阅读行情的客观评估和尊重。两年后，出版社及译者团队又努力推出了《淮南子》（节译精华版）*The Essential Huainanzi*（2012），以便于那些仅需阅读部分相关核心内容，或希望便于携带或希望降低阅读成本的预期读者，所以节译本 *The Essential Huainanzi* 既出精装本（Hardcover）又出平装本

(Paperback),甚至还出有电子书(E-book)。最后,出版社及译者团队的文化担当值得学习。仅从发行600册合计,出版社和译者团队显然是无法获得利润的,至于他们是否还有其他收入就不得而知了。总而言之,哥伦比亚大学出版社不以营利为目的是众所周知的,以梅杰教授领衔的译者团队沉浸在中国典籍多年亦是客观事实,最终促使他们为之精耕细作应是文化担当,他们自觉地担当起传承和传播他者文化从而丰富美国文化的一份责任。

(三)两译本实际销量评估

至于两译本之实际销售状况和读者接受程度,确实难以精准地评估和对比,最可靠的就是限于发行量客观描述。"大中华文库"之翟译本于2010年5月首次印刷了2000册,8年过去了尚未有脱销的消息,应该不会好于当初预期。实际上,国内的当当网、中国图书网、亚马逊网等翟译本入驻过的商城网店大多还有库存,而且也只有精装本一种版本待售,由此可以推测迄今翟译本的实际销售量应该不会超过2000册,尽管有国家领导人出访时携其作为"国礼"相赠,亦有国家汉语国际推广领导小组办公室将其送于海外孔子学院。相应地,梅译本于2010年4月首次发行600册,三个月内销售一空,于是哥伦比亚大学出版社开始再次印刷。至于其后哥伦比亚大学出版社总共印刷了多少册,共计多少册就不得而知了。因论文撰写之需,笔者曾写信给译者咨询相关情况,梅杰教授于2018年7月30日回信答复如下:

The initial print run for our Huainanzi translation was 600 copies. Those books sold out very quickly, and Columbia University Press has reprinted the book a couple of times after the first printing sold out. Total sales so far are about 1200 copies. The book is still in print, and will remain in print for a very long time, with additional reprints as necessary. (This is a good feature of American university presses—they generally keep their books available for a long time.) Reader response to the translation has been very positive. It has received very favorable reviews in several American professional journals.

由此可知,哥伦比亚大学出版社首次印刷迅速脱销,要好于当初预期。随后,哥伦比亚大学出版社继续印刷了多次,截至目前约卖出1200册。另外,哥伦比亚大学出版社将长期确保梅译本在图书市场的供应,一旦得知售罄就会立马再印。此外,《淮南子》全译本即 *The Huainanzi* 配套推出了相应的电子版本,还有《淮南子》节译本 *The Essential Huainanzi* 及其电子版本。如果把这些都计算在内,可以有把握地推测包括全译本和节译本在内的《淮南子》梅译本实际售出会超过2000册。总之,就首次出版后的实际销售以及再次印刷而言,梅译本要好于翟译本是毋庸置疑的。

三、两译本在学术界接受对比

（一）英译本同行评价管窥

大凡涉及宏观类描述和论述大都存在代表性和精准度的问题，一般只能采取不完全列举的方式做一陈述，以求“管中窥豹”。这个“管”暂定为同行专家评价，因为“一部译作出版后，同行专家评价对于该译本的接受、传播直接发挥着推介推广的作用”[①]；反之，该译本接受和传播的实际效果也可从同行专家评价中窥得一斑。

对于中国典籍的海外传播来说，中国学者、外国汉学家、翻译家及评论家等同行评价尤为重要。本文借助 JSTOR、Academic Search Complete 和中国知网等数据库，对正式发表在国内外学术期刊上的同行专家书评进行了较为全面的检索和研判，数据更新至 2018 年 6 月 16 日，总共查找到 9 篇同行专家评价。其中，国外同行专家书评有 2 篇，国外同行专家书评有 7 篇，《淮南子》译本书评统计见表 1 所列。

表 1　《淮南子》译本书评统计

年份	期刊（出处）	出版社（主办方）	评论人	评论人单位
2010	*Journal of the American Oriental Society*, 130(2):306-309	American Oriental Society	Moss Roberts（罗慕士）	New York University
2011	*Journal of Asian History*, 45(1):193-194	Harrassowitz Verlag	Benjamin E. Wallacker（华立克）	Columbia University
2011	*The Journal of Asian Studies*, 70(2):533-534	Cambridge University Press	Michael Nylan（戴梅可）	University of California
2011	*Religious Studies Review*, 37(2):150	Wiley-Blackwell	Russell Kirkland（柯克兰德）	University of Georgia
2011	*China Review International*, 18(4):436-443	the University of Hawaii Press	Nathan Sivin（席文）	University of Pennsylvania
2012	*Journal of Chinese Studies*, (54):323-328	Chinese University Press	Mark Csikszentmihalyi（齐思敏）	University of California
2013	*Dao*, (12):267-270	Springer	James D. Sellmann（詹姆斯·西曼）	University of Guam

① 殷丽．中医药典籍国内英译本海外接受状况调查及启示[J]．外国语，2017(5):33-43.

（续表）

年份	期刊（出处）	出版社（主办方）	评论人	评论人单位
2014	《淮南师范学院学报》17(3):72-75	淮南师范学院	丁立福	淮南师范学院/上海外国语大学
2016	《湘南学院学报》,37(6):64-67	湘南学院	杨凯	南京大学/中国药科大学

在分析和论述表1统计结果之前有必要补充说明，当下中国文化"走出去"的诉求和呼吁一浪高过一浪，所言典籍对外译介正是中国文化"走出去"的重要途径。为此，中国英汉比较研究会之下专设典籍英译专业委员会，从而引领并开展相关典籍英译、典籍翻译乃至海外汉学研究的各级各类学术活动；相应地，《中国翻译》《外语教学理论与实践》《上海翻译》《东方翻译》《燕山大学学报（哲社）》等学术刊物纷纷开设"典籍翻译研究""汉籍外译""中国文化走出去"等专栏，极大地推动了典籍对外译介研究。在这一历史性过程中，涌现出一大批长期关注、研究乃至亲手译介中国文化典籍的专家学者，国内以杨宪益、许渊冲、林戊荪、谢天振、潘文国、汪榕培、王宏印、何刚强、罗选民等为代表，国外以狄百瑞、施舟人、顾彬、安乐哲、葛浩文、罗慕士、白光华、梅杰等为代表。简而言之，在中国文化"走出去"的大背景下，有国内外众多学者积极参与的中国典籍对外译介活动正方兴未艾。就《淮南子》翻译而言，或由国内学者翟江月和牟爱鹏主动对外译介，或由外国汉学专家梅杰等积极译入，都在预期范围之内。接下来面对中、外产出的《淮南子》英译本，中、外学界都应该积极关注、探讨并推介之，中国学界理当更为积极才是，毕竟译介出去的典籍和"走出去"的文化是我们的，而且对外译介典籍和中国文化以提升中国软实力已成为这个时代的诉求和使命。然而让人惊诧的是，上述所涉相关《淮南子》英译本的9篇书评没有一篇是相关国内出版之翟译本的同行专家评价，而全都是相关梅译本的同行专家评价。国内外学界都关注美国出版的梅译本自是无可厚非，而且国内两位学者的评价稍晚于国外同行亦在情理之中。然而，国内外学界都不去关注中国出版的翟译本就有些不正常了，尤其是中国学界对自己倾力打造的"大中华文库"之翟译本置若罔闻、集体漠视就更不可思议了。问题要么出在翟译本翻译质量水平上，要么出在翟译本出版推广渠道上，此是另外一个极具探讨价值的重大话题，限于本小节篇幅和主旨姑且涉而不论。

（二）梅译本同行评价分析

话说以同行专家评价为标杆来评估《淮南子》两译本在学术界的接受情况，而相关翟译本的同行评价尚未发现，故而只能阐述梅译本在学术界的接受情况了。表1中所检索并统计的正式书评，可分别从评论数量、评论内容和评论人员等三个层面展开论述。

评论数量相当可观,美国同行评论多于且领先于国内同行。自梅译本于2010年4月面世,截至2018年6月共有9篇正式的同行评价见刊。前文已经论述,中国典籍译本在国外的读者群主要限于汉学专家以及对此有一定兴趣的研究人士。进而言之,中国典籍译本的国外读者数量相对较少,梅译本各种版本加在一起也只售出了2000册左右,而在这2000位左右的读者中竟然产出了近十篇正式的学术性书评,能在一定程度上说明国内外学术界对梅译本给予了及时乃至迅即的关注。即便在绝对数量上,梅译本作为中国典籍译本能有近十篇同行专家的正式评论,也是相当可观的。另外,梅译本毕竟由美国汉学家约翰·梅杰领衔翻译,且由美国哥伦比亚大学出版社在其国内出版发行。换而言之,所涉2000位左右的读者主要是美国读者,美国同行评价数量绝对多于中国同行评价数量,而且在时间上也稍领先于中国同行,是比较符合实情的。

评论人员大多是对中国典籍译介较有兴趣且有深入研究的专家学者,具有一定的代表性。先说表1中7位美国同行专家,均就职于美国较有影响的高校,而且其本人也都是精通中国典籍乃至古代思想文化史的汉学专家,堪称美国汉学界的精英。不妨就此机会逐一简要地介绍这7位知名汉学家,同时亦可使相关论述更有说服力。最早给予同行评价的罗慕士(Moss Roberts)是纽约州立大学教授,其早在1976年就相对集中地选译了《三国演义》的第20~85回,15年后将其全部译成英文,到1999年又在全译本基础上经删节再次修订其节译本。华立克(Benjamin E. Wallacker),伯克利加利福尼亚大学东方语言博士,哥伦比亚大学教授,相关代表作有*Liu An, Second King of Huainan*(1972)、*Han Confucianism and Confucius in Han*(1978),另外其本人翻译了《淮南子》第十一篇"齐俗训"并出版过相关专著*The Huai-nan-tzu, Book Eleven: Behavior Culture and the Cosmos*(1962)。戴梅可(Michael Nylan),哈佛大学东亚研究博士,加利福尼亚大学教授,研究领域为汉代历史、中国早期思想史和中国艺术及考古,相关代表作有*The Shifting Center: The Original 'Great Plan' and Later Readings*(1992)、*The Five "Confucian" Classics*(2001)、*Yang Xiong and the Pleasures of Reading and Classical Learning in Han China*(2011)、*Exemplary Figures: a complete translation of Yang Xiong's Fayan*(2013)和*The Chinese Pleasure Book, to be published by Zone Books*(2018)等。柯克兰德(Russell Kirkland),印第安纳大学汉语言文学博士,佐治亚大学教授,广泛涉猎儒家、道家乃至亚洲宗教研究,相关代表性著作有*Taoism: The Enduring Tradition*(2004),曾与人联合主编期刊*the Journal of Daoist Studies*(2015)。席文(Nathan Sivin),哈佛大学科技史博士,宾夕法尼亚大学教授,广泛涉猎中国科技及医学历史、中国宗教和哲学等,被公认为是继李约瑟之后西方最负盛名的中国科技史专家,近期相关代表性著作有 *Science and Civilisation in China*(2000)、*The Way and the Word: Science and Medicine in Early Greece and China*(2002)、*Granting the Seasons: The Chinese Astronomical Reform of* 1280, *With a Study of Its Many Dimensions and A Translation of Its Records*(2008)等。齐思敏(Mark Csikszentmihalyi),斯坦福大学亚洲语言学博士,加利福尼亚大学教授,钟情中国文化,尤其擅长研究中国古代宗教、哲学及其文化,著有 *Religious and Philosophical Aspects of the Laozi*(1999)、*Material Virtue: Ethics and the Body in Early China*(2004)和 *Readings in Han Chinese Thought*(2006),曾负责编辑《中国宗教研究集刊》①。”詹姆斯·西曼(James D. Sellmann),夏威夷大学中国哲学博士,关岛大学教授,擅长《吕氏春秋》和儒家、道家及其典籍研究,相关代表性著作有 *Timing and Rulership in Master Lü's Spring and Autumn Annals*(2002)。综上所述,上述七位汉学家基本代表了美国学界相关中国典籍和古代思想文化史研究的主流声音。再说表 1 中两位中国同行专家,也都就职于国内高校。其中,杨凯是中国药科大学英语教师,时在南京大学攻读博士学位,对莎士比亚十四行诗、李白诗歌及《淮南子》等经典的翻译有一定研究;丁立福是淮南师范学院英语教师,时在上海外国语大学访学,并主持安徽省哲学社会科学规划项目“《淮南子》对外传播暨翻译研究”(项目编号:AHSKY2014D141)。简言之,杨凯和丁立福正在深入地学习和研究典籍译介,是国内最早关注并研究《淮南子》英译本的两位同行,迄今算是国内《淮南子》翻译研究的代表。

就评论内容而言,美、中两国同行专家都给予了相对很高的评价,大体包含四个层面的中肯评价:首先是肯定梅译本的突破性意义,诚如西曼所言“该译本是《淮南子》的第一部英语全译本”②,罗慕士进而指出:这部公元前 2 世纪道家思想纲领性著作第一次被全部译成英文并出版,对于汉学界以及更多对中国悠久且复杂的历史感兴趣的读者而言,确实是一件值得大书特书的大事③。其次是对梅译文给予了相当高的评价,如罗慕士认为:“整体而言译文清晰、准确,而且可读性强。”④再如齐思敏认为:“译文忠实可靠、干练流畅,预期阅读几不含糊。”⑤总之如

---

① 即 *Journal of Chinese Religions*,是在中国宗教研究领域较有影响的一家学术期刊,曾用名 *Society for the Study of Chinese Religions Bulletin*,1973 年创刊至今,现任总编为德国莱比锡大学柯若朴教授(Philip Clart)。

② Sellmann, James D. The Huainanzi and the Essential Huainanzi of Liu An, King of Huainan [J]. DAO, 2013(12): 267-270.

③ Roberts, Moss. Review of the Huainanzi[J]. Journal of the American Oriental Society, 2010(2): 306-309.

④ Roberts, Moss. Review of the Huainanzi[J]. Journal of the American Oriental Society, 2010(2): 306-309.

⑤ Mark Csikszentmihalyi. The Huainanzi[J]. Journal of Chinese Studies, 2012(1): 323-328.

西曼所言:“译文各方面都出色。”①再次是肯定梅译本的诸多闪光点,如席文所言:“译本的编辑和出版都达到了很高的水准。纸张质量上乘,排印清晰精美,价格按当今标准极其合理,毕竟是近千页的学术专著。”②再如相对较为全面的罗慕士评论:“译本配备了深入的引言、详尽的关键词附录、广泛的参考书目、详细的索引,而且充分地叙述了《淮南子》的版本源流,还有益地调研了基于著作本身性质及价值开展的学术论争。”③最后是突出梅译本对将来相关研究的意义,“译本把《淮南子》二十一篇都译成了注释详尽的英文,将极大地便利和促进未来的汉学研究”④,“全译本的出版有助于英语读者的全面研读,亦便于相关汉学专家的深入研究”⑤。

综而言之,能够代表国内外研究《淮南子》翻译的同行,就梅译本 *The Huainanzi* 撰写了无论是相对数量还是绝对数量都较为可观的正式评论,而且评价较高。由此可以推定梅译本在学术界基本获得了认可和好评,诚如席文所言:“英译本为《淮南子》这部划时代典籍赢得了其应得的广泛认可,同时也为专家提供了研究资源。”⑥有理由预期,学界将会有越来越多的专家加入研究《淮南子》译介的行列。

四、结语

基于以上所论,翟译本在国外几近无人问津,在国内也没有引起广泛关注;相较而言,梅译本在国外尤其是英语国家较受待见,在国内也引起一些学者关注。另一个事实是,翟译本在国内出版,亦推介至国外;梅译本则在国外出版,尚没有引入国内。鉴于翻译《淮南子》的初衷就是要向外人和外界介绍相关道家典籍乃至中国文化,译者、赞助人、出版社乃至相关各方俱应想方设法让译本吸引国外读者。因此,翟译本在国外几近无人问津的窘况应该引起译者、赞助人、出版社乃至相关各方认真反省,而不应仅限于译者和学界努力。

---

① Sellmann, James D. The Huainanzi and the Essential Huainanzi of Liu An, King of Huainan [J]. DAO, 2013(12): 267-270.

② Sivin, Nathan. A New View of the Huainanzi [J]. China Review International, 2011(4): 436-443.

③ Roberts, Moss. Review of the Huainanzi[J]. Journal of the American Oriental Society, 2010(2): 306-309.

④ Wallacker, Benjamin E. Review of the Huainanzi[J]. Journal of Asian History, 2011(2): 193-194.

⑤ 丁立福. 国外首部《淮南子》英语全译本研究[J]. 淮南师范学院学报, 2015(3): 72-75.

⑥ Sivin, Nathan. A New View of the Huainanzi[J]. China Review International, 2011(4): 436-443.

《淮南子》“名实”之辩的务实观及其启示

王硕民

摘　要:《淮南子》深得前代各家学派思想精要,将“神化”作为人生社会追求的最高境界,主张诚实守信。倡导名副其实的务实理念,提出“名实同居”;强调内容与形式相统一,提出“文情理通”;不为徒有虚名的假象所蒙蔽,重在“循名责实”;营造诚实守信的社会风尚,主张“抱德推诚”。探讨《淮南子》“文情理通”的务实观,对全面深入认识《淮南子》思想,深化《淮南子》研究,大力培育社会主义核心价值观具有启示意义。

关键词:《淮南子》;名实之辩;务实观;核心价值观

产生于淮河流域的思想文化精品《淮南子》,汲取先秦儒道墨名等学派思想精华,社会理念以“神化”为最高境界,其次“使不得为非”①。针对当时社会出现的伪诈弊端,倡导诚实守信、崇真尚实,形成务实价值观倾向。比如,“礼”原本用以约束人们言行,对构建良好的社会秩序确实起到积极作用,而如果流于形式,虚伪做作,口是心非,则会带来一定的危害。为此,提出“文情理通”,行赏用人主张“循名责实”,社会道德要讲究诚信。《淮南子》名实之辩的务实观念内涵丰富深刻,是先秦优秀传统思想文化的集中体现,是《淮南子》思想的重要组成部分,也是中国传统思想文化的重要组成部分。当前深入研究这一思想观念,对于深化《淮南子》研究,进一步弘扬优秀历史文化,大力培育社会主义核心价值观,深入推进良好的社会主义文明风尚建设,具有启示意义。

作者简介:王硕民,男,陆军军事交通学院教授,硕士生导师,中国孙子兵法研究会理事,学院专家委员会委员。在《中国军事科学》《军事学术》《国防大学学报》等刊物上发表论文140余篇,部分文章被中国人民大学《复印报刊资料》全文转载,部分文章被CCSCI检索;出版专著《孙子军事信息思维论》《孙子聚力思想论》等10余部;负责完成国家社科基金项目等10余项;获得首届中国孙子兵法研究成果奖、全军后勤学术研究成果一等奖等;参加国际性学术会议10多次、军内外其他学术会议多次。

① 刘安著,高诱注:《诸子集成·淮南子注》,上海书店影印1986年版,第130页。

一、"名实同居"：倡导名副其实的务实观念

名实，作为一对哲学范畴源于先秦诸子。儒家重"名"，但是孔子之"名"，是指规范人们办事的一套礼乐制度与刑法准绳，其中包含着言实内容，且要能言易行，不可草率[①]。道家认为名实有主次之分。老子将"名""道"并提，而主张"处其实，不居其华"[②]。庄子提出："名者，实之宾。"[③]列子也是重"实"的人，《说符篇》认为东方的爰旌目守义，不食狐父盗丘之食而饿死，"是失名实者也"。墨子要求名实必须有机统一。《经说上》释："名，物，达也，有实必待文名也。"[④]物，是万物的通名，有实物必定给它取名。进而论述了名实的逻辑关系："所以谓，名也。所谓，实也。"名实必须相符，才是"正"，即"名实耦，合也"，而"名"要能够真正反映该事物的本质属性。《小取》说：辩论的一个要务就是"察名实之理"，"以名举实"。在名实的关系上，墨子重视经验，强调"闻之见之""取实与名"。《非攻下》斥其时"诸侯将犹多皆免攻伐并兼"，则是"有誉义之名，而不察其实"。公孙龙尤重名实之辩，《迹府》云："疾名实之散乱，因资材之所长，为'守白'之论"，因推"白马非马"之辩"以正名实而化天下"，并著《名实论》。其论不深究名、实关系，却专注于文字概念，"折辩抗辞"，陷入了诡辩论[⑤]。

基于"道"，《淮南子》辩证地看待名实，而重"实"。在概念上，有同实而异名的，也有同名而异实的。如《说山训》释"颤"，曰"寒颤，惧者亦颤，此同名而异实。"《说林训》举"或谓冢，或谓陇，或谓笠，或谓簦"，名异实同；而"头虱与空木之瑟"，名同实异。在表现方式上，《原道训》说：有生于无，实出于虚，将天下围成一圈，"则名实同居"，此与墨家近似。《淮南子》要求达到的最高境界是"不利货财，不贪势名"，精神上不纠结康、慊、贵、贱之心态。而贪婪多欲之人，为势利所迷惑，诱慕于名位[⑥]。《俶真训》反对以贪婪之心博取名誉，批评周室衰萎而王道废弛的时代，社会风气日下，人们误入歧途，不择手段捞取名利。为此倡导人们节制物欲，恰如其分。在名实的顺序上，《淮南子》认为，先有"实"后有"名"。《本经训》云："实不聚而名不立。"在社会价值观上，推崇"德泽施于方外，名声传于后世"。

---

① 刘宝楠著：《论语正义》，见《诸子集成》(1)，上海书店影印1986年版，第283页。

② 老子著，王弼注：《老子道德经》，见《诸子集成》(3)，上海书店影印1986年版，第23页。

③ 庄子著，王先谦注：《庄子集解》，见《诸子集成》(3)，上海书店影印1986年版，第3页。

④ 孙诒让著：《墨子闲诂》作："有实必待文多也。"见《诸子集成》(4)，上海书店影印1986年版，第211页。

⑤ 《淮南子·齐俗训》。

⑥ 《淮南子·原道训》。

《淮南子》反对重名轻实，主张名实相符，否则就是虚假伪诈。《缪称训》分析时弊："天下多眩于名声，而寡察其实。"如果"人主不明分数利害之地，而贤众口之辩"，那么"处人"则借人们对其称誉而获尊贵，"游者"则凭着能言善辩而显达。为此，倡导人们做事要是发自内心的，而不是为了博得虚名。比如，子为父死，臣为君死，每个朝代都有，但是这些人肯定不是以死来邀取名利的，而是"恩心之藏于中，而不能违其难也"。《淮南子》很重视个人的言行仪表，认为名声是自己修得的，所谓"声自召也，貌自示也，名自命也，文自官也"，一切取决于个人努力。这样，才能"情行合而名副之，祸福不虚至矣"①。故《齐俗训》有"事周于世则功成，务合于时则名立"之论。这就是"贪禄者见利不顾身，而好名者非义不苟得"。《道应训》引用老子的话："功成名遂，身退"，才符合天道，如有贪欲萌发，就要以"道"遏止。

求功名不可操之过急。《诠言训》指出"行未固于无非，而急求名者"，必定遭受挫折。《淮南子》反对虚伪的名声，认为功名不可妄为而得，圣人"不以行求名，不以智见誉"，尧却享有圣名。因此，"道术不可以进而求名，而可以退而修身"；尽管功盖天下，却从不夸耀自己美德；恩泽传及后代，却从不拥有名声，这才是"道理通而人伪灭"的理想境界。

因此，《淮南子》主张求实，反对虚伪的形式，认为"礼不过实"。《齐俗训》进而厘清了文、情、礼三者之间的关系："礼者，实之文也；仁者，恩之效也"，"礼因人情而为之节文"。为此，提出治国理家应"礼不过实，仁不溢恩"。《淮南子》极力反对虚伪。假如仁义礼乐法度施行不当，德性就会转化成虚伪狡诈，一切都要从实用出发，而不是为了虚伪的仪式。《淮南子》尖锐指出"及至礼义之生，货财之贵，而诈伪萌兴，非誉相纷，怨德并行"，并有"为行者相揭以高，为礼者相矜以伪"，批评衰世之俗，"以其知巧诈伪，饰众无用"②。而且更不能为虚伪的外表所迷惑。《诠言训》揭示："饰其外者伤其内，扶其情者害其神，见其文者蔽其质，无须臾忘为质者，必困于性。"《淮南子》反对注重外表而不重视内在修养，偏于形式而不重视内容等不良倾向，礼仪之用要从实际出发，礼仪如同"实之华而伪之文也，方于卒迫穷遽之中也，则无所用矣"。而应"以文交于世，而以实从事于宜，不结于一迹之途，凝滞而不化"，如此则失败的事少，成功的事多③。这是《淮南子》因情而变灵活性的表现。

---

① 《淮南子·缪称训》。
② 《淮南子·齐俗训》。
③ 《淮南子·汜论训》。

二、“文情理通”：强调内容要与形式相统一

《淮南子》认为仁义礼智虽然可以维持社会秩序、规范人们的行为，却是“衰世之造也，末世之用也”[①]。针对当时社会人们拘于功名富贵、荣辱得失、虚伪狡诈之弊，《淮南子》张扬治国应当体察天道，循道无为，反对“以文灭情”的形式化倾向。

首先，提出文与情要协调。《缪称训》认为，能够从声音中体会到所要表达的情感，深刻分析了这种心理特征：“同是声，而取信焉异，有诸情也。故心哀而歌不乐，心乐而哭不哀。”为此，《淮南子》提出“文”“情”要相符，形式与内容要统一。“以文灭情，则失情；以情灭文，则失文。”假如只讲形式而忽视内在的情感，就会失情而虚伪；或是只讲内在情感而忽略形式，就会显得文雅不足。如何处理好情与理的关系，文中进而提出“文情理通”这一观念，即以必要的形式来表达内在的真情实感，两者不可偏废。一旦内容与形式相统一，“则凤麟极矣”，“言至德之怀远也”。高诱注《本经训》“人爱其情”云：“情，性也。”情就是人的本性。《俶真训》揭示人之情，云：“耳目应感动，心志知忧乐。”先世圣明之君创制音乐，目的就在于对人们的情欲有所节制。现在看来，“文情理通”的提法具有辩证意义。

其次，文质要相称。《本经训》说：“必有其质，乃为之文”，只有其朴实之性存在，才有可能对其文饰。《淮南子》是将本质放在外表之前，突出本质是第一位的，充分体现其务实精神。《原道训》说：所谓天性，就是“纯粹朴素，质直皓白，未始有与杂糅者也”，这就如：“白玉不琢，美珠不文，质有余也。”[②]这些揭示了“质”的本义。质，本质、真情，相对于“文”而言。《神灭论》云：“形者，神之质。”“质”还有事物的特性、本性、本质、性质之意。《史记·乐书》云：“中正无邪，礼之质也。”“质”还可指人的朴实、朴素单纯的本性及真情实感。《论语·雍也》通过对“君子”素质的要求界定了质与文的关系：“质胜文则野，文胜质则史；文质彬彬，然后君子。”董仲舒在《春秋繁露·玉杯》中则通过对《诗》《礼》的阐释，提出“诗道志，故长于质；礼制节，故长于文”之说。《玉杯》云：“志为质，物为文。”质与文实际上是内容与形式的关系，二者要紧密结合，进而补充：“文着于质，质不居文，文安施质；质文两备，然后其礼成”；如果文质偏行，“不得有我尔之名”；如果俱不能备，而偏行之，“宁有质而无文，虽弗予能礼，尚少善之；有文无质，非直不予”。《缪称训》则说：“文不胜质，之谓君子”，“故文胜则质掩”。因此，“怀情抱质，天弗能杀，地弗能霾”。

最后，要抱质效诚。《主术训》极力提倡，要保持淳朴的本质，效仿真诚之心，

---

① 《淮南子·齐俗训》。

② 《淮南子·说林训》。

这样能够“感动天地，神谕方外。令行禁止，岂足为哉”！古时圣王至精形于内，而好憎忘于外，“出言以副情，发号以明旨”，受其精神感化，功业持续万代而不停歇，横跨四方而无穷尽，如此禽兽昆虫也将受到陶育感化。《俶真训》说：能有天下者，“必无以天下为也；能有名誉者，必无以趋行求者也。圣人有所于达，达则嗜欲之心外矣”。如果真能通达性命之情，那么仁义自然会依附归顺，举止行为则不能扰乱人心。这种方法就是老子所说的“化而欲作，吾将镇之以无名之朴也”[①]，当自然变化到贪欲萌发之时，则应以“道”的真朴加以镇服。

三、“循名责实”：不为徒有虚名的假象所蒙蔽

墨子早已有言：“名不徒生，而誉不自长，功成名遂，名誉不可虚假，反之身者也。”[②]沽名钓誉、徒有虚名而享受优厚待遇，则引发不平。针对时弊，《主术训》提出：“言事者必究于法，而为行者必治于官。”虚名不足为据，“上操其名以责其实，臣守其业以效其功，言不得过其实，行不得逾其法”。

“操其名以责其实”，即“循名责实”，语出《韩非子·定法》。用人之道，要根据其能力予以相应官职，使其名实相副。后来，《三国志·诸葛亮传》也引此义。《主术训》说，治国应灭想去意，清虚以待，“不伐之言，不夺之事”，不替任何人说三道四，也不将他人的事务揽于手中。人们只需“循名责实”，按照名分落实事务，完成分内事，“任而弗诏，责而弗教”。如此，“则百官之事，各有所守矣”。假如俸禄远超其所做的贡献，那么必定招惹祸患，名誉超过实际才能的人也定会有不良后果。《缪称训》指出：“是故禄过其功者损，名过其实者蔽。”如果名誉与其德性贡献相称，“祸福不虚至矣”。

《淮南子》进而明确提出按功行赏，依德封爵。《俶真训》要“举大功，立显名”；《时则训》要颁布律令：“爵有德，赏有功。”《主术训》说：古代神农治理天下，“月省时考，岁终献功”。假如“无功而厚赏，无劳而高爵”，则“守职者懈于官，而游居者亟于进矣”，就会“有众咸誉者无功而赏，守职者无罪而诛”；反之，治国方法灵活圆通，下属大臣办事方方正正，言论得体、处事恰当，“为事先倡，守职分明，以立成功也”。所以，如果治道有方，就会：“臣尽力死节以与君，君计功垂爵以与臣”；“君不能赏无功之臣，臣亦不能死无德之君”。若该得到的恩惠得不到，而欲用之，“如鞭蹄马矣。是犹不待雨而熟稼，必不可之数也”。因此，“善积则功成，非积则祸极”。为落实奖赏，《缪称训》引太公“举贤而上功”之论，建言：“适于己而无功于国者，不施赏焉；逆于己便于国者，不加罚焉。”

---

① 《淮南子·道应训》。

② 孙诒让著：《墨子闲诂》，见《诸子集成》(4)，上海书店影印1986年版，第6页。

要秉持公道，按功考绩。《淮南子》认为，如果在遵道行德中掺杂巧智心计，就会使人们陷入惑乱危险之境。“道有智则惑，德有心则险，心有目则眩。”人们有了私心就会迷惑昏乱，竭力钻营，弄虚作假，投机取巧，因此要认真督察，按实际所做的贡献给予奖励。“故民之化也，不从其所言而从所行。”[①]《要略》说“所以因作任督责，使群臣各尽其能也。明摄权操柄，以制群下，提名责实，考之参伍”，目的在于“使人主秉数持要”。这样就能够使邪曲正直，排除私欲而能树立公道，“外私而立公，使百官条通而辐辏，各务其业，人致其功”。聪明通达之人，“有智若无智，有能若无能，道理为正也”；功盖天下，不施其美；泽及后世，不有其名，则不会出现“道理通而人伪灭”[②]的不良局面。这就是求真务实的理想境界。

要修身养性，淡泊名利。《诠言训》指出其中的作用：能有天下者必不失其国，能有其国者必不丧其家，能治其家者必不遗其身，能修其身者必不忘其心，能原其心者必不亏其性，能全其性者必不惑于道。《诠言训》又认为早先那些善于修炼自我之人，乐于道德而忘却贫贱，故“名不动志”；乐于道体而忘掉贫寒，故“利不动心”。这些人即使名利充斥天下，也“不足以概志”，廉而能乐，静而能澹，清廉而能快乐，虚静而能知足[③]。像曾子这样的人，为持葆清廉操守，口渴不饮“盗泉”之水，也就更不可能为虚名所诱惑[④]。

四、“抱德推诚”：张扬诚实守信的良好风尚

《淮南子》主张诚实守信，极力反对巧诈。《本经训》提出：“其言略而循理，其行侻而顺情，其心愉而不伪，其事素而不饰。”要求人们发自内心，诚实守信，言论上合乎事理，行为上符合常情，心胸开阔而不伪作，行事朴实而不巧饰。

《原道训》先精辟分析：所谓人为的东西，就是指参差不正，耍小聪明，“曲巧诈伪”。因此，提倡人们讲究信用，可以得到万世之利。《人间训》列举春秋时期城濮之战证实诚信的道理。交战时，晋文公用咎犯的诡诈之计，而不用雍季讲究信用之远谋，大破楚人；而战后赏有功者，“先雍季而后咎犯”。左右问其故，文公说：“咎犯之言，一时之权也；雍季之言，万世之利也。吾岂可以先一时之权，而后万世之利哉？”为从长计议，《主术训》说：“得道者不为丑饰，不为伪善，一人被之而不褒，万人蒙之而不褊。”对待恩惠与惩暴都要慎重，这样治理之道将畅通无阻。

“伪”给社会带来的后果极其严重。《俶真训》论道，如果一个人不真诚，精神

---

① 《淮南子·主术训》。
② 《淮南子·诠言训》。
③ 《淮南子·诠言训》。
④ 《淮南子·说山训》。

流失则华而不实,“德荡者其行伪”,至诚精神一旦从心中流散,难免不受外界物质的驱使,就会显露浮辞伪行。“夫趋舍行伪者,为精求于外也。”精力总有耗尽的时候,“而行无穷极”。假如神不守舍,就会心神不定,迷失生命的根本方向,后果是十分严重的。《主术训》云:“及伪之生也,饰智以惊愚,设诈以巧上。”在这种情况下,天下则难治理。《齐俗训》云:“夫乘奇技、伪邪施者,自足乎一世之间。”何为伪诈?《氾论训》云:“可言而不可行者,伪诈也。”因此,“圣人之所独见而留意”,对于诈伪之人一定要慎重考察。

因此,《淮南子》期望人们都做“真人”。《俶真训》说古之真人,“立于天地之本,中至优游,抱德炀和”,而万物自行累积。“是故有真人然后有真知。”《淮南子》理想的“真人”,善于修养根本,是至高无上的人,“块然保真,抱德推诚,天下从之,如响之应声,景之像形”①。《本经训》中又憧憬太清之始的人类社会,“和顺以寂漠,质真而素朴,闲静而不躁,推移而无故,在内而合乎道,出外而调于义”。人们行为举止不越法度,言论扼要简略而合循事理,“其心愉而不伪,其事素而不饰”。《俶真训》还说,真人的精神不会被掩遮伤害,心志没有压力负担,通畅恬静,淡漠无事,没有凝滞郁结,虚寂静漠对待外物,利禄权势就不能使他动心,那么“辩者不能说也,声色不能淫也,美者不能滥也,智者不能动也,勇者不能恐也”。《齐俗训》推出的真人,能够“抱素反真”。《诠言训》称:“能反其所生,故未有形”,叫作“真人”。要做真人,就先“修身”。《道应训》引老子言:“修之身,其德乃真也。”“窈兮冥兮,其中有精,其精甚真,其中有信”,然后“全性”。《氾论训》云:“全性保真,不以物累形。”又“适情辞馀,无所诱惑;循性保真,无变于己”,如此“为善易”。

真诚可以促廉。《精神训》说,所谓真人,就是“性合于道”,“是养形之人也,不以滑心”。人的贪欲往往不是来自物质欲,而是来自虚伪的精神欲,如顾面子、讲排场、比阔气等,而致铺张浪费。早期管子就告诫人们:“人惰而侈则贫,力而俭则富。”②《淮南子》传承了传统美德,《俶真训》要求人们要像理想中的“真人”看齐,使家忘贫,使王公简其富贵而乐卑贱,贪者消其欲。而真人就能做到:“量腹而食,度形而衣,节于己而已”,不务虚荣,不铺张浪费,以实处世,随遇而安。这样则不会产生“贪污”之心,“全性保真,不亏其身。”

要说真话做真事。《缪称训》云:“身君子之言,信也;中君子之意,忠也。”“忠”“信”在心中形成后,就会对外界产生感化作用。本篇又云:“同言而民信,信在言前也;同令而民化,诚在令外也。”《要略》则说:“欲一言而寤,则尊天而保真;欲再言而通,则贱物而贵身。”道家原本讲究诚信,老子认为花言巧语不可靠,因为

① 《淮南子·主术训》。

② 戴望著:《管子校正》,见《诸子集成》(5),上海书店影印1986年版,第325页。

"信言不美,美言不信",同时不能"轻诺","夫轻诺必寡信"。希望人们"居善地,心善渊,与善仁,言善信,正善治,事善能,动善时",这样就可达到"不争"的"无尤"境地。① 儒家也崇尚"信",孔子说:"人而无信,不知其可也",犹如"大车无輗,小车无軏",将寸步难行。因此,告诫"人无信不立",要求"与朋友交,言而有信"。《墨子·修身》也认为:"言不信者行不果",与儒家一致推崇"言必信,行必果"。《淮南子》的《时则训》主张"诚信以必,坚悫以固"。《氾论训》以"言而必信,期而必当",为"天下之高行"。《说林训》以"弓先调而后求劲,马先驯而后求良"为喻,说明"人先信而后求能"的道理,即先做好人然后才能做好事。《泰族训》从思想深处分析信对人们的感化作用是无比巨大的:施而不仁,言而不信,怒而不威,"是以外貌为之者也";而不言而信,不施而仁,不怒而威,"是以天心动化者也"。《泰族训》进而指出:"廉足以分财,信可使守约,作事可法,出言可道者,人之豪也。"因此,"言以信义为准绳也"。

求官上进也要讲究诚信。《淮南子》认为,士人想要求取功名,"必先反诸己",先要从自我修身养性做起。《主术训》阐明,为官进取是有其"道"的,"名誉不起,而不能上达矣"。而获取名誉必须取信于朋友,取信于朋友必须孝敬父母,孝敬父母必须真诚地修养自身,而"诚身有道,心不专一,不能专诚",若不得其道都难以获得,其实这些做人的道理相当浅易,就在身边,就看我们是否愿意付诸行动。

五、综论

讲究诚信、求真务实,是中国人的美德,也是中华民族的优秀传统。习近平同志指出,讲仁爱、重民本、守诚信等思想,不论过去还是现在,都有其永不褪色的价值。《淮南子》的务实观念是对前代思想的继承与发展,其内涵及其举措更加切实具体。《人间训》敏锐地指出奸诈虚伪对社会带来的严重危害:"夫人伪之相欺也,非直禽兽之诈计也,物类相似若然,而不可从外论者,众而难识矣",对于虚伪欺诈的不良之弊,应予洞察预制。《主术训》又说:"故圣人养心,莫善于诚,至诚而能动化矣。"奖赏好人惩罚恶暴的政令,"其所以能行者,精诚也"②;且"诚心可以怀远"③。

当前,《淮南子》的务实观念对坚决整治形式主义、官僚主义、弄虚作假,加强诚实守信道德风尚建设,大力培育社会主义核心价值观,营造求真务实、脚踏实地的社会氛围,具有一定的启示意义。求真务实,是中国共产党思想路线的核心内

① 老子著,王弼注:《老子道德经》,见《诸子集成》(3),上海书店影印1986年版,第4页。

② 《淮南子·泰族训》。

③ 《淮南子·齐俗训》。

容。习近平总书记指出:“实事求是是马克思主义的精髓,是我们共产党人的重要思想方法。我们过去取得的一切成就都是靠实事求是。今天,我们要把中国特色社会主义事业继续推向前进,还是要靠实事求是。”①诚实守信,是中华民族的传统美德,是中国人安身立命的基本规范和行为准则,诚信的优良品质不仅关乎国民的道德素质,更关涉民族和国家的形象。研究《淮南子》的务实精神,有助于传承中华优秀传统诚信文化与培育诚信的社会主义核心价值观。坚决整治形式主义、官僚主义,是以习近平同志为核心的党中央作出的重大决策部署,第十九届中央纪委第三次全会进一步从加强党的政治建设的高度,对整治形式主义、官僚主义提出明确要求,我们必须深刻学习领会,深入贯彻落实。

① 2016年11月29日,习近平在纪念朱德同志诞辰130周年座谈会上的讲话。

论《淮南子》对老庄之“道”的扬弃

应克荣　方　川

摘　要:“道”作为道家学说的核心概念,是老子首先提出来的。不过,从老子开始,道家的道论并非一成不变,而是一直在演变与发展的。庄子的思想与老子一脉相承,他同样以“道”作为其哲学体系的最高范畴,但庄子追求的是“道”在人心性中的落实,庄子之“道”,重在追求自身心灵的解脱,实现精神上的逍遥。《淮南子》之“道”来源于老庄,又与老庄有所不同。《淮南子》对“道”的使用,更加强调“道”在现实意义上的展开,即注重“道”之于“治”的功用。

关键词:道;老庄;淮南子

“道”字的最初意义是道路,后来引申为做事的途径、方法、本源、本体、规律、原理、境界、终极真理和原则等。“道”为中华哲学独有的哲学思想,对哲学理念、社会、政治、文化、军事等各个领域影响甚巨。道家之“道”,哲学含义丰富而复杂,在不同情况下所说的“道”含义往往不同。

一、老子之“道”

“道”的概念是老子首先提出来的,老子在对宇宙本原的玄想探索中,抽象出一种具有生命形式的存在体——道,《道德经》开篇就说:“道可道,非常道;名可名,非常名。无名,天地之始,有名,万物之母。故常无欲,以观其妙;常有欲,以观其徼。此两者,同出而异名,同谓之玄。玄之又玄,众妙之门。”在老子看来,可以用语言说出来的“道”,就不是永恒的“道”;可以用言词说出来的“名”,就不是永恒的“名”',“无”是天地的本始,“有”是万物的来源,从“无”中去观察“道”的奥妙;经常从“有”中去认识“道”的端倪。“无”和“有”这两者,来源相同而具有不同的名称,它们都可以说是很幽深的;极远极深,是一切变化的总门,其主宰着一切自然现象和社会现象。

作者简介:应克荣,女,淮南师范学院文学与传播学院教授。方川,男,淮南师范学院文学与传播学院副教授,安徽省《淮南子》研究会会长。

“道”是道家学说的核心。“道”是“视之不见”“听之不闻”“搏之不得”的抽象本体,“视之不见,名曰夷;听之不闻,名曰希;搏之不得,名曰微。此三者不可致诘,故混而为一。其上不皦,在下不昧,绳绳不可名,复归于无物。是谓无状之状,无物之象,是谓惚恍。迎之不见其首,随之不见其后。”(《老子》第十四章)“视之不见”“听之不闻”“搏之不得”,是形容道的神妙,不是人的感觉所能把握的。“视之不见”,说明道是无形的,用肉眼去看是看不见的,只有通过内观才能体悟到。“听之不闻”,说明道是无声的,用耳朵去听是听不到的,只有通过感受才能体悟得到。“搏之不得”,说明道是无物的,道不是一个有形的东西,用手是摸不到它的。“道”的神妙性还表现为“其上不皦,其下不昧”;“迎之不见其首,随之不见其后”。

在老子看来,“道”看不见、听不到、摸不着,迎着它看不到头,跟着它看不到尾。说其无,万物由它而形成,说其有,又不见其形,所以只能说它是没有形状的形状,没有物体的形象,并且把它定义为恍惚。正是这个难以把握、难以捉摸的“道”,创生了天地万物。宇宙生成的模式就是“道生一,一生二,二生三,三生万物”。由于“道”很玄妙,不可名状,所以老子又引进另外一个重要概念——“无”,“天下万物生于有,有生于无”(《老子》第四十二章)。相对于具体事物的有名、有形而言,无名、无形的“道”即为“无”,但是“无”并不是什么都没有,要不然就不会成为“天地之始,万物之母”了。可见,道之为“无”,是相对于我们的感官能力而言的超然存在①。

所以,老子认为“道”可以分为两个层面:道是宇宙最高的本体,是万事万物的本源;道是最高的规律,万事万物都是按这个规律来运行的,没有一个例外。比如说“有无相生,难易相成,长短相形,高下相倾,音声相和,前后相随”(《老子》第二章)。他还说:“人法地,地法天,天法道,道法自然。”(《老子》第二十五章)所谓“道法自然”,不是说“道”之上还有一个“自然”,而是说“道”纯任自然,无所法也,即自然而然。老子有时指“道”是物质实体,有时指“道”是物质世界运动变化的规律。老子“道”的物质属性及运行法则都属于自然的范畴,故老子哲学体系“道”的本性是自然。

二、庄子之“道”

庄子的思想与老子一脉相承,他同样以“道”作为其哲学体系的最高范畴。在《大宗师》中庄子说:“夫道,有情有信,无为无形;可传而不可受,可得而不可见;自本自根,未有天地,自古以固存;神鬼神帝,生天生地。”(《庄子·大宗师》)庄子认

① 康宁:《淮南子法律思想研究》,中南民族大学2011年硕士论文。

为道先天地而生，这是同老子思想中的道相吻合的部分。但是庄子认为道不可定义，“道不可闻，闻而非也；道不可见，见而非也；道不可言，言而非也！知形，形之不形乎！道不当名”（庄子·知北游》）。庄子认为，“道”既是超越人类的感知范围的，又是无法被人的理智思辨所探知的，而能够听说的、看见的、谈论的，都不是“道”。塑造形体的东西本身是没有形体的，因而“道”是不应该有名称的，是不可命名的。

庄子所谓的“道”，主要有两个方面内容：一是指世界的本原，二是指认识的最高境界。庄子认为“道”是天地之宗，万物之母，就连鬼神都是“道”的产物。庄子肯定“道”是真实的客观存在，它的存在是无条件的，在空间上无穷无尽，在时间上无始无终。庄子认为“道”有生命，“道”的生命，就是万物的生命，万物的生命，也就是“道”的生命，因此“道”无处不在，它是万物存在的依据，决定着自然界和人类社会的存在秩序和发展方向。但是“道”又是玄妙莫测的，人不仅不能凭借感官去认识，不能依靠理性思维来把握，甚至无法用语言来表达，只能通过超越感官和思维的直觉体验去认识，这也就是所谓“体道”。庄子认为最高的认识境界应该是脱离具体事物、无差别、无是非、无好恶的，这样的境界就是“道”，达到如此境界的，就是“真人”。

庄子还认为，“道”就是虚无。虚无才能容物，因此“道”是包容并且拥有一切的。庄子强调“道”是虚无的，是希望从根本上破除人对于世俗利益的执着追求。庄子认为，人之所以得不到自由，是因为失去了“自然本性”，而“自然本性”的丧失，则是由于人的精神受到身心内外的束缚。人要达到精神上自由的境界，不仅要破除外在条件的束缚，而且要破除对于自我的执着，要忘却自我，即用“无我”来实现“真我”。“无我”，不仅要求超功利、超道德、超对待，而且要求超越生死，超越自己耳目心意的束缚，这样才可以和自然融为一体，从而达到精神上的自由境界①。

老庄共同探求、揭示“道”的内容及其作用，以自然天道观代替神学天道观，因而在中国思想史上享有崇高地位。不过庄子论“道”，归根结底还是为了阐述他的人生境界和精神追求。庄子将“道论”引申到人生领域，就形成了他的人生哲学。人生哲学是庄子思想的核心，主要表现为对人生困境的认识和超越，对绝对的精神自由的追求。“庄子认为‘道’法自然，因此所谓合乎‘道’，就是顺应自然。‘自然’，也是庄子学说中一个极为重要的概念，它是指事物非人为的本然状态。庄子指出，要达到‘自然’的境界，必须无我无为，摒除一切人为的智谋、盟约、德行和工巧，因为天道无为，如果追求这些虚伪的东西，将不利于人的自然天性的发展。”②

---

① 姚汉荣等：《庄子直解》，复旦大学出版社 2002 年出版，《前言》第 3 页。

② 姚汉荣等：《庄子直解》，复旦大学出版社 2002 年出版，《前言》第 3 页。

“道”是庄子抽象出来的一个无所不有、无所不能、无有意志、无法感知的万事万物的本原。用道来说明主观世界，他便创造出一个绝对自由自足的“逍遥游”境界。庄子哲学的最高境界是逍遥自由，庄子之“道”，重在追求自身心灵的解脱，实现精神上的逍遥。

三、《淮南子》之“道”

“《淮南子》远承老庄，近受黄老无为治术的影响”，书中的“道”占有极重要的地位，出现频率极高，是全书的逻辑起点或思想核心。不过，与老庄有所不同，《淮南子》对“道”的使用，在更大程度上并非取其抽象、超越的内涵，而是注重其具体、实行的意义，即注重“道”之于“治”的功用。正是围绕着“道”，以“治”为重心，以“治在道”的观念为起点，全书的君臣论、无为观才得以展开①。

“道”是《淮南子》的核心概念，《淮南子》之“道”来源于老庄。《原道训》《俶真训》《精神训》《道应训》中论“道”多意取老庄，《本经训》《主术训》《齐俗训》《氾论训》《诠言训》中论“道”则更旨近黄老。《淮南子》第一篇《原道训》总论“道”，提出了全书的最高哲学范畴“道”，并对道体的特征及如何得道做了详细的论述。

《淮南子》首篇《原道训》中即对“道”作了解释：

夫道者，覆天载地，廓四方，柝八极；高不可际，深不可测；包裹天地，禀授无形；原流泉浡，冲而徐盈；混混滑滑，浊而徐清。故植之而塞于天地，横之而弥于四海，施之无穷而无所朝夕；舒之幎于六合，卷之不盈于一握。约而能张，幽而能明；弱而能强，柔而能刚；横四维而含阴阳，纮宇宙而章三光；甚淖而滒，甚纤而微；山以之高，渊以之深；兽以之走，鸟以之飞；日月以之明，星历以之行；麟以之游，凤以之翔。

《淮南子》中的“道”，在空间上“覆天载地”，无所不包；在时间上无穷无尽，无声无形，又无处不在，这与老庄道论一致。但《原道训》中对“道”的描述，为“道”附加了诸多的具象，人们可以直接依靠这些具象对“道”进行想象，也更加容易把握“道”的特点。《淮南子》中的“道”，覆盖天承载地，拓展至四面八方，高到不可触顶，深至无法测底，包裹着天地，无形中萌育万物。像泉水从源头处渤涌出来，开始时徐缓，慢慢地盈满，滚滚奔流，逐渐由浊变清。所以，它竖直起来能充塞天地，横躺下去能充斥四方，施用不尽而无盛衰；它舒展开来能覆盖天地四方，收缩卷起却又不满一把。

《老子》中的“道”，具有玄思性和形而上学性。视之不见，听之不闻，搏之不得，老子把它形容为“无状之状，无物之象”，它恍惚无象，超越形体，无法为人的耳

① 戴黍：《以治为重心：试析〈淮南子〉之道》，《江淮论坛》2008年第1期。

目感官所认识,是超感觉的存在。《淮南子》继承了老子道的虚无性,但同时它又用了许多想象,来彰显道在时空上的无限性。上述文字就是用文学的想象性代替了哲学的思辨性,“道”成了可感觉可经验的对象了,因而弱化了老子论道的玄虚性,使道的实体性增强。不难看出,老庄论道注重玄思,《淮南子》更加关注“道”的功用,从而改变了先秦道家论“道”的玄奥性与抽象性①。

可见,《淮南子》在继承老子的“道”的同时,对老子的“道”进行了批判和改造。它针对老子“道生一”的观点,提出了“道”始于“一”和“道”就是“一”的论点,如《诠言训》说:“一也者,万物之本也,无敌之道也。”《原道训》中的“所谓一者,无匹合于天下者也”,“是故一之理,施四海,一之解,祭天地”。“道”就是“一”,这一论点否定了老子“有生于无”的主张,认为“道”与“一”具有同等品格。因此,“一”不仅是万物之源,还是施之于四海的理。至此,《淮南子》中的“道”相比于老庄之“道”具有物质性②。

《淮南子》批判了老、庄“物物者非物”(《庄子·知北游》)的观点,认为只有物才能生物,“非不物而物物者也”,这是具有朴素唯物倾向的宇宙本根论。《诠言训》说:

> 洞同天地,浑沌为朴,未造而成物,谓之太一。同出于一,所为各异,有鸟、有鱼、有兽,谓之分物。方以类别,物以群分,性命不同,皆形于有。隔而不通,分而为万物,……皆为物矣,非不物而物物者也。(《诠言训》)

这里说得很明白,“一”是“无形”(即没有具体形象)的,“浑沌为朴”的气。宇宙万物都是“同出于一”,所以“一”是“物之大祖”,即宇宙万物的始基。《淮南子》认为宇宙间有形之物都由道而产生。“夫道,有形皆生焉。”(《泰族训》)道是超越天地万物之上的存在,所以叫作“太上之道”。“夫太上之道,生万物而不有,成化像而弗宰。”(《原道训》)这个“太上之道”,产生万物而不占有,变化万物而不主宰。

《淮南子》还阐述了无形与有形的关系,认为无形生有形。“夫无形者,物之大祖也。无音者,声之大宗也。其子为光,其孙为水。皆生于无形乎!夫光可见而不可握,水可循而不可毁。故有像之类,莫尊于水。出生入死,自无蹠有;自有蹠无,而以衰贱矣。”(《原道训》)无形之道是万物的本原,虚无是实有的本体。可见,在《淮南子》看来,“道”就是宇宙的本原,是无形的“道”产生了有形的万物。

《淮南子》认为:“道”为自然规律。“道者,物之所导也。”(《缪称训》)道为万

① 康宁:《淮南子法律思想研究》,中南民族大学2011年硕士论文。

② 康宁:《淮南子法律思想研究》,中南民族大学2011年硕士论文。

物运动、变化和发展所遵循的普遍规律。天地之所以能有次序地运行,万物之所以能有次序地变化,就是由于受着道规律的支配。“山以之高,渊以之深,兽以之走,鸟以之飞,日月以之明,星历以之行,麟以之游,凤以之翔。”(《原道训》)

《淮南子》认为,天、地、人是不同的事物,“天爱其精,地爱其平,人爱其情。天之精,日月星辰雷电风雨也;地之平,水火金木土也;人之情,思虑聪明喜怒也。”(《本经训》)因此不能混为一谈。但其认为,无论是自然界或人类社会,都有自己的不以人的意志为转移的客观规律或法则。“欲知天道,察其数(高诱注:谓律历之数也);欲知地道,物其树(高诱注:五土之宜,各有所种生之木);欲知人道,从其欲。勿惊勿骇,万物将自理;勿挠勿撄,万物将自清。”(《缪称训》)这里讲的“天道”“地道”“人道”,指的就是自然界和人类社会的客观法则。《淮南子》的“道”,实质是对自然界自身发生、发展和变化历程的抽象概括,具有自然法则的意义,如果仅从它对“道”的论述来看,它具有朴素唯物的自然主义倾向。

四、结语

“道”作为道家学说的核心概念,是老子首先提出来的。老子从宇宙的根源处论道,老子之“道”,一是指宇宙最高的本体,二是指最高的规律。不过,从老子开始,道家的道论并非一成不变,而是一直在演变与发展的。庄子的思想与老子一脉相承,他同样以“道”作为其哲学体系的最高范畴。但庄子追求的是道在人心性中的落实,庄子之“道”,重在追求自身心灵的解脱,实现精神上的逍遥。《淮南子》之“道”来源于老庄,又与老庄有所不同。《淮南子》在继承和发展老庄道论的基础上,对“道”的使用,在更大程度上并非取其抽象超越的内涵,而是更加强调道在现实意义上的展开,即注重“道”之于“治”的功用。重在探索道在国家治理过程中的运用,以实现其“纪纲道德,经纬人事”的写作目的。

《淮南子》“论道”之美及其思想史意义

——兼与《庄子》比较

高　旭

摘　要:《淮南子》论道在汉代历史条件下,呈现出一种内涵丰富、别具风格的道家哲学美感,这种论道之美的形成,源自物象丰富的道论阐释、赋化典雅的表达方式、多彩纷呈的修辞手法、深切务实的治国忧思、脱俗保真的生命诉求和超远缥缈的神仙信仰。《淮南子》论道之美受《庄子》一书影响甚深,但又与后者有别,内在表现出满足汉代统治阶层精神需求的贵族化特点。《淮南子》论道之美反映出其追求超脱世俗、身心自由的审美人格与生命境界,这在秦汉道家思想史上别具特色,意义深远。

关键词:《淮南子》;道;道家;《庄子》;哲学美感

在秦汉思想史上,《淮南子》是一部“以道为主,融采宏富”的道家巨著,其“批判百家”,也“综贯百家”,“希望构设出一套‘置之寻常而不塞,布之天下而不窕’,完美无缺,足以传之永世的‘帝王之道’”[①]。因此,《淮南子》始终“既以‘道’为出发点,又以‘道’为归宿”,力求以此为“全书的理论核心”[②],来构建和阐释自身汉代黄老的政治思想体系。《淮南子》的“道论”,不仅全面继承了先秦老、庄、黄老的核心理念,而且在适应秦汉大一统政治发展需要的条件下,有进一步的丰富和深化,尤其是在宇宙论、人性论、治国论、养生论等方面。由于以淮南王刘安为代表的《淮南子》撰著者们均有着杰出的理论水平与文学才能,所以《淮南子》一书总体上呈现出一种论“道”所产生的哲学美感,让中国道家“道论”获得不同于先秦老、庄、黄老的新的时代内涵。对《淮南子》这种论道之美的理论表现、内在成因及其思想

作者简介:高旭(1979—),男,陕西延安人,安徽理工大学楚淮文化研究中心副教授,安徽省《淮南子》研究会副会长,《淮南子》与道家道教研究所所长,南开大学历史学博士,主要从事《淮南子》与中国道学、中国政治思想与文化研究。

① 陈丽桂:《〈淮南鸿烈〉思想研究》,花木兰文化出版社2013年版,第24页。

② 熊礼汇:《新译淮南子》,三民书局2012年版,导读,第11页。

史意义进行深入的剖析与阐明，有助于人们更准确地揭示出《淮南子》作为“秦汉道家最成熟的著作”[①]的理论实质，而并非受其思想上表面的驳杂多元所影响，做出“以‘杂家’名之最为合适”[②]的学派属性误判。

一、《淮南子》论道之美的理论表现

《淮南子》有着十分明确的著述意图：“夫作为书论者，所以纪纲道德，经纬人事，上考之天，下揆之地，中通诸理。”（《要略》）[③]“纪纲道德”就是其最核心、最根本的著述原则。《淮南子》不论是在作为全书“自序”与“纲要”的《要略》里[④]，还是在全书正文的二十篇中，都尽其所能地“穷道德之意”（《要略》）[⑤]，尤其是为西汉统治阶层提供一种新黄老的理想的“帝王之道”。可以说，论“道”是《淮南子》一书从理论内容到文辞表达都最为突出的核心概念，而且其形上的本原论意义的“道体”与形下的实践论意义的“道术”，都有既充分又形象的思想阐释，这种义理与文采兼具的特点，让《淮南子》论“道”呈现出一种由内而外的哲学美感，使其成为秦汉思想史上别具审美意蕴的道家论著。

一是形上之美——无限性。在中国哲学思想史上，老子第一次赋予“道”以“本源-本体论”的形而上学意义，并从“知识论的视域中共相与殊相的关系”着眼，深透体悟和理解“‘道’与‘万物’的关系”，进而“系统建构宇宙论”[⑥]。“道”在老子眼里，超脱一般形而下的实际意义，不仅开始具有深邃玄妙的哲学内涵，而且“显示出高度的诗性智慧，富有深刻的审美意味”，使“道的境界”内在相通于“审美境界”[⑦]。《淮南子》对老子“道”思想的继承与阐扬，最为核心之处也就在于此。与老子一样，《淮南子》也是从形上的本体论意义来进一步阐说“道”，并试图通过对时空的无限感的体悟，对“道”的存在状态及特点给予更为深刻的把握：

> 夫道者，覆天载地，廓四方，析八极，高不可际，深不可测，包裹天地，禀授无形……故植之而塞于天地，横之而弥于四海，施之无穷，而无所朝夕，舒之幎于六合，卷之不盈于一握。（《原道训》）[⑧]

---

① 牟钟鉴：《〈吕氏春秋〉与〈淮南子〉思想研究》，人民出版社2013年版，第281页。
② 马庆洲：《淮南子考论》，北京大学出版社2009年版，第107页。
③ 何宁：《淮南子集释》，中华书局1998年版，第1437页。
④ 陈广忠：《淮南子斠诠》，黄山书社2008年版，第1169页。
⑤ 何宁：《淮南子集释》，中华书局1998年版，第1454页。
⑥ 冯达文：《道家哲学略述》，巴蜀书社2015年版，第35-37页。
⑦ 易小斌：《略论道家美学本体论——‘道’论的审美生成》，《中州学刊》，2010年第4期，第157-161页。
⑧ 何宁：《淮南子集释》，中华书局1998年版，第1-3页。

《淮南子》对“道”从一开始,便不采取完全玄思抽象的描述方式来揭示,而是直接着眼于具体化的“空间”与“时间”来予以表现。在其眼中,“道”的存在始终与“天地”相融合,反映在天地的实际存在中,既“覆天载地”,又“包裹天地”,通过后者来显现出自身“无限”的本原意义。这种空间感的“无限”,同时伴随着时间感的“无穷”,具有“无所朝夕”的超越性,根本上无法用一般世俗的时间观念来把握。“道”的“无形”,经由其对“时空”的无限、无穷的超越性表现,更显示出深不可测的形上的造物本原内涵:

横四维而含阴阳,纮宇宙而章三光……山以之高,渊以之深,兽以之走,鸟以之飞,日月以之明,星历以之行,麟以之游,凤以之翔。(《原道训》)①

《淮南子》将“道”与“万物”,尤其是“生命”的衍生紧密关联在一起,以后者的“有形”“有限”来反衬“道”的“无形”“无限”,进而凸显出“道”生万物的形上实质与本原意义。这种对“道”的时空超越性的描述,让《淮南子》“道”论内在具有深刻的“无限感”,并呈现出一种玄妙高远、难以蠡测的道家哲学美感。

二是形下之美——具象性。与先秦老庄论道重于抽象性的玄思不同,《淮南子》对“道”的认识,“虽然接受老庄对于道之意义的思想”,却“更以具体万物去描述了这些性征”,因此“老庄对道之称述者重在‘无’,而淮南子却偏执于‘有’”②,这让《淮南子》对“道”的哲学思考时常借由能具体观感的物象来表现,带有显著的形象思维的特点,形成丰富灵动的具象化的哲学美感。《淮南子》是先秦以来道家中最善于以“水”喻“道”的代表,将老子“上善若水。水善利万物而不争,处众人之所恶,故几于道”(《老子·八章》)③的道论思想发挥得淋漓尽致:

天下之物,莫柔弱于水,然而大不可极,深不可测,修极于无穷,远沦于无涯……上天则为雨露,下地则为润泽,万物弗得不生,百事不得不成……击之无创,刺之不伤。斩之不断,焚之不然……动溶无形之域,而翱翔忽区之上,邅回川谷之间,而滔腾大荒之野……是故无所私而无所公,靡滥振荡,与天地鸿洞,无所左而无所右,蟠委错纱,与万物始终,是谓至德。(《原道训》)④

《淮南子》在这里不仅明确将“水”视为“道性的化身”,强调其“‘柔而能刚’、‘弱而能强’、浩大无比、无所不能等特点”⑤,而且试图通过极为丰富生动的物象化

① 何宁:《淮南子集释》,中华书局1998年版,第3-4页。
② 李增:《淮南子哲学思想研究》,洪叶文化事业有限公司1997年版,第44-45页。
③ 陈鼓应:《老子注译及评介》,中华书局2009年版,第86页。
④ 何宁:《淮南子集释》,中华书局1998年版,第54-56页。
⑤ 许匡一:《淮南子全译》,贵州人民出版社1993年版,第29页。

描述,在"水"润泽万物,滋育群生的动态化过程中充分显示其博大恢宏的创生作用及影响。"道"的无所不在、无可限制、无物不生、无私至公的哲学本原意义,在《淮南子》中经由"水"的物象描述,得到富于壮阔、灵动、美感的形象化表达。"水"之德,即是"道"之德,"借助水以说明道,由水的品性可见道的特征","由'莫柔于水'到'莫尊于水'得出柔则为尊的道家观念"《淮南子》,"从而将老子的思想进一步具体化和深刻化"①。

道家视"道"为"一",将"一"看作是"同'道'一样,作为万物的本根概念",使之成为"道家的标志性概念之一"②。《淮南子》对"一"的哲学论述,与以"水"喻"道"有异曲同工之妙,也是赋予其拟人化、形象化的理论表现:

所谓一者,无匹合于天下者也。卓然独立,块然独处,上通九天,下贯九野。员不中规,方不中矩。大浑而为一,叶累而无根。怀囊天地,为道关门。(《原道训》)③

是故一之理,施四海;一之解,际天地。其全也,纯兮若朴;其散也,混兮若浊。浊而徐清,冲而徐盈。澹兮其若深渊,泛兮其若浮云,若无而有,若亡而存。(《原道训》)④

《淮南子》对"一"具体生动的描述,实则是对"道"独一无二的存在状态以及若"有"似"无"的哲学特征的深刻揭示。尤需指出,作为"由道家到道教的演化过程中,起了重要的桥梁和媒介作用"的"义理的源泉"⑤,《淮南子》这种拟人化的"一"论中,内在传达出一种意味深长的"仙道"追求与理想,给人以出尘脱俗、飘逸非凡的哲学美感。

三是为治之美——理想性。先秦以来,从老子到《淮南子》,道家论"道"已"不只着眼于存在、着眼于道是什么的问题",而是"更着眼于道的历程、道的发展过程"⑥,既从哲学上将"道"朝着"气"化宇宙论的方向推进,又更着重将"道"面向治国需要的实践层面,凸显出"以道治国"的根本旨趣。《淮南子》是为西汉统治阶层治国理政服务的"帝王之书",试图站在"新道家的立场上",系统总结先秦诸子百家的政治学说,"为新生的统一的封建国家提供治国纲领"⑦。因此,《淮南子》论

① 王雪:《〈淮南子〉哲学思想研究》,陕西人民出版社2007年版,第81页。

② 王中江:《早期道家"一"的思想的展开及其形态》,《哲学研究》,2017年第7期,第51-63页。

③ 何宁:《淮南子集释》,中华书局1998年版,第58页。

④ 何宁:《淮南子集释》,中华书局1998年版,第60页。

⑤ 刘爱敏:《〈淮南子〉道论研究》,齐鲁书社2013年版,第211页。

⑥ 丁原明:《〈淮南子〉道论新探》,《齐鲁学刊》,1994年第6期,第84-89页。

⑦ 杨有礼:《新道鸿烈——〈淮南子〉与中国文化》,河南大学出版社2001年版,第99页。

道，有着比先秦老庄更为迫切的实践需求，其经世致用的政治理性精神极为突出。这种强烈的治国诉求，让"《淮南子》道论的重心在于'治道'"，始终与"何以为治，何以能治"的理论思考紧密结合在一起，从而既"带有明确的工具性"[①]，又体现出浓厚的理想性。《淮南子》在《原道训》中一阐述完"道"的存在论内涵后，紧接着便从治国论的角度出发，表达自身对理想"道治"的理论设想与憧憬：

泰古二皇，得道之柄，立于中央，神与化游，以抚四方。

无为为之而合于道，无为言之而通乎德……其德优天地而和阴阳，节四时而调五行。呴谕覆育，万物群生，润于草木，浸于金石，禽兽硕大……兽胎不贕，鸟卵不毈，父无丧子之忧，兄无哭弟之哀，童子不孤，妇人不孀，虹霓不出，贼星不行，含德之所致也。（《原道训》）[②]

《淮南子》这里对"泰古二皇"的理想之治的描述，实际上就是对其所主张的黄老新"道治"理念的形象说明与积极阐发，整体上体现出天人合一、君民和谐的自然主义的"道治良序"理想[③]。由此，《淮南子》论道之美，内在转换为论治之美，让自身的道家治国理念产生出理想主义的哲学想象与美感。在先秦两汉道家思想史上，《淮南子》是将黄老理性主义与老庄理想主义结合得最为深入的代表性著作，也是第一个在新的历史条件下，对前所未有的大一统王朝进行道家理想化政治设计的思想论著。无论其理论主张是否真能实现，从理论上看，都充分显示出理想主义的哲学美感。

四是心灵之美——自由性。道家论"道"，究其根本，是以人的生命存在为中心，展现出"一种不同于儒家爱人的独特的人类之爱的精神"，自有其深沉厚重的"对于人类生存和生命的关怀"[④]。从老庄以来，"道"与人类生命的心灵状态及精神境界便形成密不可分的内在关联，以"道"修"心"、以"道"治"身"成为先秦道家核心的理论要义之一。《淮南子》论"道"，更为关注"道""心"的和谐融洽，更加凸显人类精神与"道"之间的契合性，力主"全其身，则与道为一矣"[⑤]的生命理念，试图以此将人从权势富贵的世俗桎梏中解脱出来，让其在生命精神上实现"性命之

① 戴黍：《〈淮南子〉治道思想研究》，中山大学出版社2005年版，第40–41页。

② 何宁：《淮南子集释》，中华书局1998年版，第4–9页。

③ 高旭：《汉代黄老新"道治"的历史阐说——论〈淮南子〉著述意图、文本结构、思想体系及其政治理想》，《南昌大学学报（人文社会科学版）》，2017年第5期，第83–91页。

④ 张立文等主编：《玄境——道学与中国文化》，人民出版社2005年版，第26页。

⑤ 何宁：《淮南子集释》，中华书局1998年版，第74页。

情处其所安也”[①]的“自得”状态，真正获得“人得其得者也”的“极乐”[②]的自由状态。《淮南子》这种渴求心灵自由、精神解脱的论道意趣，并非偶然，而是来自极为深刻的世俗体验与反思：

夫建钟鼓，列管弦，席旃茵，傅旄象，耳听朝歌北鄙靡靡之乐，齐靡曼之色，陈酒行觞，夜以继日，强弩弋高鸟，走犬逐狡兔，此其为乐也……解车休马，罢酒彻乐，而心忽然，若有所丧，怅然若有所亡也。是何则？不以内乐外，而以外乐内。（《原道训》）[③]

在《淮南子》看来，世俗生活中所谓“外乐”的物感体验，其实质是肤浅短暂的，是人的心灵为种种物质欲望所束缚和控制的结果，所以人们难以实现真正的精神自由。“圣亡乎治人而在于得道，乐亡乎富贵而在于德和”（《原道训》）[④]，《淮南子》认为：只有以“道”修“心”、以“道”治“身”，让自身的生命存在合乎“道”的规律及状态，“与道合一”，而非“失道”而为，才能使人超拔“俗心”于物欲，拥有一颗清净自在的“道心”，获得精神上的自由解脱。《淮南子》论道不离“心”，始终以“道”观照人的主体意志与生命精神，这使其“道”论内具深厚丰富的道家人文主义内涵，也呈现出追求精神自由的哲学美感。

总的来看，《淮南子》论道是“义理”与“文采”兼备，既对“道”进行了本体论、存在论的形上思考与揭示，又对“道”的过程论、发展论展开了汉代历史条件下更为丰富细微的形下描述和阐释。由此，《淮南子》论道在理论内涵与形式上，都要比先秦老庄、黄老更能体现出形象化、生动化的时代特点，并在“义理”“文采”的交相辉映中产生出玄而尽妙、即俗超俗的别样的哲学美感。

二、《淮南子》论道之美的内在成因

《淮南子》一书曾被梁启超评价为“博大而又条贯”，甚至被其推崇为“汉人著述中第一流也”[⑤]。这样的赞誉，在很大程度上，就来自《淮南子》论道所具有的广度、深度以及哲学美感。就其广度、深度而言，《淮南子》“论述了道的整体性、无限性及其演化阶段和理论”，“使老子以来的道家理论得以深化”，“它的出现标志着汉代道家思想理论发展的高峰”[⑥]；就其哲学美感而言，《淮南子》论道是继先秦庄

① 何宁：《淮南子集释》，中华书局1998年版，第80页。

② 何宁：《淮南子集释》，中华书局1998年版，第68-69页。

③ 何宁：《淮南子集释》，中华书局1998年版，第69-70页。

④ 何宁：《淮南子集释》，中华书局1998年版，第66页。

⑤ 梁启超：《中国近三百年学术史》，东方出版社2003年版，第263页。

⑥ 张运华：《〈淮南子〉对道范畴的理论深化》，《西北大学学报（哲学社会科学版）》，1995年第4期，第31-35页。

子之后，中国道家发展史上审美内涵最为丰富、最为突出的历史代表，充分反映出汉代思想家对“道”的不同于先秦道家的更为深透细微、形象生动的理论认识。《淮南子》论道之美的历史生成，并非偶然，而是有着六个方面深刻复杂的内在成因。

第一，物象丰富的道论阐释。如前所言，《淮南子》论道具有形下之美。这种具象性的形下之美，造成了《淮南子》论道具有独特哲学美感的理论基础。因为具象性的体现，主要基于《淮南子》论道惯常借助丰富多样的客观“物象”来进行，通过天地万物的存在状态及表现形式，以凸显出“道”的无所不在、无所不用的本原性、创生性和规律性。因此，《淮南子》论道的过程中，时常会营造出特定的“道”的作用条件及时空环境，甚至将其予以过度理想化的表达：

昔者冯夷、大丙之御也，乘云车，入云霓，游微雾，骛怳忽，历远弥高以极往，经霜雪而无迹，照日光而无景，扶摇抮抱羊角而上，经纪山川，蹈腾昆仑，排阊阖，沦天门……

是故大丈夫恬然无思，澹然无虑。以天为盖，以地为舆，四时为马，阴阳为御。乘云陵霄，与造化者俱。(《原道训》)①

《淮南子》在这里以“御”明“道”，阐释人的主体行为与“道”的规律性相符合的理想状态，追求“人”“道”为一的生命境界。为了形象化说明“道”的功用及影响，揭示出人的实践顺道而为、遵道而行的理想过程，《淮南子》使用了十分丰富的“物象”来展现，如“云车”“云霓”“微雾”“霜雪”“日光”“昆仑”“天”“地”“舆”“马”等。《淮南子》这种对“道”的形象化的理论阐述，让人联想翩翩，恍然眼前有绚烂之感，产生出一种对“道”的特殊的哲学体悟。在将“道”进行“气化”宇宙论的演化阶段的具体阐释中，《淮南子》同样借助具体形象的动植物“物象”来予以表现，而并不只做单纯的哲学思辨：

所谓有始者：繁愤未发，萌兆牙蘖，未有形埒垠堮，无无蠕蠕，将欲生兴而未成物类。

有有者：言万物掺落，根茎枝叶，青葱苓茏，雚蔰炫煌，蠉飞蠕动，蚑行哙息，可切循把握而有数量。(《俶真训》)②

用丰富多彩的“物象”来论“道”、证“道”与明“道”，《淮南子》这种哲学思维极大地拓展了道家“道”论的理论范畴与表现方式，让其从难以把握的抽象性转变为

① 何宁：《淮南子集释》，中华书局1998年版，第12-18页。
② 何宁：《淮南子集释》，中华书局1998年版，第91-93页。

可感可知的具象性，也让其在形象化呈现中获得一定的审美内涵。

第二，赋化典雅的表达方式。《淮南子》论道与先秦道家在文体与辞采上最大的不同就是其受屈原及楚辞影响，喜用铺张扬厉、文辞华美的"赋化"表达方式，充分体现出"铺采摛文，体物写志"①，"泛采而文丽"②的汉赋特色。这让《淮南子》尽管是一部重要的道家思想论著，而非单纯的文学作品，却也在理论表现形式上具有突出的"文辞富丽，气势不凡，想象丰富，具有突出的浪漫主义色彩"的"赋笔特征"③，甚至整部书都可在一定程度上被视为"一篇形式完美的散体大赋"④。用"赋化"方式来言"道"、论"道"，是《淮南子》对道家"道"论做出的重要贡献，它"将诗与思，虚与实巧妙地结合在一起"，以充满审美意味的特殊文体手段，使先秦道家的"本体之道""具有了美学本体特征"⑤，成为"义理"与"文采"兼具的汉代新"道"论。这在《淮南子》对"太上之道"的精彩阐述中便可一窥全豹。

夫太上之道，生万物而不有，成化像而弗宰……得以利者不能誉，用而败者不能非……累之而不高，堕之而不下，益之而不众，损之而不寡，斫之而不薄，杀之而不残，凿之而不深，填之而不浅。忽兮怳兮，不可为象兮；怳兮忽兮，用不屈兮。幽兮冥兮，应无形兮；遂兮洞兮，不虚动兮。与刚柔卷舒兮，与阴阳俯仰兮。（《原道训》）⑥

《淮南子》认为："夫道论至深，故多为之辞以抒其情；万物至众，故博为之说以通其意"（《要略》）⑦，而"多为之辞，博为之说"（《要略》）⑧的最佳选择便是师法楚辞的"赋化"方式。《淮南子》论道在形式上的此种特殊表现，既是由于淮南王刘安及其宾客都是"知骚能赋"的文学才士，又与《淮南子》诞生于"以江湘淮水区域为主的楚地语文特质"⑨的文化环境密切相关。淮南王刘安及其宾客在撰著《淮南子》的过程中，认为"道"是"横四维而含阴阳，纮宇宙而章三光"（《原道训》）⑩的至

① 刘勰著，范文澜注：《文心雕龙注》，人民文学出版社1962年版，第134页。

② 刘勰著，范文澜注：《文心雕龙注》，人民文学出版社1962年版，第309页。

③ 曹晋：《〈淮南子〉的赋笔特征》，《文史知识》，1997年第8期，第114-117页。

④ 陈广忠：《刘安评传——集道家之大成》，广西教育出版社1996年版，第129页。

⑤ 戴勇：《〈淮南子〉的汉赋化言道方式及其美学意义》，《淮南师范学院学报》，2011年第1期，第23-25页。

⑥ 何宁：《淮南子集释》，中华书局1998年版，第9-11页。

⑦ 何宁：《淮南子集释》，中华书局1998年版，第1455页。

⑧ 何宁：《淮南子集释》，中华书局1998年版，第1439页。

⑨ 陈丽桂：《〈淮南鸿烈〉思想研究》，花木兰文化出版社2013年版，第252页。

⑩ 何宁：《淮南子集释》，中华书局1998年版，第3-4页。

高存在，因此《淮南子》一书也唯有以“鸿烈”称之，才能凸显其“大明道之言也”（《叙目》）①的著述目的与理论特质。与此相匹配，也只有最能彰显出楚文化卓绝风采的“赋化”方式，才最适用于《淮南子》用以论道。淮南王刘安及其宾客不但要在汉代历史条件下进一步丰富深化“道”的理论内涵，而且试图让其在“赋化”阐说中生成新的哲学美感，从而达到前人论道所未能达到的更高的美学境界。

第三，多彩纷呈的修辞手法。《淮南子》不仅在文体上选择了典雅富丽的“赋化”方式，而且在实际的写作中运用了丰富多样的修辞手法来增强其论道的理论表现力，充实自身“道”论的审美内涵。《淮南子》用比喻与类比的方式来阐明“道”与“德”的关系问题：

> 夫道之与德，若韦之与革，远之则迩，近之则远，不得其道，若观倏鱼。故圣若镜，不将不迎，应而不藏，故万化而无伤，其得之乃失之，其失之乃得之也。
>
> 今夫调弦者，叩宫宫应，弹角角动，此同声相和者也。夫有改调一弦，其于五音无所比，鼓之而二十五弦皆应，此未始异于声，而音之君已形也。（《览冥训》）②

《淮南子》形象地用“革”与“韦”两种不同形态的兽皮（前者只是去了毛，后者则是经过加工后的熟皮）来指出“道”和“德”的内在差别，认为“道”具有更为根本的自然性、朴质性，而“德”带有更多的社会性、人文性。《淮南子》还将人们对“道”的认识及体悟状态用“圣若镜”“若观倏鱼”的比喻来说明，并以“调弦”的音乐实践为类比，进一步强调“道”的根本性。《淮南子》用对偶、对比、虚拟、夸张的修辞方式，充满想象力地描述和渲染“圣人”“真人”理想化的“得道”状态：

> 是故圣人内修道术，而不外饰仁义，不知耳目之宣，而游于精神之和。若然者，下揆三泉，上寻九天，横廓六合，揲贯万物，此圣人之游也。若夫真人，则动溶于至虚，而游于灭亡之野……烛十日而使风雨，臣雷公，役夸父，妾宓妃，妻织女，天地之间何足以留其志？是故虚无者道之舍，古易者道之素（《俶真训》）③

《淮南子》这种极富文学表现力的论道手法，不仅让人对“道”的至高性、权威性产生由衷的崇拜，萌生出“信道”的心理需求，而且让人对“修道”为“仙”的道家人格理想产生强烈的渴望与憧憬。可以说，丰富多样的修辞手法，使《淮南子》论道更能贴近和反映汉人“以得道为成仙前提”，“以得道成仙为终极追求”的社会心理与思想认识④。《淮南子》论道对神话、传说、寓言的使用也很多，尤其是神话因

---

① 何宁：《淮南子集释》，中华书局1998年版，第5页。

② 何宁：《淮南子集释》，中华书局1998年版，第462–464页。

③ 何宁：《淮南子集释》，中华书局1998年版，第128–129页。

④ 姜生：《马王堆帛画与汉初“道者”的信仰》，《中国社会科学》，2014年第12期，第176–199页。

素,诸如“女娲补天”“嫦娥奔月”“后羿射日”“共工怒触不周山”等。《淮南子》使用这些神话、传说、寓言时,其中也通常伴有多种多样的修辞手法。《淮南子》论道对修辞手法的重视,让道家“道”论具有更多的文化内涵与审美内涵,也让“道”在形下层面变得更易于为一般士人所了解和接受,这对道家思想在汉代及其之后的历史流衍与传播,具有重要的推动作用。当然,也应指出,《淮南子》论道中确实存在过度使用修辞手法,炫耀文采的局限,有时可能会给人“堆砌铺张”“华而不实”的印象①,但必须看到的是,《淮南子》论道对修辞手法的重视,并非只为满足单纯的文学表达需要,而是有着更深层次的“道”论思考,根本上是为其在汉代历史条件下更深刻地阐明“道”的哲学内涵服务的。因此,虽有修辞手法使用过当的不足,但无伤大雅。

第四,深切务实的治国忧思。《淮南子》一书究其实质而言,乃是一部为西汉统治阶层“统天下,理万物,应变化,通殊类”(《要略》)②服务的“帝王之书”,其论道的根本目的“并非只为个人修身养性,而是为着探究治国平天下的道理”,因此强烈的治国诉求让《淮南子》并未“空谈虚玄之道,而是处处以‘道’解释现实生活,同时又以现实生活解释道”,以此阐明切实有益于西汉王朝稳定发展的“治国之道”③。对王朝治乱兴衰的深切忧思,让《淮南子》论道不是徒逞文华辞采,而是能够具有穿透历史与现实的理论深度,充分表现出自身“经纬治道,纪纲王事”(《要略》)④的政治见识和担当。《淮南子》在其论道过程中,多次自称为“刘氏之书”,便是以西汉王朝之兴亡为己任、以家族事业盛衰为关切的政治心态表现,这让其突破了仅为淮南国立言的地方性局限,成为站在天下立场为刘氏王朝立言的思想论著⑤。气度不凡的政治格局,开放通达的学术胸襟,既使《淮南子》论道产生不同流俗、独有见识的理论气质,也让其充满“赋化”楚风色彩的论道文辞不流于形式,而是成为具有自身政治底蕴的“奇伟宏富”的“一家之作”⑥。在某种程度上,《淮南子》论道所具有的哲学美感,不仅源自其“道”论与文采,也得益于其心忧刘氏、志存天下的政治情怀。因此,《淮南子》论道不同于老、庄、黄老,往往是以“旁观者”的立场与视角来论道议政,评说国家治乱兴亡,而是始终体现出身在其中的“当事者”的深切省思和理想期待。这种理论的“温度”,让《淮南子》论道带有一种易入

① 张啸虎:《论〈淮南子〉的文采》,《北方论丛》,1983年第6期,第43-47页。

② 何宁:《淮南子集释》,中华书局1998年版,第1463页。

③ 陈远宁:《〈淮南子〉思想的基本倾向》,《衡阳师专学报(社会科学)》,1989年第2期,第42-89页。

④ 何宁:《淮南子集释》,中华书局1998年版,第1452页。

⑤ 高旭:《汉代黄老新“道治”的历史阐说——论〈淮南子〉著述意图、文本结构、思想体系及其政治理想》,第83-91页。

⑥ 刘熙载:《艺概》,上海古籍出版社1978年版,第14页。

人心的思想魅力。“初，安入朝，献所作《内篇》，新出，上爱秘之”[①]，汉武帝刘彻之所以对《淮南子》第一印象深刻，另眼相待，有所“爱秘之”，与淮南王刘安在《淮南子》中寄托的深切的“家国情怀”，恐怕不无关系。

第五，脱俗保真的生命诉求。从老庄以来，道家便在哲学思想上表现出异乎寻常的“强烈的生命意识”，“认为只有热爱生命，才能积德进道”，因此道家在人生价值上“注重自我生存的质量，警惕沦为物的奴隶”[②]。《淮南子》论道极为鲜明地坚持和阐扬先秦道家这种“轻物重生”的核心理念，也将“尊天而保真”，“贱物而贵身”，“外物而反情”(《要略》)[③]作为自身“道”论的思想要义。在其看来，天道与人道的统一，必然要落实在人的生命存养的实践上，即“治身”“养生”上。因此，《淮南子》一方面反复阐明“达乎性命之情”(《俶真训》)[④]，“直行性命之情”(《泰族训》)[⑤]的重要性，反对人性的虚伪堕落，反对“钳阴阳之和，而迫性命之情”(《精神训》)[⑥]的消极情况，要求人们保持生命的自然质朴的本真状态；另一方面“用了大量篇幅阐述了生命修养之道”，“提出了一系列养生之道”[⑦]的具体方式，将道家的“生命之道”转变为具有可操作性的“养生之术”，确保人们能够实现维护自身生命的良好存养，达到益寿延年的根本目的。这种基于生命本身的理论旨趣，充分体现出《淮南子》在生命修养诉求上“唯一目的乃在于得道”，在于使人们成为“真人”“至人”“圣人”那样的“得道之人”[⑧]。《淮南子》论道曾云：“自得，则天下亦得我矣。吾与天下相得，则常相有已，又焉有不得容其间者乎?”(《原道训》)[⑨]天道与人道的契合，“我”与“天下”的和谐，是《淮南子》论道在生命哲学上最根本的理想追求。在其而言，唯有脱俗求真，成为“不以天下为贵”的“无累之人”(《精神训》)[⑩]，才能真正“执着于对人类个体生命自由境界的探寻，力图超越此岸世界的局限，探究生命存在的根本意义”[⑪]。正是这种极具审美意蕴的生命诉求及理想，让《淮南子》论道散发出动人心魄、激荡心灵的内在魅力，成为人们重新反观与审视自我生命存在方式及状态的重要镜鉴。

---

① 班固:《汉书·淮南衡山济北王传第十四》，中华书局 1962 年版，第 2145 页。
② 詹石窗，谢清果:《中国道家之精神》，复旦大学出版社 2009 年版，第 121-123 页。
③ 何宁:《淮南子集释》，中华书局 1998 年版，第 1440 页。
④ 何宁:《淮南子集释》，中华书局 1998 年版，第 148 页。
⑤ 何宁:《淮南子集释》，中华书局 1998 年版，第 1413 页。
⑥ 何宁:《淮南子集释》，中华书局 1998 年版，第 548 页。
⑦ 李霞:《生死智慧——道家生命观研究》，人民出版社 2004 年版，第 312 页。
⑧ 于大成，陈新雄主编:《淮南子论文集》，西南书局 1979 年版，第 84 页。
⑨ 何宁:《淮南子集释》，中华书局 1998 年版，第 74 页。
⑩ 何宁:《淮南子集释》，中华书局 1998 年版，第 540 页。
⑪ 赵国乾:《论〈淮南子〉的生命美学精神》，《学术论坛》，2009 年第 11 期，第 8-12 页。

第六,超远缥缈的神仙信仰。受秦汉之际浓厚的神仙思想以及统治阶层崇奉“死后成为得道升天的‘真人’”的“黄老道信仰”的深刻影响①,《淮南子》比先秦道家表现出更为显著的“仙道”理想与诉求,力图将“道”的哲学阐释向着神秘化、信仰化的方向推进,使自身思想内在体现为一种汉代历史条件下新的带有“宗教性的神仙道家思想”②。《淮南子》将这种“仙道”诉求集中反映在对“至人”“真人”的生存状态及境界的理想化的描述中:

> 夫至人倚不拔之柱,行不关之涂,禀不竭之府,学不死之师……生不足以挂志,死不足以幽神……祸福利害,千变万纱,孰足以患心!若此人者,抱素守精,蝉蜕蛇解,游于太清,轻举独往,忽然入冥。凤凰不能与之俪,而况斥鷃乎!势位爵禄,何足以概志也!(《精神训》)③

> 若夫真人则动溶于至虚,而游于灭亡之野,骑蜚廉而从敦圄,驰于方外,休乎宇内,烛十日而使风雨,臣雷公,役夸父,妾宓妃,妻织女,天地之间,何足以留其志!(《俶真训》)④

在《淮南子》而言,“至人”“真人”是“与道游者也”和“与道为一”的理想人格,真正具有“体道”“执道”“得道”的精神性、信仰化的修道内涵。因此,“至人”“真人”能彻底从世俗世界中解脱出来,不以“势位爵禄”为意,“天地之间”也不“足以留其志”。可见,“《淮南子》理想中的神仙也是‘道’的化身”,正是经由“至人”“真人”的理想化描述及“仙道”化的哲学阐释,《淮南子》进而试图实现自身“以修仙的可能性与‘实在性’来申论道法”的内在目的⑤。《淮南子》对“至人”“真人”所代表的“得道者”的理论想象与理想憧憬,使其“道”论生发出具有内在超越性的哲学美感,成为一种“将生命、政治与信仰高度紧密地结合起来”,“既将‘生命政治化’,又将‘政治生命化’”⑥的汉代黄老新“道”论。超远的神仙信仰,缥缈的“仙道”理想,让《淮南子》论道颇具玄妙空灵的“道境”之美,惹人遐思,引人入迷。

《淮南子》论道不同于先秦道家,其审美性的哲学内涵更具有丰富多样的理论表现,不仅其“文字殊多新特”⑦,而且其思想意蕴更是具有汉代历史条件下的“新特”之处。在某种意义上,《淮南子》论道之美得以形成的理论原因,正充分反映出

---

① 姜生:《马王堆一号汉墓四重棺与死后仙化程序考》,《文史哲》,2016年第3期,第139-15页。
② 李建光:《论〈淮南子〉的“真人”信仰及其证明》,《湖南社会科学》,2010年第3期,第161-16页。
③ 何宁:《淮南子集释》,中华书局1998年版,第537-538页。
④ 何宁:《淮南子集释》,中华书局1998年版,第128-129页。
⑤ 卿希泰主编:《中国道教思想史》(第一卷),人民出版社2009年版,第107页。
⑥ 高旭:《道治天下——〈淮南子〉思想史论》,天津人民出版社2018年版,第264页。
⑦ 高似孙:《子略》,朴社1933年版,第85页。

中国道家进入秦汉大一统王朝政治发展新的历史时空后，其生命力不但未见萎缩衰颓，反而愈加蓬勃旺盛，愈发产生更为大气磅礴、炫美多彩的理论内涵。

三、《淮南子》论道之美与《庄子》的关联及比较

先秦道家思想史上，庄子论道最具哲学美感，尤其是将老子重在谙悉人性与通明世事的论道智慧及精神引向审美化人生境界的理论发展，使人类个体生命能够拥有"一个自由飞翔的开放心灵，呈现出一种博大无碍而与物冥合的精神境界"①，最终在"境界意义"上真正沟通"生命"与"道"，实现"道的境界即人生最高境界"②的理想追求。《淮南子》是中国道家历史上对庄子审美化论道方式与精神继承最为充分深刻的思想论著，淮南王刘安代表的汉代"淮南学派"对《庄子》一书有着极为特殊的历史钟情，特别是"当论及人生问题时，多以《庄子》思想为核心"③，因此《淮南子》中称引《庄子》文辞多达有 223 条④。从《庄子》到《淮南子》，中国道家论道的审美化蕴含得到淋漓尽致的历史展现，让道家真正得以成为中国古代士人精神的栖息地与寄托者，获得其他诸子学说所不可比拟的独特的心灵魅力。《淮南子》对《庄子》审美化论道方式与精神的继承具有深刻的复杂性，它既内在接受了后者最为核心的生命哲学及美学精神，又在汉代历史条件下，以贵族化、群体化、政治化的特殊理论形式对此进行了新的发展与阐扬，极大地拓展了中国道家审美化论道的思想深度和广度。

首先，《淮南子》论道之美受《庄子》影响最深。虽然《淮南子》论道之美的历史成因是复杂的，不仅仅受到《庄子》的影响，同时屈原代表的楚辞对其也有深刻作用，但毫无疑问，《淮南子》论道内在的生命哲学意蕴及美学精神，是对《庄子》最具认同感的理论接受。《淮南子》推崇"老庄之术"（《要略》）⑤，但实际上二者还是有所区别。《老子》一书文约意深，平实朴质，《淮南子》将之视为自身理论阐释所依据的最根本的"道经"，试图"一方面能深入了解《老子》思想之核心要义，又能配合时代需求，依照自己南方楚地特有风格，转化《老子》原意，作创造性诠释"⑥。与《老子》对《淮南子》这种根本作用不同，《庄子》以其"泛自然""泛审美"的"借

---

① 陈鼓应：《老庄新论（修订版）》，商务印书馆 2008 年版，第 201 页。

② 陈鼓应：《老庄新论（修订版）》，商务印书馆 2008 年版，第 401 页。

③ 孙纪文：《淮南子研究》，学苑出版社 2005 年版，第 132 页。

④ 王叔岷：《〈淮南子〉引〈庄〉举隅》，载陈鼓应主编：《道家文化研究》（第十四辑），生活·读书·新知三联书店 1998 版，第 364—400 页。

⑤ 何宁：《淮南子集释》，中华书局 1998 年版，第 1447 页。

⑥ 陈丽桂：《汉代道家思想》，五南图书出版股份有限公司 2013 年版，第 172 页。

‘道’表明他的一种生活态度和人生境界”[①]的生命哲学，对《淮南子》“论道”的审美化蕴含产生十分特殊的影响，使后者在道本论、修道论、得道者人格论等方面无不散发出明显的庄子美学精神。如《淮南子》继承《庄子·逍遥游》的精神，阐扬圣人“学以修道”的重要观点：

是故举世而誉之不加劝，举世而非之不加沮，定于死生之境，而通于荣辱之理……若然者，视天下之间，犹飞羽浮芥也，孰肯分分然以物为事也！（《俶真》）[②]

又如继承《庄子·齐物论》的精神，渲染描述“性合于道”的“真人”（《精神训》）[③]的修道状态与理想境界：

若然者，正肝胆，遗耳目，心志专于内，通达耦于一……以道为紃，有待而然……大泽焚而不能热，河、汉涸而不能寒也，大雷毁山而不能惊也，大风晦日而不能伤也……以死生为一化，以万物为一方，同精于太清之本，而游于忽区之旁。（《精神训》）[④]

《淮南子》甚至将《庄子》这种“逍遥”“齐物”的生命美学精神充分贯彻到自身的著述意图上，借此表达出西汉统治阶层强烈渴望与追求“身国兼理”的理想的“通治”之道：

诚通乎二十篇之论……外天地，捭山川，其于逍遥一世之间，宰匠万物之形，亦优游矣。若然者，挟日月而不烑，润万物而不耗。曼兮洮兮，足以览矣！藐兮浩兮，旷旷兮，可以游矣！（《要略》）[⑤]

《淮南子》审美化论道的理论表现，既反映出《庄子》对其有着大不同于《老子》的特殊影响[⑥]，又在很大程度上体现出《淮南子》对《老子》偏重于人性、世事与政治的朴实论道之风的改变与放弃，而是更加倾向“多为之辞，博为之说”的庄子

① 包兆会：《庄子生存论美学研究》，南京大学出版社2004年版，第94页。

② 何宁：《淮南子集释》，中华书局1998年版，第142页。

③ 何宁：《淮南子集释》，中华书局1998年版，第521页。

④ 何宁：《淮南子集释》，中华书局1998年版，第522-525页。

⑤ 何宁：《淮南子集释》，中华书局1998年版，第1456-1457页。

⑥ 有学者认为“贯穿《淮南鸿烈》全书的主要思想——道家思想，既非以《老子》为代表的道家思想，也不是以《黄老帛书》为代表的道家思想，而是一种更倾向于《庄子》的道家思想”（张岂之主编：《中国思想学说史（秦汉卷）》，广西师范大学出版社2007年版，第205页），这种看法并不完全符合《淮南子》思想的实际情况。一方面，指出《庄子》思想对《淮南子》有着不一般的作用及影响，让后者论道带有较为明显的庄子精神，这种认识具有合理性，揭示出了二者之间特殊的思想关联；但另一方面，却认为《淮南子》在思想整体上“更倾向于《庄子》的道家思想”，这种看法忽视了《老子》思想对《淮南子》所具有的“根本”作用及影响，也轻视了《黄老帛书》不同于《庄子》对《淮南子》的特殊意义，因此过度地抬“庄”以贬“老”“黄”，并没有准确把握到《淮南子》兼综道家三学的理论特殊性、复杂性，实际上是对《淮南子》思想本相的偏离。

式的华彩论道之风。

其次,《淮南子》对《庄子》论道之美有着历史性的深化与发展。《淮南子》论道具有《庄子》所缺少的历史条件,即秦汉大一统王朝的政治现实。而且,《淮南子》在著述意图上有着极为明确的“天地之理究矣,人间之事接矣,帝王之道备矣”(《要略》)①的“明道辅治”的根本诉求,是以淮南王刘安代表的西汉统治阶层突显自身理论自觉性,进行汉初以来黄老统治经验大总结的“帝王之书”。因此,《淮南子》论道虽然深入接受了《庄子》生命哲学及美学精神,但同时更有着显著的黄老化改造,不仅没有“像庄子那样基于个体生命的立场批判现实,相反它力图把自身逍遥与现实治理结合起来”②,将其重铸为适应西汉帝王需求的新道论。也由此,《淮南子》所憧憬的理想化的修道者、得道者、践道者——真人,始终“具有一定程度的贵族性”,“更显示出生命理想政治化”的理论倾向③。从《要略》篇中所言:“诚通乎二十篇之论……可以游矣”的话语中,让人所感受到的并非如庄子一样的困穷士人渴求生命精神的解脱,“重视生命价值甚至超过道德价值”的“深沉的生命悲剧意识”④,而是一种统治阶层正处于上升期的昂扬着强烈自信进取精神的政治意识。因此,与《庄子》相比,《淮南子》论道之美深刻交织着生命哲学与政治哲学的双重诉求,力图通过“养生以经世,抱德以终年”的黄老新道论的阐发,为西汉大一统政治发展提供充满精神美感的治国学说。在此意义上,适应和体现秦汉大一统政治的发展现实,是《淮南子》对《庄子》论道之美历史性深化与发展的根本缘由,这也让《淮南子》成为中国道家思想史上第一部进行大一统政治审美化论道的创新者与实践者。

最后,《淮南子》论道之美比《庄子》更突显出群体化的学派特色。《淮南子》一书成于众手,特别是具有学派化的历史基础与学术内涵,这使其成为汉人著述中并不多见的体现出鲜明学派宗旨及精神的思想论著。以淮南王“刘安为领袖、淮南宾客为基本构成”的“淮南学派”,不但“突显出汉代黄老道学特质”,而且有着同时代诸侯王国“难以企及的集体性、综合性的著述成就”⑤。淮南学派在汉代文学史上以“善赋”著称,刘安也有着“辩博善为文辞”的美誉,其与淮南宾客们曾创作出汉代数量最多的汉赋,因此这一学派具有极高的艺术审美力,使其论道不仅有着哲学美感,而且充满文学美感,成为“理论”与“形式”兼美的汉代道论。群体化的

---

① 何宁:《淮南子集释》,中华书局 1998 年版,第 1454 页。

② 邓联合:《〈淮南子〉对庄子“逍遥游”思想的改铸》,《人文杂志》,2010 年第 1 期,第 69-75 页。

③ 高旭:《论〈淮南子〉之“游”》,《江汉大学学报(人文科学版)》,2012 年第 4 期,第 80-85 页。

④ 时晓丽:《庄子审美生存思想研究》,商务印书馆 2006 年版,第 155 页。

⑤ 高旭:《中国古代学派史上的绝代奇峰——淮南王刘安与汉代“淮南学派”综论》,《华侨大学学报(哲学社会科学版)》,2017 年第 2 期,第 127-142 页。

学派内涵与著述特点，让《淮南子》论道更能博极古今，牢笼天地，创造出"一种交织着宏大与秀丽、昂扬与沉郁、浪漫与谨严的全新的美"①，其哲学美感更具有历史深度和广度。经由群体化的论道方式、学派化的理论表达以及汉赋化的文辞展现，《淮南子》将《庄子》论道之美推向了新的历史高峰，与后者一同可谓是中国道家论道之美的"哲学双璧"。

四、《淮南子》论道之美的思想史意义

在先秦以来道家思想史上，《淮南子》虽不是论道及论道之美的理论前驱，而是历史的后继者，却表现出了充满旺盛活力的创新性和发展性，在汉代历史条件下极大地丰富深化了中国道家论道的理论内涵与审美意蕴，对后世道家、道教的历史发展产生深远影响。

其一，《淮南子》激活了《庄子》论道之美的历史资源，再一次充分彰显出中国道家"论道"所具有的审美意蕴，使"道"既产生易于为人感知的形下美感，又形成具有显著超越性、理想性的形上美感。《庄子》是中国道家论道之美的理论前驱，其汪洋恣肆、瑰丽奇绝的论道风格第一次让"道"真正成为具有丰富审美内涵的哲学对象，也让"道"从形上的玄妙之"思"走向形下的世俗人"欲"，能够为生命个体所感知、想象、把握与追求。可以说，《庄子》打开了中国人审美化、艺术化走向"道"的思想之门，让后者在"打破自我封闭，超越自我认识的限制"中，追求"向更高的人生境界奔驰的人生理想"②。《淮南子》没有简单停留在《庄子》的脚步后，而是在深入继承《庄子》论道之美的基础上，更从宇宙论、人生论、政治论、道德论、社会论、养生论等方面充分彰显中国道家论道的审美意蕴及精神，进而赋予"道"新的历史活力，使其成为汉人政治世界与精神世界完全值得依托的终极所在。从《庄子》到《淮南子》，中国道家之"道"真正演变为最具审美意义的哲学范畴，获得永恒不竭的生命力。

其二，《淮南子》让汉代"帝王之道"不再是冰冷的权力政治产物，而是内含丰富的新道论，既关切了西汉统治者最现实的权力需求，又在一定程度上弥补了西汉统治者的精神空虚与信仰缺失。《淮南子》论道，表面上看存在着淮南王刘安"思考如何安顿不属于他的天下"的"尴尬"，"是以封王的身份做了皇帝的事"，但实质上是其出于家国天下的政治情怀，试图为西汉统治阶层探寻大一统政治之新"道"

---

① 韩高年：《论〈淮南鸿烈〉对汉大赋审美倾向的影响》，《中国韵文学刊》，2006年第3期，第63-67页。

② 罗坚：《道境——道家审美的终极追求》，《广西师院学报(哲学社会科学版)》，1999年第3期，第35-39页。

而服务,希望《淮南子》能够"成为刘氏治理天下的宝典"[①]。因此,《淮南子》所体现出的论道之美,既关切政治权力之道,又关注生命信仰之道,"通过把形上之'本'与形下之"末"两端整合起来",进而将西汉统治阶层的"外王"与"内圣"两种需求紧密结合起来进行理论探讨,从中展示出"与儒家有别的道家式的'内圣外王'"之道[②]。正是在此过程中,《淮南子》以审美化的论道方式让"外王"诉求与"内圣"诉求得到有机协调,并在其"圣王"理想中予以深刻表达。《淮南子》所期求的"圣王",与"道"相合,如"泰古二皇"一样,"得道之柄,立于中央。神与化游,以抚四方"(《原道训》[③],无论其治政治世,抑或治性治身,都能达到"无为为之而合于道,无为言之而通乎德"(《原道训》)[④]的理想状态,实现政治主体在"权力"与"信仰"之间的和谐。

其三,《淮南子》审美化论道,刺激了汉人对"道"所具有的神秘化、尊崇化、信仰化的宗教意识,尤其是其"真人"理想人格的理论塑造,更是在浪漫主义的论道话语中加速了"道"从道家的哲学化、艺术化向道教神仙化、偶像化的历史转变。《淮南子》是先秦道家走向汉代道教的重要桥梁,其为中国早期道教的产生提供"义理"上的"源泉和理论基础",为后者最终的孕育形成"做了预演"[⑤]。《淮南子》对"道"的审美化阐释,让"道"更加体现出浓厚的神秘化的气息,而且在其对"得道者"行为的神仙化的描述中,更易于让人萌生出内在尊崇与信奉"道"的宗教意识。《淮南子》这种论道方式,是对先秦老庄主要通过"自我反思或自我体验式的直觉观照"[⑥]来"体道""信道""证道"的理论补充,它用一种强化玄虚性、神秘性的精神"想象"的方式,激发出生命个体对"仙道"的由衷崇拜与渴求,使其产生以"吹呕呼吸,吐故内新,遗形去智,抱素反真,以游玄眇,上通云天"(《齐俗训》)[⑦]的"真人""仙人"为偶像的宗教性的信仰理想和精神追求。由此而言,《淮南子》实则是中国早期道教"信道"理念以及神仙崇拜信仰极为重要的思想渊源。

其四,《淮南子》论道之美是中国道家在大一统皇权政治巩固前最为自由、最具灵性的一次理论展现,在某种意义上,最终也成为中国道家论道之美不可复制的历史绝响。《淮南子》产生的历史背景大不同于先秦道家,是中国古代大一统王朝

---

① 陈静:《自由与秩序的困惑——〈淮南子〉研究》,云南大学出版社 2004 年版,第 135 页。

② 冯达文:《〈淮南子〉:道家式的内圣外王论》,载陈鼓应主编:《道家文化研究》(第三十辑),中华书局 2016 年版,第 439-463 页。

③ 何宁:《淮南子集释》,中华书局 1998 年版,第 4-5 页。

④ 何宁:《淮南子集释》,中华书局 1998 年版,第 7 页。

⑤ 刘爱敏:《〈淮南子〉道论研究》,山东人民出版社 2013 年版,第 201 页。

⑥ 詹石窗主撰:《中国宗教思想通论》,人民出版社 2011 年版,第 317 页。

⑦ 何宁:《淮南子集释》,中华书局 1998 年版,第 797 页。

政治由初步稳固日益走向兴盛的转折时期，因此淮南王刘安与“淮南学派”的自由论道始终受到来自中央皇权的强大压力，而《淮南子》在论道之美上的强烈彰显，在某种程度上，也是刘安等人“对由大一统的一人专制政治而来的压力感”[①]有所深刻体验后的思想反映。越是在充满幻想色彩的审美化的论道中，刘安等人越是能够获得精神上暂时的喘息与释放，能够将深沉的政治忧患心态变形寄托于高邈超远的“仙道”理想里。因此，《淮南子》成为真实反映体现汉代诸侯王与地方士人群体的政治心态的历史文本，而其论道之美，也随着日后淮南王刘安与“淮南学派”在“对武帝强化中央集权的虚弱抗战”[②]中被残酷殛灭，终成旷世绝响。

五、余论

中国道家思想史上，《淮南子》是颇具传奇色彩的论道之书，被后世学者视为不可多得的“绝代奇书”。《淮南子》的“奇”，既是体现道家要旨的“奇绝”非凡，也是展现论道之美的“奇特”超群。正如明人所言，《淮南子》“述道德，宾礼乐，经纪天地，推究人事得失之故，国家理乱之原，暗忽倏忽，傥惘无际”，其于当时，“岂直雷电鬼神云而哉”[③]！《淮南子》以大道为尊，力图整合百家以“明道辅治”，因此其论道兼求“义美”“文美”，能够集哲学意蕴、政治追求、人格理想与文化精神于一体，形成深沉的理论美感。也正因此，《淮南子》在充分继承老、庄、黄老的基础上，再创新境，让自身“道”论得以形成大一统政治时代其他思想论著所少有的磅礴气势，绚采美韵。《淮南子》论道之美，同《庄子》一起形成厚重的历史合力，使中国道家之“道”成为人类思想史上最具美感、最动人心魄的核心概念之一！

---

① 徐复观：《两汉思想史》（第一卷），九州出版社2014年版，第252页。

② ［日］池田知久著，刘兴邦译：《从〈汉书〉、〈史记〉看〈淮南子〉的成书年代（节译）》，《湘潭大学学报（社会科学版）》，1988年第2期，第34-38页。

③ 何宁：《淮南子集释》，附录四，各本序跋，中华书局1998年版，第1505-1506页。

《管子》的人才思想

李 耀

《管子》一书谈得比较多的是社会政治问题和经济问题，但也广泛涉及人才问题。因为“主道圆，臣道方”(《君臣下》)，君主的“无为而治”是建立在广泛选拔任用人才的基础上的。在选拔人才问题上，《管子》认为应当立义、执法为贤；主张爵材禄能，任人唯贤而不唯亲；提倡下十伍以征贤；倡导因材授任、赏功罚罪，以及修养成贤；等等。而且，最可贵之处是《管子》把举贤置于人才普查的基础上，强调举贤要形成一套行之有效的制度，试图把官吏的俸禄和社会商品的发展联系起来。因此，它虽然主张尚贤而没有儒家唯贤论的倾向，主张赏功罚罪而又避免了法家非贤人政治的唯法论倾向。《管子》的这些思想，在那个年代，十分难能可贵。

一、立义、执法为贤的贤才论

《管子》充分肯定贤才在历史上的作用：“古者未有君臣上下之别，未有夫妇妃匹之合，兽处群居，以力相征。于是智者诈愚，强者凌弱，老幼孤独不得其所。故智者假众力以禁强虐，而暴人止。为民兴利除害，正民之德而民师之。是故道术德行，出于贤人。”(《君臣下》)这是说，古代人伦未别，纲纪未立，智以诈愚，强以凌弱，社会不堪混乱。是贤者借众力禁暴止虐，兴利除害，从而民德正而社会治。在《管子》看来，贤才对社会的作用，是远远超出常人之上的。

那么，什么是贤？在儒家，是以仁义为贤。比如孔子说：“贤哉！回也！一箪食，一瓢饮，在陋巷，人不堪其忧，回也不改其乐。贤哉！回也！”(《论语·雍也篇》)这里的贤是道德上的高尚者。在法家，是以奉法为贤。比如商鞅说：“不以法论知、能、贤、不肖者，唯尧，而世不尽为尧。”(《商子·修权片》)法是论贤与不肖的标准，故奉法者为贤。《管子》的贤人标准不像儒法两家各有所偏。“千里之路，不可扶以绳；万家之都，不可平以准。言大人之行，不必以先常，义立之谓贤。故为上者之论其下也。不可以失此术也。”(《宙合》)这就是说，大人之行没有先例常规，

作者简介：李耀，安徽省管子研究会理事，中共安徽省直机关工委讲师团哲学博士。

合乎义即为贤。义是什么？在《管子》一书中，义是礼的核心："义审而礼明，则伦等不逾，虽有偏卒之大夫，不敢有幸心，则上无危矣。"所谓义，属道德和政治上的要求，它和礼连称并提，是治理国家的根本。礼义廉耻，是谓四维。"四维不张，国乃灭亡。"(《牧民》)在四维中，廉耻是从属于礼义的，礼义既是治国之具，那么有义之士当然也是治国之贤了。

但是，在《管子》一书中，更多的地方则是把执法之士奉为贤才。"察身能而受官，不诬于上；谨于法令以治，不阿党；竭能尽力而不尚得，犯难离患而不辞死；受禄不过其功，服位不侈其能，不以毋实虚受者，朝之经臣也。"(《宙合》)朝之经臣，即贤臣，这种贤臣，最主要的品质就是"谨于法令以治"。其实，《管子》是以执法与否去判断是否为明君贤臣的。在《七主七臣》中，《管子》许以贤明之主的是所谓信主，即守法之主："任势守数以为常"，"皆要审则法令固"，"不备待而深得和"。此外的六主：惠主是"丰赏厚赐以竭藏，赦奸纵过以伤法"；侵主是"好恶反法以自伤，喜决难知以塞明"；芒主是"目伸五色，耳常五声"；劳主是"不明分职，上下相干，臣主同则"；振主是"喜怒无度，……法数日衰"；亡主是"不通人情以质疑，故臣下无信，尽自治其事"。六主的过失，在于不能奉法，惠主以丰赏厚赐、赦奸纵过伤法，侵主以私人好恶反法，芒主以溺于声色轻法，劳主以不明职分乱法，振主以严诛五赦削法，亡主以不通人情背法，故七种人主，一是而六非。

同样，《管子》许以贤臣的是所谓法臣。法臣是"法断名决，无诽誉。故君法则主位安，臣法则货赂止而民无奸"。此外的六臣，饰臣是"克亲贵以为名，恬爵禄以为高"；侵臣是"事小察以折法令，好佼反而行私请"；谄臣是"多造钟鼓，众饰妇女，以昏上故"；愚臣是"深罪厚罚以为行，重赋敛、多兑道以为上"；奸臣是"痛言人情以惊主，开罪党以仇除"；乱臣是"自为辞功禄，明为下请厚赏"。总之，法臣是居法之臣，此外六臣，错误虽殊，不能奉法则一。饰臣在于以亲贵伤法，侵臣以事小察折法，谄臣以多造钟鼓荒法，愚臣以深罪厚罚失法，奸臣以结党背法，乱臣以自为辞功禄，明为下请赏乱法。故七种人臣，一是而六非。

《管子》对君臣流品的这种分析，有失科学，因为在六主六臣中，并没有严格的界限，但反映了《管子》论贤以法为准绳的思想。

《管子》一书，由于各种原因，其体系上相当复杂，其间也有不少自相矛盾之处。在以义为贤和以法为贤上，就包含了在贤才标准问题上的兼收并蓄情况，但这种兼收并蓄与其说杂乱，毋宁说全面。儒家以仁为贤，显然只侧重于贤才的主观素质；法家以奉法为贤，似乎又只侧重于贤才的客观准绳。《管子》以义为贤，似乎是看到了贤才的主观素质；以奉法为贤，似乎又看到了贤才的客观准绳。这种情况实际上使《管子》的贤才论优于儒法两家。儒家偏重主观素质，把政治寄托于贤人身上，这种贤人政治难免是人存政举，人亡政废。《管子》强调奉法，就避免了这种唯贤论的不足。它说:“规矩者,方圆之正也。虽有巧目利手,不如拙规矩之正方圆也。故巧者能生规矩,不能废规矩而正方圆。虽圣人能生法,不能废法而治国。故虽有明智高行,背法而治,是废规矩而正方圆也。”废法而恃贤,那是治理不好国家的;或者说,仅以仁为贤,这种贤是不全面的。法家以奉法为贤,只重奉法与否的客观准绳,而忽视贤才的主观素质,因而又往往把执法和贤能对立起来,而走向非贤人论。《管子》由于确认了义立为贤,就避免了法家的非贤人倾向。“故曰令入而不出谓之蔽,令出而不入谓之壅,令出而不行谓之牵,令入而不至谓之瑕。牵瑕蔽壅之君者,非敢杜其门而守其户也,为令之有所不行也。此其所以然者,由贤人不至而忠臣不用也。”(《法法》)法和令是依赖贤人忠臣来推行的。光有法和令而无贤人仍然治理不了国家。故“人主……明其刑而贱其士者,殆”(《枢言》)。韩非认为法治和贤人之治是对立的,《管子》认为法治和贤人之治是统一的。《管子》的这种贤才论,从理论上说,似乎要比孔子和韩非等人要合理,惜乎哉以义为贤和以奉法为贤之间,未能作出应有的理论分析,未能把二者结合为一个有机的体系。

二、“下十伍以征”的求贤论

《管子》主张贤者当政,主张人君取天下之豪杰,有天下之骏雄:“故聚天下之精材,论百工之锐器;春秋角试以练,精锐为右。成器不课不用,不试不藏。收天下之豪杰,有天下之骏雄。”(《七法》)为什么呢?“错国于不倾之地者,授有德也。”(《牧民》)要使国家长治久安,就要援政于有德。“备长在乎任贤,安高在乎同利。”(《版法》)国家要立长久之计,在乎任贤;要想久安而不乱,在于与民同利。总之,“古之圣王,所以取明名广誉,厚功大业,显于天下,不忘于后世,非得人者,未之尝闻。暴王之所以失国家,危社稷,覆宗庙,灭于天下,非失人者,未之尝闻。今有土之君,皆处欲安,动欲威,战欲胜,守欲固,大者欲王天下,小者欲霸诸侯,而不务得人,是以小者兵挫而地削,大者身死而国亡。故曰:人,不可不务也,此天下之极也”(《五辅》)。因此“圣王卑礼以下天下之贤而王之,均分以钓天下之众而臣之”(《霸言》)。圣王治国的第一件大事,就是举贤任官,授德禄能。

问题是贤在哪里,才在何方?“天下不患无臣,患无君以使之;天下不患无财,患无人以分之。”(《牧民》)怕的不是天下无才,而是人君不取。下贤礼士,则士不可胜数,自己不识而问人,则天下虽大,士可得而知。由此,《管子》提出了调查人才的基本情况:

问国之有功大者,何官之吏也?问州之大夫也,何里之士也?今吏,亦何以明之矣。……士之身耕者几何家?……余子仕而有田邑,今入者几何人?子弟以孝闻于乡里者几何人?……士之有田而不使者几何人?恶何事?士之有田而不耕者几何人?身何事?群臣有位而未有田者几何人?……国子弟之游于外者几何人?

贫士之受责于大夫者几何人？官贱行贾，身出以家臣自代者几何人？官丞吏之田饩而徒理事者几何人？群臣有位事官大夫者几何人？外人来游，在大夫之家者几何人？乡子弟力田为人率者几何人？国子弟之无上事，衣食不节，率子弟不田弋猎者几何人？男女不整齐，乱乡子弟者有乎？……

问士之有田宅，身在阵列者几何人？余子之胜甲兵有行伍者几何人？问男女有巧技，能利备用者几何人？……处士修行，足以教人，可使师众莅百姓者几何人？士之急难可使者几何人？工之巧，出足以利军伍，处可以修城郭、补守备者几何人？……吏之急难可使者几何人？问所以教选人者何事？问执官都者，其位事几何年矣！（《问》）

这无疑是一份人才普查的提纲，调查的对象包括官、吏、乡子弟、士与技巧之工等。在这份提纲里，不但包括士人和管吏的州里籍贯、财产情况、经济收入、目前任职，还包括他们的交游情况、道德面貌、能力特长等。特别是，它还提出了可充师资教人的人才情况。在中国古代的求贤理论里，把求贤建立在如此缜密的普查基础上，只有《管子》一家，这反映了《管子》崇尚实际、讲求实效的精神。

调查当然是为了任用。更为可贵的是，《管子》认为求贤应形成一套制度：

上稽之以数，下十伍以征，近其巽升，以固其意；乡树之师以遂其学。官之以其能，及年而举，则士反行矣。称德度功，劝其所能，若稽之以众风，若任以社稷之任。若此，则士反于情矣。（《君臣下》）

这说的是，人君根据一定的制度，下乡党征集人才，缩短选升年限，由乡党立师加以教育。官府依能授官，度功授禄，这样就能鼓励士人的上进之心。《管子》还具体规定了这种“下十伍以征”的求贤环节：

凡孝悌、忠信、贤良、俊材，若在长家子弟、臣妾、属役、宾客，则什伍以复于游宗，游宗以复于里尉，里尉以复于州长，州长以计于乡师，乡师以著于士师。凡过党，其在家属，及于长家；其在长家，及于什伍之长；其在什伍之长，及于游宗；其在游宗，及于里尉；其在里尉，及于州长；其在州长，及于乡师；其在乡师，及于士师。三月一复，六月一计，十二月一著。凡上贤不过等，使能不兼官，罚有罪不独及，赏有功不专与。（《立政》）

这里所谓的什伍之长、游宗、里尉、州长、乡师、士师，是全国行政组织的各级长官和管教育的长官。对于贤俊孝悌，依地方行政组织逐级上报，最后汇总于士师。如所报之人才德不实，就罚及他的上一级，定期复核公布。对于推荐的人则本着“上贤不过等，使能不兼官”的原则加以任用。《管子》提出的这种求贤制度，在当时是实行了的。《管子》一书中，《大匡》《小匡》所载桓公的求贤情况，大体上符合这种求贤制度。

求贤制度是我国古代极为重要的制度。儒家的《礼制·王制》记载了其所推崇的殷商的举贤制度，但是在封邦建国制度下，推荐上去的贤才，无非是一些贵胄子弟，所谓“王大子、王子、群后之大子、卿大夫元士之适子”，就是这样一些人。因此，儒家的尚贤和亲亲并不矛盾。而《管子》则是从什伍开始逐级举贤，是按官僚系统向上的推举，在他们推举的人里，就包括了臣妾、属役和宾客这些当时社会地位极低的人。这说明，《管子》所说的求贤，就不单是贵胄中的贤者，而是包括了平民，这是《管子》求贤理论的进步之处。

三、“以法不以亲”的用人论

《管子》认为，用人必以法而不能以亲。“明法者，上之所以一民使下也；私术者，下之所以侵上乱主也。”“是故群臣之不敢欺主者，非爱主也。”“欲以受爵禄而避罚也。”（《明法解》）法令是上之所以统一群下的武器，而私术，则是群下侵上的原因，群臣乐于为君主所使，在于法而不在亲。“以党举官，则民务交而不求用矣。是故官之失其治也”“比周以相为匿，是忘主私交，以进其誉。故交众者誉多，外内朋党，虽有大奸，其蔽主多矣。”（《明法》）人主不以法举官用人，就会出现以党举官，人们就会务于交游，如此，虽有大奸，但不能察觉。因此，《管子》的结论是：“明主之择贤人也……专任法不自举焉，使法择人不自举也。”（《明法解》）《管子》的这种以法用人的思想，是法家的用人思想。

《管子》所说的以法用人，主要是指授有能、赏功罚罪和考课群臣。“君之所审者三：一曰德不当其位，二曰功不当其禄，三曰能不当其官。此三本者，治乱之原也。”德不当其位，是官非其人；功不当其禄，是赏罚失当；能不当其官，是考课不行。“故国有德义未明于朝者，则不可加于尊位；功力未见于国者，则不可授予重禄；临事不信于民者，则不可使任大官。”这说的是，与其失于无能而官，宁失于有能而未用，与其无功受禄，宁愿有功未赏，与其未取信于人民而任，勿宁已信民而未任。为什么呢？“德厚而位卑者谓之过，德薄而位尊者谓之失。宁过于君子，而毋失于小人。过于君子，其为怨浅；失于小人，其为祸深。是故国有德义未明于朝而处尊位者，则良臣不进；有功未见于国而有重禄者，则劳臣不劝；有临事不信于民而任大官者，则材臣不用。”（《立政》）这样，在《管子》那里，授有能，明赏罚，行考课就构成以法用人的三个环节。

值得注意的是，在“授有能”里，《管子》特别强调因才授任。《管子》认为，能不是万能，具有这方面的才能可能没有其他方面的才能，具有其他方面的才能可能没有这一方面的才能。因此，必须因才授任，做到才大者任大，才小者任小。《管子》指出：管仲相齐，就做到了因才授任，显朋善于升降揖让，明于礼义，就被命为大行;宁戚善于辟土聚粟,就被命为大司田;王子城父长于调兵,就被命为大司兵;宾胥无长于决狱折中,就被命为大司马;东郭牙敢于直谏,就被命为大谏官。故"辩以辩辞,智以招请,廉以摽人。坚强以乘下,广其德以轻上位,不能使之而流徙"(《侈靡》)。善辩者可使之做外交工作,智者可使之做侦查工作,廉者可使之做监督工作。而欺凌下属,无德且轻视上级者,就不能任用,而必让其流徙。在《管子》看来,这样不仅能使才得其任,能得其所,而且可以杜绝请托之风:"官虚而莫敢为之请,君有珍车珍甲而莫之敢有,君举事臣不敢诬其所不能。君知臣,臣亦知君知己也。故臣莫敢不竭力俱操其诚以来。"(《乘马》)《管子》的这种因才授任的思想,无疑是合理的。

关于赏罚,《管子》则强调"有功必赏,有过必诛"(《七法》)。《管子》认为:"功多为上,禄赏为下,则积劳之臣不务尽力;治行为上,爵列为下,则豪杰材臣不务竭能。便辟左右,不论功能而有爵禄,则百姓疾怨非上,贱爵轻禄;金玉货财商贾之人,不论志行而有爵禄也,则上令轻,法制毁。权重之人,不论才能而得尊位,则民倍本行而求外势。"(《八观》)这种禄赏爵列不当所造成的危害是很大的,故必须赏罚分明。"论功计劳,未尝失法律也。使辟、左右、大族、尊贵、大臣,不得以其功焉。疏远、卑贱、隐不知之人,不忘其劳。故有罚者不怨上,受赏者无贪心。"(《七法》)赏罚一视同仁,赏罚才能分明。《管子》这种赏有功罚有罪的用人思想,是法家用人思想的传统。

可贵的是,《管子》所说的赏功,不仅是赏执法有功之臣,师旅有劳之将,治理有方之官,还包括在农事上有成绩之人,在科技上有成就之人:"民之能明于农事者","民之能已民疾病者","民之知时者","民之通于蚕桑,使蚕不疾病者",置之黄金一斤。此国策之大者也。(《山权数》)

《管子》不但要奖赏农艺上有发明者,医疗上有成绩者,养蚕上有贡献者,推算时日上有效验者,而且还把这种做法当作国策中大者来对待,这在它那个时代,以至整个封建社会,都是难能可贵的。可惜这种有价值的思想,在封建社会的长期发展过程中,被湮没了。

在赏罚问题上,《管子》还有一个可贵之处是把赏和商品的发展联系起来。

至于考课,《管子》认为它在于分清贤与不肖。"明主之择贤人也,故以战功之事定勇怯,任人而不课,故不肖者不困。专任法不自举焉,使法择人不自举也。"(《明法解》)用人必须进行考核,才能定勇怯,功不当禄,位不当能则罚。"自言能为司马,不能为司马杀其身以衅其鼓;自言能为司徒,不能为司徒者杀其身以衅社;自言能为官者,不能为官者劓以为门父。"(《揆度》)在《管子》一书中,是坚决反对自举自荐的。《管子》的这种思想,就其主张考核而不轻信被用者的自我表白而言,也有一定的道理。

但是,《管子》的“以法用人”也明显地表现了人才工具论的思想,这是封建专制主义在用人思想上的反映。《管子》认为,“治人如治水潦,养人如养六畜,用人如用草木。”(《七法》)贤才是什么呢? 在封建统治者的眼里,就如六畜一样,他要畜养你,就在于你对他有用,故用人如同草木。至于贤才作为一个人,他自身的利益和发展,那是没有的,因为除了统治者利益之外,贤才在其他才能方面的发展,那是没有必要的。特别是博学,更没有必要。“昔者圣王之治人也,不贵其人博学也,欲其人之和同以听令也。”(《法禁》)这样,在《管子》那里,贤才最终又被归结为奴才。的确,对于封建统治者来说,与其说需要人才,不如说需要奴才。这种抹杀人的个性、抹杀人的自身利益的用人思想,是法家用人思想里落后的部分,其比起先秦儒家的人本思想,无疑要消极得多、落后得多。

清乾隆朝毛城铺史志

王大庆

摘　要：清乾隆时期，砀山县境毛城铺黄河减水坝闸和周边系统工程的修筑，与黄淮综合整治相关联，涉及濉河水系下游州县生态及河沟水利兴修规模。乾隆朝初毛城铺案的解决及乾隆二年丰砀厅、河营的改添，为毛城铺工程体进入良性有序运作奠定了基础。乾隆年间毛城铺河工沿革史，集中反映出国家“保黄护堤”策略与地区城市防洪及地方河渠水利局部利益之间矛盾的一个侧面。乾隆帝御批毛城铺河工图和对闸坝启闭、水志的关注，更多体现于将地方局部河工置于黄淮区域河防工程整体之中。

关键词：乾隆朝毛城铺；减泄闸坝工程体；黄淮区域河防

一、乾隆时期砀山黄河故道与毛城铺

基于了解乾隆时期地域治黄背景，查阅有关研究①，厘清乾隆朝砀山黄河故道与“今黄河”之间的关系，明确砀山毛城铺闸坝建筑群的具体方位尤为必要。乾隆《砀山县志》所记“黄河故道”，以明万历《徐州志》、清康熙六十一年姜焯《徐州志》及傅泽洪《行水金鉴》为资料，记述乾隆朝之前境内黄河走向的概况，知其当时已有故道被用以减泄盛涨之黄水。康熙志本所记砀山境内故黄河，自河南虞城县入境“其南岸为砀之乔家集，稍北循旧堤下杨家楼至砀之北境，迤东所经之地，以遥缕堤识之，为蒋家堤口、七里铺屯、朱家店闸、毛城铺石坝，坝口为泄水河，河身北

作者简介：王大庆，男，就职于上海铁路局大机段。

① 近年来相关涉及毛城铺方面的论述，有王英华《康乾时期关于治理下河地区的两次争议》《清史研究》2002 年 4 期；张超南《明清黄河堤防技术及管理研究》，2010 年陕西师范大学硕士论文；曹志敏《清代黄运减水闸的建立及对苏北地区的消极影响》，《农业考古》2011 年第 1 期；庄宏忠、潘威《清代志桩及黄河“水报”制度运作初探》，《清史研究》2012 年 1 期；吴海涛等著《淮河流域环境变迁史》黄山书社，2017 年 11 月版；李德楠《明清黄运地区的河工建设与生态环境变迁研究》，中国社会科学出版社，2018 年 7 月版。（限于篇幅，多有所侧重）笔者在编纂相关课题时，专程或经由毛城铺闸坝旧址所在地（位于今砀山县程庄镇东洪河畔闸口王集村）实地寻访，若非经熟悉当地情况村民指引，损毁严重的故迹地貌已难以识认。

徙，去堤甚远，计石坝至河凡三十里。此下复沿岸筑缕堤，历丁家阁、大王庙至定国寺境，冲流甚急，为埽工三百九十丈，越堤一千九丈，挑水坝二，以阻抑之，乃至埽工屈曲而东，下孙家楼，入萧县界”①。从所列史料比对砀山县境黄河河道堤防变迁，不同时期的河流趋向差异明显。“今黄河”，乾隆本砀山志的记叙背景则始自明代潘季驯《河防一览》，以及对万历六年之后，经清康熙、雍正至乾隆朝三十二年，近200年间砀山及周边黄河治理重点和主要事件的记录，其中以乾隆初年至乾隆二十七年相关砀山黄河河工大事史料较详，因而有助于梳理其辖域内及周边河道的来龙去脉。

（一）乾隆初年疏浚毛城铺

乾隆元年，受河南永城县境黄水忽发影响，漫水自砀山毛城铺闸口南下，萧县等地受灾。当年九月，江南河道总督高斌奏称，因毛城铺闸闸下地势东北稍高，西南微下，原有洪沟、巴河二道，系减泄黄水，而河头又不顺势迎溜，水向南行入祝家口，漫水为患。二河年久淤垫，兼河内旧有废石桥十余座，塌卸河心，应在水涸之时挑挖，并将河头改挑一百余脉。恐洪、巴二河不足容纳，应再于洪、巴二河上首逼近毛城铺口河处，将旧有蒋沟崖河疏通分势，仍会洪、巴二河，达宿州之徐溪口，以使毛城铺减下之水，能有三河分道东流畅泄。因此，须建筑一座夹土大坝拦截南流，则永城、砀山一带均无淹漫②。考虑到三河岸旁民间自筑条河子堰，强调应从民便，但须离河三十丈以外，不得逼近河崖，致有壅溢之患。

高斌上疏认为毛城铺闸减泄黄涨为治河善策，挑浚毛城铺以下河道实为消除萧县、宿州、灵璧、虹县等州县水患。因闸下河道减下之水散漫民田，坝下旧有河段淤阻，查勘挑浚毛城铺以下河道，疏浚筑坝，畅通上下游河湖，势在必行。但当时安徽布政使晏斯盛、刑部主事孙濩孙、广东学政王安国等连章条奏，极陈欲为山阳、盐城、高邮、宝应等九州县安全计且安东县与田不可废。朝野中此议论一出，致使挑浚毛城铺以下河道工程暂停。十一月，江南河道总督高斌、两江总督赵宏恩考证自明代潘季驯治河至毛城铺建坝以来黄河两岸险工事例，奏疏确认毛城铺减坝是分黄助淮及南北险工之关键，上下河道均受其益，议浚旧河可使沿睢州县水有所归。监察御史夏之芳等又奏毛城铺引河万不可开等语。

若目未亲睹，身未亲历，实河防之所最忌。对于解决毛城铺下游睢河沿岸民田水患问题，高斌认为“应挑浚疏通去路，俟今冬明春水涸之时，勘明本年淤浅情形，另行确估，具题兴工办理”。鉴于淮扬京员夏之芳等联名上疏毛城铺引河不便开通，事关重大，乾隆帝批示高斌不可固执己见，降旨令总河会同各方悉心筹划。乾

① （清）姜焯纂修康熙《徐州志》卷5，河渠。

② 《清高宗实录》卷40。

隆二年四月，乾隆帝依据高斌和赵宏恩来京进呈河图及面奏，知夏之芳等奏称毛城铺一开危及高家堰和淮扬运道民生并非当时情形，未实地考察，夸大事实。毛城铺挑浚坝下旧有淤阻河身，而非开凿毛城铺之坝。无挟沙入洪泽湖之患，亦无不能容纳之虞。针对毛城铺出现口门外日渐刷深，支河十余道且分泄过多现象，高斌首先将毛城铺上游泄黄近溜支河堵闭，唯留郭家口支河与定国寺支河各一道，采用相继分泄的方法，使分泄之水较之于从前减少大半。将原宽120丈（400米），两边石砌裹头的口门中间堆筑乱石玲珑滚坝，解决了冲深夺溜隐患。之后，奏称毛城铺开河淮扬惶恐，因致直隶地方雨泽愆期的御史甄之璜、钟衡等，被乾隆帝认定惑于浮言，且非淮扬本籍，牵入毛城铺一案尤属巧诈，挟党营私，将其革职交部严审①。乾隆初年，毛城铺案得以解决，对明确其在乾隆年间江南河道辖境及黄河下游减泄闸坝群中的作用及定位，具有重要意义。

乾隆三年至四年的砀山河工，包括乾隆三年三月修筑毛城铺三岔河口拦截南流夹土大坝一道，挑浚洪沟河，其上自毛城铺下至宿州徐溪口，河长共7626丈（25420米）。毛城铺减水坝主要分泄黄河出槽盈溢之水，而非减正河大溜之水。因毛城铺地势洼下，年深日久，下游河道淤塞，易水无去路，造成南北遥堤三十里间时有水漫现象。乾隆四年五月，乾隆帝派遣大学士鄂尔泰前往毛城铺一带，在勘察泄黄引河出水坝口后，认为河身已北徙，较之前形势又有不同，减泄黄涨南流之水过少，助清之力益微，宜开新口。六月，经过详勘，黄河河道已徙去毛城铺不下三十里。高斌又请于郭家口西与郭家口东各增挑一道引河，河尾皆会入郭家口河，就子堰作坝门，每岁麦收后，即便开放。至乾隆五年，毛城铺减水闸口门宽至40丈（133.33米），毛城铺河工治理进入新阶段。

（二）河工奏折语境与毛城铺地方水利工程上升至国家层面的意义表达

清最高决策层及总督、巡抚大员对于黄河下游防洪减灾工程的对策措施，多体现于上至清两江及河道总督，河南、山东、江苏和安徽巡抚及布政司进呈的水患灾情奏报，其奏折依据主要来源于各地驻在机关的禀报，以灾患发生时间前后及上下游灾情轻重程度上呈通报，下至厅汛及河营官吏和基层河员具体实施。除确认并勘明成灾等级及时向政府申报给予赈济和蠲缓的数量外，河道官员及职官的密切合作，对于河道防洪应变及工程的顺利推进起到了较为关键的作用。砀山县黄河南岸毛城铺减水坝，系保全上下河道民生紧要之地。康熙年间，徐州所属黄河沿岸设有徐属河务同知管理黄河修防，设六汛，黄河南岸砀山县汛，自虞城县交界起至萧县交界止，缕堤长14 417丈6尺（48 058.67米），共计40千米。其中包括定国

① 《清高宗实录》卷40。

寺旧险工、月堤各一道,长 1090 丈(3633.33 米)①。在乾隆朝黄河河政管理体制下,道厅与河营层面的河工河政运行机制也随河工形势相应做出调整。乾隆二年,江南河道总督高斌奏请添设河员。高斌对于砀山及毛城铺河道闸坝水情的掌控,除与相关督抚一级官员及时沟通外,河况信息多来自下一级厅汛和河营的快速禀报。同年四月,高斌上请对江南河道辖境上游河段要工添设河员,是乾隆初期黄河厅汛河营行政管理结构的一次调整。在亲往勘察毛城铺上游应堵临黄各支河、应帮缕水各堤和应做毛城铺闸口石土草坝后,委派河营参将朱永凡,督同厅营官弁及时有序办理。此外,针对毛城铺以上临黄各支河分泄过多问题,参考徐道吕维炳建议,筑坝堵闭张家口、王家集支河及毛城铺上游段家庄、褚家堤口等处支河,建筑横坝间段格截,使漫滩之水不致掣溜成河。相关毛城铺坝口及加筑临河缕水大堤经费等事项,照例动支河库银两,给发该厅并河营参将朱永凡,乘时次第攒筑完竣。除将需用工料银两据实确估外,另册送查核。乾隆二年添设丰砀通判,专管丰、萧、砀及铜山北岸堤河,设专员就近管理,是对原有毛城铺两岸黄河河工厅汛及河营管理的必要改革,突出重点专管,而徐属同知只管铜沛河务。砀山县黄河两岸堤埽工程,由于地远工长,每当汛长之时,工程险要且往来奔驰不便。"应于徐州王家山以上添设通判一员,驻守砀山县,专管黄河南北两岸工程,其汛内徐家庄等处埽坝险工以及毛城铺、石林口、王家山等处开闭蓄泄机宜,并修守毛城铺新筑各坝工程,俱令该通判经管,以专责其成。所有原设铜、萧、砀黄河南岸河营守备,应请改为丰、萧、砀河营守备,与新设通判协同修守。"②自康熙十七年总河靳辅始设徐属河营以来,黄河徐州辖境河营驻设多有变迁。乾隆二年的改添,又废徐属黄河南北岸两河营,改辖汛地,分设二营,归属上游之丰萧砀河营,设把总二员,其中之一驻砀山县定国寺,专管毛城铺工程。治黄工程分、疏、合的应对举措,河防日常维护及提高治河成效都离不开厅汛河营守备等专职守护人员的努力。黄河徐州辖境及砀山县河段厅汛及河营管理的河政调整,高斌无疑起到了积极作用。乾隆二年七月,毛城铺以上南北两岸工程完竣,而此后丰砀通判在修筑毛城铺闸坝中也发挥出其应有作用。毛城铺上下游河防及兵防营汛重新布局之后,乾隆三年六月二十一日,总河高斌即特委参将住宿砀山县毛城铺坝工,专司开坝放水之事。获取淮徐道、丰砀厅、铜沛厅和相关河营及州县河水涨溢的呈报参与和配合,对于准确把控黄泛水势作用显而易见。乾隆二十三年七月至乾隆二十四年四月间,丰砀通判刘世桢兴工并完竣毛城铺碎石坝及周边一系列河防堤工。"乾隆二十三年七月,丰砀通判刘世桢领帑银筑毛城铺碎石坝一道,长 50 丈;钳口坝窦家寨月堤,长 113 丈;加帮民

---

① [清]张鹏翮《治河全书》卷 11,徐属黄河事宜。

② 《清高宗实录》卷 40。

埝,长200丈;九月十一日开工,十月二十七日完工。十月,丰砀通判刘世桢详请,以蒋家营大坝于九月内溜走南岸,将该坝西头陆续塌去5丈9尺,水串支河,唯存向里二坝,虽有防风,仅高2尺余寸,又坝身甚为卑薄。今一面动料加厢防风,一面垫项帮筑里戗。于二十四年三月领帑兴工,于四月完竣。"①闸坝堤防具体工程得到有序维护。

黄河汛期紧张的防洪过程,上下游厅汛及河营间运作和闸坝启闭必须相互协调一致。乾隆二十七年四月十五日,时任江南河道总督高晋到毛城铺料理事务并委员驻宿砀山唐家湾,会同厅营官员察看水势涨落。黄涨汛期,先是铜沛厅禀报徐州城水志涨落河情,黄河水势自六月十五日起,长至十八日,徐城水志陆续共长至一丈二尺(1.2米),并立即快马报送上游丰砀厅查勘观测漫滩涨水尺寸。"丰砀厅属毛城铺于十八日接铜沛厅知会,徐城水志已长至一丈一尺五寸以上,查勘唐家湾一带漫滩水深六七寸及一尺八九寸不等;遵将唐家湾草坝开放,水归引河,量深二尺一二寸,流入毛城铺,碎石坝坝根水深一尺四五寸,水由碎石缝渗过,深五六寸,下注洪沟河以达濉河。砀汛水志至二十日寅时陆续消水三尺二寸,而唐家湾一带漫滩之水随亦消落,引河业已断流。"②高晋查验此次徐城水志长至一丈二尺和唐家湾漫滩水深情况,得知开放草坝导入引河后,水接坝根,毛城铺坝脊并未过水,且由坝根渗出之水亦属有限,其缘由是黄河来水虽骤而消退甚速,加之下游各厅河道深通,容纳迅速。由于唐家湾漫滩之水消落,引河也已经断流,即将信息以快马传递淮徐道李宏及丰砀厅营,唐家湾草坝即行堵闭。从此次厅汛间汛情传递顺序来看,是先由位于黄河砀山毛城铺下游的铜沛厅向上游丰砀厅通报徐州城水志涨水尺寸且已达危及城防界限,丰砀厅负责防汛的官员在测定毛城铺及唐家湾水深数据后,开放唐家湾草坝。涨水由毛城铺泄流及水情消落期间,快马传递汛情知会相关道厅官员并及时堵闭砀山唐家湾泄水草坝。黄河南岸濉河水系的地形因素,有其作为黄河以南黄水下泄廊道的天然地理联系。清乾隆时期,濉河沿岸地区受灾程度的常态化日趋明显。同时,黄河泛水又是形成以砀山毛城铺为首的,黄河减泄闸坝体系结构中黄水下泄濉河流域的重要发源地。实际上,就地缘地势而言,乾隆时期毛城铺减泄闸坝,已成为沿黄干流两岸泄洪闸坝的先锋。康熙十七年是一重要起始标志年点,靳辅任河道总督时期,大修河道,在闸坝涵洞工程方面,于砀山县南岸毛城铺建减水坝一座,石闸一座。康熙十九年,建毛城铺大石坝一座。"俱减入小神湖,历灵芝、孟山等湖,从归仁堤五堡减坝、便民闸汇洪泽湖助淮。"砀山县毛城铺闸坝与治黄、治濉事项,涉及清代黄河分层河道治理的重要节点。自靳辅首

① 乾隆《砀山县志》卷2,河渠志。

② 《清代淮河流域洪涝档案史料》乾隆二十七年六月二十五日江南河道总督高晋奏。

开黄河毛城铺闸坝后，黄濉关系进入新阶段。由于黄河汛期影响面积大，濉河行蓄洪区就成为地区防洪排水工程体系的重要选项。

二、毛城铺闸坝中心地体系的时空范围

（一）砀山毛城铺河湖水利地名

清代砀山毛城铺河防设施，作为黄河南岸举足轻重的水工建筑和闸坝工程体，其影响辐射范围涉及毛城铺上下游及工程体外围区域，进而形成一独特的毛城铺工程地名群。黄河从单县、虞城方向入砀山境，地势平旷，经萧县至徐州，境内的黄河泛滥决口时常发生。毛城铺石坝水利枢纽工程，主要用以调控砀山黄河南岸泛溢之水，其控水闸坝成为河防工程不可或缺的组成部分。砀山辖境河防设施多，功能复杂，包括朝廷拨款官修、地方政府规划筹款及民间自行集资修建的各类河工建筑。民众筹建的河防工程，主要包括政府允建的过水堰、子堰及护田土埝小堤，如洪沟河两岸子埝、荣家坝子埝及规模不等的土坝。以乾隆二十三年（1758）为例，砀山县在修筑蒋家营大坝之际，还兴筑改造毛城铺及周边土坝，有"傅家洼拦河土坝，长 36 丈；汪张寨以下王家庄土坝，长 30 丈，并两头接长 120 丈；又迤北沟槽土坝，长 12 丈；窦家寨支河口门土坝，长 35 丈；荣家坝土坝二道，共长 666 丈；于五月十八日领帑兴工，于六月十八日完工"①。以河渠为纽带的砀山县毛城铺及邻县外围地名，则相关砀山周边各县河道水利，方位地名的指向性勾勒出毛城铺闸坝水利减洪建筑作用的影响范围。乾隆时期，砀山县境河流涨溢与周围近县的河道是否存在此消彼长的状况，或是漫水涨落互受影响，在乾隆五十五年七月初六的河水涨溢中即有充分体现。"查得洪沟河减水沟涨溢，系因江南砀山县汪平庄临黄民埝漫溢过水，由毛城铺闸口流入洪沟河，减水沟不能容纳，以致漫及永城东北乡潘路、道口等处村庄。又自砀山之三岔河纪家洼，漾及夏邑县东北乡大代、黄村等处村庄。"②由此可见，汛期濉河水系支流，毛城铺及洪沟河，其河沟水情变化程度大多与相邻豫东境内的河水走势一脉相承。乾隆朝砀山河湖水利地名，直接或间接反映出辖境局部的治河场景以及黄河治理相关河道工程技术，组构成乾隆时期黄河江南河道上段辖域及相邻豫东、苏北近县流域的地理特色风貌。

（二）砀山水志与唐家湾引河

徐州以西砀山毛城铺石坝，遇黄流盛涨，分减水势往往会出现启放宣泄过多情形，且有妨民田庐舍安危。有效控制毛城铺以东黄河干流下泄洪水，还表现在制定并启用毛城铺水志，调控洪水以配合保障下游徐州城城市防洪。早在康熙十七年

① 乾隆《砀山县志》卷 2，河渠志。

② 《清代淮河流域洪涝档案史料》乾隆五十五年七月十九日护理河南巡抚景安奏。

靳辅建砀山县毛城铺减水坝时就已题明，在黄河南岸，“分泄黄涨，保护徐州城社民生以及黄河上下两岸险工”。毛城铺水志的主要功能，在于依据下泄毛城铺闸坝水量的衡量标尺，合理控制毛城铺闸坝以下黄河漫溢泛水泄入濉河水系的流路和流量，很大程度上起到了协助徐州城防洪的有效作用。

毛城铺闸坝及徐城水志　毛城铺坝启闭泄水多以徐州城外黄河水志为准，但由于乾隆十一年前后毛城铺坝泄水多开少闭，以致濉河一带民田被淹。清政府规定：“应以徐城石堤连底水长至七尺始开，秋汛过后即闭。王家山天然闸原为分泄盛涨以保徐城，经年亦不闭，以致萧县、宿州常被水患，应以徐城石堤连底水长至八尺始开，涨退即闭。”①②

自砀山蒋家营、傅家洼各引河坚闭不得开放后，只有毛城铺以东唐家湾倒勾引河可以酌量分泄河水入其下游濉河，而唐家湾引河的启闭亦以徐城水志为标准。毛城铺原设碎石滚坝，为宣泄黄河异涨之水，启闭机宜最关紧要。乾隆二十七年四月，乾隆帝南巡回途经徐州并阅视城北门外志桩水势，认为砀山“毛城铺迤东之唐家湾，向有倒勾引河可以酌量分泄，然不详定水志，工员无所遵守，应遵洪泽湖开放清口之规，于唐家湾开放引河，亦俟徐城水志，长至一丈一尺毋用开放，若长至一丈一尺五寸以上，再将引河开放；俟漫滩水落，即行堵闭”③，并明确在按志应放之时，督抚、河臣一面奏闻，一面办理。乾隆二十七年九月，又谕令总河高晋“黄河今年水势如何，毛城铺及徐州城北新筑土堤俱曾否过水，徐州城外水志长落若干”④等情形据实详悉奏闻。

长期以来，唐家湾引河启闭皆以徐城水志高低为准绳，启闭制度有着严格规定，但两地上下游之间相距较远，准确把握引河启放时间，对于徐州城河防安危及引河启放下游经行地区免遭水患至关重要。当大汛之时，待徐城水志长至一丈一尺五寸减泄。乾隆四十二年八月，丰砀厅属唐家湾倒勾引河下泄黄河盛涨之水，经毛城铺石坝，历洪河以达濉河，后由孟山等五湖汇归洪泽湖。由于唐家湾距徐州城间隔时间差，待徐城水志至一丈一尺五寸而上游水已逾志，再知会开放则水势更长，造成萧县、宿州、灵璧、虹县临河洼地被淹。经两江总督高晋、江苏巡抚萨载等协商，认为与其减于既涨之后，莫若泄于未涨之先，应随机应变，以本年唐家湾水志长至九尺五寸，即令开放该处倒勾引河，而毛城铺过水亦不过二三尺，下注洪、濉二

① 《清高宗实录》卷266。

② 乾隆《砀山县志》卷2，河渠志。又，相关唐家湾地名，(清)同治《徐州府志》卷16记，“保安寨，城东四十五里，俗称唐家寨，就河堤筑，跨砀萧界，寨为诸寨之冠”。

③ 《乾隆朝上谕档》第4册，编号814。

④ 《清高宗实录》卷549。

河之水不致出槽漫滩。明确规定以唐家湾九尺五寸为启放倒勾引河标准，以免漫滩塌堰，使黄河水势及时由毛城铺分泄。

（三）河图与毛城铺

1. 乾隆朝河图与毛城铺河工

乾隆帝对黄河河工及砀山毛城铺地区河道闸坝泄洪方位、流量及流向路径的把握，决策视角大多依据河臣进呈之奏疏与河图。乾隆二十二年十月，在览阅裘曰修、梦麟、胡宝泉等呈奏河图后，乾隆帝用朱笔将图内冯家水口、毛城铺二处仍有堤岸缺口处圈出，认为此二处现似过水，与堵闭毛城铺之原议不符，并将此图寄于白钟山、嵇璜详查，逐一注明并签贴具奏。后“查核得知图中所绘冯家水口，位于毛城铺东南二十里黄河大堤之内，坐落于洪沟河西岸并非通连黄河”。乾隆二十三年，命时任安徽巡抚高晋协理南河事务，当年秋，砀山蒋家营等处漫溢，黄流直注毛城铺，之后随即修复毛城铺口门、乱石坝、钳口坝、加筑傅家洼、荣家坝沟槽及堤坝。当年七月，依据高晋所呈河图，乾隆帝“谕令查明毛城铺过水情形，并将图内朱笔所指土坝必须高筑坚闭，挑浚下游泄水去路”①。至乾隆三十二年，毛城铺减水坝止留口门五十丈。乾隆四十五年七月辛巳，睢宁县郭家渡漫口，大水分三股分流下注，统归洪泽湖，在上奏河图中已标明毛城铺酌量开放，后苏家山及邳、睢厅汛各闸全行启放，但黄水来势旺盛，水势未见消落。乾隆帝感言“实在无善策，只可尽人力以祈天佑，勉力抚恤灾民以补过可也”②。乾隆五十四年十一月，河督书麟、兰第锡所呈河图中所绘毛城铺民埝及新旧河形牵混不清，乾隆帝曾传旨“另绘新图将旧河口代为画出”，再阅后又指出砀山“窦家寨不应有引河下注”③。至乾隆五十九年八月，乾隆帝审阅李奉翰等绘进图样内毛城铺地区殊不明晰，“用朱笔在图内标识并传谕另行展宽尺寸绘一大图，将毛城铺放水时由何路分泄及所筑坝埝详细绘图进呈，以五百里驰谕知之，速行绘图贴说来奏”④。

2. 砀山县河道图说及水利河工

与河督大员上呈乾隆帝览阅的河图不同，以州县为地域范围的地方河道分布走向图，对于更全面了解一方水土具有不可替代的作用。砀境邻接虞城、夏邑、永城、萧县等地，河沟流通，坐落于县东南洪沟河、县南永定河、县西北减水河、利民河、县东顺堤河、文家河等与邻县水脉相连。乾隆二十三年至三十二年间，砀山河沟支流疏浚、修筑工程进展顺利，水归河道。邵大业，大兴人，进士，乾隆三十三年

① 《清高宗实录》卷566。
② 《清高宗实录》卷1098。
③ 《清高宗实录》卷1342。
④ 《清高宗实录》卷1459。

任徐州知府，所撰《砀山县河道图记》记乾隆中期砀山境河道分布、流向状况，考证以往并将砀境河流划分为干者三、为支者四。参阅乾隆《砀山县志》所附“减水河图”“利民河图”“顺堤河图”“文家河图”“永定河图”“洪沟河图”，可了解这一时期河道、河沟变迁。其中县东南洪沟河，乾隆砀志本记其如遇黄河水异涨，则依徐城水志开放唐家坝，由倒勾河以达洪沟河减泄黄水，乾隆三年挑浚。砀山《洪沟河图》图中绘有洪沟河东、西子埝，唐家湾倒勾河，头、二、三坝和片石坝具体方位及相关毛城铺事项。《顺堤河图》显示，图内毛城铺东子埝以东，有水入萧县境黄家坝的顺堤河，且标绘有创筑于康熙年间的定国寺月堤及蒋家、石家楼等图示。同样，文家河位于砀山县东，《文家河图》图内毛城铺东子埝内绘有起于马家庄坑塘，水入萧县境孟家河的文家河以及文家河两侧的多座村庄。《华家坡河图》中，清晰绘制出黄河南岸大堤砀山城及毛城铺大堤和荣家坝民埝的走向方位。乾隆年间，《砀山县河沟全图》可称为砀山县全境主要河沟分布详图，其河沟包括减水河，即老黄河，也包含遍布县境各地的主要路沟，图中以虚线显示的县内路沟，分布众多，绘制地方特色明显，且以县城为连接指向中心。此与当时砀山县境地形地貌特征相对应，其中包含有水归毛城铺的砀山东乡王家楼田沟及东关至毛城铺的路沟。乾隆年间《砀山县志》各分图图说中皆记有“乾隆二十三年领帑，知县金潢挑浚”，可知时任砀山知县金潢，对开浚砀山县境沟渠有较多贡献。此外，洪沟河至萧县界两岸子埝，“乾隆二十三年领帑银1570两4钱5分，知县金潢承修”。

三、小结

乾隆初毛城铺引河争论的焦点和背景，缘于明代以来黄河河道泛滥下游州县及地域对黄泛来水的恐惧。黄河汛期洪水涨溢的不确定性，决定了黄滩流域毛城铺工程典型个体与黄泛防洪整体之间矛盾的复杂性。鉴于毛城铺和周边地区水患相关政府及整个濉河流域的地方赈灾和稳定，与乾隆帝以国家黄河河工的视野亲自过问毛城铺闸坝的启闭并不矛盾。乾隆朝对毛城铺的整治，既有治河成绩突出的河督大员高斌、高晋叔侄积极参与，又有厅汛及河营文武职河员对河道水利建设的职守，其中包括乾隆二十二年以砀山知县金潢为代表的努力。同时，在督抚大员河工奏折语境之外，隐匿其中的底层河防修守堤夫河兵的辛勤付出，虽各自着重方式不同，但皆抱有维护黄河及以毛城铺地方为首的减泄闸坝水利群的良好意愿，并为之尽力所能。

近九十年来国内《管子》、管仲及管学研究数据分析

何亦邨

摘　要：本文依靠大时代、大数据，全景式地记述了我国《管子》、管仲及管学研究发展的基本状况。笔者采用文献计量学研究方法，通过统计、制表分析近90年来国内《管子》、管仲及管学研究的大数据，梳理出国内相关研究行进发展的基本脉络，并通过安徽省管子研究会正式成立以来的文献数据统计，总结了管研会发展的基本特点与亮点，说明安徽省管研会对《管子》、管仲及管学研究的贡献、意义和辉煌成就。

关键词：《管子》研究；管仲研究；管学研究；大数据分析

一、国内《管子》、管仲及管学研究现状

（一）近九十年来国内《管子》、管仲及管学研究文章数量分析

笔者通过中国基础知识设施工程CNKI系列数据库（中国期刊全文数据库、中国博士学位论文全文数据库、中国优秀硕士学位论文全文数据库、中国重要会议论文全文数据库、国际重要会议论文全文数据库、中国重要报纸全文数据库、中国学术辑刊全文数据库），以“管子研究”“管学”“管仲”作为检索词进行检索，时间设置为“1932年到2019年”，共检索出相关论文3549篇，在时间上按年份排列依次为：1932（2）、1933（2）、1934（5）、1956（2）、1957（1）、1961（1）、1963（4）、1965（1）、1974（3）、1975（5）、1977（2）、1978（1）、1979（2）、1980（7）、1981（11）、1982（15）、1983（18）、1984（19）、1985（21）、1986（23）、1987（45）、1988（60）、1989（50）、1990（58）、1991（54）、1992（51）、1993（42）、1994（73）、1995（65）、1996（51）、1997（54）、1998（44）、1999（43）、2000（47）、2001（59）、2002（69）、2003（73）、2004（58）、2005（88）、2006（101）、2007（103）、2008（146）、2009（157）、2010（198）、2011

作者简介：何亦邨，安徽省管子研究会会员，安徽大学艺术与传媒学院教师。

(193)、2012(134)、2013(192)、2014(213)、2015(192)、2016(240)、2017(223)、2018(212)、2019(16)。从这些数据中可以看出国内的《管子》、管仲及管学研究一直在行进，呈现出接续性发展的状态。研究文章篇数自1981年起开始进入两位数，1980—1989年这10年的年均文章数量为26.9篇，接近1932—1979年共48年来的文章篇总数31篇。随着社会经济、政治、文化的不断发展，20世纪80年代之后国内《管子》、管仲及管学研究一直在逐渐向前推进。1987年，齐文化研究院主办的《管子学刊》创刊，创刊第二年即1988年，国内《管子》、管仲及管学研究文章数量突破50篇。进入21世纪以来，随着信息化的突飞猛进、全球化迅速发展，学者更加多产，研究成果不断刷新纪录。总体而言，1932—2018年全国《管子》、管仲及管学研究文章数量呈增长态势，如图1所示。

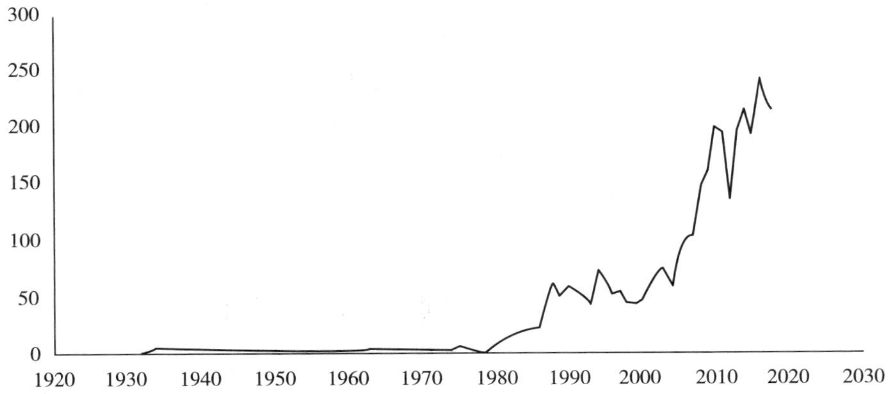

图1　1932—2018年全国《管子》、管仲及管学研究相关论文总篇数示意图

(二)2019年以前的国内《管子》、管仲及管学研究文章质量分析

除了《管子》、管仲及管学研究文章数量上的增长以外，研究领域明显不断深化、拓展。王国维《观堂集林续编》有《月氏未西迁大夏时故地考》一文，提及《管子·轻重》著作年代问题。自1932年以来，国内学者的研究集中于《管子》一书的文本考释，这一年的文章有2篇：颜昌峣《管子校释序》和苍石山房《管子学商斠》。1933年研究《管子》文章亦有2篇：苍石山房《管子学商斠》2篇。1934年，除了苍石山房的2篇《管子学商斠》以及郭大癡的1篇《管子校释叙录》以外，还新增2篇不仅仅围绕《管子》文本的论文，分别是：颜昌峣所撰《管子之政治学说》和《论语论管仲相桓公义》。这2篇文章中一篇探讨《管子》治国理政学说，另一篇探讨《论语》论管仲与齐桓公的历史往事。20世纪30年代，研究管子的这9篇文章都刊登在《船山学报》上。1956年，马非百《关于“管子”“轻重”篇的著作年代问题》(《历史研究》)和罗继祖《“管子补注”作者刘绩的时代问题》(《史学集刊》)2

篇文章所研究的内容都是一个世纪以来广泛研究的课题。

此后国内《管子》、管仲及管学研究内容不断丰富。目前《管子》、管仲及管学研究已囊括了经济、法治、治国理政、环保、养生、文学、语言学、文献学、艺术、美学、国学、传播、德育/教育、水文/治水、民生/民本、农学、人本观点/人才战略、军事等多个研究领域。这至少说明以下五点：

一是《管子》、管仲及管学研究与历史变革紧密相连，与国家发展息息相关，对于《管子》、管仲及管学的研究始终与时俱进，研究面不断扩宽。研究呈现时代化特征，20世纪60年代之前的《管子》研究集中于文本、年代考辨，60年代则倾向于从阶级的视角去研究，如姚家华《〈管子〉究竟代表什么阶级的利益——与胡寄窗先生商榷》(1963)、叶世昌《〈管子〉的经济思想代表什么阶级的利益——与胡寄窗先生商榷》(学术月刊，1963)、胡寄窗《〈管子〉代表的阶级观点与阶级利益——答叶世昌同志》(1963)。

20世纪70年代开始，学者们倾向研究《管子》中的社会生产观，试图将古人的生产智慧，运用到今人的生产实践当中去，如《中国水利发展史》编写组的《〈管子·度地篇〉是我国现存最早的水利技术理论著作》(1975)、武汉水利电力学院《中国水利发展史》编写组的《〈管子·度地篇〉是我国现存最早的水利技术理论著作》(1977)、李明启《〈管子地员篇〉中的植物生理学知识》(1979)；另外，研究不仅集中于《管子》一书，而且延伸至管仲本人，如孟先隽的《论管仲》(1975)和《论管仲——法家的创始人》(1975)。

20世纪80年代以来，伴随着改革开放的逐步深化，计划经济向市场经济逐步转变，学术氛围更加自由、开放。除文本研究、治国思想研究以外，更多学者开始研究《管子》和管仲的经济思想或商业思想，如陈逸光《浅论〈管子〉的富国富民思想——〈管子〉读书札记之一》(1980)、兆宏《春秋时期的理财家——管仲》(1981)、苏凤捷《一个自相矛盾的经济思想体系——〈管子·轻重〉试论》(1982)、周敬人《〈管子〉的商业思想》(1983)、钟祥财《评〈管子〉的价格理论》(1987)、张井《当今的高消费论就是古代的侈靡论》(1987)等。也有一些学者为适应当时当地经济发展的需要，研究《管子》的城镇规划思想、以法治林思想、变法思想、民本思想，或者研究管仲与中国古代盐业之间的关系。

进入20世纪90年代，有关《管子》、管仲及管学经济思想的研究呈现深化、细化、多元化特点。此外，研究视野更加开阔，其他研究内容包括《管子》及管仲的法治观、军事观、科技观、环保观、人才观、养生观等，如李丙寅《略论先秦时期的环境保护》(1990)，杨以汉《〈管子〉的法律思维与现代法治》(1995)，乐爱国《〈管子〉的精气说与气功学》(1995)，耿相魁《谈管子的选才用人思想》(1995)，黄朴民《〈管子〉的军事思想体系》(1996)，刘锡涛《管仲的环境保护思想》(1997)，刘百合、盛菊《〈管子〉科技思想探微》(1997)。有的学者研究《论语》或孔子对管仲的评价问题,如于孔宝《论孔子对管仲的评价》(1990)等。

21世纪的《管子》、管仲及管学研究除了延续20世纪90年代的特点以外,还有以下特点:一方面视角更宏观,如宣兆琦《论管仲对华夏文化的杰出贡献》(2003)、曲爱香《〈管子〉对人类中心论与自然中心论的超越》(2006);另一方面突出了《管子》与儒家、法家等诸子百家的比较和《管子》思想对诸子经典著作的影响,并具有中外比较研究的思维,如周伟芳《梁启超与中国近代法学》(2003),陈德正《试论管仲与梭伦法治观的差异》(2003),曹绪红《管仲和亚里士多德法治思想异同论》(2007),巴文泽、雷瑜新《孔子、孟子与荀子对管子评价之比较辨析》(2008),龚武《管子形势道哲学的阅读及其诉说——管子哲学研究相关性问题探讨》(2009),王霞《谈管子与宴子的和谐思想》(2009),陈宏光《〈管子〉与〈淮南子〉的法治思想比较研究》(2011),康传勇《〈管子〉与〈齐民要术〉生态农业思想比较》(2013),何亦邨《依法治国与大国之路——〈管子〉法治思想对大国崛起的重要作用》(2015),方乾坤《〈管子〉与〈论语〉孝道思想差异比较》(2018)等。"管鲍之交""孔子对管仲的评价"成了21世纪新的研究热点。

二是《管子》、管仲及管学研究与社会进步和人民生活息息相关,不仅注重研究的理论价值,而且注重研究的应用价值。宏观地看,20世纪70年代注重研究《管子》社会生产观、人口观及教育观;80年代开始谈论《管子》的商业观、消费观、理财观、医学观、养生观、环保观、城市发展观;90年代注重人类生存和个人价值的实现,大规模地探讨《管子》环保观、人才观等;21世纪以后为了应对人类正在面临或即将面临的挑战与困难,中国倡导构建人类命运共同体,《管子》、管仲及管学研究面不断深化、广泛,涉及人类生活的方方面面,近几年的研究已经上升到了"绿色环保""美好生活""和谐世界""和平崛起"和"人类命运共同体"的新高度。

三是有关管仲其人研究、地域文化的持续探讨、历史遗迹考证的研究成果。如林仲湘《管仲卒年考辨》(1981)、张龙海《管仲墓》(1987)、张世欣《管仲脱囚处》(2003)、龚武《论管仲出生于公元前723年》(2007)、胡文宁《礼制与政治:宋代武成王庙中管仲陪祀地位探析》(2014)、黄炳煜《泰州盐宗庙》(2015)等。

四是随着《管子》思想及管学的对外传播,《管子》、管仲及管学在国际上的影响力增强,从而产生了专门讨论《管子》国际传播与交流的文章。较早一些刊登在《管子学刊》上的文章,如町田三郎(撰)、路英勇(译)《关于〈管子·水地〉篇(节译)》(1988),索介然《日本有关〈管子〉研究的部分论文》(1988),町田三郎(撰)、邓红(译)《〈管子·侈靡〉篇研究》(1993),陈书仪《齐文化研究在国外》(1996)等。近几年这一课题成为研究热点,如王青《〈管子〉"发、朝鲜之文皮"的考古学探索——兼论东周时期齐国与海北的贸易和交通》(2014),任强《〈管子·幼官〉英译本比较研究——兼谈美国汉学家李克的翻译艺术》(2015),张辉《朝鲜朝〈管子〉言语"质正"——以〈朝鲜王朝实录〉为中心》(2017),杨纪荣、夏晓辉《日本〈管子〉四篇研究概述》(2017),申圣超《对日本哲学与中国儒学交融的新探究——〈日本重要哲学家著作编译和研究〉》评介(2017),杨纪荣、孙继成《日本〈管子〉文本文献相关研究概述》(2018),金善佶《〈管子〉在朝鲜半岛的传播与影响》(2018),金善佶、巩曰国《〈管子〉韩译本评介》(2018),王京龙《近代以来中外政要引用〈管子〉简要梳理及其软实力资源应用展望》(2018)等文章。

五是出现全新的研究领域,体现了人们对美的探寻与追求。特别是以艺术学和美学的视野来观照《管子》,例如陈福滨《〈管子·地员〉五音说之探究》(2013)、唐强《〈管子〉美学及其影响》(2017)、陈克秀《〈管子〉五声五音考》(2018)、唐强《〈管子〉"抟气如神"在艺术创作中的体现》(2018)、唐静《关于齐国音乐史料的整理与研判》(2018)。

(三)2019 年度已有的国内《管子》、管仲及管学研究文章分析

截至 2019 年 3 月 28 日 24 时整,2019 年度现已有 16 篇《管子》、管仲及管学研究的文章。通过文献梳理,目前《管子》、管仲及管学研究主要有以下几个方面:

第一,关于《〈管子〉学史》的研究。如王志民《〈管子〉学史序》(2019)、李波《重新审视〈管子〉的学术价值与地位——评耿振东博士的新作〈管子〉学史》(2019)、于孔宝《读〈管子〉学史》(2019)、张洪兴《爱国、改革、尚功——浅议耿振东〈管子〉学史阐释的中国精神》(2019)。

第二,探讨管子的治理、管理及经济思想。如周怀宇《管子与三国——三国时期的管子思想》(2019)、姜淑红《"侈靡"与社会进步——章太炎〈管子〉研究新视野》(2019)、张兆端《多元一体的先秦诸子治理思想体系研究》(2019)、张屹《反全球化、逆全球化浪潮管窥蠡测——从管仲治国思想解析大国外交》(2019)、毕天云《弱有所扶:〈管子〉社会救助思想探析》(2019)、唐洁琼《〈管子〉财富观管窥及其当代启示》(2019)、马洪波《〈管子·宙合〉篇的管理者思维方法论》(2019)、毛国良《不借才于异代》(2019)、李晓敏《和而不同:论王符的经济本末论与〈管子〉之关系》(2019)、李帮《因时乘势:〈管子〉时势观及其现代价值》(2019)。

第三,从哲学角度谈《管子》四篇。如陈志雄《〈管子〉四篇道气关系论辨正》(2019)。

第四,从文献学角度展开《管子》研究。如裘晓晨《〈清华大学藏战国竹简(陆)〉字词研究综述》(2019)。

二、安徽省管研会发展及研究现状

作为管子故里，安徽省颍上县致力于推动管子、管学和中国优秀传统文化传承与传播工作，推动管子文化产业转型升级，《管子》、管仲及管学研究也更加受到国内学者的重视。本文对安徽省管子研究会自正式成立以来文章篇数及占当年全国《管子》、管仲及管学研究文章总数比重做了统计，见表1所列。

表1 安徽省管研会正式成立以来文章篇数及占当年全国《管子》、管仲及管学研究文章总数比重

年份	全国总篇数	安徽省管研会正式成立以来文章篇数（除去未发表文章和前言）	占比（%）
1932	2	—	—
1933	2	—	—
1934	5	—	—
1956	2	—	—
1957	1	—	—
1961	1	—	—
1963	4	—	—
1965	1	—	—
1974	3	—	—
1975	5	—	—
1977	2	—	—
1978	1	—	—
1979	2	—	—
1980	7	—	—
1981	11	—	—
1982	15	—	—
1983	18	—	—
1984	19	—	—
1985	21	—	—
1986	23	—	—
1987	45	—	—

（续表）

年份	全国总篇数	安徽省管研会正式成立以来文章篇数（除去未发表文章和前言）	占比(%)
1988	60	—	—
1989	50	—	—
1990	58	—	—
1991	54	—	—
1992	51	—	—
1993	42	—	—
1994	73	—	—
1995	65	—	—
1996	51	—	—
1997	54	—	—
1998	44	—	—
1999	43	—	—
2000	47	—	—
2001	59	—	—
2002	69	—	—
2003	73	—	—
2004	58	—	—
2005	88	—	—
2006	101	—	—
2007	103	—	—
2008	146	26	17.81
2009	157	30	19.11
2010	198	37	18.69
2011	193	63	32.64
2012	134	64	47.76
2013	192	65	33.85

（续表）

年份	全国总篇数	安徽省管研会正式成立以来文章篇数（除去未发表文章和前言）	占比（%）
2014	213	82	38.50
2015	192	84	43.75
2016	240	109	45.42
2017	223	85	38.12
2018	212	81	38.21
2019	16	—	—
总计	3549	726	20.46

笔者通过表1，并结合“安徽省管研会大事记”（来源：安徽省管子研究会官方网站）了解到，2006年第一届颍上县管子研究会的成功举办，自2006年起，《管子》、管仲及管学研究受到安徽省学者的进一步关注，全国同期相关研究文章突破100篇。2007年，安徽省颍上县出版了三期《管子研究》，荟萃国内管子研究学术最新成果，全国同期相关研究文章略有增加。2008年5月12日，安徽省管子研究会正式成立。5月20日，隆重举行安徽省管子研究会成立大会暨第一届会员大会，参会学者来自北京、天津、安徽、山东、山西、江苏、江西、河南、湖北、广东、中国香港等多个地区。颍上县管子研究会光荣完成历史使命。6月，安徽省管子研究会完成登记注册工作，正式成为独立的法人社团，并获得学会机构代码，自此，安徽省有了专门从事《管子》、管仲及管学研究的学术机构，国内管子研究走向正规化、系统化、学术化、品牌化。这样一来，国内《管子》、管仲及管学研究有了新的突破，研究领域得到拓展、研究思路得到创新。安徽省管子研究会与颍上县管仲文化节“双管齐下”，共同谱写“文化+旅游+党建”的新篇章。2010年5月22日，管子研究会首次以“全国”冠名举行全国第五届管子学术研讨会，广泛吸纳国内各地区学者参与，同时成为带动全国《管子》、管仲及管学研究的新动力，同期全国相关研究文章篇数获得较大增长，文章学术性不断增强。2016年，安徽省管子研究会论文篇数突破100篇，同年全国相关研究文章总数也首次创新高，达到240篇。

2008年至2018年这十年以来，安徽省管研会共收录《管子》、管仲及管学研究文章726篇，约占全国同期相关研究文章总篇数（3533篇）的20.55%。这十年以来，安徽省管研会论文数量占全国同期相关研究文章总数的比重约从17.81%增长到45%左右，涨幅较大，最高时期达到占全国同期相关研究文章总数的47.76%左右，一直是稳中有增，得到可持续性发展。从中可以看到《管子》、管仲及管学研究欣欣向荣的局面,结合图 2 可以更清晰地看到这一点。即便是在 2012 年全国相关研究文章数量相对减少的情况下,参加安徽省管研会的学者们依然保持着浓厚的研究热情,这给予了安徽省管研会成立与研讨会发起的动力,为广大国内学者创造了良好的学术研究与交流空间,也为 2019 年召开的第十四届全国管子学术研讨会打下良好的基础。

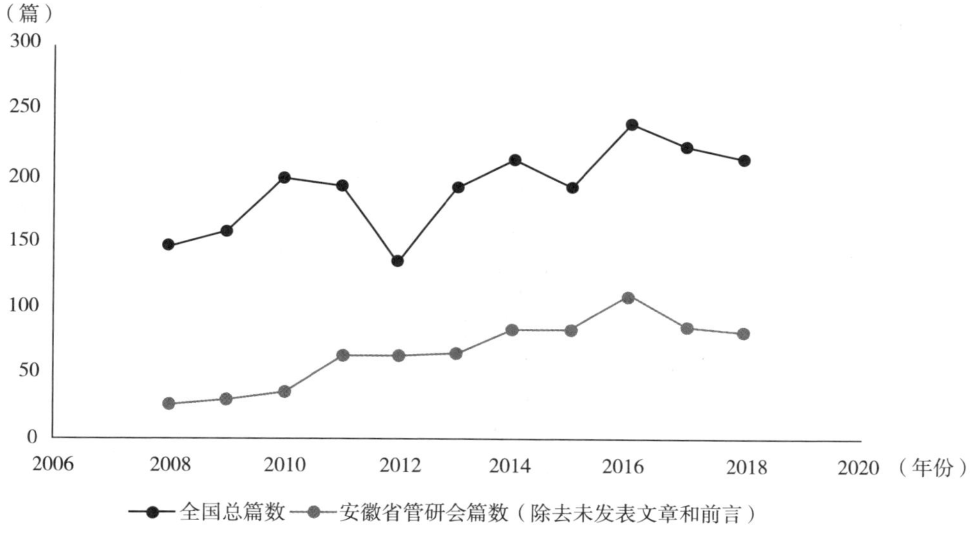

图 2　2008—2018 年全国及安徽省管研会相关文章数量示意图

安徽省管子研究会自正式成立以来,汇集了近十年国内学者优秀的管学研究文章。笔者统计了“2008—2018 年安徽省管研会论文的主题及数量”“2008—2018 年安徽省管子研究会论题及文章数量”以及“安徽省管研会 2008—2018 年每年论文篇数及‘三管或管学研究’所占比重”,详见图 3、表 2、表 3,这三张图表反映出参会学者的文章,无论是在数量还是质量上都呈现出了阶段性的提升态势。

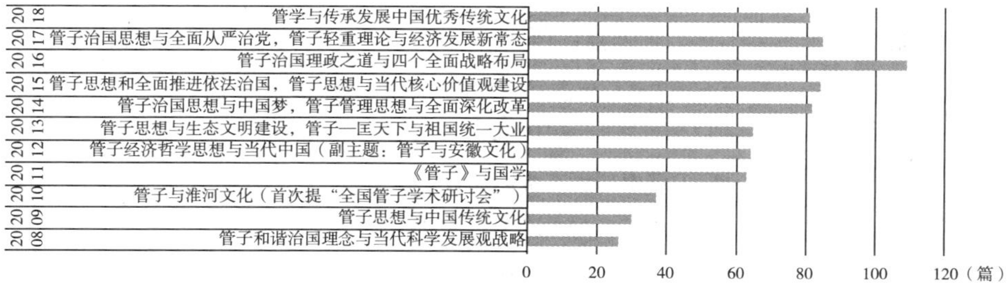

图 3　2008—2018 年安徽省管研会论文数量示意图

表2 2008—2018年安徽省管子研究会论题及文章数量统计表

年份		会议主题/分论题	分论题文章数量(篇)	当年文章总数(篇)
2008	会议主题	管子和谐治国理念与当代科学发展观战略	—	26
	分论题	和谐治国	11	—
		管子思想	8	—
		友谊之道	5	—
		地域文化	2	—
2009	会议主题	管子思想与中国传统文化	—	30
	文献综述	文献综述	1	—
2010	会议主题	管子与淮河文化（首次提“全国管子学术研讨会”）	—	37
	分论题	管子与淮河文化	16	—
		管仲和《管子》综合研究	21	—
2011	会议主题	《管子》与国学	—	63
	分论题	《管子》与国学	14	—
		《管子》与军事	4	—
		《管子》与社会治理	14	—
		管学传承与研究	26	—
		国学瑰宝	4	—
	文献综述	文献综述	1	—
2012	会议主题	管子经济哲学思想与当代中国（副主题:管子与安徽文化）	—	64
	分论题	管子与安徽文化	9	—
		管子经济思想与当代中国	17	—
		“三管”研究	37	—
	文献综述	文献综述	1	—
2013	会议主题	管子思想与生态文明建设，管子一匡天下与祖国统一大业	—	65
	分论题	管子思想与生态文明建设	30	—
		管子一匡天下与祖国统一大业	8	—
		“三管”或管学研究	27	—

（续表）

年份		会议主题/分论题	分论题文章数量(篇)	当年文章总数(篇)
2014	会议主题	管子治国思想与中国梦，管子管理思想与全面深化改革	—	82
	分论题	管子治国思想与中国梦	34	—
		管子管理思想与全面深化改革	22	—
		“三管”研究	26	—
2015	会议主题	管子思想和全面推进依法治国，管子思想与当代核心价值观建设	—	84
	分论题	管子思想和全面推进依法治国	34	—
		管子思想与社会主义核心价值观建设	16	—
		“三管”研究	29	—
	特稿	特稿	4	—
	文献综述	文献综述	1	—
2016	会议主题	管子治国理政之道与四个全面战略布局	—	109
	分论题	管子治国理政之道与四个全面战略布局	87	—
		管学研究	21	—
	文献综述	文献综述	1	—
2017	会议主题	管子治国思想与全面从严治党，管子轻重理论与经济发展新常态	—	85
	分论题	管子治国思想与全面从严治党	23	—
		管子轻重理论与经济发展新常态	31	—
		管学研究	30	—
	文献综述	文献综述	1	—
2018	会议主题	管学与传承发展中国优秀传统文化	—	81
	分论题	管学与传承发展中国优秀传统文化	27	—
		管学与新时代中国特色社会主义	25	—
		管学研究	28	—
	文献综述	文献综述	1	—

表3　安徽省管研会2008—2018年每年论文篇数及“三管或管学研究”所占比重

年份	会议主题	文章数量（篇）	三管或管学研究	占比（%）
2008	管子和谐治国理念与当代科学发展观战略	26	—	—
2009	管子思想与中国传统文化	30	—	—
2010	管子与淮河文化（首次提“全国管子学术研讨会”）	37	21	56.76
2011	《管子》与国学	63	26	41.27
2012	管子经济哲学思想与当代中国（副主题：管子与安徽文化）	64	37	57.81
2013	管子思想与生态文明建设，管子一匡天下与祖国统一大业	65	27	41.54
2014	管子治国思想与中国梦，管子管理思想与全面深化改革	82	26	31.71
2015	管子思想和全面推进依法治国，管子思想与当代核心价值观建设	84	29	34.52
2016	管子治国理政之道与四个全面战略布局	109	21	19.27
2017	管子治国思想与全面从严治党，管子轻重理论与经济发展新常态	85	30	35.29
2018	管学与传承发展中国优秀传统文化	81	28	34.57
总　计		726	245	33.75

根据图3不难看出，参会学者的文章在数量上呈现出递进趋势，大致可分为三个阶段：

第一阶段是2008—2010年，这一阶段也是安徽省管子研究会发展的初步阶段，影响逐步扩大，参会文章数量每年都在小幅递增。第二阶段是2011—2013年，该阶段是安徽省管子研究会迈向更高平台、不断前进的阶段，参会文章数量呈现出平稳递增的态势。第三阶段是从2014年起至今，这是安徽省管子研究会广泛吸纳会员、锐意进取、发扬光大的新阶段，参会文章数量总体较前一阶段大幅增长。

从表2中可以看到，安徽省管子研究会历年会议主题非常契合时代主题，参会文章分类有依据、体系化、规模化，体现出安徽省管研会秘书处较高的理论素养。

从 2010 年首次“全国管子学术研讨会”起，“三管或管学研究”更加细化，大局意识、问题意识更强，研究针对性更强，论述更加充分，文章质量提升。

另外，“三管或管学研究”（管子、管子著作和管学文化）一直是国内学者持续研究且比较重视的课题。安徽省管研会的论文集自 2010 年起开始收录以“管仲和《管子》综合研究”为主题的论文 21 篇，2011 年专门收录“管学传承与研究”主题研究文章 26 篇；自 2012 年起这一板块正式以“三管研究”来命名，此后这一板块又称“三管或管学研究”，2008—2018 年十年来共有 245 篇文章。近 10 年研究这一分论题的文章篇数基本没有太大的波动，说明存在一些固定的学者群体每年坚持撰写“三管或管学研究”相关文章。深入分析就会发现：一方面“三管或管学研究”是一个研究大类，涵盖面很广，归入这一大类的文章不是仅仅探讨单一主题，而是内容丰富、主题多元，有的是某一主题连续性的研究成果，有的带有比较研究的思想，有的是立足于某一主题的发散性研究；另一方面，这足以证明“三管或管学研究”的重要性，是研究不可或缺的研究内容。自 2014 年起，“三管或管学研究”这一块的文章所占同期参会文章总篇数的比重略有下降，这说明自 2014 年起研讨会的分论题更加多元，研究思路更加开阔，这对安徽省乃至全国的《管子》、管仲及管学研究来说都是好事，有益于未来研究的良性发展。

三、结语

本文依靠大时代、大数据，全景式地记述了我国《管子》、管仲及管学研究发展的基本状况。笔者采用文献计量学研究方法，通过统计、制表分析近 90 年来国内《管子》、管仲及管学研究的大数据，梳理国内相关研究发展的基本脉络，并通过安徽省管子研究会正式成立以来的文献数据统计，总结了其基本特点与亮点，说明安徽省管子研究会对《管子》、管仲及管学研究的贡献、意义和辉煌成就。学习古人智慧，构建今人美好生活；推进《管子》在国际上的传播和交流，让管学在世界舞台上发扬光大！

管子的"形势道"哲学和"轻重论"政治经济学浅说

龚　武

摘　要:管子的"形势道"哲学和"轻重论"政治经济学是人类最早的、辉煌的、成功的案例。管子经济思想并非单纯经济学理论,而是政治经济学,这与西方古典政治经济学,及其继承和变革者马克思《资本论》所标志的社会主义"新思潮"的政治经济学是相通的。其原因在于哲学之道相通,人类文化或文明相通,古今因此亦相通。这就是管子经济思想当代启示或借鉴意义的不同凡响之处。

关键词:管子;哲学;政治经济学;启示或借鉴意义

一、管子形势道哲学

有什么样的哲学,就有什么样的政治经济理论。理论指导实践,实践则反拨理论,管子树立了这方面的一个典范,成为历代统治阶级治国理政的基本法门。

管子的哲学归结为"形势道"哲学。管子"形势道"哲学的逻辑起点就是在《形势》篇提出来的。《管子·形势》开篇即曰:"山高而不崩,则祈羊至矣……"管子这段话及其下面的一大段话,究竟在讲什么呢?他实际上解释的是"形""势"的客观存在。他谈的都是"形"和"势",就是外部世界的静态物形、物貌和动态的趋势、势能,就是运动。所谓"道",就存在于或寓于物质存在的运动之中,这就是"形"和"势"与道的关系。管子认为:任何的道都是存在于形与势之中的,是非常具体的东西,这就与老子后来把道玄学化非常不一样,这是管子哲学上了不起的地方。《老子》讲"道可道,非常道;名可名,非常名",把世人都绕进去了。用今天的话讲:"从书本到书本,从抽象到抽象",讲不清楚问题。但是管子谈哲学问题不是这样,他是从形势开始讲存在中间的道,所以,称之为"形势道"哲学。

管子的文章篇名叫《形势》,有人说《管子》的篇名不是管子的原名,是后来编者加的。笔者研究认为,《管子》现存76篇文章里,有50篇属于管子的原著,26篇

作者简介:龚武,安徽省管子研究会常务副会长、秘书长,北京大学国家软实力研究中心特邀研究员,管子研究专业委员会秘书长。

属于内官史料。《形势》属于管子原著,《形势》篇字面上并不讲“形势道”,文中也没有出现“形”和“势”这样的字眼。笔者认为,他就是在论述“形势道”,是最后才说明的,这就是管子高明的地方。

人类历史上这样高明的哲学家有没有？有。那就是马克思。马克思的美学非常厉害,但是他的美学著作在哪儿？不知道。马克思的美学著作思想实际上是在《1844 年哲学-政治经济学手稿》里。列宁认为,马克思的哲学也不是一般讲辩证唯物主义和历史唯物主义。实际上,马克思的哲学在《资本论》里。现代西方学者的研究以及笔者自己的学习过程中,都可以体会感受出来类似的道理。这是笔者个人学习中的一些看法。

一个人真正的哲学思想不是体现在直接出现“哲学”字眼的地方,而是体现在他具体运用观察、解决具体理论课题或实践问题的地方。“道”用今天的话说就是规律,它是作为事物内在规律法则,放在“形势”这样一个唯物、运动的基础上的,所以是扎实可信的。事物都是有形有势有道的。

“道之所言者一也,而用之者异。有闻道而好为家者,一家之人也……”管子的这句话讲什么呢？笔者昨天坐在出租车上,问司机:“你从首都机场到幸福创业中心怎么走,你走外环吗?”他说:“我走二环。”这里面就有哲学。这个司机为什么不走外环？丰台这个地方是西南,首都机场在东北。他为什么选择这样的行车路线？这里面就有个形势道问题。“道”,这个汉字,是“走”字旁,加个“首”字。就是人在走路之前,首先想到的就是“道”怎么走。所以,这个司机就事先想好了怎么走道是最快捷、合理、经济的。走二环为什么好？因为,他知道这个时候下班高峰已经过了,不堵车,所以走外环路程远,不划算。他规划走一个最合理的路线,这就是他的“道”,这就是真正的哲学具象化的东西。

笔者在飞机上还想一些事儿,现在科技这么发达了,恒温问题解决了,为什么恒压问题解决不掉？飞机下降的时候,乘客非常痛苦,耳朵很难受。为什么解决不掉？肯定里面的道道儿没找到,这里面就有哲学的道。道在西方哲学里就是规律,哲学叫“科学的科学”。哲学是无处不在、无处不有的。可是当下想一想还有几个人讲哲学？做人、干事还用到哲学吗？没有。但是管子做人、做学问、干事业都是有哲学思想指导的,所以他的困惑也比较少。

关于哲学这里无意多讲,多讲无益,重在体会和觉悟,哲学仅仅满足于言说,是不行的。国民教育搞哲学,或哲学系是不出哲学家的。哲学教师也不是哲学家。为什么？中国这么多名牌大学,有这么多哲学系,这么多哲学教授,又培养这么多学生,谁是哲学家？学界有一种说法,讲 20 世纪中国有“一个半”哲学家,一个是毛泽东,半个是李泽厚。哲学就是这么神奇,既很难弄通,又似乎无处不在。哲学真正地存在于每一件事情中间,一枝一叶的小事儿里都有道。可真正想把握,把它自觉运用起来非常不容易。管子是中华民族第一个树立自觉哲学意识，并运用哲学指导实践的大政治家，所以他在各方面取得的成就之多之高，都是人们无法企及的，其中奥秘就在于哲学思想。比较庆幸的是管子哲学还在，管子的哲学就保存在以原始管书为基础、汉代刘向编修的今本《管子》里，只不过后世学习和领悟起来比较困难。

二、管子轻重政治经济学

经济学和哲学是什么关系？

政治经济学用马克思著作里的话叫“理论”。马克思曾经讲，政治经济学是（科学社会主义）“新思潮”的理论的表现。他把社会主义叫作“新思潮”，即一种新哲学思潮。马克思、恩格斯最初是“青年黑格尔派”，喜欢黑格尔哲学宏大的体系和辩证思维精神。后来，马克思在继承黑格尔哲学精髓基础上，面向社会现实问题的研究和解决，逐渐转变了学术立场。他的社会主义哲学或新思潮的理论支撑点何在、表现是什么？那就是政治经济学。政治经济学的指向是解决社会最核心的经济社会发展问题，也即人的解放的问题。这就需要研究并批判旧的政治经济学体系，并从理论批判中——《资本论》副标题就是“政治经济学批判”——阐释创新一种面向未来的政治经济学，即以《资本论》为代表的马克思主义政治经济学。这是马克思主义的最根本的指向，也是科学社会主义学说的骨骼。没有这个理论支撑，新的哲学思潮就会变成华丽的外衣、空洞的道德口号，而最终成为过眼云烟。

马克思和管子一样，具有极高的哲学天赋，在运用哲学分析批判的基础上，创新形成完备的政治经济学理论。在马克思写《资本论》之前，德国还没有政治经济学。政治经济学在西方也是一个非常年轻的科学，文艺复兴之后也没有，直到启蒙时代之后，首先在英国这个国家出现了一批经济学家，威廉·配第、大卫·李嘉图、亚当·斯密，还有法国的魁奈医生等，这些人及其理论后来被称为马克思主义政治经济学的来源。如果管子有政治经济学，那么这些人是什么时候有政治经济学的？二者差了2500年。为什么德国在马克思之前没有政治经济学？出现了马克思就有了，就是因为马克思树立起非常了不起的为“人类崇高事业”奋斗的目标，深厚的哲学思想，认识时代的问题意识和现实关怀。同样，管子之所以创立中国古代政治经济学，创造人类第一个政治经济学的体系，是因为管子具有追求人类公平正义的情怀，奠定了坚实的形势道的哲学基础，勇于投身大时代，躬亲一线，从事治国理政的实践。所以，管子是人类第一个政治经济学体系的创立者。

管子在政治经济学上的具体创新点非常之多。

首先，看管子轻重论政治经济学之“轻重”这个概念。“轻重”在整个中华民族文化，甚至在世界文化中的地位是什么？“轻重”本来是管子提出的一个“计数”概念，属于现代物理学力学的范畴，但是在管子学说中作为“计数”概念的“轻重”及其“轻”和“重”被广泛运用于治国理政的各个领域。

他说：“刚柔也，轻重也，大小也，实虚也，远近也，多小也，谓之计数。”

“轻”和“重”也是一个权重概念。

“量之不以少多，称之不以轻重，度之不以短长，不审此三者，不可举大事。”

“轻用众，使民劳，则民力竭矣”，“欲为天下者，必重用其国。欲为其国者，必重用其民。欲为其民者，必重尽其民力”。

这实际上讲的是政治学的概念。

“轻重”也是一个法律概念。管子说：“轻重之法曰：自言能为司马而不能为司马者，杀其身以衅其鼓；自言能治田土不能治田土者，杀其身以衅其社。”

“轻重”或“轻”和“重”，经由管子的改造而上升到一般哲学方法论的高度，尤其是在政治经济学中，成为核心概念。从管子书中可以看到，“轻重”概念已经出现，只不过管书是唯一一部完整系统地继承了“轻重”和发展轻重学说的著作。

在笔者即将出版的安徽省委重点文化工程“皖籍思想家文库”《管子》一书里，用十几万字的篇幅，对管子这部书的哲学体系性和整个管学形成的体系力量作了进一步系统的论证和分析，其中论证了管子的轻重概念，实际上也是他的一个重要哲学概念。

其次，“轻重”是管子学说中一个经常使用的宽领域或跨领域的重要概念，但主要是一个政治经济学概念或国家调控手段，就是常说的“轻重之术”。

今本《管子》中第一次与纯经济问题挂钩使用“轻重”概念的是《乘马》篇，曰：“天下乘马服牛，而任之轻重有制。”过去有一种流行观念，认为“轻重”诸篇仅仅是史料，并非管子著作，意谓为“后世”“好事者”附会进入管书之中，这显然与管学实际不相符合，实际上管子关于“轻重”的思想也是在他的论著中提出来的。轻重的史料部分被标为“轻重”诸篇，不过是管子运用“轻重”理论治国理政的范例，特别是国际和国内的政治和经济生活中的重要个案。

今本《管子》里，以“乘马”为题的篇章目前保存了三篇。“乘马”是什么？这里讲两个概念：一个是小学阶段就要学的“乘法口诀”，这个“乘”就是这个“乘马”的“乘”；再一个“马”也不是今天讲的军马、赛马的那个四条腿的“马”，而是图书定价上“码洋”那个“码”，博彩用的“筹码”那个“码”，这就叫“古字多通用”。“乘马”就是古代国家经济数学，或财政算账法。

“乘马服牛”和“轻重”这些概念，都是管子当时为管理经济、治国理政专门使用的具有独特计数含义、带有原创性的概念。管子在政治经济学意义上使用的“轻重”最多的是“凡将为国，不通于轻重，不可为笼以守民”。管子曰：“善为国者，如金石之相举，重钧则金倾。故治权则势重，治道则势羸。今谷重于吾国，轻于天下，则诸侯之自泄，如原水之就下”。下面又讲“币重则民死利，币轻则决而不用。故轻重调于数而止”。

最后，管子在轻重理论上的创新，使得“轻重”具有后来西方“价值理论”萌芽的性质，这是很厉害的。管子在使用“轻重”时做了多种延伸，并对这个概念的内涵和外延作了改造，使得其内涵更为丰富，表达力更强，特别是当运用于经济学领域用于描述“谷”、万物和“币”时，被赋予了“价值”这个极其高端的抽象概念。

关于“价值”，马克思在《资本论》第一卷里论述商品具有两重性，商品具有价值和交换价值，反映了现代资本主义社会最本质的经济关系，是资本主义经济的一个最基本的特征。马克思说，任何劳动产品一开始并不是商品，只要它不是用于交换的，为使用而生产的就叫产品，也就不具有价值，而只具有使用价值。但是有了市场，开始交换以后，商品就具有了第二重价值，这种价值特别厉害，就是以使用价值为基础的交换价值，又称为抽象价值或“价值”。这个价值和使用价值，马克思进行了高超的理论阐述，指出：“具体劳动创造商品使用价值”，“社会必要劳动创造商品抽象价值”。提出了新的劳动价值论，为马克思最核心的政治经济学成果——“剩余价值学说”奠定了理论基础，即劳动力成为商品进入人力市场，雇佣者以市场价格（工资）购买的是劳动力的使用价值，而当以劳动时间为计数的劳动力所创造的劳动使用价值，超过劳动力价格（工资）的部分，就出现了“剩余价值”。雇佣者通过增加被雇佣者的劳动时间，生产更多的商品，实现更多的“剩余价值”，从而揭示了资本增殖的秘密。当然管子时代还没有出现资本主义时代商品普遍性的社会现象，所以也就不可能在理论上达到马克思的高度。

管子的轻重论政治经济学理论和实践极为丰富，可谓博大精深，笔者经过梳理和学习，将其归纳为地政论、市场论、立币论、杠杆论、揆度论、平准论、消费论、富民论等八个方面，这八个方面是整个管学大树上之政治经济学骨干枝杈上的八个分枝。这里遴选其中三个加以介绍，看看管子时代涉及土地、市场和消费等当下热门话题，管子是怎么说的、做的呢？

（一）地政论

管子曾从自然哲学的层面指出，“地”与“水”一起构成万物的本原。“地者，万物之本原，诸生之根菀也。美恶、贤不官、愚俊之所生也。”管子提出了“地政”论，所谓“地者，政之本也”，“是故地可以正政也”，是说土地是国家政治的根本，因此可利用土地调整政治。所以，管子曰：“地之生财有时，民之用力有倦。”这句话非常厉害，管子已经认识到地的“正政”作用在于地能生财，他不止一次讲到“国多财则远者来，地辟举则民留处”。管子这里已经具备了朴素的劳动财富论和土地财富论的思想，这也是管子哲学思想卓越杰出的必然硕果之一。因为无论是劳动价值论还是土地财富论，这两种理论在西方都经历了复杂而长期的思维和理论创生的过程。

马克思在名著《哥达纲领批判》中曾开宗明义地提出，劳动只有与自然界（土地）结合起来才能创造财富，而早在两千多年前，管子则直截了当地写出“地之生财”，这也意味着管子已经发现劳动与土地结合是社会财富产生的源泉，所谓“夫民之所主，衣与食也。食之所生，水与土也”，故“富民有要，食民有率”。

虽然管子并没有明确说出“土地与劳动的结合是财富的源泉”这一马克思经典政治经济学关于生产资料所有权的原理，但是统观管子的“地政”论，他表达的也正是两千多年后马克思《哥达纲领批判》开篇所阐发的思想。谈劳动致富，撇开生产资料所有制的形式问题，不谈土地权属，这就是马克思所批判的《哥达纲领》的观点。但是管子的观点却和两千多年后的马克思的观点不谋而合，说明人类思维确实具有共通性特征。

（二）市场论

管子作为“轻重”政治经济学原理的制定者，任齐国宰相长达 40 年之久，自然是这个原理的最高执行官和最权威的实践者。管子的政治经济学高明之处在于就像当代一些学者所指出的，它不仅适用于“计划经济”，还适用于“市场经济”，甚至还适用于市场和计划结合的“混合型经济”。

“市者，货之准也。”这句话讲的就是轻重的价值理论，货物的价值通过什么实现？就是通过市场，市场流通，“市者，货之准也”，隐含的就是商品价值。管子认为，商品价格不断围绕一个轴心上下波动是客观规律，市场上商品的价格受商品供应量的影响，国家应根据国内市场物资的余缺情况，通过政令的发布来达到影响商品价格、控制市场的目的。

管子又讲“黄金者，用之量也”，谈的是货币的作用、货币的意义。黄金作为天然的货币，最早出于管子的论著。马克思在《资本论》里指出货币天然不是黄金，但是黄金天然是货币。马克思这个论断那么精彩，可是管子早在 2500 前就已经说出来了，使用了。

管子认为商品、谷物与货币之间存在着轻重关系，从某个单一的商品来看，其轻重取决于该商品量在市场流通中的多少，取决于国家政令的干预。不同商品间存在着复杂的轻重关系。最早强调粮食在政治经济上的特殊重要地位就是管子。所以，他认为粮食和货币一样具有一种替代货币的作用，它与货币一样具有一种超越性的价值。管子在管理齐国经济生活中灵活使用货币、谷物和商品三种杠杆手段，调解市场，运用价值规律调节国家经济运行，这是管子哲学辩证法在政治经济学理论上运用的一个杰出的成果。

（三）消费论

最后介绍一下管子的轻重消费论。一个是国家消费，“利出多孔”不行，必须坚持“利出一孔”，国家对粮食、盐、铁这样的物资要集中调控，并不是民进国退，国退民进的问题，是一个国家的战略问题。当年苏联搞“国际分工”论，让阿尔巴尼亚种苹果，罗马尼亚种葡萄，中国生产农产品。最后，苏联不要了，怎么办？国际关系就是这样，很残酷，既讲理又不讲理，主要还是“讲利益”。今天的国际贸易战也是这样，如果不能立足于本国的利益，依靠全体人民解决好自己的问题，为了短期经济效益，让自己的战略资源掌握在别人手里，那就要出大问题。

再一个是“社会消费”。这个消费就是所有人类消费的起点和归宿点。管子时代的器物文明程度有限，人的消费形式和规模、质量，都还处于比较初级的阶段，这是毫无疑问的，也不难理解。

下面想重点介绍一下管子的“侈靡”消费，这个问题比较有意思。《管子·侈靡》篇也是历来学者研究管子时不能绕过的一块“大石头”。我们看各个版本的管子研究，《管子·侈靡》篇的注解都占很大的篇幅，其中黎翔凤的《管子校注·侈靡》篇，居然用了35页之多。实际上《侈靡》篇才三千字不到，可是各种注解有几十页，为什么？就是因为《管子》里“侈靡”这个概念非常奇异，需要解释的地方太多，而且还有很多内容不容易理解。

里面有一句话叫“积者立余日而侈美，车马而驰多，酒醴而靡千。岁毋出食，此谓本事”。这句话是从《侈靡》篇里抠出来的。在其他的《管子》各种注释者里这句话从古至今，句读都不是这样的，它是“积者立余日而侈，美车马而驰多，酒醴而靡，千岁毋出食，此谓本事”。这个“千岁毋出食”，一千年都不用出来吃饭这个话不通，有问题。这里面重要的是关于侈美和车马。车马还需要美吗？在管子时代坐马车就像现在坐飞机，马车是皇家使用的，马无论是饲养成本，还是使用成本，都非常高，一般平民百姓，包括贵族都不能使用马车。孔子很厉害，孔子周游列国在管子以后一百多年，坐的也是牛车。马车本身就是奢侈品，没有必要再“美车马”了，坐马车到处兜风就已经是一种奢侈的表现了。这句话这样一理解，有积蓄的人成功在于，有闲而生活高消费，乘坐马车奔驰不已，家里食品和甜酒数以千计，即使一年不劳动也可以足食，这就叫“本事”。

乘马车本身就是奢华的象征，当时社会已经形成了一定程度的贫富差别。管子治国开始的时候，齐国一开始不是太富裕，后来变成一个非常富裕的国家，它已经形成了社会分化，形成了一定程度的贫富差别。好比我们改革开放40年以后，整个社会的消费水平比较高了，手机不用说了，私家车拥有量也非常高，已经进入侈靡消费阶段了。怎么看待这个问题？当时管子对待社会发生“侈靡”现象是什么态度？他承认这个差别一方面有合理性，他讲“民之不牧者，非吾民也。凡牧民者，以其所积者食之。不可不审也。其积多者其食多，其积寡者其食寡，无积者不食。或有积而不食者，则民离上”。这些话是什么意思？

有一个写到宪法里的社会主义分配原则：“各尽所能，按劳分配。”还有马克思说的“各尽所能，按需分配”，这些观点我们大都知道。管子这里讲的不劳不得食，劳动多，“积”多了，可以多消费，这是完全正常的。实际就是按劳、按需分配。“管鲍分金”故事说，管子年轻时与鲍叔牙做生意，分配利润，并不是根据谁挣得多，谁就拿得多，而是看谁需要的多。管子在经济学上提出这样超前的思想，与他曾经在现实生活中的经历有关。

国家要提倡富民，这应该是在发展生产，总体提高生产力水平，促进社会财富总量增加，人民生活水平普遍提高的意义上。当然也有统治阶级功利主义的考量——所谓“民富则易治也，民贫则难治也”。

管子发现一部分劳动的农民，会因为诚实劳动，而积累一定的“余粮”。到了这个时候不是结束，由于商贸交换行为的介入，而催生新一轮“逐利”的开始：“夫凡人之情，见利莫能勿就，见害莫能勿避。见商人通贾，倍道兼行，夜以继日，千里而不远者，利在前也。渔人之入海，海深万仞，就彼逆流，乘危百里，宿夜不出者，利在水也。”这段话与马克思《资本论》里讲的“资本逐利”的意思基本是一样的。马克思在《资本论》里怎么讲？说有一分的利，商人就开始动起来，有两分的利，商人已经克服困难要逐利了，有四分的利，商人就想方设法，甚至不择手段获取，有十分的利，商人就敢于蔑视世间的法律，冒着杀头的危险去铤而走险。

管子这段话和马克思说的基本是一个道理，主张统治阶级不要推波助澜，管仲讲任其自生自灭，不要人为地推动，好比我们今天的民营经济的问题。民营经济和国营经济到底是个什么关系？如果按照管子这样讲，逐利是自然的，那我们今天还有必要提倡大力发展民营经济，国家采取各种各样的办法推动民营经济吗？按照管子的观点，逐利问题它自然而然就产生了，哪还需要人为地推动？虽然统治阶级没有助推社会投机和营利的商业行为，但唯见其成。就是他发展起来了，你可以不要管，也不要反对他，让他慢慢弄起来，但“唯见其成”也要产生一个“富后消费”问题，需要理论和实践加以回应和解决，管子的“侈靡”论应运而生。管子的“侈靡”论出来以后就揭示了这个问题，认为产生的富这个现象是正常的，统治阶级“唯见其成”就可以了，不过对富后效应问题，一方面要加以引导，另一方面要采取一个客观理性的态度。

消化认识和把握“侈靡”现象，有助于“知满虚，夺余满，补不足。以通政事，以赡民常”。合理地实现消费升级，提高生活质量。管子提出“甚富不可使，甚贫不知耻”“国贫而鄙富，苴美于朝市国；国富而鄙贫，莫尽如市”。这句话讲的就是对贫富问题的看法，人民富裕了，贫富差距出现了，怎么办呢？一部分人不能太富，太富了,不服从国家管理,就要出事;人们太贫穷,不知羞耻,国家也很难管理。所以,对于贫与富大问题,管子的认识非常深刻。

三、结论

管子形势道哲学是中华古典哲学第一个完备的形式,也是第一个具有系统性的体系,神奇之处在于其居然具有唯物辩证和历史唯物等人类哲学史上最先进性的特征,所以以此为理论基础指导的管学,无论是政治学或治国实践,政治经济学或经济发展战略的成功,都是自然而然的。不过,世界上没有绝对相同的两片树叶,所以运用大致相通的哲学,只可以获得大致相同的实践结果,而并非简单的"拷贝",就如同"一母生九子,九子各不同"一样。然而,这并非说明作为"时代精华的哲学"(马克思语)的可有可无,恰恰相反,缺乏哲学思维,人类就不免陷入精神的非理性和社会实践的盲目性。

管子的轻重论政治经济学是其灿烂哲学之花结出的丰满果实。当然,管子没有、也不会抽象地讨论商品与产品、商品与劳动以及商品的二重性等西方政治经济学问题,特别是马克思政治经济学说提出的问题。

因为"价值"概念在政治经济学领域直到马克思《资本论》才真正对其进行了科学定义和界定。马克思揭示了商品二重性特征,即其一方面具有物化劳动所体现的使用价值,另一方面又体现出一般劳动时间的凝固形式——交换价值。也就是说所谓"商品"就是某种社会关系的反映形式,其本质就是用于"交换",因而交换价值是商品的本质属性,又称价值。但是在商品价值概念出现之前,除了"轻重",中华传统学术中没有一个可以与之相对应的概念。

"轻重"学说是管子从治国理政出发,对政治经济社会的客观认识和成功抽象——"轻重"概念既是政治经济学的一个核心概念和基本范畴,在更广泛的意义上又被理解为一种自然-社会规律。

管子总结了中国古代社会统治阶级的政治经济社会治理的宝贵经验——"燧人以来,未有不以轻重为天下也",深谙"谷重而万物轻,谷轻而万物重"的道理,懂得"散则轻,聚则重"。这相当于社会主义社会的集中力量办大事,并把握"币重则民死利,币轻则决而不用,故轻重调于数而止",强调经济生活在人的社会生活中的作用。经济生活是人的生活的重要基础,但并非人的生活的全部内容,而人们恰恰在这个认识上,产生了巨大分歧。

总之,政治经济学是世界上成熟很晚的一门社会科学,也是一门很艰深的学问,18世纪在英国才创立,而在德国这个世界思想之都直到马克思《资本论》之前还是一片空白。管子轻重论政治经济学是已知世界历史上最早揭示并发现人类经济生活中存在的价值现象的政治经济学原理。

管子形势道哲学和轻重论政治经济学的创立，证伪了中华学术不善抽象、缺乏系统思维、不能构建宏大体系的观念。管子的哲学和政治经济学是中华文明大厦中一颗光彩夺目的璀璨明珠，是人类文明的伟大遗产，值得后世认真研学和传承光大。

第五部分

文体艺术研究

北宋诗词中的古汴河钩沉

——以梅尧臣汴河诗为例

周　勇　蒋宗霞

摘　要:越是阻浅搁舟、逆流而上,人们在汴河上耗费的时间越长,留诗越多,梅尧臣是在这条河流上留诗最多的北宋诗人。通过梅尧臣汴河诗,或可见微知著、发微抉隐,在身世、风土、宦迹、政治、漕运、水利等方面,或能发前人之未发。

关键词:汴河;梅尧臣;诗歌

汴河,北宋每一个入京博得功名的文臣,都曾经行其上,或是乞郡外放,或是贬官远谪,或是扶柩丁忧,或是致仕还乡,他们中的许多人也因此留下了关于汴河的诗文。今以梅尧臣的汴河诗为例,解读一二,以抛砖引玉。

夜泊虹县同施景仁太博河上纳凉书事

与君爱清风,移榻就明月。月落见星繁,星繁如昼热。
沾衣轻露坠,响岸崩湍啮。坐思都城时,谁许脚不袜。

这首诗作于宋庆历八年。那一年,梅尧臣的职务相当于县丞的国子监博士,月工资约相当于今天人民币6000元,和后来的丞相王安石动辄9万元人民币的月薪比起来,可谓微薄。言及此,诗的开篇"与君爱清风,移榻就明月",诗人即以清高的姿态自持,自然就略可以理解了。和汴河有关的内容则是:"响岸崩湍啮",这一年的夏季,雨水看来丰沛,汴河水流湍急,顺流而下,行船条件较为有利,且是一个月落星繁的夏夜,但即便如此,夜晚仍然泊船不进,一则体现了当时的行船习惯,二则同样说明虹县是一个沿汴河较为重要的城镇。

嘉祐元年,梅尧臣在汴河上——主要是在泗州至虹县段汴河上留诗最多的(其曾在泗州城西北搁浅数日),达五六十首之多,限于篇幅,仅择其中与宿汴关系更著之数首试析如下:

作者简介:周勇,就职于宿州学院文学与传媒学院。蒋宗霞,就职于宿州学院文学与传媒学院。

次韵和表臣惠符离去岁重酝酒时与杜挺之李宣叔王平甫饮于阻水仍有笋酱之遗

赠以榴花酒，沉清贵隔年。不忧航滞碛，为泛盏如船。

加品盈盘内，无花到眼前。还招李杜醉，野酿莫称贤。

看来汴京确实有关于梅尧臣仕途的好消息传来，笔者以小人之心揣度，当地的最高地方长官这回投资人脉的力度也在加大，送来了陈年佳酿，而且特别说明了是“符离出的”，所以尧臣才知道是“上年符离酿的（榴花）酒”（榴花酒是古酒名，代指美酒），看来符离当时盛产佳酿，难怪在符离断续住了22年的白居易对酒和饮酒的氛围极有感觉：“绿蚁新醅酒，红泥小火炉。晚来天欲雪，能饮一杯无?”现今这里虽然不出名酒了，但佐酒的烧鸡却又名扬天下。

梅尧臣现在也不再忧心因为水浅而滞留的行期了，心情极好地把觥盏的交错当作浮浪的官船。然后他再一次提到了李白和杜甫，要招其来同醉，虽然与前句矛盾地又称“榴花酒”为野酿，但在“莫称贤”的自谦中，“欲称贤”的得意又一次抑制不住地跃然纸上了。

非意篇呈表臣

人言厨传繁，乃是郡久例。一日苟不修，未免众吠睨。

饱尚谤所兴，饥必愠不细。损之礼渐隳，存之礼未替。

心莫忽贱微，意莫徇贵势。我将取是然，敢以为君计。

“厨传”，古代供应过客食宿、车马的处所。《汉书·王莽传》记载：“吏民出入，持布钱以副符传，不持者，厨传勿舍，关津苛留。”颜师古注：“厨，行道饮食处；传，置驿之舍也。”苏轼《到官病倦毛正仲惠茶戏作一诗为谢》：“缪为淮海帅，每愧厨传缺。”

非意：恶意。司马光《叙清河郡君》记载：“君性和柔敦实……人虽以非意侵加，默而受之，终不与之辨曲直。”

泗州，作为一座处在汴河入淮口上的枢纽城市，驿舍厨传等自然较为发达，其管理也自然是一种繁杂的工作，但这自有惯例章法可循，寻常情况下，依凭规章，自然运转就可以了。而此时之所以会招来非议，笔者揣度朱表臣可能在这一过程中，有徇私情的情况——不停地给泊舟于此的梅尧臣传递美食时鲜就是表现之一，所以“人言厨传繁”——攻击的是厨传供应的奢繁，梅尧臣就代为辩解说这样做是该郡沿袭已久的惯例。“修”，遵循的意思；又以“吠睨”来形容众人，未免刻薄。“存之礼未替”，替，消亡；泯灭，意为保留厨传之繁，礼法才不会消亡。前后矛盾之处是，尧臣一边靠人脉和地位享受特别的供应，一边鼓励州守朱表臣“心莫忽贱微，义莫徇贵势”——不要轻忽贱微，不要徇于权贵。梅尧臣作为古代有情怀的公共知识分子尚且如此，北宋既得利益阶层在土地等要害方面如何损民自肥而又认为理所当然,就不难想象了,也因此,难怪在两年后的嘉祐三年,王安石进京述职,即作《上仁宗皇帝言事书》,系统地提出了变法主张。

或许也因为梅尧臣的这种心态,他在御史官员特别强硬的北宋,官阶一直上不去,这或也是一个重要原因。

汴河,大宋王朝的最粗的动脉和最敏感的神经线,亦可以做病灶方面的切片观察,能比较准确地对这个王朝见微知著。

力漕篇呈发运王司封宝臣

兵外肢强,兵内体壮。敛之尽归,岁以多饷。
东南舳舻,衔尾而上。浮江浮淮,溯汴之湍。
汴湍不常,水衡不官。唯虞溢毁,靡虞舟盘。
舟盘粮覆,粮孰为足。大计之数,万百惟六。
帛币错货,三倍其谷。曰主厥漕,王之荩臣。
日忧河涸,运借烦神。以舫实土,约流束津。
百步之间,若牙与龈。朝涨夕降,滞舸次鳞。
丞乞于朝,朝不即报。下上经营,风并日曝。
其躬其勤,秉心有操。士岂无禄,禄此则冒。
彼以荣佚,此以劬耗。愿答其劬,锡命锡诰。

发运,此处指水陆发运使,即转运使。《宋史·食货志》:“雍熙四年,并水陆路发运为一司。”这是直接写给主管汴河等的漕运官员的诗,梅尧臣的态度整体来看是同情与赞扬这位叫王宝臣的发运使工作的艰辛操劳,但似乎又夹杂着因汴船滞留所引起的烦躁情绪,将有些牢骚话夹在其中。对读者来说,重要的是借这首长诗来辅助观察当时汴河水利和漕运情形。

“东南舳舻,衔尾而上。浮江浮淮,泝汴之湍。”——望不到头的东南来的漕运粮船首尾相连,经过长江、淮河,汇集到汴河航道,这或是当年汴河上最典型的景观。“正如《乐全集·论汴河利害事》所说,大宋是‘国依兵而立,兵以食为命,食以漕运为本,漕运以河渠为主’。那时,全国经济重心仍是江淮地区,国家所需粮食等重要物资多靠漕运东南财富,因此,为便于解决漕粮供给问题。北宋仍承五代之旧,定都于水运快捷的开封。”①

《论汴河利害事》中还有更具体的数字和更形象的描写:国家漕运,以河渠为主。国初浚河渠三道,通京城漕运,自后定立上供年额:汴河斛斗六百万石,广济河六十二万石,惠民河六十万石。广济河所运,多是杂色粟豆,但充口食马料。惠民

① 王卢生. 大河丝路[M]. 郑州:中州古籍出版社,2016.

河所运，只给太康、咸平、尉氏等县军粮而已。唯汴河专运粳米，兼以小麦，此乃太仓蓄积之实。今仰食于官廪者，不唯三军，至于京师士庶以亿万计，大半待饱于军稍之余，故国家于漕事至急至重。然则汴河乃建国之本，非可与区区沟洫水利同言也。近岁已罢广济河，而惠民河斛斗不入太仓，大众之命，唯汴河是赖。这段话后被收入了《宋史·河渠志·汴河上》中。

至于江南之所以在当时较繁荣，是因为“在农业生产方面，江南湖泊水渠较多的地区，在北宋期内已出现了大量的圩田，这使农业生产力得到很大的提高，因而出现了‘苏湖熟，天下足’的民谣”①。

“汴湍不常，水衡不官。惟虞溢毁，靡虞舟盘。”——看来在北宋前期，汴河转运的主管官员主要担心的是河水过大，决堤冲岸，而不太在乎水流过小、水位太浅会让汴船耽滞（尧臣这句诗明显带有些微的不满，这种不太掩饰的直率或许也和他即将到来的美好的前程可期有关）。这从利益角度或许可以这样解读：决堤造成的影响大，样子难看；而水浅耽误船程则在情理之中（当时尚未引洛通汴），场面也没有决堤那么不堪。

水大容易决堤，水小了也发愁：“日忧河涸，运智烦神。以舫实土，约流束津。百步之间，若牙与龈。朝涨夕降，滞舸次鳞。”“舫”，并连起来的船只。这里的作用是应对河流干涸，即以土填实连起来的船，使河道变窄，因此水位变深，水流也相对变快。这么做的效果看来不好，水位“朝涨夕降”，涨落无常，滞留搁浅的船依然鳞次栉比。

宋嘉祐元年，梅尧臣这次滞舟的烦恼，看来成了国家层面要解决的漕运问题，据《宋史·河渠志·汴河》记载，当时采用了“木岸狭河，扼束水势令深驶”的办法，河段主要是应天府（今商丘）以上至黄河通汴的汴口段：“嘉祐六年，汴水浅涩，常稽运漕。都水奏：‘河自应天府抵泗州，直流湍驶无所阻。唯应天府上至汴口，或岸阔浅漫，宜限以六十步阔，于此则为木岸狭河，扼束水势令深驶。梢，伐岸木可足也。’遂下诏兴役，而众议以为未便。宰相蔡京奏：‘祖宗时已尝狭河矣，俗好沮败事，宜勿听。’役既半，岸木不足，募民出杂梢。岸成而言者始息。旧曲滩漫流，多稽留覆溺处，悉为驶直平夷，操舟往来便之。”

蔡京所说的“祖宗时已尝狭河矣”，不知是否指在梅尧臣时代的“以舫实土，约流束津”？

但是这个蔡京力主采取的办法听起来还不如梅尧臣诗中“以舫实土”的办法靠谱，此种木岸如何能狭河？明代潘季驯类似的“束水攻沙”的方法采用的是土

① 邓广铭．宋史十讲［M］．北京：中华书局，2008.

堰,束窄河道以加速水流,而用树木编造的木岸成本高不说,也不可能不透水,只能起到阻滞水流的反效果。如果是以木筑岸,再以土壅之,那样的话,还不如将装土或石头的袋子或笼子直接填下去方便。

所以,宿州市地方文化研究者戴兴华先生在其所著的《隋唐运河汴河段漕运探考》一书中(黄山书社,2015),碰到这个问题,只能困惑而勉强地分析起来:“束水木栅究竟是什么样的? 今人未可尽知。可能是按‘六十步(折合现今约100米)宽’的要求在两岸坡度甚大的斜坡笔直地揳入地中成排的木桩,再贴近木桩横放些树枝、农作物秸秆等,然后再壅上河土,使之牢固。当然木桩的排列会像当今铁路的铁轨下的枕木一样,两根间留出一些距离,所以称之为木栅。倘真的在应天府至上游汴口500里左右的河段上择至关重要处置这样的木栅,也会耗费大量的树木。”若“两根间留出一些距离”,那么如何才能发挥到木岸的功能以拦束河水? 即使木桩中间没有距离,又如何解决木头间密封的问题?

再看相关专家对明代类似治水方法的评价:

尽管束水攻沙的思想得到许多溢美之词,但从其实际效果看远远不如宽河分流滞沙。王景(东汉时期著名的水利工程专家)和王化云(原黄河水利委员会主任)的治黄主导思想是宽河、分流、滞沙,而潘季驯和靳辅的主导思想是束水攻沙。王景治河后黄河数百年安澜,王化云主导治理黄河后,黄河大堤从未溃决。但是,王景和王化云都远远没有潘季驯和靳辅有名气,正是善战者无赫赫之功。潘季驯和靳辅治河后,决溢次数减少,只得黄河短暂安宁。十几年后黄河又迅速泛滥成灾,决溢次数甚至比以前更多。灾害来临,人们回忆不久前潘、靳治河时的短暂安澜,尤觉珍贵,而王景、王化云治理后黄河不再泛滥成灾,人们渐渐忘却。

实际上,束水攻沙只能用于局部,作为战略方针用于整条河流是十分不恰当的。因为某处束水攻沙,必将导致其下游的泥沙淤积,攻沙处愈多,淤积处愈多。只有当整个下游处可束水攻沙,才能将泥沙送入大海。但是,高含沙水流十分不稳定,任何扰动,例如支流入汇、河槽局部变宽、分流或引水、桥梁或沉船,都可能导致局部泥沙大量落淤或河槽剧烈演变。潘季驯和靳辅兢兢业业、小心翼翼,才能取得局部和暂时的胜利。但是由于治河方略的根本错误,他们一旦离去,黄河马上泛滥成灾。实际上,潘季驯离去不久,靳辅就感叹“河之坏极矣!”可见,束水攻沙的方略没有任何长远的效果。与攻沙相反,滞沙的方略让泥沙停下来并且防止泥沙侵蚀,从根本上消除了泥沙对黄河下游河道的危害,所以有长治久安的效果。①

还有就是蔡京生于庆历七年(1047),嘉祐六年(1061)的时候只有14岁,如何

① 《束水攻沙还是宽河滞沙? 治黄两千年之争,谁是谁非?》,引自360个人图书馆。

就成了宰相?(他登上相位是下一个世纪的事)。可是这段话又确实载于《宋史》中,因此,《宋史》编写过程的严谨程度就令人生疑。

也果然,《宋史》有四百九十六卷,在《二十四史》中是卷数最多的,但是直到元朝末年元顺帝时期,政局相对平静,脱脱力主速修,才开始组织编写,辽、宋、金史编得皆较为仓促。《宋史》的最大缺点,是由于成书时间短(只用了两年零七个月),而且时值元朝濒临崩溃的前夕,因此编纂得比较草率。

确实,如果“木岸狭河”有效果的话,何必在元丰二年又开始“导洛通汴”。

所以,《宋史》的这段关于汴河上游“木岸狭河”的记载,或许是摘录自野史,原初它想表达的意思之一应该是,这种做法如此有效,却没有得到蔡京的认同,因此其目的或是贬低被时人称为“六贼之首”的权奸蔡京,这有待进一步考察。

因此,从这个角度,关于汴河的史料,有时还不如梅尧臣等文人诗歌的记载可信。

表臣都官至十三里店

风雨催车骑,骎骎来自南。道旁有茅屋,宁容使君骖。
不谓忽下马,湿衣逢我谈。田家已刈楚,田妇正好蚕。
既将国漕急,复与民事谙。他年此茅屋,便比棠树甘。

这个地名如果有效地指其与泗州城的距离为十三里的话,一周来,尧臣只动了两公里不到,在汴河水涨的情况下,这不太可能。因此,可以适当怀疑《梅尧臣集编年校注》①的排序或许并不能严格依照时间的先后顺序。

都官,这里是一个官名,朱表臣可能做过刑部下辖的都官司的郎中或员外郎之类,故以此称之,可参考王安石《寄吴正仲却蒙马行之都官梅圣俞太博和寄依韵》诗题。当然,更相关的证据是这次经行泗州城时,梅尧臣曾作《泗守朱表臣都官枷北园》:“树艺北壕上,直对高城阴。使君朱轮来,歌管樽酒深……”

骎骎,马疾速奔驰貌。陆机《挽歌》之一:“翼翼飞轻轩,骎骎策素骐。”梅尧臣《送景纯使北》诗:“驿骑骎骎持汉节,边风惨惨听胡笳。”

“田家已刈楚”,“刈楚”一词来自古老的《诗经》,最早源自《诗经·周南·汉广》:“翘翘错薪,言刈其楚。之子于归,言秣其马。”其中“翘楚”喻指秀美的林木,后世人们用“人中翘楚”“个中翘楚”,比喻杰出人士。这里,“刈楚”和蚕事放在一起,那么,参考陆游《蚕麦》:“村村桑暗少桑姑,户户麦丰无麦奴。又是一年春事了,缫丝捣麦笑相呼。”可知宋代麦收捣麦和春蚕缫丝是一起发生的,因此,本句中的刈楚或许指麦收完毕;也可知北宋时汴河沿线的农村与陆游笔下江南的农村农

① 梅尧臣．梅尧臣集编年校注[M]．朱东润校注．上海:上海古籍出版社,1980.

事农时相类,也同样是经济繁荣地区。

"甘棠",《诗经·召南·甘棠》记载:"蔽芾甘棠,勿翦勿伐,召伯所茇。蔽芾甘棠,勿翦勿败,召伯所憩。蔽芾甘棠,勿翦勿拜,召伯所说。"据《史记·燕召公世家》记载:"周武王之灭纣,封召公于北燕……召公巡行乡邑,有棠树,决狱政事其下,自侯伯至庶人各得其所,无失职者。召公卒,而民人思召公之政,怀棠树不敢伐,哥咏之,作《甘棠》之诗。"后遂以"甘棠"称颂循吏的美政和遗爱。

本诗具有很强的电影画面感,有动作、有对话、有场景、有事件、有细节:在六月中旬开始的细雨中,泗守朱表臣和一众随从的车骑从南边泗州城的方向疾驰而来,汴堤上的官道旁尽管有可供人和马避雨的茅屋,但不成想朱太守忽然下马,不顾雨水打湿了衣裳,和下船迎上来的宛陵先生梅圣俞交谈;小麦收割完毕后,田妇正忙着缫丝,州守不仅操心泗州段汴河上的漕运问题,对于农事和民生也同样熟悉和关心。路旁见证了这一幕幕,这就是州守表臣美政的纪念和证明啊。

本诗对于本文比较有价值之处是掠影了运河岸边的农事,又一次证明了北宋时期皖北一线汴河地域乡村类似当时江南的和平和繁荣。

泊徐城寄杜挺之王平甫

十里五里一值浅,千愁万愁过徐城。王君论与河流阻,杜老谈思月色清。
岸若屹墙空自面,树如张盖欲谁倾。二人党及亲朝夕,更晚更迟何计程。

这首七律诗题中的"徐城",在解读高适的《东征赋》时,知道大约是东方的古国——徐国的都城,西汉曾置徐县,南朝宋废,今泗洪县南有徐台村,在县城以南约十七公里——已在上次泊舟的十三里店以北约三十五公里处了。

"岸若屹墙空自面,树如张盖欲谁倾",说明徐城地方的汴河河岸高耸。相应的是,今天这一带沿着汴河故道的村庄名称,也一律以"台"命名,譬如往南次第有:石台、大冯台、肖台、胡台村、小周台、刘台子、崔台子、余台子……高岸上矗立着拥有浓密树冠的高大树木,从河中仰望过去,仿佛凌空欲倾。

夹道冈

舟脱鹅□浅,兵牵雁脚齐。兼沙水黄浊,穿垄岸高低。
瘦土黄礓石,枯株长树鸡。薄言归向晚,路入赤云西。

这首诗只见于"残宋本",他本皆无。

"树鸡",韩愈《答道士寄树鸡》诗题自注曰:"树鸡,木耳之大者。"

接近青阳驿的时候,舟行的地貌仍是夹河的高岗,舟行的动力是牵挽,挽舟者是挽舟卒一类,他们在高处的岗岸上奋力挽纤,身影与高飞的大雁是同一个天空的背景,他们的境遇至少在宋太宗赵匡义时仍不太好,"汴河挽舟卒多饥冻"(《宋史·食货上三·漕运》)。汴水仍黄浊,河岸时有高低的起伏,黄色的岸土因为含有砂姜，而显得土质坚硬，因此，当年因为挖掘吃力兼是高岗地貌的关系，河道就开得较窄，但是向下只能挖掘得相对较深，岸也显得较高；雨季来了，岸上枯树潮湿的干上长着肥大的木耳。今天的新汴河没有如古汴河那样为绕过徐岗切岭而往泗县东北走，而是直接往泗县东南，如此，从地质上看，诗中的"夹道岗"或许离新汴河在徐岗一线走向的延长线不远，这样，离青阳驿还有三公里不到。

宋宝元元年的春天，37岁的梅尧臣解建德任，夏初过芜湖，秋至汴京，此前，他已做过三任主簿，一任知县，自然，这一次赴京，他向上的政治通道依然没有打开。此行他在汴河上也曾留诗三首，其中之一为：

宿州河亭书事

远泛千里舟，暂向郊亭泊。观物趣无穷，适情吟有托。
林中鸦舅狞，席上蝇虎攫。雨久草苗盛，田芜瓜蔓弱。
香粳稚子惯，脱粟家人薄。少年都下来，聊问时所作。
新衣尚穿束，旧服变褒博。我今贫且贱，短褐随宜著。

"褒博"，即"褒衣博带"，宽衣大带，为古代儒者的装束。苏轼《谢对衣金带表》之一："岂徒褒博以为容，愿尽糜捐而报德。"六十余年后的崇宁年间初，有人上章疏攻击元祐旧党曰："褒衣博带，尚存元祐之风；矮帽幅巾，犹袭奸臣之体"，看来这在当时也是一种体面、老派而保守的装束。多雨的七月，宿州城外有着葳蕤的野趣，万物都在疯长，当地的少年友人也已有了功名在身，而他梅圣俞除了诗名之外，功名不就，未能释褐，且依然贫寒。

除了梅尧臣，唐代的白居易和北宋的苏轼、贺铸、吕本中、张耒、米芾等，都是曾在汴河上留有诗文的著名文人，将他们的相关作品还原和编织成一个整体，势必能在很大程度上还原古汴河的风貌，乃至对考辨诗人的行迹、作品系年、观察风俗，都有益处；并为地方文旅产业的发展，提供坚实的史料支撑，奠定创意想象的美学基础。

淮河流域社会环境变迁视域下五河民歌的形成

朱家席

摘　要：本文从淮河流域特殊的文化地理环境、水路交通便利形成多元文化交汇、地域历史沿革及其行政力量的助推作用、淮河流域频发的自然灾害的影响等方面，考察五河民歌形成的原因，突出区域文化环境对文化现象的影响。研究发现，在地理位置优越、交通便利的情况下，各种艺术形式在此交汇，这促进了五河民歌的融合生长；在统治者爱好的驱动下，行政力量助推文化发展的效果十分明显。本文对五河民歌的形成做个案分析，以凸显淮河流域地域文化内涵对五河民歌的反哺。

关键词：淮河流域；五河民歌；水路交通；行政力量；自然灾害

就大多数情况而言，民歌、渔歌或山歌的产生能自成系统，最终形成一种具有独立意义的艺术形态，多源于其地理位置的相对封闭。由于地缘辽阔、人烟稀少，劳动者以歌排遣孤独情愫，引吭高歌以叙其事抒其情，如陕北的信天游，“这个山头高来那个山低，瞧不见哥哥在哪里”（陕北信天游《想哥哥》）正是其写照。五河民歌独为特例，五河地居平原，位于淮河中下游段，水路交通便利，五河民歌与前述的民歌、渔歌或山歌多产生于封闭区域截然相反，五河民歌最终定型于五河而不是淮阴或淮南，自有其道理。《宋史・地理志》记载：“（五河）有浍、潼、沱、漴、淮五河，故名。”五河沿淮河向东末几，邻近京杭大运河、洪泽湖，因水路交通发达，明清时期人烟辐辏，商贾云集，众多驳杂的人群带来了艺术文化的碰撞。五河民歌的历史记载最早见于明天顺二年所修县志。同时，五河也是历史上“楚歌”的发源地之一，历史上的淮河流域连年饱受水患、战乱，民间艺人乃至于寻常百姓依靠“唱小调”“排小戏”“打花鼓”等糊口，这促成“南腔北调”的形成。由于统治者的爱好和身体力行，移民事件也对五河地区的音乐、娱乐风俗习惯等产生了深刻的影响，五河民歌的传播具有明显的融会贯通之特色。

作者简介：朱家席，男，蚌埠学院学报编辑部主任，副编审。

目前,学界在区域文化研究中往往以区域定位作为个案进行相对孤立的挖掘、分析,无疑是为了凸显该地域的文化内涵。然而,文化或文艺形式相通性因素太多,在相当广阔的区域内,都有类似的艺术形态存在,大同而小异。因此,考察五河民歌的产生,不能脱离其所生存的地域历史沿革。自明清以降,五河县域没有脱离“大凤阳”(凤阳府)的概念,五河民歌的前世今生注定要与凤阳歌产生千丝万缕的联系。洪武七年八月,五河改属凤阳府,府属所辖区域多有变化,最多的时候为12州28县,弘治年间5州13县渐趋于稳定。在此意义上,论及五河民歌的形成,不可不涉及上述地区,而对五河民歌的历史考察,又着重于对小调的研究,区别于凤阳歌或花鼓调。

一、淮河流域中下游便利的交通加快了文化的交流碰撞

现代五河民歌扬名于五河县小溪镇,其1949年前隶属凤阳县(其中东部蒋庄村属盱眙县),地处五河县最南端,依山傍水,交通便利,104国道纵贯全镇。穿镇而过的026县道,之前则是连接嘉山县(现为明光市)潘村等地的交通要道。淮河由大柳巷折而向南,流入洪泽湖,因此这条三角淤积平原上的古道商贸通畅,人烟辐辏,经济繁庶,附近的大柳巷、朱顶、潘村、古沛、大溪河、小溪河、沱湖、临北回族乡等地,五河民歌都广为盛行。由于五河自古水路通畅,南北文化交流频繁,五河民歌流行的范围也在不断扩大,淮河中游、下游两省十几个县、市都有流传,甚至影响到山东省部分县、市。

五河以淮河、浍河、漴河、潼河、沱河5条大河汇集而得名,漴潼河水系包括北淝河、澥河、浍河、沱河、石梁河、漴河、潼河等,浍河、沱河在五河城北相汇,石梁河出天井湖,一路由漴河自五河入淮,五河位于淮河中下游南北运口附近,以浮山峡扼淮河东流入海,东承运河导漕运交通南北,因地处水运枢纽而逐渐聚居成镇,“舟车鳞集,冠盖喧阗,两河市肆,栉比数十里不绝,北负大河,南邻运河,淮南扼塞以此为最”(《乾隆淮安志》第五·城池)。运河之间的北淝河、澥河、包浍河、沱河、新汴河、奎濉河、徐洪河,横跨河南商丘,安徽宿州、淮北、蚌埠和江苏徐州、宿迁等地,西北—东南流向汇入淮河,经洪泽湖入江海。

黄河夺淮以前,淮河独流入海,尾闾畅通,水利通达,物阜民丰,所以有“走千走万,不如淮河两岸”之说。隋朝为了统一天下,“于扬州开山阳渎,以通运漕”(《隋书·高祖纪》),借此攻伐陈,实质上则沟通了长江和淮河的航运。隋炀帝大业元年三月,“发河南,淮北诸郡民,前后百万,开通济渠”(《资治通鉴·隋纪四》),沟通洛阳,经成皋、中牟、开封、商丘、永城、宿县、灵璧至盱眙入淮河,从而形成了长江、淮河、黄河等水系的勾连畅行,促进了人们的经济往来和文化交流,一时之间,扬州成为生活富庶、繁华辐辏的代名词,南朝宋人殷芸云“腰缠十万贯,骑鹤

下扬州”即为当时的写照。

北宋漕运分四路向京都汴京(今河南开封)运集,江、淮钱粮日用,由江南入淮水,经汴水入京,全国最富庶的东南六路(淮南路,江南东、西路,荆湖南、北路,两浙路)的漕粮、纲运,均由该水路运往开封,“漕引江湖,利尽南海,半天下之财赋,并山泽之百货,悉由此路而进”正是这种情况的反映。宋人张方平说:“汴河乃建国之本,非可与区区沟洫水利同言也。”在这条路线上,五河正扼其咽喉,成为必经之地。《武林旧事》中记载:“元夕舞队之村田乐即此。江、浙间,杂扮诸色人跳舞,失其意;江北犹存旧风。”宋金元争战之际,淮河一度成为界河,其地理位置愈发重要,随着大量移民的迁移,各种文学艺术样式相互交流,在南北交融中不断吸收各地养分,慢慢走向完善、成熟。

明清以降,北京成都,漕运成为封建王朝极其重要的生命线,江南粮米钱财悉由此道,运河作为漕运的载体,其重要性不言而喻。但淮河流域位于全国之中,水利资源极其丰富,五河水系发达,淮河经此独流入海,贯通东西,其位置不可忽视。交通的便利带来商业贸易的兴盛,文化消费产业也因之崛起,民间商业的繁荣发展、茶楼酒肆的星罗棋布,使得一些民歌小调,以卖唱艺人为载体,辐辏于五河,从五河走向全国各地。

从文化地理的角度来看,五河处于几大流域文化的交汇之处,淮河流域文化、运河流域文化、黄河流域文化均对五河区域文化的形成产生重要的作用。从近年来的考古发掘成果来看,五河民歌的形成和发展是多元流域文化的产物,分析五河民歌要注意针对不同文化现象进行区域文化比较辨析。

根据周玉波的研究,有明一代,民歌势力呈从弱到强、由北到南推进态势,嘉靖、隆庆间,《寄生草》《罗江怨》《桐城歌》《银纽丝》逐渐兴起,且影响渐及两淮以及江南,北地民歌开始渗入南方地区。明嘉靖至万历年间,南北民歌真正合流。由上述内容可知,交通便利加快文化交流碰撞,五河因其独特的地理位置而地跨南北,通江达海,民歌的传播具备了优质的基因而逐渐壮大①。杨栋先生曾专门就《山坡羊》一调进行考证,认为其源于北曲,本应是一首北地牧歌,始名为“山坡里羊”,在关汉卿时代由文人接手创作,于是有“山坡羊”之简名与“苏武持节”之雅名。最早采用此调入杂剧的是关氏同时人杨显之,较早用于散曲的应是陈草庵,亦与关氏同时。南戏《张协状元》的写作时间不早于此二人,其中所用《山坡羊》由北曲传入,是北曲南化的一个变体②。沈德符《万历野获编》卷二十五《时尚小令》:“嘉隆间乃兴《闹五更》《寄生草》……”则以《闹五更》小调的风靡一时为合流的标

---

① 周玉波. 明代民歌研究[M]. 南京:凤凰出版社,2005:51.

② 杨栋.《山坡羊》曲调源流述考[J]. 文学遗产,2010,88(2):93-94.

志。五河民歌中至今仍保存了大量以“闹五更”为题材的小调，如《五更疼郎》《五更情》《五更盼情郎》《五更盼郎归》等。再如，明代冯梦龙《山歌》中有系列《送郎》歌谣：

《送郎》送郎送到五里墩，再送五里当以程。本待送郎三十里，鞋弓袜小步难行。断肠人送断肠人。（之一）

《送郎》郎上孤舟妾依楼，东风吹水送行舟。老天若有留郎意，一夜西风水倒流。五拜拈香三磕头。（之二）

《但逢佳节》雄鸡啼罢渐星稀。梦醒巫山郎要归。留郎不住。任郎早回。送郎执手。问郎后期。（郎道、姐呀）你有心时我有意。但逢佳节约重陪①。

清代民歌承其余绪，在《霓裳续谱》《白雪遗音》等集子中，此类送别、惜别的曲子屡见不鲜，清代民歌《禁令》：“既有真心和我好，再不许你要开交，再不许你人面前儿胡厮闹，再不许你嫌这山低来望那山高，再不许你见了好的又把槽来跳”，写尽女子对情人的依恋之情。清方浚颐（子箴）理两淮盐运，更着意于时调小曲，传为他所编的《晓风残月》辑有“滩簧”“南京调”“淮红调”“碧波（破）玉”“满江红”等南方俗曲，“俏人儿你去后，如痴又如醉”“俏人儿人人爱，爱你多丰采”等，有一些则成为扬州清曲的流传曲目，深深影响了两淮民歌的风气。在南北交汇中，传统五河民歌很好地继承了前人的风貌，歌词不断融入时代背景、生活内容，在创新中得以发扬光大。五河地处要冲，域分南北，成为民歌极其重要的传承地带，各地民俗方言在此交流碰撞，以五河方言为特征的民歌样式由此诞生，兼容并蓄而独树一帜。

二、明清时期行政力量的助推作用

五河元属临淮府，明属凤阳府，清属泗州，民国初属淮泗道，行政区划相对稳定，明清以降多属凤阳府所辖。凤阳一度作为明中都而得以发展，五河的政治、经济、文化在明清相当长一段时间内融入凤阳并成为其重要组成部分。因此，分析五河民歌的特征，则绕不过凤阳歌、凤阳花鼓对其影响。朱元璋为淮西起义军首领，恃凤阳起兵，凤阳最终成为龙兴之地，因而朱元璋对家乡的感情很深。凤阳府最辉煌的时候领有12州28县的地方官府建制，同时还设有八卫一所，拥有兵丁数万人；建立统一的大明王朝之后，朱元璋对自己的家乡凤阳一带进行整治，实行了一些免租税和徭役的政策，以休养生息。“凤阳兴龙之地，今天子肇建中都，四方百货之聚，陆辇中土，水道长淮，视他郡为最。”（《荥阳外史》之《送凤阳府税课分司副使高彦芳任满序》）为了加强对凤阳的控制，朱元璋还多次采取了从外地大量移民

① 刘瑞明，注解．冯梦龙民歌集三种注解[M]．北京：中华书局，2005：603.

的措施:“均浙直之民于江淮齐鲁”,洪武二十二年,“迁杭、湖、温、台、苏、松等民人往淮河以南滁、和等地耕种。”①据《凤阳县志》记载:“洪武三年六月,朱元璋令迁徙苏杭一带民众 4000 余户至临濠府耕种。所种之田永为已业,官给牛、种、舟、粮等钱物以资助,且三年不征税。”“洪武六年十月,朱元璋以山西弘州、蔚州、定安、武朔、天城、白登、东胜、丰州、云内等州县受北方元兵骚扰,故将这一带居民移居中立府,共 8238 户,39 349 人。”②大量的移民,不仅增添了本地的人口,促进了生产力的发展,而且对五河地区的音乐、娱乐风俗、习惯等方面产生了深刻的影响。移民先后带来了各地的方言,其与当地语言融合积淀,最终形成皖中江淮官话。在社会环境相对稳定、文化空间全新构成的情况下,五河民歌在不同文化基因中不断汲取养分茁壮生长,在文化的碰撞与交融中日趋成熟丰满③。五河、凤阳同处淮河中下游,饱受淮河流域灾荒之苦,尤其是明清时期,往往是“三年恶水三年旱,三年蝗虫灾不断”,由此产生了名闻天下的花鼓歌。为躲避自然灾害,每年秋后都有成群结队的妇女外出逃荒,唱着《凤阳歌》,走南闯北,卖唱乞讨,其中也不乏身背花鼓流落各地卖唱的职业艺人。凤阳花鼓天然带有很多民歌的成分,对凤阳歌、五河民歌的影响显而易见。孔尚任《踏歌词》有云:“凤阳妇女唱秧歌,冬冬腰鼓自婆娑。”凤阳人的花鼓且歌且舞,歌唱内容无非日常生活的点点滴滴。在相当长的历史阶段中,五河作为凤阳府属地,五河民歌与凤阳花鼓、凤阳歌产生了千丝万缕的关系,甚至可以说是彼此融合不可分割,无论从艺术形式还是主题表达上,要想将二者截然分开是十分困难的。

《明史 · 乐志》记载:“洪武三年又定朝会宴飨之制”,“凡宴飨……大乐作。升座,乐止。进第一爵,和声郎举麾,唱奏《起临濠之曲》。”④足见统治者非常重视礼乐对治理国家、教化官民的作用。此外,太祖朱元璋还亲自参与音乐理论的探讨和实践:

秋七月乙亥,太祖御戟门阅雅乐,自击石磬。学士朱升辨五音,误宫为徵。……太祖曰:“乐以人声为主,人声和,即八音谐矣。”(熊)鼎曰:“乐不外求,在于君心。君心和,则天地之气亦和。天地之气和,则乐无不和。”太祖深然之⑤。

朱元璋提出“乐以人声为主”的主张,自击石磬,调和八音,并于洪武三年(1370)着手制宴飨乐章:

① 张廷玉. 明史[M]. 北京:中华书局,1974:46.

② 安徽省凤阳县地方志编纂委员会. 凤阳县志[M]. 北京:方志出版社,1999:11.

③ 朱家席. 五河民歌过渡性的时空特征辨析[J]. 安徽理工大学学报,2013,15(3):86-89.

④ 张廷玉. 明史[M]. 北京:中华书局,1974:1503.

⑤ 谷应泰. 明史纪事本末 · 卷十四 · 开国规模[M]. 北京:中华书局,1977:191-192.

一奏《起临濠之曲》，名《飞龙引》：千载中华生圣主，王气成龙虎。提剑起淮西，将勇师雄，百战收强虏。驱驰鞍马经寒暑，将士同甘苦。次第静风尘，除暴安民，功业如汤、武①。

临濠为朱元璋起兵龙兴之地，生于斯长于斯，感情自然非同一般，《起临濠之曲》即太祖皇帝从临濠崛起的颂歌。他以"提剑起淮西"的气概，转战南北，建立不世之基业，曲中流露出意气风发的昂然向上的风度。为满足皇族奢靡享受，制造歌舞升平的景象，朝廷还要举行很多大型活动，有时候需要上千乐人参加才能保证正常的需要，明谢肇淛《五杂俎》记载：

太祖于金陵建十六楼，以处官妓：曰来宾，曰重译，曰清江，……曰南市，曰北市。盖当时缙绅通得用官妓，如宋时事，不为见盛时文网之疏，亦足见升平欢乐之象②。

统治者的积极参与倡导，促进了音乐创作社会环境的持续变迁，一直影响着社会底层，作为有明一代文学样式的代表之一——民歌的勃兴也不难理解了。明代中晚期，政治的腐败加上思想的解放，"整个社会上兴起了一股竞相追求色欲的狂潮"，统治者穷奢极欲的生活方式也影响了民间百姓的生活。一旦地里庄稼收成不错，日子还能过得去，则于婚丧嫁娶、节庆之余大兴排场，《许云村贻谋》为许氏家训，其中有：

今有方值丰亨，便生骄溢，喜筵庆赏过饰，婚丧伎乐声容，沸腾倾动，仆器服食，珍丽整齐，胜绝乡邦，光暎门户，盖是谓已夫无德，富贵谓之不祥。歌舞俳优，鹰犬虫家，戏剧烟火，一切禁绝，虽乐宾怡老娱病，亦永勿用。燕会亲宾，……则令子姓考钟鼓歌古诗为乐，近世淫声悉屏不用，于凡事皆然③。

清代民歌承续有明一代的民歌成就，进入了一个崭新的繁荣时代。郑振铎认为："像明代成化刊的《驻云飞》《赛赛驻云飞》的单行小册，在清代是计之不尽的。刘复、李家瑞编的《中国俗曲总目稿》所收俗曲凡六千零四十四种，皆为单行小册，可谓洋洋大观。其实还不过存十一于千百而已。著者曾搜集各地单刊歌曲近一万二千余种，也仅仅只是一斑。"④由此可见，仅仅从数量上来看，清代民歌远胜前朝。由于文化交流频繁、思想活跃，许多新的题材进入民歌视野，新的作品广为流传。

① 张廷玉．明史[M]．北京：中华书局，1974：1560.

② 谢肇淛．五杂俎·卷二·天部二[M]．北京：中华书局，1959：71-72.

③ 许相卿．许云村贻谋[M]//王云五．丛书集成初编．北京：中华书局，1985：8-12.

④ 郑振铎．中国俗文学史[M]．合肥：安徽文艺出版社，2009：156.

轰轰烈烈的清代太平天国运动，受到了群众的崇敬和欢迎："竹叶青，竹叶长，太平军路过瓜洲塘（在今扬州附近）。打开坛子翻开完，家中没有一粒粮。太平军，恩难忘，烧杯清茶敬遵王。""男练义和团，女练红灯照。砍倒电线杆，扒了火车道。烧了毛子楼，灭了邓苏教。杀了东洋鬼，再和大清闹。"（《杀了东洋鬼，再和大清闹》）可见，清代民歌在数量、题材内容的广泛拓展，艺术形式和手法的多样化等方面有了新的发展，上述都是典型的代表。今天五河、凤阳、怀远等地作为明中都京畿之地，在此风尚下首当其冲，揭开了五河民歌创作与传播的序幕，最终成型，经过明清、民国时期的发展，至20世纪七八十年代，以五河、蚌埠为核心，播布皖苏两省十几个县市的广大地区。五河民歌源于民间生活，在劳动中手敲瓷碟木块，伴以胡琴竹笛，信手拈来，即事而发，抒发着丰收的喜悦和情感，逐步发展成为节日、春会、红白喜事和其他礼俗活动不可缺少的活动方式。

三、淮河流域自然灾害致使民歌在迁移中日渐成熟

历史上黄河多次夺淮入海，最终因淮河入海口堵塞而改道，致使淮河曲流，支流纵横，流域内水旱灾害不断，天灾人祸连绵不绝。"以明朝的二百七十五年而论，惨绝人寰的灾荒基本上就从未休止过，其中，水灾占百分之七十以上，其余旱灾、虫灾、风灾约占百分之三十弱。"①

灾难之际，逃荒成为淮河流域人民的无奈之举，如同凤阳民歌的形成一样，五河民歌的最终形成也是歌者在家园倾圮，被迫四处逃荒、颠沛流离中不断成熟完善起来的。明代张瀚《松窗梦语》提及，淮河沿岸"间有耕者，又苦天泽不时，非旱即涝，盖雨多则横潦弥漫，无处归宿，无雨任其焦萎，救济无资，饥馑频仍，窘迫流徙，地广人稀，坐此故也"，民歌在灾民的四处流浪中也盛行开来，花鼓戏、打钱杆、莲花落、小调等不断得以滋补生长，蔚然大观。莲花落，又被称为莲花闹、莲花乐，元明以来，被人们写入诗文戏曲。李声振《莲花落》记载："乞儿曲名，以竹四片，摇之以为节，号四块玉。"如今淮河流域仍十分常见乞者以竹板或牛角相击打，作为节奏，随景编词，脱口而出，着实有一定的技巧。

又如"十不闲"，李声振《百戏竹枝词》就有专门的记载："凤阳妇人歌也。铙鼓钲锣备特悬，凤阳新唱几烟鬟。问渠若肯勤桑织，何事夸人十不闲？"②则是直接对其进行批判，指责歌者不事农桑，专以乞讨为业的特点。在苦难生活的淬炼中，民歌艺术反而愈加醇厚，逐渐形成派系。

---

① 蒋星煜．凤阳花鼓的演变与流传[J]．安徽大学学报（哲学社会科学版），1980，86(2)：38-36.

② [清]杨米人．清代北京竹枝词（十三种）[M]．北京：北京古籍出版社，1982：159.

四、结论

总体说来，现代意义上的五河民歌是以五河为中心，涵盖凤阳、固镇、盱眙、泗洪、明光、蚌埠、怀远及周边地区乃至沿淮及淮北地区，现存的优秀汉族民间音乐文化的代表。五河的特殊水路交通、地域历史沿革及其行政力量的助推作用、淮河流域频发的自然灾害的影响等因素共同构成外因，五河民歌借助这些因素，最终独立于凤阳民歌、凤阳戏等艺术形式，自成一体，经过逐渐发展而成为一种全新的民歌体系。

五禽戏的历史传承与时代创新

刘家富

摘　要:本文运用文献资料和逻辑思维的研究方法,以时间为线索对五禽戏从先秦到近现代的历史发展进行梳理,并指出不同历史阶段五禽戏相异的指导思想、动作姿势和练习难易度以及五禽戏蕴含的中医养生思想。针对五禽戏在新时期的创新发展提出了切实可行的建议。

关键词:五禽戏;养生思想;发展历程

中华大地上的物种类别多样,而人类作为高级动物,在自己日积月累的实践与孜孜以求的思考中发现动物各异,皆有所长,因而人类开始钻研大自然的奥秘,窥探动物群体的共性,分析人类与自然的"同"与"不同"。生命的成长始于思考与改变,终于麻木与妥协,人类的进化史就是成长史。人类在辩证探讨自身与动物界的异同时,积极学习从动物身上得到的经验,并付诸实践。人类模仿动物有益于身心发展的动作与神态,渴望身强体壮、精力充沛、益寿延年。这就是人们口中常说的仿生类导引,仿生类导引是导引术的一个分支,因此,五禽戏是导引术的一种。

五禽戏是我国的一种传统健身方法,由模仿虎、鹿、熊、猿、鸟五种动物的动作组成,又称"五禽操""五禽气功""百步汗戏"等,由东汉医学家华佗编创。传统五禽戏,又称华佗五禽之戏,共有 54 个动作。从字面上理解五禽戏,"五"作为数量词不是实指,是虚指;"禽"在这里可以理解为有某种特长的动物;"戏"则解译为戏耍的活动,特指那些有益于身心健康的运动。从含义上理解,五禽戏是华佗在前人仿生导引术、五行学说的指导下,以精奥中医理论和自己的临床经验为基础,历经继承前人导引思想,发展已有成就的阶段,综合创编而成。五禽戏广泛流传于世,历经朝代变迁,到现在已发展出 20 多种不同版本,成为重要的中国传统体育保健方法①。

作者简介:刘家富,男,阜阳师范大学历史文化与旅游学院副教授。

① 方磊,严隽陶,孙克兴. 传统养身功法五禽戏研究现状与展望[J]. 中华中医药杂志(原中国医药学报),2013,28(3):837-839

一、五禽戏的历史传承

五禽戏从被创编到定型大致经历了萌芽、发展推广、改编、适应调整等几个时期。

(一)先秦至三国时期:五禽戏的萌芽时期

据考古发现,远古时期,有段时间内出现涝灾,整个中原大地河流纵横、湿气弥漫。长期生存在这种过于潮湿的环境下,很多人都得了一种名为"重腿"的奇异病。为了缓解身体不适的症状,人们采用各种舞蹈的方式驱除疾病,舞蹈之术即通常所说的"导引"。

春秋战国时期,导引术十分流行,《吕氏春秋·古月》中就有许多关于导引术的记载。其次,《庄子·刻意》载:"吹呴呼吸,吐故纳新,熊经鸟伸,为寿而已矣,此导引之士,养形之人,彭祖寿考者之所好也。"①这句话鲜明指出习练五禽戏是为延年益寿,人们经常习练熊、鸟"二禽戏"以追求外在塑性、内在养性的"难老"境界。

两汉时期,《淮南子·精神训》中载:"熊经鸟伸,凫浴蝯躩,鸱视虎顾。"②这表明到两汉时期,仿生导引之术已经由熊鸟"二禽戏"发展为熊鸟鸭猿鹰虎"六禽戏"。在20世纪70年代(1973年)湖南省长沙挖掘出土的马王堆三号汉墓中发现帛书《导引图》44幅,在帛书旁以文字形式进行解释。虽然帛书历史悠久,部分遭受损毁,但人们仍能清晰观察到豹、犬、鹤、猫、燕、虎、猴等动物的身影,这为世人更细致地了解当时的导引之术提供了翔实的依据。20世纪80年代,竹简《引书》在湖北江陵横空出世,《引书》对"虎古以利项尼""鸡信以利肩婢""熊经以利背"等功效进行了详细的解说。以上的历史记载为华佗五禽戏的创编提供了大量的理论基础和灵感来源。

华佗结合自身多年的临床经验和杰出的医学造诣,站在前人的肩膀上创编出"五禽戏"。陈寿的《三国志·魏志·方技传》中载:"吾有一术,名五禽之戏,一曰虎,二曰鹿,三曰熊,四曰猿,五曰鸟。亦以利疾,并利蹄足,以当导引。"③《后汉书·方术列传·华佗》中也有与此相近的记载。华佗将五禽戏之术传给其弟子广陵吴普,吴普身体力行地练习五禽戏,耄耋之年的吴普仍"耳目聪明,牙齿完坚"。吴普既是华佗五禽戏的习练者、受益者,又是华佗五禽戏的活招牌、推广员。西晋时期,由张华编修的《博物志·方士》载有:"魏武帝好养性法,亦解方药,

---

① [战国]庄周.庄子·外篇·刻意[M].北京:团结出版社,2017:433.

② [西汉]刘安.淮南子[M].陈广忠,译.北京:中华书局,2014:276.

③ 陈寿.三国志[M].裴松之,注.武汉:崇文书局,2010:361-364.

招引西方之术士，如左元放、华佗之徒，无不毕至。”①从此可以看出，导引之术不仅在民间广为流传，而且也受到上层统治阶级的喜爱与推崇。更值得一提的是，曹丕的“五搥锻”在这种社会大背景之下顺势而生。

（二）魏晋至隋唐时期：五禽戏的进一步发展和推广时期

魏明帝曹睿时期，十分注重养生，他派人请来吴普，求教五禽戏。吴普的五禽戏知识来源于他的师父，有史料记载，华佗对他的弟子吴普说：“耳动摇，则杀气得消，血脉流通，病不得生，譬犹户枢不朽是也，是以古之仙者，为导引之事……吾有一术，名五禽之戏，一曰虎，二曰鹿，三曰熊，四曰猿，五曰鸟。亦以除疾，并利蹄足，以当导引。体中不快，起作一禽之戏，沾污汗出，因上著粉，身体轻便，腹中欲食。”梁代陶弘景所著《养性延命录》是目前记载五禽戏术式最早的史料。

隋唐时期，“抑扬百兽舞，盘跚五禽戏”是薛道衡在《和许给事善心戏场转韵诗》中对隋代社会习练五禽戏的真实写照。到了唐代，五禽戏的习练从民间转向官方，唐代的按摩博士是太医署的重要成员，“按摩博士掌教按摩生以消息导引之法，以出入八疾……凡人支、节、府、藏积而疾生，导而宣之，使内疾不生，外邪不入”②。

此外，唐代诗人柳宗元、周亮工、陆龟蒙、李商隐等纷纷挥笔用诗的形式来展现五禽戏的大众化和实用性。唐代李商隐的《寄华岳孙逸人》中，“海上呼三鸟，斋中戏五禽”就是个鲜明的例证。这一时期的主导思想是崇尚自然，五禽戏的练习难度比较大，其动作姿势以摸爬滚打、卧引为主，运动量较大，对成套功法的形成有一定的影响，五禽戏的功效在这一时期体现为强身健体、延年益寿。

（三）宋明清时期：五禽戏的改编发展时期

宋代倡导通过习练五禽戏达到预防疾病的梅尧臣以及精通养生之道的陆游都作诗以畅胸怀。宋代陆游的《春晚》曰：“啄吞自笑如孤鹤，导引何妨效五禽。”《遣怀》曰：“不动成黑卧，微劳学鸟伸。”③张君房《云笈七签》继承了《养性延命录》中的五禽戏习练套式。由于明清雕版印刷业和图书出版业的兴起与繁荣，出现了五禽戏绘图，如《卫生真诀》《万育仙书·导引术》《万寿仙书·导引术》《夷门广牍·赤凤髓》等都以图文并茂的形式记述华佗的五禽戏④。清代诗人周亮工、袁枚、赵翼也以诗的形式凸显五禽戏的保健作用。清代袁枚《病起六首》的第五首曰：“学仙拟作五禽戏，弹指刚偿百日灾。”清朝赵翼的《漫兴》曰：“观书眼渐讹三豕，导气

① ［晋］张华．博物志［M］．王根林，等校点．上海：上海古籍出版社，2012：49.
② ［唐］李林甫，等．唐六典［M］．陈仲夫，点校．北京：中华书局，1992：411-438.
③ 张丹丹，陈秋芬，李慧娟．有关华佗五禽戏记载历史的研究［J］．民族传统体育学，2012，4（1）：90.
④ 张丹丹，陈秋芬，李慧娟．有关华佗五禽戏记载历史的研究［J］．民族传统体育学，2012，4（1）：90.

身将学五禽。”①宋明清属于封建社会走向衰落的时期，在主导思想方面，宋元时期表现为理学主静，明清时期表现为实学思想兴盛。五禽戏的动作在这一方面表现为难度逐渐降低，动作幅度变小，运动量逐渐变小。这一时期五禽戏对八段锦、太极拳和易筋经的产生与发展都有一定的影响，且其功效表现为调理身心、治疗疾病，与中医学、体育锻炼联系密切。

（四）近代以来：五禽戏的适应调整时期

民国时期，安徽省的亳州市谯城区华佗镇是五禽戏的主要传播地区，经过时间的沉淀，五禽戏在今天的亳州发展出众多的组织、团体和流派。在北京有焦国瑞、安徽屯溪有许正阳道士、辽宁营口有刘克昌、山西有彭庭隽、浙江杭州有灵空禅师等多位常年习练者，都把五禽戏的功法世代流传②。

新中国成立后，导引术适应时代变化，气功应运而生，气功事业的大繁荣、大发展大多得益于党和国家对气功的高度重视。而五禽戏也以宽松的社会环境为契机，把握时代脉搏，最大限度地发挥自己的优势。五禽戏的主导思想紧扣社会主义文化的时代命题，表现为科学性、大众化；五禽戏的动作演练简单易懂，姿势以立式为主，优美大方、轻便得体。这一时期，五禽戏与气功、武术相互促进、共同发展，且与中医养生、体育锻炼、娱乐休闲紧密挂钩。

二、五禽戏的养生思想与功效

（一）五禽戏的养生思想

五禽戏是一套系统完备的模仿虎鹿熊猿鸟五种动物的神态与动作以锻炼身体的医疗保健体操。人们可以通过阴阳、气血、藏象、经络、五行等相关知识来进一步解释五禽戏中的虎戏、鹿戏、熊戏、猿戏、鸟戏，以加深对五禽戏中蕴含的养生思想的认识。

五禽戏以运动的方式获得的强身健体的功效引起若干国家的高度重视，其中瑞典的体育专家博盖茨曾经这样评价五禽戏：“世界上应用运动作为医疗保健最早的国家是中国，这是中国医学对世界人民的重大贡献。”③五禽戏在世界上享有盛誉的同时在国内也获得了国人的认可与尊重。五禽戏在现代社会拥有很高的地位与其蕴含的养生理论是密不可分的，体现了“天人合一”“不治已病治未病”“人体欲得劳动，但不当使极尔”的中医养生思想。

---

① 张丹丹，陈秋芬，李慧娟．有关华佗五禽戏记载历史的研究[J]．民族传统体育学，2012，4(1)：90.

② 代志星，刘海莲．五禽戏的历史沿革[J]．牡丹江大学学报．2014. 23(8)：90－92.

③ 方磊，严隽陶，孙克兴．传统养身功法五禽戏研究现状与展望[J]．中华中医药杂志(原中国医药学报)，2013，28(3)：837－839.

“天人合一”思想即我们所说的整体观，指人与自然和谐统一、息息相关、密不可分的关系。天有四时，人有四肢；天有五行，人有五脏。人要随着自然的变化而不断变化，五禽戏的顽强生命力就在于随着社会的发展而创新。虎、鹿、熊、猿、鸟生于自然，长于自然，与大自然浑然一体，学习这五种动物的锻炼方式和日常神态，可以使人类更进一步感受大自然的多姿多彩。威猛矫健的虎坐洞运爪、温柔性灵的鹿转颈运闾、沉稳浑厚的熊晃体游走、机警灵巧的猿欢跳远望、灵敏轻捷的鸟盘旋宿巢，它们或纵情于丛林间奔跑，或酣畅于天空中翱翔，或尽兴于森林中嬉戏。人类练习五禽戏的过程就是感受大自然、亲近大自然的过程，只有投入练习才能融入大自然，营造属于人类自己的“天人合一”境界。

《素问·四气调身大论》记载：“是故圣人不治已病治未病，不治已乱治未乱。”[①]这种未病先防的中医养生观念与五禽戏的实际功效有异曲同工之处。五禽戏作为养生医疗体育操，在居安思危、未病先防思想的指导之下具有三调的功效，即“调身”“调心”“调息”，三调有利于祛病延年、养生保健，可达到消除内心郁结烦闷之气、展阔胸肺按摩内脏、促进肠胃蠕动、新陈代谢等作用。

世间万事万物过犹不及，五禽戏的练习也讲究“适可而止”。张介宾注有：“五脏受气、强弱各有常度、若勉强过用，必损其真，则百病之所由起也。”[②]人要劳动或运动以维持人体的收支平衡，不劳动或过度劳动都会给人的身体带来疾病、负担。五禽戏的排编布局很注重运动量的人性化，不会超出人体的总负荷量，动作简单易学，适合人体四肢练习，是一种中小强度的有氧运动。由此可知，长期有规律地练习五禽戏不会伤及人的身体健康，会使人精神焕发、精力充沛、神采奕奕，做事充满激情，还可以起到发汗除疾、“通”“泄”的作用，使人体处于正常运转之中。

（二）五禽戏的养生功效

五禽戏对人体的影响表现在若干方面，如人体心血管系统、免疫系统、肌肉骨骼系统、中枢神经系统、呼吸系统、心理健康、延缓衰老等[③]。在人体心血管系统方面，作为中等强度运动量的五禽戏属于有氧运动，长期练习五禽戏可明显提高和改善人体的心血管系统机能；此外，还有显著的调节血脂的作用，肥胖人群在日积月累地练习五禽戏之后可增强血液里抗氧化酶的活性，十分有利于肥胖人群抑制肥胖、减脂增肌、塑形美体。在人体免疫系统方面，中老年人群的免疫机能可在长期

① 任向阳，蒋祥龙，杨晓芳．华佗五禽戏养生思想内涵及其现代发展［J］．安徽科技学院学报，2014，28（4）：103－107.

② 邢玉瑞．黄帝内经与方法论［M］．西安：陕西科学技术出版社，2003：24－39.

③ 熊玉鑫，梁润英．从“生病起于过用”看中医养生的中和观［J］．世界中西医结合杂志，2011，6（3）：185－186.

有规律地练习五禽戏之后得到改善。在人体肌肉骨骼系统和中枢神经系统方面，习练五禽戏既能从减少骨量丢失、增大肌肉力量、促进骨代谢和血液循环层面提高骨密度，又能从提高控制力、平衡协调力、降低肌张力层面修复中枢神经系统，这表明骨密度的提高和中枢神经系统的改善都得益于五禽戏的练习。

在人体呼吸系统和心理健康方面，五禽戏锻炼能减缓或抑制肺功能下降，进而改善呼吸困难情况以提高运动能力，也能提高锻炼者的注意力，促进人内心平和、改善抑郁和焦虑状况，使人们的社会交往能力得到增强。性激素水平是衡量人体老化的一个重要标准，而人体的性激素水平可以通过五禽戏的锻炼得到提升；同时人的平衡能力、感知能力和神经反应能力也会得到提高，进而达到延缓衰老进程的目的。

五禽戏在养生方面彰显的巨大效益，使其极具传承价值。世人应在充分理解五禽戏养生思想的内涵之后，构建五禽戏文化认同体，使其符合现代人的审美需求和满足现代人的健身要求，探索出一条突出中国传统文化特色的五禽戏发展之路。此外，要重视全民族健康水平的稳步提升，更要深度挖掘五禽戏背后的有益因子，以促进五禽戏健身活动体系的构建与完善。

三、五禽戏的时代创新

五禽戏历经时代沧桑，在现代社会的发展与传承过程中也遇到了历史瓶颈，五禽戏自身问题是其发展的主要阻力，在面临适应社会变化方面也凸显出了其无力性，五禽戏作为传统养生操，在生命力、创新力等层面都亟待调整。

（一）五禽戏自身传承

首先，五禽戏流派繁杂，演练步骤各异，不同派别在推广的过程中会出现分歧。目前，国内普遍以虞定海教授课题组整编的“上海五禽戏”为官方宣传的标准，且“上海五禽戏”善于利用媒体作为中介去传播，收效颇丰，成为国内大部分地区练习的蓝本。其次，五禽戏的传承人缺乏相应的综合素质，五禽戏作为国家级非物质文化遗产，对后继者提出了很高的要求：中医知识、养生理论、道德操守与练习技术的熟稔度都关乎着五禽戏的整体形象。五禽戏核心领导团队的文化素养、思维模式、业务能力等各方面水平不能满足五禽戏的现实发展需要，亟须调整。五禽戏作为一种活态的文化与技艺的传承，其代表性传承人的评选宜遵循公平、公正、公开的制度，既注重个人兴趣、综合素质的考察，又强调传承者的个人社会影响力和传承水平。五禽戏发展的实质是建立在全员练习五禽戏基础之上的健康效益的最大化。五禽戏在练习时对场地、时间、器材等硬件和年龄、性别、学历等软件方面的要求不高，且五禽戏具有安全易学、左右对称、引伸肢体、动诸关节、外导内引、形松意充、动静结合、练养相兼等特点，这要求我们在练习时要形神意气结合，以达到功效的最大化。

(二)五禽戏的时代创新

时代的更迭对传统社会的发展提出了一个新的挑战。我国健身气功管理中心创造性地汇编且出版了《健身气功·五禽戏》,国家体育总局对"健身气功"定义为"健身气功是以自身形体活动、呼吸吐纳、心理调节相结合为主要形式的民族传统体育项目,是中华悠久文化的组成部分"①。1984年,华佗五禽戏被列为全国129个拳种之一。2003年,国家体育总局把重新编排的五禽戏等健身法作为"健身气功"向全国推广,亳州市把体育传统五禽戏作为武术馆校必修课程,推广普及。2005年,亳州市成立市华佗健身文化俱乐部。2006年,华佗五禽戏被安徽省人民政府批准为非物质文化遗产。2007年,亳州市传统华佗五禽戏俱乐部成立。同年,全国(亳州)华佗五禽戏养生推广指导中心成立。2008年,董文焕、刘时荣被安徽省文化厅确定为首批非物质文化遗产项目华佗五禽戏代表性传承人,并分别出版《华佗五禽戏》《古本新探华佗五禽戏》。近年,亳州市体育局举办各级各类五禽戏培训班,培养一批五禽戏新人等。新编创了《五禽观剑》《和谐五禽》等一批观赏性较强的展示节目。何建华、陈静二人被国家体育总局选派到欧洲、东亚等一些国家传授华佗五禽戏。全市共有五禽戏晨练、晚练点70多个,五禽戏体育指导员近百人,练习五禽戏的群众有近10万人。2004年,亳州市被体育总局评为"全国健身气功推广先进单位"称号。

根据《中共中央国务院关于加强青少年体育增强青少年体质的意见》,亳州市教育局积极开展学校课外体育活动。除去一些传统的体育项目的活动训练外,各县(区)还根据各级各类学校的实际,开展校园集体舞、健身健美操、华佗五禽戏、万人冬季长跑等活动。积极开展全市中小学课外文体活动工程,大力推崇"每天锻炼一小时,健康工作五十年,幸福生活一辈子"的理念,营造浓厚的学校体育氛围,激励广大青少年学生积极参加体育锻炼。2001—2008年,亳州市教育局成功举办4届全市中小学健身健美操比赛;选派的蒙师附小和亳州二中参加省级中小学生健美操比赛,分别获得小学组第3名和中学组第4名的优异成绩。全市中小学还利用课外活动时间开展校园集体操活动,在参加全省各项比赛中获4个一等奖。

2008年10月,亳州市教育局倡导全市中小学积极开展"晨诵《弟子规》、午做广播操、晚练五禽戏"活动,以全面提升学生的素质。2009年6月,市教育局下发《亳州市中小学大课间体育活动实施方案》。"大课间"活动要求中小学校在每天

① 袁伟民. 健身气功管理暂行办法[J]. 中国气功,2000(10):5-6.

上午第二节课后安排不少于30分钟的时间，让学生动起来、玩起来，充分调动学生主动参与体育锻炼的积极性，达到强身健体的目的。其活动形式和内容包括：①做好眼保健操和广播操。低年级学生可进行拍皮球、跳皮筋、跳房子、投沙包、下跳棋等活动；②自编一些符合学生身心发展的健身操、武术、舞蹈等，充分开发、利用、推广好传统的优秀地方资源，要与“晨诵《弟子规》、午做广播操、晚练五禽戏”结合起来，形成大课间活动的亳州特色。

然而，五禽戏的发展光靠政府的推动是不够的。从文化层面来看，五禽戏以其过硬的“文化底蕴”受到现代人的喜爱，五禽戏在发展的过程中或融合一些新的时代因素，或进行新的文化整合以适应时代的变迁。从实用层面来看，练习五禽戏需要很长一段时间才能展现其功效，在快节奏的今天，持之以恒和吃苦耐劳的精神仍是欠缺的，所以说，五禽戏的发展仍是任重道远，要在新时代中探求五禽戏文化的新内涵。例如，编订符合“健康中国发展计划”的五禽戏教科书和推广五禽戏作为大学体育选修课；成立专门研究五禽戏发展问题的机构并设置相关旅游景点供游客参观；推出五禽戏专栏节目和撰写相关公众号；在一些医院定点机构指定相关中医方面的医务人员为大家解说五禽戏并动员大家踊跃参与练习以辅助疾病的康复或者防患于未然；等等。在五禽戏创新性推广的过程中，更要注重加强思想文化方面的熏陶。在全面提高全民族健康素质的基础上，促进人民社会幸福感和生活水平逐渐稳步提升。

总之，五禽戏是载体，为继承优秀传统文化提供途径；五禽戏是思想指南，为体育锻炼指明方向；五禽戏更是中华瑰宝，增强中华民族的自信心与民族凝聚力。携带历史厚重感和优秀传统文化内涵的五禽戏，对于弘扬社会主义价值观，传承民族文化，激励民族精神，构建形式多样、内容丰富的新时代五禽戏发挥着举足轻重的历史作用。

皖北地域文化视角下赛珍珠研究前景及路径探析

赵丽莉

摘　要:皖北地区作为诺贝尔奖作家赛珍珠笔下的"大地故乡",是东西方读者心目中的"福地"。新形势下要想打好皖北"大地故乡"的文化品牌,一方面要竭力保存历史遗迹,提高赛珍珠及其作品在地方民众中的认知度;另一方面还应充分发挥皖北地缘和厚重文化资源的优势,打造高素质、跨学科、本土化的赛研队伍,充分挖掘赛珍珠中国书写的皖北地域文化内涵,有利于重建地方文化自信,推动地方文化建设发展,开创文化传播的新局面。

关键词:皖北;赛珍珠;"大地故乡";地域文化

百年之前,赛珍珠选取了偏僻贫穷的皖北农村的兴衰往事,向全世界展现了这片土地上的风土人情和农人们的辛勤朴实,引得全世界读者为之倾倒,使当时饱经磨难、穷困凋敝的皖北"恶土"成为人人向往的"福地"。时至今日,皖北地区作为赛珍珠笔下的"大地故乡",在国内外读者的心目中,仍充满着神秘色彩。如地方学者建议:"利用宿州是获诺贝尔奖的《大地》的背景这一垄断性资源,充分发挥赛珍珠的品牌效应。可借鉴相关城市的做法,如庐山有'赛珍珠故居、老别墅故事'、镇江有'赛珍珠的故乡'、淮安有'赛珍珠进入中国第一站'之类品牌,宿州似可打造'赛珍珠获诺贝尔奖小说《大地》故乡'之类品牌,以展示宿州文化的独特魅力,提高知名度,吸引世界各国关注宿州、走进宿州,赢得更多发展机遇。"①要想打好"大地故乡"这一文化品牌,笔者认为应该从赛珍珠研究中的皖北地域文化研究视角,充分挖掘赛珍珠跨文化书写的皖北文化内涵,争取把赛珍珠的"大地故乡"做成新时代皖北地区文化传播、国际合作的新名片。

作者简介:赵丽莉,女,硕士,蚌埠学院外国语学院讲师,主要从事美国文学、比较文学等方向的研究。

基金项目:2018 年安徽省社会科学创新发展研究课题攻关项目:赛珍珠的文学书写与皖北文化的海外传播(2018CX092)。

① 鄢化志,陈艳梅. 赛珍珠与宿州文化[J]. 宿州学院学报,2010,29(6):38-42.

一、"大地故乡"皖北

目前,学界十分关注赛珍珠的跨文化书写。2017 年 9 月,第 9 届赛珍珠国际研讨会在镇江召开,会后赛研专家姚君伟教授发文指出:"我们要继续研究赛珍珠前期的跨文化创作,进一步探讨它们再现的中国人的生活情形、中国的本质与存在和中国人的生存哲学,特别是它们融入的中国文化元素及其意图。"①赛珍珠早期作品《东方·西方》《大地》《母亲》等都以皖北城乡地区为背景,尤其是荣获诺贝尔奖之后,赛珍珠农村题材作品在西方世界影响巨大。百年前的皖北积贫积弱、满目疮痍,为什么彼时皖北的穷乡僻壤能成为赛珍珠笔下的"福地",引起西方读者的共鸣?为什么普通的皖北农民王龙能成为中国数以亿计的农民的代表?那么赛珍珠到底在作品中介绍、传播了怎样的中国文化?因此,"我们还需要更加深入研究她的作品中的中国地方文化:究竟反映了中国文化的地方性的哪些方面,反映的真实度和手段等;不仅要研究分析其再现的内容,还要研究作者的文化身份、历史文化语境及其作品的读者,特别是其创作的原素材的淮北地方文化的典型性,这样才能对赛珍珠再现中国文化内容做出更全面的、更深刻的分析,客观公正地评价赛珍珠,从而建立真正意义的跨文化交流与接受"②。

首先要界定一下小城宿州的地理位置,赛珍珠研究文献中曾出现过华北、淮北、南徐州、皖北等多种叫法。南徐州出自赛珍珠英文作品的翻译。"宿州自隋至中唐属徐州郡,因位于州治徐州之南,古称'徐南'。"③从中华民国时期,本地已使用宿县的建制和名称。1917 年,赛珍珠到此,当地旧称为宿(xǔ)县,与徐(xú)州几乎同音。赛珍珠当年陪伴丈夫布克做农业调查时,足迹遍布皖北农村的田间地头,亲临符离集(现属宿州市埇桥区)、濉溪口子镇(现属淮北市濉溪县)、怀远耿家集(现属蚌埠市怀远县)等多地的乡村,这都为赛珍珠农村题材作品的写作提供了真实素材。因此,笔者较赞同皖北一说,"皖北地区为淮河中游平原,包括淮河以北的全部地区及淮河以南宽 10 ~ 60 公里的地区"④。皖北即安徽北部,一般指淮河沿岸和淮河以北的各县市,包括蚌埠、宿州、淮北、阜阳、亳州等地。

"她(赛珍珠)的幸运大半是她在她的作品里给写照的中国农民所给予的。我们要了解她的作品,应当首先知道她在中国农村中间所经过的生涯。"⑤赛珍珠青

---

① 姚君伟. 当下中国赛珍珠研究:对象与方法[J]. 江苏大学学报(社会科学版),2017(6):48-54.

② 李加强. 赛珍珠作品中的女性主义[J]. 宿州学院学报,2006,21(6):51-52.

③ 王伟. 行游宿州[M]. 合肥:合肥工业大学出版社,2016.

④ 马俊亚. 区域社会发展与社会冲突比较研究:以江南淮北为中心(1680—1949)[M]. 南京:南京大学出版社,2014.

⑤ 胡仲持.《大地》作者赛珍珠重来中国[C]//郭英剑. 赛珍珠评论集. 桂林:漓江出版社,1999:595.

少年时期一直生活在相对来说气候湿润、景色宜人、经济发达的江南一带，婚后来到宿州，她才真正接触到生活最底层的中国农民阶级。赛珍珠在自传中提道："我现在对那次婚姻生活毫无兴趣，却清晰地记得，那次婚姻将我带入的那个世界。一切都像是昨天刚刚发生似的。那个世界与我一向生活其间的世界是截然不同的，好像往后倒退了千百年。那是一个中国农民的世界。"①民国时期的皖北地区军阀混战、匪患成灾，苛捐杂税、水旱瘟疫等天灾人祸一股脑地全压在农民身上，"穷人们承受着生活的重压，钱挣得最少，活干得最多。他们活得最真实，最接近土地，最接近生和死，最接近欢笑和泪水。走访农家成了我自己寻找生活真实的途径。在农民当中，我找到了人类最纯真的感情。他们并非都善良，并非都诚实"②。正是感怀着对中国农民的朴素情感，抱着中国为农民发声的简单愿望，赛珍珠离开宿州，随丈夫赴南京任教后，仅用3个月时间就完成了农民史诗巨著——《大地》。

赛珍珠作品在西方世界受到普遍欢迎，促使中华文明得到了广泛传播，同时这也将地域文化推向世界。赛珍珠作品展现的地方文化到底是什么文化？宿州文化？淮北文化？皖北文化？皖北地区位于淮河中游，因独特的地理特质和人文环境，在历史进程中形成了文化内涵深厚、自成一体的区域文化带。因此，赛珍珠的研究不应该局限在今宿州、淮北一带，应扩大范围，从广阔的地域范围内，在皖北地区、淮河流域寻找其跨文化书写的深刻内涵。

二、皖北地域文化

皖北地域文化是淮河文化的重要组成部分，目前淮河文化研究已在全国有一定规模和影响。淮河文化本身就受到来自北方的黄河文化和南方的长江文化的双重影响，形成了既有淮河流域地方特色，又兼容并包南北文化精髓的特征。笔者认为，这正是赛珍珠挑选背景地的巧合或成功之处，她虽只选取了百年前地瘠民贫的皖北农村，却真实地再现了整个中国旧社会农村的全貌；虽只创作了皖北农民王龙一人，却展现了中国农民的精神风貌。赛珍珠在自传中说："我一生最大的幸运，是我生而逢时。没有哪个时代——在读历史时我有这种感觉——比我目睹的时代更为动荡不安、更具启蒙意义的了。"③她不仅是"生而逢时"，更是"生逢其地"。近代中国在内忧外患、天灾人祸的多重打击下，皖北大地恰如20世纪初中国半殖民地半封建社会的缩影，中国没有哪一个地方能更像皖北一样承载了这么多历史文化的积淀。"赛珍珠假若不来宿州，没有结识皖北贫困农友的这一段夙缘，而只

① 赛珍珠．我的中国世界[M]．尚营林，等译．长沙：湖南文艺出版社，1991.

② 赛珍珠．我的中国世界[M]．尚营林，等译．长沙：湖南文艺出版社，1991.

③ 赛珍珠．我的中国世界[M]．尚营林，等译．长沙：湖南文艺出版社，1991.

是身居江南‘鱼米之乡’,或足迹只限于在南北大城市兜圈子的话,即使她再擅才华,再富灵感,再有同情心,恐怕也难以撰写出她不熟悉的以贫苦农民为题材,像《大地》这样的大部头作品,更难以在作品中既能如实言其心声,又能摄取其音容笑貌。”①

要想深入研究赛珍珠跨文化书写的内涵和意义,应该把它放置在地域环境的大背景和框架下,多角度挖掘其书写的文化内涵。以民俗文化为例,学界早就关注赛珍珠作品中的民俗文化书写,汪应果认为:“赛珍珠从宿州最落后封闭的农村现实出发,为我们保留了一个完整的中国宗法制农民‘民俗生态学’的原型。”②后有学者从审美的眼光审视赛珍珠民俗书写美的特质,从人类学的视角解析《大地》中生育、丧葬、春节等民俗生态文化,但这都或多或少地割裂了赛珍珠民俗书写与皖北地域文化的关联。俗话说:百里不同风,千里不同俗。当初旅美学者江亢虎对赛珍珠的民俗书写进行了激烈抨击,特别是书中不同于别地的先倒开水、后放茶叶的泡茶做法。镇江学者刘龙亲自调查发现,这只是地方风俗使然,“赛珍珠在《大她》中所写农民饮茶的方式习惯,不仅符合当地当时民俗,而且时隔半个多世纪,现在宿县仍有尚未完全脱贫的若干农民还保持着这种‘先倒水,后放茶叶’的习俗”③。

作为“大地故乡”的皖北地区,更应该充分发挥自己的地缘优势,“通过皖北地区的文化现实和赛珍珠创作之间的比较,发掘相同与相异的风俗民风,从中西方文化的互动中看待赛珍珠笔下的跨文化交流”④。这不仅加深了赛珍珠研究的文化内涵,突破传统宏观文化和整体研究的壁垒,使微观文化和局部研究相结合、地域文化和民族文化相结合,从而进一步客观、公正地评价赛珍珠的跨文化书写和文化传播交流。

三、“中国故乡”镇江

改革开放后,在宿州市委、市政府、人大、政协等相关部门和领导的关注、支持下,宿州的赛珍珠研究有了很大突破,分别成立了宿州市赛珍珠研究会和宿州学院赛珍珠研究所。2006年,宿州学院学报开设了“赛珍珠研究专栏”,校园网上开设了“赛珍珠研究”的网站,开设了“赛珍珠研究”的选修课。同时,积极与国内外的赛研专家和机构联系、交流,鼓励全院师生申报赛研课题,发表研究文章等。2010

① 邵体忠. 赛珍珠与宿州五题[J]. 宿州学院学报,2007,22(1):81-83.

② 汪应果. 关于赛珍珠研究的几个有待深入的问题[J]. 江苏大学学报(社会科学版),2003,5(1):63-68.

③ 刘龙.《大地》中的茶俗描写——评留美学者蒋康户教授对《大地》的指责[C]//郭英剑. 赛珍珠评论集. 桂林:漓江出版社,1999:394-395.

④ 李加强. 赛珍珠作品中的女性主义[J]. 宿州学院学报,2006,21(6):51-52.

年，宿州学院成立了赛珍珠纪念馆，召开了“赛珍珠-布克国际学术研讨会”，2014年文传学院汇集、编印了《大地的回声——赛珍珠研究论文集》。虽然宿州的赛珍珠研究仍存在着人员分散、势单力薄、成果稀少等诸多不足，但在新时期的新形势下，更应该迎头赶上，奋起直追，以宿州为龙头，建成皖北大地的国际交流、对外合作的新窗口。在这方面，赛珍珠的“中国故乡”——镇江就做出了绝佳的示范。

从20世纪90年代开始，镇江就与美国赛珍珠国际基金会建立联系，镇江市委、市政府十分重视赛珍珠在镇江的文化遗存的保护和开发，先修缮了赛珍珠故居，后又建立了赛珍珠纪念馆。1992年10月，位于登云山的赛珍珠故居修缮完工，正式对外开放。2007年开始改建赛珍珠纪念馆，2008年10月开馆。2009年，赛珍珠故居和赛珍珠纪念馆共同组成赛珍珠文化园。2014年，市政府开始在赛珍珠故居所在的山体上着手建设赛珍珠文化公园，2017年顺利开园，向公众开放。

2004年3月，镇江市委市政府成立了镇江市赛珍珠研究工作领导小组，对外开展了多种多样的文化交流活动。2004年镇江赛珍珠文化新闻交流团访问美国。2007年，赛珍珠研究会考察了韩国赛珍珠纪念馆。2011年，赛珍珠研究会组织访问了美国赛珍珠国际基金会。

镇江的学术研究与文化遗迹保护建设、对外文化交流同步进行。2003年镇江市赛珍珠研究会成立。1991年，中国首次赛珍珠文学创作讨论会在镇江市召开，“会议的官方性质引起了海内外强烈反响，也标志着赛珍珠研究在中国正式起步”。此后，“历次赛珍珠国际学术研讨会均由镇江市政府主办，体现了镇江人民对这位优秀儿女的缅怀和尊重，向世界展示了镇江市委、市政府和镇江人民的博大胸怀”①。从2002年至今，镇江市每隔两三年举办一届国际性学术研讨会和文化交流、纪念等活动，先后组织召开2002年赛珍珠学术研讨会暨纪念赛珍珠诞辰110周年大会、2005年赛珍珠国际学术研讨会、2008年赛珍珠获诺贝尔文学奖70周年纪念系列活动、2012年赛珍珠诞辰120周年纪念活动、2013年赛珍珠文化交流活动暨赛珍珠研究论坛、2015年纪念中国抗日战争暨世界反法西斯战争胜利80周年和赛珍珠研讨会、2015年中国镇江赛珍珠文化交流活动和赛珍珠国际学术研讨会、2016年赛珍珠与亚洲学术研讨会、2017年赛珍珠国际学术研讨会、2018年赛珍珠获诺贝尔文学奖80周年纪念会。镇江市赛珍珠研究会汇编出版了《赛珍珠纪念文集》6辑、《赛珍珠学术文集》5册等研究资料，组织研究人员撰写多部专著。驻镇高校积极投入学术研究，组建赛研机构。2008年6月，江苏大学赛珍珠研究所和镇江高专赛珍珠研究所成立。2009年5月，江苏科技大学外国语学院赛

① 潘亚莉. 赛珍珠研究与历史文化名城建设——2017年赛珍珠国际学术研讨会及相关情况概述[J]. 江苏大学学报(社会科学版)，2017，19(6)：55-61.

珍珠研究所成立。1996年,《江苏大学学报(社会科学版)》开辟了“赛珍珠专题研究栏目”。2015年,江苏大学图书馆和镇江市赛珍珠纪念馆共同成立了“国际赛珍珠文献资源中心”。总之,“镇江市委市政府把赛珍珠研究和城市发展结合起来,和历史文化名城建设结合起来,和中外文化交流结合起来,走出了一条推动历史文化名人研究、促进现代化建设的新路子”①。

四、发展路径

宿州、镇江两地有诸多不同,不可简单对比,但是镇江赛珍珠研究的做法确实在具体实施上为宿州提供了很多启示。在新形势下,皖北赛珍珠研究正面临着挑战和机遇,宿州赛珍珠研究的多方不足也是亟待解决的,如缺乏英语专业研究者的加入、学术研究活动少、政府支持力度不大等问题。笔者认为皖北的赛珍珠研究事业要进一步推进与深入,可以从以下几个方面入手:

(一)保存历史遗迹,提高民众认知

“由于意识形态的原因,我们在很长的时间里,一直没下大力气去搜集有关赛珍珠生前在中国生活与活动的资料,如今,当我们想起来时,我们已经丧失了最宝贵的时机——与赛珍珠同时代的人都已故去。”②对于宿州的赛研来说,当务之急是对赛珍珠在宿州的历史遗迹进行保护性的修缮,这需要当地政府政策、资金的大力支持,如修缮赛珍珠故居,建设赛珍珠纪念馆、纪念广场等向公众开放的基础设施,解决历史积压的、由来已久的隔离和误解问题,使普通民众有机会走近、了解这位文学巨匠和国际友人,提高赛珍珠及其文学书写在普通民众中的认知度,至少使新一代的年轻人对这位诺奖作家有所了解。

众所周知,1917年,赛珍珠和布克成婚以后,就迁居宿州,那他们到底住在哪儿?有说“开始在护城河东南角(现市委党校院内)一座灰砖青瓦的4间中式房居住下来,后来还在大河南街福音堂院内、市立医院院内居住过,现在仍有迹可寻”③。作为土生土长的皖北人,笔者2016年暑假曾寻访宿州的赛珍珠故居。宿州市人民医院内确有挂着“赛珍珠纪念馆”的小楼,可是楼上房间已被划为医院的一个科室办公室,除了那个搬不走的壁炉外,再没有一样和赛珍珠有关的东西了。另一处是大河南街的福音堂,据教堂的牧师介绍说,前几年这里确实挂着赛珍珠故

---

① 潘亚莉.赛珍珠研究与历史文化名城建设——2017年赛珍珠国际学术研讨会及相关情况概述[J].江苏大学学报(社会科学版),2017,19(6):55-61.

② 汪应果.关于赛珍珠研究的几个有待深入的问题[J].江苏大学学报(社会科学版),2003,5(1):63-68.

③ 陈世魁.拂尽尘沙现珍珠[J].宿州学院学报,2011,26(10):51-54.

居的牌子,可是现在已被摘除。那么宿州的赛珍珠故居到底在哪儿?赛研前辈邵体忠先生在文章中说,赛珍珠夫妇到了宿州以后,“遂双栖于教堂外,同一条大河南街的南小隅口的东北角——教会职工宿舍四间中式平房。大约两年之后,他俩乔迁到宿城南郊,农事部院内。这一新居为两层西式楼房(严格讲仅一层半),是她自己设计的”①。邵老师还提到,赛珍珠夫妇在城外居所,即农事部(今市党校大院)居住到1921年秋离开宿州,共约5年。而赛珍珠离开宿州之后,教会因安全起见,拆除了农事部小楼,在医院附近重建了4座宿舍楼,现存仅有1栋,“此楼较长期为市医院用作办公室,现为医院图书馆,楼内辟有“赛珍珠纪念室”。宿州因“天灾人祸交困,劳苦大众长年陷于水火,城市建筑屡经变迁,她的两处故居均早已无存”②。

时过境迁,赛珍珠故居可能难觅真容,但赛珍珠在宿州生活过的点点滴滴绝对留下了印记,现在保护性修缮、开发这些历史遗迹已是刻不容缓。如多年前宿州学院鄢教授提议:“利用赛珍珠与布克在宿州的文化遗存(广义遗存包括故居、旧址、同事、学生、轶闻、关于宿州的作品等),打造宿州文化产业系列品牌。”③鄢教授还建议,建设以赛珍珠及《大地》为标志的人文景点,如宿州学院东校区有赛亭、珍珠湖等景点。宿州确实有赛珍珠研究的地缘优势,但不应仅仅局限在高等院校和学术研究上的关注,更应该让普通民众增加对赛珍珠在宿州的认知度,应该通过有效的社会活动,扩大赛珍珠文学作品在普通民众中的传播范围。

从20世纪60年代起,中美关系交恶,文化交流中断,赛珍珠及其作品一度在中国受到隔离和抨击,读者一般难觅其踪。时至今日,世人对其人和其作还是不甚了解,存在着诸多误解。青年学人桂莅鑫曾就“赛珍珠在大学生中的认知度”进行网络填写和实地散发问卷进行调查,发现有29%的受访者“从未听说过”赛珍珠;26%的人只知道她的简单经历,但没读过她的作品;对赛珍珠其人很了解或感兴趣的人仅占3%。“赛珍珠在中美文化交流史上是极具代表性的,特殊的成长历程使她成为独特的中西文化混合体,其文学成就对了解中美文化、促进中美交流和东西方文学研究具有重要意义。”④众所周知,受语言因素影响,中国文学、文化的外译和传播一直是受到制约的,而赛珍珠的文学书写在西方世界的影响是空前绝后的,是中国文化“走出去”的范例。遗憾的是,国人对于这样的文化传播知之甚少,即

① 邵体忠. 赛珍珠与宿州五题[J]. 宿州学院学报,2007,22(1):81-83.

② 邵体忠. 赛珍珠与宿州五题[J]. 宿州学院学报,2007,22(1):81-83.

③ 鄢化志,陈艳梅. 赛珍珠与宿州文化[J]. 宿州学院学报,2010,29(6):38-42.

④ 桂莅鑫. 赛珍珠在当代中国大学生群体中知名度的调查研究[J]. 宿州学院学报,2012,27(4):47-50.

使是承担祖国未来和希望的当代大学生们亦如此。

(二)利用地缘优势,扩大赛研队伍

目前,皖北的赛珍珠研究在队伍建设上有明显不足,缺乏民间学术团体、英语学人、宗教人士、农学研究者、历史研究者等其他群体的加入。进入20世纪90年代以后,学术研究队伍发生了重大变化,不少民间学术研究团体成立,民间学术研究者的加入,为学院派的学术研究注入了新活力。皖北的赛珍珠研究不能局限在各大高校里,因赛珍珠和布克在宿州的生活足迹遍布于民间大地,尤其是轶闻趣事、人际交往等部分,所以急需民间学术团体的加入,以共同扩展皖北赛珍珠研究的深度和广度。

周金元等人指出:"研究机构的分析显示,我国的赛珍珠研究主要集中在高校,以南京师范大学为重镇,华东、华中地区的高校为主要阵地,研究地域覆盖全国各省,同时外国语学院的师生是赛珍珠研究机构的最主要组成部分,研究也主要集中在英文专业,这说明英语水平可能是制约更多学者参与到赛珍珠研究中来的重要因素。"①所以,想要提高本地的赛研学术研究水平,英语专业的地方学人是必不可少的组成部分,或者应该是主力军。张春蕾建议:"一是外语水平。赛研学者必须耐心细致地解读原文,对赛珍珠前、中、后期创作有一个整体了解和把握,才能较为完整地再现她的创作风貌。二是知识储备。赛珍珠吸收中西两种文化与文学传统的营养长大,又身处中国社会和东方民族经历重大转型的历史时期,足迹踏遍东亚、南亚、东南亚、北美、西欧和东欧的主要国家,自身密集了时间与空间两方面丰富的文化信息。要对赛珍珠作出准确评价,就必须对中西文化与文学传统有所知晓,了解她的文学期待和想象产生的背景,才能比较准确地还原她的创作风貌。"②对于赛珍珠研究者来说,过硬的英语语言水平和跨文化的文学知识体系是必不可少的条件,细读赛珍珠的原文作品,才能更好地理解赛珍珠的创作意图。

因历史、地理等复杂原因,皖北地区确实在社会发展、经济建设等方面与江南一带存在差距,但皖北赛珍珠研究自有优势,除拥有"大地故乡"的地缘优势和丰厚的地域文化资源外,皖北高校众多、学科齐全,有服务地方的应用型院校,如宿州学院、蚌埠学院、亳州学院等,还有传统师范院校,如淮北师范大学、淮南师范学院、阜阳师范学院以及安徽财经大学、蚌埠医学院、安徽科技学院(原凤阳农师院)、安徽理工大学等专业院校。皖北的赛珍珠研究应充分挖掘赛珍珠、布克在皖北大地

---

① 周金元,王珏,邵澍赟,等.基于文献的我国赛珍珠研究现状分析[J].江苏大学学报(社会科学版),2017,19(1):51-57.

② 张春蕾.镇江市纪念赛珍珠诞辰120周年大会暨国际学术研讨会综述[J].镇江高专学报,2012(4):19-23.

的历史遗迹，并联合地方高校，在现有的研究基础上，从农学、经济、历史、卫生、宗教等各方面挖掘赛珍珠文学书写的地域文化内涵，打造一支高素质、跨学科、本土化的学术研究团队，深入开展多方面的学术研究活动。

五、结语

百年后的今天，皖北地区已发生巨大变化，但受多方面因素的影响，这里仍是块“经济洼地”，背负着“贫困文化、乞讨文化”的恶名。随着城市化进程的推进，越来越多的农民逐步脱离了土地和农村，这里又成为有名的“农民工”输出基地，光皖北阜阳一地就号称有300万农民工。赛珍珠的农村书写本来就与一般的小说不同，她通过自己在皖北农村的真实体验，深切感受到中国农民的喜怒哀乐，自然而然地书写了中国农村的社会现实。“赛珍珠的小说背后由于带上了社会调查的因素，这让她的写作在写作目的上超越了一般小说的文学表达和社会反映的使命”①。将赛珍珠研究置于皖北地域文化的语境下，以回溯的方式回看赛珍珠异质文化语境下的跨文化书写和皖北文化的海外传播，通过异国文学中的皖北农业社会、农民形象的展现，透过他者目光重新审视皖北地域文化，有助于客观公正地对待皖北地区的历史发展，为解决现存的乡村社会矛盾和文化危机提供历史借鉴，更有利于重建地方文化自信，推进地方文化建设发展，打造地方文化对外传播的新局面。

---

① 杨学新，阴冬胜. 论卜凯在安徽宿州的农业改良与推广[J]. 河北师范大学学报(哲学社会科学版)，2010，33(2)：136-140.

皖北传统民谣的多维阐释

周　勇　王　颖

摘　要：本文讨论了皖北民谣中优秀之作的意象与情义的美，以及其体现地域民俗时的微妙诙谐、简洁有力、不动声色中的讽刺，并在徽州民谣与皖北民谣的对比中进一步认识了各自的地域特征。

关键词：宿州；皖北；传统民谣

传统民谣是认识一地文化的快捷方式，本文在众多且水平参差的皖北传统民谣中，选取在美学上或世态表现上笔者认为可圈可点之作，讨论如下。

一、比较中凸显的美学特质

同一首皖北民谣在地域内不同地方经常重复出现，但表达上又有所不同，由此就有了在同一地域内对民谣进行对比、研究的可能。

（一）意象

对比下面两首民谣：

小红孩，踀一踀，问恁娘家有多远，七里路，八里多，南边有个樱子棵，樱子棵，影一影，南边有个莲花井，莲花井，连一连，南边有个果子园，果子园里拉大车，车上坐的谁？坐的麻大姐，脚又小，脸又白，两个妈妈横打垂。什么车？铁边车。什么牛？弯骼老舐牛。什么鞭？大鞭合小鞭。一打一罡烟。呸！呸！呸！俺不要，俺要东边的小花轿。

小烟袋，一拃长，拖拉拖拉到瓦房；瓦房有个卖烟的，拖拉拖拉到山里；山里有个卖馍的，拖拉拖拉到河里；河里有个大姐洗衣裳，拍拍大姐的光脊梁；大姐大姐别生气，明年拉车来接你。什么车？花板车。什么牛？弯角老舐牛。什么鞭？大鞭摞小鞭。一炸一杠烟。

作者简介：周勇，男，博士，副教授，主要从事文学与文化关系等方向的研究。王颖，男，安徽社科联企业文化网主编。

这两首结尾类似的民谣，虽然都用了传统民谣中最常见的顶针手法，虽后一首紧凑一些，但前一首要好得多，这是因为其意象更轻盈优美。尽管不知道"樱子棵"具体是何所指，"莲花井"又因何而得名，但都有种诗性的美感。坐在"果子园"中大车上的丰满俊俏的麻大姐，也要比被光棍拍着"光脊梁"调戏、在河边洗衣的小大姐，从意境到姿态都要优雅。由此得出的启示是，优美的意象和意境对传统民谣来说并不是无关紧要的，对现代民谣而言就更是如此。

（二）苦难叙事

月姥娘，亮堂堂，外乡的小侉来逃荒，前头推着土车子，后边跟着妮她娘。妮她娘，你别哭，前面找个破车屋，磴上锅，烧糊嘟，喝得肚里热乎乎。

灵璧虞姬乡八岔路1923年生的张乾老人，是高中文化的退休教师，他的记忆停留在抗日战争时期和20世纪五六十年代，同样这首逃荒谣，在他那里变成了以下的形式：

月姥娘，亮堂堂，西北小侉来逃荒；一头挑个席篓子，一头担个孩子娘。孩子娘，你别哭，我去抗战你辛苦；打败日本东洋鬼，咱们大家都幸福。

显然前一首是原生的，后一首是改编的。从动作上观之，前一首更自然——逃荒累了，找个没人住的破屋歇歇脚，弄点热汤喝，而不是突然转折到去抗战。而且当年逃荒，一头挑的是锅具等，另一头即使挑人，也是小孩，一般不会挑个百十斤的壮年妇人。所以，后一首的改编从思想上看是拔高了，从美学上来说却是牵强的。

前一首因为在困苦中，所以有一种辛酸的美，类似于西方作家的"带泪的笑"，但又远比其要苦难得多，这是基于地方苦难史的河流顺流而下的黄花。这基本代表了地方民谣在审美上达到的最高水平。

（三）简洁·讽刺

有些皖北民谣只有一二句，但自有一种简洁的力道：

甜秫秸，甜着来；娶个媳妇，难着来。

这种经验无疑来自民间基层。作为名、利之外的第三种资源，青春期的女性在朴素又犀利的民谣中占有天然的、夺目的优势地位：

小大姐，十七八，梳油头，插金花，鱼鳞辫子脑后趴。大红袄，绣花团，百褶裙，腰中扎，小金莲，二寸八，红绣鞋上全是花，人人见，人人夸。

但民谣以其特有的机敏，有时又是以撒娇的情态出之，有时则加之以讽刺的语气：

正月十六好日子，家家都接花妮子；正月十六好十六，家家都接连心肉；正月十六下雨雪,新娶的媳妇把嘴噘,一是不能走娘家,二来不能穿花靴。小小虫,尾巴长,娶了媳妇忘了娘。娘搁草窝里,媳妇在被窝里。买烧饼,买麻糖,媳妇媳妇,你先尝。

而在她们幼年未蝶变之时,则被抱之以爱怜:

七岁了,八岁了,擀汤、烙饼都会了。吹吹,冷冷,小狗等等。

这后一首虽然是带小孩的口头禅,但前工业时代从农村到城镇那种宁静的日子、耐心的操持,都在其中了。虽然物质上穷困,但温和善良的人性中泛着持久的光辉。

小花板,哗啦啦,干部叫俺拾棉花;一天拾了二斤半,干部叫俺喝稀饭;稀饭烫嘴,干部叫俺喝凉水;凉水渼牙,干部叫俺喝糖茶;糖茶稀甜,干部叫俺嗑葵莲;葵莲喷香,干部叫俺扛大枪;大枪多长,干部叫俺放绵羊;绵羊好跑,干部叫俺嗑小枣;小枣有仁子,干部叫俺嗑他嘴唇子。

前面是不温不火、内容正常而活泼的铺垫,在常见的连珠格的发展中,魏敏芝式地反复念叨似乎包含着笑点的“干部”二字,而这果然是为了藏住令人哑然失笑的最后一句,其中所包含的历史信息,自不待言。

另外,虽然同属一个地区,但以宿州为例,其县域民谣各自的地域特征还是有所体现的,譬如在灵璧县以南的黄湾镇,采集的民谣以情歌居多,而泗县的则都是带旋律的小调民歌类,如《十二月花》:“时逢三月百花开呀,操铲挎篮一并排呀,桥头荠菜路边蒜呀,窝头菜饼揣在怀呀。金秋水退凉风来呀,鼓子鸡冠遍地开呀,结伴成群菜挖罢呀,抓完鹞子捏泥孩呀。”即使表现的是挖野菜的孩子在田野上玩耍,也韵致百端,充满表演韵味。

二、世态亲情的表现

在家长里短中对亲戚和亲情的亲与疏的表达,也比较有意思,在选出的质量较高的民谣中,这种民谣数量最多。在亲属中,妗子(即舅妈)、嫂子、表叔、表嫂、晚娘等是相对比较疏远的:

拉大锯,扯大箩,一把麦,推不着,去问姥娘借一把,姥娘没在家,惹得妗子咯啦啦。

小豆芽,弯弯钩,俺到姥家过一秋。姥娘看俺心欢喜,妗子看俺翻眼瞅。妗子妗子你别瞅,豌豆开花俺就走。

妗子和姥娘是婆媳关系,本就难睦,奔着姥娘去借东西乃至常住(住到豌豆开花的暮春麦收前),自然遭到了妗子的说道和白眼。

“表叔表叔,两眼虚绿,棍头一打,鳖头一缩。”笔者觉得这里可能是因为要顺口的关系，表叔代替堂叔成了牺牲品，因为在一个庄子上居住的堂叔，由于同宗同族的关系，才更能威胁到自家财产继承等方面的安全。

“巴根草，起台子，俺给表嫂带孩子。表嫂嫌俺带得慢，俺给表嫂烧稀饭；表嫂嫌俺烧得稠，俺给表嫂喂牤牛，表嫂嫌俺喂得胖，俺给表嫂吵一仗。”这一首的语气就比较绵软一点。本地民谣中只有灵璧用“巴根草”这种生命力顽强的野草起兴，或许是对主人公命苦的暗示。这个可能是个孤儿，否则不会整天在表嫂家过日子，被百般挑剔，最后忍无可忍吵了一架，但还是比沦落为真正无家可归的孤儿要强很多。

“天苍苍，地茫茫，夜宿草屋太凄凉。寒风袭来打冷战，肚饥辘辘欲断肠。浑身瘙痒难入睡，虱子虼子太猖狂。长夜漫漫寂无声，风雪伴我哭爹娘。”（《钻草屋》）尽管“肚饥辘辘欲断肠”“长夜漫漫寂无声”这种句子书面化特征明显，情绪也有些戏剧化，但还是刻画出了在寒冬就断粮的无家可归的孤儿难挨的光景。

这类民谣尤以“晚娘”为题材的为多，从艺术的角度来看，这避免了“孤儿”的自拉自唱，而有了一个促使情节发展的矛盾中心。

“小白菜，黄又黄，三岁孩子死了娘，跟着亲爹还好过，就怕亲爹娶晚娘。”一针见血地指出了利害所在。

“小花鸡，挠草垛，没有娘的孩子实难过。跟大睡，大打俺；跟狗睡，狗咬俺；跟猫睡，猫抓俺；娶个后娘搂着俺，又掐俺，又扭俺，这个女人不疼俺。”这种朴实浅白的叙事亦多见。

另外一首以“巴根草”起兴的灵璧民谣，则在与亲娘的对比中，生动地“控诉”了晚娘的刻薄：“巴根草，满场跑；开红花，结樱桃，亲娘叫俺摘了吃，晚娘说俺饿痨痨；亲娘打俺一麻秸，晚娘打俺一腊条；亲娘麻秸没打断，晚娘腊条打断了；亲娘杀鸡留一碗，晚娘杀鸡留鸡眼；亲娘烙饼留一摞，晚娘烙饼留半个；亲娘死了哪里埋，高山顶上搭戏台；晚娘死了哪里埋，几个乱岗任她埋；亲娘死了谁圆坟，闺女儿子一大群；晚娘死了谁圆坟，黑狗白狗一大群；亲娘坟上长棵谷，过来过去都想哭；晚娘坟上长棵稻，过来过去都想笑。”虽然后半段主人公的表现也不厚道（可能目的是给世上的晚娘们敲个警钟），但前半段的细节令人拍案，全篇的意象等都很纯正地属于“远去的乡村符号”，表明创作它的历史远在工业化之前。

“小白菜，点点黄，三岁四岁没有娘，跟着爹爹还好过，还怕爹爹娶后娘。娶了后娘三年整，生个孩子叫心成。买啥都给心成吃，不给我蜜姐一点尝。长大嫁到婆家去，临走穿的一身粗布衣。三天回门娘家去，穿的一身是新衣。娘家娘，看我的脚，凤头花鞋蓝裹脚；娘家娘，看我的身，红绫褂子绿下衣。”参考《毛主席来到咱农庄》所唱：“毛主席呀关心咱，又问吃来又问穿；家里地里全问遍呀，还问咱们夜校办没办。”农业时代的中国农村，看来生活质量主要体现在吃穿上，所以上一首《巴根草》在对比亲娘和晚娘的时候，有一多半是从吃的角度；这一首《小白菜》，大约因为叫“蜜姐”的主人公是女孩，所以除了说吃之外，主要对比了出嫁前后的穿着水平，她回娘家的一身行头，是民国乃至清代的款式，当年受的气，只能靠这种形式找补回来一点，昔日女性发展空间的有限，令人叹惋。

“花椒树，结道根，嫂子嫂子你别喊，俺在你家过两年；大哥陪俺一身青，二哥陪俺一身红，三哥陪俺一身灯草绒。灯草绒，俺不要，俺要南边四个大花轿，四个吹，四个打，四匹骡子四匹马。马站方，驴站贵，四双小鞋摆成对。赶马队，亮堂堂，大哥送到大门旁，二哥送到张家庄，三哥搂着轿子哭一场。妹子妹子哪回来？杏花开，桃花开，李子开花俺再来。”一句“嫂子嫂子你别喊，俺在你家过两年”，姑嫂的关系就可以认识了，嫂子嫁进来，兄妹间的关系也不似昔日少年时，三哥或许因与妹妹年龄最接近，因此感情最深，陪送的衣料最贵，出嫁之日，表现得也最伤心，还在送亲的路上，就开始问妹妹哪天回来探亲。一句话，民谣在有限的篇幅里对亲情的远近进行了娴熟练达的表现。

从这一角度对比下面两首近似的民谣的第一句，我们就可以看出其自然与否了：

小针扎，蜡梅花，亲家婆，你坐下，俺到南地逮鸡杀。那鸡说：“俺的脖子矬，你咋不杀那只鹅？”那鹅说：“俺的脖子长，你咋不杀那只羊？”那羊说：“俺四条白腿往前走，你咋不杀那条狗？”那狗说：“俺白天咬人黑来哑，你咋不杀那匹马？”那马说：“备上鞍任你骑，你咋不杀那头驴？”那驴说：“俺推套磨，拉套麸，你咋不杀那头猪？”那猪说：“你怪俺不怪，俺是阳间的一道菜。

灵璧也有类似的一首民谣，但是，这位1933年生的杨侠芝老人复述的16首童谣并不是每一句在形式上都妥帖匀称：

小红孩，走姥姥，姥姥不在家，妗子在家逮鹅杀。鹅说的，我头一伸，脖子长，不如去杀那个羊；羊说的，我四条细腿长蹓蹓，不如去杀那个牛；牛说的，我白天耕地夜里歇，不如去杀那个鳖；鳖说的，我水里下蛋水里捞，不如去杀那个猫；猫说的，我白天逮鼠一头泥，不如去杀那个驴；驴说的，我推堂磨，破倒麸，不如去杀那个猪；猪说的，杀我一刀我不怪，我是俺家一道菜。

妗子给小外甥逮鹅杀，不如给来走亲戚的亲家婆杀鸡吃合乎常情、更自然；这种不自然还体现在中间动物的选择上——连鳖这种不常提的动物也出场了。最后一句“俺是阳间的一道菜”也要比“我是俺家一道菜”，味道来得醇厚。

三、与徽州民谣间的对比

虽然同属安徽省，但最北的皖北和最南的徽州，地域文化差别明显，这种差别可以通过地方民谣来略作比较。

徽州民谣似乎不够押韵，略显拖沓，但内容丰富绵长，描写了地域生活的方方面面，并深刻地反映了基于徽州民间传统的生活状态和价值观念。

推呀磨，磨呀推，做挞馃，打祸魁。你一个，我一个，还有一个给闵闵，吃了打跟头。一打打到外婆家门口，外婆不在家，舅舅舅母一顿火牙杈。

这首《推磨歌》用绩溪方言说起来或许是押韵的，这个姑且不论，但绵软的韵致，没有皖北民谣干脆，令人想起譬如安庆的黄梅戏和皖北的梆子戏二者格调的区别。不过，在和外婆（姥娘）、舅母（妗子）间的亲疏关系上，倒是大体类似的（皖北民谣中舅甥关系没这么糟，妗子也只是在翻白眼，不至于动拨火棍），可见在伦理亲情结构上，两地存在近似性。

我家小宝宝，睡在摇篮里，不哭也不闹哇，两眼笑眯眯。我家小宝宝，奶奶吃饱饱，觉也睡得好哇，妈妈好心疼。宝宝宝宝，快快地长大，进学堂呀，考个状元郎。有朝一日做了官，衣锦还乡回家里，为娘告诉你：村头河上造座桥，大家都欢喜。

这首《摇篮谣》是有旋律的摇篮曲，押的韵母发音都张不开嘴，这个不重要，重要的是体现了当地一种根深蒂固的价值观：读书做官，衣锦还乡。这在黄淮地区的皖北的民谣中是少有看到的——有点钱能混个饱暖就很不错了，灾荒连年，哪能有如此长远的打算？当然，徽州地域的这种科举意识也不是什么天下情怀，也只不过是为一人一家一族的奋斗罢了；及至发达了，回家修了座桥，也还是同衣锦还乡的动机是一样的，而且还缺乏一种温暖动人的情义：

前世不修，生在徽州。十三四岁，往外一丢。吃碗面饭，好不简单。一双破鞋，踢踢踏踏。一块围裙，像块袷八。乡魂悠悠，脚迹难收。细鬼啊，成功就是娘的心头肉，不成做鬼也孤幽。

前两句非常有名，因为其以大同小异的方式出现在许多徽州民谣中，但尾句未免过于赤裸，母子间都没有了纯粹的温情，不寒而栗中，一座座石桥、门楼、祠堂、深宅被这些极度渴望名、利上成功的游子带回的钱财建造了起来。

通过以上对部分皖北传统民谣的探论，希望能梳理出其中流传的一些坚硬的民族性，一些生生不息的本土性。

淮河文化的形象——花鼓灯

胡琬羚

摘　要：源于巫傩的安徽花鼓灯乐舞比起凤阳花鼓更具有历史的久远性、内容的涵盖性、表演的完整性和地域的独特性，也是淮河文化的形象代表之一。

关键词：文化形象；凤阳花鼓；安徽花鼓灯；根基；灵魂；持守；创新；气度

一、形象的选择

"文化形象"是文化学和公共关系学的概念。"文化形象"的概念通常指的是某一种文化所拥有的独特内涵和形态，以一定的表现方式综合体现在人们心目中的印象。区域文化形象就是该地区最有特点和代表性的文化，通过特定的特质和精神形态所给予人们的主观印象。各个区域都有自己的区域文化，也都有异于其他区域的不同的文化形象。"一个民族总是要强调一些有别于其他民族的风俗习惯及生活方式上的特点，赋予强烈的感情，把它升华为代表本民族的标志。"①

淮河文化形象又如何选取呢？"就区域文化形象方面说，有两点要强调：第一，区域文化形象本质上应由人体现，如果由物体现，也多是拟人的。……第二，由人或物所体现的文化形象，其核心是思想。"②

形象的选择标准既已确定，是"由人体现"还是"由物体现"呢？南京大学李良玉教授说："淮河文化的主体不是淮河，而是生活于、繁衍于、斗争于淮河流域的人民。""由人体现"淮河文化形象的最好选择就是表演艺术。麦克尔在《什么是人类常识：社会和文化领域中的人类理论实践》一书中明确地指出："许多实际的文化知识可以通过表演得以阐述清楚。另外表演似乎更足以描述人们实现其文化价值的途径和民族志研究者创造该地区文化的知识的方法。那么表演民族志既符合文

作者简介：胡琬羚，女，蚌埠市艺术研究所理论研究室副主任。

① 费孝通．关于民族识别问题[J]．中国社会科学，1980(1)．

② 李应青，程曦．皖江文化、徽州文化、淮河文化"包容性"形象辨析[J]．安庆师范学院学报，2014，33(6)．

化知识的本质，也符合关于文化知识的知识的本质。”①淮河流域最具代表性的表演艺术为花鼓和花鼓灯。

淮河文化的形象尚未有人论述，个别报纸和杂志上偶有提及以“花鼓”作为淮河文化形象代表，虽未给予论述，但究其理由，应有以下两点：第一，按某些学者的看法，花鼓已经包含花鼓灯和花鼓戏等，以花鼓作为淮河文化的形象更具有概括性和代表性；第二，花鼓（凤阳花鼓）在明代和清代均有在皇家舞台上演出的记载，声誉高且影响大。诚然，凤阳花鼓有着数百年的成长史、发展史，有着数次骄人的辉煌，凤阳花鼓因此而传遍大江南北。国家非物质文化遗产凤阳花鼓的代表性传承人孙凤城女士曾提出以“花鼓”作为淮河文化形象的代表确实有一定的道理。

对此，笔者有不同的看法，在此提出以供商榷。首先是“淮河三花”之间的关系，即花鼓、花鼓灯和花鼓戏三者之间是否存在包含关系。

从文学的角度分析，认为花鼓包含花鼓灯和花鼓戏是玩文字游戏。在“花鼓”这个词后增加一个字（灯或戏），致使出现这种包含关系，这是在使用外延和内涵时所采用的修辞手法不当而造成的，也不符合民间乐舞分类以及传承和繁衍的关系。实质上，它们是三个独立的、自成体系且各有风格的不同的民间艺术。

从集合的角度来解释，花鼓（A）、花鼓灯（B）和花鼓戏（C）是相互之间有“交集”的三个集合，如图1所示。它们的“交集”是艺术内容和形式上的交融。它们的艺术特色分别为A：曲艺，B：乐舞，C：戏剧。

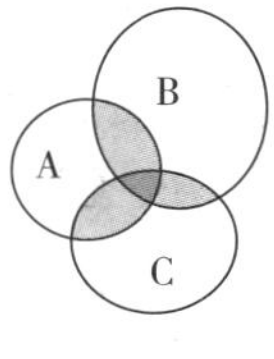

图1

淮河流域的“三花”，影响较大的是花鼓和花鼓灯，为何放弃花鼓而选择花鼓灯作为淮河文化的形象？本文选择了有代表性的凤阳花鼓和安徽花鼓灯，分别阐述。

二、凤阳花鼓

作为民间表演艺术的凤阳花鼓与花鼓灯一样，溯源是极其困难的一个课题。花鼓灯的溯源尚在进行，而凤阳花鼓的溯源几乎近于空白。笔者能从史料中寻求一些可用的信息，力求能说明凤阳花鼓的演变历程，虽有牵强附会之嫌，实起抛砖引玉之效。

春秋战国时期，民间舞为舞蹈主流，顺延于两晋南北朝，则是舞蹈变革时期，民间舞蹈已经成为独立的艺术形式。不难看出，以“鼓”为主要伴奏乐器的乐舞，已

① ［美］麦克尔·赫兹菲尔德．什么是人类常识：社会和文化领域中的人类理论实践［M］．刘珩，石毅，李昌银，译．北京：华夏出版社，2006.

具雏形。“花鼓”一词，依史料记载，最早可追溯到南北朝时期，释僧祐所著的《释迦谱》中即有“种种花鼓天妓乐”之句。

北宋诗僧惠洪(1070—1128)在《渔夫词》中曰：“不解犁田分亩步，却能对客鸣花鼓”，诗中说出了“花鼓”二字；北宋僧人鼎需(1092—1153)在《鼎需集》中也提及花鼓二字：“懒庵需曰：‘两个孩儿抱花鼓，左边打了右边舞。一曲两曲无人会，历历清风动千古。’”在普济编辑的《五灯会元》中也有记载：“三个孩儿抱花鼓，莫来拦我球门路。”清文昭纂《紫幢轩诗集》曰：“都人扮傀儡(傩戏)腰鼓而唱，谓之打花鼓。”

凤阳花鼓源于何时？无确切资料考证，在浩瀚文海中寻觅，偶得一首宋朝陆游的一首诗《小舟游近村舍舟步归四首·其四》，从中倒可以寻出点端倪。诗曰：“斜阳古柳赵家庄，负鼓盲翁正作场。身后是非谁管得，满街听说蔡中郎。”这首诗最起码提供了以下几点可用的信息：其一，花鼓作为乐器在使用；其二，既然是鼓为伴奏的演唱，必然有节奏，有韵律；其三，“盲翁正作场”，说明演唱者仅一人；其四，“盲翁”有乞讨之嫌。

虽无资料考证，但是可以看出陆游诗中的“负鼓盲翁”的演唱场景。稍加对比分析可知，无论是鼓，还是演员人数、演出形式抑或乞讨功能，都与明清之时极为相似。由“负鼓”可知，其鼓当与“雅鼓”相似，由朱载堉所著《小舞乡乐谱》中的雅鼓小样可知，与早期花鼓和花鼓灯艺人所使用的腰鼓(挎鼓)相同。从演出人员上看，与明清时期，特别是乞讨过程中的人数(1～2人)一致，一人乞讨时，以鼓为乐器，两人乞讨时，是一鼓一锣，都是说唱艺术和乞讨功能。

显见陆游诗中提及之事与凤阳花鼓之间有一种可能存在的联系，也许这就是“花鼓”艺术有史料可寻的源头之一。

宋朝是民间歌舞、曲艺、杂技等空前繁荣的时期，花鼓灯乐舞以其较为完整的演出“套路”与世人见面。有不少学者认为凤阳花鼓和花鼓灯均源于“三棒鼓”“雅鼓”和“打夜胡”，其实，每一种乐舞都是在各自的地域和人文环境下产生的，为了防止基因的变异，都有明确的排他性，也有博大的兼容性。在艺术领域内他们在相互交流和借鉴，以充实和提高各自的表演能力。

凤阳与蚌埠毗连，花鼓灯乐舞在凤台悄然而生，直至元朝，凤阳花鼓灯大盛，花鼓灯中众多的语汇被凤阳花鼓所吸收，从较为单一的说唱形式，发展为具有音乐、舞蹈和曲艺的多元化的综合艺术形式。元朝的张宪在《李天下》一诗中是这样描述的：“歌吴歈，习赵舞。吹玉笙，击花鼓。”①可见表演力丰富的“花鼓”已经成为

① [元]张宪．玉笥集·卷二[M]．台北：台湾商务印书馆，1986.

吴王张士诚的御用艺术了。在凤阳花鼓中仍保留曲艺为主要的演出特色,这是凤阳花鼓的艺术内核,也是被列入“非物质文化遗产”项目中曲艺类的根据。

明朝的开国皇帝朱元璋出生凤阳,他励精图治,减轻徭役,扩展地亩,深受人民欢迎。“说凤阳,道凤阳,手打花鼓咚咚响。凤阳真是好地方,皇恩四季都浩荡,不服徭役不纳粮,淮河两岸喜洋洋。”一曲花鼓歌道出人们的心声。据说当年的朱元璋也是玩灯的高手,凤阳花鼓和花鼓灯因此迎来了短暂的繁荣。

由于凤阳府(今皖北地区)一带是“三年恶水三年旱、三年蝗虫灾不断”的长年灾区,乞讨成了灾民们维持生存的无奈之举。明代袁文新在《凤阳新书》中有记载:“里有十甲而逋者八九,存者一二;地有千顷而荒有十九,耕者一二。”一曲凤阳花鼓歌:“说凤阳,道凤阳,凤阳本是好地方。自从出了朱皇帝,十年倒有九年荒。大户人家卖骡马,小户人家卖儿郎;奴家没有儿郎卖,身背花鼓走四方。”叙述了当时的艰辛。

为外出乞讨携带方便,“负鼓”(早期的腰鼓)改为鼓面直径仅3寸(10厘米)左右的“手执鼓”,鼓条为两根1.5尺(50厘米)左右的细竹棍。表演者单手执鼓,另一只手执两根鼓条敲击鼓面,“双条鼓”由此得名。锣改用小锣,正如花鼓歌中所述的:“左手锣,右手鼓,手拿锣鼓来唱歌,别的歌儿我也不会唱,单会唱一支凤阳歌。”乞讨的演出形式和乐器的使用大致如此。

明倪岳有诗云:“京兆青箱依耒耜,教坊花鼓应旌旗。”①诗中虽未明指是凤阳花鼓,但凤阳是明太祖的故乡,将诗中的花鼓解释为凤阳花鼓也不为过。清孔尚任在《燕九竹枝词》中对于凤阳花鼓的描述更为详尽:“秧歌忽被金吾革,袖手游春真可惜。留得凤阳旧乞婆,慢锣紧鼓拦游客。”

清代,民间艺术又迎来了兴盛期。在乾隆年间的《霓裳续谱》中“万人庆典”一卷里有《花鼓唱瑞》一个曲目,曲目后记有:“右小人八名,扮凤阳妇式,穿毛蓝布衫彩裤,汗巾搭头,四锣四鼓。后场笙,笛,琵琶,弦子,板鼓。”后记中“扮凤阳妇式”一句耐人寻味,可能是凤阳花鼓参加演出,即使不是,也足以说明凤阳花鼓巨大的影响力。

新中国成立后,凤阳花鼓和其他民间舞蹈一起进入了空前繁荣的时期。20世纪30年代,上海的“百代”“大中华”等唱片公司制作了很多凤阳花鼓的唱片,《拉郎配》《大路》《巨澜》等电影中不乏凤阳花鼓的表演场面,凤阳花鼓多次在国家级、省级比赛中荣获大奖,也曾走出国门远赴日本展露艺术风采。

花鼓和花鼓灯一样,同为“非物质文化遗产”项目,也同样存在着亟待解决的保护和传承的大问题。

---

① [明]倪岳:《清溪漫稿·卷七·文渊阁(四库全书)》.

三、安徽花鼓灯

花鼓灯历史悠久，据史料记载，远在宋朝就有了较为完整的演出程序，著名舞蹈家华以筠教授在评论花鼓灯时说："如果把明晰可考的文字记载、传说与直观所能观测到的历时与共时性的花鼓灯现象存在状态相结合来进行分析、比较，它似乎更明显地具有唐、宋交替时期的舞蹈文化印迹。"显然把花鼓灯乐舞的形成时间又提前了。一部分研究傩的学者如康保成、钱茀、潘月等先生从傩的角度提出了傩和淮河花鼓灯密切联系的可贵观点，支运波教授进一步论证："作为源于古代傩仪式的花鼓灯艺术来说，其演进的大致路线是图腾—祭演—行乞—展演—表演。"①从新石器初期"双墩遗址"考古成果中的实物分析，花鼓灯的初始乐舞，自古就是涂山文化的一个重要组成部分。可以说，在淮河流域有人类生存的时候，就有"手舞足蹈"，而后有图腾祭祀，这些就是花鼓灯舞蹈的雏形。民俗学家钟敬文指出："我们需要认识当前世界的文化现状，同时也必须知道、了解我们民族的历史，我们祖宗的生活历史，以及他们的文化和思想的历史，而民间传统的文艺，正是这种文化史资料的一个构成部分。"②淮河文化历史悠久，内容广博，积淀丰厚，是中国文化的主源头之一。在几千年的社会发展和变革历程中，淮河文化从未中断，而且在各个不同时期均有璀璨夺目的特色文化出现。扎根于淮河文化的花鼓灯在体验和表现有着各个不同时期的文化兴衰，这是沈壮海教授所谈到的"五个维度"③中的第一个——根基。淮河文化形象的客观依据是淮河文化建设与发展的实际，离开根基的建设，淮河文化形象只是空中楼阁。

文化形象的认知历程与文化体系的结构一致，以价值观为最深层的所在，这是文化形象的灵魂，也是花鼓灯作为文化形象的第二个维度。只有真正深入一个区域的文化核心中，才能够穿越种种文化现象，在头脑中形成一个区域的较为精确的文化形象。淮河文化有其深沉的价值取向，涂山文化、儒道文化、千百年来潜移默化地浸融在人们的日常生活和生产之中。在花鼓灯的乐舞中，遵循着道家动与静、快与慢、强与弱、行与停等哲学原理和"物我一也"的"自然"理念；在功能上，坚守着"德"与"和"的道德底线；把融入自身的文化素养，从不同方位、不同角度和不同层次上通过表演而展示出来，因为"所有的表演既是表现派的，又是体验派的，既是行表的，又是内心的"④。花鼓灯的狂野性、自由性以及即兴演唱，正是演员们内

---

① 支运波．花鼓灯艺术展演与特质论[J]．殷都学刊，2010，31(01)．

② 钟敬文．民俗学概论[M]．上海：上海文艺出版，1998．

③ 沈壮海．中国文化形象的五个维度[N]．人民日报，2016-02-25．

④ 罗伯特·科恩．戏剧[M]．王宇根，等译．北京：北京文化艺术出版社，2008．

心世界的真诚流露，再现淮河文化的原始特色。花鼓灯始终保持着认知历程与淮河文化体系结构的一致性。

淮河流域有着悠久辉煌的历史文化，国人的许多价值观念、思维方式，都与以孔子为代表的传统文化紧紧地联系在一起。花鼓灯的价值观和功能性深受儒家思想的影响，而演出中更多地带有道家的文化特色，当代中国人对孔子、老子所代表的传统文化正给予越来越多的尊重，优秀传统文化是流注于当下中华民族肌体中的精神血液，也是中华民族显著的精神标识。对中华传统文化的理解和把握，是人们认识当代淮河文化乃至中国文化的重要维度，这就是文化形象的维度之三——持守。孔子生于古淮水流域，周游列国的区域大部分在现今的淮河流域。老子、庄子也生于古淮水流域，是淮河文化为他们提供了创作的源泉。“花鼓灯”是民间民俗活动，为当地人所喜爱，正是以这种百姓们喜闻乐见的艺术形式，可以把理性的、广博厚重的淮河文化，用直观的、蕴含着淮河文化精髓的乐舞来展现，赋予人们直观的印象。在花鼓灯的功能中，保存着儒家思想的爱与善，展示着道家的核心——阴与阳，遵循着艺术源于生活、表现生活、服务民众的宗旨，袒露出淮河儿女敦厚、朴实、豪爽的胸怀，持守着淮河文化的形象。

在数千年的文明进程中，淮河文化有过长久的领先也有过相对的停滞，但需要看到的是，淮河儿女及其淮河文化中有着更为强烈的追求创新的传统，创新是文化形象维度的第四点。创新也是花鼓灯得以生存和发展的关键要素，花鼓灯是汉族最具代表性的民间歌舞，是淮河文化在歌舞方面的集中体现。花鼓灯有400多种舞蹈语汇、40余种舞步、30多种扇花、20多种器乐曲牌，是世界上最为丰富的、系统的音乐舞蹈语言体系之一，是世界上最能用肢体语言表达复杂情节和人物的民间舞蹈之一。如此众多的音乐舞蹈语汇，是在不改变花鼓灯固有基因的基础上兼收并蓄后创新的结果。自古及今，花鼓灯始终以华夏文明的主体形象呈现，以完美的艺术形式屹立在世界音乐舞蹈之林中。

维度五是气度。特殊的“居中”位置，造就了淮河流域可纳百川的博大胸怀。炎黄文化和东夷文化的融合，吴楚文化与本地文化的融合，既夯实了淮河文化的底蕴，也激发了淮河文化的灵性。淮河文化在吸收外来文化的过程中有过许多矛盾、疑惑、拒绝，但更多的是学习、消化、融合、创新。正是在和其他不同文化体系的交流互动中，淮河文化不断地丰富着自我，也为人类文明的进程贡献着自己的智慧。气度和胸怀是地域形成的特性，也是淮河儿女的精神品质，更是花鼓灯能有丰富的音乐舞蹈语言的基本要素。花鼓灯乐舞吸收其他民间艺术中可用的元素，博取自然界中各种不同的动作和物象，在“接受”的同时也在不断地“输出”。据《中国戏曲杂志》记载：“在花鼓灯后场小戏的基础上发展而成的卫调花鼓戏距今一百六十年历史。就花鼓灯流行的淮河区域而言，上游一带的灯串子、嗨子戏、倒七戏；中游一带的推剧,淮北花鼓戏,泗州戏;下游一带的淮扬香火戏,以及边缘地区鲁南、豫东一带的大五音戏等,无不与花鼓灯有着一定的血缘关系。”

在“淮河三花”中只有花鼓灯才能够做到与时俱进,它跟随着淮河文化走过了几千年,在不断汲取淮河文化营养的同时,又在不断地参与、见证和推动淮河文化发展。“民族民间舞蹈的深层结构是一种心理体验,一种文化状态,是指民舞的载体——舞群的思想观念,即其宗教信仰、价值观念、婚姻观念、生死观念、审美取向等。”①淮河文化的形象之所以选择为花鼓灯,是因为花鼓灯艺术的“表演似乎更足以描述人们实现其文化价值的途径和民族志援救者创造该文化知识的方法”②。

当然,上述的“五个维度”在凤阳花鼓中有些是适用的,但是花鼓灯比起凤阳花鼓更有着历史的久远性、内容的涵盖性、表演的完整性和地域的独特性(名为“花鼓”的民间艺术几乎遍及全国各地,而花鼓灯仅在在淮河流域,更具有地域的代表性)。花鼓灯乐舞可以用一个“大”字做简单概括,在乐器的使用上,东锣西鼓、北管南弦统统包含;在舞蹈上,南灯(采茶灯)北歌(秧歌)集粗犷、豪放与细腻、柔美于一体。独特的“贵己重生”的道家生命哲学,是其他民间艺术无法取代的;庞大的田间演出阵容,开创了广场艺术的先河;高亢激扬、缓急有序的锣鼓声应和经济发展的节拍,奏出新时代的最强音。

如果把淮河文化形象塑造仅仅理解为一种设计、传播,便如同在花瓶中插进无根的花枝。淮河文化形象的选择与现代企业选明星为企业形象代理截然不同。企业的形象代理追求的是表层的名人效应,而淮河文化的形象是能全方位、深层次地反映淮河文化本质内涵的艺术形式。艺术是人类“精神的镜子,它描绘过并仍在描绘人类这个物种,它是挥之不去的往日的见证”③。法国艺术大师埃马努埃尔·阿纳蒂,明确地指出了艺术在反映人类生活和地域文化上的重要性,把淮河岸边的花鼓灯乐舞作为淮河文化的形象代表应该是切实可行的。

---

① 梁一儒,宫承波. 民族审美心理学[M]. 北京:中央民族大学出版社,呼和浩特:内蒙古大学出版社,2003.

② [美]麦克尔·赫兹菲尔. 什么是人类常识:社会和文化领域中的人类理论实践[M]. 刘珩,石毅,李昌银,译. 北京:华夏出版社,2006.

③ [法]埃马努埃尔·阿纳蒂. 艺术的起源[M]. 刘健,译. 北京:中国人民大学出版社,2007.

推剧的淮河地域文化特征成因探源

杨　春

摘　要：推剧，俗称"四句推子"，发源于淮河流域，作为淮河中游地区的代表性地方戏曲剧种被载入《安徽地方戏曲志》《中国戏曲剧种大辞典》。在全国348个地方戏曲剧种中，推剧以其优美的唱腔、鲜明的个性特征和深厚的群众基础，体现了淮河流域与众不同的人文特色和风土人情。2006年，推剧入选第一批安徽省"非物质文化遗产名录"。

推剧艺术核心流行区域为淮河中游地区的凤台、寿县、霍邱、颍上等地，周边涉及河南、安徽两省约13个市（县），曾名噪一时，在安徽省众多地方戏曲中占有重要地位。

推剧是历史发展的必然产物，是沿淮两岸劳动人民的智慧的结晶。从它诞生到今天的发展创新，经过了许许多多民间艺人和专业文艺工作者的共同努力，凝聚着一代又一代推剧人的心血。本文拟从淮河流域的地域、文化背景角度来探源推剧艺术产生的必然性。

关键词：推剧；地域特征；后场小戏；弦子灯

一、推剧形成的地域背景

推剧是伴随着花鼓灯歌舞艺术发展的产物，有着固定的流行区域。推剧艺术的产生同其他文化现象的产生一样，同样离不开地理环境的作用和影响，是自然环境因素与社会人文因素的复合体，是多重因素相互作用的结果。

推剧艺术诞生在淮河流域。淮河流域地处长江和黄河两大流域之间，同时又处在南北两大文化板块的边缘和交汇接合地带，于是就成为南北文化相互交融、补充、碰撞的文化交融区域。淮南中游的淮河平原，土地肥沃，农业发达，位于中国南北气候交界的过渡地带，是安徽省人口密度最大的地区之一，淮河本土文化的形成

作者简介：杨春，男，安徽省《淮南子》研究会秘书长，就职于安徽省淮南市文化与旅游局法规科。

和发展是随着淮河流域的历次人口大迁移,不断受到南北文化的双重影响,形成了既具有地方特色,又兼收南北文化精髓的淮河地缘文化。

戏曲艺术表现了地方文化的特点,同时又受到所处自然地理环境的影响,离不开地域文化的熏染等人文地理因素的影响。淮河的自然环境、淮河文化、淮河船歌、当地的方言等都对推剧的产生有着直接的影响。

(一)自然地理环境

《管子·水地》篇:"地者,万物之本原,诸生之根苑也,美恶贤不肖愚俊之所生也。水者,地之血气,如筋脉之通流也,故曰水具材也。"自然地理环境是文化生发的根本,决定了人的思维方式、行为方式及文化趋向。自然生存环境是文化产生的土壤,文化的生成和发展受地理环境的制约和影响。

淮河中游平原,位于安徽省境内的北部,为省内平原中的主体,其范围既包括淮河以北的全部地区,也包括淮河以南宽10~60千米的地区。淮河中游平原为黄淮大平原的一部分,地面主要由淮河主支流的沉积和黄河的泛滥所形成。因各地的成因、发育过程等方面的不同,地貌形态差异较大,从而又可分为黄泛平原、砂姜黑土平原、沿淮滩地、淮南阶状地等4个次级单元。沿淮滩地位于淮河两岸,这一带为淮河主、支流沉积作用所形成的河漫滩低地。在自然状态下,此地常为洪水所淹,现多数是滩地,虽已筑堤挡水,但在汛期,常需行洪、蓄洪,尤其是在阜南、颍上、霍邱一带的沿淮地区,行洪、蓄洪的概率多数地方大于2年一次或3年一次,农业秋收的保证率甚低。淮南阶状地位于沿淮滩地以南,南与江淮丘陵台地相接,地面以两级阶地为主。西宽东窄,在霍邱、寿县、长丰一带,宽为50~60千米,在淮南、蚌埠、凤阳、嘉山一带,则宽度只有10~20千米。淮南阶状地,尤其是在西部,由于既无洪涝之虞,又有大别山地区来水滋养,农业生产条件良好。

淮河流域历来为多洪涝灾害地区。据统计,从公元前185年到1982年,有文字记载的洪涝灾害多达338个年次。对于淮河流域洪涝灾害的成因,比较一致的认识有以下两个主要方面:一是"黄河夺淮的恶果尚未根除"。黄河在1855年以前长期夺淮于苏北中部入海,它淤废了淮河下游入海通道,抬高了洪泽湖及淮河中游的水位,延缓了淮河中游的水面比降,影响了淮河中游、下游的排洪能力。二是淮河流域的气候条件比较特殊,夏季3个月的降水量通常占全年降水的60%左右,其原因有两种:一种是6月、7月间的季风造成流域大面积降水;另一种是台风移动造成局部性的大暴雨,尤其是8月常有台风雨洪灾的发生。

安徽省凤台县,这个推剧形成和广泛流行的地方,处于淮河中游,县内地势平坦,四通八达,水陆交通便利,有焦岗湖等四湖,而经县内流过的河流有永幸河等四河,盛产鱼虾蟹和水稻、小麦、花生、棉花、大豆等农牧水产品,素来就有"一麦抵三秋""不是江南胜似江南"之说。凤台这片有着"凤凰落地之台"称号的土地上,地大物博、资源丰富、信息发达、人口众多，为各种文化元素的产生提供了有利的条件。

（二）文化背景

淮河流域的早期居民称为“淮夷”，夏商周三代，中原王朝的势力开始深入这里，主要是分封一些小的方国，如六（在六安）、英（在金寨）、陈（亳州等地属之）、宋（淮北、宿州等）、胡（阜阳）等。西周的一件铜器铭文讲到淮夷“二十六邦”，说明有很多支系，仅是江淮之间的“群舒”就有十数支。这样就出现了西部中原王朝（华夏）文化和东方夷族文化在淮河流域涤荡交会的局面。到了春秋时期，进入淮河流域的国族与文化就更多了，东北的齐鲁文化、西南的荆楚文化、西部的中原文化、北方的三晋文化、东南的吴越文化等先后扩张进入淮河中游地区，在这里接触、汇合与碰撞。到了春秋后期，安徽淮河地域出现了以老子、墨子、庄子、宋钘等为代表的中国文化的创发性人物，就是孔子也在安徽的淮河流域经常走动，甚至一住多年。这些思想巨人多出生在弱小国家，弱国居大国之间，静观风云变幻，形成了自觉的反省意识与融会贯通的思想品格，从而在经济相对落后的地区成就了文化上的繁荣昌盛。起源意味着本质。淮上智者（包括淮泗的孔孟等）的思想阐发奠定了中国文化的基本品格，也对本地区后来历史文化的发展产生了深远影响。这种影响大略言之可包括三个方面：

一是安贫乐道的人生态度。道家一向提倡不为物累，绝仁弃智，恢复自然本性。深受这种思想的影响，形成淮河人安贫乐道、崇尚自在与替天行道的观念讲道义、重省察的文化在这一时期有了较大发展。其时社会发展水平都不高，人们更愿意把精神的满足与内在的充实作为主要追求，因而出现了“不患寡而患不均”的思想和对“安贫乐道”的颂扬，人性、道义成为这个时代的文化主旋律。这种思想观念对于谨厚君子品格的塑造固然有积极的一面，但不利于其发展实用知识与追求富强自足的消极一面也是很明显的。二是本性自然生活的追求造成“性情中人”的特质，使这里的人们“艺术”气质尤为浓厚，古代以来形成“游睢、涣（即今濉水、浍水）者学藻绘之功”的传统，但另一方面又常常表现为理性意识不足、法制观念淡薄，以至于宋代这里经常成为“重法”整治区。三是不屈强御、勇敢反抗的精神与墨家“巨子”结社的风气，影响这里的人们“行则带刀剑，结死党为侠游”，民风剽悍，勇于争斗，敢为人先，历史上农民起义、盗匪、反叛等非常突出，“自古淮上多豪杰”可谓是这方面最简明的概括。

汉唐至北宋时期，因为生产力水平提高，这一时期淮河流域经济有了较大的发展，唐后期甚至成为国家的经济支柱，所谓“天下以江淮为国命”。经济大发展带来文化的大繁荣，出现了一大批文化巨人，构成中古中国文化灿烂辉煌的篇章。例如：一是道学在汉代续有发展，黄老学说成为西汉前期治理国家的指导思想，在此基础上出现了道家又一集大成的作品《淮南子》。二是出现了不少世家大族，如龙亢与铚县的两支桓氏、庐江何氏、谯郡曹氏与夏侯氏、相县的刘氏与陈氏、寿州吕氏等，这些大族不仅在政治上颇有作为，文化上也各有成就，培育了许多文人干才，留下了大量的文化瑰宝，成为这一时期文化建设的堡垒。三是造就出了曹操这样的文才治功集于一身、卓绝古今的奇才。四是这一时期著名的文化人才群体，如汝颍奇士、谯沛俊彦、竹林七贤、建安七子等，多贯籍于这一地区。

文化衰落变异期——南宋至民国时期。1125年，金人南下灭宋，赵构在江南建立新政权，史称南宋。金亡后蒙古人与南宋继续战争，元朝末年、明末清初与民国时期，淮河流域战争不断、动乱不止。与此同时，黄河开始经常南泛，1194年黄河决口，河水南下灌注于淮河以北诸支流，形成黄河夺淮入海的局面，淹没大片的土地庄稼与城乡聚落，造成淮域人民年年"跑水反"。淮河流域发展缓慢。兵连祸结与干旱洪涝等持续不断地影响着淮河流域，社会与自然环境遭到严重破坏，经济发展停滞甚至倒退，人民食不果腹，生活穷极无聊。文教事业不能正常开展，"方是时(南宋)，淮以北举不知有全书"。尚武之风盛行，老百姓宁愿带刀护身，不愿买犊生产，渐渐形成了所谓的"贫困文化"，如知足常乐、安贫乐道、听天由命、重义轻利、得过且过、好逸恶劳、好吃懒做、轻死易斗等。以凤阳花鼓为代表的"淮风"或"五花艺术"(即凤阳花鼓、长淮花鼓、中都花落、怀远花鼓、城西花棍)，是灾害之年淮河人奔走四方而作的乞讨之歌，本质上是苦难艺术、乞丐艺术。淮河流域此后却进入了黄河不断南犯的时期，"大雨大灾，小雨小灾，无雨旱灾"，加上战争持续不断，不利于"进取"精神的展开，因而文化上也就没有特别的建树，反而形成"贫困文化"这样不利的人文环境。

(三)方言背景

方言是区域人民在各种环境中形成与演变而来的并区别于通用语的语言，地理环境的不同、生活方式的改变、时代的变迁等因素都会造就不同区域的方言差异性。且方言是一个区域人们的文化特色的共识，具有特定区域方言的戏曲更容易吸引观众，获得消费群体。戏曲唱腔也是基于地方方言的多样性来塑造戏曲独特的地域文化内涵，使其更贴近当地人们的生活方式，毫无违和感。中国地方戏曲最重要的内在特征就是具有方言性，方言是形成戏曲艺术最基本的音素元素，成为一个地区人民的审美共识，是本地区文化特色的最好标识。没有地方语言也就没有戏曲的多样性与地域性的内涵和特色。戏曲唱腔是在地方语言的基础上产生的，戏曲唱腔是地方语言的乐化形态，所以说戏曲是方言的艺术，方言是戏曲的生命。

中原官话是中原民系和关中民系的母语，是汉语官话的一个分支。但是中原官话也根据地域的划分出现了很多的分支，较有特色的是中原官话信蚌片。信蚌方言不分"h"和"f"，但"n"和"l"分得很清。没有后鼻音，就是所有发"eng""ing"

的音都是只发“en”“in”。信蚌方言与其他中原官话最大区别就是发音很直,全是平舌音,完全没有翘舌音。给人的感觉是很尖锐,吐字非常清晰,不像卷着舌头说的中原官话那样吐字圆润的感觉。信蚌方言的第一人称和第一人称物主代词,常用“俺”,但说的时候发的音有点模糊,说得快的时候发的音实际更接近于a(阿),俺爸俺妈(音听起来像阿爸阿妈)。现今虽然生活中用俺做第一人称和第一人称物主代词比较常见,但用我(我的)也很普遍。

按照贡贵训《皖北中原官话信蚌片的语音差异》中原官话信蚌片大致可以分为三种类型:淮霍型包括淮南、凤台、颍上、霍邱、寿县;蚌固型包括蚌埠和固镇两地;五凤型包括五河、凤阳、泗县及明光市北部的司巷等地。

《中国戏曲志·安徽卷》调查,推剧艺术主要声腔:四句推子,小调;形成年代:20世纪50年代;地点:淮北地区;流布地区:凤台、颍上、寿县、六安、霍邱、淮南、蚌埠等地区。中原官话信蚌片在安徽省的区域有:蚌埠市、金寨县、霍邱县、颍上县、寿县、凤台县、凤阳县、怀远县、五河县、泗县、固镇县。四句推子为淮霍方言区浓郁地方特色的地方戏曲样式。特殊的地理环境孕育出推剧艺术独特的人文景观。“一方水土养一方人,一方人孕育一方艺”,淮河文化的特征颇符合戏曲艺术活泼、热情、开朗的艺术文化性格。

二、花鼓灯的后场小戏催生了推剧的萌芽

(一)后场小戏

追溯推剧的起源,不可不提的便是花鼓灯艺术。花鼓灯艺术是中国淮河流域汉民族社会底层民众创造的一种艺术样式,是流行于淮河两岸的一种载歌载舞的民间艺术活动。由中国艺术研究院编辑的《中国音乐辞典》这样解释花鼓灯:“花鼓灯,民间歌舞,流行于安徽淮河两岸的怀远、蚌埠、凤台、凤阳及河南南部等地。河南称地灯。花鼓灯有歌有舞有小戏。”这里提到的小戏就是本文所要论述的花鼓灯的“后场小戏”,也即推剧起源的前身。花鼓灯的起源尚未定论,根据颍上县的一些老艺人回忆,他们小的时候有城隍巡游活动,当时民间文艺形式汇集一起,摆成很长的队伍。最前面抬着城隍神像,上罩着黄罗伞,后面接着龙灯、狮子灯、马灯,最后是花鼓灯。早期的花鼓灯是由十几个青少年扮成兰花和鼓架子,跑几个图形,对玩一些简单的身段、动作,唱几段民歌。后来,花鼓灯的表演方式越来越丰富,于是脱离红灯队伍而单独表演,大场上的岔伞就是由红灯队伍最前面的黄罗伞演变来的。花鼓灯艺术是否产生于这种庆典活动尚待考证,但在20世纪初,在淮河流域,每到逢年过节,农民们就会在锣鼓音乐伴奏下跳起花鼓灯舞蹈,通过优美的舞蹈动作和花鼓灯小调抒发欢乐的心情,并且,那时已成为淮河两岸人民节庆、灯会、庙会、红白喜事等传统风俗活动中的一种仪式,一种人们玩乐的形式和群众

性的歌舞活动。

据老一辈花鼓灯艺人和推剧艺人们回忆,花鼓灯是当地老百姓的主要娱乐活动,老百姓通常叫“玩灯”,其占据了当地老百姓的主要业余活动,同时,百姓也将花灯作为祈福、拜神、求子的一种方式。“花鼓灯”这种民间歌舞,早期以歌舞表演为主,但也穿插着一些有简单故事情节的对歌表演,在演出中分为“大场”“小场”和“后场”三个部分。大场是花鼓灯的集体舞蹈,小场是双人或三人舞,后场则是具有戏曲雏形的小戏。

由于在花鼓灯的表演过程中舞蹈比重较大,肢体动作较多,消耗体力严重,影响了演员表演的持久性,因而表演难以满足观众期望长时间观赏节目的心理。另外,演出时较大的劳动强度也会影响演出内容的丰富性。各种文献的记载以及采访尚健在的花鼓灯表演的老艺人,都认为在花鼓灯歌舞节目之后,会有意演出一些以鼓词唱本改编的小戏(即后场),目的是丰富演出形式,减轻演出时艺人的劳动强度,满足观众延长演出时间的要求。因此,艺人们便拿出更多的精力在更加节省体力的“后场小戏”上。“所以,一批有影响力的后场小戏如《黑眼疯》《割肝救母》等久唱不衰,越演越精干。后来竟导致凤台流派在花鼓灯音乐、唱腔上的一系列发展。”[①]至此,后场小戏诞生。花鼓灯后场小戏的基本框架依然是花鼓灯,不过增强了故事情节性,减弱了舞蹈性。通常是由两到三人表演的有故事有情节的生活小戏或是简单的戏剧性对唱,初步具备了中国戏曲的基本要素。

(二)后场小戏的特点

花鼓灯后场小戏是由“兰花”“鼓架子”两人或三人表演的、有故事情节的或带有简单戏剧性的对唱或生活小戏,其特点是戏中的人物仍由“兰花”和“鼓架子”装扮,并不按角色的身份重新换装,也不带任何适应剧情的道具。其基本格调还是花鼓灯,主要还是依靠锣鼓家伙营造气氛,只是减弱了舞蹈性,增强了故事性罢了。因此,“后场小戏”同花鼓灯的歌舞相比,还是具有花鼓灯歌舞的特点,但后场小戏已经初步具备中国戏剧的要素,唱、念、做、打一样不少,还有了具体的角色,不再笼统地以大兰花、小兰花、伞把子、鼓架子来分类。当然,同当时已经成熟的中国戏剧相比,后场小戏还是有着明显的不同,有着自己独有的特点。

首先,作为原生态民间文艺样式的“后场小戏”具有质朴的、非艺术化的特点,它不像真正戏剧那样崇尚教化、精致、典雅、工整,也不像真正的戏剧那么强调结构的完整、形象的典型性塑造;它不恪守表演的程式,尤其在思想认识上。这一阶段“后场小戏”的创作主体、表演主体和接受主体往往是互为一体的或者具有一体化倾向,演出者都是非职业的,“后场小戏”表演是联系着他们的理想与现实的纽带,花鼓灯给了表演主体和接受主体同样的享受。

其次,它具有杂糅性的特点。所谓杂糅性,是指艺术形式和内容相互之间还不能有机融合。“后场小戏”继承吸收了花鼓灯歌舞艺术的表演特点，而花鼓灯歌舞艺术本身就有杂糅性的特征。花鼓灯歌舞艺术产生于沿淮一带，淮河两岸地处中国黄河与长江之中，其文化本身就受南北文化的影响，兼具南北文化的风韵。花鼓灯艺术在审美上既有北方的刚劲古朴，又有南方的灵巧秀丽。花鼓灯中的舞蹈动作，有从劳动生活中提炼的动作，如端针匾、单挎篮、割麦花、踏车步等对农村劳动生活的直接模仿。鼓架子的表演有不少是武术、杂技的动作，如扫堂腿、缠丝腿、打虎式等。兰花的站肩则有杂技动作的成分。“盘鼓”则是舞蹈、武术、技巧相结合的表演形式。花鼓灯艺术更是大量借鉴吸收其他与之相近的艺术形式和内容，如与北方的陕北秧歌相比，二者在表演形式上有着相同的格局，都有“大场”与“小场”表演形式；有着相同的表演道具，如领舞的人用“岔伞”来指挥表演队形的变化。花鼓灯的“后场小戏”在继承花鼓灯歌舞表演的基础上又有新的吸收，如兰花使用的折扇源于戏曲，兰花的踩跷板、舞扇等动作就直接从戏曲中吸取营养，并且被加工为花鼓灯特有的表演手段和道具。后场小戏的清音就杂糅了曲艺琴书和民歌下河调、自叹调、凤阳歌的曲调。

最后，它具有载歌载舞的特点。虽然中国戏剧本身就是集歌舞于一身的艺术，但后场小戏中的歌舞表演同中国戏剧的歌舞是不同的。后场小戏除了有配合剧情发展的舞蹈动作之外，大量的演唱和舞蹈表演有与戏剧情节游离的特点。后场小戏中的歌和舞可以在后场小戏的演出中作为独立的单元出现。如后场小戏《游春》中老干妈到赵翠花家行进道路中的一段表演，采用了小颤步、花梆步、半十字步、大泼步等大量花鼓灯的步伐来表现各种行走路况和行走姿态。当表现角色越走越快时，使用大风摆柳及小风摆柳步法。正疾步前进时她突然停下，上身前俯后仰（足下原地未动），双腿有节奏地一弯一曲，手中的道具（一把破芭蕉叶扇子）放在右胯前，左肩和扇子随着音乐的节拍上下颤动，动作洒脱大方，表情幽默风趣。这段花鼓灯舞蹈在整个剧中所占的比重很大，是典型的游离于整个故事剧情之外的花鼓灯舞蹈表演。

三、后场小戏成因分析

演出者和观赏者共同的需要是产生花鼓灯后场小戏的的直接动力，但这种需要产生的本身也需要一定的社会条件，并且一种艺术样式的产生还需要有一个积累的过程。从花鼓灯艺术的发展过程来看，花鼓灯的表演经历了一个“舞—歌舞—小戏”这样的从简单到复杂、从低级到高级的发展过程。仔细考察后场小戏产生的具体原因，主要有以下几个方面：

（一）社会环境的原因

花鼓灯艺术产生的淮河流域具有中国比较典型的农耕文明的特点，农耕文化的特点是节气性很强，很多大的活动、庆典就是在农闲的时候进行。对农事影响最大的因素莫过于“农时”，即节气。不违时逆令，对于农业能否获得丰收，甚至对社会的安定，都有特别重大的意义。农业生产有着明显的季节性，耽误农时会直接影响到人们的收获和生活。春节标志着春天和春耕即将开始，春耕的好坏决定秋收，关系着人们的温饱生活。所以，古时从官府到民间立春日都有隆重的迎春仪式。春节期间要祭神求丰年，进行歌舞娱乐活动，后来又延续到灯节。灯节即上元节，亦称元宵节。古人把农历正月初一称作“元日”，正月十五夜称作“元夕”，与道教“上元日”有关，此风习从原始祭祀演变而来。按《帝京景物略》中载：张灯风习始于汉代“祀太一”（天帝），唐初定上元（农历正月十五日）为灯节。唐睿宗景云二年正月望日，“胡人婆陀请燃千灯”，皇帝曾到安福门观赏。盛唐玄宗改灯节为三夜。北宋初年“朝廷无事、年谷屡登”，宋太祖于乾德五年下诏灯节为五夜。明代建都南京后，明太祖于灯节期间开灯市，“盛为彩楼，招徕天下富商，放灯十日”。此风习演变为群众性娱乐活动，给民间舞蹈发展提供了重要条件。

孔子曾就当时乡民借蜡祭狂欢的情形，阐明节日的作用说：“百日之劳，一日之乐……张而不弛，文武弗能；弛而不张，文武弗为；一张一弛，文武之道也。”节日相对于平时，虽只是短暂的一瞬，但它对人生是极其重要的、不可缺少的。短暂的娱乐和松弛，冲淡消除了人们长久的紧张和疲劳。正是充足的农闲时间和民众对节日娱乐的渴求，使得各种灯舞、灯阵等民间舞蹈活动应运而生，各种艺术可以在节日、灯会、庙会中争相竞演。

（二）花鼓灯自身发展的客观原因

如果说环境的因素让花鼓灯等民间艺术有了生存和发展的舞台，传统花鼓灯自身的表演特点为后场小戏的产生积累了必要的艺术要素。传统花鼓灯表演开始仅是单一的舞蹈表演，系自娱自乐的“广场艺术”，观众与表演者是没有什么明显界限的。在锣鼓的伴奏下，大家都可以随时上场表演，观众与表演者统称为“玩友”。但花鼓灯舞蹈伴奏的锣鼓节奏比较欢快热烈，跳时间长了，演员就有点吃不消，这样就需要松弛一下，于是舞蹈者便随意吟唱几句唱词，以便休息一下。这在客观上也使节目有紧有松、有快有慢，无论是表演者还是观众都不至于感到疲乏或长期处于亢奋状态。随着花鼓灯艺术的发展，唱花鼓歌还有了塑造人物形象，刻画角色心理活动，节目之间的转接、调剂与观众之间的互动关系等表演功能，同时也是花鼓灯艺人之间的投师会友以及求得某些生活资助等方法之一。伴随着花鼓灯表演活动产生了各种各样社会活动，这些社会活动单靠花鼓灯舞蹈去完成是有困难的，正是花鼓歌演唱样式的发展弥补了舞蹈这方面的不足，使各方面关系融洽，演出得以顺利进行。

同时，在花鼓灯的表演中，“抵灯”（竞赛活动）“踩街”“谢场子”等演出形式对花鼓灯歌舞表演水平的提高起到积极的推动作用。花鼓灯的“抵灯”（竞赛活动）是两个或多个花鼓灯班同时举办花鼓灯的歌舞表演，现场由观众评选出优劣。花鼓灯还有半路拦歌的风俗——群众喜欢花鼓灯，只要遇到花鼓灯班子路过，都希望他们能到本街、本村表演，因而形成半路上拦请灯班表演的风习，称半路拦歌。人们看到花鼓灯班走来时，只要用长凳挡在去路上，旁边摆上烟茶，并远远地以鞭炮相迎，不论在什么场地，任何灯班都得停下演唱几段。拦挡的人往往故意出些难题让表演者答唱，答唱得使群众满意，并表演几段歌舞后才准过去。这时，表演者必须根据拦歌人的身份、目的即兴编词，对所提出的问题，用花鼓歌予以圆满回答，答得好的不仅顺利通过，群众还高兴地以烟、糖、手巾之类的物品相赠，这些锻炼了表演者即兴编唱的水平。

（三）与凤台花鼓灯流派特点有关

花鼓灯后场小戏主要产生并成熟于凤台，这和凤台花鼓灯流派的特点是分不开的。花鼓灯植根于农村生活，是在自娱性的舞蹈活动中发展起来的艺术形式。在长期的艺术实践中，形成了不同地区的风格和不同艺人的流派。其中，凤台花鼓灯的产生是中国民间歌舞艺术史上重要的一页。凤台花鼓灯流派的主要特点是：首先，强调动作的美感，如典型动作“三掉弯”（三道弯）强调腰部的扭动，体现女性优美的曲线动作，是东方舞蹈的重要特征“S”形在花鼓灯中的充分体现。又如凤台花鼓灯流派创造了大量衬托“兰花”的妩媚神情与身姿的扇花。据统计，在30多个扇花中，凤台县特有的为半数以上，这为表现小戏中人物丰富的情感奠定了动作基础。其次，注重音乐、唱腔方面的发展和创新，凤台花鼓灯代表人物是陈敬芝，艺名“一条线”。因陈敬芝艺名“一条线”（上场行走如飞，步法稳健笔直，不倾不斜，如线如条之意），该曲调唱法遂为民间百姓誉为“一条线调”。同时，凤台花鼓灯讲究男女角色配合，鼓架子善于逗趣，在小场中与兰花交流表演比较多，表演动作细腻，扇花变化多样，着重人物的刻画与感情描绘。凤台花鼓灯整个流派创造出那么多的音乐和唱腔以及符合戏剧表演的动作，主要是用于一大批后场节目的演出。这些艺术积累为凤台花鼓灯向后场小戏的发展奠定了必要的基础，为后场小戏的发展与成熟提供了实际的可能。

四、弦子灯——推剧的雏形阶段

据老一辈花鼓灯艺人陈敬芝回忆，1931年淮河流域遭受涝灾，1935年继之以蝗灾、旱灾，庄稼颗粒无收，凤台县域，百姓贫病交加，民不聊生。为了谋生，正值青春年少的凤台花鼓灯艺人陈敬芝、宋廷香等组织灯班，渡过淮河，前往霍邱、六安、岳西一带，走乡串户，风餐露宿，表演灯艺，吟唱“花鼓歌”。后期，又逢日军入侵，凤台沦陷，当地的很多人为养家糊口，外出逃荒，花鼓灯艺人也只能流浪在江淮一带，边流浪边演出，以求温饱。据陈敬芝老艺人回忆："以前玩花鼓灯没有弦乐，只用锣鼓伴奏，1939年我和宋廷香（艺名'宋瞎子'）在霍邱玩灯时学会了'清音'调，回到王集后结交了拉弦子的韩运辉，是他给'清音'调加了四个过门，并把弦乐器加入了花鼓灯舞蹈中。"后被人们称之为"弦子灯"。

1940年左右，陈敬芝、宋廷香结伴玩灯、唱戏，并从王子英那里找来了宣讲资料，如《白海堂割肝救母》《爱女嫌媳》等剧目，又根据民间故事改编了很多有情节的小戏（俗称：后场），如《游春》《王小楼卖线》等小型剧目。1939—1946年，陈敬芝、宋廷香等人在王集、程集、张集、左集、龚集、石集等地搭班玩灯、唱戏，始终没有间断过。

在流浪演出中，他们结识了白玉山，也就是"白穗子"，此人演唱的是一种清丽婉转的小调——清音，这一小调让陈敬芝、宋廷香听后深感惊艳，便向白玉山请教学习，而后在不断地摸索、尝试中将其运用到后场小戏中。经多次实践，拓宽了"清音"音域，同时吸收借鉴"凤阳歌""孟姜女小调"等，使旋律更加丰富、委婉；节奏上也使用了圈内人称的"垛句子""头咬尾"，有了明显的跳跃和起伏，更加婉转；同时在演唱时，为了增强地方色彩和韵味，使用凤台当地的方言，更加亲切易于流传。而"一条线"陈敬芝演唱的"清音"，被当地群众称为"一条线调"，此调便是"四句推子"的雏形。另外，在伴奏上，四句唱词之前分别增加了前奏和间奏，伴奏乐器使用笛子、板胡等，这支伴奏队伍被当地群众称为"弦子灯"班。随后"弦子灯"吸收借鉴其他艺术舞蹈形式之长，以充实自己，1945年后，开始有了简单的道具和化妆，所到之处深受当地人喜爱。当时流行的剧目有《白蛇传》《渔舟配》《王清明投亲》等。

不过，在颍上县还有这样一种说法，1932年，唐佩金应邀去寿县迎河集鲍家圩子演由他革新的花鼓灯，在演"对台戏"时，被倒七戏班所唱的《休丁香》对败。唐佩金很不服气，事后他认真总结这次花鼓灯对戏失败的教训，决定对使他成名的花鼓灯后场小戏进行进一步的重大革新。此人天赋极高，无论是乐器还是曲牌都十分精通，他从当时流行的曲艺琴书和民歌小调中汲取营养，结合当时在霍邱流行的南路清音，创作出新的花鼓灯曲调——四句推子。这种两地之间推剧起源之争，正说明了弦子灯在淮河两岸有着十分厚重的群众基础。

参考文献：

[1] 柴国珍．山西戏曲剧种文化地理研究[D]．西安：陕西师范大学，2008.

[2] 贡贵训．皖北中原官话信蚌片的语音差异[J]．宁夏大学学报（人文社会科学版），2011，11(6).

[3] 曹晓旭．安徽省淮河流域戏曲关联性研究[D]．芜湖：安徽师范大

学,2015.

[4] 周朝生. 推剧行进中的“两落”、“两起”[J]. 淮南师范学院学报,2009(3).

[5] 周朝生,崔尔胜. 国家稀有剧种推剧基本唱腔“四句推子”的曲式结构[J]. 皖西学院学报,2012(3).

关于灵璧石音乐价值的考察与评说

魏丽莉

摘　要:本文探讨灵璧石发音的特点与成因,评说灵璧石音乐的审美心理及地位,考察灵璧石乐器的复制和创新,揭示灵璧石对中华民族音乐文化产生的重要影响。

关键词:灵璧石;音乐价值;发音特点;审美心理;乐器复制

古泗水发源于山东蒙山南麓,流经鲁南、皖北和苏北,曾是淮河最大的支流。泗水之滨多美石,皖北灵璧县因"山川灵秀,石皆如璧"而得名。县北有磬石山,亦名磬云山或磬山。清《灵璧县志》有《磬山吐云图》,可见当年景象,群峰突兀,云雾缭绕,水流潆洄。灵璧就是《尚书·禹贡》记载的"泗滨浮磬"的主产地。古泗水曾流经山下,所产磬石,"其色清润,其声清越,历代所采以供郊庙之乐"(清《灵璧志略》)。灵璧石叩开了华夏音乐殿堂的大门,古代独特的礼乐文化无处不在激荡着灵璧石清越悠扬的天籁之音。

一、灵璧石发音的特点与成因

灵璧石为"泗滨浮磬"最为辉煌的组成部分,当地称之为"八音石",是一种会"唱歌"的石头,敲击时能够发出类似金属之声,音质清脆,泛音列宽,余音悠长,有较强的穿透力。《尚书·禹贡》提到的"泗滨浮磬",是灵璧石开始进入古代高文典册的标志。"泗滨浮磬"也称"浮磬""泗滨浮石"或"浮石"。

这里"浮"是何意?千百年来一直是众说纷纭。探讨灵璧石发音特点的前提是要准确理解"浮"的意思。《尚书正义·孔安国传》记载:"水中见石,可以为磬。"孔颖达疏载:"泗水旁山而过,石为泗水之涯,石在水旁,水中见石,似若水中浮然,此石可以为磬,故谓之'浮磬'也。"沈蔡《尚书集传》记载:"浮磬,石露水滨若浮于水然。"宋代史浩《尚书讲义》记载:"泗滨之石,谓之浮磬,盖石出于水面,其

作者简介:魏丽莉,女,安徽宿州人,宿州学院音乐学院副教授,主要从事音乐学和声乐教学理论研究。

状若浮。”类似的解释很多，但终究不令人满意。更有穿凿附会者，如《拾遗记·颛顼》载：“石浮于水如萍藻之轻，取之为磬，不加琢磨。”《唐宋白孔六帖》载：“泗滨浮磬，言石浮可为磬。”今人也做出了新的探索，有的学者认为浮磬是“指山崖表面的石头，裸露在山崖表层的石头。只有以表层的石头和埋在深处的石头作对比，才会恍然大悟，发现表层的石头特别好。虽然都是同一的响石，声音优者当属‘浮石’。”①正确理解“浮”的含义，对人们认识灵璧石的发音特点至关重要。其实，古人早就注意到这个问题，明嘉靖余鍧《宿州志》引宋人胡瑗的说法：“浮者，轻清也。人以为水上浮石，非也。石之坚者乃有声，浮石焉得有声。”②很显然，这里的“轻”不是指物体的质量小，而是指声音的悠扬清脆。古人常以“浮沉”来区别音的高低。如《世说新语·言语篇》桓玄问羊孚：“何以共重吴声？”羊曰：“当以其妖而浮。”所谓“浮”，是指声音调高。梁朝江洪《咏歌姬》载“浮声易伤叹，沉唱安而险”，就是以“浮”“沉”别音之高低。从汉语语法结构看，“泗滨浮磬”是一个偏正短语中的定中短语，“泗滨”限制“浮磬”，“浮”又修饰“磬”，“磬”为中心语。因此，“浮磬”就是俗语所说的“响石”，“浮”指石音的清亮悠扬。

灵璧石，抚之温润，扣之金声，古人视为一绝，甚至以音作为区别他山之石的主要标志。明朝王守谦《灵璧石考》记载：“黑如漆，间有细白纹如玉，扣之声泠然，此天下所无而灵璧独有。”清朝谢堃《金玉琐碎》记载：“谱言英石为应石，又为音石，盖言其有声，其实真英石无声，有声者灵璧石也。”清朝赵希鹄的《洞天清禄集·怪石辨》也指出“叩之声清越如金玉”，当为灵璧石。“扬州八怪”之一的黄慎，在画作《击磬图》上题款：“考石有音惟泗滨，舍此而求更无有。”

为什么灵璧石能够发出悦耳之音？各种石材声音的优劣，主要取决于矿物组成和结构构造。矿物结晶好，颗粒均匀，排列紧密，发音就好，反之就差。灵璧石是隐晶质石灰岩，从矿物组成来看，成分单一、杂质较少，主要是方解石，且有少量的金属成分；从结构来看，颗粒细小、等粒均匀、接触紧密，为显微等粒镶嵌结构，无松散的孔隙；从硬度来看，可达莫氏 4 度左右，质地坚硬，不易风化和碎裂；从形态来看，多为片岩，符合板振动的形态要求。

二、灵璧石音乐的审美心理及地位

磬也被称为“石”或“鸣球”，是最古老的石制乐器，也是古代乐器中的“群音之长”，与编钟前身“钲”一起奏响华夏“金石之乐”的先声。

远古时期，祖先在打制石器的过程中发现某些石头能够发出悦耳之音，可为舞

① 杨浚滋．释“浮”．[J]．中国音乐，1996(03)．

② 余鍧．宿州志[M]．合肥：黄山书社，2008．

蹈击节助兴，于是就把这种原为劳动工具的石器演变成具有审美意义的乐器。后来，随着对音乐认识的不断深化，出现了音高、音节、调性等概念，"石"逐渐由单个的工艺原始的打击乐器演变成一组能够演奏复杂音乐的规范化的旋律乐器。

先秦时期，随着礼乐文化的发展，逐步出现了朝廷规制的编磬，是为"丹陛大乐"。自秦汉以降，编磬更荣为皇家礼器，有着严格的礼制规范，平民百姓不得私制配享。石磬从民间走进宫廷，为统治者独享专用，其功能也随之发生了变化，主要用于宗庙祭祀和朝聘宴享等礼仪活动，成为权力、地位和身份的象征，在音乐发展史上打上了深深的烙印。

为什么历代帝王一直遵循古制把石磬作为主要乐器？崇尚自然的古人认为各种音色都以自然材料及自然的状态发声为美。磬声是天籁之音，清远悠扬，音质纯净，音色优美，自然就成为首选。早期的石磬音乐被蒙上了一层神秘的色彩，如《吕氏春秋·古乐篇》的"击石拊石，以象上帝玉磬之音"，《乐叶图》的"磬之声能动千里"，《广异记》的"磬声一振，鬼神必闻"。古人又认为，神与人可以通过音乐交流思想感情而和睦融洽，"八音克谐，无相夺伦，神人以和"（《尚书·尧典》）。这些可以看作是我国早期音乐审美心理的萌芽。周朝建立了严格的礼乐制度，以和平中正为原则，以庄严肃穆为标准，具有鲜明的政治性与教育性。石磬之乐成为强化这种教化功能的载体。如《陈氏乐书》说："在庙朝闻之，君臣莫不和敬，在闺门闻之，父子莫不和亲，在族党闻之，长幼莫不和服"。听石磬之乐，能够促进君臣团结、家庭和睦与社会和谐。"钟鼓喤喤，磬筦将将"（《诗·周颂·执竞》），显示出当时人们对石磬清脆响亮音色的审美选择，以及石磬与钟鼓等乐器合奏时声音和谐、气势磅礴的审美倾向，营造出雍容华贵、庄严肃穆的庙堂气氛，更符合周人对祖先歌功颂德、祈求福庇的心理需求。

随着后来统治者的不断强化和心理暗示，石磬之乐逐渐成为帝王诸侯维护其统治地位的手段，人们对石磬之乐的审美心理也逐渐由早期对神灵的崇拜转为对王权的敬畏。"金石之声若霆"（《吕氏春秋·制乐》），钟磬合奏给人的感觉是有威慑力、震撼力的，音乐审美心理的联觉想象可以与统治者期望的不可动摇的政权联系在一起。由于受审美心理感知觉与联觉的引导，石磬之乐会令人产生特定的心理状态和特定的行为反应，诸如"君子听磬声，则思死封疆之臣"等（《礼记·乐记》）。可见，从音乐审美心理来看，石磬之乐经历了由节奏审美、音色审美到功能审美的演变历程。

历代帝王制磬首选灵璧石。"磬石所产，在昔非指一所，后但取于灵壁（璧）"（明·余鍧《宿州志》），那是因为灵璧磬石质地缜密，石色清润，音质纯正，兼具声色之美。早在《史记》中就有少昊"制浮磬"的记载。1950年，河南安阳武官村大墓出土的虎纹磬，石质细腻，颜色灰黑，"间有白脉如玉"，有5个音阶，轻轻敲击就能发出悠扬之声，经专家鉴定为灵璧石打造，现被中国历史博物馆收藏。1978年，湖北随州曾侯乙墓出土了一套战国初年的编磬，所用材料为青灰石，大部分已被压碎或粉化，完好的只有9枚。曾侯乙编磬的石材取自何地没有记载，但后来湖北省博物馆和武汉物理研究所合作，采用灵璧石制作了这套编磬的复制品，其发音与原编磬的标音铭文相符，低音浑厚，高音明澈，音域达三个八度，可以旋宫转调，能够演奏多种乐曲。2008年，安徽蚌埠双墩一号春秋墓出土了一组龙首石磬，双墩一号墓近在“钟离城”遗址，古钟离国距灵璧磬石山仅百里之遥，这有理由相信古人不会舍近求远舟车劳顿跑冤枉路。

秦统一后，钟磬之乐也渐渐沉寂，但作为一种特权象征，灵璧石历来都是封建王朝的典礼重器。灵璧石是历代帝王制磬的首选，唯一例外的是唐朝天宝年间，唐玄宗崇尚西域来的快节奏音乐与胡旋舞，而泗滨磬只适宜雅乐，当时的乐工就废泗滨磬改用华原磬。诗人白居易、元稹均写长诗《华原磬》，讥讽君心不古，沉湎靡靡之音，乱了心智，以致引发安史之乱。宋的统治者为巩固政权，极力恢复礼制，皇家频繁到灵璧采石制磬，《宋史》多有记载，太祖乾德四年，“求泗滨石以充磬材”；仁宗景祐年间，“遣使采泗滨浮石千余段以为县磬”；仁宗皇祐三年正月，“诏徐、宿、泗、耀、江、郑、淮阳七州军采磬石”。宋徽宗大观四年，因白石“其声沉下，制作简质，理宜改造”，规定凡石部乐器必选“泗滨之石”。元朝的统治者虽是蒙古人，但宗庙宫悬仍遵循中原古制，其中至元二十六年（1289），忽必烈曾派大乐正赵祖荣到灵璧采石制磬。明代，皇家继续仿制古代乐器，洪武帝曾指派专人到灵璧置办编磬，作为登基庆典乐舞时用。同时，据清人陈元龙《格致镜原》记载：“洪武初年取灵璧石作磬，赐各府文庙。”明嘉靖称帝时，沿其祖风，也到灵璧取石制磬。清代，各地来灵璧采石制磬更为频繁，现在北京故宫和山东孔府陈列的编磬，都有“石产灵璧”或“灵璧贡”的明确记载。

值得注意的是，灵璧石从明代开始由皇家的宫殿宗庙进入民间的厅堂书斋。屠隆《文房器具笺》记载：“有灵璧石色墨性坚者妙，悬之斋中，客有谈及人间事，击之以待清耳。”灵璧石受到文人雅士的喜爱，他们以求得灵璧石为幸，对灵璧石推崇备至。

可见，随着时代的发展和社会的进步，石磬的音乐功能逐渐式微，象征、教化功能日趋减弱，而赏玩功能不断增强。笼罩在石磬上的神秘色彩渐渐淡去，反映出石磬从民间到宫廷，又从宫廷到民间的回归，也反映出石磬由实用乐器、庙堂礼器到文人赏器的递变过程。

三、灵璧石乐器的复制和创新

如今，灵璧石乐器逐渐淡出了国人的视野，但从近代以来，一些专家、学者或民间艺人，为挖掘传统制磬艺术，弘扬民族音乐文化，不断进行田野考察、理论研究和实践探索，为灵璧石乐器的复制和创新做出了重要贡献。

民国时期，上海大同乐会参照历史资料，用灵璧石成功制成了一套仿古编磬，其音质、音色可与山东孔府保存的编磬相媲美。1985年，南京市文工团在西安金石之声音乐会上，用三套灵璧石制作的仿古石磬——云磬、鱼磬和条磬演奏音乐，赢得了中外音乐家的赞赏。新制的鱼磬和条磬，音质纯正，音色华美。演奏时，鱼磬声在中高音区徘徊，柔和悦耳；条磬声置高音区回旋，清脆洪亮。更为奇特的是，条磬不但能敲奏，而且还可以刮奏，受到了艺术家高度重视。如今，编磬之乐作为国乐，时常在国内外大型舞台上演奏。

当前，磬石乐器的研究专家和民间艺人又对磬石乐器进行改革创新，研制出磬石琴、篪、笛子和二胡等。磬石琴，古朴典雅，音域宽广，清脆响亮，能演奏不同调式、不同风格的乐曲。特别应该提到的是“中华飞天宝琴”，该琴由中国音乐文学学会等部门联合研制而成，由琴头、琴键、琴架、琴棰、琴座五个部分组成，其中琴键为灵璧石与黄金合成，现被中华航天博物馆收藏。如今，家藏石琴成为一种时尚追求，甚至国家领导人也把它作为国礼馈赠外国友人。篪原为古代的一种管乐器，自明以后逐渐退出乐坛，至今仅见于一些史料记述。1990年，在成都中国古琴艺术国际交流会上，由灵璧石制作的石篪演奏的《西楚辞》，音质纯净悦耳，惊震四座。2010年，在第四届中国宿州灵璧石国际文化节上，由磬石琴、编磬、磬石二胡、磬石笛子等磬石乐器合奏的《踏歌》，古韵悠悠，醒人耳目，让观众充分领略到磬石之乐的独特魅力。磬石笛子，既有竹笛的婉转悠扬，又有石质的深沉厚重。磬石二胡，除了琴筒蒙皮外，通体都用磬石制成。另外，一些磬石乐器的研究专家和民间艺人正在研制磬石中阮、磬石柳琴、磬石编钟、磬石石鼓和磬石唢呐等乐器。

色如墨、光如镜、声如铜的灵璧石，是传承我国音乐文化的瑰宝。磬石系列乐器的横空出世，是对民族乐器的继承和创新。有理由相信，这些研究专家和民间艺人用他们聪明的智慧和勤劳的双手，一定会创造出更多更美的磬石乐器，为中华民族的音乐文化繁荣与发展做出新的、更大的贡献！

淮河城市文化背景下的公共艺术

黄华高

摘　要:公共艺术作为当代城市文化创新发展的重要组成部分,以视觉艺术形态美呈现出一个城市的城市面貌。没有文化的城市是没有灵魂的,没有公共艺术的城市文化将是苍白的,因此作者通过文献查询以及实地调研蚌埠市公共艺术相结合的方法,阐述蚌埠市城市文化下的公共艺术的历史渊源与现状,并分析其发展过程中存在的问题与对策。论文研究主要有以下几个方面:首先对蚌埠市历史、地理、文化因素进行整理分析;其次从蚌埠市现有的公共艺术表现形式和城市公共艺术的分布情况进行调研分析,探究现有的公共艺术与地域文化之间的关联;最后对蚌埠城市文化下的公共艺术的整体规划、发展策略以及存在的一些问题进行总结分析。

关键词:淮河城市文化;城市公共艺术;蚌埠市

一、淮河地域文化与蚌埠市城市公共艺术

淮河,是我国一条古老而又独具地域特色的河流,与我国长江、黄河、济水齐名于世,并称“四渎”。淮河流域,不仅是我国闻名的战略要地之一,而且是苏、鲁、豫、皖人民赖以生存和发展的基础,更是中华民族5000年文明史的主要发源地之一,它以深厚的文化底蕴、悲壮的历史沉积将人们带入了博大的淮河文化空间。由于淮河是我国东部的南北分界线,淮河流域是位于黄河与长江之间的过渡地带。所以,淮河文化便在这个特定的自然环境中形成了独具特色的区域文化。

城市是人类生产生活的空间载体,文化是城市精神文明的内核,是一个城市的灵魂,而公共艺术则是一个城市最能展现其文化内核的标志。随着改革开放的不断深入,经济和城市不断发展,民众对公共艺术的追求不断地提升,城市之间的距离不断缩短,特别是2010年上海世博会的召开给中国当前公共艺术提供了宝贵经

作者简介:黄华高,男,安徽省地矿局第一水文工程地质勘查院工程师。

验,使得公共艺术不再只是停留在图纸上,而是真正地融入我们的生活中。一个城市的文化,是市民精神的体现,更是公共艺术的意义的体现。

随着党的十九大的胜利召开,蚌埠市也在紧张地创建全国文明城市,大力打造淮河流域文化中心城市,因此加强公共艺术与蚌埠城市建设迫在眉睫,也是重中之重。

蚌埠又名“珠城”,位于淮河中游,地处中国南北地理分界线秦岭—淮河一线。古代盛产珍珠和河蚌,《尚书·禹贡》即有“淮夷蠙珠”的记载(蠙为蚌之别称)。古代,淮河出怀远荆山口至蚌埠地域,水流趋缓,水质清澈,水草繁盛,极适宜河蚌繁殖,且蚌中出珠。清代编修《凤阳府志》亦记载:“蚌步(‘步’与‘埠’通假)集在灵璧西南一百六十里,乃古采珠之地。”①地域文化的形成是一个长期的过程,地域文化是不断发展、变化的,但在一定阶段具有相对的稳定性,每个城市都有属于自己的文化特色,城市公共艺术通过作品的形式表达出来,而地域文化则是展示城市文化公共艺术的基础。蚌埠是全国重要的交通枢纽城市,交通便捷,公路、铁路、水运、航空四通八达,是华东地区重要的铁路枢纽。

公共艺术是艺术家用环境外在形态和风格指向协调一致的艺术语言进行创作的比较特殊的大型艺术形式,它的产生和发展与人类追求文明进步密切相关。作为城市公共空间的重要构成要素,公共艺术不仅能够美化环境,而且还可以提升城市形象,公共艺术作为一个地域文化的重要载体,传递一个城市的文化特色和人文精神,公共艺术通过彰显所在城市的地域文化使得该城市的历史文脉得以延续。

二、蚌埠城市文化不同类别与公共艺术中的结合

地域文化的内涵丰富而深厚,为城市公共艺术提供了丰富的设计元素,城市公共艺术的社会功能就是对艺术作品进行符合城市规划、建筑空间、园林布局需要的有机整合,由此来提高整体环境尤其是城市审美环境的文化层次。由于目前城市文化与公共艺术的研究还属于发展的初级阶段,各部体系不完善,因此所需数据还要依赖于实地调查、查阅资料。

以蚌埠为例,千里淮河穿城而过,京沪高铁飞渡南北,气候四季分明,习俗南北相济,要说最具有地域文化特色的公共艺术,那莫过于我国著名工艺美术大师韩美林设计的中国第一个南北分界线标志——《火凤凰·龙》雕塑(见图1)。该雕塑耸立在蚌埠市区东部的龙子湖西畔,雕塑高39.9米,重100吨,按照中国传统,在

① 《蚌埠市志》第1页。

东南西北四个方位设计了青铜铸造的青龙、朱雀、白虎、龟蛇(玄武),顶端是一条欲飞的苍龙,寓意中国的全面腾飞。整个雕塑伟岸挺拔,直指天际。中部八根钢管,蓝色四根指向北方,象征北方气候寒冷;通过冷暖色的对比,红色四根指向南方,象征南方气候温暖;很好地将南北方元素融合在一起,雕塑中间夹有一颗青铜珍珠,寓意蚌埠是珠城,地处南北之间①。

张公山公园门前雕塑造型为张开的不锈钢蚌壳大门雕塑下,中心设计一座灵动的“珍珠玉女”(见图2),“蚌壳”总高约20米,“珍珠玉女”总高约4米②。“珍珠玉女”很好地结合了蚌埠这一地域文化,将蚌埠的特色文化展现得淋漓尽致。

图1　南北交界线地标《火凤凰·龙》雕塑

图2　“珍珠玉女”

简单来说,地域建筑文化是由该地域特定的自然条件、民族习俗、社会生活方式决定的,是长期发展的产物,经过不断的融合发展、创新、积累、沉淀而形成的,是一个城市的精神财富。设计师通过对其进行提炼和分析,赋予其新的内涵

① 蚌埠市人民政府:《地理位置》(引用日期2014-03-02)。

② 中共蚌埠市委、蚌埠市人民政府:《文化遗产》(引用日期2015-08-25)。

和形式，以一个全新的形式展现在人们面前，是地域文化的真情流露。例如，"珍珠玉女"就结合了蚌埠市的特色，将其表现在公共艺术上，既增强了作品的亲和力，又在情感上与公众达成了共鸣，是市民对蚌埠这个城市的自豪感和认同感，具有特殊的意义。

蚌埠的淮河文化广场文化气息非常浓厚，会展中心、大剧院、图书科技馆、休闲中心四幢建筑物都坐落于此，而会展中心旁边的小山上的人头像，是被放大了的"陶塑文面头像"。"陶塑文面头像"是蚌埠双墩遗址出土的新石器时代遗物，距今7000 年左右，为国家一级文物①。当前恰逢蚌埠市正全力打造淮河流域中心城市、皖北地区中心城市之际，加强城市文明建设，牢固树立和践行新发展理念，主动适应经济发展新常态，经济保持平稳较快增长，产业转型升级步伐加快，蚌埠城市建设管理水平持续提升，改革创新不断推向深入。因为淮河文化是蚌埠文化的重中之重，所以蚌埠城市公共艺术与淮河文化是息息相关的，首先就是城市建设与城市文化的融合，城市公共艺术不仅可以提升一个城市的形象，更是一个城市文化的象征，也是一个城市的明信片，拥有 7000 多年历史的双墩文化与淮河文化相互碰撞，更能提升城市的文化建设。

三、蚌埠市公共艺术现状分析

由于经济的发展、城市节奏的加快，城市文化艺术的趋同性逐渐增强，城市之间的"借鉴"和"模仿"仿佛成了一种合理的托词。首先，蚌埠作为一个三线城市，公共艺术的发展相对来说落后于一些大型、中型城市。在此次调研中笔者发现，很多城市雕塑出现了掉漆、破损的现象，在公共艺术的布局上也存在欠缺，且形式上也比较单一。公共艺术不仅可通过城市雕塑表示，而且还可以通过壁画、绘画、园林、建筑等方式来展现，且分为动态与静态两种。根据此次调研，笔者发现，一方面蚌埠大多数为装饰性的公共艺术，缺乏一些实用性的以人为本的公共艺术，这样就缺乏了与市民的良好互动；另一方面缺乏明显的整体性与主体性，仅仅是各种城市文化元素的堆砌，缺乏创新，地域文化的融合不是太明显，缺乏对淮河文化以及蚌埠本身城市文化的深度发掘，忽略了地域文化在城市公共艺术中的作用。

四、借鉴和启示

城市化的不断发展使得城市的经济基础和上层建筑都在飞速发展，特别是在当下改革开放的中国，在城市化的进程中，经济的高速发展如何兼顾历史文化的保

---

① 蚌埠市人民政府：《经济发展》（引用日期 2019-06-07）。

护，是亟待研究的重要课题，而加快公共艺术的发展是解决问题的关键。通常讲加强城市公共艺术建设，人们所想到的是将传统的地方城市文化元素与公共艺术进行排列组合，但是还需要考虑如何使历史的、记忆的、纪念性的交流和体验在公共空间里激起共鸣和认同。

城市中人流集中的地方被称为城市公共空间，城市的主要文化、艺术都要通过这一媒介进行表达，而公共艺术的作用就是在城市公共空间中搭建起一座人与城市之间沟通的桥梁，城市精神文化的内涵在现代公共艺术中不应该是简单的元素符号的堆砌，而应该是融入更多的设计师和民众的想象力，打造一个充满艺术的公共文化空间。

蚌埠，是淮河文明的发祥地之一，有着悠久的历史和灿烂的文化，史载蚌埠“古乃采珠之地”，故素有“珍珠城”的美誉。淮河流域人类文明——双墩文化遗址的发现，丰富了中华民族的历史；大禹治水留下了“三过家门而不入”的千古佳话；垓下悲歌，在历史的时空中回响着余音；被誉为“东方芭蕾”、汉民族最具代表性的民族舞蹈之一——花鼓灯艺术代代传承。这些都是蚌埠人民宝贵的财富。

鉴于笔者调研时间有限，未做全面深入的研究，某些数据并不是很详细，希望以后能进一步完善蚌埠城市文化背景下的公共艺术的研究。

灵璧石雕之历史演绎与技艺彰显

朱铁军

摘　要：灵璧石闻名遐迩，灵璧石雕秉承奇石之特质，匠心独运，独树一帜。通过解读灵璧石雕的起源和记述其历史脉络，在探查灵璧石种类分布和灵性特质的基础上，深入解析灵璧石雕自成一格的工艺技法，彰显其带有皇族血统的民间传统工艺的气质与魅力，同时辑录部分灵璧石雕现代传承人，以强调灵璧传统石雕工艺在传承中的求变求新，在创新中的发扬光大。

关键词：灵璧石雕；历史源流；品种分类；工艺特质；现代传承

灵璧县是安徽省东北部一个具有悠久历史的县城，虽仅为一个县城，却是中华奇石——灵璧石（又称磬石）的主产区。《词源》记载："磬石，山名，在灵璧县北，泗水之南。"灵璧石与钟馗画、虞姬并称为"灵璧三绝甲天下"，并享有"山川灵秀之钟，石皆璀粲如璧"的美誉。

灵璧石以其独到的"玉质金声"闻名遐迩，从古至今，深受王室贵族、文人墨客喜爱，同时也是古代用来制作编磬的最佳材料。灵璧磬石雕历经千年的发展与传承，已自成系统，有着独树一帜的特色，目前已被列入安徽省省级非物质文化遗产名录。

一、历史演绎

灵璧石是经过7亿多年复杂而漫长的地理变化所形成的特殊质地和形态造型的碳酸盐岩的变化品种。对于灵璧石的开发，据史书可考的即有3000多年的历史，《尚书·禹贡》记载有"泗滨浮磬"的字句，正是当今灵璧县渔沟区内磬云山。我国殷商时期的文献就有灵璧石雕制宫廷乐器——虎纹石磬的记载，当时，人们采用灵璧磬石制作编磬，并与编钟的前身"钲"配合使用。编钟以青铜为骨，属金属乐器，而编磬以石为质，属石制乐器，中国古代"金石之乐"的说法由此而来。自此，"磬"也成为代

作者简介：朱铁军，男，安徽工程大学硕士研究生导师，副教授。

表皇权的礼器、乐器乃至神器。《诗经》也有以磬作为乐器的诗句。

战国时期，灵璧石更是成为进贡王室的器物。《晋书》记载："皇帝勒令镇西将军谢尚来灵璧采磬石以备大乐江左。"宋代文人杜绾在其撰写的中国第一部论石专著《云林石谱》中共汇载了各类石品116种，而灵璧石则居首位。宋代诗人戴复古在《灵璧磬石歌为方岩王侍郎作》中对灵璧磬石就有"灵璧一峰天下奇，声如青铜色碧玉"的称道。用灵璧石所制作的乐器历来深受欢迎，弥足珍贵，世人耳熟能详的宋代文学大家苏轼和大书法家米芾都曾专程赴灵璧采取磬石。

关于灵璧石雕的名声大噪，另有一则传说，众所周知，北宋皇帝宋徽宗酷爱书画，其大臣为投其所好，特命人取磬石精工细作以成砚台，并在其上雕刻"灵璧小峰"的画面，制成后进献给徽宗。徽宗对此爱不释手，便信手在"小峰"画旁刻写"山高月小，水落石出"八字，此后，徽宗更是将灵璧石入库收藏。有了皇帝的褒扬和赞许，伴有其亲笔题书，更有大家专门收藏，灵璧磬石自此身价陡增，成了珍贵之物。至明、清两朝，灵璧磬石以及灵璧磬石雕已是炙手可热了，其精制而成的乐器多数被用作皇家祭祀或祭奠孔子之用。清乾隆帝曾赞誉它为"天下第一石"，其地位不言而喻。

据《灵璧县志》记载："民国十三年，本县艺人设计制作一只特大的镂空石磬，镌刻总理遗嘱，敬献中山陵，以示纪念。"①

1949年后，为了发展传统工艺美术，相继建立了灵璧工艺厂、灵璧大理石厂，开发了磬石、菜玉、红皖螺、灰皖螺等十多种石料。这些"玉质金声"、色彩绚丽的石料，经过镂画雕凿、精工细刻，成为各种精美的编磬、磬石乐器、礼器、茶具、酒具、饰品、文具、砚台、屏风、白灵雕等工艺品。灵璧磬石雕这一古老、传统的手工艺，在漫长的发展过程中曾产生过无数的能工巧匠。

灵璧磬石雕所蕴含的丰富的艺术和人文价值以及灵璧磬石自身所拥有的经济价值、收藏价值和医用价值等，使得现如今磬石雕这一传统工艺越来越受年轻人的欢迎，很多人专程前来学艺，灵璧县从事与此相关的人员已达千余人，而采料、生产、加工、制作以及销售的工厂、车间、作坊、商店以及卖场遍布城乡，已经成了当地的重要产业和工艺品制作特色。全国各地的人们慕名而来采购和定制灵璧磬石雕工艺品。

二、种类分布

(一)灵璧石种类

灵璧石按其颜色分类，共有黑、白、红、灰四个大类；按石质分，主要有六个大

① [清]吴嵩，顾勤墉．灵璧县志[M]．合肥：黄山书社，2007.

类,分别如下:

(1)磬石类。此类石质细腻,磬声悠扬,余音绕梁,因此也被称作“八音石”,主要包括墨玉磬石、灰玉磬石、三花磬石等。

(2)白灵璧石类。白灵,质地坚硬,但性温润犹如羊脂,有“雪山白灵”之誉,包括五彩白灵璧石、红白灵璧石、灰白灵璧石、紫白灵璧石、黄白灵璧石、褐白灵璧石等数种。由于白灵璧石类硬度大、质地佳,是灵璧石中最佳的雕刻石种。

(3)龙鳞石类,又被称作碗螺石,在颜色上主要有红、黄、灰等。由于此种石类的石身分布有龙鳞状,且轮廓清晰,好似数条首尾完整的龙游走其上,给人以强烈的视觉观感。

(4)五彩灵璧石类。顾名思义,此类灵璧石色彩斑斓、绚丽缤纷,并嵌有各色花纹,肌理纹样特别,且造型别致,是观赏把玩的上等之物。

(5)绣花石类。属原生观赏石,形状多为圆形或椭圆状,常自然形成多种图案,山水植物,黑白鲜明,古朴雅致,栩栩如生,故被称为绣花石类。

(6)花山青霜玉类。此类石材虽被称为花山青霜玉类,但石质较硬,有玉质般的手感和光泽,形态也十分优美,惹人喜爱。

灵璧石按其体积大小可分为三个大类,分别如下:

(1)自然景观石。此类灵璧石均为巨型的天然奇石,自然天成,惟妙惟肖,极具观赏性,然而因其体积巨大,故只可观览,无法用来收藏。

(2)园林庭院石。体形较大,但亦可搬移,常用来布置园林庭院,室内无法容纳,可巧妙布局群体配合,也可匠心独运单独置放。

(3)室内观赏石。此类灵璧石中小适度,易陈列于房厅的几案台桌之上,能起到装点美化之作用。

(二)灵璧石分布

灵璧县境内灵璧石产区遍布,真可谓是“灵璧石之乡”,各产区虽同处灵璧一地,然而由于地质地貌的差别,不同地区出产的灵璧石各具特色,形成了上述石质各不相同的灵璧石种类。灵璧石的产区可分为三大块:一是经渔沟镇、朝阳镇为中心划出的一个产石圈,总面积约为190平方千米,为磬石产地和灵璧石品种的主产区。二是经夏楼镇的灵山为起点向西至张楼,向南至张山,向东至罗蛛山,再向北至灵山,划出的一个产石区约90平方千米。此范围内东部为灵璧县,西半部分为埇桥区。这一产区内产磬石、莲花石、黄色木纹石、乐石等。三是以灵城为中心,北部为凤凰山、馍馍山,向东8千米有三注山,西南20千米有大山。此产石区主要出产大中型园林石及青灰石灰岩、菜玉石等。

(三)灵璧石雕类型

至于灵璧石雕的类型,主要是根据灵璧石的质地以及灵璧石雕制品采用的传统技艺,分为浮雕类灵璧石雕、圆雕类灵璧石雕、镂雕类灵璧石雕、阴刻类灵璧石雕、阳刻类灵璧石雕、影雕类灵璧石雕和微雕类灵璧石雕,表现类型主要集中在乐器、摆件、装饰品和雕塑等方面。

三、技艺表达

灵璧磬石雅致之气韵与生俱来,传统灵璧石雕工艺依奇石而施展,更添奇石之灵性,经千年传承而自成一格,既有古代皇宫贵族、达官显贵所要求的制磬技艺,又有各个历史朝代所特有的艺术风格,如商代编磬的庄严肃穆,汉代石刻线画简洁流畅,宋代石雕小品的精致通达,同时又融合了古代碑刻、浮雕、镂雕、圆雕、影雕和微雕等多种工艺于一体,表现出了安徽灵璧磬石材质的独特与尊贵,同时又传递出这一带有皇族血统的民间传统工艺的气质与魅力。

(一)灵璧石的鲜明特色

灵璧石备受古今中外爱石之人的喜爱,其所具备的"声、形、质、色、纹、意"的六种特色是原因之所在。

首要特色是"声",即"磬声悠扬",声如青铜,余音悠长,并有叩击美玉所产生的音效,有"玉振金声"之美称。

灵璧石之"形",千姿万态,或奇或象或妙或变,有的石形自然天成,美在似与不似之间,质朴的艺术感十分强烈;有的肖形状物,惟妙惟肖;有的令人拍案叫绝,使观赏者进入美妙的玄妙境地;有的从不同的角度观赏则各有奇形,形在变中转换。

"质",灵璧石质感坚硬,但温润细腻,滑如凝脂,入手使人畅心怡怀,有如坚贞美玉,不得不令人关联起世间美好的品质和事物,故深得人们喜爱。

"色",由于灵璧石种类丰富,其色彩亦是多姿多变,既有通体墨、褐黄、灰等色彩,又有间夹白、红、紫等色的五彩灵石。

"纹",灵璧石纹理十分丰富,且变化多端,条纹在沟壑交错中凸显粗犷雄浑,并展现出苍古的气韵,魅力十足。

"意",此乃人们据其声、形、质、色、纹所赋予它的美意,或是品质,据声而有庄重,据形而有玄妙,据质而有坚贞,据色而有雅致,据纹而有奇幻。

(二)依石而雕,工艺精良

灵璧石雕工艺讲求立意,自古至今,石雕艺人均立足于灵璧石之"六美"而构思创作,因材施艺。

1. 审材度形

石雕艺术不同于字画,不满意可重复再来,精美的石材一旦受损则无法挽回,且灵璧石非常珍贵,故灵璧石雕艺人必先立意构思,对灵璧石材的造型和形态进行审视，对即将运用的工艺技法和未来展现出的视觉效果进行预判，并确定大局，规划好下刀的位置、成品的比例、局部间的主次关系等，故灵璧石雕艺人通常具有深厚的雕刻功底，石雕造诣非凡。

2. 雕刻艺术处理方法多样并具有规律性的形式美

灵璧石雕技法多种多样并相互承接，灵璧石雕艺人在全盘考虑的前提下，把握好总体与局部的关系，运用对称、虚实、呼应、明暗、刚柔、疏密、强弱等雕刻艺术处理方法来进行创作，在此基础上全力地传递并生发出灵璧石雕的艺术感、立体感、节奏感、空间感、韵律感和想象力，这些经千百年来灵璧石雕艺人发展并固化下来的灵璧石雕工艺的具有规律性的形式美，已然成为灵璧石雕具有强烈寓意和深厚美感的重要因素。

3. 雕刻技法相辅相成

灵璧石雕的雕刻技法近乎完美，它以古代传统制磬工艺以及汉代石刻线画技艺为基础，融合了浅浮雕、圆雕、镂空雕、透雕等雕刻技法，正是由于这种绝妙的刀法，深雕浅刻的适度和力度，造就了灵璧石雕层次分明的立体感和空间感，让有限的画面充分展现出无限的想象，可表现出艺人的艺术思想和超凡的创造力、想象力。

4. 雕刻工艺在传承中求创新

传统工艺必求变而创新，必创新而求发扬。1949 年新中国成立以来，特别是 1978 年改革开放以来，灵璧石雕工艺得到了长足发展。现代石雕艺人不仅极大地丰富了灵璧石雕工艺品的造型，如圆雕纹磬、提梁壶、九龙磬石壶、龙龟壶、磬石砚等，同时石雕工艺还研发出磬石乐器、砭具等，更加丰富了灵璧石雕工艺的品种和题材。此外，近年来的灵璧石雕企业和艺人为满足现代工艺品销售市场和人们的需求，在工艺表现上还趋向于塑造集寓意深刻、立意鲜明、构图饱满、线条简练流畅等艺术特点于一身并富有创新的现代灵璧石雕工艺品和创意产品。

四、辑录述记

中国历代众多的文化名人与灵璧石雕以及灵璧磬石的不解情缘和相关故事或历史传说不胜枚举，足以说明其非凡魅力。千百年来，灵璧石雕以及灵璧磬石以其超众的名声记载着中华民族的悠久历史，传播着优美的旋律，延续和弘扬着中国源远流长的文化，更是给后人留下无穷的文化艺术宝藏。

（一）历史典籍记述

关于灵璧石及灵璧石雕的记述，各类典籍著作也比比皆是，不仅《尚书》《诗经》《史记》等重要古籍均有记载，而且历朝历代的著名文人雅士都对其赞扬有加，雅诗美文不计其数。例如，北宋诗人苏轼为灵璧石赋诗撰文《张氏园亭记》《留题兰皋亭》，北宋著名书画家米芾的《研山铭》，宋代诗人戴复古在《灵璧磬石歌为方岩王侍郎作》，宋叶梦得的《石林记》，南宋文学家兼诗人范成大的《小峨眉》，唐李勋的《泗滨的石磬》，元赵孟頫的《咏小岱岳》，明王世贞的《题灵璧石》，明吴嵩的《灵璧石赋》，明屠隆的《文房器具笺》，清蒲松龄的《聊斋杂记》，民国章鸿钊的《石雕·中篇》等，字句行文之间均流露出对灵璧石及灵璧石雕的钟爱之情。

新中国成立后，国家及安徽省高度重视灵璧石雕，保留了坐落在渔沟磬去山古刹龙云寺内的磬石作坊。1973 年，灵璧县先后建成了磬石厂、磬石开采厂和磬石工艺厂，此后，各类作坊和相关企业也如同雨后春笋般发展起来。与此同时，众多专家学者和艺术家纷至沓来，对这古老的传统工艺进行探索、研究、发掘、传承、创新、开发、利用。

20 世纪 50 年代，山东曲阜孔庙恢复古乐，中国音乐家协会专门派人来安徽灵璧寻访磬石雕老艺人制作编磬，这套编磬至今还悬挂在孔庙大殿，磬韵之声可谓是享誉神州。

当代著名的文学理论家、美学家、雕塑家王朝文先生对灵璧磬石也是钟爱有加，在其撰著的《石道因缘》扉页上有这样一句意味深长的话：石居人中、人在石中、相击相和、创造对方①。

1991 年，中央电视台《神州风采》栏目播出了《灵璧一石天下奇》节目，向全世界专题介绍并展示灵璧磬石和灵璧石雕的风采与魅力。

1993 年，江泽民总书记为第一汽车制造厂建厂四十周年题词“建设现代化轿车工业基地”，便是由灵璧县工艺厂在磬石碑上雕刻完成的。

“灵璧石是中华四大观赏石，其造型千姿百态，由于石头本身在共振性能上的差异，先人们从未用它制作过轻声乐器。《尚书·礼记》中，对于皇家采石制磬的记载，灵璧石也只是用于制作打击乐器，至于石质二胡、笛子、中阮等吹奏、弹唱乐器，在中国音乐发展史上，至今从未听说。2010 年，灵璧县剧团按照灵璧县委、县政府的要求，同灵峰工艺厂合作，历时一年研发出来的磬石二胡、磬石笛子、改良磬石琴、磬石中阮等系列磬石乐器，填补了中国民乐史上无磬石轻声乐器的空白。据了解，与传统材料制作的乐器相比，用灵璧磬石制作的二胡、笛子、中阮等，不仅外观古朴典雅、质感强烈，同时天然石质独有的厚重音质，既可用于独奏，也可用于乐团合奏，集艺术赏析、收藏、实用于一身。”②灵璧县委、县政府还组建成立了灵璧磬

---

① 灵璧县旅游局．灵璧磬石雕[EB/OL]．中安在线，2012-08-21，http://travel.anhuinews.com/system/2012/08/21/005160259.shtml.

② 安徽先锋网灵璧分站．灵璧磬石乐器研制成功[EB/OL]．安徽先锋网，2010-08-07，http://v7.ahxf.gov.cn/xianfeng/kaah/hzwh/1279163013363620.htm.

石乐团并进行专场演出。

随着人们生活品质的不断提高和对精神文化的孜孜追求，当今人们对灵璧石和灵璧石雕的重视程度越来越高，其未来的发展潜力和空间必将越来越大。

（二）灵璧磬石雕刻代表性传承人

吴河江，灵璧人，安徽省级非物质文化遗产项目灵璧磬石雕刻代表性传承人，灵璧磬石雕代表作品有《清明上河图》《五牛图》《金刚经》《坐隐图》《布撵图》等。"2003年，原中国文联党组书记高占祥同志，在审查送展的灵璧磬石雕线刻茶壶《五牛图》时说：'古为今用、推陈出新、又结硕果，灵璧的磬石工艺太精美了！太珍贵了。'"原国家文物局局长、中华诗词学会孙轶青会长仔细观赏后也是赞不绝口：'灵璧磬石细腻如瓷、光洁如漆、刻工精细，珍品！珍品！'"①2009年，吴河江被授予"中华传统工艺大师"称号。

刘銮玉，灵璧人，高级工艺师，灵璧石雕刻市级代表性非物质文化遗产传承人，其代表作品有《香港基本法》磬石碑刻（被作为礼物赠送香港）、江泽民题"中国一汽"等碑刻、《兰亭集序》等。这些代表作品大气厚重、深沉端庄，极富影响力，1995年，他被国务院授予全国劳动模范荣誉称号。

赵亮，灵璧人，灵璧石雕刻市级代表性非物质文化遗产传承人、安徽省民间文化优秀传承人和民间工艺师。其师从刘銮玉，先后创作出《五牛图》精品扁壶、花鸟精品线刻壶、毛泽东诗词书法壶、冯承素本《兰亭序》书法插屏、《三希堂精品法帖集》书法插屏、《心经》书法插屏、《快雪时晴帖》书法笔洗、"垓下遗址"新碑等一大批磬石雕刻工艺精品。

李鸿明，徐州人，徐州民间文艺家协会会员，代表作品有《车马出行图》《钟馗伏虎》《吉祥门神》《罗汉》《福》等，其还根据十余年的创作经验，撰写了《美石雕刻作品欣赏与技法》一书。"目前他已经创作了近千幅灵璧石雕刻作品，包括仿刻汉画像石的车马图、众仙飞升、喜悦迎宾以及珍禽异兽、吉祥图案、镇宅门神等各种艺术形象。色彩自然、神韵流动、造型传神，钢刀铁笔却能刻出柔雅之美。"②

五、结语

千百年来，灵璧石及灵璧石雕在历史上留下了众多佳话，自古至今，经历代民间能工巧匠的精心演绎以及灵璧石与灵璧石雕自身所具备的极高的观赏价值、文化底蕴、美学内涵、收藏价值，其被赞誉为"黄金万两易得，灵璧珍品难求"，成为历

① 灵璧磬石[DB/OL]. 人文百科，2014-03-10，http://www.renwen.com/wiki/%E7%81%B5%E7%92%A7%E7%A3%AC%E7%9F%B3.

② 王伟. 精美的石头会说话[N]. 彭城晚报，2011-10-18(A11).

代癖石者梦寐以求的收藏佳品。

灵璧石雕所蕴藏的工艺及文化，是中国传统石雕发展演变的见证，它为世人提供了大量不同历史时期的人文信息和历代艺术家及文人创造的优秀艺术元素，为今天的解读、传承、开发和利用奠定了坚实的基础。同时它更是安徽石雕艺术的集大成者，在中国石雕艺术中占有重要的一席之地。它奔放的生命力和卓越的艺术风格必将令其在当今乃至未来独领风骚，大放异彩，成为世界艺术之苑中的一朵奇葩。

淮河流域的花鼓灯和地方戏

卢孝彤

摘　要：本文讲述了淮河流域的花鼓灯起源、流行、艺术特色以及新中国对花鼓灯艺术的鼓励和支持，重点介绍了凤阳花鼓、卫调花鼓和颍上花鼓。对淮河流域的泗州戏、淮北梆子、凤台推剧、阜南嗨子戏也进行了介绍，以展示淮河流域的地方文化。

关键词：花鼓灯；凤阳花鼓；卫调；颍上花鼓灯；泗州戏；淮北梆子戏；凤台推剧；嗨子戏。

壮丽的淮河，滋润着中原大地，哺育着两岸儿女。千百年来，人才荟萃、诗文繁衍的盛况，更造就了优美的民间艺术，花鼓灯和地方戏便是淮河文化的结晶；它们以独特的魅力，广受人民群众的喜爱，并闻名中外。

一、歌舞并茂的花鼓灯

花鼓灯以淮河沿岸的蚌埠、怀远、凤台、淮南、颍上、凤阳最为盛行。千百年来，这里的每个乡村集镇，几乎都有农民自己的花鼓灯班子。一般在逢年过节、庙会和农闲时表演。正如一首灯歌所说的那样：

花鼓一打头对头，玩灯全靠月当头。
不要银钱买灯草，又省铜板打灯油。
玩灯只为了交朋友。

花鼓灯的演出，多在村头树下，或打麦场上。月光下，老柳树上挂起红灯，或者是四周燃起高粱秆火把照明，然后打起锣鼓，开始玩灯。观众围坐在四周，或者站在板凳上，或攀到树丫上，或趴在草垛上，场面十分有趣。有时能从太阳落玩到太阳出山，人们称“两头红”。

花鼓灯的男角，统称“鼓架子”，身穿短上衣、花围腰、灯笼裤，头扎白毛巾。舞

作者简介：卢孝彤，男，76 岁，颍上县政协原文史委主任，安徽省管子研究会会员。

起来活泼麻利，热情风趣，给人以生龙活虎的感觉。

女角统称“兰花”。花鼓灯的歌和舞主要由兰花来表演，灯班子的水平高低也主要由兰花的表演来定。兰花的打扮俏丽动人，她们头顶红绸绣球，飘下的两条彩带直垂胸前。上身穿紧身彩衣，腰系石榴长裙，左手拿轻软彩巾，右手持花扇，舞起来恰似丹凤朝阳，艳丽无比。

其演出分“大花场”和“小花场”。“大花场”是群舞，由领舞的鼓架子举青竹彩绸花伞，率领全体鼓架子和兰花，翩翩起舞，并不断翻伞为号，领着大家变换队形，舞出“五朵梅花”“龙吐水”“九连杯”“满天星”等优美图形；而“小花场”则是双人舞或三人舞。风趣优美的节目有《抢板凳》《抢扇子》《抢汗巾》，其灯歌脍炙人口。

花鼓灯的灯歌内容丰富，题材广泛，其流传最广的有表现灯友亲密友情的《小花花伞》：

小小花伞花又花，天下灯友是一家。
一家人不说两样话，一棵树不开两样花！

表现青年男女纯真质朴爱情的：

送郎送到五里岗，我送小郎一把炮仗。
你走一里放一个，你走二里放一双。
看不见亲人我听炮响。

表现游子身居异地思乡心切的：

小小鲤鱼红红的腮，上江游到下江来。
闯过九十九道青丝网，绕过九十九道钓鱼台，
不为思乡俺不来！

淮河流域出现过一些颇有名气的男扮女装的花鼓灯艺人。

冯国佩，艺名“小金莲”。他饰演的兰花，舞姿优美动人，感情含蓄真挚。他是1953年花鼓灯进京演出的主角，后任蚌埠市文工团艺术顾问、中国舞蹈家协会理事。他曾应邀参加联合国教科文组织的亚洲民间舞研究会，向世界各国舞蹈家表演和介绍淮河流域的花鼓灯。

陈敬芝，艺名“一条线”，驰名于凤台县一带。他的表演，豪放动人，别具一格，曾应邀到北京舞蹈学院讲授花鼓灯，受到首都文艺界的欢迎。

还有七岁上场打鼓而闻名淮河上下的鼓师常春利，艺名“小白鞋”；舞姿俏丽风雅的怀远县人郑九如；著名的鼓架子钮洪云、石敬礼。

以上这些艺人或在艺术团体授艺，或在艺术学校教学，均享有较高的声誉。

新中国成立后，花鼓灯被国家确定为汉族舞蹈中具有代表性的民间舞蹈。地处花鼓灯艺术中心的蚌埠市，除了接待来自全国各地的文艺团体外，还不断推陈出新，创作了许多花鼓灯新节目，多次参加全国会演，并获得荣誉。《摸花轿》被西安电影制片厂拍成舞台片，《玩灯人的婚礼》被选去北京参加献礼演出，并荣获国家颁发的创作奖和表演奖。

二、历史悠久的凤阳花鼓

凤阳花鼓，是广泛流传在凤阳地区的民间艺术，《凤阳本是个好地方》这一花鼓灯歌脍炙人口。

说凤阳，道凤阳，凤阳本是个好地方，
自从出了个朱皇帝，十年倒有九年荒……

历史上，凤阳本是个饱受兵火之苦和淮河泛滥灾难的穷地方，人民流离失所，苦不堪言，只好唱着花鼓灯歌走向全国讨饭，这就是凤阳花鼓产生的社会背景。

凤阳花鼓，一般是一男一女演唱。女角左手持一根扁圆的鼓条，演唱时，长长的鼓条跳动在花鼓上，音韵和谐。男演员敲着小锣，两人边舞边唱，这种演唱艺术既可以在门前、小巷以讨饭的形式演出，也可以登上舞台表演，很受群众欢迎。

新中国成立后，凤阳县建立了花鼓灯艺术团，凤阳花鼓也随着时代的变迁和社会的发展而日新月异，新的凤阳花鼓灯节目不断涌出。女高音歌唱家潘玲馨演唱的凤阳花鼓《王三姐赶集》在全国影响较大。

三、卫调花鼓

卫调花鼓是起源于蚌埠以东20里的长淮卫的民间花鼓戏，因最初在长淮卫流传，故名卫调花鼓。在明清时代，蚌埠尚未兴起，而长淮卫却是个舶桅如林、酒肆遍街的淮河港口，集市繁华，生意红火。当时的卫调花鼓剧团很多，也很活跃，出现很多传统戏，也有许多传奇式的表演人物。

卫调花鼓脱胎于花鼓灯，在演出形式和服装上，不少地方仍沿袭花鼓灯的规范，其舞蹈身段亦与花鼓灯相似。其特点是以唱为主，双手舞红绸，前三步，后四步。由于演出者多为农民，具有淮北人的热情奔放性格特征，演出健康朴实，乡土味极浓。男的头戴礼帽，身穿大褂，贴上胡子就是老生，不贴胡子就是小生。女的上穿便褂，下围裙子，头扎彩球，彩球上有两条彩带垂于胸前，作为表演和舞蹈的道具。

卫调花鼓戏语言通俗，腔调动听，演出内容又多为农民所熟悉，很受农民欢迎。每当节日集中演出时，几十里外的人都赶来看戏，把戏台围得水泄不通。清末民初，是卫调花鼓戏的鼎盛时期。那时唱卫调的陈广仁，是蚌埠、凤阳、怀远一带家喻户晓的知名演员。虽然群众那么喜爱卫调花鼓,但统治阶级把它视为洪水猛兽,加以歧视摧残,散布什么“好男不当兵,好女不看灯”的论调,曾一度禁止其演出。在当地还流传着卫调名演员陈广仁的故事。陈广仁去凤阳唱卫调,当地官府以“伤风败俗”为由将其逮捕入狱。当县官升堂审问他时,他边唱边诉,据理力争,说明群众对卫调戏的喜爱。由于他唱得委婉动听,感动了躲在公堂后面听唱的县太爷娘子,后经她说情,才将陈广仁放了。因此,群众中流传着陈广仁《跪大堂》的歌谣:

陈广仁,跪大堂,泪珠如梭,
尊一声,大老爷,细听我说。
我只说,喜事期,前来办货,
不料想,为玩灯,惹下风波。
你抓别人我不恼,
单恼无银惹风波。
难道是抱他家的孩子下油锅?

该歌谣表现了群众对陈广仁演唱艺术的喜爱和对他遭遇的不平,同时也表现了对当时统治阶级的怨愤。

但由于淮河频繁发生水旱灾害且蝗虫灾害不断,当地农民极为贫困。特别是七七事变之后,长淮地区亦沦入日本人之手,日伪的残暴统治盘剥,农民被生活的重担压得喘不过气来,哪还有闲心唱戏,从那以后,锣鼓不响了,卫调不唱了,玩友们四方流落,各奔他乡。

当时唱卫调的均为男演员,没有女的参加,在唱腔的发展上受到一定限制。同时,它没有职业班子和剧团组织,这是其发展过程中的又一限制,这些因素也是卫调停滞不前的原因。

新中国成立以后,在抢救民间艺术遗产的工作中,有关部门发现了卫调,并对其进行抢救、改革,让女演员参加演出,从而使它像珍珠一样放射出光彩。1959年,卫调以大型歌舞的形式,演出了《喜庆开门红》。演员李希如、赵克信参加了安徽省的职工会演,并被选拔参加全国职工会演,受到好评。1975 年和 1978 年,长淮卫公社又创作演出了反映农村生活的小戏《借驴》,这部小戏两次参加了蚌埠市的文艺会演,并获得创作演出奖。1982 年,长淮卫公社编演了反映十一届三中全会以后农村实行家庭联产承包责任制中的新人新事《叮当夫妻》,这部小戏参加了安徽省农村文艺会演,获得了创作奖和优秀演出奖。

四、颍上的花鼓灯艺术

2006 年,颍上县的花鼓灯被列入国家级非物质文化遗产名录。和蚌埠花鼓、凤阳花鼓、卫调花鼓相比,颍上的花鼓灯独具特色。它本是一种灯舞,远在明清时代就在民间流传,至清朝后期,将其定名为“红灯”。城乡百姓在元宵节进行演出,其演员固定为7人,有老伞把1人,花鼓橛子(男演员)3人,腊花(女演员,过去多为男演员扮演)3人。表演时,老伞把一手拿着一把特制的花布伞,带领着男女演员在锣鼓声的伴奏下表演各种秧歌式的舞蹈,其节奏有快有慢,有紧有松,是一种纯舞蹈形式。

1925年,颍上民间老艺人唐佩金为红灯舞创作了“游场”曲牌,配上了京胡、二胡、笛子、唢呐等乐器伴奏,从而为红灯舞注入了新的艺术活力。1932年,唐佩金又将他创作的“四句推子”曲调演唱融入红灯舞的表演艺术中去,为单纯的舞蹈注入了活力,并将红灯舞改名为“花鼓灯”。

从1956年至1973年,国家和省文化部多次派人来颍上调查整理花鼓灯的艺术资料,并曾将这朵淮河岸边的民间之花搬上了北京的艺术舞台,得到艺术界的认可。

1978年,改革开放的春风为颍上的花鼓灯注入了新的活力。颍上县文艺界组建了花鼓灯艺术培训班,在青少年中普及和推广花鼓灯艺术,并培训出一批艺术骨干,组建了颍上县花鼓灯艺术团。在培训班的带动和培训下,各个乡镇也组建了花鼓灯艺术团队。每当年节和重大活动以及县城和各乡镇的会期,花鼓灯均有演出,以优美的表演为庆祝活动增添喜庆。

1990年,在安徽省首届花鼓灯会上,颍上的花鼓灯表演受到了表彰,老艺人黄西成、王传先荣获“全省十大花鼓灯老艺人”光荣称号,这对颍上花鼓灯艺术的发展鼓舞很大。

2006年,在国家举办的“中华人民共和国非物质文化遗产成果展”的展会上,颍上的花鼓灯作为颍上的“非物质文化工作成果”参加了演出和展览。会后,韩国木浦大学教授闽惠兰和安徽大学教授朱万曙一行6人亲临颍上,考察花鼓灯艺术的渊源和现状,对颍上花鼓灯艺术的挖掘保护予以高度评价。

为了更好地挖掘、保护和发展花鼓灯艺术,2006年10月,颍上县成立了花鼓灯艺术研讨会。同年11月5日至9日,颍上县花鼓灯艺术团在省第七届花鼓灯会上表演的《踏青新姿》和《大花场》,分别获得了二等奖和三等奖。

2007年11月中旬,安徽电视台工作人员来到颍上,深入乡村,对颍上花鼓灯进行了报道。2008年3月中旬,中央电视台《见证》栏目编导林云、赵一楠一行来到颍上,摄制了《原生态的颍上花鼓灯》,并于11月11日,在央视一套节目《见证》栏目播出。

2009年6月中旬,以颍上花鼓灯艺校学生为主体组建的演出队伍,赴杭州参加全国传统民间舞蹈会,其演出荣获金奖。

随着颍上经济的快速发展，在县委、县政府的重视下，作为颍上传统文化一种艺术形式的颍上花鼓灯，将在继承和发扬优秀传统文化的基础上，绽放出更加绚丽的花朵。

五、泗州戏

泗州戏，原名拉魂腔，发源于泗县。传说它是从苏北海州的民间音乐太平调、猎户腔发展来的，也受山东峄滕一带柳子戏、茂腔等古老剧种之影响。它流传于淮北各县，已有200多年历史。

1949年前，拉魂腔艺人多以家族成员凑成演唱班子。这种班子有职业的(多为破产农民)，有半职业的(半农半艺)。一个戏班只有七八个人，所谓七忙八不忙，九人看戏房，即七八个人正好，九个人就多余一人看后台了。

拉魂腔主要在淮河流域跑坡(即流浪卖艺)。演唱地点多在田头、地边、广场、庙会和集镇上。当时演唱的条件很简陋，服装、道具只有礼帽、大褂、扇子、手帕等物，表演形式以唱为主，而且是坐着干唱，其内容多是民间故事。这时的拉魂腔还未形成一个剧种，只是一种民间的说唱形式。

由于其长期在民间流传，吸收了丰富多彩的民间艺术和传说，所以从形式到内容均得到了发展。它吸收了两淮民间小调、劳动号子、民间谚语、歇后语等民间艺术，有浓郁的乡土气息，也广为农民群众所接受和传播。在表演上，它融合了民间舞蹈形式，如“推车”“骑驴”等，形式粗犷而质朴，有浓厚的生活气息。在演出剧目的内容上，它借鉴和移植了邻近剧种，如京剧、梆子戏，并加以地方化、口语化，从而逐步发展为具有淮北地方特色的剧种，与徽剧、黄梅戏、庐剧并列为安徽四大地方戏剧种。

拉魂腔在蚌埠安家落户已有四代人了。第一代老艺人魏玉栋、王庭贵、李桂芝均较有名气。1941年，在淮北抗日民主政府的领导下，拉魂腔艺人组成了文训班、演唱队，自编自演了反映抗日根据地生活的现代戏，如《全家抗日》等，在敌后进行演出，对宣传抗日起到了积极的作用。

1949年后，拉魂腔进入了城市，有了固定的舞台，经过改人、改制、改戏的“三改”，将“拉魂腔”改为“泗州戏”；组成了蚌埠市淮艺剧团，政府派去了政工人员和编导、音乐、美术等业务人员，从而大大提高了泗州戏的表演水平和艺术质量，增强了该剧的影响力，为城市广大群众所接受。从此，拉魂腔艺人告别了流浪卖艺的生涯，随着新中国的发展进入了黄金时代。李宝琴是典型的代表人物，她生于泗州戏世家，八岁开始学戏，对二刀马、花衫、娃娃生均能进行精彩表演，常随戏班子在泗县、五河、灵璧、凤阳、怀远一带农村演出。由于其童年受熏陶于艺人之家，自幼便开始“跑坡”的艺术生涯，故其唱腔天然俏丽而又不失乡土韵味。李宝琴扮相俊秀,吐字清晰,表演细腻传神,善于表达人物的性格,且戏路宽广,成为泗州戏的代表人物,多次参加省和全国演出,并多次得奖。2006年5月,泗州戏被国务院列入第一批国家级非物质文化遗产名录;2008年,泗县被文化部命名为"泗州戏之乡"。

六、淮北梆子

淮北梆子流行于豫东和安徽淮北一带的沙河(即颍河)两岸,又称"高梆"。它源于秦腔,糅合了河南的豫西梆子和豫东梆子。流行在太和、颍上、阜南、界首、临泉诸县,在阜南县最为盛行,其发展经历了四个阶段:玩戏班、龙虎班、戏班、科班。

玩戏班,形式简单,常由十来个人打地摊演出,多属群众的业余文娱活动,只唱些唱段、折子戏。道具、行头不全。

龙虎班,道具、行头基本齐全,可以开正本戏,上高台,故群众称其为"高梆子"。可以拿戏价,或应庙会年节,或参加一些喜庆活动。

戏班,有班主、行头,道具相当齐全,演员有"四生、四旦、四花脸,八个场面两箱管"的说法,其演员数量可达40人,甚至更多。节目多为大戏,连台本戏。

科班,多由地方头人请老师当教练,组成专业性戏班子,故又叫"窝班"。行头、设备样样齐全,演员有明确分工:五生、五旦、五花脸、虎头外角和老旦,五个箱管,一鼓二锣三上手,三个教师头,一个老箱管,一般37人。服装道具有:五蟒、五靠、对披、龙套、开敞、官衣、斗篷、大帽、褶子、兵坎、官装、女靠、胖袄、彩裤、腰包、鸾带、头盔、针缨、髯口、马鞭等。

淮北梆子剧目丰富,号称800余出,多为历史戏,其内容主要是通过历史故事的演绎,从忠与奸、善与恶、是与非、曲与直的戏剧冲突中,扬善抑恶,反映人民的美好愿望。

过去,淮河以北和颍河沿线各县从农村到集镇、到县城,均有各种演出团体。新中国成立后,不少县市均成立了梆剧团,从而使梆剧在淮河以北各县较为流行。

七、凤台推剧

推剧原名"四句推子",发源于颍上,发展于凤台。

凤台的推剧是在颍上四句推子的基础上形成的,并吸收了寿县、霍邱等县的民间艺术,逐步发展而成的一种艺术形式。

1938年,日本侵略,凤台沦陷,以花鼓灯班为谋生之计的一批人流落霍邱县。在此期间,向霍邱老艺人白玉(艺名白穗子)学会了"清音"调,并在此基础上,拓宽了音域,使旋律更为委婉,节奏增强了跳跃性,并融入了凤台方言,增加了地方色彩,形成了被群众称为"一条线调"的民间剧种。1940年,几位演员又为其增添了四个过门,用板胡、笛子伴奏,群众又将其称为"弦子灯班"。弦子灯班又吸收了颍上、寿县等县的戏剧歌舞艺术以充实自己，使以舞蹈为主的形式逐步向以戏文剧情为主的形式过渡，并增加了化妆、道具等内容，从而使弦子灯戏深受群众欢迎，在凤台扎下根来，全县有20多个弦子灯戏班。

1950年，县里以弦子灯戏班为基础，成立了凤台县地方戏大众剧院。1951年，在皖北戏曲研究会上，参加演出的人员根据"一条线调"四句一推的反复特色，给其定名为"四句推子"。

从1951年开始，大众剧团一改过去只有男演员的局面，逐步吸纳一批女演员进团，并将颍上的一批推剧名演员请调到大众剧团，使演员队伍不断壮大，艺术水平逐步提高。1954年以后，县里加强了对剧团的领导，整理编创了一批新剧目，并于1956年参加了省第一届戏剧观摩演出大会，会上被正式定名"推剧"。其参加演出的《蓝桥会》《一个志愿军未婚妻》推剧的唱段被中国唱片社录制出品，向全国发行，从而使推剧成为中国戏剧大家族的一员。江苏、安徽等电台多次录制播放该县推剧唱段，剧团的演出也由阜阳地区扩大到六安、合肥、滁县、马鞍山、南京等地。20世纪六七十年代，县里取消了推剧团，改为文工团，主要演"样板戏"，唱"语录歌"。改革开放以后，凤台推剧团得到恢复和发展，演了一批新的剧目，如《白蛇传》《秦香莲》《小刀会》《十五贯》《枫叶红了的时候》等，深入农村、矿山演出，推剧呈现出历史上又一兴盛时期。

八、阜南嗨子戏

嗨子戏流行于阜南县沿淮一带各乡镇，因唱腔主调开头用拖长的"嗨"起腔，然后定腔打板上韵，因而得名。它是由民间的歌舞红灯、花挑、旱船等小调逐步演变形成的，在民歌小调上加入简单的故事情节，俗称"杂出子"。其剧目有《大观灯》《小观灯》《打货》《打长工》《劝八行》《下花园》《点大麦》等。这些剧目因只有两人演唱，故被称为"两小戏"。情节稍微复杂一些的由三人演出，俗称"三小戏"。再由两小、三小发展到折子戏、正本戏。经常上演的除"老八出"外，还有《小姑贤》《小姑恶》《劝小姑》《借当》《放莺哥》《站花墙》《送香茶》《双担水》《三击掌》《秦雪梅吊孝》《三娘教子》《讨学钱》等。较大型的剧目有《劈山救母》《许状元祭塔》《安安送米》《王员外休妻》《张子贵赶考》《红鬃烈马》《辕门斩子》《破洪州》等。

早期嗨子戏服装道具极简单，只用一张桌子，两条板凳，旦角上身穿红色、黄色或绿色褂子，下束一彩裙，不包头，不戴花，头上扎一彩色绣球；生角一顶毡帽，一条小生巾子，一把折扇；丑角头戴针缨子（也叫面花），上穿衩拉衣，下配两个靠腿，嘴上戴八字胡。演唱时，只用打击乐伴奏，无管弦乐器。有时生角手持折扇，旦角一手拿手帕，一手拿彩折扇。表演动作主要依靠手帕、扇子，载歌载舞。手、眼、身、步法独具特色，富有民间情趣和乡土气息。过去，嗨子戏基本没有专业演员，旧社会每逢庙会、春节，当地农民三五成群，拼就班子，赴会演出。还有一些贫困农民每当秋收秋种结束后，便组织班子，三五成群，在淮河流域各县演唱乞讨，大有凤阳花鼓的形式和命运。

该剧融合了豫剧、曲剧、花鼓戏、倒七戏和一些民歌的唱腔，尤其近似于倒七戏（庐剧）。

民国年间，阜南嗨子戏有两个较为有名气的班子，即以黄老聚为首的地城班和以张宪臣为首的薛集（即现阜南县城）班。

1958年，在“百花齐放”和“推陈出新”的文艺方针指引下，阜南县成立了县文工团，通过一批老嗨剧艺人，挖掘整理出一批嗨剧优秀剧目，并由当地音乐人士整理曲谱，配上管弦伴奏乐器，并从中小学选拔招收一批青少年学员，正式把嗨子戏搬上舞台。1963年，正式成立阜南县嗨剧团，相继排演了历史剧《于谦》《双阳公主》《御中桥》《罗帕记》及现代剧《特别代号》《特派员》等。1980年，县嗨剧团被砍掉，但民间仍保留20多个业余剧团。

从以上的介绍不难看出，淮河流域有着优良的文化艺术传统，各剧种均表现了淮河儿女对美好生活的追求，对大好河山的歌颂，对家乡的热爱，是淮河儿女的心声。在改革开放的时代背景下，各种地方戏曲得以不断发展，不断创新。

图书在版编目(CIP)数据

淮河文化与区域发展70年:第十届淮河文化研讨会论文选编/安徽省社会科学界联合会编. —合肥:合肥工业大学出版社,2021.7
ISBN 978-7-5650-5305-4

Ⅰ.①淮… Ⅱ.①安… Ⅲ.①淮河流域—地方文化—文集②淮河流域—区域经济发展—文集 Ⅳ.①G127.54-53②F127.54-53

中国版本图书馆CIP数据核字(2021)第107596号

淮河文化与区域发展70年

——第十届淮河文化研讨会论文选编

安徽省社会科学界联合会 编　　　责任编辑 孙南洋

出 版	合肥工业大学出版社	版 次	2021年7月第1版
地 址	合肥市屯溪路193号	印 次	2021年7月第1次印刷
邮 编	230009	开 本	710毫米×1000毫米 1/16
电 话	人文编辑室:0551-62903200	印 张	34.25
	市场营销部:0551-62903198	字 数	666千字
网 址	www.hfutpress.com.cn	印 刷	安徽联众印刷有限公司
E-mail	hfutpress@163.com	发 行	全国新华书店

ISBN 978-7-5650-5305-4　　　定价:68.00元